全本点校

太平御覽

（五）

〔北宋〕李昉　等编著
谦德书院　点校

團结出版社

图书在版编目（CIP）数据

太平御览 /（北宋）李昉等编著；谦德书院点校
. -- 北京：团结出版社，2024.3
ISBN 978-7-5234-0257-3

Ⅰ. ①太… Ⅱ. ①李… ②谦… Ⅲ. ①百科全书－中国－北宋 Ⅳ. ① Z222

中国国家版本馆 CIP 数据核字 (2023) 第 135958 号

出版： 团结出版社
（北京市东城区东皇城根南街 84 号 邮编：100006）
电话：（010）65228880 65244790 （传真）
网址： www.tjpress.com
Email： zb65244790@vip.163.com
经销： 全国新华书店
印刷： 易阳印刷河北有限公司

开本： 145×210 1/32
印张： 238
字数： 5883 千字
版次： 2024 年 3 月 第 1 版
印次： 2025 年 5 月 第 2 次印刷

书号： 978-7-5234-0257-3
定价： 980.00 元（全九册）

目录

太平御览卷第四百二十七 人事部六十八

正直上

《易·坤卦》曰：六二：直、方、大，不习，无不利。直、方，地之性也。

又曰：夫乾其静也，专其动也，直是以广生焉。

《尚书·皋陶谟》曰：直而温。

又《洪范》曰：无反无侧，王道正直。

又曰：三德，一曰正直。

《毛诗·羔裘》曰：彼其之子，邦之司直。

又《小明》曰：靖共尔位，好是正直。神之听之，介尔景福。

《左传·襄元》曰：恤民为德，正直为正，正曲为直，参和为仁。

又《昭四》：仲尼曰：叔向，古之遗直也。事具刑法门。

《论语·为政》曰：哀公问："何为则民服？"孔子对曰："举直措诸枉，则民服。举枉措诸直，则民不服。"措，犹投也。诸，之也。言投之于上位也。

又曰：叶公曰："吾党有直躬者，其父攘羊，而子证之。"攘，盗也。我乡党有直人名躬，父盗羊则证其罪。孔子曰："吾党之直者异于是，父为子隐，子为父隐，直在其中矣。"

又《卫灵公》曰：直哉史鱼！邦有道如矢，邦无道如矢。史鱼，卫大夫，名鰌。君有道、无道，行常如矢，直不曲也。

又《微子》曰：柳下惠为士师三黜。柳下惠，鲁大夫展禽，食菜柳下，谥曰惠。士师，狱官名。黜，贬退也。人曰："子未可以去乎？"曰："直道而事人，焉往而不三黜？枉道而事人，何必去父母之邦。"

《汉书》曰：周昌为人强力，敢直言，自萧、曹等皆卑下之，昌尝入奏事，高帝方拥戚姬，昌退走。高帝退还，骑昌项上，问曰："我何如主？"昌仰曰："陛下即桀纣之主也。"于是上笑之，然尤惮昌。及高帝欲废太子，而立戚姬子如意为太子，群臣固争莫能得，而昌廷争之，上问其说，昌为人口吃，又盛怒，曰："臣虽口不能言，然臣知其不可。陛下欲废太子，臣期期不奉诏。"上欣然而笑，即罢。吕后侧耳于东厢听，见昌，为跪谢曰："微君，太子几废矣。"

又曰：申屠嘉为人廉直，门不受私谒。是时，太中大夫邓通方爱幸，文帝尝宴饮通家，时嘉入朝，而通居上旁，有怠慢之礼。嘉奏事毕，因言："陛下幸爱群臣则贵富之，至于朝廷之礼，不可不肃！"上曰："君勿言，吾私之。"罢朝坐府中，嘉为檄召邓通诣丞相府，不来，且斩通，通恐，入言上。上曰："汝第往，吾今使人召若。"通至诣丞相府，免冠，徒跣，顿首谢。嘉责曰："朝廷者，高皇帝之朝廷也，通小臣，戏殿上，大不敬，当斩。"通顿首，首尽出血，上使持节召通，而谢丞相。

又曰：单于尝为书谩吕太后，太后怒，召诸将议讨之。上将军樊哙曰："臣愿得十万众，横行匈奴中。"诸将皆阿太后以哙言为然，季布曰："樊哙可斩，夫以高帝四十余万困于平城，哙时亦在其中，今哙奈何以十万众横行匈奴中。"

又曰：诸葛丰，字少康，琅耶人。以明经为郡文学，特立刚直。贡禹为御史大夫，除丰为属，举侍御史。元帝擢为司隶校尉，刺举无所避，京师为之语曰："间何阔，逢诸葛。"上嘉其节，加丰秩光禄大夫。时侍中许章以外属贵幸，奢淫不奉法度，宾客犯事，与章相连。丰案劾章，欲奏其事，适逢许侍中私出，丰驻车举节欲收之。章窘驰去，丰追之。许侍中因得入宫门，自归上。丰亦上奏事，于是收丰节。司隶校尉去节自丰始也。

又曰：安昌侯张禹，以帝师位至特进，甚尊重。朱云上书求见，公卿在前。云曰："今朝廷臣上不能匡主，下无以益民，皆尸位素餐，臣愿赐尚方斩马剑，断佞臣一人头，以厉其余。"上问："谁也？"对曰："安昌侯张禹。"上大怒，曰："小臣居下讪上，廷辱师傅，罪不赦！"御史将云下，云攀殿槛，槛折。云呼曰："臣得下从龙逢、比干游地下，足矣！

未知圣朝何如耳?”于是左将军辛庆忌免冠解印绶,叩头殿下曰:“此臣素著狂直于世。使其言是,不可诛;其言非,固当容之。”上意然后已。及后当治殿槛,上曰:“勿易,因而葺之,以旌直言之臣。”

《东观汉记》曰:戴凭为侍中,数进见,问得失。上谓凭曰:“侍中当匡辅国政,勿有隐情。”凭对曰:“陛下严。”曰:“朕何用严?”凭曰:“伏见前太尉西曹掾蒋遵清亮忠孝,学通古今,陛下纳肤受之诉,遂致禁锢,世于是为严。”上怒曰:“汝南子欲复党乎?”凭谢曰:“臣无蹇谔之节,而有狂瞽之言,不能以尸伏谏,偷生苟活,诚惭圣朝。”上即敕尚书解遵禁锢,拜凭虎贲中郎将,以侍中兼领之。

又曰:朱晖,字文季,南阳范人。为临淮太守,表善黜恶,抑强绝邪,吏民怀而爱之。歌曰:“强直自遂,南阳朱季,吏畏其威,民怀其惠。”

又曰:祭遵从征河北,为军市令。上舍中儿犯法,遵格杀之。上怒,命收遵。时主簿陈嗣谏曰:“明公欲众整齐,今遵奉法不避,是教命行也。”上乃贳之,以为刺奸将军。谓诸将曰:“当备祭遵,吾舍中儿犯命尚杀之,必不私诸卿也。”

又曰:郑众,字仲师。建武中,太子及山阳王因虎贲将梁松请众,欲为通籍,遗缣帛,众悉不受,谓松曰:“太子储君,无外交义,汉有旧防,诸王不宜通客。”松讽以长者难逆,不可不虑。众曰:“犯禁触罪,不如守正而死。”

又曰:吴良,字太仪,齐国临淄人,以清白方正称于乡里。为郡议曹掾,正里掾入贺,太守门下掾王望前言曰:“齐郡败乱,遭离盗贼,人民饥饿,不闻鸡鸣狗吠之音。明府视事五年,土地开辟,盗贼灭息,五谷丰熟,家给人足。今日岁首,诚上雅寿。”掾皆称万岁。良跪曰:“门下掾佞谄,明府无受其觞。盗贼未弭,人民困乏,不能家给人足。于今议曹掾尚无裤,宁为家给人足耶?”太守曰:“此生言是。”遂不举觞,赐鳆鱼百枚。宴罢,教署功曹,良耻以言受官,不拜。

又曰:申屠刚,字巨卿,扶风人。性刚直忠正,志节抗厉,常慕史鱿、汲黯之为人。涉猎书记,果于行义。元始中,举贤良对策,言甚切直。建武初，征拜侍御史，迁尚书令，謇謇多直，无所屈挠。时陇蜀未平，上尝欲近出，刚谏，上不听，刚以头轫乘舆车轮，马不得前。

谢承《后汉书》曰：李燮为议郎，会西羌及边章韩遂作乱陇右，征发天下，役赋无已。司徒崔烈以为宜弃凉州，燮厉色言曰："斩司徒，天下安。"尚书郎杨赞奏燮廷辱大臣。帝以问燮，燮曰："凉州天下冲要，国家藩卫，今牧御失和，使一州叛逆。烈为宰相，不念为国思所以弭之之策，乃欲割弃一方万里之土，臣窃惑之。若烈不知之，是极蔽也；知而故言，是不忠也。"帝从燮议。由是朝廷重其方略，每公卿有缺，为众议所归。

又曰：范滂，字孟博，汝南人。太守宗资署功曹。滂外甥西平李颂，顽嚚浊秽，乡曲所弃。常侍唐衡求属仕宦，资敕曹召署文学史，滂不听。极久，衡复有书诮资，资怒，召功曹书佐朱零问不召颂意状，零以告滂，滂谓曰："若答教当言颂，则滂之姊子，岂不乐其升进！颂缘污秽，小人不宜玷尘，清朝不敢以位私人，是以不召。"

又曰：杨奇，字公伟，弘农人，为侍中。天子所问，引经据义，靡事不对。灵帝尝问："朕何如桓帝？"对曰："陛下躬秉艺文，圣才雅藻，有优先帝；礼善慎刑，或未之有。今天下以陛下准桓帝，犹谓尧舜比德者也。"上不悦其言，谓曰："奇所谓杨震子孙有强项遗风，想死后又当致大鸟也。"

袁山松《后汉书》曰：李膺等下狱，狱吏曰："诸入狱当祭皋繇以祈福。"范滂曰："皋繇古之贤臣，知滂无罪，将理之于天；如其有罪，祭之何益？"及讯狱，王甫以次诘之。滂年少在后，越次而前。甫曰："夫合党连群，必有盟誓，其所谋图皆何等耶？"滂曰："窃闻仲尼之言：见善如不及，见恶如探汤。欲使善善同其清，恶恶同其污，谓王政之所思不悟反以为党。"滂乃仰天叹曰："古之修善，自求多福；今之修善，乃陷大戮。死之日愿赐一幡，埋于首阳山侧，上不负皇天，下不愧夷、齐。"尚书霍谞以党事无验，表陈赦之。

范晔《后汉书》曰：高获，字敬公，南阳人。与世祖有素旧，师事司徒欧阳歙，歙下狱当断，获冠铁冠，带鈇锧，诣阙请歙。帝虽不赦，而引见之。谓曰："敬公，朕用子为吏，宜改常性。"获对曰："臣受性于天地父母，不可改之于陛下。"出便辞去。三公争辟不应。

又曰：任延，字长孙，南阳人。为武威太守，帝戒之曰："善事上官，无失于和。"延对曰："臣闻忠臣不和，和臣不忠。上下雷同，非陛下之福。善事上官，不敢奉诏。"帝曰："卿言是也。"

又曰：樊儵，字长鱼，宏之子也。广陵王荆有罪，诏与任隗杂治其狱。事竟，奏请诛。引见宣明殿，帝怒曰："诸卿以我弟故，欲诛之，即我子，卿等敢尔也！"儵对曰："《春秋》之义，君亲无将，而诛焉。是以周公诛弟，季友鸩兄，经传大之。臣等以荆属托母弟，陛下留圣心，加恻隐，故请耳。如令陛下子，臣等专诛而已。"帝叹息良久。儵益以此知名。

又曰：张纲，字文纪，皓之子也。汉安元年，选八使徇风俗，皆耆儒知名，多历显位，唯纲年少，官次最微。余人受命之部，而纲埋其车轮于洛阳都亭，曰："豺狼当路，安问狐狸！"遂奏曰："大将军梁冀，河南尹不疑，蒙外戚之援，荷国厚恩，以刍尧之姿，居阿衡之任，不能敷杨五教，翼赞日月，而专为封豕长蛇，肆其贪饕，诚天威所不赦，大辟所宜加。"书奏而京师震悚。

又曰：爰延，字季平，陈留外黄人。桓帝时征博士，太尉杨秉举贤良方正，再迁为侍中。帝游上林苑，从容问曰："朕何如主也。"延对曰："陛下为汉中主。"帝曰："何以言之？"对曰："尚书令陈蕃任事则治，中常侍黄门预政则乱，是知陛下可与为善，可与为非。"帝曰："昔朱云折槛，今侍中面称朕违，敬闻阙矣。"

又曰：赵喜，字伯阳，南阳人。为太尉，受遗诏，典录丧礼。自王莽篡乱，旧典不存，皇太子与东海王等杂止同席，宪章无序。喜乃正色，横剑殿阶，扶下诸王，以明尊卑。

又曰：桓典，字公雅，荣之玄孙也。拜御史，执正无所回避。常乘骢马，京师畏惮，为之语曰："行行且止，避骢马御史。"

又曰：吴祐，字季英，陈留长垣人。大将军梁冀表为长史，及冀诬奏太尉李固，祐闻而请见，与冀争之，不听。时扶风马融为冀章，祐因谓融曰："李公之罪，成于卿手。李公即诛，卿何面目见天下人乎？"冀起入，祐亦径去。

又曰：李充迁侍中。大将军邓骘贵戚倾时，以充高节，卑敬之。尝置酒请充，宾客满坐，酒酣，骘跪曰："幸托椒房，位列上将，幕府初开，欲辟天下奇伟，以匡不逮，唯诸君博求其器。"充乃为陈海内隐居怀道之士，颇有不合。骘欲绝其语，以肉啖之。充抵肉于地，曰："士犹甘于肉！"遂出，径去。

又曰：崔琦数引古今成败戒梁冀。琦以言不从，失意，复作《白鹄赋》以为讽。梁冀见之，呼琦问："百官内外，各有司存，天下云云，岂独吾人之尤？"琦对曰："将军累世台辅，任齐伊尹，而德政未闻，元元荼炭，不能纳贞良，以救祸败，反复欲钳塞士口，杜蔽主听，将玄黄改色，马鹿易形乎？"冀无以对。

又曰：许敬，字鸿卿，汝南平舆人也。有吏诬君者，会于县令坐。敬拔佩刀断席，曰："敬不忍与恶人同席。"

《魏志》曰：苏则拜侍中，与董昭同寮。昭尝枕膝卧，则推下之，曰："苏则之膝，非佞人之枕。"

又曰：张承，字公先，范弟也。避地杨州，袁术问承曰："周室凌迟，则有桓、文之霸；秦失其政，则高祖接而用之。今孤以土地之广，士民之众，欲邀福齐桓，拟迹高祖，何如？"对曰："在德不在强。夫能用德以从天下之欲，虽由匹夫之资，而兴霸王之功，不足为难。若苟僭拟，于时而动，众之所弃，谁能兴之！"术不悦。

又曰：陈泰为匈奴中郎将，京邑贵人多致货，因市奴婢，泰皆挂名于壁，征为尚书，悉以还之。

又曰：蒋济入为散骑常侍。时有诏，诏征南将军夏侯尚曰："卿腹心重将，当使。恩施足死，惠爱可怀。可作威作福，杀人活人。"尚以诏示济。济既至，帝问曰："卿闻见天下风教何如？"济对曰："未有他善，但见亡国之语耳。”帝忿然作色而问其故，济具以答，因曰：“夫作威作福，《书》之明诫。天子无戏言，古今所慎。唯陛下察之！”于是帝意乃解，追取前诏。

又曰：辛毗，字佐治，颍川人。尝从帝射雉，帝曰：“射雉乐哉！”毗曰：“于陛下甚乐，而群下甚苦。”帝默然，后为之稀出。

又曰：王基，字伯舆，东莱人。为荆州刺史，书戒司马景王曰：“许允、傅嘏、袁保、崔赞皆一时正士，有直质而无流心，可与同政事者也。”景王纳其言。

《吴志》曰：张昭每朝见，言论辞气壮厉，义形如色，曾以直言逆旨，中不进见。后蜀使来，称蜀德美，而群臣莫拒，权叹曰：“使张公在坐，彼不折则废，安得复自夸乎？”明日，遣中使劳问，因请见昭。昭避席曰：“昔太后、桓王不以老臣属陛下，而以陛下属老臣，臣是以思尽臣节，以报厚恩，若乃变易恩虑，以偷荣取容，此臣所不能也。”权辞谢焉。

太平御览卷第四百二十八 人事部六十九

正直下

王隐《晋书》曰：刘毅，字仲雄，为司隶校尉，言议切直，无所回挠，故不至公辅。王基荐毅"方正亮直，介然不群，言不苟合，行不苟容。"

又曰：初，武帝知太子暗弱，后必乱国。然不能择才，遣荀勖及和峤重往观之。勖还，盛称太子德更进茂，不同西宫之时。峤曰："臣以为太子如故，不见更胜。此自陛下家事，非臣所尽知。"于是天下贵峤而贱勖。

干宝《晋纪》曰：高贵乡公薨，太祖会朝臣而谋。其日，太常陈泰不至，使其舅荀顗召之，垂涕而入。太祖谓曰："玄伯何以处我？"对曰："诛贾充以谢天下。"太祖曰："不可为，更思其次。"泰曰："但见其进，不知其次。"太祖乃不复问。

郭粲《晋纪》曰：初，王敦将下朝士共议。周顗以为敦刚愎不仁，亲害乎子，必能称兵以向朝廷。敦既克石头，顗与戴渊共诣敦，敦谓顗曰："伯仁卿负我。"顗答曰："公戎车内侮下官，亲帅六军不能其事，使王旅败绩，以此负公。"又问渊："吾此举动，天下为何如？"答曰："见形者谓之逆，体识者以为忠。"敦笑曰："若思卿能言。"

《晋中兴书》曰：纪回，字恭则。雅性方范，不畏强御。舟阳尹桓景，颇以佞事司徒导，甚昵之。会荧惑守南斗。经旬，导语回曰："南斗杨州分，而荧惑守之，吾当逊位以厌此谪。"回答曰："公与桓景造膝，荧惑何由退舍。"导其愧之。

又曰：初，庾冰兄弟每说显宗，国有强敌，宜须长君。显宗晏驾，何充建议曰："父子相传，先王旧典，忽妄改易，惧非长计。"冰等不从，遂立康帝。康帝临轩，冰充侍坐。帝曰："朕嗣洪业，二君之力也。"充对曰："陛下龙飞，臣冰之力；若如臣议，不睹升平之世。"其强正不挠，率皆如此。

又曰：王彬，字世儒。从兄敦入石头，中宗使彬衔命慰劳。会周顗被杀，彬往哭顗，既而见敦，敦怪其有涕洟，问其所以。彬曰："向哭伯仁，情不能已。"敦曰："伯仁自致刑戮，且凡人遇汝，复何为哉！"彬曰："伯仁世誉与君齐，行忠烈之轨，邈焉难逮，其有何罪而致祸戮！"勃然数敦曰："兄抗旌内侮，戮杀忠义，谋图不轨，祸及门户。"敦大怒，厉声曰："尔之狂悖乃可至此，为吾不能杀汝耶！"丞相导在坐，劝彬起谢。彬曰："昨暴脚痛，不能拜，且此复何所谢。"意气自若。敦曰："脚痛孰若颈痛？"然犹以至亲，忍不加害。

檀道鸾《续晋阳秋》曰：初，淮陵内史虞珧子妻裴，以尺牍辩利兼服食绝谷，常衣黄衣，状若学道。司马道子常延致，甚悦其才，每与百官饮宴，裴亦预焉。悉令与宾客谈，众人皆为降节。王恭辞曰："恭闻男女之别，国之大节，未闻宰相之坐有失行妇人。"一坐竦然，道子为惭。

崔鸿《十六国春秋·后赵录》曰：张进元城屠各人也。为刺奸外部都督，纠举不避豪右，军中惮之，号曰："张霹雳"。

又《前凉录》曰：氾祎，字休臧，敦煌人。为福禄令，刚直不事上府。酒泉太守马汉遣督邮张休祖劾祎，休祖曰："君不闻宁逢三千头虎，不逢张休祖乎？"祎怒，以印击肘，出而就缚。缚讫，发印以告。从事闻休祖坐不解印，擅缚令长，以大不敬论，祎迁居延令。

又《前秦录》曰：王堕，字安生，京兆霸城人也。博学有雄才，性刚愎，疾恶，雅好直言。疾董荣如仇仇，每朝见之，略不与言，人谓之曰："董尚书贵幸一时，以宜降意。"堕曰："何鸡狗而令国士与之言乎？"荣闻而惭恨，故说符生诛之。及刑，荣谓堕曰："君今复敢不数董龙作鸡狗乎？"堕瞋目而叱之。龙，荣之小字也。

《后魏书》曰：尉聿，字成兴，性耿介，肃宗时为武卫将军。领军玄乂秉权，百寮莫不致敬，聿独长揖不拜，出为凉州刺史。凉州绯色，天下之最，又送白绫二千匹，令聿染之。聿拒而不许。

又曰：古弼，代人也，少忠谨，善骑射。初为猎郎，使长安，称旨，转门下奏事，以敏正著称。太宗嘉之，赐名曰笔。取其直而有用，后改名弼，言其有辅佐才也。上谷民上书，言苑囿过度，民无田业，宜减大半，以赐贫者。弼览而善之，入欲陈奏，遇世祖与给事中刘树棋，志不听事。弼侍坐良久，不获申闻。乃起，于世祖前捽树头，掣下床，以手搏其耳，以拳欧其背曰："朝廷不治，实尔之罪！"世祖失容曰："于棋，不听奏事。实在朕躬，树有何罪？置之！"弼乃具状以闻。世祖奇弼公直，皆可其所奏，以与百姓。

又曰：游肇之为廷尉也，世宗尝私敕肇有所降恕，肇执而不从。曰："陛下自能恕之，岂是令臣曲笔也。"其执意如此。

又曰：于烈，世宗初，咸阳王禧当权，遣家奴传信于烈曰："须旧羽林虎贲执仗出入。"烈曰："天子谅暗，事归宰辅，领军但知典掌宿卫，有诏不敢违，理无私给。"奴惘然而返，以报禧。禧遣谓烈曰："我号天子儿，天子叔，元辅之命。与诏何异？"烈厉色曰："其若是诏，应遣官人，何由遣私奴索官家羽林？烈头可得，羽林不可得！"禧恶其刚直，遂议出之，乃授恒州刺史。

又曰：于忠尝侍宴世宗，赐之剑杖，令出入周旋，恒以自卫，迁侍中，辞无文。世宗曰："今文人不少，但心直不如卿。欲使卿劬劳于下，我无忧于上。"

又曰：录尚书、高阳王雍，欲以令史朱晖为廷尉评，频烦托吏部尚书元顺，顺不为用。雍遂下命用之，顺投之于地。雍闻大怒，昧爽坐都厅，召顺曰："身，天子之子，天子之弟，四海之内，亲尊莫二，元顺何人，以身成命，投弃于地！"顺徐谓雍曰："高祖迁宅中土，创定九流，官方清浊，轨仪万古。而朱晖小子，身为省吏，何合为廷尉清官！殿下既先皇同气，宜遵成旨，自有短垣而复逾之也。"

《周书》曰：王罴，字熊，霸陵人也。质直木强，处物平当，州闾敬惮焉。

《三国典略》曰：初，周万年县令乐运，抑挫豪右，时称强直，帝甚嘉之。特许通籍，事有不便，咸令奏闻。至是，召运赴行在所。既至，问之曰："卿来日见太子否？"运曰："臣来日奉辞。"帝曰："卿言太子何如人也？"运曰："中人。"时齐王宪等并在帝侧，帝顾之，谓曰："百官佞我，皆云太子聪明，唯运独云中人，方验之忠直。"因问中人之状。运曰："班固比齐桓为中人，管仲相之则霸，竖貂辅之则乱。可与为善，可与为恶。"帝曰："我知之矣！"超拜运为京兆郡丞。

吴均《齐春秋》曰：王僧虔，性甚方直，远近望之，咸曰："如水镜也。"

《唐书》曰：苏世长，高祖待之意甚厚。高祖谓曰："卿自谓谄佞耶？正直耶？"对曰："臣实愚直。"高祖曰："卿若直，何为背世充而归我？"对曰："洛阳既平，天下为一，臣智穷力屈，始归陛下。向使世充尚在，臣据汉南，天意虽有所归，人事足为勍敌。"高祖大笑。尝又嘲之曰："名长意短，口正心邪，充忠贞于郑国，忘信义于吾家。"世长对曰："名长意短，实如圣旨；口正心邪，未敢奉诏。"

又曰：桓彦范为大理，凡所奏议，若逢人主诘责，则辞色无惧，争之愈厉。又常谓所亲曰："今既躬为大理，人命所悬，必不能顺旨诡辞以求苟免。"

又曰：高宗使宦者缘江采异竹，将于苑中植之。宦者所在纵暴，还过荆州。苏良嗣囚之。因上疏切谏，称："远求珍异，以疲道路，恐非圣人抑己爱人之道。又小人窃弄威福，以亏皇明。"言甚切直。疏奏，高宗下诏慰勉，遽令弃竹于江中。

又曰：高宗谓侍臣曰："邢文伟事我儿能减膳切谏，此正直人也。"遂擢拜右史。

又曰：宪宗以李绛为相，同列李吉甫便僻，善逢迎上意，绛梗直，多所规谏，故与吉甫不叶。绛性刚讦，每与吉甫争论，人多直绛。宪宗察绛忠正自立，故绛论奏，多所允从。

又曰：武元衡从父弟儒衡，字庭硕，才度俊伟，气直貌庄，言不妄发，与人交友，终始不渝。相国郑馀庆不事华洁，后进趋其门者多垢衣败服，以望其知。而儒衡谒见，未辄易所好，但与之正言直论，馀庆亦因重之。

《晏子春秋》曰：景公观于淄上，叹曰："使国可长保，而传之子孙，岂不乐哉！"晏子曰："今君临民若寇仇，见善如避热，不亦难乎？"

又曰：景公昼被发，乘六马，御妇人以出正闺。刖跪击马而反之，曰："非吾君也！"公惭而不朝。晏子曰："臣闻下无直辞，上有堕君，民多矫行。今君有失行而刖跪直禁，是君之福也。"于是令刖跪倍资。

又曰：景公见梁丘据，公曰："与我和？"晏子曰："此同也。和者，君甘则臣酸，君淡则臣咸；今据也，君甘则甘，所谓同也。安得为和？"

《尸子》曰：范献子游河，大夫皆在。君曰："孰知栾氏之子？"大夫莫答。舟人清涓舍楫，答曰："君奚问栾氏之子？"君曰："自吾亡栾氏也，其老者未死，少者壮矣。"清涓曰："善修晋国之政，内得大夫，外不失百姓，虽栾氏子，其若君何？若不修晋国之政，内不得大夫，而外失百姓，则舟中之人皆栾氏子也。"君曰："善！"

《吕氏春秋》曰：熊意见齐宣王曰："寡人闻子好直，有之乎？"对曰："意何能直？意闻好直之士，家不处乱国，身不见汙君，今意身得见君而家托乎齐，意何能直！夫贤主所以贵士者，以其能直言也。言直则枉者见，人主欲闻枉而恶直，是鄣水源而欲其流也。"

《说苑》曰：魏武侯浮西河而下中流，谓吴起曰："美哉，山河之固，此魏之宝也！"对曰："在德不在险。昔三苗氏，左洞庭而右彭蠡，德义不修而禹灭之；夏桀之居，左河济而右太华，伊阙在南，羊肠在北，修政不仁而汤放之；殷纣之国，左孟门而右太行，常山在其北，大河经其南，修政不德而武王伐之。由此观之，在德不在险。若君不修德，船中之人尽敌国也。"武侯曰："善。"

又曰：秦始皇既有天下，乃召群臣而议曰："昔五帝禅贤，三王世继，孰是，将为之？"博士七十人未对。鲍白令之对曰："天下官则禅贤是也，天下家则世继是也，故五帝以天下为官，三王以天下为家。"秦皇帝仰天叹曰："吾德出乎五帝，将官天下，谁可使代我后者。"鲍白令之对曰："陛下行桀纣之道，欲为五帝之禅，非陛下所能行也。"秦皇大怒曰:“令之前! 若何以言我桀纣之道也? 速说之, 不解则死。”令之对曰:“陛下筑台于云宫殿五里, 建千石之钟, 立万石之簴, 妇女连百, 倡优累千, 兴作丽山宫室, 至雍相继不绝, 所以自奉者, 殚天下竭民力, 陛下所谓自营仅存之主耳, 何暇比德于五帝欲官天下哉!”秦皇帝暗然无以应, 面有惭色。

《新序》曰: 齐景公游于牛山之上, 而北望齐, 曰:“善哉, 国乎! 使古无死者则寡人将去斯如之何?”乃泣沾襟。高子曰:“然! 赖君之赐, 蔬食恶肉可得而食也, 驽马栈车可得而乘也, 且不欲死, 而况吾君乎?”俯而垂泣。晏子拊手而笑曰:“乐哉, 今日婴之游也! 见怯君一, 而谀臣二, 使古之无死者, 则太公、丁公至今犹存。吾君方将被衰笠而立乎畎亩之中, 唯事之恒, 何暇念死乎?”景公惭焉。

又曰: 晋平公间居, 师旷侍坐。平公曰:“子生无目, 子之默默也。”师旷对曰:“天下有五默默, 而臣不得预一焉!”平公曰:“何谓也?”师旷曰:“群臣行赂, 以采名誉, 百姓侵冤, 无所告诉, 而君不悟, 此一默默也; 忠臣不用, 用臣不忠, 下才处高, 不肖处贤而君不悟, 此二默默也; 奸臣欺诈, 空虚府库, 以其少才覆塞其恶, 贤人逐, 邪臣贵, 而君不悟, 此三默默也; 国贫民罢, 上下不和, 而好财用兵, 嗜欲无厌, 谄谀在傍, 而君不悟, 此四默默也; 至道不明, 法令不行, 吏民不正, 百姓不安, 而君不悟, 此五默默也。国有五默默而不危者, 未之有也。臣之默默何害乎国家哉!”

又曰: 周舍立赵简子门三日三夜, 简子使问之, 曰:“夫子将何以教寡人?”对曰:“愿为君谔谔之臣, 墨笔操牍, 随君之后, 伺君过而书之。”简子悦之。

又曰: 魏文侯与士大夫坐, 问曰:“寡人如何君也?”群臣皆曰:“君, 仁君也!”至任座曰:“君, 非仁君也。”曰:“子何以言之?”对曰:“君伐中山不以封君之弟, 而封君之子, 是以知君非仁君也。”文侯怒, 逐任座。次到翟璜, 对曰:“君, 仁君也。”曰:“何以言之?”对曰:“臣闻其君贤者, 其臣言直, 向任座之言直, 是以知君之仁也。”文侯曰："善！"复召任座。

《郭子》曰：王含为庐江，含，字处弘，敦兄也。贪强狼藉，王敦欲护其兄，故于众坐中称："家兄在郡为政定善，庐江人咸称之。"时何充为主簿，在坐正色曰："充即庐江人，所闻异于此。"

《汉南先贤传》曰：李宣，字公休，为太尉黄琼所辟。是时寒暑不和，羌夷数起，琼见掾属曰："是太尉无德，愿诸掾有以匡之。"掾东平王象对曰："昔尧遭洪水之变，汤有六年之旱，自上圣之君，谁能无此！明公日昃恪勤，衮职修理，小掾等无以加增。"如此至数人，琼欣笑。次及宣乃仰曰："明公被日月之衣，居上司之位，辅弼天子，处谏诤之职，未有对扬謇謇之言，其所旌命，不授岩谷之士，小掾私以于邑。小掾闻之，三台不明，责在三公，愿明公深思，消复灾异，进纳忠良。"众人默然惭愧。

《华阳国志》曰：中山诸王每过温县，必责求供给，温吏民患之。李密至县，中山王过，欲征刍茭薪蒸。密引高祖过沛，宾客老幼，礼桑梓之恭，一无烦扰，伏唯明王孝思唯则，本国望风，式歌且舞，诛求之疲，所未闻命。后诸王经过，不烦温县。

又曰：陈禅，字纪山，安汉人也。拜谏议大夫。西域献幼伎，天子与公卿观之，禅独伏不视。

《李固外传》曰：梁冀欲立清河王，常侍曹腾闻议定，见冀曰："清河为人严明，若遂即位，将军受祸不久矣。"冀更会议立蠡吾侯子，唯固与杜乔深据本议。桓帝立，固与杜乔以本立菻下狱。太后诏出固，冀乃复令黄门常侍作飞章虚奏，收固等系狱，皆死。京师谚曰："直如弦，死道边；曲如钩，反封侯。"

《孔融别传》曰：袁术僭乱，曹操托杨彪与术婚姻，诬以欲图废置，奏收下狱，劾以大逆。融闻之，不及朝服往见操曰："杨公四世清德，海内所瞻，《周书》父子兄弟，罪不相及，况以袁氏归罪！《易》称积善余庆，徒欺人耳？"操曰："此国家之意。"融曰："假使成王杀邵公，周公可得言不知耶？缨绥缙绅所以瞻仰明公者，以公聪明仁智，辅相汉朝，举直措枉，致之雍熙。今横杀无辜，则海内观听莫不解体。孔融鲁国男子便当拂衣而去。”操不得已，遂理出彪。

《樊英别传》曰：顺帝策书备礼，玄纁征英，诏切郡县驾载上道。英不得已到京师。称疾不肯赴。乃强舆入殿，犹不以礼屈。帝怒曰：“朕能生君，能杀君；能贵君，能贱君；能富君，能贫君。君何慢朕？”英曰：“臣受命于天，生尽其命，天也；死得其命，亦天也。陛下焉能生臣，焉能杀臣！臣见暴君，如见仇仇，立朝犹不肯，可得贵乎？虽在布衣之列，环堵之中，晏然自得，不易万乘之尊，又何得而贱乎？陛下焉能贵臣，焉能贱臣！臣非礼之禄，万钟不受也；若申其志，虽箪食不厌也。陛下焉能富臣，焉能贫臣！”帝不能屈，而敬其名，使出就太医养疾，日置羊酒。

《语林》曰：晋王敦与世儒议下都。世儒以朝廷无乱，且唱兵始，自古所难谏诤甚苦处。冲变色曰：“吾过蒙恩遇，受任南夏，卿自同奸邪，阻遏义举，王法焉得相私？”因目左右令进。世儒正色曰：“君昔岁害兄。今又杀弟，自古多士，岂有如此举动！”言毕流涕。敦意乃止。

《王符论》曰：国以贤兴，以谄衰；君以忠安，以佞危。此古今之常论，而时所共知也。然衰国危君继踵不绝者，岂时无忠信正直之士哉？诚苦其道不得行耳。

太平御览卷第四百二十九 人事部七十

公平

《尚书·洪范》曰：无偏无党，王道荡荡。无党无偏，王道平平。

《礼记》曰：昔卫献公出奔反国，及郊，将班邑于从者而后入。柳庄曰："如皆守社稷，则孰执羁靮而从？如皆从，则孰守社稷？君反其国而有私也，无乃不可乎！"于是弗果班。

又《孔子闲居》曰：子夏曰："三王之德，参于天地。敢问何如？"孔子曰："奉三无私以劳天下。"曰："敢问何谓三无私？"子曰："天无私覆，地无私载，日月无私照。奉斯三者以劳天下。"

又《儒行》曰：儒有内称不避亲，外举不避怨。

《左传·文上》曰：贾季奔狄。宣子使臾骈送其孥。孥，妻子也。宣子以贾季中军之佐同官故也。夷之搜，贾季戮臾骈，臾骈之人，人，臾骈从臣也。欲尽杀贾以报之。臾骈曰："不可。吾闻《前志》有之曰：敌惠敌怨，不在后嗣，忠之道也。敌，犹对也。夫子礼于贾季。我以其宠报私怨，无乃不可乎？介人之宠，非勇也。介，因也。损怨益仇，非智也。以私害公，非忠也。释此三者，何以事夫子？"尽具其孥，与其器用财贿，亲帅捍之，送致诸境。

又《襄上》曰：祁奚请老，晋侯问嗣焉。称解狐，其仇也，将立之而卒。解狐之卒。又问焉，对曰："午也可。"午，祁奚子。于是羊舌职死矣，晋侯曰："孰可以代之？"对曰："赤也可。"赤，职之子伯华。于是使祁午为中军尉，羊舌赤佐之。君子谓："祁奚能举善矣。称其仇，不为谄。立其子，不为比。举其偏，不为党。《商书》曰：无偏无党，王道荡荡。其祁奚之谓矣！"

又《昭二十八年》曰：晋韩宣子卒，魏献子魏舒为政。魏戊为梗阳大夫。戊，舒之庶子也。梗阳，在太原也。魏子谓成鱄："吾与戊也县，人其以我为党乎？”鲋，晋大夫。对曰：“何也？夫举无他，唯善所取，亲疏一也。”

《论语·雍也》曰：子游为武城宰。孔子问之曰：“汝得人焉耳乎？”汝为此宰，宁得贤人与之。耳，语助也。对曰：“有澹台灭明者，行不由径。非公事，未尝至于偃之室。”

《史记》曰：邑人出猎，任安常为人分麋鹿雉兔，部署小大剧易，众人皆喜，曰：“任少卿分别平。”

又曰：陈平为社宰，分肉甚均。里父老曰：“善哉！陈孺子之为宰！”平曰：“嗟乎，使平得宰天下，亦如此肉。”

《汉书》曰：萧何不与曹参相能，及何病，惠帝自临视，因问：“君即百岁后，谁可代君？”对曰：“知臣莫若主。”帝曰：“曹参何如？”何稽首曰：“帝得之矣。臣死不恨。”

又曰：朱邑惇笃于故旧，然性公正，不可交以利。天子器之。

《东观汉记》曰：耿嵩，字文都，钜鹿人。履清高之节，髫童介然特立，不随于俗，乡党大人莫不敬异之。王莽败，盗贼起，宗族在兵中，谷食饥贵，宗家数百人，升合分粮。时嵩年十二三，宗人长少咸共推令主廪，莫不称平。

又曰：阴兴，字君陵，尽忠竭思，其无益于国。虽在骨肉，不以私好害公义。与张宗、鲜于褒不相喜，而知其有用，犹称其所长而荐之。张汜、杜禽之徒与兴厚善，以其华而少实，私货以财，终不为言，是以世称其忠平。

又曰：第五伦，字伯鱼。京兆尹阎兴召为主簿。时长安铸钱多奸巧，乃署伦为督铸钱掾，领长安市长。伦平铨衡，正斗斛，市无阿枉。百姓悦服。

又曰：吴汉尝出征。妻子在后买田业。汉还，让之曰：“军师在外，吏士不足，何多买田宅乎！”遂尽以分与昆弟外家。

谢承《后汉书》曰：张陵，清河人。初为梁冀弟胤举孝廉。正月初岁，百官朝贺，冀恃豪势，不恤王宪，带剑入省。陵主台中威仪，呵冀使出，敕羽林虎贲夺其剑。胤为陵曰：“昔举君适所以自伐也。”答曰：

“明府不以陵之不德，误见擢序，不敢阿公以报私恩。”胤有愧色。

华峤《后汉书》蔡孟喜，汝南顿人，以礼化乡里。乡里有诤讼者，辄诣喜决之。其所平处，皆曰无怨。

范晔《后汉书》曰：袁绍，官渡之役，审配二子，为曹操所擒。逢纪与配不睦，绍以问之。纪对曰：“配天性烈直，每所言行，慕古人之节，不以二子在南为不义也，公勿疑之。”绍曰：“君不恶之耶？”纪曰：“先所争者私情，今所陈者国事。”绍曰：“善！”乃不废配。

又曰：苏章，字孺文，扶风平陵人。顺帝时，迁冀州刺史。故人为清河太守，章行部案其奸赃。乃请太守，为设酒肴，陈平生甚欣。太守喜曰：“人皆有一天，我独有二天。”章曰：“今夕苏孺文与故人饮者，私恩也；明日冀州刺史案事者，公法也。”遂举正其罪。

《典略》曰：荀彧在台阁，不以私欲挠意。彧有群从一介，才德实薄，或谓彧曰：“以君当事，不可以某为议郎耶！”彧笑曰：“官者，所以表才也，若如汝言，众人其谓我何？”其持心平实皆类此也。

《魏志》曰：王观，字伟台，东郡廪丘人。为南阳太守。明帝即位，下诏书使郡县条为剧、中、平者。主者欲言郡为中平，观教曰：“此郡滨近外虏，数有寇害，云何不为剧耶？”主者曰：“若郡为外剧，则恐于明府有任子。”观曰：“夫君者，所为民也。郡外剧，则于役调当有降差。岂可为太守之私而负一郡之民？”遂言为外郡，送任子诣邺。时观但有一子而又幼弱。其心公如此。

又曰：魏国初建时，未立太子。临淄侯植有才而爱。太祖狐疑，以函令密访于外。唯崔琰露板答曰：“盖闻《春秋》之义，立子以长，加五官郎将仁孝聪明，宜承正统。琰以死守之。”植，琰之兄女婿，太祖贵其公亮。

《蜀志·廖立传》曰：诸葛亮为人公直，表废立，徙汶山。立闻亮卒，泣曰：“吾其左衽矣。”

又《李严传》曰：亮表废平，徙梓潼。平闻亮卒，乃发病死。习凿齿曰：夫水至平而邪者取法，镜至公而丑者忘怒。水镜之所以能穷物而不怒者，以其无私也。水镜无私，犹以免谤，况大人君子怀乐生之心，流矜恕之德，爵之而非私，诛之而非怒，天下岂有不服也哉！故《蜀志》评曰："诸葛亮之为国，开诚心，布公道。其尽忠益时者虽仇必赏，犯法怠慢者虽亲必罚。"

《吴志》曰：吕蒙，字子明。尝以部曲事为江夏太守蔡遗所白，蒙无恨意。及豫章太守顾邵卒，权所问用，蒙因荐遗奉职佳吏，权笑曰："君欲为祁奚耶？"于是用之。甘宁粗暴好杀，既尝失蒙意，又时违权令，权怒之，蒙辄陈请，曰："天下未定，斗将如宁者难得，宜容忍之。"权遂厚宁，卒得其用。

徐广《晋纪》曰：刘弘，字和季，在襄阳。帝在西京，命弘选良才。乃称守宰征士武陵王朝，字世朗，高尚；荆王牙门将鲁国皮初，有勋江汉。弘上言朝为零陵太守，初为襄阳内史。诏以襄阳显郡，初资名未允，以弘婿前东平太守夏侯陟为襄阳。弘曰："夫总天下者，当与天下同心；治一国者，当与一国推实为任。吾总荆州十郡，安得十女婿然后为治！"乃表"陟婚亲，旧制不得相临。"

《燕书》曰：梁琛使秦，琛从兄弈先在秦为尚书郎。会罢，秦主欲令琛止栾舍。琛语有司曰："昔诸葛亮兄弟各处三国，及其聘集，公朝相见，退无私面。君子之志，余敢忘乎？"竟不诣。弈数就邸舍，因问东国起居。琛曰："今二方鼎据，兄弟并蒙附宠，论心有所在，今欲以东国事语君，恐非西国之所欲闻。"

《周书》曰：王罴，字熊，京兆霸陵人也。性严急，处物必当。每至享会，自秤量酒肉，给付将士，时人尚其均平。

《宋书》曰：张邵有佐命功。元嘉五年，为征虏将军，领宁蛮校尉。初，王华与邵不和，及华参要，亲旧为之危心。邵曰："子陵方弘至公，岂以私隙害正义。"是任也，华实举之。

《唐书》曰：房玄龄为尚书左仆射，既任总百司，虔恭夙夜，尽心竭节，不欲一物失所。闻人之善，若已有之。明达吏事，而缘饰以文雅，审定法令，意在宽平。不以求备取人，不以己长格物，随能收叙，无隔卑贱。论者称为良相焉。

又曰：张文瓘为大理卿，旬日决遣疑事四百余条，莫不允当，自是人有抵罪者，皆无怨言。

又曰：奚陟，字殷卿。知吏部选事，铨综平允，有能名，迁吏部侍郎。所莅之官，时以为称职。

又曰：韦承庆自天授已来，三掌天官选事，铨授平允，海内称之。

又曰：杨纂除吏部侍郎，典选十余载，铨叙人伦，称为允当。然而抑文雅，进黠吏，观时任数，颇为时论所讥。

《尸子》曰：自井中窥星，所见不过数星；自丘上望之，则见其始出也。夫私心井中，公正丘上也。

《慎子》曰：有权衡者，不可欺以轻重；有尺寸者，不可差以长短；有法度者，不可巧以诈伪。

又曰：夫投钩分财，投策分马，非以钩策为均也。使得美者，不知所以德；得恶者，不知所以怨。故蓍龟所以立公识也，权衡所以立公正也，书契所以立公信也，度量所以立公审也，法制礼籍所以立公义也，凡立公所以弃私也。

《国语》曰：赵宣子言韩献子于灵公，以为司马。宣子，赵孟。献子，韩厥。河曲之役，赵孟使人以其乘车奸行，献子执而戮之。众咸曰："韩厥必不役矣。其主朝登之而夕戮其车。"车，车仆也。宣子召礼之，告诸大夫曰："可贺我矣。吾举厥而忠，吾乃今知免于罪矣。"

《家语》曰：澹台灭明，公正无私。

《韩诗外传》曰：直者，顺道而行，顺理而言，公平无私。不为安肆志，不为危易行。

又曰：楚有白公之难，有壮之善者，辞其母将死君难。其母曰："弃母死君何乎？"壮之善曰："闻事君者内其禄，而外其身。今之所养母者，君禄也。请往死之。"比至朝，三废车中。其仆曰："子惧如是，何不返也。"壮之善曰："惧，吾私也，死，吾公也，吾闻君子不以私害公。"遂往死之。

《韩子》曰：古之全大体者，则天地，观江海，不以智累心，不以私累己。寄治乱于法术，托是非于赏罚，属轻重于权衡。不逆天理，不伤情性。不引绳之外，不推绳之内；不急法之外，不缓法之内。守成理，因自然，祸福主乎道，法而不出乎爱恶，荣辱之责在己，而不在乎人。故名成于前，德垂于后，治之至也。

又曰：解狐与荆伯柳为怨，赵简主问于解狐曰："孰可以为上党守？"对曰："荆伯柳可。"赵简主曰："非子之仇乎？"对曰："臣闻忠臣举贤，不避仇仇；其废也，不阿亲近。"简主曰："善。"遂以荆伯柳为守。《韩诗外传》曰：魏文侯问解狐曰："寡人将立西河之守，谁可用？"解狐举其仇荆伯柳，文侯乃用。

又曰：为人臣者，北面委质。有口不以私言，有目不以私视。

又曰：解狐荐其仇，以为相。其仇往拜谢，解狐引弓迎而射之。

《吕氏春秋》曰：尧有子十人，不予其子而授舜；舜有子九人，不予其子而授禹；至公也。《周语》曰：舜有商均，此曰九子，不知出何书？墨者巨子腹䵍，居秦，巨，姓。子，男子通称。䵍，续大车哼哼之哼也。其子杀人，秦惠王曰："先生之年长矣，非有他子，寡人已令吏弗诛。"对曰："墨者之法：杀人者死，伤人者刑。此所以禁杀伤，天下之义也。王虽为之赐，赐，爱。而令吏弗诛，腹黄享不可不行墨者之法。"遂杀之。子，人之所私也，忍所以行大义，巨子可谓公矣。

又曰：晋平公问祁黄羊曰："南阳无令，其谁可？"乃举其仇解狐。又问："国无尉，其谁可？"乃举其子午。孔子闻之曰："祁黄羊可谓至公也。"

又曰：天无私覆，地无私载，日月无私烛，四时无私为。

又曰：昔先圣王之治天下，必先公，公，正也。公则天下平矣。其得之必以公，其失之必以偏。偏，私下正。

又曰：荆人有遗弓者，弗肯索，曰："荆人遗之，荆人得之，又何求焉？"孔子闻之曰："去其荆而可矣。"老聃闻之曰："去其人而可矣。"故老聃则至公得矣。

又曰：天下非一人之天下也，天下之天下也。《书》云："皇天无亲，唯德是辅，故天下之天下。阴阳之和，不私长一类；甘露时雨，不私长一物；私，犹异也。万民之主，不阿一人。

又曰：夏不衣裘，非爱裘也，暖有余也。冬不用翣，翣，扇也。非爱翣也，清有余也，清，寒。圣人不为私，非爱费也，节乎己也。

《说苑》曰：人臣之公，治官事则不营私，处公门则不言货，当公法则不阿亲，奉公举则不避仇。雠忠于事君，谓之公。

又曰：楚令尹虞丘子言于庄王曰："臣闻奉公行法，可以得荣；能浅行薄，无望上位。臣为令尹十年，国不加治，窃选俊士孙叔敖，秀才多能，其性无欲，君举而授之政，则国可宁。"庄王从之，赐虞丘子田三百，号曰国老。以孙叔敖为令尹。少焉而虞丘子家干法，孤叔敖执而戮之。虞丘子喜，入见于王言："孙叔敖果可使，持政奉国，法而不党，施刑戮而不乱，可谓公平。"庄王曰："夫子之赐也。"

又曰：楚令尹子文族有奸法者，廷理拘之。闻其令尹族也，释之。子文召廷理而责之，曰："今立廷理者，将以伺犯王令、察触国法者也。于犯法甚明，而使廷理缘吾私心释之，是吾不公之心明著于国。执一国之柄而以私闻，吾生无义，吾不若死。"遂致其族人于廷理，曰："不是刑也，吾将死。"廷理惧，遂刑其族人。

又曰：晋文侯问于咎犯，谁可使为西河守者？对曰："卢子羔可。"曰："子羔非汝之仇欤？"曰："君问可为守者，非问臣之仇也。"子羔见咎犯谢之曰："君幸赦臣之过，荐于君得为西河守。"咎犯曰："荐子者公也，吾不以私事害公义，子其去矣，顾吾射之矣。"

《周生列子》曰：天下所以平者，政平也。政所以平者，心平也。心所以平者，衡平也，衡所以平者，铢两平也。铢两所以平者，毫厘平也。无所不均也，无所不平也，谓之太平。夫天之于物无所偏阿，君之散恩无所外内。

《任子》曰：以义事主，不私其己；以仁接人，不谋其欲。火佚焚家，家不罪火；食过伤人，人不罪食。以其积之于仁义，无私害也。伊尹放太甲，太甲无怨心；管仲黜伯氏，伯氏无怨言。以其积之于公正，无私恶也。

《抱朴子》曰：君人者必修诸己，以先四海，去偏党，以平王道，遣私情，以标至公。

《魏武令》曰：今寿春、汉中、长安，先欲使一儿各往督领之，欲择慈孝不违吾令儿，亦未知用谁也。儿虽小时见爱，而长大能善，必用之。吾非有二言也，不但不私臣吏，儿子亦不欲有所私。

《诸葛亮书》曰：吾心如秤，不能为人作轻重。应亨与州将笺曰："夫公正治化之本，德教之基。公则无私，正则无邪。无邪无私而患政教不行，未之有也。"昔叔向论叔鱼之罪，石碏讨石厚之乱，祁奚称解狐之贤，臧纥思孟孙之爱，《春秋》嘉之。敦崇世教，经乎百王，厝乎盛衰，其义不倾，公正之德弘矣，重矣。明君之所以总天下，贤臣之所以奉上，民庶之所以系仰，德化之所以美盛，公正之可不勉哉！

曹羲《至公论》曰：夫世人所谓掩恶扬善者，君子之大义保明同好，朋友之至交斯旨之作，盖闾阎之白谈，所以救爱憎之相谤，崇居厚之大分耳，笃正之至理，折中之公议也。世士不料其教，而系其故，善恶不分，以覆过为弘，朋友忽义，以雷同为美。善恶不分，乱实由之；朋友雷同，败必从焉。谈论以当实为清，不以过难为贵。相知者以等分为交，不以雷同为固。是以达者存其义，不察于文，识其心，不求于言。

嵇康《释私论》曰：不知冒阴之可以无景，而患景之不匿；不知无情之可以无患，而恨情之不巧，岂不哀哉！未有抱伪而身立清世，藏情而信著明君者也。是以君子既有其质，又睹其鉴；贵夫亮达，希而存之；恶夫矜吝，弃而远之。言无苟讳，而行不苟隐。不以爱之而苟善，不以恶之而苟非。心无所矜而情无所击，体清神立而是非允当。忠感明天子，而信笃乎万民；寄胸怀于八荒，垂坦荡于永日。斯非贤人君子高行之美者乎？

太平御览卷第四百三十　人事部七十一

信

《释名》曰：信，申也。相申束，使不相违也。

《易·中孚》卦曰：信及豚鱼。豚鱼，喻卜民也。

又《乾·文言》曰：君子忠信所以进德也。

《韩诗外传》曰：受命之主，正其衣冠而立俨然，人望而信之。其次闻言而信，次见其行而信。既闻其言，既见其行，众皆不信，民之下也。

又曰：孟子少时，东家尝杀猪。孟子问其母曰："东家猪何为？"其母曰："欲啖汝。"母悔失言，曰："吾怀是子，席不正不坐，割不正不食，胎教之也。今适有知而欺之，是教之不信。"乃买东家猪肉以食之，明不欺也。

《礼记·儒行》曰：儒有不宝金玉，而忠信以为宝。

又曰：忠信以为甲胄。

《左传·僖中》曰：晋侯围原，命三日之粮。原不降，命去之。谍出，曰："原将降矣。"军吏曰："请待之。"公曰："信，国之宝也，民之所庇也，得原失信，何以庇民？所亡滋多。"退一舍而原降。《吕氏春秋》云：七日期，原不下，去之也。明年复伐，与土期，必得而反原，闻之乃下。卫人曰："文公信至矣。"乃归之。故曰："攻原得卫。"《新序》云：温人闻之而降，故曰："伐原得温。"

又《僖下》曰：王子虎盟诸侯于王庭，要言曰："皆奖王室，无相害也。"君子谓是盟也信。

《公羊传》曰：庄公会齐侯，盟于柯，庄公将会，曹子进曰："君之意何如？"庄公曰："寡人之生则不若死。"自伤与齐侯仇不能复也。曹子曰："然则君请当其君，臣请当其臣。"庄公曰："诺！"于是会庄公，升坛，曹子手剑而从之。管子进，曰："君何求？"曹子曰："城坏压境，齐数取鲁邑以渝信。君不图欤？君为齐桓公也，不当许侵鲁地太甚。愿请汶阳之田。"管仲顾曰："君许诺。"桓公曰："诺。"曹子请盟已，曹子摽剑而去之。要盟可犯，而桓公不欺；曹氏可仇，而桓公不怨。桓公之信，著乎天下，自柯之盟始也。

又《僖公》曰：晋献公死，奚齐立。里克谓荀息曰："君杀正废长而立幼，如之何？愿与子虑之。"荀息曰："君尝讯臣，臣对曰：使死者反生，生者不愧乎其言，则可请信矣。"里克知其不可与谋，退杀奚齐。荀息立卓子，里克杀卓子，荀息死之。荀息可谓不食其言矣。

《论语·学而》曰：信近于义，言可复也。复，覆也。言语之信可反覆。

又《颜渊》曰：子贡问政。子曰："足食，足兵，民信之矣。"子贡曰："必不得已而去，于斯三者何先！"曰："去兵。"曰："必不得已而去，于斯二者何先？"曰："去食。自古皆有死，民无信不立。"言民所□急者信也。

《尔雅》曰：西至日入，所为太蒙，太蒙之人信。

《史记》苏秦说燕王曰：尾生与女子期于梁下，女子不来，水至不去，抱梁柱而死。

又曰：楚庄王围宋，五月不解，宋城中急无食。华元乃夜私见楚将子反，告庄王。王问曰："城中何如？"曰："析骸而炊，易子而食。"王曰："诚哉是言！我军亦有三日粮。"以其信故，遂罢兵去。

又曰：季札之初使北，过徐君，徐君好季札剑，口弗敢言。季札心知之。为使上国，未献。还至徐，徐君已死，于是乃解其宝剑，系徐君冢树而去。从者曰："徐君已死，尚谁与乎？"季子曰："不然。始吾心已许之，岂以死背吾心！"

《汉书》曰：季布楚人，以任侠为名，以重然诺闻。楚人为之谚曰："得黄金百斤，不如季布一诺。"

《东观汉记》曰：郭伋在并州行部到美稷，有童儿数百，骑竹马迎拜，问"使君可当还？"伋计日告之。既还，先期一日，乃止乎野亭，须期而入。

又曰：任延除细阳令，每至岁时伏腊，辄休遣系囚徒，各使归家，并感其恩德，应期而还。有囚于家被病，自载诣狱，既至而死，延率掾吏殡于门外，百姓悦之。

范晔《后汉书》曰：范式，字巨卿，山阳金乡人也。少游太学，为诸生，与汝南张劭为友。劭字元伯。二人并告归乡里。式谓劭曰："后二年当还，将过拜尊亲，见孺子焉。"乃共克期。后期方至，元伯具以白母，请设馔以俟之。母曰："二年之别，千里结言，尔何信之审也？"对曰："巨卿信士，必不乖违。"母曰："若然，当为尔醖酒。"至其日，巨卿果到，升堂拜母，尽欢而别。

又曰：高湖及铜马余众降光武。封其渠帅为列侯，降者犹不自安。光武知其意，令各归营勒兵，乃自乘轻骑案行部陈，降者相语曰："萧王推赤心置人腹中，得不投死乎哉！"

《吴历》曰：太史慈，字子义。于神亭战败，为孙策所执。策素闻其名，即解缚请见，咨问进取之术。慈曰："州军新破，士卒离心，欲出宣恩安集，恐不合尊意。"策长跪答曰："诚本心所望也。明日日中，望君来还。"诸将皆疑，策曰："太史子义，青州名士，以信义为先，终不欺策。"明日大会诸将，豫设酒食，立竿视影，日中而慈果至。

《晋阳秋》曰：陆抗、羊祜，推信礼之好。抗尝遗祜酒，祜饮之不疑。抗有疾，祜馈之药，抗亦推心服之。

《唐书》曰：萧至忠，年少时与友人期于路隅，会风雪冻冽，诸人皆奔避就宇下，至忠曰："宁有与人期而求安失信乎？"独不去，众咸叹服。

《鬻子》曰：上下相亲谓之和，不求而得谓之信。

《子思》曰：同言而信，信在言前；同令而化，化在令外。圣人在上，民迁如化。

《列子》曰：子华有宠于晋，不仕而居三卿之右。禾生、子伯，范氏之上客也。出行坰外，宿于田叟商丘开之舍。中夜，禾生、子伯二人相与言子华之名势，能使存者亡，亡者存；富者贫，贫者富。商丘开先窘于饥寒，潜于牖听之。因之子华，子华之门徒皆世族也。见商丘开年老力弱，面目犁黑，狎侮欺绐，无所不为。遂与商丘开俱乘高台，于众中漫言曰："有能自投下者赏百金。"众皆竞应。商丘开以为信然，遂先投之，形若飞鸟，扬于地，肌骨无伤。因复指河曲之隈曰："波中有宝珠，泳可得也。"商丘开复从而泳之，既出，果获珠焉。众始同疑，俄而范氏之藏失火。子华曰："若能入火取锦者，从所得多少赏焉。"商丘开往无难色，入火往还，埃不漫，身不焦。范氏之徒乃谢之曰："吾不知子之有道而绐子，吾不知子之有神而辱子。敢问其道。"商丘开曰："吾亡道。虽吾之心，亦不知其所以。然有一于此，试与子言之。曩子二客之宿吾舍也，闻誉范氏子之势，能使存者亡，亡者存；富者贫，贫者富。吾诚之无二心，故远而来。及来，以子党之言皆实也，唯恐诚之不至，行之不及，不知形体之所措，利害之所著也，心一而已。物无迕者，如斯已矣。今昉知子党之绐我，我内藏猜虑，外矜观听，追幸昔日之不焦溺也，怛然内热，惕然震悸矣。水火岂复可近哉？"自此之后，范氏门徒路遇乞儿马医，弗敢辱也，必下车而揖之。宰我闻之，以告仲尼。仲尼曰："汝不知乎？夫至信也，动天地，感鬼神，横六合，而无逆，岂但履危险，入火水而已哉？"

《孙卿子》曰：君者治之源也，源清则流长。在上有信，小民不待探筹投钩。

《庄子》曰：夫交迩则相靡以信，交远则忠之以言。

《慎子》曰：折券契，属符节，贤不肖用之。券契不为人信，人自用之。

《韩子》曰：魏文侯与虞人期猎。明日天疾风，左右止文侯。文侯曰："不可以疾风故失信。"遂犯风而往。《战国策》同。

又曰：齐索谗鼎于鲁，以其伪往齐，曰："使乐正子来，将听！"鲁君谓乐正子，乐正子曰："君胡不以真往？"曰："我爱之。"答曰："臣亦爱臣之信。"

又曰：吴起示其妻以组曰："子为我织，组合，如是组。"妻织，组异善，吴起曰："非诏也，使衣之而归。"妻往请之。起曰："家无虚言。"

《吕氏春秋》曰：吴起治西河，欲谕其信于民，乃置表于南门之外，令于邑中曰："有能偾此表者，仕长大夫。"民相谓曰："此必不信。"有一人曰："试往！"偾表，还来谒之。吴起见而仕大夫。又复立表令于邑中如前。邑人守门争表。

又曰：晋文公伐原示信。明年复伐之，与士期必得原然后返，原人闻之乃下。卫人闻之，以信为至矣，乃归晋。故曰："攻原得卫"者，此之谓也。始文公非不欲原也，不信得之，不若勿得，必诚以得之，归之者非独卫也，文公可谓知求矣。

又曰：人主必信。信之为政大矣。信立则虚言可以赏矣。虚言可以赏，则六合之内皆为己府。天行不信，不能成岁；地安不信，草木不大。春风不信，其华不盛；夏暑不信，其土不肥；秋雨不信，其谷不坚；冬寒不信，其地不闭。天地之大，四时之化，而犹不能以不信成物也。又况乎人事？君不信，则百姓诽谤，社稷不宁；处官不信，则少不畏长，贵贱相轻；赏罚不信，则民易犯法，不可使令；交友不信，则离散郁怨，不能相亲；百工不信，则器械苦伪，丹漆不真。夫可与为始，可与为终，可与尊通，可与卑穷者，其唯信乎！信而又信，重袭于身，乃通于天。以此君人，则膏雨甘露降，寒暑四时当矣。

又曰：齐桓公伐鲁，鲁人不敢战，去鲁国五十里而封之，鲁请比关内侯以听，桓公许之。曹刿谓庄公请从，于是明日将盟，庄公与刿皆怀剑至于坛上。曰："鲁国去境数百，今去境五十，亦无生矣。均其死也，戮于君前。"管仲、鲍叔进，曹刿案剑当两陛下间曰："君将改图，毋或进者。"庄公曰："封于汶则可，不则请死。"管仲曰："以地卫君，非以君卫地，君其许之。"乃遂封汶南，与之盟。归而欲勿予。管仲曰："不可。人将劫君而不知，不可谓智；临难而不能勿听，不可谓勇；许之而不予，不可谓信。不智不勇不信，有此三者，不可以立功名。予之，虽亡地亦得信也。以四百里之地见信于天下，君犹得也。"庄公，仇也；曹刿，贼也。信于仇贼，又况于非仇贼者乎？夫九合而之合，一匡而之听，乃从此生矣。

《贾谊书》曰：禹与士民同务，故不自言，其信谕矣。

《淮南子》曰：管子以小辱成大荣，苏秦以百诞成一信。

又曰：胡人弹骨，胡人盟约，置酒人头骨中，饮以相谊。越人啮臂，中国唼盟，所由各异，其于信一也。

《说苑》曰：魏太子谓经侯曰："主信臣忠，此魏国之宝也。"

《列女传》曰：鲁之母师者，九子之寡母也。腊日祀毕，悉召诸子谓曰："妇人之义，非有大故，不出夫家。然吾父母家多幼稚，岁时礼不理，吾从汝谒往监之。"谒，请也。监，视也。诸子皆稽首唯诺。又召请妇曰："妇人有三从之义，无专制之行，少系于父母，长系于夫，老系于子。今诸子许我视私家，愿与少子俱以备妇人出入之制，诸妇其慎房户之守，吾夕而反。"于是使少子仆归办家事，天阴还，失早，至闾外而止，待夕而入。鲁大夫从台上见而怪之，召而问之曰："母从北来，至闾外而止，良久乃入，吾不知其故，是以召母也。"对曰："妾不幸早失夫，独与九子处，腊日从诸子谒归，视私家与诸妇孺子，期夕而反。妾恐其醋醵醉饱，醋醵，合聚饮酒也。人情所有也。妾反失早，故止闾外，尽期而入。"大夫美之，言于穆公，穆公赐母尊号，曰母师。使朝谒夫人，夫人诸姬皆师之。

《会稽典录》曰：卓恕，字公行，上虞人。恕为人笃信，言不宿诺。与人期约，虽遭暴风疾雨，雷电冰雪，无不必至。尝从建业还家，辞太傅诸葛恪，恪曰："何当复来？"恕对曰："某日当复亲觐。"至是日，恪欲为主人停不饮食，以须恕至。时宾客会者，皆以为会稽建业相去千余里，道江湖风波，难必岂得如期。须臾，恕至。一座尽惊。

《诸葛亮别传》曰：魏明帝自征蜀，幸长安，遣宣帝督张郃诸军，劲卒三十余万，潜军密向剑阁。亮有战士十万，十二更下，在者八万。时魏军始陈，番兵适交，亮参佐咸以敌众强多，非力所制宜权停下兵，以并声势。亮曰："吾闻用武行师，以大信为本，得原失信，古人所惜；去者束装以待期，妻子鹤望以计日。"皆敕速遣。于是去者感悦，愿留一战，住者愤勇，咸思致命。临战之日，莫不拔刃争先，以一当十，杀张郃，却宣帝，一战大克，此之由也。

《王符论》曰：夫十步之间，必有茂草；十室之邑，必有忠信。

谨慎

《易·颐卦》曰：君子以慎言语，节饮食。

《尚书·尧典》曰：慎徽五典，五典克从。

《毛诗·抑》曰：敬慎威仪，唯民之则。

《周礼·地官·大司徒》曰：以贤制爵，则民慎德。

《礼记·中庸》曰：君子戒慎乎其所不睹，恐惧乎其所不闻。盖君子慎其独也。

又《儒行》曰：敬慎者，仁之地也。

又《太学》曰：敬慎者，仁之地也。

又《太学》曰：有国者不可以不慎，辟则为天下僇矣。是故君子先慎乎德。

《论语·学而》曰：慎终追远，民德归厚矣。

又《为政》曰：多闻阙疑，慎言其余，则寡尤。尤过。多见阙殆，慎行其余，则寡悔。

又《述而》曰：子之所慎：斋、战、疾。

又《公冶长》曰：季文子三思而后行。

《孝经》曰：在上不骄，高而不危，制节谨度，满而不溢。高而不危，所以长守贵也；满而不溢，所以长守富也。

《家语》曰：孔子入后稷庙，左前有金人焉。三缄其口，而铭其背曰："我古之慎言人也。戒之哉，无多言！多言多败。无多事，多事多患。安乐必戒，无所行悔。"

《汉书》曰：成帝为太子，宽博谨慎。上尝急召，太子出龙楼门，不敢绝驰道，西至直城门，得绝乃度。

又曰：石建为太仆奏事，奏事下，建读之，惊恐，曰："书马者与尾而五，服虔曰：作马字典下者五，建上事误作四。今乃四，不足一，获谴死矣！”弟庆为太仆，御出，上问：“车中几马？”庆以策数马毕，举手曰：“六马。”

又曰：金日磾自在左右，目不忤视者数十年。赐出宫女，不敢近。上欲内其女后宫，不肯应。其笃慎如此。

又曰：霍光入禁闼，小心谨慎，未尝有过。

又曰：张安世职典枢机，以谨慎周密自著。

又曰：孔光，性周密谨慎。时有所言，辄削稿，沐日归休，兄弟妻子燕语，终不及朝廷政事。或问光：“温室省中树皆何木也？”光默不应，更答以他语，其不泄如此。

《东观汉记》曰：陈宠，字昭公，沛人。为尚书。宠性纯淑，周密重慎，时所表荐，辄自手书，人莫得知。常言人臣之义，苦不畏慎。自在枢机，谢遣门人，不复教授，绝知友之路。

又曰；樊楚，字文高，为尚书郎，每当直事，常晨驻马待漏。虽在闲署，冠剑不解于身。每齐祠，恐失时，乃张灯俯伏。

又曰：阴识，字次伯，为执金吾，居位数十年，与宾客语，不及国家，其重慎如此。

又曰：蔡伦，字敬仲，为中常侍，有才学，尽忠重慎，每至休下，辄闭门绝宾客，曝体田野。

又曰：樊弘，字靡卿，拜光禄大夫，位特进。宏为人谦慎，每当朝会，先到，俯伏待事，时至乃起。上闻之，敕驺临朝乃告，勿令豫到。

又曰：杜安，字伯夷，贵戚慕其名，或遗其书，安不发，悉壁藏之。后捕贵戚宾客，安开壁出书，而封如故，由是不罹其患。

又曰：张纯，字伯仁，为虎贲中郎将，纯素重慎周密，时上封事，辄削去草。

《后汉书》曰：马援在交趾，还书诫兄子曰：“庞伯高敦厚周密，吾爱之重之，愿尔曹效之。”

又曰：马光，字叔山，为卫尉卿。上以光周密谨慎，特亲异之。

又曰：皇甫嵩，为人爱慎勤书，前后上表陈谏有补益者五百余事，皆手书毁草，不宣于外。

《吴志》曰：阚泽，字德润，山阴人也。性谦恭笃慎，人有非短，口未尝及，容貌似不足者。

王隐《晋书》曰：李康尝答司马文王问，因以为家诫曰："昔侍于先帝时，有三长史俱见临，辞出。上曰：为官长当慎、当勤、当清。修此三者，何患不治乎？上问臣曰：必不得已，于斯三者何先？吾对曰：慎乃为先。夫清者不必慎，慎必自清。上曰：卿言得之矣。"

《晋书》曰：羊祜多所进达，而人不知所由。或谓祜慎密太过者，祜曰："是何言欤！夫入则造膝，出则诡辞，君臣不密之诫，吾唯惧其不及。不能举贤取异，岂得不愧知人之难哉！且拜爵公朝，谢恩私门，吾所不取。"

《晋起居注》曰；太康四年制曰：选曹铨管人才，宜得恪谨寡欲，柳华崇本、尚书朱整周慎敬让以自居，是其人也。

《后魏书》曰：庾岳，代人也。置相州，即拜岳为刺史。公廉平当，百姓称之。邺旧有园池，时果初熟，丞吏送之，岳不受，曰："果未进御，吾何得先食？"其谨慎如此。

《北齐书》曰：封隆之，字祖裔，渤海蓨人也。性宽和，有度量。义旗始建，首参经略，奇谋妙策，密以启闻，上书削稿，罕闻于外。高祖嘉其忠谨，每多从之。

《隋书》曰：高颖，字昭玄，渤海蓨人也。少明敏，尤善词令，所出奇策密谋，及损益时政，皆世无知者。

又曰：李德林，字公辅，博陵平安人也。从入官已后，即典机务，甚密慎，常云古人不言温树，何足称也。

《唐书》曰：温彦博自掌知机务，即杜绝宾客，国之利害，知无不言。太宗嘉之，及薨，谓侍臣曰："彦博以忧国之故，劳精竭神，我见其不逮，已二年矣，恨不纵其闲逸，致大生灵。"

又曰：陆元方在官清谨，再为宰相，则天将有迁除，每先以访之，必密封以进，未尝露其私恩。临终，取前后草奏，悉命焚之，且曰：

“吾阴德于人多矣，其后庶几福不衰矣。”又有书一匣，常自缄封，家人莫有见者。及卒，视之，乃前后敕书。其慎密如此。

又曰：杨再思在位累载，屈节希旨，无所规弼，然慎畏，木尝忤物。或谓再思曰：“公名高位重，何为屈折如此？”再思曰：“世路艰难，直者受祸，苟不如此，何以全身哉。”

又曰：高郢，性恭慎廉洁，罕与人交游，守官奉法勤恪，掌诰累年，家无制草。或谓曰：“前辈皆留制集，公焚之，何也？”曰：“王言不可存私家。”时人重其慎密。

《太公金匮》曰：黄帝曰：“予之居上摇摇，恐夕不至朝。”

《尸子》曰：言美则响美，言恶则响恶，身长则影长，身短则影短。名者响也，行者影也，是故慎而言将有和之，慎而行将有随之。

《淮南子》曰：君子之居民上也，若以腐索御马，恐失民意，若履薄冰，蛟在其下。

又曰：若行独梁，不为无人，不兢其容。

殷康《明慎》曰：奔车之上无仲尼，覆舟之下无伯夷，益言慎也。

魏《任嘏别传》曰：嘏字绍先，乐安博昌人也。文帝时为黄门侍郎，每纳忠言，辄手书坏本，自在禁省，归书不封。帝嘉其淑慎。

太平御览卷第四百三十一 人事部七十二

勤

《尚书·无逸》曰：文王自朝至于日中昃，弗遑暇食，用咸和万民。

又《大禹谟》曰：克勤于邦。

又《金縢》曰：昔周公勤劳王家，唯予冲人弗及知。

又《梓材》曰：先王既勤用明德。

又《周官》曰：功崇唯志，业广唯勤。

《左传·宣下》曰：郄成子曰："吾闻之，非德莫如勤，非勤何以求民。文王犹勤，况寡德乎？"

又《宣下》曰：民生在勤，勤则不匮。

《礼记·祭法》曰：舜勤众事而野死，冥勤其官而水死。

《东观汉记》曰：明帝行部署，不用辇车，甲夜乃解，偃读众书，乙夜尽寝，先五鼓起，率常如此。

又曰：陈宠辟司徒鲍昱府。掾属专尚交游，以不肯亲事为高。宠常非之，独勤以物务。

又曰：班超居家，常执勤劳，不耻劳辱。

又曰：王丹，字仲因。每岁农时，辄载酒肴，于田间候勤者，与而劳之。

《魏氏春秋》曰：高文惠为刺奸令，夙夜匪懈，至拥膝抱书而寐。太祖尝夜微出觇察，诸吏见而哀之，徐解衣覆之而去。

《魏志》曰：段灼上疏理邓艾曰："艾值岁凶，又为区种，身被乌衣，手执耒耜，以率将士。上下相感，莫不尽力。"

《吴志》曰：诸葛恪征淮南，以滕胤为都督，掌统留事。胤白日接宾客，夜省文书，或至晓不寐。

王隐《晋书》曰：陶侃少长勤敕，自强不息。常语人曰："大禹圣者，乃惜寸阴，至于凡俗，当惜分阴。"

《晋书》曰：任恺素有识鉴，加以在公勤恪，甚得朝野称誉。

《唐书》曰：杜佑，性勤而无倦。虽位极将相，手不释卷，质明视事，接对宾客，夜则灯下读书，孜孜不怠，与宾佐谈论，人惮其贵，而伏其博。

《杜预自叙》曰：在家则滋味经籍，居官则毕力理治。公家之事，知无不为。

《夏仲御别传》曰：夏统，字仲御，永兴人，与母兄弟居，恒星行夜归，采梠求食。母老病，不悰家事，仲御鼓四起，洒扫庭内，钻火炊爨 之后，径便入野。

《孟子》曰：鸡鸣而起，孜孜为善，舜之徒也。

《淮南子》曰：墨子无黔突，孔子无暖席。是故圣人蒙耻辱以千世主者，非以贪禄慕位也，欲事天下之利，除万民之害也。

又曰：跬步不休，跛鳖千里；积累不辍，可成丘阜。

《盐铁论》曰：禹感洪水，身亲其劳，簪堕不掇，冠挂不顾。

俭约

《尚书·大禹谟》曰：禹克俭于家。

《周书》曰：文王疾，召太子发曰："吾栝柱茅茨，盖为民爱费也。"

《礼记·檀弓下》曰：晏子一狐裘三十年。

又《礼器》曰：晏平仲祀其先人，豚肩不掩豆，浣衣濯冠以朝，君子以为隘矣。

《左传·桓公》曰：臧哀伯谏曰："清庙茅屋，大辂越席，大羹不致，粢食不凿，昭其俭也"

又《闵公》曰：卫文公大布之衣，大帛之冠。

又《襄公上》曰：季文子卒，大夫入敛。公在位，无衣帛之妾，无食粟之马，无藏金玉，无重器备。

又《襄公五年》曰：叔向曰："子展俭而壹。"

又《哀上》曰：子西曰："二三子无患矣。吾昔闻，阖闾食不二味，居不重席，室不崇坛，器不雕镂，宫室不观，舟车不饰，衣服时用，择不取费。”选取坚厚，不尚细靡。

《公羊传·宣公》曰：晋灵公无道，赵盾趋入，灵公望见再拜。知其欲谏以拒之。盾出，公使勇士往杀之，勇士入，俯而窥其户，方食鱼餐。勇士曰：“嘻！子诚仁人也，为晋国重卿而食鱼飧，见子之俭也。君使我杀子，吾不忍杀子也，吾亦不可复见君。”遂刎颈而死。

《论语·里仁》曰：以约失之者鲜矣。

又《泰伯》曰：子曰：“禹，吾无间然矣。菲饮食，而致孝乎鬼神；恶衣服，而致美乎黻冕；卑宫室，而尽力乎沟洫。”

《汉书》曰：公孙弘，起徒步，数年至宰相封侯，于是开东阁以延贤人，食一肉脱粟之饭，故人宾客仰衣食，俸禄皆给之，家无所余。

又曰：辛庆忌，居处恭俭，饮食被服，尤以节约。

《东观汉记》曰：第五伦性节俭，虽为二千石，常衣布，躬莝养马，妻炊爨饮食，受俸禄常取赤米。

又曰：王良为大司徒司直，在位恭俭，妻子不入官舍，布被瓦器。时司徒吏鲍恢以事到东海，候其家，而良妻布裙曳柴，从田中归。恢告曰：“我司徒吏也，故来授书，欲见夫人。”妻曰：“妾是也。”恢乃下拜，叹息而还。

又曰：李恂为兖州刺史，清约率下，食不二味。

谢承《后汉书》曰：东郡赵咨为东海人。遗其双枯鱼者，啖之二岁不尽，以俭化俗。

又曰：朱宠子，字仲威，为太尉。家贫，食脱粟饭，卧布被。朝廷赐锦被、粱肉，皆不敢受。

张璠《汉记》曰：荀爽为三公，食不过一肉，脱粟饭，坐皮褥。

范晔《后汉书》曰：羊陟拜河南尹，计日受俸，食干饭茹菜。

又曰：宣秉，字巨公，冯翊云阳人。为御史中丞，迁司隶校尉。秉性节约，常布服被，蔬食瓦器。帝尝幸其府舍，见而叹曰：“楚国二龚，不如云阳宣巨公。”即赐布帛帐帷。

又曰：祭遵，为人廉约小心，克已奉公，赏赐辄尽与士卒，家无私财，身衣韦裤布被，夫人裳不加缘。帝以是重焉。

《魏略》曰：常林，字伯槐。历宰守刺史，所在检身节用，其家常饥乏，糟糠缊弊。

《魏志》曰：太祖平柳城，颁所获器物。以素屏风，素冯几赐毛玠，曰："君有古人之风，故赐君古人之服。"玠居显位，常布衣蔬食。

《吴志》曰：是仪，字子羽，北海营陵人。为尚书仆射，不服精细，食不重膳。孙权闻之，幸仪舍，求视蔬食，亲尝之，对之叹息。

《晋书》曰：帝以山涛清俭，无以供养，特给日契，加赐床帐茵褥，礼秩崇重，时莫为比。涛居荣贵，贞慎俭约，虽爵俭约，虽爵同千乘，而无嫔媵。

王隐《晋书》曰：李胤历职内外，而至贫俭。儿病无以市药，上赐钱十万。

《晋中兴书》曰：王廙为母立屋，过制。中宗流涕谏之。帝所幸郑夫人，袍无文绣，其恭俭率下如此。

又曰：陆纳，字祖言。征拜左民尚书，将应召，纲纪白："日宜装几舫？"纳曰："吾家不在此，已敕私奴乘驾，装并食粮米，无所须也。"临发载被襆而已，其余皆封还官。

崔鸿《十六国春秋·赵录》曰：孟卓，字君伟，广平人。少修清苦之志，有一单裙，十年不浣。

又《前燕录》曰：太尉杨惊，字士秋，右北平无终人也。惊母李氏，博学，有母仪，慕容晃常外堂拜敬。性尤清俭，好施无倦。位为台保，爵封郡公，常乘弊车瘠牛，卒无余财。

《后汉书》曰：孝文帝，性俭素，常服浣濯之衣，鞍勒铁木而已。

《宋书》曰：文帝性存俭约，不好奢侈。车府令尝以辇篷故，请改易之。辇席旧以乌皮缘，欲代以紫皮，上以篷音贡未至于坏，紫色贵，并弗听也。

又曰：孝武大明中，坏上所居阴室，于其处起玉烛殿，与群臣观之，床头有土鄣壁，上挂葛灯笼，麻绳拂。侍中袁顗盛称已为过矣。

又曰：颜延之，性既褊傲，兼有酒过，肆意直言，曾无回隐，故论者多不知之。居身清俭，不营财利，布衣蔬食，独酌郊野，当其为适，傍若无人。

萧子显《齐书》曰：高帝即位后，身不御精细之物，敕中书舍人桓景真曰：“主衣中似有玉介导，此制始自大明末，后太始增其光丽。留此著主衣，政是兴长疾源，可即时打破。”后宫器物栏槛以铜为饰者，改用铁；内殿施黄纱帐，宫人着紫皮履，华盖除金花爪，以用铁回钉。每曰：“使我治天下十年，当使黄金与土同价。”

又曰：太官进食有裹蒸。明帝曰：“我食此不尽，可四片破之，余充晚食。”

又曰：太始已来，相承奢侈。太祖辅政，上表禁民间华伪：不得作成绣裙衣，道路不得着锦履，不得作局脚柽柏床、牙箱笼、锦缘，不得以七宝饰乐器。又诸杂漆物，不得以金银为花兽。

又曰：王逡之，字宣约，琅邪临沂人也。少好学，俭。衣服不浣，几案尘墨。

《齐春秋》曰：王俭，字仲宝，临沂人不好声色，衣裘服用，取给而已。

《梁书》曰：到溉，字茂灌。美风仪，善容止，所莅以清白修性。又率俭，不好声色，虚室单衣，傍无姬侍。

《后周书》曰：辛庆之，位遇虽隆，而率性俭素，车马衣服不尚华侈，志量温和，有儒者风度，特为当时所重。

《唐书》曰：虞世南，隋时兄世基当朝贵盛，妻子被服拟于王者，世南虽同居，而躬履勤俭，不失素业。

又曰：李藩为相，宪宗谓曰：“前代理天下，或家给人足，或国贫下困，其故何也？”藩对曰：“古人云，俭以足用，盖足用系于俭约。诚使人君不贵珠玉，唯务耕桑，则人无淫巧，俗自敦本，百姓既足，君孰与不足？”帝曰：“俭约之事，是我诚心，唯当上下相勖，以保此道。”

又曰：于休烈在朝凡三十余年，历掌清要，家无担石之蓄，恭俭深仁，未尝以喜愠形于颜色，而亲览下士，推毂后进，虽位崇年高，曾无倦色。

《文子》曰：量腹而食，度身而衣，节乎己者，贪心不生矣。

《墨子》曰：晋文公好恶衣，臣下皆衣牂羊之裘，以韦带剑。

《吕氏春秋》曰：周明堂茅茨蒿柱，土阶三尺，以见俭也。

《风俗通》曰：大禹阙百品之羞，而菲庖厨。殷汤寐寝黄屋，驾而乘露舆。

《魏武别传》曰：武皇帝子中山恭王衮，尚俭约，教敕妃妾纺绩织纴，习为家人之事。

《桓阶别传》曰：阶为赵郡太守时，俸尽食酱豉。上闻之，数戏曰："卿家作酱，颇得成不？"诏曰："光光大魏，富有四海，栋梁大臣，而有蔬食，非吾所以礼贤之意也。"其赐射鹿师二人，并给媒弩。

《三辅决录》曰：前队大夫有范仲翁，盐豉蒜果共一筩，言其粗俭也。

《会稽典录》曰：陈修，字奉先，迁为豫章守。性清洁恭俭，十日一炊，不燃官薪。

殷康《明慎》曰：古人云："骄奢人之殃，恭俭福之场。"

《古今善言》曰：灵帝时，欲用羊续为三司，而中官求其赂，续出黄纸补袍，以示使者。

延笃《与李文德书》曰：吾食赤乌之麸麦，饮化益之玄醴，折张骞大苑之蒜，歃晋国郇瑕氏之盐。

《魏武令》曰：吾衣被皆十岁也，岁岁解浣补纳之。

卫觊奏曰：武皇帝之时，后宫食不重肉，衣不锦绣，茵席不缘，物无丹漆，用能平定天下，遗福子孙。

俭啬

《毛诗》曰：《汾沮洳》，刺俭也。沮洳，渐洳也。

又《葛屦》曰：刺褊也。魏地狭隘，其民机巧趋利，其君俭啬褊急。

又曰：《蟋蟀》，刺晋僖公也，俭不中礼，故作是诗以闵之。

《论语》曰：如有周公之才之美，使骄且吝，其余不足观也已。

又曰：出纳之吝，谓之有司。

《史记》曰：鲁人俗俭啬，曹氏邴氏尤甚，以铁治起富至巨万。然家自父兄子孙约。俯有拾，仰有取。

《三辅决录》曰：平陵士孙奋富闻京师，性俭吝，尝宿客舍，雇钱直甚少。主人曰："君惜钱如此，欲作士孙景卿耶！"

《魏略》曰：曹洪家富而性啬，文帝前在东宫，尝从洪贷绢百匹，洪不称意。及犯法，自分必死。

《晋书》曰：王戎性好兴利，广收八方，园田水碓，周遍天下。积实聚钱，不知纪极，而又俭啬，不知奉养，天下人谓之膏肓之疾。女适裴頠，贷钱数万，久而未还。女后归宁，戎色不悦，女遽还直，然后乃欢。从子将婚，戎遗其一单衣，婚讫而更责取。家有好李，常出货之，恐人得种，恒钻其核。以此获讥于世。

《后魏书》曰：崔光韶家足于财，而性俭吝，衣弊马瘦，食味粗薄。始光韶在都，同里王蔓于夜遇盗，害其二子。孝庄诏黄门高道穆令加检捕，一方之人，家别搜索。至光韶宅，绫绢钱布，匮箧充积。议者讥其矫啬。

《郭子》曰：王丞相性俭，即帐下甘果，盈溢不散，涉春烂败，都督白之，公令拾去。敕云："慎不可使大郎知。"大郎名悦，字长豫。

《晋书》曰：和峤家产殷富，拟于王者。然性至吝，以是获讥。杜预以为峤有钱癖。

《后魏书》曰：和跃清河人也，为平昌太守。家巨富而性吝啬，理钱数百斛。其母季春思堇，惜钱不买。

太平御览卷第四百三十二 人事部七十三

慈爱

《说文》曰：慈，爱也。

《释名》曰：慈，字也。

《韩诗外传》曰：夫为人父者，心怀慈仁之爱，以畜养之。爱子不詈，髦子不笞。

《礼记·学记》曰：夫慈者，所以使众也。

《左传·昭五年》曰：子产卒，仲尼闻之出涕曰："古之遗爱。"

《孝经援神契》曰：母之于子也，鞠养殷勤，推燥居湿，绝少分甘。宋均曰：火则自绝，甘则分。

《家语》曰：孔子曰："明君心宽裕，以容其民，慈爱以优柔之。"

《汉书》曰：翟方进少为郡小吏，号迟钝，因病归，欲游学，后母憋其志，而怜其幼，随之长安，织履以给之。

谢承《后汉书》曰：杨彪子循为曹操所杀。后见彪问曰："公何瘦之甚？"对曰："愧无日磾先见之明，犹怀老牛舐犊之爱。"操为之改容。

《列女传》曰：魏孟阳之女，芒卯之后妻也，有三子，前妻之子有五人，皆不爱慈母。前妻中子犯魏王令，罪当死。慈母忧感悲哀，带因减赤。人有谓慈母曰："人不爱母，何为忧惧勤劳如此？"母曰："其父为其孤也，而使妾为之继母，如为人母而不能爱其子，何谓慈乎？"魏王闻之，高其义，赦其子而复其家。自此之后，五子亲侍慈母。

老子曰：吾有三宝，一曰慈。

《韩子》曰：爱子者，慈于子。重生者，慈于生。贵功者，于事仁。

《淮南子》曰：尧立孝慈，使民如子弟。

《说苑》曰：魏文侯封太子挚于中山，三年使不往来。舍人赵仓唐曰："为人子三年不闻父问，不可谓孝；为人父三年不闻子问，不可谓慈。臣愿奉使，侯何所好？”太子曰：“侯嗜晨凫，好北犬。”仓唐緤北犬，奉晨凫，文侯赐太子衣一袭，令以鸡鸣时致之。太子发箧视衣，尽颠倒。太子曰：“趣具驾，君侯召我也。”唐来不受。太子曰：“《诗》曰：东方未明，颠倒衣裳，颠之倒之，自公召之。”遂西至，文侯大喜，仓唐一使文侯为慈父，挚为孝子。

潘岳《西征赋》曰：夭赤子于西安，坎路侧而瘗之。亭有千秋之号，子无七日之期。虽逸厉于延吴，实潜恸于余慈。

《蔡邕书》曰：邕薄佑早丧二亲，年逾三十，鬓发二色，叔父亲之，犹若幼童，陆则对座，食则比豆。

恭敬

《说文》曰：恭，肃也。

《释名》曰：恭，供也，自持也。亦言供给事人，敬警也。

《易·小过卦》曰：山上有雷，小过。君子以行过于恭。取过于礼，而不为害。

《易·系辞》曰：君子致恭，以存其位。

《易·文言》曰：敬以直内，义以方外，敬义立而德不孤。

《尚书·五子歌》曰：居民上者，奈何弗敬？

《毛诗·小弁》曰：唯桑与梓，必恭敬止。

又曰：敬之敬之，天唯显思。

《大戴礼》曰：昔禹见耕者五偶而式，过十室之邑，则下为秉德之士存焉。

又曰：昔武王践祚，入于户，未尝越履，往来过之不履影。

《礼记·曲礼》曰：君子恭敬蹲节，退让以明礼。

又《檀弓上》曰：晋献公将杀其世子申生。公子重耳谓之曰：“子盍言子之志于公乎？”世子曰：“不可。君安骊姬，是我伤公之心也。”曰：“然则盍行乎？”世子曰：“不可。君谓我欲杀君也。天下岂有无父之国哉？吾何行如之？”使人辞于狐突曰：“君老矣，子少，国家多难，伯氏不出而图吾君；伯氏苟出而图吾君，图，谋。申生受赐而死！”再拜稽首乃卒。是以为恭世子也。

又《少仪》曰：宾客主恭，祭祀主敬。

又《乐记》曰：中正无邪，礼之质也；庄敬恭顺，礼之制也。

又《哀公问》曰：敢问何谓敬身？孔子对曰：“君子过言则民作辞，过动则民作则。君子言不过辞，动不过则，百姓不令而恭敬。如是则能敬其身；能敬其身，则能成其亲矣。”

又《经解》曰：恭俭庄敬，《礼》教也。

《左传·宣上》曰：晋灵公不君，赵宣子骤谏，公患之，使鉏麑贼之。晨往，寝门辟矣，盛服将朝，尚早，坐而假寐。麑退而叹曰：“不忘恭敬，民之主也。贼民之主，不忠。”触槐而死。

又《襄二十三年》曰：季氏以公鉏为马正，贾逵曰：马正，家司马。愠而不出。闵子马见之，闵子马，曾大夫闵马父也。曰：“为人子者，患不孝，不患无所。恭敬父命，何常之有！”公鉏然之。敬恭朝夕，恪居官次。

又《昭七》曰：正考父佐戴、武、宣，三人皆宋君也。三命滋益恭。故其鼎铭云：“一命而偻，再命而伛，三命而俯。俯恭于伛，伛恭于偻。循墙而走，言不敢安行也。亦莫余敢侮。”

《论语》曰：恭近于礼，远耻辱也。

又曰：司马牛忧曰：“人皆有兄弟，我独亡。”子夏曰：“商闻之矣，死生有命，富贵在天。君子敬而无失，与人恭而有礼，四海之内皆兄弟也。”

又曰：樊迟问仁。子曰：“居处恭，执事敬，与人忠。虽之夷狄，不可弃。”

又曰：子禽语子贡曰：“子之为恭也，仲尼岂贤于子乎？”

《家语》曰：孔子曰：“恭则近礼，尧舜笃恭，以王天下。”

又曰：颜渊将西游宋。问孔子曰：“何以为身？”子曰：“恭敬而已矣。恭则近于礼，忠敬则人爱。”

《史记》曰：子路为蒲大夫，辞孔子。孔子曰：“薄多壮，又难治。

然则吾语汝，恭以敬，可以执勇。”

《汉书》曰：万石君石奋，其父赵亡，徙温。高祖东击项籍，过河内，时奋年十五，为小吏。高祖与语，爱其恭敬。奋积功劳，孝文时太中大夫。恭勤，过宫阙门必下车趋，见路马必式。子孙为小吏，来归谒，万石君必朝服见之。

《魏略》曰：常林少单贫，带经耕锄。其妻自担饷馈之。林虽在田野，其相敬过于宾客。

《吴书》曰：顾悌，字子通。待妻子有礼，常夜入晨出，希见其面。常疾笃，妻出看之，悌命左右，自扶起冠帻。

王隐《晋书》曰：庾衮执事有恪，与弟子治藩，跪而受条。其人曰：“今在隐屏，先生胡不踞？”衮乃揖而延之，正席而坐。告之曰：“何以幽显，易其操者乎？”

《樊英别传》曰：英尝病卧便室中，英妻遣婢拜问，英答拜，或问之，英曰：“妻，齐也。

《说苑》曰：鲁有恭士，名曰机泥，行年七十，其恭甚益。冬日行阴，夏日行阳，一食之间三起。见衣裘褐之士，则为之礼。鲁君问曰：“机子年甚长矣，不可释恭乎？”泥对曰：“君子好恭以成其名，小人学恭以除其刑，斧锆加于泥者，何释恭为？”

又曰：赵简子乘弊车瘦马，衣设羊裘。其宰谏曰：“车新则安，马肥则往来疾，狐格之裘温且轻。”简主曰：“吾非不知，吾闻君子服美则益恭，小人服美则益倨。我以自备，恐有小人之心也。”

智

《易·系辞》曰：智周乎万物而道济天下。

《礼记·中庸》曰：舜其大智也与？舜好问而好察迩言。

《论语·公冶长》曰：宁武子，邦有道则智，邦无道则愚。其智可及，其愚不可及也。宁武子，卫大夫宁俞。

又《雍也》曰：智者乐水。

又曰：智者动。

《尔雅》曰：距齐州以南，戴日为丹穴，丹穴之人智。

《史记》：秦使王稽于魏。知范雎贤，载入秦。至湖，穰侯至，劳稽，曰："君得无与诸游子俱来？"稽曰："不敢。"即别去。雎曰："吾闻穰侯智士也，其见事迟，向者疑车中有人，忘索之。"于是下车走，行十余里，果使骑还索车中，无人，乃止。

又曰：樗里子名疾，秦惠王弟也。滑稽多智，秦人号曰："智囊"。

又曰：晁错以辩得幸太子，太子家号曰："智囊"。

又曰：项王谓汉王曰："天下匈匈数岁者，徒以吾两人耳。愿与汉王挑战决雄雌。"汉王笑谓曰："吾宁斗智不斗力。"

《汉书》曰：陈婴者，东阳令史也。少年杀其令，相聚邑中，从之者得二万人。欲立婴为王，婴母谓曰："吾为乃家妇，闻先故未曾贵，今暴得大名，不祥，不如有属，成犹得封侯，事败易以亡，亡为世所指名也。"婴乃不敢为王。

范晔《后汉书》曰：鲁恭祖父匡，王莽时为羲和，有权数，号曰"智囊"。

干宝《晋纪》曰：桓范出赴曹爽，宣王谓蒋济曰："智囊往矣。"

《晋中兴书》曰：王允之，字渊猷，年在总角，从伯敦深智之。尝夜饮，允之辞醉，先眠。时敦将谋作逆，因允之醉，别床卧，夜中与钱凤计议。允之已醒，悉闻其语，恐或疑，便于眠处大吐，衣面并污。凤既出，敦果照视，见其眠吐中，以为大醉，不复疑之。

《华阳国志》曰：任文孙，字文公，阆中人。初，武檐山石折，文公曰："噫！西方智士死，吾其应之。"遂卒。益部为之谚曰："任文公，智无双。"

《文子》曰：神者，智之渊也，神清则智明。智者，心之府也，智公则心平。

《庄子》曰：巧者劳，智者忧。

《尹子》曰：两智不能相救，两贵不能相临，两辩不能相屈，力均势敌故也。

《商君书》曰：智者见于未萌。

《申子》曰：智均不相使，力均不相胜。

《吕氏春秋》曰：目之见也籍于照，心之智也籍于重。

《淮南子》曰：智之以智权者，人英也。

又曰：裨谌出郭而智，以成子产之事。

《新序》曰：魏文侯曰："智士者，国之器也。国有智士，则无诸侯之忧。"

桓谭《新论》曰：杨子云何人耶？答曰："才智开通，能入圣道。汉兴以来，未有此也。"

《论衡》曰：其智如倾，其德如山。智能之人，须三寸之舌，一尺之笔，以乃能自通。

又曰：刘子骏，汉朝智囊，笔墨渊海。

袁子《正书》曰：杨子曰："庄周何人哉！"袁子曰："太而不俭，重而畏祸，智人也。"

孙卿《智赋》曰：血，气之释也；志，意之荣也。百姓待之，是谓君子之智。

聪敏

《论语·公冶长》曰：子谓子贡曰："汝与回也，孰愈？"对曰："赐也，何敢望回。回也，闻一以知十；赐也，闻一以知二。"子曰："弗如也，吾与汝弗如也。"

《汉书》曰：桑弘羊，雒阳贾人子，以心计，年十三为侍中。

谢承《后汉书》曰：应奉读书，五行并下。

《九州春秋》曰：夏侯渊为刘备所杀于阳平。曹公自长安出斜谷，至阳平，备拒险守峡，王欲还，出令曰："鸡肋。"官属不知所谓，杨修便曰："夫鸡肋，弃之可惜，食之无所得，以比汉中，王欲还也。"引还。

《吴志》曰：顾谭每省簿书，未尝下筹，徒屈指心计，尽发疑谬。

《后魏书》曰：祖莹，字元珍，十二为中书学生。博士张天龙讲《尚书》，选为都讲。生徒悉集，莹夜读书劳倦，不觉天晓。催讲既切，遂误持《曲礼》卷上座。博士严毅，不敢复还，仍置《礼》于前，诵《尚书》三篇，不遗一字。

沈约《宋书》曰：刘穆之内总朝政，外供军旅，决断如流，事无壅滞。目览辞讼，手答笺书，耳行听受，口并酬应，不相参涉。

《益部耆旧传》曰：何祗补成都令，使人投算，祗听其读，而心计不差升合，其精如此。

《费祎别传》曰：于时战国多事，众务烦猥。祎识寤过人，每读书记，粗举目暂视，已充其数。接纳宾客，饮食嬉戏，加之博弈，每尽人之欢，事不废也。董允代祎为尚书令，欲则祎之所行，旬日之中，事多纡滞。允为叹曰："才力相悬若此之远。"

《说苑》曰：昔邹忌为齐相，稷下先生淳于髡之属七十二人皆轻邹忌，为设妙辞，淳于三称，邹忌三知之，如应响。淳于等辞诎而去。故所以尚干将莫耶者，贵于立断也；所以尚骐骥，为立至也。是以聪明敏捷，欲人之入也。

《世说》曰：魏武尝过曹娥碑下，杨修从。碑背上题曰："黄绢幼妇外孙齑臼。"魏武谓修："卿解不？"答曰："解！"魏武帝曰："卿未可言，待我思之。"行三十里，乃曰："已得。"令修别记所知。修曰："黄绢，色丝也，于字为绝；幼妇，少女也，于字为妙；外孙，女子也，于字为好；齑臼，受辛也，于字为辞。所谓绝妙好辞。"帝亦记之，与修同。乃叹曰："不如卿三十里。"

《世说》曰：人饷食魏武帝一杯酪，魏武啖少许，盖头题上为"合"字以示众。众莫之解。次至杨修，修便啖，曰："公教人一口，何疑？"

强记

《礼记·曲礼》曰：博闻强识，谓之君子。

《汉书》曰：上行幸河东，尝亡书一箧。张安世忆记之，后得书以相校，无所遗失。安世长子千秋为中郎将，将兵随渡辽将军范朋友击乌桓。还，谒大将军光，光问千秋战斗方略，山川形势，千秋口对兵事，画地成图，无所忘失。

《东观汉记》曰：虞延，字君大，为郡督邮。光武东巡，路由小黄，高帝母昭灵后园陵在焉。诏呼延引见，问园陵之事。延占对可观，其陵株梓皆识其数，俎豆牺牲，颇晓其礼。

谢承《后汉书》曰：应奉常从彭城相袁贺，时出行闭治，车师门内出半面视奉，奉即委去。别后数十年，于道路见车师，识而呼之。

又曰：吴郡陆续，初仕郡户曹史。饥荒，太守尹兴使续于都亭赋民饘粥。续悉简阅其人，讯以名氏。事毕，兴问所几？因说六百余人，皆分别姓字，无有误谬。

又曰：王充，字仲任，上虞人。家贫无书，常游洛阳肆，阅所卖书，辄能诵忆。

袁山松《后汉书》曰：荀淑与陈寔神交，及其弃朗陵而归也，数命驾诣之。淑御慈明，从叔慈抱孙文若而行，寔亦令元方侍侧，季方作食，抱孙长文而坐，相对怡然。尝一朝求食，季方尚少，跪曰："高闻大人荀君言甚善，窃听之，甑坏饭成糜。"实曰："汝听谈解乎？"谌曰："唯因令与二慈说之。"不失一辞，二公大悦。

《典略》曰：延笃，字叔坚，南阳犨人。初从堂溪季度受《春秋左传》，借本便讽。

《魏志》曰：初，王粲与人共行，读道边碑，人问："卿能诵否？"曰："能！"即暗诵之，不差一字。观人围棋，局坏，粲为复之。棋者不信，以帊盖局，使更以他局为之。用相比校，不误一道。其强记默识如此。

《吴志》曰：朱桓强识，与人一面，数十年不忘，部曲妻子悉识之。

《晋中兴书》曰：陶侃明识过人，武昌道上种杨柳，人有窃之，植于其家。侃见而识之，问何以盗官所植乎？时以为神。

《益部耆旧传》曰：张松识达精异，刘璋遣曹公，杨修以公所撰兵书示松，饮宴之间一省，即便暗诵。

《祢衡别传》曰：衡字正平。黄射作章陵太守，衡俱有所之，见蔡伯喈所为碑，正平一过，视之，叹之言好。后各归章陵，自恨不令使写之。正平曰："吾虽一过，皆识其所言，唯第四行中石尽磨灭，两字不分明。"因援笔书之，初无遗失，唯两字不着。

《蔡琰别传》曰：琰字文姬，邕之女。年六岁，邕鼓琴弦，琰曰："第一弦。"邕故断其一，问之，琰曰："第二弦。"邕故断一弦，琰曰："第四弦。"

《世说》曰：夏侯策，魏文示其爵里刺，一见之悉忆。

《俗说》曰：桓宣城丧后，家至贫。孔夫人疾患，须羊解神，不能得。桓温以弟买得，质羊，羊主家富，谓桓言："仆乃不须买得郎为质，但郎家贫，幸可为郎养。"买得郎者，车绮冲也。后江州出射，堂射，羊主东边看射，车骑犹识之，呼来问："公识我不？"答云："不识。"桓公曰："我是昔日买得郎也。"

太平御览卷第四百三十三 人事部七十四

勇一

《释名》曰：勇，踊也。见敌踊跃欲击之也。

《说文》曰：勇，气也。从力用声。

《尚书》曰：武王左杖黄钺，右秉白旄以麾，曰："逖矣，西土之人！称尔戈，比尔干，立尔矛，予其誓！勖哉夫子！尚桓桓。孔安国曰：桓桓，武貌也。如虎如貔，如熊如罴，于商郊！"

又曰：亦有熊罴之士，弗二心之臣，保乂王家。言文武既圣，则亦有勇猛，如熊如罴之士。

《毛诗》曰：《大叔于田》，刺庄公也。叔多才而好勇，不义而得众。大叔于田，乘乘马，执辔如组，两骖如舞。叔在薮，火烈具举，袒裼暴虎，献于公所。将叔无狃，戒其伤女。

《礼记》曰：鲁庄公及宋人战于乘丘，县贲父御，卜国为右。马惊败绩，公坠，左车授绥。公曰："末之卜也。"县贲父曰："他日不败绩，而今败绩，是无勇也。"遂死之。

又曰：用人之智去其诈，用人之勇去其怒，用人之仁去其贪。郑玄曰：用知者之谋，勇者之断，仁者之施，足以成治矣。

又曰：商者，五帝之遗声也，商人识之，故谓之商。齐者，三代之遗声也，齐人识之，故谓之齐。明乎商之音者，临事而屡断。明乎齐之音者，见利而让。临事屡断，勇也；见利而让，义也。有勇者义，非歌，孰能保此！

《左传》曰：公及齐师战于长勺。公将鼓之。曹刿曰："未可。"齐人三鼓，曰："可矣。"齐师败绩。公将驰之。刿曰："未可。"下，视其辙，登，轼而望之，曰："可矣。"遂逐齐师。既克，公问其故。对曰："战，勇气也。一鼓作气，再而衰，三而竭。彼竭我盈，故克之。夫大国难测也，惧有伏焉。吾视其辙乱，望其旗靡，故逐之。”

又曰：晋襄公缚秦囚，使莱驹以戈斩之。囚呼，莱驹失戈，狼瞫取戈以斩囚，禽之以从公乘，遂以为右。箕之役，先轸黜之而立续简伯。狼瞫怒。其友曰：“盍死乎？”瞫曰：“吾未获死所。”其友曰：“吾与汝为难。”瞫曰：“《周志》有之，勇则害上，不登于明堂。杜预曰：《周志》书也。明堂，庙也。所以崇功序德，故不义之士不得外心。死而不义，非勇也。共用之谓勇。吾以勇求右，无勇而黜之，亦其所也。谓上不我知，黜而宜，乃知我矣。子姑待之。”及彭衙，既陈，以其属驰秦师，死焉。晋师从之，大败秦师，君子谓：“狼瞫于是乎君子也。”

又曰：晋郄克及齐侯战于鞍。齐高固入晋师，礫石以投人，杜预曰：礫，担也。禽之而乘其车，系桑本焉，以徇齐垒，将至齐垒，以桑树系车而走，欲自异也。曰：“欲勇者贾余余勇。”贾，买也，言己有余勇欲卖之也。

又曰：栾盈师曲沃之甲，以昼入绛。初，斐豹隶也，著于丹书。栾氏之力臣曰督戎，国人惧之。斐豹谓范宣子曰：“苟焚丹书，我杀督戎。”宣子喜，曰：“而杀之，所不请于君焚丹书者，有如日！”乃出豹而闭之，督戎从之。逾隐而待之，督戎逾入，豹自后击而杀之。

又曰：楚平王执伍奢。无忌曰：“奢之子材，若在吴，必忧楚国，盍以免其父召之。彼仁，必来。不然，将为患。”王使召之，曰：“来，吾免而父。”棠君尚谓其弟员曰：“尔适吴，我将归死。吾知不逮，我能死，尔能报。闻免父之命，不可以莫之奔也。亲戚为戮，不可以莫之报也。奔死免父，孝也。度功而行，仁也。择任而往，智也。知死不避，勇也。父不可弃，名不可废，尔其勉之，相从为愈。”伍尚归。奢闻员不来，曰：“楚君、大夫其旰食乎！”楚人皆杀之。

又曰：晋赵鞅围卫，报夷仪也。初，卫侯伐邯郸午于寒氏，城其西北隅而守之。宵熸。及晋围卫，午以从七十人门于卫西门，杀人于门中，曰：“请报寒氏之役。”涉他曰：“夫子则勇矣，然我往，必不敢启门。”亦以徒七十人，旦门焉，步左右，皆立如植。日中不启门，乃退。

又曰：楚白公胜将作难，谓石乞曰：“王与二卿士，皆以五百人当之，则可矣。”乞曰：“不可得也。市南有熊宜僚者，若得之，可当五百人矣。”乃从白公而见之，与之言，悦。告之故，辞。承之以剑，不动。胜曰：“不为利谄，不为威惕，不泄人言以求媚者，去之。”

又曰：楚白公奔山而缢，其徒微之。生拘石乞而问白公之死焉，对曰：“予知其死所，而长者使予勿言。”“不言将烹。”乞曰：“此事也，克则为卿，不克则烹，固其所也。何害？”乃烹石乞。

又曰：晋楚战，楚师薄于险，叔山冉谓养由基曰：“虽君有命，为国故，子必射！”乃射。再发，尽殪。叔山冉搏人以投，中车，折轼。晋师乃止。言二人皆有退人之能。

又曰：齐庄公朝，指殖绰、郭最曰：“寡人之雄也。”州绰曰：“君以为雄，谁敢不雄？然臣不敏，平阴之役，先二子鸣。”十八年晋伐齐及平阴。庄公为勇爵。设爵位以命勇士。殖绰、郭最与焉。州绰曰：“东闾之役，臣左骖迫，还于门中，识其板数。识门板数。其可以与此乎？”

《周官》曰：司右掌群右之政令，凡军国之勇士，能用五兵者属焉，掌其政令。

《河图》曰：勇敢重瞳。宋均注曰：项羽也。

又曰：鸟一足名独立，见则主勇强。

《家语》曰：仲由，字子路，少孔子九岁。子路性鄙，好勇力，志抗直，冠雄鸡，佩豭豚，陵暴孔子。孔子设礼稍诱之，子路后服。子路问：“君子尚勇乎？”孔子曰：“君子义以为上。君子好勇而无义则乱，小人好勇而无义则盗。”

又曰：孔子将之卫，路出于蒲，会公叔氏以蒲叛卫而止。孔子弟子有公良孺者，为人贤良有勇力，挺剑而合，众将与之战。蒲人惧，曰：“苟无适卫，吾则出子。”乃盟，孔子出之。

又曰：孔子北游，登乎农山。子路、子贡、颜回侍侧。孔子四望，喟然而叹曰：“于斯致思，无所不至矣。二三子各言尔志，吾将择焉。”子路进曰：“由愿得白羽若月，赤羽若日，钟鼓之音上震于天，旌旗缤纷下蟠于地。由也当一队而敌之，必也攘地千里，搴旗执馘，唯由能之。使二子者从我焉。”夫子曰：“勇哉！”

《史记》曰：毛遂随平原君与楚合从，言其利害，日出而言之，日中不决。遂案剑历阶而上，谓平原君曰：“从之利害，两言而决耳。今日出而言从，日中不决，何也？”楚王谓平原君曰：“客何为者也？”平原君曰：“是胜之舍人也。”楚王叱曰：“胡不下！吾乃与尔君言，汝何为者也！”毛遂案剑而前曰：“今十步之内，王不得恃楚国之众也，王之命悬于遂手。叱者何？且遂闻汤以七十里之地王天下，文王以百里之壤而臣诸侯，今楚地方五千里，持戟百万，此霸王之资也。白起，小竖子耳，率数万之众，兴师以与楚战，一战举鄢、郢，再战而烧夷陵，三战而辱王之先人。此百世之怨，而赵之所羞，而王弗知恶。合从者为楚，非为赵也。吾君在前，叱者何也？”楚王曰：“先生之言是也。”遂定从而还。

又曰：范雎说秦昭王：夫以乌获、任鄙之力，荆成、孟贲、许慎曰：荆成，古勇士。孟贲，卫人也。庆忌、夏育之勇焉而死。死者，人之所必不免也。

又曰：廉颇者，赵之良将也。赵惠文王十六年，廉颇为赵将，伐齐，大破之，取晋阳，拜为上卿，以勇气闻于诸侯。

又曰：蔺相如者，赵人也，为赵宦者令缪贤舍人。赵惠文王时，得楚和氏璧。秦昭王愿以十五城请易璧。令曰：“臣客舍人蔺相如其人勇士，有智谋，宜可使。”乃使相如奉璧入秦，秦王坐章台得璧，大喜，傅璧以示美人及左右，左右皆呼万岁。相如视秦王无意偿赵城，乃前曰：“璧有瑕，请指示王。”王授璧，相如中立，倚柱，怒发上冲冠，谓秦王曰：“赵王斋戒五日，使臣奉璧，拜送书于廷。何者？严大国之威以修敬也。今臣至，大王见臣列观，礼节甚倨；得璧，传戏，无偿赵王城邑，故臣复取璧。大王必欲急臣，臣头今与璧俱碎于柱矣！”持璧睨柱，欲以击柱。秦王恐其破璧，乃辞谢，固请，召有司案图十五城与赵。相如见其诈，乃谓曰：“赵王送璧时，斋戒五日，大王亦宜斋五日，乃敢上璧。”秦王许。相如就舍，使其从者衣褐，裹璧，亡归赵。秦王斋竟，引相如。相如曰：“自秦缪公以来二十余君，未有坚盟约者，臣恐见欺负赵，故令人持璧归，间至赵矣。王若割十五都与赵，赵岂敢留璧得罪于大王？臣知欺大王当诛，请就汤镬。”秦遂厚遇之。既归，赵王以为贤大夫，使不辱于诸侯，拜为上大夫。秦亦不以城与赵，赵亦不与秦璧。后秦王会渑池，秦王饮酒酣，曰：“寡人窃闻赵王好音，请奏瑟。”赵王鼓瑟。秦御史前书曰：“某年某月，秦王与赵王会饮，令赵王鼓瑟。”相如前曰：“赵王窃闻秦王善为秦声，请奏缶以相娱乐。”秦王怒，不许。于是相如前进缶，因跪请之。秦王不肯击缶。相如曰：“五步之内，臣请以颈血溅大王矣！”左右欲刃相如，相如张目叱之，左右皆靡。秦王不怿，为一击缶。相如顾召赵御史书曰：“某年某月，秦王为赵王击缶。”秦之群臣曰：“请以赵十五城为秦王寿。”相如亦曰：“请以秦之咸阳为赵王寿。”赵亦盛设兵待秦，秦不敢动。既罢归国，以相如功大，拜为上卿，位在廉颇右。

又曰：曹沫者，鲁人也。以勇力事鲁庄公。齐桓公与鲁庄公会于柯而盟。桓公与庄公既盟于坛上。曹沫执匕首劫齐桓公，桓公左右莫敢动。问曰：“子将何？”曹沫曰：“齐强鲁弱，而大国侵鲁亦已甚矣，今城坏即压境，君其图之。”公乃许，尽还鲁之侵地。既已言，曹沫没其匕首，下坛，北面就群臣之位，颜色不变，辞令如故。

又曰：樊於期奔燕丹，计无所出。鞠武曰：“燕有田光先生者，其为人智深而勇沉，可与谋。”太子因谒光，光言荆卿，太子曰：“愿因先生得结交于荆卿，可乎？”田光曰：“敬诺。”即起趋出。太子送之至门，戒曰：“舟所报先生言者，国大事也，愿先生勿泄也。”田光跪而笑曰：“诺。”见荆轲曰：“光与子相善，燕国莫不知。今太子闻光壮盛之时，不知吾形已不逮也，幸而教之曰：燕秦不两立，愿先生留意。光窃不自外，言足下于太子。愿足下过太子于宫。”荆轲曰：“谨奉教。”田光曰：“吾闻之，长者为行，不使人疑之。今太子告光曰：“所言者，国之大事也，愿先生勿泄也，是太子疑光也。夫为行而使人疑之，非节也。”欲自杀以激荆卿，曰：“愿足下急过太子，言光已死。明不言也。”因遂自刎。

又曰：秦将李信，年少壮勇，尝以兵数千，逐燕太子丹，至于污水，卒得破丹。

太平御览卷第四百三十四 人事部七十五

勇二

《汉书》曰：韩信数以策干项羽，羽弗用。汉王之入蜀，信亡楚归汉，未得知名，为连敖。楚官也。坐法当斩，其畴十三人皆已斩，至信，信乃仰视滕公，曰："上不欲就天下乎？而斩壮士！"滕公奇其言，壮其貌，释弗斩。与语，大悦之。汉王以为治粟都尉。信谓汉王曰："臣尝事项王，请言项王为人也。项王喑呜叱咤，千人皆废，然不能任属贤将，匹夫之勇也。"

又曰：齐哀王弟章，高后封为朱虚侯。章年二十，有气力，忿刘氏，不得职。尝入侍宴饮，高后令章为酒吏，章自请曰："臣，将种也，请得以军法行酒。"高后曰："可。"酒酣，章进歌舞，已而曰："请为太后言耕田。"高后儿子畜之笑曰："顾乃父知田耳？若生而王子，安知田乎？"章曰："知之。"太后曰："试为我言田意。"章曰："深耕穊种，立苗欲疏，非其种者，锄而去之。"太后默然。顷之，诸吕有一人醉，亡酒。章追，拔剑斩之而还，报曰："有亡酒一人，臣谨行军法斩之。"太后大惊，已许其军法，毋以罪也。因罢酒。

又曰：汉都易王非，二年立为汝南王。吴楚反时，非年十五，有才气，上书自请击吴。景帝赐非将军印，击吴。吴破，徙王江都，治敌吴国，以功赐天子旌旗。

又曰：李广为上谷太守，数与匈奴战。典属国公孙昆耶为上泣曰："李广才气，天下无双，自负其能，数与虏确，恐亡之。"上乃徙广为上郡太守。广以郎中令将四千骑出右北平，博望侯张骞将万骑与广俱，异道。行数百里，匈奴将四万骑围广，军士皆恐，广乃使其子敢往驰之。敢从数十骑直贯胡骑，出其左右而还，谓广曰："胡虏易与耳。"军士乃安。为圜陈外乡，胡急击，矢下如雨。汉王兵死者过半，汉矢且尽。广乃令持满毋发，而广身自以大黄射其裨将，杀数人，胡虏益解。会暮，吏以无人色，而广意气自若，益治军。军中服其勇也。明日，复力战，而博望侯军亦至，匈奴乃解去。

又曰：王尊，字子赣，涿郡人。为东平相时，王素骄不奉法。尊谓王曰："天下皆言王勇，但负贵，安能勇？如尊乃勇耳。"王变色，欲格杀之。迁东郡太守，河水盛溢，泛浸瓠子金堤，老弱奔走，至恐水大决为害。尊躬率吏民，投沉白马，祀水神河伯。尊亲执珪璧，使巫策祝，请以身填金堤，因止宿，庐居堤上。吏民数千万人争叩头救止，尊终不肯去。及水盛堤坏，吏民皆走，唯一主簿泣在尊旁，尊立不动。而水波稍却回还。吏民嘉壮尊之勇节，白三毛朱英等奏其状。诏秩尊中二千石，赐黄金二十斤。

又曰：朱云，字游，鲁人。徙平陵。少时通轻侠，借客报仇。身长八尺余，容貌甚壮，以勇力闻。

又曰：赵充国，字翁孙，陇西人。后徙金城令居。以六郡良家子善骑射补羽林。为人沉勇有大略，少好将帅之节，学兵法，通知四夷事。武帝时，以假司马从贰师将军击匈奴，为虏所围。汉军乏食数日，死伤者多，充国乃与壮士百余人溃围陷阵，贰师引军随之，遂得解。身被二十余创，贰师奏状，诏征充国诣行在所。武帝亲自视其创，嗟叹之，拜为中郎。

又曰：项羽，下邳人。身长八尺二寸，力能扛鼎。少学书剑不成，季父梁怒羽。羽曰："书足以记姓名，剑一人敌，不足学，学万人敌耳。"梁奇之，教以兵法。籍大喜。遇秦始皇游会稽，渡浙江，梁与籍俱观。籍曰："彼可取而代也。"梁掩其口。会七月，陈胜起兵。九月，会稽守通谓梁曰："江西皆反，此亦天亡秦时也。先则制人，后则为人所制，吾欲发兵，使公及桓楚将。"梁曰："桓楚亡人，独籍知其处，请召籍受命。"籍因击杀数十人，府中詟伏。梁遂举郡中，得八千人，渡江而去。至下邳，军已六七万。邯郸人范曾说梁曰："秦灭六国，楚最无罪，自怀王入秦不返，楚人怜之至今，若立楚后，亡秦必也。"梁然之。梁于是立怀王孙心为楚王，是为义帝，从民望也。都盱眙，梁自号武信君。师次定陶，有骄色。宋义谏曰：“战胜而骄卒堕者败。今卒堕矣，秦兵日益，为君危之。”梁不听。秦将章邯兵至，击楚大破，梁战死。义帝以宋义有先见，征为上将军，羽为次将，范增为末将。北救赵，至安阳，留不进。籍谓义曰：“今秦军围钜鹿，疾引兵渡河，楚击其外，赵应其内，破秦军必矣。”义曰：“不然。夫搏牛之虻不可以破虱虻虮。今秦攻赵，战胜则兵疲，我乘其弊；不胜，则我引兵鼓行而西，必举秦矣。夫击敌轻锐，我不如公；坐运筹策，公不如我。”因下令曰：“猛如虎，狠如羊，贪如狼，强不可令者，斩之。”乃置酒高会，留四十六日不进。是时，天寒，士卒饥冻。籍曰：“且国家兵新破，王坐不安席，扫境内属将军，国家安危，在此一举。今不恤士卒而徇私，非社稷之臣也。”籍乃斩宋义于帐中。左右慑伏，莫敢枝梧。悉发兵渡河，沉舟败釜，烧庐舍，持三日粮，示必死。乃大破秦兵，虏王离。诸将入辕门，膝行而前，莫敢仰视。师次钜鹿，会战，夜坑秦卒二十万。入关屠咸阳，杀子婴，自立为西楚霸王，与汉王相持。五年后汉兵大会垓下，食尽，与汉王战不利，围之。夜闻汉军作楚歌声，惊曰：“汉已得楚乎？”遂与从骑者八百人，夜溃围南驰。汉令骑将灌婴追至东城。籍唯单骑，自知智穷，乃大呼跃，自刎而死。遂为五将各分一体。汉王以鲁公葬于谷城。诸项赐姓刘。

又曰：樊哙，沛人也。身长八尺，家贫以屠为业，后为高祖参乘。高祖、项羽会鸿门，因饮，范曾起出，为项庄曰：“汝可以剑舞，便因击沛公杀之。”庄入为寿，曰：“军中无以为乐，臣请以剑舞。”因拔剑起舞。时，项伯亦起舞，常以身翼蔽汉王。时帐下唯有张良，哙居营门外，闻事急，乃持盾撞入，立于帐下。项羽目之，问：“谁？”张良曰：“汉王参乘樊哙也。”羽曰：“壮士。”赐之卮酒彘肩。哙既饮酒，咀彘肩。羽曰：“能复饮乎？”哙曰：“臣死且不辞，何惮卮酒！且汉王入关定咸阳，曝师于灞上，以待大王，今大王至，而听小人言，与汉王有隙，臣恐天下解心疑大王也。”项羽默然。哙因目挥汉王，佯如厕，遂与哙轻骑归营。汉王即皇帝位，封哙为武阳侯。后从上击陈豨有功，迁左丞相。又从上破黥布。后上病，恶见人，群臣莫敢入，哙排闼直入，大臣等随之。哙曰："陛下起沛，何其壮也！今天下已定，又何惫也！且陛下病甚，不见臣等计会国事，独与一宦者处幽室中，绝不见臣等，陛下岂不思赵高之事乎？"上笑而起。

又曰：天汉二年，贰师李广利将三万骑出酒泉，击右贤王于天山。召李陵，欲使为二师将辎重。陵召见武台，叩头自请曰："臣所将屯边者，皆荆楚勇士奇才剑客也，愿得自当一队到兰于山以分单于兵，无令专向贰师。"上曰："将恶相属耶！吾发军多，无骑予汝。"陵对："无所事骑，臣愿以少击众，兵五千涉单于庭。"上壮而许之。

又曰：李敢男禹亦有勇，尝与侍中贵人饮，侵陵之，莫敢应。后诉之于上，上召禹，使刺虎，悬下圈中，未至地，有诏引出之。禹落中以剑斩绝累，欲刺虎。上壮之，遂无杀心。

又曰：季布弟季心，气盖关中。任侠，方数千里，士争为死。中尉郅都不敢加。少年时借其名行。是时，心以勇闻，布以诺闻关中。

范晔《后汉书》曰：牛邯，字孺卿，狄道人。有勇力才气，雄于边陲。

又曰：盖延，字巨卿，渔阳安阳人也。身长八尺，弯弓三百斤，边俗尚勇力，而延以气闻。

又曰：帝使王霸与马武攻周建。苏茂救建，与武战。霸曰："开营后出精骑，袭其背。"茂建前后受敌，惊乱，败走。霸、武各归营。贼后聚挑战，霸坚卧不出。方飨士作倡戏。茂两射营中，中霸前酒樽，霸安坐不动。

又曰：中郎将张耽，性勇锐而善扶士卒，军中皆为用命。遂绳索相悬，上通天山破乌桓，悉斩其渠帅。还，得汉民，获其畜生财物。

《东观汉记》曰：刘伯升都部将宗人刘稷数陷陈，溃围，勇冠三军。闻更始立，怒曰："本起兵图大事者伯升兄弟。更始何为者耶？"更始闻而心忌之。以稷为抗威将军，稷不肯拜。更始乃收稷将诛之，伯升固争，并执伯升，即日害之。

又曰：祭遵为征虏将军，将兵北入箕关，与弘农、厌新、柏华蛮贼合战，中弩矢，入口洞出，举裒掩口，血流裒中。众见遵伤，却退。遵呵吏士，吏士进战，皆一人击十，大破之。

又曰：马援曰："方今匈奴、乌桓尚扰北边，欲自请击之。男女要当死于边野，以马革裹尸还墓耳，何能卧床上在儿女子手中耶？"

又曰：耿秉性勇壮，而简易于事军，行常自被甲在前，休止不结营部。然远斥候，明要誓，有警，军陈立成，士卒皆为死。

又曰：永平中窦固击匈奴，班超为假司马，将兵别击伊吾，战于蒲类海，多斩首虏。固又遣与从事郭恂俱使西域，鄯善王广礼敬甚备，后更疏懈。超谓其官属曰："宁觉广志意薄乎？此必有北虏使来也。"召侍胡，诈之曰："匈奴使来数日，安在？"侍胡具服。超悉会其吏士三十六人，酒酣，激怒曰："不探虎穴，不得虎子。当今之计，独有因夜以火攻虏，使彼不知我多少，必大震怖，可殄尽。鄯善破胆，功成事立也。"众曰："善。"遂将吏士往奔虏营。超手格杀三人，斩其使。明日乃还告郭恂，恂大惊，既而色动。超知其意，举手曰："掾虽不行，班超何心独擅之乎？"恂乃悦。鄯善一国震怖。窦固具上超功，并求更选彼西域。帝壮超，诏固曰："吏如班超，何故不遣而选乎？今以超为军司马，令遂前功。"固欲益其兵，超曰："愿得本所从三十余人，足以备有虞，多益为重烦。"

又曰：杨政，字子行，京兆人。尝过杨虚侯马武，武称疾见政，去对机边床卧，欲令政拜床下。政入户，前排武，径上床坐。武恨，语言不怿。政把武手责之曰："卿蒙国恩，备位蕃臣，不思求贤助国，而骄天下英俊，今日摇者刀入胁。"左右大惊，以为见劫，操兵满侧，政颜色自若。会信阳侯至，责数武，令为朋友。其果勇敢折，皆此类也。

又曰：贾复以偏将军从上拔邯郸，击青犊大战，至日中，贼阵坚不却。传召复曰："吏士饥，且朝饭。"复曰："先破之，后食耳。"于是被羽先登，所向皆靡，诸将咸服其勇。上以复敢深入，希令远征，而壮其勇节，常自从之，故复少方面之勋。诸将每论功，复未曾有言。上辄曰："贾君之功，我自知之。"

又曰：张步攻耿弇营，合战，飞矢中弇股，以佩刀截之，左右无知者。

又曰：邳彤为辽东太守，有勇力，能贯三百斤弓。虏每犯塞，常为士卒先锋，数破之。

又曰：温序为护羌校尉，行部，为隗嚣将苟宇所拘劫。序素有气，大怒，叱宇等曰："虏何敢迫胁汉将！"因以节挝杀数人。众争欲杀之，宇止之曰："此义士，死节，可赐以剑。"序受剑，衔须于口，顾左右曰："无令须污。"

又曰：朱晖，字文季，南阳人。晖早孤，有气决。年十三，莽败，天下乱，与外氏家属从田间奔入宛城。道遇群贼，贼操兵弩欲倮夺妇女衣物。昆弟宾客皆惶迫，伏地莫敢动。晖拔剑前曰："财物皆可取，诸母衣不可得。今日朱晖死日也！"贼见其小，壮其志，笑曰："童子内刀。"遂舍之。

谢承《后汉书》曰：彭脩，字子阳，会稽人。年十五，时父为郡吏，得休，与脩归，道为盗所劫，脩困迫，刀拔佩刀前持盗曰："父辱子死。"盗相谓曰："此童子义勇士也，不宜逼之。"遂辞谢而去。

《魏志》曰：庞德将所领与曹仁共拔宛，遂南屯樊，讨关羽。樊下诸将以德兄在汉中，颇疑之。德常曰："我受国恩，义在效死。"亲与羽交敌，射羽中额。时德常乘白马，羽军谓之白马将军。

又曰：曹仁从平荆州，以仁行征南将军，留屯江陵，拒吴周瑜。瑜将数万人来攻，遣部曲将牛金逆与挑战。贼多，金众少，遂为所围。仁望金等垂没，左右皆失色。仁气奋怒甚，将壮士数十骑，直前冲入贼围，金等乃得解。余众未尽出，仁复直还突，出金兵，贼乃退。

又曰：臧霸，字宣高，太山人。父戒，为县狱掾，据法不听太守所欲杀，太守怒，收戒诣府，送者百余人。霸年十八，将客数人于南山中夺之，送者莫敢动，因与父俱亡命东海，由是以勇壮闻。

又曰：曹真，字子丹，太祖族子也。少孤，召养与诸子同，使与文帝共止。尝猎，为虎所逐，顾射之，应声而倒。太祖壮其鸷勇，使将虎骑。计虚丘贼，拔之，封灵寿亭侯。

又曰：刘晔，字子杨，淮南成德人也。郑宝、张多、许庆之属，各拥部曲。宝最骁果，才力过人，一方所惮。晔时年二十余，会太祖遣使诣州，有所案问。宝从数百人赍牛酒来侯使，晔令家僮将其众坐中门外，为设酒饭；与宝于内宴饮。密勒健儿，令因行觞而斫宝。宝性不甘酒，视候甚明，觞者不敢发。晔因自引取使刀以斫杀宝，斩其首以令其军。

《魏书》曰：吕布，字奉先，五原人也。董卓为都尉，誓为父子，迁至中郎将。卓每以布自卫，布尝小失于卓，卓拔戟掷之，布趫捷得免，布由是阴怨于卓。布后应王允，于门刺杀卓，卓将李儒等阻兵。布自南阳投袁术，自术又投袁绍，绍与布击张燕。布尝御良马，号赤兔，能驰城飞堑，遂突张燕军阵，一日或至三四，皆斩首而出，遂破燕军。布乃暴横，绍患之，布不自安，求还洛阳。后复从袁术，攻刘备于沛，破之。曹公自将至下邳，击布，降之。见曹公曰："今日已后，天下定矣。"公曰："何以言之？"布曰："明公所患，不过布耳！今布将骑，明公将步，天下不足定。"顾谓刘备曰："玄德，卿为坐客，我为降虏，绳缚我急，独不一言乎？"曹公笑曰："缚虎不得不急。"遂缢杀之。

又曰：张辽，字文远，为荡寇将军。陈简梅成叛，太祖讨之。简入潜山中，有天柱山，辽遂进军斩简、成首。太祖论功曰："登山履峻险，辽之功也。"增封假节。孙权率十万众围合肥，辽募其敢死者八百人，登锋陷阵，大破之。太祖遣辽屯合肥，给辽母车舆兵马，遂诣屯所。敕辽母至所在，令道从迎，观者荣之。江东小儿啼，恐之曰："辽来，辽来！"无不止矣。

又曰：许褚，字仲康，长八尺，大十围，勇力绝人。太祖初见曰："此樊哙也。"即日拜都尉。太祖征韩遂，马超等，单马会语，褚从行。马超负其力，欲前突，素闻褚勇，乃问太祖曰："公有虎侯安在？"太祖指褚，褚瞋目眄之，超不敢动。数日会战，大破超等军，迁武卫中郎将。武卫之号，自此始也。

又曰：典韦，形貌魁梧，膂力过人，好持大双戟与长刀，军中为之语曰："帐下壮士有典君，手提双戟八十斤。"

太平御览卷第四百三十五 人事部七十六

勇三

《吴志》曰：孙坚年十七，与父共载船至钱塘，会海贼胡玉等从匏里上掠贾人财物，方于岸上分之，行旅皆住，船不敢进。坚谓父曰："此贼可击，请讨之。"父曰："非尔所图也。"坚行，操刀上岸，以手东西指麾，若分部兵以罗遮贼状。贼望见，以为官兵捕之，即委财物散走。坚追，斩得一级以还，父大惊。由是显闻。

又曰：曹公出濡须，甘宁为前部督，受敕斫敌前营。权特赐米酒众肴，宁乃赐手下百兵食。食毕，宁先以银碗酌酒，自饮两碗，乃酌与都督，伏不肯持。宁引白削置膝上，呵谓之曰："卿见知于至尊，孰与甘宁？甘宁尚不惜死，卿何得独惜死乎？"都督见宁色厉，即起拜持酒，次通酌兵各一银碗。至二更时，衔枚出破敌。敌惊动，遂退。宁益贵重，增兵二千。

又曰：董袭，字玄岱，馀姚人。权讨黄祖，祖横两艨艟守江口，以栟榈大绁缚石为碇，上有千人，以弩交射，军不得进。袭将敢死百余人，被两铠乘舸船突入艨艟。袭乃以刃断其绁，艨艟于是横流，制不能已，大兵遂进。祖乃开门走，追斩之。明日大会，权举觞属袭曰："今日之会，断绁之功也。"

又曰：甘宁，字兴霸。性奢靡，尝以缯锦维舟，去或割弃。劝权袭黄祖，擒之。随鲁肃至益阳，拒关羽。羽择锐士五千人，从上流浅濑夜渡。宁曰："请以五百人往对之，羽闻吾咳唾声，必不敢涉，涉即成擒矣。"

又曰：陆统，字公绩。从征合肥为右部都督。时权撤军还，前部已发。魏将张辽等奄至津北。统率亲近三百人，陷围拔权出。敌已毁桥，权策马驱驰，统复还战，左右尽死，所杀数十人。度权已免，乃还。桥败道绝，被甲潜行。权既御船，见之惊喜。统痛亲近无返者，悲不自胜。权引袂拭之，谓曰："公绩！亡者已矣。苟使卿在，何患无人？"

《蜀志》曰：关羽，字云长，河东人也。先主入益州，留羽督荆州军事。尝为流矢所中，贯左臂，羽令凿骨劈之。时与诸将饮食，血流盈器，言笑自若。及破曹仁于樊城，威振华夏。曹公议迁都，以避其锐。司马宣王、蒋济以为关羽得志，孙权必大怒。权后果用吕蒙计，平荆州，虏羽，斩之。

又曰：张飞，字益德，涿人。先主背曹公，依刘表于雷阳。闻曹公卒至，弃妻子而奔，乃以飞将二十骑拒之。后飞据水断桥，瞋目横槊曰："张益德在此，尔曹敢来决死否？"众无敢近者。先主入益州，飞与诸葛亮分定郡县。飞雄猛，名亚关羽。羽善待卒伍而骄士大夫，飞敬爱君子而不恤小人，先主常戒之。及先主伐吴，临发益州，于是飞帐下张达杀之，持其首，顺流奔于孙权。

《晋书》曰：桓石虔，小字镇恶。有材干，矫捷。从父在荆州，于猎围中见猛兽被数箭而伏，诸督将素知其勇，戏令拔箭。石虔因急往，拔得一箭，猛兽跳，石虔亦跳，高于猛兽，猛兽伏，复拔一箭以归。尝从桓冲入关，冲为符健所围，垂没，石虔跃马赴之，拔冲于数万众中而还，莫敢抗者。三军叹息，威震敌人。

又曰：吾彦，字士则，吴郡人。出自寒微，有文武才干，身长八尺，手格猛兽，膂力绝群。陆抗奇其勇略，将拔用之，众情不允，乃会诸将，密使狂人拔刀跳跃而走，彦不动，举几御之，众伏其勇，乃擢用焉。

又曰：庾阐，字仲初，颍川鄢陵人也。祖辉，安北长史。父东，以勇力闻。武帝时，有西域健胡矫捷无敌，晋人莫敢与校。帝募勇士，唯东应选，遂扑杀之，名震殊俗。

又曰：王弥多权略，凡有所掠，必预图成败，举无遗策。弓马迅捷，膂力过人，青土号为"飞豹。"

又曰：周处，为人勇暴，不可当之。尝居义兴，水中有蛟龙，山上有白额虎，乡里有周处，时人谓之"三横"。有里人说处请杀虎，虎死，入水击蛟龙，没行数十里，处与之俱，经三日三夜，人谓已死矣，皆相庆贺。处杀蛟龙回，闻乡里相贺，始知身之患人也。于是仄身修已。至洛阳，惠帝拜为将军，累迁为建威将军，后西征没于阵，赠西平将军。

又曰：郭默杀江州太守，自称刺史。为人勇捷，常身被重甲，跳三丈矛，时人莫不惮之。后陶侃及庾亮率军灭之。

又曰：蔡裔仕伪赵为振武将军，少有勇力，呼声若雷。尝有盗入室，裔抚机一呼，贼众皆殒，时人惮之。

又曰：李特，巴西人。少仕州郡。雄勇，善骑射，沉毅有大度。尝至剑阁，箕踞太息，顾眄险阻曰："刘禅有如此之地而缚于人，岂非庸才耶！"后聚流人，众至数万，遂攻城，自称大将军，为益州刺史，后称蜀，为罗尚所杀。子孙六世，至李势，为大司马桓温所灭，共四十六年。

又曰：刘元海，匈奴中人。祖扶罗助汉讨黄巾。遂以众留汉定难。属董卓乱，屯于河内。元海即扶罗之孙也。髫龀英惠，及长好学，尤好《左氏传》、《孙吴兵法》，略皆诵之，兼爱武事，妙绝于众。猿臂善射，矫捷，膂力过人。姿仪魁伟，身长八尺四寸，须长三尺。太始中，武帝召与语，大悦之。及惠帝失驭，冠盗蜂起，成都王颖表元海为将军。后王浚伐颖，元海说颖曰："今二镇跋扈，众余十万，恐非宿卫所能御及，请为殿下还说五部，以赴国难。"颖曰："五部之众可保发否？鲜卑、乌丸劲速如风云，何易可当？吾欲奉乘舆还洛阳，避其锋锐，徐传檄天下，以逆顺制之。君意如何？"元海曰："殿下武皇帝之子，有殊勋于王室，威恩允洽，四海钦风，孰不思为殿下没命捐躯者，何难发之有乎！王浚竖子，东瀛疏属，岂与殿下争衡乎！殿下一发邺宫，示弱于人，洛阳何复得至？纵达洛阳，权威不复在殿下也。纸檄尺书，谁人奉之！且东胡之悍，不逾五部，愿殿下勉抚士众，靖以镇之，当为殿下以二部摧东瀛，二部枭王浚，二竖之首可指日而悬矣。"颖悦，拜元海为北单于。元海至左国城，二旬之间，众已五万。元海谓刘宣等曰："夫帝王岂有常哉，大禹出于西戎，文王生于东夷，唯德所授耳。"遂僭称汉王，子孙四世，至曜为石勒所灭，合二十五年。

又曰：石季龙，赵王石勒从子也。身长七尺五寸，矫捷便弓马，勇冠当时。至于降城陷垒，不复料别善恶，坑堑士女，鲜有遗类，指授攻讨，所向无前。故勒委以专征之任，所在立功。后废弘而僭位。时豪杰侵恣，贿赂公行，季龙患之。擢殿中御史季宸为御史中丞，特亲任之。自此百僚震慑，州部肃清。季龙曰："朕尝闻良臣猛兽，高步通衢，而豺狼避路，信矣哉！季宸是也。"赏赐甚厚，后以疾卒。

又曰：石闵，赵王季龙养子也。善谋策，勇力绝人。既杀石鉴，遂僭国号大魏。戎卒三十万，旌旗钟鼓绵亘百余里，虽石氏之盛，无以过之。慕容俊遣慕容恪率众伐之。闵与恪十战，皆败恪。恪乃以铁锁连马，简善射卑勇而无刚者五千，方阵而前。闵所乘赤马，日行千里，左仗双刃，右执剑戟，顺风击之，斩鲜卑三百余级。俄而燕骑大至，围之数匝。闵跃马溃围，马死，为恪所擒，斩之。左右七里，草木悉枯。

又曰：符生，健之子也。幼而无赖。及长，力举千斤，雄勇好杀，手格猛兽，走及奔马，击刺骑射，冠绝一时。

何法盛《晋中兴书》曰：周访，字士达，寻阳人。迁武昌太守。时杜作乱，寇豫章，访进讨。弢别帅杜弘、张彦等邀访，访为流矢所中，折齿，口中流血，壮气益勇，先登奋击，临阵禽彦，杀数百人。

又曰：刘遐，字正长，广平人。性果毅，便弓马。遭天下乱，遐自为邬主，攻抄日至，无时不战。遐每奋击，直入贼军，陷坚摧锐。乡人邵绩深知之，以女妻焉。遂立壁河济之间，胡不敢逼。时人号为关羽、张飞。

王隐《晋书》曰：段匹磾召弟文鸯还厌次。石虎来，先纵骑抄城左右，鸯登城临见，不胜其勇，欲出击胡，磾疑有伏，不听，出。民出，大为胡所杀掠。鸯单将壮士数十骑出击胡，所杀甚多。胡骑退，鸯追蹑，磾率步继鸯。虎伏骑起，磾、鸯力战，杀胡数十。鸯还，赴磾，磾已散还。鸯所乘马乏顿，虎呼曰："大兄久望共天，同不违愿，今日见，何故复战？请释杖语。"鸯骂曰："汝为寇虏，久应死，吾兄不能用吾计，故令汝得至此。吾宁死，不忍为汝擒。"遂下马与胡战。槊折，执刀战，不降。虎军四面解马罗披自鄣，前捉鸯。自辰至申，力极斫杀人，而后见得也。

又曰：石勒攻夏口，朱伺衔铁面以弩的射贼，大帅数人皆杀之。并以磊石，弓箭雨下，所向摧破。贼皆抛船上岸，于水边作阵。伺身被数十箭，气色不变。诸军寻至，贼兵便崩退，投水死者百数。夏口之全，伺之勋也。

《宋书》曰：蒯恩，字道恩，兰陵人。高祖出征，恩县差为征民充甲士，使伐马刍。恩常负大束，兼倍余，高祖闻之，即给器仗伏，恩大喜。因征妖贼，常为先登，多斩首级。既习战陈，胆力过人。

又曰：宋越，朱阳人。为郡吏，太守夏侯穆擢为队主，蛮有为寇盗者，常使越讨伐，往辄有功。家贫无以市马，常刀盾步出，单身挺战，众莫能当，每一捷郡将辄赏钱五千，因此得买马。

又曰：宗悫为江夏王国上将军，十五年不徙官。元嘉二十二年，伐林邑，悫自奋愿行。义恭举悫有胆勇，乃降除振威将军。

又曰：薛安都与副将谭金追鲁爽于小岘，爽自与腹心壮骑断后。谭金先薄之，不能入，安都望见爽，便跃马大呼，直往刺之，应手而倒，左右范双斩爽首。爽累世骁猛，生习战阵，咸云万人敌。安都单骑直入，斩之而反，时人皆云关羽之斩颜良不过也。

徐爰《宋书》曰：柳元景，字孝仁，河东解人也。良家子少便弓马，慕尚将帅，数随父伐蛮，夙以勇称。

孙岩《宋书》曰：拓跋焘，字佛狸，壮健有筋力，勇于战斗，忍虐好杀，夷旅畏之。攻城临敌，皆亲贯甲胄。

又曰：宗悫，字玄干，南阳沮人。兄泌娶妻，始入门，夜被劫，悫年十四，挺身与劫相拒，十余人皆披散，不得入室。时天下无事，士人并以文义为业，而悫任气好勇，故不为乡曲所知。

《齐书》曰：桓崇祖在淮阴，见上，便自比韩信、白起，咸不信，唯上独许之，崇祖再拜奉旨。及破虏启至，上谓朝臣曰：“崇祖许为我制虏，果如其言。恒自拟韩、白，今真其人也。”

又曰：张敬儿年少便马，有胆气，好射虎，发无不中。南阳新野风俗出骑射，而敬儿尤多膂力。

又曰：鱼复侯子响勇力绝人，开弓四斛力，数在园池中帖骑驰走竹树下，身无亏伤。

又曰：周山图，镇军将军张永征薛安都于彭城，山图领二千人迎军至武原，为虏骑所追，合战，多所伤杀。虏围转急，山图据城自固，然后更结阵死战，突围出，虏披靡不能禁。众称其勇，呼为“武原将”。

又曰：焦度。初，青州刺史颜师伯出镇，差度领幢上送之。索虏寇青州，师伯遣度领军与虏战于沙沟杜梁，度身破阵，大捷。师伯拔为己辅国府参军。虏遣清水公寇清口，度又领军救援，刺虏骑将豹皮公堕马，获其装铠槊，手杀数十人。师伯启孝武，称度气力弓马并绝人，帝召还充左右。见度身形黑壮，谓师伯曰：“真健物也。”

又曰：周盘龙子奉叔单马率二百余人陷阵，虏万余骑张左右翼围绕之，一骑走还，报奉叔已没，盘龙方食，弃箸，驰马奋槊，直奔虏阵，自称曰：“周公来！”虏素畏盘龙骁名，即时披靡，时奉叔已大杀虏，得往在外，盘龙不知，乃冲东击西，奔走突北，贼众莫敢当。奉叔见其父久不出。复跃马入阵，父子两骑，萦搅数万人，虏众大败。盘龙父子由是名播北国。形甚羸讷，而临军勇果，诸将莫逮。

又曰：崔恭祖者，慧景宗人，骁果便马槊，气力绝人，频经军阵。讨王敬则，与左兴盛军容袁文旷争及敬则首，诉明帝曰：“恭祖秃马绛衫，手刺倒贼。故文旷得斩其首。以死易勋，而见枉夺。若失此勋，要当刺杀左兴盛。”帝以其勇，使谓兴盛曰：“何容令恭祖与文旷争功。”遂封二百户。

又曰：桓康，兰陵人。勇果骁悍。宋太初中，随武帝起义，为郡所絷，众皆散。康装担，一头贮穆后，一头贮文惠太子、竟陵王子良，自负至山中。与门客萧欣祖三十余人相结，破狱出武帝。郡兵追急，康死战破之。随武帝起兵，摧坚陷阵，所经村邑，次行暴害。江南人畏之，以其名怖小儿，画其形状于寺中。病疟者写其形，怗其床壁，无不立愈。位至兰陵太守。

《梁书》曰：王神念，少善射骑，既老不衰，常于高祖前手执二刀盾，左右交度，驰马往来，冠绝群伍。

又曰：侯景，怀朔人也。少而不羁。高欢以为将，雄勇冠时，征伐数有大功，景谓高欢曰："若假臣三万人，当横行天下，要须缚取萧衍老翁遣作太平寺主。"及欢败于沙苑，景谓欢曰："宇文泰忸于战胜，今必致殆，请以劲骑数千至关中取之。"欢以告其妃娄氏，娄氏曰："彼若得泰，景亦不归。"高欢乃止。后欢死，景乃以河南十三州降于梁。高澄使慕容绍宗围景于长社，景乃走，绍宗追之，至涡阳，景遣使谓绍宗曰："欲送客耶！将定雌雄耶！"绍宗曰："决战！"景乃令将士皆被甲持短刃，但低视斫人脑马足，遂败。绍宗军裨将斛律光尤之，绍宗曰："吾战多矣，未见此贼尔！"相持连月，景食尽，其将景显等降绍宗，众遂溃，景乃与腹心数十骑南走，后稍收散卒，得马步八百人，昼夜兼行，追军不敢逼。遣使谓绍宗曰："景若就擒，公复何用？"绍宗乃纵之，遂攻寿春，下之，据其城。

太平御览卷第四百三十六 人事部七十七

勇四

崔鸿《十六国春秋·前燕录》曰：将作大匠、屯骑校尉朝那侯青，武邑人也。机巧有算略，骁勇善骑射，所在先登陷陈。慕容俊拟之张飞。

又曰：成公都，晋兴元吴人也。都骑猛有勇力。阳虑之战，年十八，横矛太呼，贼不敢当。独步当时，拟之方叔。论者咸曰："当求之于古，造次无其比也。"

《后魏书》曰：来大千，骁果，善骑射，迁中散。至于朝贺之日，大千常着御铠，盘马殿廷，莫不叹异。尝从太宗猎，见虎在高岩上，大千持矟直前刺之，应手而死。太宗嘉其勇壮，又为殿中给事。

又曰：乙瓌，代人也。其先世统部落。世祖时，瓌父正知慕国威化，遣瓌入贡，世祖因留之。瓌便弓马，善骑射，手格猛兽，膂力过人，数从征伐，甚见信待。尚上谷公主，世祖之女也。

又曰：庾叶为将有谋略，治军清整，常以少击多，士众服其智勇，名冠诸将。

又曰：杨播，字延庆。自云弘农华阴人也。除左将军，寻假前将军。随车驾南讨，至锺离。师回，诏播领步卒三千、骑五百为众军殿。时春水初长，贼众大至，舟舰塞川。播以诸军渡淮未讫，严练南岸，身自居后。诸军渡尽，贼众遂集，于是围播数重。播乃为圆陈以御之，身自搏击，斩杀甚多。相拒再宿，军人食尽，贼围更急。高祖在北而望之，既无舟船，不得救援。水势稍减，播领精骑三百历其船，大呼曰："今我欲渡，能战者出。"贼莫敢动，遂拥众而济。高祖甚壮之，赐爵华阴子。

又曰：河间公齐，烈帝之玄孙也。少雄杰魁岸，世祖爱其勇壮、引侍左右。从征赫连昌，世祖马蹶，贼众逼帝，齐以身蔽捍，决死击贼，贼乃退。

又曰：贾思伯，字仕休，齐郡益都人也。世宗即位，加辅国将军。任城王之围锺离也，以思伯持节为其军司。及失利，思伯为后殿，以思伯儒者，谓之必死。及至，大喜，曰："仁者必勇，常谓虚谈，今于军司见之矣。"

又曰：于栗磾，代人也。少习武艺，拜冠军将军。道武畋于白登山，见熊领数子，道武顾谓栗磾曰："能缚之乎？"栗磾曰："能！"道武曰："若搏之不胜，岂不虚毙一壮士耶！"栗磾曰："自可能致御前，坐而制之。"寻而擒之。晋将刘裕遗栗磾书曰："黑稍将军磾，常好持黑矛。"故有其号。

又曰：杨大眼，武都氐王难当之孙也。少骁勇矫捷，走如飞电。宣武南征，尚书李冲典选统校征官，大眼往求征焉。冲不许，大眼曰："尚书不见知，听下官出一伎。"便出长绳三丈，系之于髻而走，绳直如矢，马驰不及。冲大惊曰："千载已来，未有此人也。"遂用为军主。大眼顾谓同僚曰："吾之今日，所谓蛟龙得水之秋也。自此一举，不复与诸君齐列矣。"所经战，皆武冠六军，大眼妻潘氏，善射，诣军省大眼。至攻战游猎之际，潘氏亦戎装齐镖并辔。及还营，同坐幕下，对诸僚佐，言笑自得。大眼指谓诸人曰："此潘将军也。"明帝加光禄大夫。淮泗之间，童儿啼者恐之，云："杨大眼至！"无不立止。王秉之初归国也，谓大眼曰："吾在南时闻君之名，以为眼如车轮。及见，君乃不异常人。"大眼曰："鼓旗相望瞋眸奋发。足使君目不能视，何必大如车轮？"

又曰：文成帝名浚，太武孙晃子也。即位后，冬大傩曜兵。帝有勇力，善骑射，灵丘南有山，高四百余丈，诏群官仰射山峰，无能逾者。帝弯弧发矢，出山四十余丈，过山南二百步。遂诏刊石，勒铭纪功。

《北齐书》曰：高昂，字敖曹，胆力过人，姿仪殊异。其父次同为求严师，令加鞭挞。昂不遵师训，专事驰骋，每言男儿当横行天下，自取富贵，谁能端坐读书，作老博士也。其父曰："此儿不灭吾族，当大吾门。"以其昂藏敖曹，故以名字。

《北史》曰：达奚震，少骁勇，走及奔马。周文尝渭北校猎，时有兔过周文前，震与诸将竞射之，马倒而坠。震足不倾踬，因步射之，矢中兔，顾马才起，遂回身腾上。周文喜曰："非此父，不生此子。"

《陈书》曰：萧摩诃齐军战，有西域胡，妙于弓矢，弦无虚发，众军尤惮之。及将战，明彻谓摩诃曰："若殪此胡，则彼军夺气，君有关、张之名，可斩颜良矣。"摩诃曰："愿识其形状，当为公取之。"明彻乃召降人有识胡者，云胡著绛衣，护皮弓，两端骨弭。明彻遣人觇伺，乃知胡在阵，仍自酌以饮摩诃。摩诃饮讫，驰马冲齐军，胡挺身出阵前十余步，彀弓未发，摩诃遥掷铣鋧，立中其额，应手而仆。齐军"大力"十余人出战，摩诃又斩之。

又曰：周铁虎事梁河东王萧誉，王僧辩擒，欲烹之，铁虎曰："侯景尚未灭，奈何杀壮士耶！"僧辩奇之。后降高祖。

又曰：萧摩诃帅齐兵为寇，高祖遣安都北拒齐军于钟山龙尾及北郊坛。安都谓摩诃曰："卿骁勇有名，千闻不如一见。"摩诃对曰："今日令公见矣。"

《隋书》曰：宇文庆从武帝攻河阴，先登攀堞，与贼短兵接战，良久，中石乃坠，绝而后苏。帝劳之曰："卿之余勇，可以贾人也。"

又曰：杨玄感骁勇多力，每战亲军长矛，身先士卒，喑呜叱咤，所当者莫不震慑。论者方之项羽。

又曰：鱼俱罗，冯翊下邽人也。身长八尺，膂力绝人，声气雄壮，言闻数百步。

又曰：权武少果劲，勇力绝人，能重甲上马。尝倒投于井，未及泉，复跃而出。其拳捷如此。

又曰：长孙晟，突厥之内，大畏长孙总管，闻其弓声，谓为霹雳，见其走马，称为闪电。王笑曰："将军震怒，威行域外，遂与雷霆为比，一何壮哉！"

《唐书》曰：丘行恭从讨王世充，会战于邙山之上，太宗欲知其虚实强弱，乃与数十骑冲之，直出其后，众皆披靡，莫敢当其锋，所杀伤甚众。既而限以长堤，与诸骑相失，唯行恭独从。寻有劲骑数人追及太宗，矢中御马，行恭乃回骑射之，发无不中，余贼不敢复前，然后下马拔箭，以其所乘马进太宗。行恭于御马前步执长刀，巨跃大呼，斩数人，突阵而出，得入大阵。贞观中，有诏刻石为人马以象行恭拔箭之状，立于昭陵阙前。

又曰：淮阳王道玄，拜洛州总管。及府废，改授洛州刺史。五年，刘黑闼引突厥河北，复授山东道行军总管。师次下博，与贼军遇，道玄帅骑先登，命副将史万宝督军继进。万宝与之不协，及道玄深入，而拥兵不进。谓所亲曰："吾奉手诏，言淮阳小儿虽名为将，而军之进止皆委吾。今其轻锐，越泞交战，大军道动，必滔泥溺，莫如结阵以待之，虽不利于王，而利于国。"道玄遂为贼所禽，全军尽没，唯万宝逃归。道玄遇害，年十九。太宗追悼久之，尝从容谓侍臣曰："道玄终始从朕，见朕深入贼阵，所向必克，意尝企慕，所以每阵先登，盖学朕也。惜其年少，不遂远图。"因为之流涕。

又曰：王君廓镇幽州。会突厥入寇，君廓邀击破之，俘斩二千余人，获马五千匹。高祖大悦，征入朝，赐以御马，令于殿庭乘之而出，因谓侍臣曰："吾闻蔺相如叱秦皇，目眦出血。君廓往击窦建德，将出战，李勣遏之，君廓发愤大呼，目及鼻耳一时流血。此之壮气，何谢古人，不可以常例赏之。"复赐锦袍金带，还镇幽州。

又曰：刘世让为并州总管，统兵屯于雁门。突厥处罗可汗与高开道、苑君璋合众攻之，甚急。鸿胪卿郑元璹先使在蕃，可汗令元璹来说之，世让厉声曰："大夫奈何为夷狄作说客耶！"经月余，虏乃退。及元璹还，述世让忠勇，高祖下制褒美之。

又曰：李嗣业。贼将李归仁初以锐师数来挑战，我师攒矢而逐之，贼军大至，逼我追骑，突入我营，我师嚣乱。嗣业谓郭子仪曰："今日之事，若不以身啖寇，决战于阵，万死而冀其一生。不然，则我军无孑遗矣。”嗣业乃脱衣徒搏，执长刀立于阵前大呼，当嗣业刀者，人马俱碎，杀十数人，阵容方驻。前军之士尽执长刀而出，如墙而进。嗣业先登奋命，所向摧靡。

又曰：张濬拜谏议大夫，其年冬，宰相王铎至滑台，兼充天下行营都统，方征兵诸侯，奏用濬为都统判官。时王敬武初破弘霸郎，军大振，累诏征平卢兵，敬武独不赴援。铎遣浚往说之，敬武已授伪命，复怙强不迎诏使。濬至，谒见，责之曰：“公为天子守藩，王臣赍诏宣谕，而侮慢诏使。既未识君臣礼分，复何颜以御军民哉？”敬武愕然谢咎。既宣诏，军士按兵默然，浚并召将佐集于鞠场面谕之曰：“人生效忠仗义，所冀粗分逆顺，悬知利害。黄巢前日贩盐虏耳，公等舍累叶夫子而臣贩盐白丁，何利害之可论耶！今诸侯勤王，天下响应，公等独据一州，坐观成败。贼平之后，去就何安？若能此际排难解纷，陈师鞠旅，共诛寇盗，迎奉銮舆，则富贵功名，指掌可取。吾惜公辈舍安而即危也。”诸将改容引过，谓敬武曰：“谏议之言是也。”即时出军，从浚入援京师。

《晏子春秋》曰：昔夏之衰也，有推移大戏，殷之衰也，有费仲恶来，足走千里，手裂兕虎，任之以力，凌轹天威，专行勇力，不顾乎义理，是以桀纣以灭，殷夏以衰。

又曰：庄公奋乎勇力，不顾于行；尚勇力之士，无忌于国；贵戚不荐善，逼迩不引过。故晏子见公，公曰：“古者亦有徒以勇力立于世者乎？”晏子对曰：“婴闻之，轻死以行理，谓之勇；诛暴不避强，谓之力。故勇力之立也，以行理义也。今公自奋乎勇力，不顾乎行暴，尚勇力之士，无忌于国，身立威疆，行流淫暴，贵戚不荐善，逼迩不引过，反圣王之德，而修灭君之行，用此存者，婴未尝闻有也。”

《吴越春秋》曰：专诸，丰邑人。伍子胥初去楚如吴时，遇之于途。专诸方与人斗，其怒有万人之气，甚不可当。其妻一呼即还。子胥怪而问其壮，何夫子怒之盛，闻一女子之声而即折道，宁有说乎？专诸曰：“子视吾之仪，宁类愚者耶！何言之鄙也！夫屈一人之下，必申万人之上。”子胥因相决之，推颡深目，虎口鹰背，戾于从难，知其勇士也。

又曰：伍子胥见吴王僚，王僚望其颜色甚可畏，长一丈，大十六围，眉间一尺。僚与语三日，辞无复者，贤人也。子胥知王好之，每入，言语侃侃，有勇壮之气也。

孔演《汉魏春秋》曰：许褚之为人，长八尺余，大十围，容貌甚雄，勇力绝人。汉末贼起，褚在汝南，与少年相聚，及宗族数千家。共坚壁相保。曹公修兵汝南，褚以其众归公，公见而壮之，曰：“此樊哙也。”即日拜都尉，引入宿卫。诸从褚侠客，皆为虎士，出入周旋，不离左右。军中以褚力如虎，痴勇，号曰“痴虎”。至今天下称之，皆谓其姓名也。

吴均《齐春秋》曰：戴僧静，会稽永兴人。临湘侯副大祖在淮阴，雅有人鉴，见而赏之。会匈奴卒至，僧静应募出战，单力直前，虏骑奔退。又斩三级。时天盛寒，乃脱衣，口衔三头，以刀插背，拍浮而还。临湘侯大赏之，曰：“杀三人亦可反命矣。”进之于太祖。石头之役，功冠诸将，遂至贵显。

萧方等《三十国春秋》曰：符洛雄勇多力，猛气绝人，坐制奔牛，射洞犁耳。符坚深惮之。故常为边守。

又曰：刘阳少骁猛，甚有勇力，手曳牛尾，却行百步。

又曰：赵将麻秋命黑槊龙腾三千人，驰击谢艾军，艾左右扰动。李伟劝艾乘马，艾不从。乃下踞胡床而麾众，赵人以为有伏，惧而不进。

《韩诗外传》曰：卫灵公昼寝而起，志气益衰，使人驰召勇士公孙悁，道遭行人卜商。子夏曰：“何驰之疾也？”对曰：“君昼寝而起，使我驰召勇士公孙悁。”子夏曰：“微悁，而勇若悁者可乎？”御曰：“可。”子夏曰：“戴我而反。”至，君曰：“延先生上，起召公孙悁。”俄而悁至，入门拔剑疾呼，曰：“商下！我取若头。”子夏顾叱之，曰：“咄！内剑。吾将与若言勇。”于是君令悁内剑而上。子夏曰：“来！吾尝与子从君而北见赵简子。赵简子被发仗矛而见我君。我从十三行之后，趋而进曰：诸侯相见，不宜不朝服。君不朝服。行人卜商将以血溅君之衣矣。使反朝服而见吾君者，子耶？我耶？”俏曰：“子也。”子夏曰：“子之勇不若我一矣。又与子从君而东至海曹，齐君重茵而坐。我从十三行之后，趋进曰：诸侯相见，不宜相临以庶。揄其一茵而去之者，子耶？我耶？”俏曰：“子也。”子夏曰：“子之勇不若我二矣。又与子从君于囿中，于是两军逐我君，与拔矛格而还之者，子耶？我耶？”俏曰：“子也。”子夏曰：“子之勇不若我三矣。所贵为士者，上不摄万乘，下不敖乎匹夫，外立节矜敌而不侵掠，内禁残害而君不危殆，是士之所长而君子之所致贵也。若夫以长掩短，以众暴寡，凌轹无罪之民而威于闾巷之间者，是士之甚毒而君子之所致恶也。”于是灵公避席曰：“抑乎寡人虽不敏，请从先生勇。”

又曰：孔子游于景山之上，子路、子贡、颜回从焉。孔子曰：“君子登高必赋。尔愿言者何其，丘将启汝。”子路曰：“由愿奋长戟，扬三军，乳虎在后，仇敌在前，搏躩快志，进救两国之患。”孔子曰：“勇士哉！”

又曰：齐庄公出猎，有螳螂举足，将搏其转轮，问其御曰：“此何虫也？”对曰：“此螳螂者也。其为虫知进而不知退，不量力而轻敌。”庄公曰：“以此为人，必为天下勇士矣。”于是回军避之，勇士归之。

虞溥《江表传》曰：曹公出濡须，号步骑四十万，临江饮马。孙权帅众七万应之，使甘宁领二千人为前部督。权密敕宁，使夜入魏军。宁乃选手下健儿百余人，径诣公营下，便拔鹿角，逾垒入营，斩得数十级。北军惊骇鼓噪，举火如星，宁已还入营，作鼓吹，称万岁。因夜见权，权曰：“聊以观卿胆耳！”即赐绢千匹，刀百口。权曰：“孟德有张辽，孤有兴霸，足相敌也。”停住月余，北军乃退。

刘向《列士传》曰：秦召公子无忌，无忌不行。使朱亥奉璧一双谢秦，秦王大怒。执朱亥着虎圈中，瞋目视虎，终不敢动。

《殷氏世传》曰：亮字子华，少好学，年四十举孝廉。到阳城遇两虎争一羊，马不敢进。于是亮乃按剑，直至虎所，斩羊腹。虎乃各得其半去。时人为之谣曰:“石里之勇殷子华,暴虎见之合爪牙。”

刘昭《幼童传》曰:魏太祖幼而智勇,年十岁,尝浴于谯水,有蛟来逼,自水奋蛟,蛟乃潜退。于是毕浴而还,弗之言也。后有人见大蛇,奔逐。太祖笑之曰:“吾为蛟所击而未惧,斯畏蛇而恐耶?”众问乃知,咸惊异焉。

又曰:秦舞阳者,燕国人也。年十二,以勇气闻。人犯必杀之,莫有敢迕视。

太平御览卷第四百三十七 人事部七十八

勇五

盛弘之《荆州记》曰：襄阳城北，河水极深，先有蛟，年常为害。太守邓遐，气果兼人，拔剑入水，蛟绕其足，遐因挥剑截蛟数段，流血丹水，自此无复蛟患。

干宝《搜神记》曰：东越闽中有虚领，高数十里。下北隰中有大蛇，长七八丈，大十余围，常病都尉及长吏。下梦巫觋，欲得啖童女。常八月朝祭送蛇穴，蛇辄吞之，已用九女。将乐县李诞有小女名寄，应募而行。乃请好剑、咋蛇犬，作数斛糍疾资切，蜜灌之，以置穴口。蛇出，头大如困，目如二尺镜，先啖糍，寄便放犬啮蛇，以剑斫杀，得九女髑髅。越王乃以寄为后。

《汉末英雄记》曰：公孙瓒，除辽东属国长史，连接边寇，每有惊，辄厉色愤怒，如赴仇敌，望尘奔，继之夜战。虏识瓒声，惮其勇，莫敢犯之。与《魏书》语别，故两出。

《越绝书》曰：越王请臣于吴，吴王许之。子胥大怒，目若夜光，声若哮虎，曰："此越未战而服，天以赐吴，其逆天乎！臣唯君王急制之。"吴王不听，遂许之。

又曰：阖闾恶王子庆忌，问于伍子胥，子胥曰："臣有所厚于国，其人细小也，曰要离，臣尝见其辱壮士菑丘。䜣东海上人也，为齐王使于吴，过淮津欲饮马，水神出取菑丘䜣，䜣大怒，偏袒操剑入水与战，杀两蛟一龙，连日乃出，眇其左目。遂之吴，会于友人之座。䜣恃其与神战之勇，轻士大夫。要离与之对座，即谓之曰：'吾闻勇士之战也，与日战者不移表，与鬼战者不旋踵，与人战者不达声，生往死还，不受其辱。今子与神战于泉水之中，亡马失御，又受眇目之病，形残名辱，勇士所耻，自骄于友人之旁，何其忍负也？'于是，菑丘䜣卒于结恨势怒，未及有言，座众分解，菑丘䜣宿怒遣恨，宣，往攻要离。要离戒其妻曰：'曩日吾辱壮士菑丘䜣于大众之座，彼勇士，有受不还报答之怒，余恨忿志，冥必来矣，慎毋闭门。'菑丘䜣果往，入门不闭，登堂不关，入室不守，放发僵卧，䜣乃手拔剑而捽要离，曰：'子有三当死之过，子知之乎？'要离曰：'吾不知也。'菑丘䜣曰：'子辱吾于大座之众，一死也；归不闭门，二死也；卧不守卫，三死也。子有三死之过，虽欲勿怒，其得乎哉！'要离曰：'吾无三死之过，子有三不肖之愧，子知之乎？'菑丘䜣曰：'吾不知。'要离曰：'吾辱子于千人之众，子不报答，是一不肖也。入门不咳，登堂无声，是二不肖也。先拔剑，手持头乃敢有言，是三不肖也。子有三不肖之愧而欲灭我，岂不鄙哉！'于是，菑丘䜣仰天叹曰：'吾之勇也，人莫敢有，訾吾者若斯，要离乃加吾之上！'此天下壮士也。"

刘彦明《敦煌实录》曰：索苞有文武材，举孝廉，除郎中，每征伐克敌，勇冠三军，时人比之关羽。宋澄于金城，为步羌三千人所围，穷守孤堆，垂当破没，苞以完骑五千，奋剑突阵，径入与澄对坐，捶头拊掌大笑。羌皆佩盾、擢刀四面直前。苞谓澄曰："君但安心，观我击之。"乃除弨弓接矢，绕捶射之，莫不应弦而倒，皆陷盾通中，立杀三十余人，创夷者百计，羌即散走。称神。

《严元三将论》曰：王翦为秦将灭燕，燕王喜奔逃东夷。秦王曰："齐楚何先？"李信曰："楚地广，齐地狭，楚人勇，齐人怯，请先从事于易。"

袁准《正论》曰：兵有三勇：主爱其民者勇，有威刑者勇，赏信于民者勇。故仁爱加于下，则有必死之民。

刘向《新序》曰：田恒将弑君，勇士六人劫子川捷，曰："子与我，请分齐之半以予子；不吾与，今此是已。"子川捷曰："子之欲与我也，以我为智乎？臣弑君，非智也；以我为仁乎？见利而倍君，非仁也；以我为勇乎？劫我以兵，惧而予子，非勇也。使吾无此三者，与子，无恒矜子；若有此三者，终不从夫子。"乃舍之。

又曰：勇士一呼，三军皆辟易，士之诚也。夫勇士孟贲，水行不避蛟龙，陆行不避虎狼，发怒吐气，声响动天，至其死矣，头行断绝。夫不用仁而用武，当时虽快，身必无后，是以孔子勤勤行仁。

又曰：齐遣淳于髡到楚。髡为人短小，楚王甚薄之。谓之曰："齐无人耶？而使子来，子何长也？"髡对曰："臣无所长，腰中七尺之剑，欲斩无状王。"王曰："止，吾但戏子耳。"与髡共饮酒。

又曰：秦王以五百里地封鄢陵君，鄢陵君辞不受，使唐且谢秦王，王忿然变色，怒曰："未尝见天子之怒乎？"且曰："臣未尝见。"王曰："夫天子之怒，伏尸百万，流血千里。"且曰："大王亦尝见布韦带士之怒乎？"王曰："布衣韦带士之怒，解冠徒跣，以头抢地耳，何难知者？"且曰："此乃庸夫庶人之怒耳，非布衣韦带士之怒也。夫专诸刺王僚，彗星袭月，奔星昼出；要离刺王子庆忌，仓鹰击于台上；聂政刺韩王，白虹贯日。此三者皆布衣怒也。与臣将四士，无怒则已，一怒伏尸二人，流血五步。"即案其匕首，起视秦王曰："今将是矣。"王色变长跪曰："先生就坐，寡人喻矣。"鄢陵独以五十里在者，徒用先王故乎？《史记》邹阳上书曰：白起长平之谋，太白食昴；荆轲慕燕丹之义，白虹贯日。

又曰：林既衣韦衣而朝齐景公。景公曰："此君子之服耶？小人之服耶？"林既作色曰："夫服事何足以揣士行乎？昔荆为长剑危冠，令尹子西出焉；齐桓短衣而遂沟之冠，管仲、隰朋出焉；越文身翦发，范蠡、大夫种亦出焉；西戎左衽而组结，由余亦出焉。如君言衣大裘者当大号，衣羊裘者当羊鸣，今君衣狐裘而朝得无为变乎？"景公曰："子自以为勇悍乎？"曰："登高临危而目不眴而足不凌者，此工匠之勇悍也。入深泉取蛟龙，拘鼋而出者，此渔夫之勇悍也。入深山刺虎豹抱熊而出者，此猎夫之勇悍也。夫不难断头裂腹暴骨流血中野者，此武士之勇悍也。今臣居广廷，作色而辩，以犯主君之怒，前虽有乘轩之赏，未为之动也，后虽有斧锧之威，未为之恐也，此既之所以为勇悍也。"

刘敬升《异苑》曰：荆州上明江浦常有蛟，浴汲者死不脱岁。升平史陈郡邓遐，字应延，素勇健，愤而入水觅蛟，得便与拳，即曳着岸，欲斫杀。母语云："蛟是神物，宁忽杀之，今可咒，令勿复为害。"遐咒而放焉，自兹迄今，绝无此患。盛弘之《荆州记》云："挥剑截蛟，血流舟水。"余同。

《太公六韬》曰：大勇不勇。

又曰：以死取人谓之勇。

又曰：文王问太公曰："守士奈何？"公曰："危之而不恐者，勇也。"

又曰：武王问太公曰："陈士之道奈何？"太公曰："军中有大勇暴强者，聚为一卒，名曰陷陈之士；有枝格强良多力，能溃破金鼓，绝灭旌旗者，聚为一卒，名曰勇力之士。"

《老子》曰：勇于敢则杀，勇于不敢则活。

《庄子》曰：孔子游于宋，匡人围数匝而弦歌不辍，子路入见，问曰："围者数重，弦歌不辍，何也？"子曰："由来，吾语尔。夫水行不避蛟龙者，渔父之勇也。陆行不避兕虎者，猎夫之勇也。白刃交于前，视死若生者，烈士之勇也。知穷之有命、知勇之有时、临大难而不惧者，圣人之勇也。由处矣！吾命有所制矣！"无几何，持甲者进，辞曰："以为阳虎，故围之。今非，请辞而退。"

又曰：田光答太子曰："窃观太子客，无可用者：夏扶，血勇之人，怒而面赤；宋臆，脉勇之人，怒而面青；武阳，骨勇之人，怒而面白。光所知荆轲，神勇之人，怒而色不变。"

又曰：阖庐试其民于五湖，剑皆加于肩，地流血，几不可止。

又曰：大勇不斗，大兵不寇。

又曰：齐之好勇者，其一人居东郭，其一人居西郭。卒然相遇于途，曰："姑相与饮乎？"觞数行曰："姑求肉乎？"一人曰："子肉也，我肉也，尚胡求肉？"于是酒而已。因抽刀而相啖，至死而止。勇若此，不若无勇。

又曰：齐庄公时，有士曰宾卑聚，梦有壮士，白缟之冠，束布之衣，素屦墨剑，从叱之，唾其面，惕然而寤，徒梦也。明，召其支而告之曰："吾少好勇，年六十而无所挫辱；今夜辱，吾将索之。得之则可，不得将死之。”每朝立乎衢，三日不得，退而自杀。

又曰：兵，天下之凶器也；勇，天下之凶德也。举凶器行凶德，由不得已也。

《吕氏春秋》曰：荆有佽飞者，得宝剑于江干，遂还反，涉江至于中流，有两蛟夹绕其船。佽飞曰：“子尝见两蛟绕船而活者乎？”船人曰：“未之尝见也。”佽飞攘臂祛衣拔宝剑曰：“此江中之腐肉朽骨也。”持剑赴江刺蛟，杀之而复上船，舟中之人皆得活。荆王闻之，仕以执珪。

《抱朴子》曰：赴白刃而忘生，格兕虎于谷者，勇人也。

《韩子》曰：越勾践欲民轻死。出见怒蛙，乃为之轼曰：“为其有气故也。”明年，民以头献十余人。由此观之，誉足杀人矣。

《孟子》曰：晋有冯妇者，善搏虎。野有众搏虎，虎负隅莫敢撄，冯妇趋而迎之，攘臂而下车，众皆悦之。赵歧曰：冯，姓；妇，名也。

又曰：梁惠王曰：“寡人有疾，寡人好勇。”孟子对曰：“王请无好小勇。”抚剑疾视，曰：“彼恶敢当我哉！此匹夫之勇，敌一人者也。《诗》云：‘王赫斯怒，爰整其旅。以遏徂莒，以笃周祜，以对于天下。’”此文王之勇也。一人衡行于天下，武王耻之，此武王之勇也。武王一怒而安天下之民，今王亦一怒而安天下之民，民唯恐王之不好勇也。

杨雄《法言》曰：或问勇，曰：“轲也。”曰：“何轲也？”曰：“轲也者，谓孟轲。若荆轲，君子盗诸？”或问孟轲之勇，曰：“勇于义，而果于德，不以贫富、贵贱、死生动其心。于勇也，其庶乎？”

《孙卿子》曰：有三勇：上不修乱世之君，下不修乱世之民，无贫穷富贵。天下知之，则欲与天下共乐；不知之，则块然独立天地之间而不畏，是上勇也。礼恭意俭，轻货唯贤，有不肖者敢授而废之，是中勇也。轻身重货，以斯胜人为意，是下勇也。

《尸子》曰：孟贲曰：“生乎勇乎？曰勇；贵乎勇乎？曰勇；富乎勇乎？曰勇。三者，人之所难，而皆不足以易勇，此其所能慑三军，服猛兽者也。”

又曰：田成子问勇，颜斶聚之答也不敬。田子之仆填剑曰：“更言则生，不更则死。”斶聚曰：“以死为有智，今吾生是也。是吾所以惧汝而反以惧我。”

又曰：圣人畜仁而不主仁，畜智而不主智，畜勇而不主勇。昔者齐桓公胁于鲁君，而献地百里；勾践胁于会稽，而身宦之三年；襄子胁于智伯，而以颜为愧。其卒，桓公臣鲁君，勾践灭吴，襄子以智伯为戮，此谓勇而能怯者也。

《慎子》曰：有勇不以怒，反与怯均也。

《胡非子》曰：夫曹刿，匹夫徒步之士，布衣柔履之人也。唯无怒，一怒而劫万乘之师，存千乘之国，此谓君子之勇，勇之贵者也。

又曰：屈将子好勇，见胡非而问曰：“闻先生非斗，有说则可，无说则死。”胡非曰：“吾闻勇有五等：夫负长剑，赴蓁薄，折兕豹，搏熊罴，猎徒之勇也；负长剑，赴深泉，折蛟龙，搏鼋鼍，渔人之勇也；登高危之上，鹤立四望，颜色不变，陶匠之勇也；若迕视必杀，立刑之勇也。昔齐桓公伐鲁，曹刿闻之，触齐军，见桓公曰：臣闻君辱臣死，君退师则可，不退则臣以血溅君矣。桓公惧。管仲曰：许与之盟而退。夫曹刿匹夫，一怒而却齐侯之师，此君子之勇；晏婴匹夫，一怒而沮崔子之乱，亦君子之勇也。五勇不同，公子将何处？”屈将悦，称善，乃解长剑，释危冠，而请为弟子焉。

《淮南子》曰：桀之力，申钩索铁，揉金椎，移大牺。水杀鼋鼍，陆搏熊罴，然汤革车三百乘，困之鸣条，禽之焦门。由此观之，则勇不足以为天下矣。智不足以恃，勇不足为强。

张华《博物志》曰：贲育之勇。

刘义庆《徐州先贤赞》曰：徐盛，字文响，琅琊莒人也。遭乱客居吴，以敦直、勇气闻。魏王出濡须，孙权每选出战者，盛常在前。魏尝大出横江，盛与诸将俱赴讨。时乘舰遇风，落岸下，诸将恐惧，未有出者，盛独将上斫贼，贼三披走，所伤杀甚众，风止得还。权大壮之。

应璩《与许子俊书》曰：足下以方刚之盛年，应不羁之劲勇，将发虓虎之威，致霜雪之诛，擒吴枭蜀，定功万里，而刘备不下山，孙权不出水，武力不奋，猛气畜勇，其毒如何？

《蔡谟书》曰：祖士稚，昔葬雍丘城内。祖约在寿春时，贼据雍丘，约遣路永将数百人，夜缘入雍丘城战，并开墓櫓丧，逾城出，径还寿春。永之勇如此。

太平御览卷第四百三十八 人事部七十九

烈士

《礼记》曰：战于郎。郎，鲁邑也。公叔禺人遇负杖入保者息，曰："使之虽病也，任之虽重也，君子不能为谋也，士弗能死也，不可。我则既言矣！"与其邻重汪踦重当为童，姓汪名踦。往，皆死焉。鲁人欲勿殇重汪踦，问于仲尼。仲尼曰："能执干戈以卫社稷，虽欲勿殇，不亦可乎！"

又曰：齐大饥，黔敖为食于路，以待饿者而食之。有饿者蒙袂辑屦，贸贸然来。黔敖左奉食，右执饮，曰："嗟！来食！"扬其目而视之，曰："予唯不食嗟来之食以至于斯也！"从而谢焉，终不食而死。曾子闻之，曰："微与！"其嗟也可去，其谢也可食！"

又曰：鲁庄公及宋人战于乘丘。县贲父御，马惊败绩。公队，贲父曰："他日不败绩，而今败绩，是无勇也。"遂死之。圉人浴马。有流矢在白肉。公曰："非其罪也！"遂诛之。

《史记》曰：齐人或毁孟尝君于湣王曰："将为乱。"及田甲劫湣王，王意之，孟尝乃奔。魏前有获粟于孟尝之贤者闻之，乃上言，言孟尝不作乱，请以身为盟，遂自刭，以明孟尝。湣王乃知孟尝君果无谋。

又曰：汉高帝既立，以田横兄弟本定齐，齐人贤者多附焉，今在海中不收，后为乱，乃使赦罪召之。横乃与其客二人乘传诣雒阳。至尸乡，尸乡在偃师厩置，置马以传驿也。横谢使者曰："人臣见天子当洗沐。"因止留。谓其客曰："横始与汉王俱南面称孤，今汉王为天子，而横为亡虏北面事之，其耻甚矣。且吾烹人之兄，与其弟比肩而事主，纵彼畏天子诏，不敢动，我独不愧于心乎？且陛下欲见我者，不过欲见吾面貌耳。今陛下在雒阳，斩吾头，驰三十里间，形容未败，犹可观也。"遂自刭。二客亦自杀从之。高帝闻，大惊，以田横客皆贤，闻其余五百人在海中，使召之。至闻横死，又皆自杀。于是知田横兄弟皆得士也。

又曰：楚下荥阳，生得周苛。项王谓苛："尔从我，我以公为上将军，封三万户。"苛骂曰："若不趣降汉，汉今虏若，若非汉敌也。"项王怒，烹苛。

又曰：李广从卫青伐匈奴，失道后至，大将军使长史急责广之幕府对簿。广曰："校尉无罪，乃我自失道。"谓其麾下曰："广结发与匈奴大小七十余战，今幸从大将军出接单于兵，而大将军又徙广部行回远，而又迷失道，岂非天哉！且广年六十余矣，终不能复对刀笔之吏。"遂引刀自刎，军士大夫皆哭。

《汉书》曰：高祖时，告赵王张敖反者，贯高对曰："独吾属为之，王不知也。"吏按笞数千，刺爇，身无完者，终不复言，廷尉以贯高辞闻上曰："壮士谁知者，以私问之。"中大夫泄公曰："臣素知此赵国，立名义不侵，为然诺者也。"上使泄公持节问之。高曰："人情岂不各爱其父母妻子哉？今吾三族皆已论死，岂以王易吾亲哉！顾为王实不反，独吾等为之。"具道本指所以不知状，于是世公具以报上，上乃赦赵王。上贤高能自立然诺，使泄公赦之。告曰："张王已出，上多足下，故赦足下。"高曰："所以不死者，白张王不反耳！今王已出，吾责塞矣。且人臣有篡弑之名，何面目复事上哉！"乃仰绝吭而死。

又曰：丞相王嘉数上言，不宜封董贤。上怒，诏嘉诣廷尉诏狱，使者至府，掾吏涕泣，和药进嘉。嘉引药杯掷地，谓官属曰："丞相幸得备位三公，奉职负国，当伏刑都市以示万众，岂儿女子耶，何谓咀药而死！"嘉遂乘吏小车，去盖不冠，随使者诣廷尉。二十余日不食，呕血而死。

又曰：田延年有罪，霍光使往就狱。延年曰："幸县官宽我耳，何面目入牢狱，使众人指笑我，卒徒唾吾背乎！"即闭阁独居，持刀东西步，闻鼓声及，自刎死。

范晔《后汉书》曰：赵苞迁辽西太守。明年，遣使迎母及妻子，为鲜卑钞掠。苞率步骑与贼对阵，贼出母示苞，苞悲号谓母曰："为子无状态，欲禄奉养朝夕，不图为母作祸。”母遥谓苑曰：“人各有命，何得相顾以亏忠义？昔王陵母，向汉使伏剑以固其志，尔其勉之。”苞即时进战，贼悉摧破，其母妻皆遇害。苞殡敛母毕，白上归葬。帝遣策吊慰，葬讫，苞呕血而死。

《东观汉记》曰：温序，字次房，为隗嚣别将苟宇所劫。宇谓序曰：“子若与我并威同力，天下可图也。”序素有气力，大怒，叱宇等曰：“虏何敢迫胁汉将！”因以节挝杀数人。贼众争欲杀之，宇止曰：“此义士也，可赐以剑。”序受剑，衔须顾左右曰：“贼所迫杀，无令须污土。”遂伏剑而死。

又曰：马援曰：“方今匈奴、乌桓尚扰北边，欲自请击之。男儿要当死于边野，以马革裹尸还墓耳，何能卧床上在儿女子手中耶？”故人孟冀曰：“谅为烈士，当如此矣！”

又曰：永和八年，匈奴遣使求和亲，上遣郑众持节匈奴。众素刚烈，至北庭，虏欲令拜，众不为屈。单于大怒，围守闭之，不与水火，欲胁服众，众拔刃自誓，单于恐而止。

又曰：汉围隗嚣，嚣穷困。其大将王捷登城呼汉军曰：“为隗王城守者，皆必死无二心，愿诸军亟罢，请自杀以明之。”遂刎颈而死。

谢承《后汉书》曰：济阴戎良，字子恭，年十八为郡门下吏。良仪容伟丽。太守诸葛丰使阁里写书，从者诬良与婢通，剀腹引出肠肝示丰。

《汉末英雄记》曰：袁尚使审配守邺，曹操攻之，操出行围配，伏弩射之，几中。及城陷，生获配。操谓曰：“吾近行，弩何多也？”配曰：“犹恨其少。”操曰：“即忠于袁氏，不得不尔！”志欲活之。配意气壮烈，终无挠辞。遂斩之。

《魏志》曰：庞淯，字子异，酒泉人。初以凉州从事守破羌长，会武威太守张猛反，杀刺史邯郸商，猛令曰：“敢有临商丧，死不赦。”淯闻之，弃官，昼夜奔走，号哭丧所讫，诣猛。猛知其义士，遣不杀，由是以忠烈闻。

又曰：夏侯惇，字玄让，沛国谯人，夏侯婴之后。年十四，就师学，人有辱其师者，悙杀之，由是以烈气闻。

又曰：大将军司马文王斩诸葛诞，传首夷三族。诞麾下数百人，坐不降，见斩，皆曰："为诸葛公死不恨。"其得人心如此。

又曰：贾逵初为郡吏，守绛邑长。郭援之攻河东，所经城邑皆下，逵坚守，援攻之不拔，乃召单于并军急攻之。城将溃，绛父老与援要，不害逵。绛人既溃，援闻逵名，欲使为将，以兵劫之，逵不动。左右引逵使叩头，逵叱之曰："安有国家长吏为贼叩头！"援怒，将斩之。绛吏民闻将杀逵，皆乘城呼曰："负要杀我贤君，宁俱死耳！"左右义逵，多为请，遂得免。

韦昭《吴书》曰：颖熙使魏，辞意不屈，魏留之。熙惧，见迫，乃引刀自刺，中乳房，上闻嘉之，赐盐米，复其国。

《蜀志》曰：义阳傅彤，先主与吴战，退军，彤断后距战，兵人死尽。吴将语彤令降，彤骂曰："吴狗！何有汉将军降者！"遂战死。

《晋书》曰：太守陈楚迫韦忠为功曹。会山羌攻郡，楚携子出走，贼射之，中三创。忠冒刃伏楚，以身捍之，泣曰："韦忠愿以身代君，乞诸君哀之。"亦遭五矢。贼相谓曰："义士也！"舍之。忠于是负楚以归。

又曰：辛勉累迁侍中。及洛阳陷，随帝至平阳。刘聪遣其黄门侍郎乔度赍药酒逼之，勉曰："大丈夫岂以数年之命而亏高节、事二姓，下见武皇帝哉！"引药将饮，度遽止之曰："主上相试耳，君贞士也！"叹息而去。

习凿齿《晋春秋》曰：后主将从谯周策，北地王谌怒曰："若数穷力屈，祸败必及，便当父子君臣背城一战，同死社稷，以见先帝可也。"后主不纳，遂送玺绶。是日，谌哭于昭烈之庙，先杀妻子，然后自杀。

沈约《宋书》曰：薛安都反，傅灵越奔逃，为沈庆之军人所擒，厉声曰："我傅灵越也。汝得贼何不即杀。"生送诣何勔，勔躬自慰，诘其叛逆，对曰："九州唱义，岂独在我。"勔又问："四方阻逆，无战不擒，主上皆加旷荡，即其才用。卿何不早归天阙，乃逃命草间乎？"灵越答："薛公举兵淮北，威震天下，不能专任智勇，委付子侄，败之由实在于此。然事之始末，备皆参豫，人生归于一死，实无面求治" 励壮其意，送还京师。太宗欲加原宥，灵越辞对如一，终不回改，乃杀之。

《隋书》曰：张季珣，大业末，为鹰击郎将，其府据箕山为固，与洛口连接。及李密、翟让攻陷仓城，遣人呼之。季珣骂密极口，密怒，遣兵攻之。经三年，粮用尽，士卒羸病不能拒战，遂为所陷。季珣曰："吾虽为败军之将，犹是天子爪牙之臣，何容拜贼也！" 密壮而释之。翟让从之求金不得，遂杀之，时年二十八。

又曰：许善心母范氏，梁太子中舍人孝才之女也。少寡养孤，博学有高节。高祖知之，敕尚食，每献时新，常遣分赐。尝诏范入内，侍皇后诣读，封永乐郡君。及善心遇祸，范年九十有二，临丧不哭，抚柩曰："能死国难，我有儿矣。" 因卧不食，后十余日亦终。

《唐书》曰：屈突通闻京师平，家属尽没，乃留显和镇潼关，率兵东下，将如洛阳。通适进路，而显和降于刘文静。遣副将窦琮、段志玄等率精骑与显和追之，及于稠桑。通结阵以自固，窦琮纵通子寿令往谕之，通大呼曰："昔与汝为父子，今与汝为仇仇。" 命左右射之。显和呼其众曰："京师陷矣。汝并命关西人，欲何所去？" 众皆释仗。通知不免，乃下马东南向再拜号哭，曰："臣力屈兵败，不负陛下，天地神祇，实所鉴察。" 遂擒通送于长安。高祖谓曰："何相见晚耶？" 通泣对曰："通不能尽人臣之节，力屈而至，为本朝之辱。" 高祖曰："隋室忠臣也。" 命释之，授兵部尚书，封蒋国公。

又曰：刘世让，字元钦，雍州醴泉人也。为定安道行军总管，率兵以拒薛举，战败，世让及弟宝俱为举军所获。举将至城下，令绐说城中曰："大将军五道已趣长安，宜开门早降。" 世让伪许之，因告城中曰："贼兵多少，极于此矣。宜益自固，以图安全。" 举重其执节，终不之害。

又曰：新兴王良孙晋，先天中为殿中监，兼雍州长史，甚有威名，始封新兴王，寻附会太平公主，伏诛。初，晋之就诛，僚吏皆奔散，唯司功李㧑徒步，不失在官之礼，仍哭其尸。姚崇闻之曰："栾布之俦也。”擢为尚书郎。

又曰：徐晦，由进士第登直言科，为栎阳尉，皆自杨凭所荐。及凭得罪，贬官临贺县尉，亲交无敢祖送，独晦至蓝田，与凭言别。时故相权德舆与凭交分最深，知晦之行，因谓晦曰：“今日送临贺，诚为厚矣，无乃反为累乎！”晦曰：“晦自布衣，沐杨公之知，今日不一送，他日相公为奸邪所谮，乌可不送相公乎？”德舆大惭，因称之于人。不数日，御史中丞李夷简请为监察。晦至之日，白夷简曰：“晦不由公门，公何所取信而见奖拔于千万人中哉！”答曰：“君送杨临贺，宁肯负国乎？”由是名益振。

《吕氏春秋》曰：要离既杀王子庆忌，吴王大悦，请分国。要离曰：“不可。杀妻子焚而扬其灰，为不仁；为故主杀新主，为不义；不可以生。”伏剑而死。

《韩诗外传》曰：楚昭王有士曰石奢，公正而好直，王使为理。于是有杀人者，石奢追之，则其父也。还反于庭，曰：“杀人者父也。以父成政，非孝也。不行君法，不忠也。”遂伏鈇锧，曰：“命在君。”君曰：“追而不及，庸有罪乎？子其治事。”石奢曰：“不然，死罪而生，不廉也。君赦之，上之惠，臣不失法，下之义。”遂不去鈇锧而死乎庭中。

《会稽典录》曰：魏朗，字少英，会稽人。灵帝即位，窦武、陈蕃等欲诛宦官，谋泄，反为所害。朗以党被征，乃慷慨曰：“丈夫与陈仲举、李玄礼俱死，得非乘龙上天乎？”于丹阳牛渚自杀，海内列名八俊。

张鄢《文士传》曰：陆机为大都督，请孙承为司马。成都王既害机兄弟，收承付刺奸狱，考掠千余，两踝骨见，终不自诬。狱吏知承烈士，谏承曰：“二陆之痛，谁不知枉？君何不惜身乎？”承乃仰而叹曰：“吾亡不能济，死而相诬，非吾徒也。”狱吏作承服辞谋反状，成都乃下令，夷承三族。

刘世叔《异苑》曰：浔阳周虓，字孟威，宁康中镇于巴西，为符坚所获，守节不屈。坚使使清道，虓躬治达陌，谓使者云：“烦君语氐贼符坚，何至取国士如此！”坚闻之曰：“貉子正欲觅死，杀之适足成其名耳。”乃苦加拷楚，不食而卒。坚怒犹未歇，剖棺临视，虓欻运眸，龃齿，须鬓张列，精暗明亮，回盼瞩坚，乃厚加赗赠。

刘向《新序》曰：崔杼弑庄公，申蒯渔于海而后至。将入死，其御止之曰：“君之无道，闻于天下，不可死也。”申蒯曰：“告我晚，子不早告我，吾食乱君之食，而死治君之事乎？子勉之，子无死。”其御曰：“子有乱主犹死之，我有治长奈何勿死！”至于门，曰：“申蒯闻君死，请入。”守门者以告，崔子曰：“勿内。”申蒯曰：“汝疑我乎？吾与汝臂。”乃断其臂，以予其门者。门者以示崔子，崔子陈八列，曰：“令入。”申蒯拔剑呼天，三踊，乃斗杀七列，未及崔子一列而死。其御亦死之门外。君子闻之曰：“蒯可谓守节死义矣。”

又曰：白公胜欲杀楚惠王，出亡，令尹、司马皆死。胜拔剑而属之，矜屈卢曰：“子与我，舍子；不与我，将杀子。”屈卢曰：“《诗》有之曰：莫莫葛藟，肆于条枚；恺悌君子，求福不回。今子杀子父而求福于卢也，可乎？且吾闻之，知命之士，见利不动，临死不恐，为人臣者，时生则生，时死则死，是谓人臣之礼。故上知臣道，其有可劫乎？胡不推之？”白公胜乃入其剑。

又曰：白公胜既杀令尹、司马，欲立王子闾以为王。王子闾不肯，劫以刃，王子闾曰：“王孙辅相楚国，扶正王室，后自庇焉，闾之愿也。今子假威以暴王室，杀伐以乱国家，吾虽死，不子从也。”白公强之不可，遂杀之。

常璩《华阳国志》曰：张飞攻破巴郡，获将军严颜，谓曰：“大军至，何以不降，敢逆战乎？”颜对曰：“卿等无状，侵夺我州，但有断头将军，无降将军也。”飞怒曰：“牵去斫头。”颜正色曰：“斫头便斫，何为怒也？”飞义之，引为宾客。

又曰：章明，字公儒，繁人。王皓，字子离，江夏人也。明为太中大夫，莽篡位，叹曰：“不以一身事二主。”遂自杀。皓为美阳令，去莽归蜀，公孙述僭号，高之，使聘之，皓乃自刎，以头付使者，述惭怒，诛其妻子。

又曰：李业，字巨游，梓潼人。少执志清白，太守到咸慕其名，辟为功曹，十命不诣，咸怒欲杀之，业径诣狱，咸释之。公孙述累征聘不应，述怒，遣鸿胪尹融持药酒逼业，业笑曰："名可成，不可毁；身可杀，不可辱。"遂饮药死。述耻杀善士，赠钱百万，子翚逃匿不受。建武中察孝廉。

太平御览卷第四百三十九　人事部八十

贞女士

《毛诗》曰：《汉广》，德广所及也。文王之道，被于南国，美化行乎江汉之域，无思犯礼，求而不可得。“南有乔木，不可休息。汉有游女，不可求思。汉之广矣，不可泳思。江之永矣，不可方思。”

又曰：《行露》，召伯听讼也。衰乱之俗微，贞信之教兴，强暴之男不能侵陵贞女也。“谁谓雀无角，何以穿我屋？谁谓女无家，何以速我狱？虽速我狱，室家不足。”

又曰：《柏舟》，共姜自誓也。卫世子共伯早死，其妻守义，父母欲夺而嫁之。誓而弗许，故作是诗以绝之也。“泛彼柏舟，在彼中河。髧彼两髦，实唯我仪。之死矢靡它！母也天只，不谅人只。”

《礼记》曰：文伯之丧，敬姜据其床而不哭，曰：“昔者吾有斯子也，吾以为将为贤人也。吾未尝以就公室。今及其死也，朋友诸臣未有出涕者，而内人皆行哭失声。斯子也。必多旷于礼矣夫！”

《谷梁传》曰：宋灾，伯姬卒。《传》曰：“取卒之日加之灾上者，见以灾卒也。其见以灾卒奈何？伯姬之舍失火。左右曰：夫人少避火乎？伯姬曰：妇人之义，傅母不在，宵不下堂。遂逮于火而死，妇人以贞为行者也。伯姬之义，妇道尽矣。详其事，贤伯姬也。

《战国策》曰：韩取聂正尸暴于市，县购之千金。久之，莫知谁子。正姊闻之，曰：“弟至贤，爱妾之躯，灭吾弟名，非弟意也。”乃之韩，视之，曰：“勇哉！今死而无名，父母既没矣。弟兄无有，此为我故也。夫爱身不扬弟之名，不吾忍也。”乃抱尸而哭之，曰：“此吾弟轵深井里聂正。”亦自杀于尸旁。晋、楚、齐闻之，曰：“非独聂正之能，乃其姊者亦烈女也。”

《史记》曰：巴寡妇清，其先得丹穴，而擅其利数世，家亦不訾。

寡妇能守其业，用财自卫，不见犯，秦皇帝以为贞妇而客之。

袁弘《后汉纪》曰：初，弘农王唐姬，故会稽太守唐瑁女也。王薨，父欲嫁之，不从。及关中破，为李傕所略，不敢自说也。傕欲妻之，姬弗听。尚书贾诩闻之，以为宜加爵号。于是，迎置于园，拜为弘农王妃。

谢承《后汉书》曰：曹节弟破石，为越骑校尉。越骑营五伯妻，有美色，破石从求之，五伯不敢违。妻执意不肯行，遂自杀。

鱼豢《魏略》曰：庞毓外祖父为人所杀。其二子弱，不能报。毓母载车出，与仇家相逢于府门外，乃拔刀下车，手斫杀之。州郡义其女人能如此，纵而不问。及毓长大，节行又如此，故令酒泉画其母子仪像于厅壁，而铭赞之。

谢灵运《晋书》曰：刘曜、王弥入于京都，焚烧宫庙六宫，幽辱愍怀太子妃，妃拔刃距贼曰："吾皇太子妃，义不为逆胡所污。"遂见害。

何法盛《晋中兴书》曰：张茂，初起义讨贼，陈武一郡用全。中宗初，镇召为掾属，中兴累迁至太子右卫，率为吴国内史，为沈充所杀。茂妻陆氏，散家财，合义军助国讨充。诣阙上书，理茂忠节，诏书褒叹，追赠太仆卿。

邓粲《晋纪》曰：前始兴太守尹虞起兵于巴陵日，号监军以讨杜弢，连战稍胜，遂进长沙，为弢所没。初败，略虞二女，皆国色也，将妻之。女不肯，曰："我父二千石，终不为贼作妇，有死而已。"及虞攻贼，贼杀之。

又曰：散骑常侍梁纬妻辛氏，陇西人也。刘曜欲妻之，使人扶取。因据地哭，从者亦哭，曜并杀之。

又曰：广平太守崔谅，表政谷孰长崔希子休妻石氏，年十余岁，为邦邑所宗。既归郑氏，为九族所重。休前妻女少孤，父希临终，有庶子沉生。是时，汉未大乱，希命弃之。石氏曰："奈何使舅爱之至不存活乎？宁割肌肤之恩以存顾援之命。"养沉及前女，力不兼举，九年之中，三不举子。

《梁书》曰：王僧辨母贞敬太夫人，夫人姓魏氏。僧辨父神念以天董初率徒众据东关，退保合肥巢湖西，因娶以为室，生僧辨。性甚安和，善于绥接，家门内外，莫不怀之。初，僧辨下狱，夫人流泪徒行，将谢罪，世祖不与相见。时贞惠世子有宠于世祖，军国大事多问焉。夫人往诣阁，自陈无训，涕泗呜咽，众并怜之。及僧辨免出，夫人深相责励，辞色俱严。云："人之事君，唯须忠烈，非但保佑当世，亦乃庆流子孙。"及僧辨克复旧京，功盖天下，夫人恒自谦损，不以富贵骄物，朝野咸共称之，谓为明哲妇人也。

崔鸿《前秦录》曰：符登妻毛氏，毛与之女也。善骑射，营垒既陷，犹弯弓跨马率壮士数百与姚苌交战，杀贼七百余人，众寡不敌，为苌所执。毛有姿色，苌将纳之，毛骂曰："天子皇后，安可为贼羌所辱。"苌杀之。

崔鸿《前赵录》曰：陕有妇人十九，嫠居，事叔姑甚谨，其家欲夺而嫁之，此妇毁面自誓。

崔鸿《后凉录》曰：建中将军、辽东太守吕宪妻符氏，年十五，有姿色，宪率自杀。

《后凉录》曰：初，吕绍之死也，美人敦煌张氏，年十四，为沙门，清辩，有姿色，吕隆见而悦之，遣中书郎裴敏说之。张氏善言理，敏为之屈。隆亲逼之，张氏曰："钦乐至法，故投身道门，且一辱于人，誓不毁节，今逼如此，岂非命也。"升门楼自投于地，二胫俱折，口诵佛经，俄而卒。

又曰：吕超杀纂，纂后杨氏扩及侍婢数人，殡纂于城西，超问杨氏玉玺何在？杨氏怒曰："尽怀之矣。"杨氏，国色也，超将妻之，谓父桓曰："后若自杀，祸及卿宗。"桓以言告杨氏，杨氏曰："大人本卖女与氏以图富贵，一之以甚，可复使女辱于二氏乎？"桓不能强，乃自杀。

《后魏书》曰：经州贞女仙氏，许嫁彭老生为妻，币娉既毕，未成礼，率行贞淑，居贫常自舂汲，以养父母。老生辄往逼之。女曰："与君礼命虽毕，二门多故，未相见，何由不禀父母，擅见陵辱！若苟行非礼，正可身死耳。”遂不肯从。老生怒而刺杀之，取其衣服。女尚能言，临死谓老生曰：“先身何罪，与君相遇。我所以执节自固者，宁更有所邀？正欲奉给君耳。今反为君所杀，若魂灵有知，自当知报。”言终而绝。老生持女衣服珠瓔至其叔宅，以告叔。叔曰：“此是汝妇，奈何杀之，天不佑汝。”遂执送官。太和七年，有司劾以死罪。诏曰：“老生不仁，侵陵贞淑，原其强暴，便可诛戮。而女守礼履节，没身不移，虽处草莱，行合古迹，宜赐美名，以显风操。其标墓旌善，号曰贞女。”

又曰：勃海封卓妻，彭城刘氏女也。成婚一夕，卓官于京师，后以事伏法。刘氏在家，忽然梦想，知卓已死，哀泣不辍。诸嫂喻之不止，经旬，凶问果至，遂愤叹而死。时人比之秦嘉妻。中书令高允念其义高而名不著，为之诗。

又曰：平原鄃县女子孙男玉，夫为零县民所杀。追执仇人，男玉欲自杀之，其弟止而不听。男玉曰：“女人出适，以夫为天，当亲自复雪，云何假人之手！”遂以杖殴杀。有司处死以闻，显祖诏曰：“男玉重节轻身，以义犯法，缘情定罪，理可原，其特恕之。”

《隋书》曰：杨庆，王世充以兄女妻之，署荥州刺史。及世充将败，庆欲将其妻同归长安。其妻乃告之曰：“国家以妾奉箕帚于公者，欲以申厚意，结公心耳。今叔父穷迫，家国将危，而公不顾婚姻，孤负付嘱。为全家之计，非妾所能责公也。妾若至长安，则公家一婢耳。何用妾为？愿得送还，君之惠也。”庆不许。其妻遂沐浴靓妆，饮药而死。庆遂归大唐，为宜州刺史。

又曰：元务光母者，范阳卢氏女也。少好读书，造次以礼。盛年寡居，诸子幼弱，家贫不能就学，卢氏每亲自教授，勖以义方，世以此称之。仁寿末，汉王谅举兵反，遣将綦良往山东略地。良以务光为记室。及良败，慈州刺史上官政薄务光之家，见卢氏，悦而逼之，卢氏以死自誓。政为人凶悍，怒甚，以烛烧其身。卢氏执志弥固，竟不屈节。

又曰：孝女王舜者，赵郡王子春之女也。子春与从兄长忻不协，属齐灭之际，长忻与其妻同谋杀子春。舜时年七岁，有妹粲年五岁，璠年二岁，并孤苦，寄食亲戚。舜抚育二妹，恩义甚笃。而舜阴有复仇之心，长忻殊不为备。姊妹俱长，亲戚欲嫁之，辄拒不从。乃密谓其二妹曰："我无兄弟，致使父仇不复。吾辈虽是女子，何用生为？我欲共汝报复，汝意如何？"妹皆垂泣曰："唯姊所命。"是夜，姊妹各持刀逾墙而入，手杀长忻夫妻，以告父墓。因诣县请罪，姊妹争为谋首，州县不能决。高祖闻而嘉叹，特原其罪。

又曰：韩觊妻者，洛阳于氏女也，字茂德。父实，周大左辅。于氏年十四，适于觊。虽生长膏腴，家门鼎盛，而动遵礼度，躬自俭约，宗党敬之。年十八，觊从军战没，于氏哀毁骨立，恸感行路。每至朝夕奠祭，皆手自捧持。及免丧，其父以其幼少无子，将嫁之。誓无异志。复令家人敦喻，于氏昼夜涕泣，截发自誓。其父喟然伤感，遂不夺其志。因养夫之弟子世隆为嗣，身自扶育，爱同己生，训导有方，卒能成立。自孀居已后，唯时或归宁，至亲族之家，绝不来往。有尊卑就省谒者，送迎皆不出户庭。蔬食布衣，不听声乐，以此终身。

又曰：裴伦妻者，何东柳氏女也，少有风训。大业末，伦为渭源令。属薛举之乱，县城为贼所陷，伦遇害。柳时年四十，有二女及儿妇三人，皆有美色。柳氏谓之曰："我辈逢祸乱，汝父已死，我自念不能全汝。我门风有素，义不受辱于群贼，我将与汝等同死，如何？"其女等皆垂泣曰："唯母所命。"柳氏自投于井，其女及妇相继而下，皆重死于井中。

又曰：赵元楷妻者，清河崔氏之女也。父儦，在《文学传》。家有素范，子女皆遵礼度。玄楷父为仆射，家富于财，重其门望，厚礼以聘之。元楷甚敬崔氏，虽在宴私，不妄言笑，进止容服，动合礼仪。化及之反也，元楷随至河北将归长安。至滏口，遇盗攻掠，玄楷仅以身免。崔氏为贼所拘，贼请以为妻，崔氏谓贼曰："我士大夫女，为仆射子妻，今日破亡，自可即死。遣为贼妇，终必不能。"群贼毁裂其衣，形体悉露，缚于箦床之上，将凌辱。崔诈之曰："人力已屈，当听处分，不敢相违，请解缚。”贼遽释之。妻因着衣，取贼佩刀，倚树而立曰：“欲杀我，任加刀锯。若欲觅死，任来相逼！”贼大怒，乱射杀。元楷后得杀妻者，支解之，以祭崔氏之柩。

又曰：锺士雄母者，临贺蒋氏女也。士雄仕陈，为伏波将军。陈主以士雄岭南酋帅，虑其反复，每质蒋氏于都下。及晋王平江南，以士雄在岭表，欲以恩义致之，遣蒋氏归临贺。既而同郡虞子茂、锺文华等作乱，举兵攻城，遣人召士雄，士雄将应之。蒋氏谓士雄曰：“我前在杨都，备尝辛苦。今逢圣化，母子聚集，没身不能上报，乌得为逆哉！汝若禽兽其心，背德忘义者，我当自杀于汝前。”士雄于是遂止。蒋氏复为书与子茂等，谕以祸福。子茂不从，寻为官军所败。上闻蒋氏，甚异之，封为安乐县君。

太平御览卷第四百四十　人事部八十一

贞女中

《唐书》曰：魏衡妻王氏，梓州郪人也。武德初，薛仁果杲旧将房企地侵掠梁郡，因获王氏，逼而妻之。后企地渐强盛，衡谋以城应贼，企地领众将趋梁州，未至数里，饮酒醉卧，王氏取其佩兵斩之，携其首入城，贼众乃散。高祖大悦，封为崇义大夫人。

又曰：绛州孝女卫氏，字无忌，夏县人也。初，其父为乡人卫长则所杀，无忌时年六岁，母又改嫁，更无弟兄。及长，常思复仇。无忌从伯尝设宴为乐，长则时亦预坐，无忌以搏击杀之。既而诣吏，称父仇既报，请就刑戮。巡察大使、黄门侍郎褚遂良以闻，太宗嘉其孝烈，特令免罪。

又曰：邹待徵妻薄氏。待徵，大历中为尝州江阴县尉，其妻为海贼所掠。薄氏守节，出待徵官告于怀中，托付村人，使谓待徵曰："义不受辱。"乃投江而死。贼退潮落，待徵于江岸得妻尸焉。江左文士，多著节妇文以纪之。

又曰：奉天县窦升朝二女伯娘、仲娘，虽长于村野，而幼有志操。住与邠州接界。永泰中，草贼数千人，持兵刃入其村落行剽劫，闻二女有容色，姊年十九，妹年十六，藏于岩窟间。贼徒拟为逼辱，乃先曳伯娘出，行数十步，又曳仲娘出，贼相顾自慰。行临深谷，伯娘曰："我岂受贼污辱！"乃投之于谷。贼方惊骇，仲娘又投于谷。谷深数百尺，姊寻卒，仲娘脚折面破，血流被体，气绝良久而苏，贼义之而去。

又曰：崔玄暐，博陵安平人也。父行谨，为胡苏令。本名晔以字下体有则天祖讳，乃改为玄暐。少有学行，深为叔父秘书监行功所器重。龙朔中，举明经，累补库部员外郎。其母卢氏尝诫之曰："吾见姨兄屯田郎中辛玄驭云，儿子从官者，有人来云贫乏能有立，此是好消息。若闻赀货充足，衣马轻肥，此是恶消息。吾尝重此言，以为确论。比见亲表中仕官者，多将钱物上其父母，父母但知喜悦，竟不问此从何而来。必是禄俸余资，诚以善事。如其非理所得，此与盗贼何别？纵无大咎，独不内愧于心？孟母不受鱼鲊之馈，盖为此也。汝今坐食禄俸，荣幸已多，若其不能忠清，何以戴天履地？孔子云：虽日用三牲之养，犹为不孝。又曰：父母唯其疾之忧。特宜修身洁已，勿累吾此意也。”玄暐遵奉母氏教诫，以清谨见称。

又曰：于琮尚广德公主。琮为黄寇所害，而赦公主，主视琮受祸，为贼曰：“妾，李氏女也，义不独存，愿与于公并命。”贼不许，公主入室，自经而死。

又曰：幽州兵乱，杀判官韦雍，雍妻萧氏，闻难号呼，专执夫袂，左右格去，以死不从。及雍临刃，萧氏泣而告曰：“妾不幸年少，义不苟活，今日之事，愿先就死。”执刃者断其臂，词气不挠，虽凶捍圜视，无不伤叹。其夕，萧氏亦卒。

赵毕《吴越春秋》曰：子胥至吴乞食，至于溧阳，溧阳有女子浣纱濑水之上，筥中有少饭，子胥遇见，长跪而请之曰：“夫人岂可乞一餐乎？”女子曰：“妾独与母居，年三十不嫁，饭不可得也。”子胥曰：“夫人赈穷者少饭，有何嫌乎？”女知非恒人，言曰：“妾岂可逆人情乎！”即发其箪饭，清其壶浆，长跪而与子胥。子胥去，顾见女子自沉。

孔演《汉魏春秋》曰：庞济外祖父酒泉赵君安为同县李寿所杀。济舅兄弟三人，同时病死。寿家喜相贺。济母娥自伤仇不报，乃推车袖剑，白日刺寿于都亭前，讫，徐诣县，颜色不变，曰：“父仇已报，请受戮。”禄福长尹嘉解印绶纵娥，娥不肯去，遂强载还。会赦得免，州郡莫不嗟叹，嘉其烈义，刊石以表其闾。

张勃《吴录》曰：吴入郢也，自王以下，位班处宫而妻其室，次及伯嬴，伯嬴者，昭王之母也。伯嬴操刃曰：“公侯一国之仪表也，有失则其邦危乱。夫妇之礼，人伦之始，王教之端。若君王弃仪表，则无以临民；妾犯非礼，则无以自存；贪生受辱，固不如死。”王乃止。

和苞《汉赵记》曰：今上杀晋散骑常侍梁纬，召妻辛氏，伏地大哭，仰白令上曰："妾闻女不再醮，男以义烈。闻妾夫已死，理无独生，乞就辟有司，地下以事舅姑。且妇人再聘，明公亦安用哉！"遂号哭不止。上曰："贞妇也，其任之。"亦自杀。

又曰：鲁阳侯王广，字广之，为西杨州刺史。晋末聚众避世，为蛮梅芳扇动山夷围广，城陷。蛮因广将诣芳。广女有美色，芳引入，甚有宠。入经一旬，王伺芳睡，引刀斩芳，芳惊起曰："何故反耶？"王骂曰："蛮畜！我欲诛反贼，何谓我反乎？吾闻父仇不同天，母仇不同地，汝反逆无状，害我父母，而复无礼凌人，吾所以不死者，欲诛汝耳！今死自吾分，不待汝杀我，但恨不得枭汝首于通逵，以塞大耻。"辞气猛厉，色无变容，乃自杀。时年十五。

刘义庆《幽明录》曰：武昌阳亲县北山上有望夫石，状若人立者。传云：昔有贞妇，其夫从役，远赴国难，妇携弱子，饯送此山，立望而死，形化为石。

《列女传》曰：息夫人者，息君之夫人。楚伐息，破之，虏其君，使守门，将其夫人而纳之于宫。楚王出游，夫人遂出，见息君，谓之曰："人生要一死而已，何自苦？"乃作诗曰："谷则异室，死则同穴。谓予不信，有如皎日。"息君止之，夫人不听，遂自杀，息君亦自杀。

又曰：安定陈仲妻者，同郡张叔明之妹，名芝，字李张，年十四。适仲，期年而寡，执节不嫁。叔明从军，芝与二嫂没贼，恐见侵略，而相谓曰："妇人以不污身为高，不亏节为美，岂可委身待辱哉！"于是自刺。二嫂既死，芝独不死，叔明言于将军耿弇，耿弇以驸马负芝，芝曰："女子亡之余，污将军服乘，不可也。"弇奇其言，更以他马负芝。至营，为致医药，因乃得全。郡表其闾，九十寿终。

又曰：谯国曹文叔妻者，同郡夏侯文宁之女，字令女。文叔早死，无子。丧毕断发，自誓不贰，其后家欲嫁之，又截两耳，依文叔从兄爽。爽后被诛，文宁上书与曹氏绝婚，复欲嫁之，乃割鼻。其母谓曰："曹氏夷灭已尽，守此欲为谁乎？"令女曰："仁者不以盛衰改节，义者不以存亡易心。曹氏前盛，尚欲保终，况今衰灭，何忍弃之。"太傅司马公闻而嘉叹，听乞子为曹氏后。

又曰：吴孙奇妻者，广陵范慎女，名姬。十八，配奇一年而奇亡。慎以少寡无子，起还其家，姬不肯归，迎者以父命迫之，姬遂操刀割耳及鼻，曰："父迎我者，不过以我年少色美，今已残矣，行将焉之？"于是迎者空反。

又曰：丹阳华穆妻者，下邳刘方之女，字桃树，生一男而早亡。吴丁谞，相与反。知名之士，家将嫁许焉。桃树闻之，乃操刀割耳。其子又亡，桃树安身守正，动不逾礼。

又曰：吴沈伯阳妻者，顾文宣之女，字昭君，早寡无嗣，尽礼供养。其父阴许人，姑闻之而哭。昭君乃引刀剪发割两耳，以明其志。

又曰：吴许升妻，吕氏之女，名荣。外游诞博戏，不治操行。荣躬勤家业，以养其姑，劝升学问，未尝不垂泪而言。荣父疾升，呼荣欲改嫁之。荣曰："命之所遭，义无离贰。"终不肯归，升后感悔，寻师远学，四年乃归，遂致名誉，为州所辟，遇劫害。岁余，姑亡，夫族多欲娉之，誓不肯嫁。后黄巾贼欲犯之，荣逾垣而走，贼拔刀追荣曰："从我则生，不从立死。"荣曰："义不畏死，而见虏辱也？"贼遂杀之。

又曰：河南贞义者，乐羊子之妻。羊子出学，七年不归，邻人欲犯贞义，而劫其姑，贞义操刀而出。邻人曰："从者可，不从者杀汝姑。"贞义仰天而叹，以刀刎颈而死。太守以大夫葬之，号曰"贞义"。

皇甫谧《列女传》曰：汉中赵嵩妻者，同郡张氏之女也，字礼修。遭贼，嵩死君难，礼修以碧涂面，乱发称病，怀刀在身，意气列决，贼不迫也。叔父矜其年少，又世方丧乱，欲更嫁，礼修慷慨以死为誓。

又曰：丹阳罗静者，广德罗勤之女。为同县朱旷所婚，礼未成，勤遇疫疾丧没，邻比断绝，旷触冒经营，寻复病亡。静感其义，遂誓不嫁，与弟妹共居。求者过十余，志无倾移。有杨祚者，多将人众，自往纳币，静乃逃窜。祚劫其弟妹，静惧为祚所害，乃出见之曰："实感朱旷为妾父而死，是以托身亡者，自誓不贰辛苦之人，愿君哀而舍之。如其不然，请守之以死。"祚乃舍之。静守纯固，年六十余卒。

又曰：蜀景奇妻者，罗氏之女，字贡罗。奇亡无嗣，贡罗专心供养。父青以许同郡宰诗，贡罗与父母书，陈其情志，历年不归。后青使诗白州告县发遣，贡罗乃由径道诣州，自诉言意，慷慨请死不从。州嘉而许焉。贡罗恐诗于道路迫胁，乃请吏兵自卫还家，执义终身。

又曰：犍为相登妻者，周氏之女，名度。适登一年而寡，牢令吴厚因人问度，度心执匪石，引刀截发。县长吏复遣媒欲聘，度曰："前已断发，谓足表心，何误复有斯言哉？"取刀割鼻，左右救止，表其闾。

又曰：广汉冯季宰妻者，季氏之女，名珥，字进娥。早寡无嗣，奉养继姑及宰兄显，守心纯固，以义自防。珥母愍其姑苦，阴有所许。珥断发自明，遂乞养男女各一，率道有法，乡人称之。

又曰：广汉王辅妻，彭氏之女也，名非。辅游学数年，遂卒京师，迎丧葬讫，事姑孝敬弥笃。非叔父以许苏孟，非叩心泣血，诉情九族，犹不见听，乃剪发诣府。乞终供养，遂乞养子静居，年逾七十而卒。

又曰：沛国刘长卿妻者，同郡桓始春之女。少有名于桓宗，嫁于刘氏，生一男，字玉。玉五岁而长卿卒，惧见诱嫁，既不归宁，兄弟时往，防渐远疑，言不及外。玉年十五死，其弟会丧，援刀割耳，明已不贰，在丧侧者，无不感伤。宗妇谓之曰："家未有相嫁之计，若其有也，徐可因姊妹以喻意，何贵义轻身之甚耶？"答曰："昔我君五更学为儒宗，尊为帝师，历世不替，以忠孝显，女以贞顺称，是以惧忝诸姑。或以我年未衰，又丧子，卒迫之间，非所能防，岂可不豫见其意哉！"郡表其闾，号曰："景行义桓"。

皇甫谧《列女传》曰：沛公孙去病妻者，同郡戴元世之女。既嫁，久而无子，谓其夫曰："妾不才，得奉巾栉，历年无嗣，《礼》有七出，请愿受诀。"以其夫不许，复进曰："福莫大于昌炽，祸莫大于绝嗣，君不忍见遣，当更广室。"夫复不肯。夫死服除，父母欲嫁之，女遂操刀割鼻，郡表其闾。

又曰：梁夏文生妻者，沛国刘景宾之女，名娥。生一女而寡，娥誓不再嫁。父以配同郡衡氏，逼迫入门，娥谓衡氏曰："妾闻妇人不改嫁。越义失节，妾所不为。君可见遣！”衡氏曰：“相取有媒礼，何遣之有？”衡氏妻服未阕，娥因数之曰：“君衰麻在身，犯礼纳室，虽颜之厚，奈《相鼠》何？妾必死不为君妻，相留不知辱乎？”奋衣而出，衡氏不敢强留。父复以许临睢倪氏，强扶上船，娥阳不忧，书与女别，乃以刀割耳鼻曰：“所以不死者，老姑在堂，孤女尚幼故耳。”执义终身。

太平御览卷第四百四十一　人事部八十二

贞女下

《列女传》曰：张氏妻者，丹阳鲁辉之女，名潜。既适张氏，会其家门伏诛，以潜女弱姑老故，得不死。然资产没官，单罄壁立，昏晨力作，供养甚谨。犹应配适士伍之限无妻者，国有常法。知终不免，每与姑言，有必死之志。姑曰："夫亡改适，悠悠皆是，人当随时之宜，何至于此？"潜曰："悠悠之为，非妾心也。"后至当配，果自经死。

又曰：代赵夫人者，赵襄子之姊也。襄子诱代王杀之，因举兵平代取地而迎夫人，夫人曰："吾受先君之命，事代之君，今代已亡，吾将奚归？吾闻妇人之义无二夫，欲迎我何之？以弟慢夫非义，谓慢弃不为立节。以夫怨弟非仁也。"自杀于磨笄之地。

又曰：沛王母，王陵之母也。陵始为县邑豪。豪，俊也。及高祖起沛，陵亦聚党数千人，属汉王。项羽与汉为敌国，得陵母，置军中，汉使至则东向坐陵母，欲以招陵。陵母私送使者泣曰："为老妾语陵：善事汉王，汉王长者也，必得天下。无以妾故，怀持二心。言妾已死也。"乃伏剑而死。

又曰：蜀朱叔贤妻者，张氏之女，字昭仪。贤为郡督邮，军袭郡城，城门闭，贤兄弟谋逾城出，事泄伏诛，乃配嫁。昭仪泣曰："诛我夫而逼嫁我，此宁夫妇平生之愿乎？"乃窃刀割咽而死。

又曰：巴赵娥者，赵万之妻。郡县遭乱，万得足疾，不能行，为贼所杀。贼欲将娥，娥守丧不去，贼举矛指娥，欲以怖之。娥知贼必欲劫略，乃以身赴矛，贯心达背而死。

又曰：九江王孝谦妻者，同郡袁氏之女，字贵女，与母俱流移共止。孝谦好酒，凶悖，无子婿之礼。贵女每涕泣谏喻，不能匡改。母怨孝谦之为，贵女辄悲哀不食，言于邻人曰："为子致母于辱，非孝也；

事无道之人，非义也。昔秋胡之妻，不忍见不义之人，我何为于世间哉！”乃自杀。

又曰：沛周明都妻者，卫尉赵长平之女也，名阿。长平德行纯粹，海内知之；阿少习仪训，长闲妇道，而都骄淫暴躁，不式上命。都父卫谓阿曰：“新妇贤者女也，当以礼法匡婿。都之不改，新妇之过也。”阿既拜命，退谓左右曰：“我无樊、卫二姬之行，故君以责我，我言而不用，君必谓我不奉教，则罪在已。为生如此，亦何愿哉！”乃自杀。

刘向《列女传》曰：楚昭贞姜者，齐侯之女，楚昭王之夫人也。昭王出游，留夫人渐台之上而去。王闻江水大至，使者迎夫人，忘持符，使者至，谓夫人出，夫人曰：“大王为宫人约命，召宫人必以符，今使者不持符，妾不敢从使者而行。妾闻之矣，贞女之义不犯约，勇者不畏死，守节而已矣！妾知从使者必生，留必死也，然妾不敢弃约越义而求生。”水大至而死，乃号曰贞姜。

又曰：楚白贞姬者，楚白公胜之妻也。白公死，其妻纺绩不嫁。吴王闻其美，使人操金百镒、白璧一双以娉焉。因以辎軿三十乘迎之，将以为夫人。妻辞曰：“白公无恙之时，妾幸得充后宫，执箕帚、衣裳履、拂枕席为妃。今白公不幸而死，妾愿守其坟墓，奉其祠祀以终天年。今王赐金璧之娉、夫人之位，非遇妾之所。妾闻之，忠臣不借人以力，贞女不假人以色，岂独事生若此哉，于死亦然！妾既不位，位，犹仁也。不能从死，今又去而嫁，不亦大甚乎？”遂辞娉而不行。吴王贤其节而有义，号曰楚白贞姬。

又曰：鲁陶寡婴者，鲁陶门之女。少寡养幼孤，无强昆弟，纺绩为产。鲁人或闻其义，将求焉。婴闻之，恐不得免，乃作歌明己之不二也。其诗曰：“悲黄鹄之早寡兮，十年不双；宛颈戢翼兮，不与众同。时则非鸣兮，独行茕茕；天命令然兮，愧独永伤。感鸟愠己兮，泪下成行；呜呼悲兮，死者不可忘。飞鸟尚然兮，何况贞良；虽有贤雄兮，终不重行。”鲁人闻之曰：“斯女不可得也。”遂不敢复求之，婴寡终身。

又曰：卫寡夫人者，齐侯之女也。嫁于卫，至城门，而卫君死。保母曰："可以还矣。"女不听，遂入，行三年之丧，毕，弟立谓曰："卫，小国也，不容二庖，请愿同庖，唯夫妻为同庖。"夫人不听，卫君乃使诉于齐，兄弟皆欲与后君，使人告女，女终不听，乃作诗曰："我心匪石，不可转也，我心匪席，不可卷也。"

又曰：邵南申女者，申人之女也。既许嫁于丰，夫家礼不备而欲迎之。女盖与其人言，以为：夫妇者，人伦之始也；嫁娶者，所以传重承业，继续先祖，为宗庙主。夫家轻礼违制，不可以行。遂不肯往。夫家讼之于理，致之于狱，女终以一物不具，一礼不备，守节持义，必死不往。而作诗曰："虽速我讼，亦不汝从。"言夫妇之礼不备足也。君子以为得妇道之宜。与《诗说》小异，故再出。

又曰：蔡人之妻者，宋人女也。既嫁于蔡，夫有恶疾，其母将改嫁之。女曰："夫之不幸，乃妾之不幸也，奈何去之？适人之道，壹与之醮，终身不改。夫不幸遇恶疾，不改其意，且夫采芣苢之草，虽甚臭恶，犹始于将采之，终于怀颉之，浸以益亲，况于夫妇之道！"终不听其母，而作《芣苢》之诗。

又曰：鲁秋洁妇者，鲁秋胡子之妻也。秋胡子既纳之，五日而去官于陈，五年乃归。未至家，见路傍有一美妇人，方采桑。秋胡子下车谓曰："苦暴采桑，吾行道远，愿托桑阴下餐。"妇人采桑不辍，秋胡子谓曰："力田不如逢年，力桑不如见郎，今吾有金，愿与夫人。"曰："嘻！夫采桑力作，纺绩织以衣，食奉二亲，养夫子而已矣，吾不愿人之金也。收子之资，与子笥金。"秋胡还家，奉金遗母。母使人呼其妇，妇至，乃向采桑者。妇曰："君辞家远仕，五年方还，当乍驱扬尘疾至，今也乃悦道旁妇人，是忘母不孝，好色淫佚，是污行也。妾不忍见不义不孝之人，子改娶矣。妾亦不嫁。"遂去。东走，自投于河而死。

又曰：梁寡高行者，梁之寡妇，荣于色，敏于行，早寡不嫁。梁贵人争欲取之，不能得。梁王闻之，使相娉焉。高行曰："妾之夫不幸，先犬马填沟壑，妾宜以身荐其棺椁，守养幼孤，不得专意。妾闻妇人之义，壹往不改，以全贞信之节。今忘死而趋生，是不信也；见贵而忘贱，是不贞也。弃义而从利，无以为人。”乃援镜操刀以割其鼻曰：“妾已刑矣。所以不死者，不忍幼嗣之重孤也。刑余之人，殆可释矣。”王高其节，乃复其身，号曰“梁高行”。

皇甫谧《列女传》曰：天水姜叙母者，同郡杨阜之姑也。阜为州吏，马超杀刺史、太守，叙屯历城，阜往见之，歔欷悲怅。叙曰：“何为乃尔？”阜曰：“守城不能完，君亡不能死，何以视息于天下乎！君拥兵专制而无讨贼之心，此赵盾所以书弑也。”叙母慨然，勒叙从阜计，遂起兵于卤城。超闻之，袭历城，得叙母，母骂之曰：“若背父之逆子，杀君之桀贼，天岂久容！若何不早死，敢以面目视人乎？”超即杀之。超败，陇右平定，魏武令曰：“姜叙之母明智乃尔，虽杨敞之妻，盖不过也。”

又曰：留子直妻者，历阳人。汉末扰攘，随夫之从父客居豫章。从父通郡牧族之妻，年少有色，太守客请以为妻，守死不从。十余日，客以还，太守夷杀之，临死不变，口无言。郡吏及客怜之，更还救请。既得活，乃自割耳。久之，太守闻其夫在，遂还其妻。

又曰：下邳陈悝妻者，同郡吴氏之女。汉末丧乱，流寓东城，东城令戚奇欲北就吕布，焚城叠，虏人众，闻女有容色，善史书，能弹琴瑟，遂杀悝，住车令仆者接女上车。女谓奇曰：“君隳坏都城，虏略士女，杀人之夫，欲以人妇为妻，何酷逆之甚！愿守志而死，不愿无行而生。”遂自刎。奇犹有哀惭，殡葬乃去。

又曰：戎士陈南妻丹者，戴氏之女。美而早寡，事舅姑恭笃，同伍之人咸乐其贤色，求者甚多，守死不嫁。后之娉者告其军主，军主命之，知不得已，乃自经死。

《韩诗外传》曰：鲁公甫文伯死，其母不哭。季孙闻之曰：“公甫文伯之母，贞女也，子死不哭，必有方矣。”使人问焉，对曰：“昔是子也，吾使事仲尼，仲尼去鲁，送之不出鲁郡，赠之不以家珍；且吾闻君子贵义而贱利，是子病不见士来，视死不见士之流涕，死之日，宫女衰绖，从者十人，不足于士，而有余于妇人，吾是以不哭。”

陈寿《益部耆旧传》曰：广汉德阳王上妻者，同县袁氏女也，名福。年二十适上。舅姑既没，复遭上丧，悲伤感切，不妄言笑。有二子，养育遗孤，执心纯笃。及叔父愍其穷困，私以许张奉，掩迫合婚。其旦，计欲杀奉，恐祸及母、叔、孤儿，永弃死，仇必生，慷慨流涕，自杀而死。

《益部耆旧传》曰：犍为杨凤珪妻者，蜀郡临邛陈氏女也，名姬。珪早亡，时姬产子，适生六月，躬丧事，育幼孤。三年丧讫，兄弟宗亲哀其子少年壮，谋议更配，以许蜀中豪姓。姬闻，仰天叹息，引刀割咽，几死。于是九族惊愕，遂敬从其节。

又曰：犍为南安周缮纪妻者，同县曹氏女也。名禁，字敬姬，年十七适周氏，二年而夫亡陨。时禁怀孕数月，后产子元余，丧事阕，遂移居，依托父母，欲必守义，育养孤弱。父愍其年少子稚，默以许同县狐宾，遣车马衣服来，欲迎禁，父乃告。禁勃然作色，凄怆言曰：“依近父母，本不图此。”固流涕慷忾，乃自投舍后流水。于是举家竞赴救出，而气息已绝，积二日一夜乃复苏息，二亲由是知其至诚，谢宾解婚。禁欷嘘长叹，乃更将子还，依夫第居止，洁身执操，非礼不动。

又曰：广汉新都便敬妻者，同县王氏女也，名和。年十七，适敬。敬亡，和育养遗孤，阖门守节，不随宗家宴乐嘉会，居理甚修。蜀郡何玉，因媒问和兄著取和，遂相听许。著深晓其夫死子小，宜有改图，加贫衰无以自立，何氏公族，必据福祚。和自陈说，断计决分，守全孤弱。辞言未讫，慷慨涕泪，哀恸左右。然著终受玉币，因欲迫胁。和乃断耳示著，以信至见听，请以死谢。举宗敬重，哀其大义。

又曰：巴三贞者，阆中马盼新妻义，西充国王元愦妻姬，皆阆中人也；阆中赵蔓君妻华，西充国人也。姬早失夫，介然守操。中平五年，黄巾余类延益州，贼帅赵蕃据阆中城，构迫衣冠，令人妇女为质，义、姬、华等随北入城。后贼类争势，攻破阆中，时人或死或奔，家室相失，义、姬、华随类出城走。传闻后贼，或构略妇女，于是三人自度穷迫，恐不免于据逼，乃相与自沉水而死。乡党闻之，莫不感伤，号曰“三贞”。

又曰：蜀郡广都公乘士会妻者，同县张氏女也。会早卒，年壮无嗣。欲有问者，亲戚将以许之。发愤慷慨，断发割耳，事姑尽礼，肃恭供养，养族子以承宗庙。《列女传》为熊氏女，断发割耳同。

又曰：广汉廖伯妻者，同县殷氏女也，名纪。年十六适伯，伯早卒。纪性聪敏，达于诗书女传，进退闲暇，又有美色。见贪，割面告诫，以全其节，曰：“求生害仁，仁者不为，纪生见礼义，岂独使古人擅名者哉！”因作诗三章，以风父母，而举县嘉其才丽。媒介滋繁，遂援刀锼，断指明情。

《邵氏家传》曰：虞建武都尉邵夫人，字义姬，鸿胪之第二女。夫人少而寡，虞氏及夫人之宗，哀夫人辛苦，欲更为图婚，然重夫人宿操，虑不可以非礼逼；亦知夫人潜佩刀，誓以必死，故不敢生意。夫人自以虞氏凶短，继世无子，常独处一室，绝书学，非祭祀坟墓不出，纺绩辄货以供祭，称其多少，不求丰厚。

干宝《搜神记》曰：东越闽中有庸岭，高数十里。其下北湿中有大蛇，长七八丈，大十围，土俗常病，治都尉及属城长吏多有死者。祭以牛羊，故不得祸。或与人梦，或下喻巫祝，欲得啖童女年十二三者，都尉令长并共患之。然气厉不息。共请求人家生婢子、有罪家女养之，八月朝祭送蛇，辄夜出吞噬之，累年如此，前后已用九女。尔时豫募赉未得。将乐县李诞有六女，无男，其小女寄，应募欲行，父母不听。寄曰：“父母无相，生女六人，虽有如无。无有缇萦济父之亡，不能供养，消费衣食，生无所益，不如早亡，卖寄之身可得少钱。”父母终不听。寄自潜发，不可禁止。寄乃行，请好剑及咋蛇犬，先作数石米餈，用蜜灌之，以置穴口。蛇夜便出，头大如囷，目如三尺镜，闻餈香气，先啖食之，寄便放犬，犬就噬咋，寄从后斫得数创，蛇因踊出，至庭而死。寄入视其穴，得九女髑髅，悉举出，缓步而归。越王闻之，娉寄为后，拜其父为将乐令，母及姊皆有赐。自是东冶无复妖邪之物，其歌谣至今存焉。

杜预《女记》曰：二寡妇者，淑也、昺也。淑丧夫守寡，兄弟将嫁之，誓而不许，为书曰："盖闻君子导人以德，矫俗以礼，是以烈士有不移之志，贞女无回二之行。淑虽妇人，窃慕杀身成义，死而后已。夙遘祸罚，丧其所天，男弱未冠，女幼未笄，是以黾勉求生，将欲长育二子，上奉祖宗之嗣，下继祖祢之礼，然后觐于黄泉，永无惭色。仁兄德弟，既不能厉高节于弱志，发德明于暗昧，许我他人，逼我于上，乃命官人讼云简书。夫智者不可惑以事，仁者不可胁以死；晏婴不以白刃临颈改正直之辞，梁寡不以毁形之痛忘执节之义。高山景行，岂不思齐。计兄弟备托学门，不能匡我以道，博我以文，虽曰既学，吾谓之未也。"

祖冲之《述异记》曰：晋元兴末，魏郡民陈氏女，名琬，家在查浦，年十六。饥疫之岁，父母相系死没，唯有一兄，佣赁自活。女容色甚艳，邻中士庶，见其贫弱，竟以金帛招要之。女立操贞，概未尝有许。后值卢循之乱，贼众将加凌逼，女厉然不回，遂以被害。

杜预《女记》曰：大女缑玉者，陈缑氏之女也。夫之从母兄弟杀其父，玉乃为父报仇，其杀已至亲，缚玉付吏狱，竟当行刑。有名士申屠子龙者，缑玉同县人也，嘉其义勇，奏记于县曰："伏闻大女缑玉，为父报仇，狱已决，不胜感悼之情，敢陈所闻。昔太原周党感《春秋》义，辞师复仇，当时论者犹高其节。况玉女弱，耳无所闻，心无所激，内无同生之谋，外无交游之助，直推父子之情，奋发怒之心，手刃刺仇，僵尸流血。当时闻之，人无勇怯莫不强胆增气，轻身殉义，攘袂高谈称羡。今闻玉幽执牢槛，罪名已定，皆心低意沮，怅恨长叹。蟠虽愚竖，以为玉之节义，历代未有，定足以感无耻之孤，激忍辱之子。假玉不值明时，尚望追旌闾墓，显异后嗣，况事在清听，不加八议，哀矜之贷，诚为朝廷痛之。"申屠蟠，字子龙。

又曰：新野公主者，光武皇帝姊也。少有节行，姿容，嫁为新野人邓晨妻，生一男三女。王莽地黄三年，光武起兵攻破棘阳，至小长安，为莽兵所败。弃车走，时天大雾，还求室家，道得小妹伯姬，与共骑前行，复见新野公主，命使上马，主以手麾上，曰：“行矣，文叔努力，早建大功，追兵方至，不能相救，无为两没也。”上驻马，重呼之。主曰：“不駃驰，但志免我，更当三人死也，且急自脱，我身何在？”会追兵至，上遂驱马而去，主即遇害。

裴启《语林》曰：王经，少处贫苦，仕至二千石，其母语之：“汝本寒家儿，仕至二千石可止也。”经不能止，后为尚书，助魏不忠于晋，被收，流涕辞母曰：“恨昔不从敕，以致今日。”母无戚容，谓曰：“汝为子则孝，为臣则忠，有可负哉！”

虞预《会稽典录》曰：孟淑，上虞人也。父质，中郎将。淑年十七，当出适，聘礼既至，为盗所劫。淑祖父操刃对战，不敌，见害。淑思慕哀恸，憔悴毁形。以致盗由已，乃喟尔叹曰：“微淑之身，祸诚不生，以身害祖，苟活何颜？”于是遂自经而死。

太平御览卷第四百四十二 人事部八十三

知人上

《尚书》：咎繇曰："都！在知人，在安民。"禹曰："吁，咸若时，唯帝其难之！言尧亦以知人安民为难，故曰吁。知人则哲，能官人。安民则惠，黎民怀之。"

《礼记》曰：赵文子与叔誉观乎九原。文子曰："死者如可作也，吾谁与归？"叔誉曰："其阳处父乎？"处父，字。文公之傅也。文子曰："行并廉植音特于晋国，不没其身，其智不足称也。""其咎犯乎？"文子曰："见利不顾其君，其仁不足称也。并专也，谓刚而专，为狐射姑所杀。我则随武子乎！利其君，不忘其身；谋其身，不遗其友。"晋人谓文子其中退然如不胜衣，其言呐呐然如不出诸其口。所举于晋国，管库之士七十有余家，生不交利，死不属其子焉。

《春秋·僖七年》曰：郑杀申侯。初，申侯，申出也，姊妹之子曰出。有宠于楚文王。文王将死，与之璧，使行，曰："唯我知女，女专利而不厌，予取予求，不女疵瑕。从我取，从我求，我不以汝为罪。后之人将求多于女，谓嗣君也，求多以礼义大望责之。女必不免。我死，女必速行。无适小国，将不女容焉。"政狭法峻。既葬，出奔郑，又有宠于厉公。子文闻其死也，曰："古人有言曰：知臣莫若君。弗可改也已。"

又曰：晋文公及曹，曹共公闻其骈胁，欲观其裸。浴，薄薄，迫也。骈胁，合干。而观之。僖负羁之妻曰："吾观晋公子之从者，皆足以相国。若以相，若遂以为傅相。夫子必反其国。反其国，必得志于诸侯。而诛无礼，曹其首也。子盍早自贰焉。"自贰，自别异于曹。乃馈盘飧，置璧焉。臣无竟外之交，故用盘藏璧餐中，不欲令人见也。公子受飧反璧。

又曰：秦伯伐晋，济河焚舟，取王官。及郊，晋人不出，遂自茅津济，封殽户而还。遂霸西戎，用孟明也。君子是以知秦穆之为君也，举人之周也，与人之壹也。壹，无二心。孟明之臣也，其不解也，能惧思也；子桑之忠也，其知人也，能举善也。子桑，公孙枝，举孟明者。《诗》曰："于以采蘩，于沼于沚。于以用之，公侯之事。"秦穆有焉。《诗·国风》言：沼沚之蘩，至薄犹采，以共公侯。以喻秦穆不遗小善。"夙夜匪懈，以事一人。"孟明有焉。《诗·大雅》善仲山甫也。一人，天子也。"诒厥孙谋，以燕翼子。"子桑有焉。诒，遗也。燕，安也。翼，成也。《诗·大雅》美武王能遗其子孙，善谋以安成子孙，言子桑有举善之谋。

又曰：晋阳处父聘于卫，反过宁，宁嬴从之。及温而还，其妻问之，嬴曰："以刚。《商书》曰：'沈潜刚克，高明柔克。'夫子壹之，其不没乎。阳子姓纯刚。天为刚德，犹不干时，寒署相顺。况在人乎？且华而不实，恶之所聚也，言过其行。犯而聚怨，不可以定身。余恐不获其利而离其难，是以去之。"为六年，晋杀处父。

又曰：晋侯观于军府，见锺仪，问之曰："南冠而絷者，谁也？"有司对曰："郑人所献楚囚也。"使税之，税，解也。召而吊之。再拜稽首。问其族，对曰："伶人也。"伶人，乐官。公曰："能乐乎？"对曰："先父之职官也，敢有二事？"使与之琴，操南音。南音，楚声。公曰："君王何如？"对曰："非小人之所得知也。"固问之，对曰："其为太子也，师保奉之，以朝于婴齐而夕于侧也。婴齐，令尹子重；侧，司马子反。言其尊卿敬老。不知其他。"公语范文子，文子曰："楚囚，君子也。言称先职，不背本也。乐操土风，不忘旧也。称太子，抑无私也。舍其近事而远称少子，以示性所自然明至诚。名其二卿，尊君也。尊晋君也。不背本，仁也。不忘旧，信也。无私，忠也。尊君，敏也。仁以接事，信以守之，忠以成之，敏以行之。事虽大，必济。言有此四德必能成大事。君盍归之，使合晋、楚之成。"公从之，重为之礼，使归求成。

又曰：子产始知然明，问为政焉。对曰："视民如子。见不仁者诛之，如鹰鹯之逐鸟雀也。"子产喜，以语子太叔，且曰："他日吾见蔑之面而已，蔑，然明名。今吾见其心矣。"

又曰：韩宣子如齐纳币。见子雅。子雅召子旗，子旗，子雅之子。使见宣子。曰:“非保家之主也,不臣。”志气亢。见子尾。子尾见强。强,子尾之子。宣子谓之如子旗。亦不臣。大夫多笑之。唯晏子信之,曰:“夫子,君子也。君子有信,其有以知之矣。”为十年,齐栾施高强来奔。

《汉书》曰:薛宣为丞相,而翟方进为司直。宣知方进大儒,有宰相器,深结厚焉。后方进竟代为丞相。

又曰:薛宣字贡君。初,宣察孝廉,琅琊太守赵贡,见宣异之。令妻子与相见,戒曰:“贡君至丞相,我两子亦中丞相史。”宣为相,除赵贡两子为史。

《东观汉记》曰:上既破邯郸,诛王郎,召邓禹宿,夜语曰:“吾欲北发幽州突骑,诸将谁可使者?”禹曰:“吴汉可。其人勇鸷有智谋,诸将鲜能及者。”上于是以汉为大将军。汉遂斩幽州牧苗曾,上以禹为知人。更始时,大司马朱鲔在洛阳。上欲南定河内,问禹曰:“诸将谁可使守河内者?”禹曰:“寇恂文武备足,有牧民之才,河内富实,南迫雒阳,非寇恂莫可使也。”上拜寇恂为河内太守。

又曰:朱勃,字叔阳,年十二能诵《诗》、《书》。候马援兄,勃衣方领,能矩步,辞言闲雅。援才知书,见之自失。兄知其意,乃自酌酒慰援曰:“朱勃小器速成,智尽此耳,卒当从汝禀学。”及援为将军,封侯,而勃位不过县令。

又曰:虞延,字子大,陈留人。孝明帝时,有新野功曹邓寅,以外戚小侯每豫朝会,而容姿趋步,有出于众。显宗目之,顾左右曰:“朕之仪貌,岂若此人!”特赐舆马之服。延以寅虽有容仪而无实行,未尝加礼。拜郎中,迁玄武司马。寅在职不服父丧,帝闻,乃叹曰:“知人则哲,唯帝难之。信哉斯言!”以延为明。

谢承《后汉书》曰:许邵,字子将,汝南平舆人。清论风行,高唱草偃,多所赏识。拔樊子昭于未闻,天下咸称许郭。

袁山松《后汉书》曰:李膺子瓒,位至东平相。初,曹操微时,瓒异其才,将没,谓子宣等曰:“世将乱矣,天下英雄无过曹操。张孟卓与吾善,袁本初汝外亲,虽尔勿依,必归曹氏。”诸子从之,并免乱世矣。

又曰：南阳何颙，初见曹操叹曰："汉将亡，安天下者必此人也。"操以是嘉之。

《魏志》曰：武帝机警，有权数，时人莫知者，桥玄见而异焉。谓曰："今天下将乱，安生民者，其在君乎！"太祖常感其智己，后经过玄墓，辄怅然致祭。

又曰：王粲，字仲宣，蔡邕见而奇之。时邕才学显著，常车骑填巷，宾客盈座。闻粲在门，倒屣迎之。粲年既幼弱，容状短小，一座皆惊。邕曰："此王孙也，有异才，愧吾不如也。吾家书籍文章，尽当与之。"

又曰：陈群为童儿时，祖寔常异之曰："此儿必兴吾门。"群为司空西曹属。时有荐乐安王模、下邳周逵者，太祖辟之。还教以为模、逵秽德，终必败，太祖不听。后模、逵皆坐奸宄诛，太祖以谢群。群荐广陵陈乔、丹阳戴乾，太祖皆用之。后吴人叛，乾忠义死难，乔为名臣。

又曰：杨骏，字季才。司马宣王年十六七，与骏相遇，骏曰："此非常人也。"同郡王象，少孤特，为人仆隶，年十七八，使牧羊而私读书，骏见美其人质，即赎象着家中，聘妻立屋，然后与别。骏自少及长，以人伦自任。

《魏略》曰：赵岐逃难，匿姓名，卖饼北海市。时安丘孙嵩，字宾石，游市见岐，察非常人，呼与共戴。岐惧失色，嵩乃令骑屏行人，从容问曰："视子非卖饼者，不有重怨，即亡命乎？北海孙宾石，阖门百口，势能相济。"岐素闻嵩名，即以实告之，遂与俱归，藏岐复壁中。

孙盛《魏氏春秋》曰：嘉平元年，右将军夏侯霸本蜀人，问太傅之德，霸对曰："彼自为家，非人臣也。"问京师俊士，对曰："有锺会者，若管朝政，吴蜀之忧也。"

《蜀志》曰：先主年十五，母使学，与同宗刘德然、辽西公孙瓒俱事同郡卢植。德然父元起，常资给先主，与德然等。起妻曰："各自一家，何能常尔耶？"起曰："吾宗中有此儿，非常人也。"

又曰：诸葛亮，字孔明，瑯琊人，耕垄亩，好为《梁父吟》。自比于管仲、乐毅，时人莫之许也。唯博陵崔州平、颍川徐庶与亮友善，谓为信然。先主屯新野，庶见，先主器之，庶谓先主曰："诸葛孔明，卧龙也，将军岂愿见之？"先主曰："君与俱来。"庶曰："此人可就见，不可屈致也。将军宜枉驾顾之。"由是先主诣亮，凡三往，乃见。

又曰：庞统，字士玄，襄阳人。少时朴钝，未有识者。颍川司马徽清雅有知人鉴，统弱冠往见徽，徽采桑树上，坐统桑下，共语自昼达夜。徽甚异之，称统当为南州士人冠冕，由是渐显也。

《吴志》曰：顾邵，字孝则，雍长子也。年三十七，起家为豫章太守，小吏姿质佳者，令奖就学，择其先进，擢置左右职，举善以教，风化大行。初，钱塘丁谞出于役伍，阳羡张秉生乎民庶，乌程吴粲、云阳殷礼起乎微贱，邵皆拔而友之，谞至典军中郎，秉至丹阳，礼至零陵令，粲至太子少保。

又曰：张温，字惠恕。少修操，容貌瑰玮，权闻之，以问公卿曰："温当今与谁为比？"大司农刘基曰："无可与为辈。"顾雍曰："温当今无辈。"权曰："如是，张允不死也。"征到延见，文辞占对，观者倾悚，权改容加礼。

又曰：张昭，字子布。为人矜严忠谨，能识人。诸葛恪，字元逊，年少之时，众人奇其英才。昭言，终败葛氏者，元逊。

《吴书》曰：陶谦，字恭祖，年十四，独帛幡乘竹马而戏，邑中儿童皆随之。苍梧太守同县甘公出，遇之于途，见其容貌异，住车与语，甚悦之，因许妻以女，甘夫人怒曰："闻陶家儿遨戏无度，如何以女许之？"甘公曰："彼有奇志，必大成。"遂与之，后为徐州刺史。

王隐《晋书》曰：石苞少子崇，字季伦。苞临终，预分诸子财物，独不及崇，其母以为言，苞曰："此儿虽小，大自能得财也。"

又曰：魏舒，字阳元，任城人。容貌朴实，少号迟钝，人莫之知。唯叔父衡知其奇，每有宾客，已常劝使过舒，言吾兄子，非常人也。

虞预《晋书》曰：魏舒，少名迟钝，唯太原王乂曰："卿终当为台辅。然亦不能令妻子免饥寒，吾当助卿营之。"常借给，舒受而不辞。

又曰：武陔，字元夏，沛国竹邑人，父周，有显名。陔及二弟韶、茂，皆总角见称。时同郡刘公荣名人，尝诣周过陔兄弟，与观其举动，便出语周曰："君三子皆国士也。元夏量最优，出辅佐之风，仕宦可为亚公。叔夏、季夏不减常伯、纳言。"陔后果开府。

徐广《晋书》曰：郑齐纯和有识。初，荀攸见齐曰："郑公业为不亡矣。"时相国掾魏讽有盛名，同郡任览谓齐曰："讽奸雄，必以祸终，子宜绝之。"后讽果败。司空王朗辟掾，委以求才，齐举高阳许允、扶风鲁芝、东莱王基，并为名臣。

又曰：魏谒者郭玄信出使，从弘农求御，人遣石苞及邓艾为御。行十余里，玄信谓二人曰："子并当至将相。"既而苞为县吏到邺，卖铁于市，市长赵元儒异之曰："公辅才也。"遂与交。稍迁至弘农司马，欲求县吏，部郎许允谓苞曰："君我辈人也。当相引置朝廷，何欲小县乎？"苞还叹，不意允之知己。

《晋书·陶侃传》曰：乐广欲会荆杨士人，武库令黄庆进侃于广。人或非之，庆曰："此子终当远到，复何疑也！"

又曰：王导，少有风鉴，识量清远。年十四，陈留高士张公见而奇之，谓其从兄敦曰："此儿容貌志气，将相之器也。"

又《石苞传》曰：赵玄儒有知人鉴，见苞异之，因与结交，叹苞远量，当至公辅。

又曰：陆云幼时，吴尚书广陵闵鸿见而奇之，曰："此儿若非龙驹，当是凤雏。"

又曰：刘裕为布衣，众未之识也。唯王谧独奇贵之，尝谓裕曰："卿当为一代英雄。"

《晋书》曰：庾翼，字稚恭，风仪俊伟，少有经纶大略。京兆杜乂、陈郡殷浩并才名冠世，而翼弗之重也，每语人曰："此辈宜束之高阁，候天下太平，然后议所任耳。"见桓温总角之中，便期之以远略，因言于成帝曰："桓温有英雄之才，愿陛下勿以常辈畜之，宜委以方、邵之任，必有弘济艰难之勋。"

又曰：谢安常疑刘牢之不可独任，又知王味之不宜专城。牢之既乱终，而味之亦以贪败，由是识者服其知人。

又《陶侃传》曰：刘弘为荆州刺史，将之官，辟侃为南蛮长史，遣先向襄阳讨贼张昌，破之。弘既至，谓侃曰："吾昔为羊公参军，语其后当居此。今相观察，必继老夫矣。"

又曰：时豫章郎中令杨晫，陶侃州里人也。为乡论所归。侃诣之，晫曰："《易》称贞固足以干事，陶士行是也。"与同乘见中书郎顾荣，荣甚奇之。吏部郎温雅谓晫曰："奈何与小人共载？"晫曰："此人非凡器也。"

太平御览卷第四百四十三　人事部八十四

知人中

《晋书》曰：裴頠，字逸民。弘雅有远识，博学稽古，少知名。御史中丞周弼见而叹曰："頠若武库，五兵纵横，一时之杰也。"

又曰：荀勖父盼，早亡。勖依于舅氏。岐嶷夙成，处十余岁能属文。从外祖魏太傅锺繇曰："此儿当及其曾祖。"既长，遂博学，达于从政。

又曰：郭奕时亭长李含有俊才，而门寒为豪族所排，弈用为别驾，含后果有名位，时以奕为知人。

又曰：贺循少玩篇籍，善属文，博览众书，尤精《礼》《传》，雅有知人之鉴，拔同郡杨方于卑陋，卒成名于世。

又曰：应詹，镇南大将军刘弘，詹之祖舅也，请为长史，谓之曰："君器识弘深，后当代老子于荆南矣。"乃委以军政。

又曰：杨方，字公回。少好学，有异才。初为郡铃下威仪，公事之暇，辄读五经，乡邑未之知。内史诸葛恢见而奇之，待以门人之礼，由是得周旋贵人间。

又曰：郭奕，字大业，太原阳曲人也。少有重名，山涛称其高简有雅量。为野王令，羊祜尝过之，奕叹曰："羊叔子何必减郭大业！"少选复往，又叹曰："羊叔子去人远矣。"遂送祜出界数百里。

又曰：李憙荐乐安孙璞，亦以道德显，时人称为知人。

又曰：唐彬，初受学于东海阎德，德门徒甚多，独目彬有廊庙才。及彬官成，而德已卒，乃为之立碑。

又曰：韦忠年十二丧父，哀慕毁悴，杖而后起，司空裴秀吊之，匍匐号诉，哀恸感人。秀出而告人曰："此子长大必为佳器。"归而命子頠造焉也。

又曰：沛国戴晞，少有才智，与嵇绍从子含相友善，时人许以远致，绍以为必不成器。晞后为司州主簿，以为无行被斥，州党称有知人之明。

又曰：郑袤，字林叔，荥阳开封人也。高祖众，汉太司农。父泰，杨州刺史，有高名。袤少孤，早有识鉴。荀攸见之曰："郑公业为不亡矣。"

又曰：《王戎传》云："阮籍与浑为友，戎年十五，随浑在郎舍，戎少籍二十岁，而籍与之交。籍每适浑，俄顷去，过戎良久，然后出，谓浑曰："濬冲清贵，非卿伦也，共卿言不如共阿戎谭。"

又曰：乐广，字彦辅。父方，参魏征西将军夏侯玄军事。广时年八岁，玄尝见广在路，因呼与语，还谓方曰："向见广神姿朗彻，当为名士。卿家虽贫，可令专学，必能兴卿门户也。"

又曰：曹摅，字颜远，谯国人也。祖肇，魏将军。摅少有孝行，好学，善属文。太尉王衍见而器之。调补临淄令。

又曰：潘京举秀才，到洛，尚书令乐广，京州人也。共谈累日，深叹其才，谓京曰："君天才过人，恨不学耳。若学必为一代谈宗。"京感其言，遂勤学不倦。

又曰：《王澄传》云：王衍有重名于世，时有许以人伦之鉴。尤重澄及王敦、庾凯，常为天下人士目曰："阿平第一，子嵩第二，处仲第三。"澄尝谓衍曰："兄形似道人，而神峰太俊。"衍曰："诚不如卿落落穆穆然。"澄由是显名。

又曰：戴若思往武陵省父，时同郡人潘京素有理鉴，名知人。其父遣若思就京与语，既而称若思有公辅之材。

又曰：《周顗传》曰：同郡贲嵩有清操，见顗叹曰："汝、颍固多奇士！自顷雅道陵迟，今复见周伯仁，将振起旧风，清我邦族矣。"

又曰：刘隗伯父讷，字令言，有人伦鉴识。初入洛，见诸名士而叹曰："王夷甫太鲜明，乐彦辅我所敬，张茂先我所不解，周弘武巧于用短，杜方叔拙于用长。"

又曰：周浚有人伦鉴识。其乡人史曜素微贱，众所未知，浚独引之为友，遂以妹妻之，曜竟有名于世。

又曰：《阮修传》云：王衍当时谈宗，自以论《易》略尽，然有所未了，研之终莫悟，每云："不知此后当见能通之者不。"衍族子敦谓衍曰："阮宣子可与言。"衍曰："吾亦闻之，但未知其亹亹之处定何如耳！"及与修谈，言寡而旨畅，衍乃叹服焉。

又曰：桓彝，字茂伦。庾亮每属彝觅一佳吏部，及至都，谓亮曰："为卿得一佳吏部矣。"亮问安在，彝曰："人所应有而不必有，人所应无而不必无。徐宁真海岱清士。"因为叙之，即迁吏部郎。

又曰：谢玄时，符坚强盛，边境数被侵寇，朝廷求文武良将可以镇御北方者，安乃以玄应举。中书郎郗超素与玄不善，闻而叹曰："安违众举亲，然玄亦必不负举。"时咸以为不然。超曰："吾尝与玄共在桓公府，见其使才，虽履屐间亦得其任，所以知之。"

《晋中兴书》曰：何充，字次道。年在童龀，伯父邃谓之曰："我为儿时，亡伯车骑谓我汝后当与伯父争名，汝今器宇宏深，亦当名出我右。"由是少有名望。

又曰：吴隐之，字处默，少有孝行，遭母忧，哀毁过礼。时与太常韩康伯邻居，伯母语伯曰："汝后若居铨衡之职，当用如此辈人。"及伯为吏部尚书，因进用之。遂历清显。

又曰：范汪，字玄平，少失父。年六岁过江依外家庾氏，荆州刺史王澄见而奇之，以为兴范族者，必是人也。

又曰：魏徐州刺史吕虔，有佩刀。工相之，以为必三公可服此刀。虔谓别驾王祥曰："苟非其人，刀或为害，卿有公辅之量，故以相与。"祥始辞之，固强乃受。祥死之日，以刀授弟览曰："吾儿凡，汝后必兴，足称此，故以相与。"

又曰：王珣，字元琳。弱冠与谢玄辟大司马桓温掾，温语人曰："谢掾年三十，必拥旄仗节，王掾当作黑头公，皆不易才也。"

又曰：薛兼与同郡纪瞻、广陵闵鸿、吴郡顾荣、会稽贺循同志友善，号曰："五俊"。初入洛，司空张华见而叹曰："皆南金也。"

又曰：陆晔童龀中，从兄机称之为陆氏之宝，我家不世之公也。

又曰：褚季野翼从弟弱冠，谯国桥彝见而异之曰："褚季野有皮里阳秋。"

又曰：王敦为太子舍人，荥阳潘滔时为洗马，见而目之曰："处仲蜂目已露，但豹声未振，若不噬人，亦当为人所噬。"

沈约《宋书》曰：桓玄闻一军起，便忧悴无复计。或曰："刘裕等众力微弱，岂便有成，陛下何虑之甚？"玄曰："刘裕足为一世之雄，刘毅家无担石之储，摴蒲一掷百万。何无忌刘牢之甥，酷似其舅。其举大事，何虑无成也。

《宋书》曰：谢弘微童幼时，精神端审，时然后言。叔父混尝异之曰："此儿深衷夙敏，方成佳器。有子如此，足矣。"

又曰：谢弘微叔父混，尚晋陵公主。高祖受命，晋陵公主降为东乡君，以混得罪前代，东乡君节义可嘉，听还谢氏。自混亡，至是数载，而室宇修整，仓廪充盈，门徒业使，不异平日，田畴垦辟，有加于旧。东乡君叹曰："仆射平生重此子，可谓知人。仆射为不亡矣。"

又曰：袁淑，字阳源，陈郡阳夏人，丹阳尹豹少子也。少有风格，年数岁，伯湛谓家人，此非凡儿。

《齐书》曰：隋郡王子隆能属文，明帝谓王俭曰："我家东阿也。"俭曰："东阿重出，实为皇家藩屏。"

又曰：徐孝嗣姑适东莞刘舍，舍兄藏为尚书左丞，孝嗣往诣之。藏退语舍曰："徐郎是令仆人，三十余可知矣。汝宜善自结。"

又曰：江敩为丹阳丞，时袁粲为尹，见敩叹曰："风流不坠，正在江郎！"数与宴赏，流连日夜。

萧子显《齐书》曰：褚渊，字彦回，河南阳翟人也。父卒，悉推财与弟，唯取书数千卷。初，与从弟照同载，道遇太祖，渊举手指太祖车谓昭曰："此非常人，将来不可测。"

《梁书》曰：沈瑀起家州从事，奉朝请。尝诣齐尚书右丞殷沵，沵与语及政事，甚器之，谓曰："观卿才干，当居吾此职。"

又曰：范述曾，字子玄，吴郡钱塘人也。幼好学，从馀杭吕道惠受《五经》，略通章句。道惠学徒常有百数，独称述，曾曰："此子必为王者师。"

又曰：贺琛，字国宝，会稽山阴人也。伯父玚，步兵校尉，为世硕儒。琛幼，玚授其经业，一闻便通义理。玚异之，常曰："此儿当以明经致贵。"

又曰：臧盾，幼从征士琅琊诸葛璩受《五经》，通章句。璩学徒常有数十百人，盾处其间，无所狎比。璩异之，叹曰："此生重器，王佐才也。"

又曰：贺玚时沛国刘瓛为会稽府丞，见玚深器异之。尝与俱造吴郡张融，指玚谓融曰："此生神明聪敏，将来当为儒者宗。"

又曰：丘仲孚字公信，吴兴乌程人也。少好学，从祖灵鞠有人伦之鉴，尝称为千里驹也。

《陈书》曰：杜之伟强识俊才，颇有名当世，吏部尚书张瓒深知之，以为廊庙器也。

又曰：陆庆，永阳王为吴郡太守，闻其名，欲与相见，庆固辞以疾。时宗人陆荣为郡五官，庆尝诣焉，王乃微服往荣舍，穿壁以观之。王谓荣曰："观陆庆风神凝峻，殆不可测，严君平、郑子真何以尚兹。"

《北史》曰：于谨南伐江陵，以唐瑾为元帅府长史，及军还，诸将多因虏掠，大获财物，瑾一无所取，唯得书两车，载之以归。或言于周文曰："唐瑾大有辎重，悉是梁朝珍玩。"周文初不之信，然欲明其实，密遣使检阅，唯见坟籍而已。乃叹曰："孤知此人来二十许年耳，其不以利污义，向若不令检视，恐常人有投杼之疑，孤所以益明之耳。凡受人委任，当如此也。"

《隋书》曰：魏任城王谐荐李德林，因遗尚书令杨遵彦书云："燕赵固多奇士，此言诚不为谬。今岁所贡秀才李德林者，文章学识，固不待言，观其风神器宇，终为栋梁之用。至如经国大体，是贾生，晁错之俦；雕虫小伎，殆相如、子云之辈。今虽唐虞君世，俊乂盈朝，然修大厦，岂厌夫良材之积也。吾尝见孔文举荐祢衡表云：‘洪水横流，帝思俾乂。’以正平比夫大禹，常谓拟谕非伦，今以德林言之，便觉前言非大。”

又曰：杨素，少落拓，有大志，不拘小节，世人多未之知，唯从叔祖魏尚书仆射宽深异之，每谓子孙曰：“处道当逸群绝伦，非常之器，非汝曹所逮也。”

又曰：柳庄少有远量，博览坟籍，兼善辞令。济阳蔡大宝有重名于江左，时为岳阳王萧詧咨议，见庄便叹曰：“襄阳水镜，在于兹矣。”大宝遂以女妻之。

又曰：高构。河东薛道衡才高当世，每称构有清鉴，所为文笔，必先以草呈构，有所诋诃，道衡未尝不嗟伏。大业七年，终于家，时年七十二。所举杜如晦、房玄龄等，后皆自致公辅，论者称构有知人之鉴。

又曰：虞世基，字茂世，会稽馀姚人也。父荔，陈太子中庶子。世基幼沉静，喜愠不形于色，博学有高才，兼善草隶。陈中书令孔奂见而叹曰：“南金之贵，属在斯人。”少傅徐陵闻其名，召之，世基不往。后因公会，一见而奇之，顾谓朝士曰：“当今潘、陆也。”因以弟女妻焉。

《隋书》曰：李德林，任城王谐为定州刺史，重其才，召入州馆，朝夕同游，殆均师友，不为君民礼数。尝语德林云：“窃闻蔽贤蒙显戮。久令君沉滞，吾独得润身，朝廷纵不见尤，亦惧明灵所谴。”于是举秀才入邺。李德林幼聪敏，年数岁，诵左思《蜀都赋》，十余日便度。高隆之见而嗟叹，遍告朝士，云：“若假其年，必为天下伟器。”邺京人士多就宅观之，月余，日中车马不绝。年十五，诵五经及古今文集，日数千言。俄而该博坟典，阴阳纬候无不通涉。善属文，辞核而理畅。魏收尝对高隆之谓其父曰：“贤子文笔终当继温子升。”隆之大笑曰：“魏常侍殊已嫉贤，何不近比老、彭，乃远求温子！”

又曰：李士谦，字子约，赵郡平棘人也。髫龀丧父，事母以孝闻。母曾呕吐，疑为中毒，因跪而尝之。为伯父魏岐州刺史玚，深所嗟尚，每称曰：“此儿吾家之颜子也。”

太平御览卷第四百四十四 人事部八十五

知人下

《唐书》曰：王珪，幼孤，性雅澹，少嗜欲，志量沉深，能安于贫贱，体道履正，交不苟人。叔父颇，当时通儒，有人伦之鉴，尝谓所亲曰："门户所寄，唯在此儿耳。"

又曰：裴行俭，有人伦之鉴。自掌选及为大总管，凡遇贤俊，无不甄采。每制敌摧凶，必先期捷日。时有后进杨炯、王勃、卢照邻、骆宾王并以文章见称，吏部侍郎李敬玄，盛为延誉，引以示行俭，行俭曰："才名有之，爵禄盖寡。杨应至令长，余并鲜能令终。"是时，苏味道、王勮未知名，因调选，行俭一见，深礼异之，仍谓曰："有晚年子息，恨不见其成长。二公十数年当居衡石，愿记识此辈。"其后相继为吏部，皆如其言。行俭尝所引偏裨，有程务挺、张虔勗、崔智辩、王方翼、党金毗、刘敬同、郭待封、李多祚、黑齿之，尽为名将，位至刺史、将军者数十人。其所知赏，多此类也。

又曰：狄仁杰授汴州判佐。时工部尚书阎立本为河南道黜陟使，仁杰为吏人诬告，立本见而谢曰："仲尼云：观过知仁矣。足下可谓海曲之明珠，东南之遗宝。"荐授并州都督府法曹。

又曰：张守珪仪形瑰壮，善骑射，性慷慨，有节义。时卢齐卿为幽州刺史，深礼遇之，常共榻而坐，谓曰："足下数年外必节度幽、凉，为国之良将，方以子孙相托，岂得以寮属常礼相期耶！"

又曰：李勉以故吏前密县尉王晬勤干，俾摄南郑令，俄有诏处死，勉问其故，乃为权幸所诬。勉询将吏曰："上方藉牧宰为人父母，岂以谮言而杀不辜乎！"即停诏拘晬，飞表上闻，晬遂获宥，而勉竟为执政所非，追入为大理少卿。谒见，面陈王晬无罪，政事条举，尽力吏也。肃宗嘉其守正，即日除太常少卿。王晬后以推择拜大理评事、龙门令，终有能名，时称知人。

又曰：李晟，德宗之幸山南，既入骆谷，谓浑瑊曰："渭桥在贼腹内，兵势悬隔，李晟可办事乎？"瑊对曰："李晟秉义执志，临事不可夺，以臣计之，破贼必矣。"帝意始安。

又曰：杨嗣复，字继之，仆射于陵之子也。初，于陵十九登进士第，二十再登博学弘词科，调补润州句容尉。浙西观察使韩滉有知人之鉴，见之甚悦。滉有爱女，方择佳婿，谓其妻柳氏曰："吾阅人多矣，无如杨生贵而寿，生子必为宰相。"于陵秩满，寓居杨州而生嗣复。后滉见之，扶其首曰："名位果逾于父，杨门之庆也。"因字曰庆门。竟如其言。

又曰《于邵传》云："樊泽尝举贤良方正，邵一见之于京师，谓樊将相之才也。不五年，择为节将。

又曰：李德裕与牛僧孺有隙。或以韦温厚于牛僧孺，言于德裕，裕曰："此人坚正中立，君子也。"

又曰：刘三复，长庆中李德裕拜浙西观察使，三复以德裕禁密文臣，以所业文诣郡干谒，德裕阅其文，倒屣迎之，乃辟为从事。

《后魏书》曰：《崔亮传》云："崔亮，字敬儒，清河东武城人也。时陇西李冲当朝任事，亮从兄言之于冲，冲与亮语，因谓亮曰："比见卿先人《相命论》，使人胸中无复怵迫之念。"冲奇之，延为馆客。冲谓兄子彦曰："大崔生宽和笃雅，汝宜友之；小崔生峭整清彻，汝宜敬之。二人终将大至。"

《孔丛子》曰：魏安釐王问子顺："马回之为人，虽少文，然梗直，有丈夫之节，吾欲以为相，可乎？"答曰："知臣莫若君，何有不可？至于亮直之节，臣未之明也？"曰："何故？"答曰："臣闻诸孙卿，其为人，长目而永视者，必体方而心圆，每以其法相人，千百不失。臣见回非不伟其体干，然甚疑其目。"王卒用之，三月，王果以谄得罪。

《淮南子》曰：宁戚欲干齐桓公，困穷无以自达。于是为商旅，将牛车，暮宿于郭门之外，桓公郊迎客，夜爝火甚盛，从者甚众。戚饭牛车下望，见桓公而悲，击角而疾《商歌》。桓公闻之，扶其仆之手曰："异哉，歌者非常人也！"命后车载之，赐衣冠。

《说苑》曰：楚令尹虞丘子，复相庄王，曰："臣闻奉公行法，可以得荣，能浅行薄，无望上位。臣为令尹十年矣，国故不治，狱讼不息，臣窃选国俊士孙叔敖，秀才多能，其性无欲，君举而授之政，则国可使宁，而士民可使附。"庄王从之。虞丘子莱田三亩，号曰国老，以孙叔敖为令尹。虞丘子家干法，叔敖执而戮之。虞丘子喜曰："叔敖果可使持正矣。"

《傅子》曰：刘备袭蜀，丞相掾赵戬曰："刘备其不济乎？拙于用兵，每战每败，奔亡不暇，何以图人？"征士傅幹曰："刘备宽仁有度，能得人死力。诸葛亮达治知变，正而有谋，而为之相；张飞、关羽勇而有义，皆万人之敌，而为之将：此三人者，皆人杰也。以刘备之略，三杰佐之，何为而不济也？"

《郭子》曰：冀州刺史杨淮，字彦清。二子乔、髦有识，俱总角为成器。淮与裴頠、乐广友善，遣见之。頠谓淮曰："乔当及卿，髦小减也。"广谓淮曰："乔自及卿，髦尤精出。"淮笑曰："我二儿之优劣，乃裴、乐之优劣。"议者皆许之。

又曰：王仲祖云："真长知我，胜我自知。"

又曰：王浑妻锺，生女甚贤明，令武子为妹择嘉婿，而未有其人。兵家子有才，欲以妻之，独与母议。初不告，事定乃白母曰："诚是地也，自可贵。""要当令我见之。"于是，武子令此兵与群小杂处，使母帷察之。母曰："刑衣者，汝可拔乎？"武子曰："是。"母曰："此才足以拔萃，然地寒，非长年不足展其才用，观其形骨，恐不可与婚。"数年果死。

《吕氏春秋》曰：魏公叔痤疾，惠王往问之曰："公叔之病甚矣，将奈社稷何？"对曰："臣之御，庶子鞅也，愿王以国听之。若不能听，勿使出境。"王不应，出而谓左右曰："岂不悲哉！以叔之贤，而今谓寡人以听鞅，悖也。"公叔死，公叔鞅西游秦，秦孝公听之，秦果强，魏果弱。

《竹林七贤论》曰：山涛与阮籍、嵇康皆一面，而契若金兰。涛妻韩氏尝以问涛，涛曰："当年可为友者，唯此二人耳。"妻曰："负羁之妻亦观狐赵，意欲一窥之，可乎？"涛曰："可也。"二人至，妻劝涛留之宿，□其酒食，夜穿牖而窥之。涛入曰："所见何如吾？"妻曰："君才殊不如也。正当以识度相友。"涛曰："然，伊辈亦当谓我识度胜。"

《世说》曰：袁宏少贫，常为人佣载运租。谢镇西常夜泊舟江渚，清风明月，闻贾客舫上有咏声，甚有情致，听所咏诗，又所未尝闻，叹美不能已。即遣人委曲讯问，乃是袁宏自诵其《咏史》诗，遂厚相赏重。

又曰：郄太尉遣门生与王丞相书，求女婿，曰："请往东齐中选之。"门生归白郄云："王家诸郎亦皆可然，闻觅女婿，咸自矜持，唯有一郎在东床上坦腹食，如不闻。"郄云："此正嘉婿。"既而访焉，乃逸少也。

又曰：顾和始为杨州从事，月旦当朝，停车州门外。周侯诣丞相，历和车边过，和觅虱，夷然不动。周既过，返还，指顾心曰："此中何所有？"顾择虱如故，徐应曰："此中最是难量地。"周侯既入，语丞相曰："卿州吏有一令仆才。"

《语林》曰：夏少明在陈国不知名，闻裴逸民知人，乃裹粮寄载入洛，从之，未至裴家。少许，见一人着黄皮裤褶，乘马将猎。夏问逸民家远迩，答曰："君何以问？"夏曰："闻其名知人，故从会稽来投之。"裴曰："身是逸民，明可更来。"明往，逸民果知之，又嘉其志局，乃用为西门侯，于此遂知名。

又曰：魏武将见匈奴使，自以形陋不足雄远国，使崔季珪代，乃自捉刀立床头坐。既毕，使仆问曰："魏王何如？"使答曰："魏王信自雅望非常，然床头捉刀人，此乃英雄。"魏王闻之，驰遣杀此使。

《世说》曰：王浚冲、裴叔则二人于总角时诣锺士季。须臾去，后客问："向二童子是谁？"曰："裴、王。"客曰："何如？"锺曰："裴楷清通，王戎简要。须三十年，此二贤当为吏部尚书，冀尔时天下无复滞才。”

崔鸿《前燕录》曰：慕容廆，幼而魁岸，美姿貌，身长八尺，雄杰有大度。晋安北张华一见奇之，谓廆曰：“君长必为命世之器，定难济时者也。”遗廆冠簪，以结殷勤。

崔鸿《前秦录》曰：姜宇，字子居，天水冀人也。少孤贫，为河北陈不识家牧羊，年十五，身长七尺九寸，聪惠美风仪。每夜专读书，睡则悬头于屋梁，达旦而止。不识奇之，将妻以女，其妻弗听。不识乃置酒引宇，令女潜观之，问女曰：“姜宇人士才明，吾欲以汝妻之，汝母难曰：宇，家之牧人，汝意云何？”女曰：“观宇之姿才，岂复为人牧羊也。”遂妻之。宇后历位京兆尹、御史中丞。

《郭林宗别传》曰：郭泰，字林宗。入颍川则友李元礼，至陈留则结符伟明，之外黄则亲韩子助，过蒲亭则师仇季智，止学舍则收魏德公，观耕者则拔茅季伟，皆为名士。至汝南见袁闳，不宿而去，从黄宪三日乃去。过新蔡，薛勤问之曰：“足下见袁奉高，不宿而去，从黄叔度乃弥日，何也？”泰曰：“奉高之流虽清而易挹，叔度汪汪若千亩之陂，澄之不清，挠之不浊，难测量也。”

《何颙别传》曰：颙，字伯求，有人伦鉴。同郡张仲景，总角造颙，颙谓曰：“君用思精而韵不高，将为良医。”卒如其言。

《顾和别传》曰：和，字君孝。总角时，顾荣曰：“此吾家骥，兴衰宗，必此子也。”顾珠亦有令问，荣谓珠曰：“卿速步，君孝超卿矣。”

《孟嘉别传》曰：庾亮拔孟嘉为劝学从事，褚褒为豫章太守。出朝，亮正旦大会州府人士，率嘉集坐，第甚远，问亮曰：“江州有孟嘉，其人何在？”亮曰：“在坐，卿但自觅。”褒历观之久，指嘉谓亮曰：“此君小异，将无是乎？”

《卫玠别传》曰：刘真长、谢仁祖并知名。时人商略中朝人士，或问弘可得方卫洗马不，谢曰：“安得相比，其间可容数人。”

《三辅决录》曰：庞知伯名勃，为郡小吏。东平卫农为书生，穷乏，乃客锻于勃家。知伯知其贤，尤加礼待，雇直过偿，及去，送十里，过舅家，复贷钱赠之，农不肯受。勃曰："有受，令勃不告。"农乃受，曰："为冯翊，乃相报。"后果为冯翊太守，勃子为门下书佐。

又曰：游殷，字幼齐，与司隶校尉胡轸有隙，轻诬，构杀之。初，殷为郡功曹，有童子张既者，时未知名，为郡书佐，殷察异之。既过家，具设宾馔，及既至，殷妻笑曰："君甚悖乎？张德容童昏小儿何异？"殷曰："卿勿怪，乃方伯之器也。"殷遂与既论霸王之事，飨讫，以楚子托之。轸害殷，月余得病，目脱，但言伏罪，游幼齐将鬼来，于是遂死。谚曰："生有知人之明，死有鬼灵之验。"

又曰：王谌，字子嗣，博学有才辨。洛阳种景伯、武原吴季高未知名，谌数称二人于朱伯厚，有宰辅之器。退语二人曰："卿必为公，而景伯至司徒，季高至司空。"世以是服谌之知人也。

《会稽典录》曰：盛宪，字孝章，尝出行逢一童，容貌非常，宪怪而问之，是鲁国孔融。融时年十余岁，宪下车执手，载以归舍。与融谈宴，知其不凡，便结为兄弟，因升堂见亲。

《汝南先贤传》曰：薛勤，字恭祖，仕郡功曹。陈仲举，时年十五，为父赍书诣勤，勤见而察之。明日往造焉，仲举父出见勤，勤曰："足下有不凡子，吾来候之，不从卿也。言议尽日，乃叹曰："陈仲举有命世才，王才之具。"又见黄叔度于童幼，云当为内盛德。其后二贤英名并耀于世。

又曰：谢甄禀气聪爽，明识达理。见许子将兄弟弱冠之岁，曰："平舆之渊，有二龙出焉。察其盼睐则赏其心，睹其顾步则知其道。"

《襄阳耆旧记》曰：刘备访世事于司马德操，操曰："儒生俗士，岂识时务哉！此间自有伏龙凤雏。"备问："谁？"曰："诸葛孔明、庞士元也。"并用为军师中郎。

又曰：潘记见温习十数岁时曰："此儿名士，必为吾州里议主。"敕子弟与善，温后果为荆州太公平令。

又曰：李衡，字叔平。汉末，父将走入吴，以下户调为武昌渡民。闻羊道有人物之鉴，往干之，道曰："多事之世，尚书剧曹郎才也。"劝习筮仕，以女配之。

太平御览卷第四百四十五　人事部八十六

品藻上

《论语》子曰：“管仲之器小哉！”

又：子贡问曰：“赐也何如？”子曰：“汝，器也。”言汝器用之人也。曰：“何器也？”曰：“瑚琏也。”瑚琏，黍稷之器。夏曰瑚，商曰琏，周曰簠。簠，宗庙之贵器。

又曰：由也，千乘之国，可使治其赋也；求也，千室之邑，百乘之家，可使为之宰；赤也，束带立于朝，可使与宾客言也。

又曰：子谓子产有君子之道四焉：其行己也恭，其事上也敬，其养民也惠，其使民也义。

又曰：子张问曰：“令尹子文三仕为令尹，无喜色；三已之，无愠色。旧令尹之政，必以告新令尹。何如？”子曰：“忠矣。”曰：“仁矣乎？”曰：“未知。焉得仁？”崔子弑齐君，陈文子有马十乘，弃而违之。至于他邦，则曰：犹吾大夫崔子也。违之。之一邦，则又曰：“犹吾大夫崔子也。违之。何如？”子曰：“清矣。”曰：“仁矣乎？”曰：“未知。焉得仁？”

又曰：子曰：“雍也，可使南面。”仲弓问子桑伯子，子曰：“可也简。”仲弓曰：“居敬而行简，以临其民，不亦可乎？居简而行简，无乃太简乎？”

又曰：季康子问：“仲由可使从政也与？”子曰：“由也果，于从政乎何有？”曰：“赐也可使从政也与？”曰：“赐也达，于从政乎何有？”曰：“求也可使从政也与？”曰：“求也艺，于从政乎何有？”

《家语》曰：子贡曰：“陈灵公君臣宣淫于朝，泄治谏而杀之，是与比干同也，可谓仁乎？”子曰：“比干于纣，亲则叔父，官则少师，忠疑之心在于宗庙而已，固必死争之，冀身死 之后，纣悔寤，其本志情，在乎仁者也。泄冶位下大夫，无骨肉之亲，怀宠不去，以区区之一身，欲正一国之淫昏，死而无益，可谓怀矣。诗曰：'民之多僻，无自立僻。'其泄冶之谓也。"

又曰：孔子北游农山，颜回侍曰："愿得明王圣主而辅相之，敷其五教，道之以礼乐，使城郭不修，沟渠不越，铸剑戟为农器，放牛马于原薮，室家无怨旷之思，千岁无斗战之患。"子曰："美德也，不伤财，不害人，不繁辞，则颜氏之子有矣。"

又曰：颜回问于孔子曰："臧文仲、武仲孰贤？"孔子曰："武仲贤哉！"回曰："武仲世称圣人，而身不免于罪，是智不足称；好言兵计而挫于邾，是勇不足名也。夫文仲其身虽没，而言不朽，恶有未贤？"孔子曰："身没言立，所以为文，犹有不仁者三，不智者三，是则不及武仲也。"回曰："可得闻乎？"孔子曰："下展禽，至六关。六关，关名，置之以税行者。妾织席，三不仁也；设虚器，纵逆祀，祀海鸟，三不知也。武仲在齐，齐将有祸不受，更其国以避其难，是智难之也。"

又曰：澹台子羽有君子之容，而行不胜其貌；宰我有文雅之辞，而智不充其辩。孔子曰："以容取人则失之子羽，以言取人则失之宰予。"

又曰：子夏三年之丧毕，见于孔子。孔子与之琴，使之弦，侃侃而乐。子曰："君子也。"闵子三年丧毕，见孔子，孔子与之琴，使之弦，切切而悲。子曰："君子也。"子贡问曰："闵子哀未尽矣，子曰君子也；子夏哀已尽矣，子曰君子也。二者殊情而俱君子，赐也惑之。敢问。"孔子曰："闵子哀未尽能游之以礼，子夏哀已尽能引之及礼，均之君子，不亦可哉！"

又曰：孔子曰："不迁怒，不深怨，不录旧罪，冉雍之行也；不畏强御，不侮鳏寡，才任治戎，仲由之行也；文胜其质，好学博艺，省物而动，是冉求之行也；齐庄而能肃，志通而好礼，笃雅而有节，是公西华之行也；满而不盈，实而不虚，其德敢言于人，无所不信，是曾参之行也；送迎必敬，上交下接，是卜商之行也；先成其虑，及事而行，故动则非妄，是言偃之行也；三复白珪之玷，是南容之行也；执亲之丧，未尝见齿，是高柴之行也；不念旧恶，盖伯夷、叔齐之行也；畏天而敬人，盖赵文子之行也；临其难不爱其死，谋其身不遗其友，君若用则进，盖随武子之行也；国家有道，其言之足以治，无道，其默之足以生，盖伯华之行也；外宽而内亡，直己而不直人，以善自终，盖蘧伯玉之行也；孝恭慈仁，允德图义，终贫去怨，轻财不道，盖柳下惠之行也；君有道从命，无道衡命，盖平仲之行也。"

《汉书》曰：高帝置酒洛阳南宫，上曰："吾所以有天下者何？项氏之所以失天下者何？"王陵对曰："陛下慢而侮人，项羽仁而敬人，然陛下使人攻城略地，所降下者，因以与之，天下同利也。项羽疾能妒贤，有功者害之，贤者疑之，战胜而不与大功，得地而不与人利，此所以失天下也。"上曰："公知其一，不知其二。夫运筹策于帷幄之中，决胜于千里之外，吾不如张子房；镇国家，扶百姓，吾不如萧何；连百万之众，战必胜，攻必取，吾不如韩信。三者人杰也，吾能用之，此吾能以取天下也。项羽有一范增而不能用，此其所以为我擒也。"群臣皆悦服。

又曰：《公孙弘传》赞云："儒雅则公孙弘、董仲舒、倪宽，笃行则石建、石庆，质直则汲黯、卜式，推贤则韩安国、郑当时，律令则赵禹、张汤，文章则司马迁、相如，滑稽则东方朔、枚皋，应对则严助、朱买臣，历数则唐都、洛下闳，协律则李延年，运筹则桑弘羊，奉使则张骞、苏武，将帅则卫青、霍去病，受遗则霍光、金日磾，其余不可胜记。是以兴造功业，制度遗文，后世莫及。孝宣承统，纂修洪业，亦讲论六艺，招选茂异，而萧望之、梁丘贺、夏侯胜、韦玄成、严彭祖、尹更始以儒术进，刘向、王褒以文章显，将相则张安世、赵充国、魏相、邴吉、于定国、仁延年，治民则黄霸、王成、龚遂、郑弘、邵信臣、韩延寿、尹翁归、赵广汉、严延年、张敞之属，皆有功迹见述于世。参其名臣，亦其次也。"

谢承《后汉书》曰：桓帝征徐稺等不至，因问陈蕃曰："徐稺、袁闳、韦著，谁为先后？"蕃对曰："闳生公族，闻道渐训，长于三辅，仁义之俗，所谓不扶自直，不镂自雕。至于稚者，爰自江南卑薄之城，而角立杰出，宜当为先。”

袁山松《后汉书》曰：王允，字子师，太原人。世仕州郡，郭林宗尝见允而奇之曰：“王生一日千里，王佐才也。”遂与友善，允至司徒。

范晔《后汉书》曰：许劭尝到颍川，多长者之游，唯不诣陈蕃。蕃丧妻还葬，乡人毕至，而劭独不往。或问其故，劭曰：“太丘道广，广则难周；仲举性峻，峻则少通，故不造。”其多所裁量若此。曹操微时，常卑辞厚礼，求为己助。劭鄙其为人而不肯对，操乃伺隙胁劭，劭不得已，曰：“君清平之奸贼，乱世之英雄。”操大悦。而劭与从兄靖俱有高名，好共核论乡党人物，每月更其品题，故汝南俗有“月旦评”焉。

《魏志》曰：卢钦著书称徐邈曰：“徐公志高行洁，才绰气猛。圣人以清为难，而徐公之所易也。”或问钦：“徐公当武帝之时，人以为通，自在凉州及还京都，人以为介，何也？”钦答曰：“往者毛孝先、崔季珪用事，贵清素之士，徐公不改其常，故人以为通。比来天下奢靡，转相放效，而徐公雅尚自若，不与俗同，故前日之通，乃今日之介也。”

又曰：司马文王与陈泰亲友，武陔亦与泰善。文王问陔曰：“玄伯何如其父？”陔曰：“通雅博畅，能以天下声教为己任者，不如也；明统简至，立功立事，过之。”

又曰：文帝问贾诩曰：“吾欲伐不从命，以一天下，吴、蜀何先？”对曰：“攻取者先立权，建本者向德化。但用兵之道，先胜后战，量敌论将，故举无遗策。臣窃料群臣无备权之对也。虽以天威临之，未见万全之势。今宜先文后武。”文帝不纳。后兴江陵之役，士卒多死。

《典略》曰：祢衡自荆州北游许都，书一卷怀之，漫灭无所适。或问之曰：“何不从陈长文、司马仲达乎？”衡曰：“卿欲我从屠酤儿辈耶？”又问曰：“当今复谁可？”衡曰：“大儿孔文举，小儿杨德祖。”又问：“荀令君、赵荡寇皆盖世乎？”衡见荀有仪容，赵有腹尺，因答曰：“文若可借面吊丧，稚长可监厨请客。”其意以为荀但有貌，赵但啖肉也。

又曰：赵戬遭三辅乱，客于荆州，刘表以为宾荣。是时，祢衡来游京师，底訾朝士，及南见戬，叹之曰："剑则干将莫耶，木则椅桐梓漆，人则颜冉仲弓也。"建安中丞相南取荆州，执戬手曰："何相见之晚！"

《魏氏春秋》曰：高贵乡公即位，神明爽俊，德音宣朗。罢朝，景王私曰："上何如主也？"钟会对曰："才同陈思，武类太祖。"景王曰："若如卿言，社稷之福也。"

又曰：高贵乡公为宴群臣于泰极东堂，与侍中荀顗、崔赞、袁亮、锺毓、虞松等讲述，因帝问顗等曰："有夏既衰，后相殄灭，少康收集夏众，复禹之绩，高祖拔起垅亩，驱帅豪俊，芟夷秦、项，包举宇内，斯二主可谓殊才异略，命世大贤者也。考其功德，谁宜为先？"顗等对曰："造之与因，难易不同。少康功德虽美，犹为中兴之君，与世祖同流可也。至如高祖，臣等以为优。"帝曰："未必创业者皆优，绍继者咸劣，少康中宗中兴之美，论德核实，方诸汉祖，吾见其优，未闻其劣。少康生于灭亡 之后，降为诸侯，能布其德而兆其谋，卒灭过、戈，复禹之绩，非至德岂能济斯，汉祖因土崩之势，专任智力，为人子则数危其亲，为人君则囚系贤相，为人父则不能卫其子；身没之后，社稷几倾，若与少康易时而处，或未能复大禹之绩。推此言之，宜高夏康，而下汉祖矣。"帝又曰："夫太上立德，其次立功，汉祖功高，未若少康武烈之威，岂必降于汉祖哉？但夏书沦亡，旧方残缺，故勋美阙而罔载，向令坟、典俱存，行事详备，亦岂有异同之论哉！"于是群臣咸悦服也。

又曰：胡综论吴朝俊士；英才卓越，超逾伦匹，则诸葛恪；清识知机，达究幽微，则顾谭；淑辩弘达，言能释结，则谢景；究学甄微，游夏同科，则范慎、羊道。恪才而疏，谭精而惧，景辩而校。后恪、谭果以强，吴人论综言而有征。

《蜀志》曰：大鸿胪张俨作《默记》，其《述佐篇》论诸葛亮与司马宣王书曰："汉朝倾覆，天下分崩，豪杰之士，竞希神器。魏氏跨中土，刘氏据益州，并称兵海内，为世霸王。诸葛、司马二相，遭值际会，托身盟主，或收功于蜀汉，或闻名于伊、洛。丕、备既没，后嗣即统，各受保阿之任，辅翼幼主，亦一国之守臣，霸王之贤佐也。历前世以观近事，二相优劣，可得而详也。孔明起巴蜀之地，蹈一州之土，方之大国，其战士人民，盖有九分之一也，提步卒数万，长驱祁山，慨然有饮马河、雒之志。仲达据天下十倍之地，仗兼并之众，据牢城，拥精锐，无擒敌之意，务自保全而已，使彼孔明自来自去。若此而人不亡，则凉、雍不解甲，中国不解鞍，胜负之策，亦已决矣。方之司马，不亦优乎？"

《吴志》曰：孙权与陆逊论周瑜、鲁肃及吕蒙曰："公瑾雄烈，胆略兼人，遂破孟德，开拓荆州，邈焉难继，君今继之。子敬东来，孤与宴语，便及大略帝王之策，一快也。后孟德率数十万众水步俱下，孤请诸将问其所宜，子布、文表俱言宜遣迎之，子敬即驳言不可，劝孤呼公瑾，付兵众逆而击之，此二快也。劝吾借玄德地，是其一短，不足以损二长也。孤忘其短，而不遗其长。子明少时，果敢有胆，而长大学问、筹略可以次公瑾，但言议不及耳。"

又曰：周昭著书称步骘及严畯等曰："古今贤士大夫所以失名丧身者，其由非一也，大归四者而已：急论议一也，争名势二也，重朋党三也，务欲速四也。急论议则伤人，争名势则败友，重朋党则蔽主，务欲速则失德，此四者不除，未有能全者也。当世君子能不然者，亦比有之，岂独古人乎！然论其绝异，未若顾豫章、诸葛使君、步丞相、严卫尉、张奋威之为美也。《论语》言'夫子恂恂然善诱人'；又曰：'成人之美，不成人之恶'，豫章有之矣。'望之俨然，即之也温，听其言也厉'，使君体之矣。'恭而安，威而不猛'，丞相严履之矣。学不求禄，心无苟得，卫尉、奋威蹈之矣。此五君虽德实有差，轻重不同，至于趋舍大检，不犯四者，俱一揆也。昔丁谞出于孤家，吴粲由于牧竖，豫章扬其美，以并陆、全之列，是以人无幽滞而风俗厚焉。使君、丞相、卫尉三君，昔以布衣俱相友善，论者因名叙其优劣。初，先卫尉，次丞相而后使君也。其后并事明主，经营世务，出处之才仪有不同，先后之名须反其初，比世常人所决勤薄也。至于三君分好，卒无亏损，岂非古人交哉！又鲁横江昔仗万兵，屯据陆口，当世之美业也，能与不能，孰不愿焉？而横江既亡，卫尉应其选，自以才非将帅，深辞固让，终于不就。后徙九列，迁典八座，荣不足以自曜，禄不足以自奉至于二君，皆位为上将，穷富极贵。卫尉既无求欲，二君又不称荐，各守所志，保其名好。孔子曰：'君子矜而不争，群而不党。'斯有风矣。又奋威之名，亦三君之次也，当一方之戍，受上将之任，与使君、丞相不异也。然历国事，论功劳，实有先后，故爵位之荣殊焉。而奋威将处此，决能明其部分，心无失道之欲，事无充诎之求，每升朝堂，循礼而动，辞气謇謇，罔不唯忠。叔嗣虽亲贵，言忧其败，蔡文虽疏贱，谈称其贤。女配太子，受礼若吊，慷慨之趋，唯笃人物，成败得失，皆如所虑，可谓守道见机，好古之士也。若乃经国家，当军旅，于驰骛之际，立霸王之功，此五君者未为过人。至其纯粹履道，求不苟得，升降当世，保全名行，邈然绝俗，实有所师。故粗论其事，以示后之君子。"

又曰：薛莹、王蕃，器量绰异，弘博多通；楼玄清白节操，文理条畅；贺邵厉行贞洁，机理清要；韦曜笃学好古，博见群籍，有记述之才。胡冲以为玄、邵、蕃一时清妙，略无优劣。必不得已，玄宜在先，邵当次之。华核诗赋之才，有过于曜，而典诰不及也。

王隐《晋书》曰：河南郭象著文，称嵇绍父死在非罪，曾无耿介，贪位死暗主，义不足多。曾以问郄公曰："王褒之父亦非罪死？褒犹辞征，绍不辞，用谁为多少？"郄公曰："王胜于嵇。"或曰："魏晋所杀子皆仕宦，何以无非也？"答曰："殛鲧兴禹，禹不辞兴者，以鲧犯罪也。若以时君所杀为当耶，则同于禹；以不当耶，则同于嵇。"

又曰：世皆以嵇见危授命。答曰：纪信代汉高之死，可谓见危授命。如嵇偏善其一，可也，以备体论之，则未得也。"

又曰：顾荣谓中宗曰："陆士元贞正清贵，金相玉质。甘季思忠款诚尽，加以胆干殊快。殷庆元质略有明规，文武可用。荣族兄公让，明亮守节，困不易操。会稽杨彦明、谢行言皆服膺儒教，足为民望。贺生沉潜，青云之士。陶恭兄弟才力虽少，实事极佳。凡此诸人，皆南金也。”中宗纳之。

又曰：卫玠妻父乐广有海内重名，议者以为妇公冰清，女婿玉润。

又曰：裴宪，字景思。陈郡谢鲲、颍川庾敳皆俊朗士也，见而奇之，相谓曰：“裴宪鲠亮弘达，通机谓命，不知其何如父然？至于深弘保素，不以世物婴心者，其殆过之。

又曰：裴楷尝目夏侯玄云：“肃肃如入宗庙中，但见礼乐器”，锺会“如观武库森森，但见矛戟在前”，傅嘏“汪翔靡所不见”，山涛“若登山临下，幽然深远。”

又：杜预在内七年，损益万机，不可胜数，朝野称美，号曰“杜武库”，言其无所不有也。

又曰：《杜预传》云：时王济解相马，又甚爱之，而和峤颇聚敛。预常称济有马癖，峤有钱癖。武帝闻之，谓预曰：“卿有何癖？”对曰：“臣有《左传》癖。”

又曰：裴楷风神高迈，容仪俊爽，博涉群书，特精理义，时人谓之“玉人”。

又曰：见裴叔则如近玉山，映照于人也。

又：《裴楷传》云：吏部郎缺，文帝问其人于锺会，会曰：“裴楷清通，王戎简要，皆其选也。”

又曰：阮裕除东阳太守。寻征侍中，不就。还剡山，有肥遁之志。有以问王羲之，羲之曰：“此公近不惊宠辱，虽古之沉冥，何以过此。”时人云：裕骨气不如逸少，简秀不如真长，韶润不如仲祖，思致不如殷浩，而兼有诸人之美。

又曰：谢安义在辅导，虽会稽王道子亦赖弼谐之益。时强敌寇境，边书续至，梁、益不守，樊、邓陷没，安每镇以和靖，御以长算。德政既行，文武用命，不存小察，弘以大纲，威怀外著，人皆比之王导，而文雅过之。

太平御览卷第四百四十六 人事部八十七

品藻中

《晋书》曰：《韦忠传》云：裴頠为仆射，数言忠于司空张华，华辟之，辞病不赴。人问其故，忠曰："吾茨檐贱士，本无宦情。且茂先华而不实，裴頠欲而无厌，弃礼典而附贼后，此岂大丈夫之所宜行耶！"

又曰：王戎有人伦鉴识，尝目山涛如璞玉浑金，我皆钦其宝，莫知名其器；王衍神姿高彻，如瑶林琼树，自然是风尘外物。谓裴頠拙于用长。荀勖工于用短，陈道宁缓缓如束长竿。

又曰：褚陶。吴平，召补尚书郎。张华见之，谓陆机曰："君兄弟龙跃云津，顾彦先凤鸣朝阳，谓东南之宝以尽，不意复见褚生。"机曰："公但未睹不鸣不跃者耳。"华曰："故知延门之德不孤，川岳之宝不匮矣。"

又曰：乐广，尚书令卫瓘，朝之耆旧，逮与魏正始中诸名士谈论，见广而奇之，曰："自昔诸贤既殁，常恐微言将绝，而今乃复闻斯言于君矣。"命诸子造焉，曰："此人之水镜，见之莹然，若披云而睹青天也。"

又曰：嵇绍始入，或谓王戎曰："昨于稠人中始见嵇绍昂昂然若野鹤之在鸡群。"戎曰："君复未见其父耳。"

又曰：王戎幼而颍悟，神彩秀彻，视日不眩。裴楷见而目之曰："戎眼烂烂如岩下电。"

又曰：张翰有清才，善属文，而纵任不拘，时人号为江东步兵。

又曰：刘毅转司隶校尉，纠正豪右，京师肃然，司部守令望风投印绶者甚众。时人以毅方之诸葛丰、盖宽饶。

又曰：乐广少与弘农杨准相善。准之二子曰乔曰髦，皆知名于世。准使先诣裴頠，頠性弘方，爱乔有高韵。谓准曰："乔当及卿，髦少减也。"又使诣广，广性清淳，爱髦有神检。谓准曰："乔自及卿，然髦亦清出。”准叹曰：“我二儿之优劣，乃裴、乐之优劣也。”论者以为乔虽有高韵，而神检不足，乐为得之矣。

又曰：刘颂守廷尉。时尚书令史扈寅非罪下狱，诏使考竟，颂执据无罪，寅遂得免。时人以颂比张释之乎！

又曰：和峤迁颍川太守，为政清简，甚得百姓欢心。太傅从事中郎庾顗见而叹曰：“峤森森如千丈松，虽磥砢多节目，施之大厦，有栋梁之用。”

又《郗鉴传》云：王敦尝谓曰：“乐彦辅短才耳。后生流宕，言违名检，考之以实，岂胜满武秋耶？”鉴曰：“拟人必于其伦。彦辅道韵平淡，体识冲粹，处倾危之朝，不可得而亲疏。及愍怀太子之废，柔而有正。武秋失节之士，何可同日而言！”敦曰：“愍怀废徙之际，交有危机之急，人何能以死守之乎！以此相方，其不减明矣。”

又《孙登传》云：嵇康从之游三年，问其所图，终不答，康每叹息。将别，谓曰：“先生竟无言乎？”登乃曰：“子识火乎？火生而有光，而不用其光，果在于用光。人生而有才，不用其才，而果在于用才。故用光在乎得薪，所以保其耀；用才在于识真，所以全其年。今子才多识寡，难乎免于今之世去矣！子无求乎？”康不能用，果遭非命。

又《王湛传》云：武帝亦以湛为痴，每见济，辄调之曰：“卿家痴叔死未？”济常无以答。及是，帝又问如初，济曰：“臣叔殊不痴。”因称其美。帝曰：“谁比？”济曰：“山涛以下，魏舒以上。”时人谓“湛上方山涛不足，下比魏舒有余。”湛闻曰：“欲处我季孟之间乎？”

又曰：陆机天才秀逸，辞藻宏丽，张华尝谓之曰：“人常恨才少，而子更患其多。”

又曰：陆云，刺史周浚召为从事，谓人曰：“陆士龙当今颜子也。”

又曰：王衍俊秀有令望，虚心玄远，未尝语利。王敦过江，常称之曰：“夷甫处众中，如珠玉在瓦石间。”顾恺之作画赞，亦称衍岩岩清峙，壁立千仞。

又曰：杜乂性纯和，美姿容，有盛名于江左。王羲之见而目之曰：

“肤若凝脂，眼如点漆，此神仙中人也。”桓彝亦曰：“卫玠神清，杜乂形清。”

又《郭文传》：温峤尝称曰：“文有贤人之性，而无贤人之才，柳下惠、梁琦之亚乎？”

又曰：罗含，谢尚与含为方外之好，乃称曰：“罗君章可谓湘中之琳琅。”

又曰：罗含、桓温尝与僚属宴会，含后至，温问众座曰：“此何如人？”或曰：“可谓荆楚之杞梓。”桓曰：“此自江左之秀，岂唯荆楚而已。”

又曰：薛兼少与同郡纪瞻、广陵闵鸿、吴郡顾荣、会稽贺循齐名，号为“五俊”。初入洛，司空张华见而奇之曰：“皆南金也。”

又曰：《郄超传》云：沙门支遁以清谈著名于时，风流胜贵，莫不崇敬，以为造微之功，足参诸正始。而遁常重超，以为一时之俊。

又曰：郄超为桓温参军。谢安与王坦之常诣温论事，温令超帐中卧听之，风动帐开，安笑曰：“郄生可谓入幕之宾矣。”

又：《周顗传》曰：庾亮尝谓顗曰：“诸人咸以君方乐广。”顗曰：“何乃刻画无盐，唐突西施也。”

又曰：应詹弱冠知名，性质素弘雅，物虽犯而弗之校，以学艺文章称。司徒何邵见之曰：“君子哉若人！”

又曰：桓温豪爽有风概，姿貌甚伟，面有七星。少与沛国刘惔善，惔尝称之曰：“温眼如紫石棱，须作猬毛磔张格，孙仲谋、晋宣王之流亚也。”

又曰：刘惔寓居京口，家贫，织芒履以为养，虽荜门陋巷，晏如也。人未之识，唯王导深器之。后稍知名，论者比之袁羊。惔喜，还告其母。其母，聪明妇人也，谓之曰：“此非汝比，勿受之。”又有方之范汪者。惔复喜，母又不听。及惔年德转升，论者遂比之荀粲。

又曰：荀崧弱冠，太原王济甚相器重，以方其外祖陈郡袁侃，谓侃弟奥曰：“近见荀监子，清虚名理，当不及父，德性纯粹，是贤兄辈人也。”

又曰：成公简，字宗舒，东郡人也。世二千石。性清素，不求荣利，潜心味道，罔有干其志者。默识过人。张茂先每言：“公简清静比杨子云，默识拟张安世。”

又曰：谢安总角，神识沉敏，风宇修畅，善行书。弱冠诣王濛，清言良久，既去，濛子修曰：“向客何如大人？”濛曰：“此客亹亹而来逼人。”王导亦深器之。由是有重名。

又曰：谢万善属文，叙渔父、屈原、季主、贾谊、楚老、龚胜、孙登、嵇康四隐四显为《八贤论》，其旨以处者为优，出者为劣，以示孙绰。绰与往反，以体公识远者，则出处同归。

又曰：《韩康伯传》云：庾和名重一时，少所推服，常称康伯及王坦之曰：“思理伦和，我敬韩康伯；志力强正，吾愧王文度。”

又曰：王献之尝与兄徽之俱诣谢安，徽之多言俗事，献之寒温而已。既出，客问安王氏兄弟优劣，安曰：“小者佳。”客问其故，安曰：“吉人之辞寡。”

又曰：褚裒与杜乂俱有盛名，冠于中兴。谯国桓彝见而目之曰：“季冶有皮里阳秋。”言其外无臧否，而内有所褒贬也。

又曰：王恭美姿仪，人多爱悦，或目云：“濯濯如春月柳。”尝被鹤氅裘，涉雪而行，孟昶窥见之，叹曰：“此真神仙中人也！”

又曰：王恭，字孝伯，少有美誉，清辩过人，自负才地高华，恒有宰辅之望。与王忱齐名友善，慕刘惔之为人。谢安常曰：“王恭才地可以为将相。”

《宋书》曰：谢弘微，叔父混特所敬贵，号为微子。常云：“阿远刚躁负气，阿客博而无检；曜恃才而持操不笃；晦自知而纳善不周，设复功济三才，终亦以此为恨；至如微子，吾无间然。”又云：“微子异不伤物。同不害正，若年迨六十必至公辅。”

又曰：龚祈不应征辟。祈风姿端雅，容止可观，中书郎范述见而叹曰：“此荆楚仙人也。”

萧子显《齐书》曰：王僧佑父远，为光禄勋。宋世为之语曰：“王远如屏风，屈曲能蔽风露。”

《陈书》：周弘正叔父舍，每与谈论，辄异之，曰：“观汝神情颖晤，清理警发，后世知名，当出吾右。”

又曰：高祖在京城，尝与诸将宴，杜僧明、周文育、侯安都为寿，各称功伐。高祖曰：“卿等悉良将也。然而并有所短，杜公志大而识暗，狎下而娇尊矜功，不收其拙；周侯交不择人，而推心过差，居危履险，猜防不设；侯郎傲诞而无厌，轻佻而肆志，并非全身之道耳。”卒皆如其言。

《隋书》曰：元善以高颖有宰相之具，尝言于上曰：“杨素粗疏，苏威怯懦，元胄、元旻，似鸭耳。可以付社稷者，唯独高颎。”

又曰：苏威，治书侍御史梁毗以威领五职，安繁恋剧，无举贤自代之心，抗表劾威。上曰：“苏威朝夕孜孜，志存远大，举贤不缺，何遽迫之。”顾谓威曰：“用之则行，舍之则藏，唯我与尔有是夫！”因谓朝臣曰：“苏威不值我，无以措其言；我不得苏威，何以行其道？杨素才辩无双，至若斟酌古今，助我宣化，非威之匹也。苏威若逢乱世，南山四皓，岂易屈哉！”

又曰：杨达为人弘厚，有局度。杨素每言曰：有君子之貌兼君子之心者，唯达耳！

《唐书》曰：王珪尝侍宴，太宗谓珪曰：“卿识鉴清通，尤善谈论，自房玄龄等，咸宜品藻，又可自量，孰与诸子贤？”对曰：“孜孜奉国，知无不为，臣不如玄龄。才兼文武，出将入相，臣不如李靖。敷奏详明，出纳唯允，臣不如彦博。处繁理剧，众务必举，臣不如戴胄。以谏诤为心，耻君不及于尧、舜，臣不如魏徵。至如激浊扬清，嫉恶好善，臣于数子，亦有一日之长。”太宗深然其言，群公亦各以为尽已所怀，谓之确论。

又曰：马周有机辩，能敷奏，深识事端，动无不中。太宗尝曰：“我于马周，暂时不见，则便思之。中书侍郎岑文本谓所亲曰：“吾见马君论事多矣，援引事类，扬榷古今，举要删芜，会文切理，一字不可加，一言不可减，听之靡靡，令人忘倦。昔之苏、张、终、贾，正应此耳。然鸢肩火色，腾上必速，恐不能免耳。"

又曰：韦述时，赵冬曦、孙逖、王翰常游其门。赵冬曦兄冬日，弟和壁、居贞、安贞、颐贞等六人，逖弟迪、遹、迥、迟、巡亦六人，并词学登科。张说曰："赵、韦昆季，今之杞梓也。"

又曰：冯定，字介夫，宿之弟也。仪貌壮伟，与宿俱有文学，而定过之。贞元中皆举进士，时人比之汉朝二冯君。

《吕氏春秋》曰：管仲有病，桓公往问之曰："仲父之病病矣，将何以教寡人？"管仲对曰："愿君之远易牙、竖刀、常之巫、卫公子启方也。"公曰："易牙烹其子以慊寡人，慊，快也。犹尚可疑邪？"管仲对曰："人之情，非不爱其子。子之忍，将何有于君？"公又曰："竖刁自害以近寡人，犹尚可疑耶？"管仲对曰："人之情，非不爱其身。其身之忍又将何有于君？"公又曰："常之巫审于死生，能去疴病，犹尚可疑耶？"管仲对曰："死生命也，疴病本也。君不用其命、守其本而恃常之巫，彼将以此无不为也。"公又曰："卫公子启方事寡人十五年，其父死不敢归哭，犹尚可疑耶？"管仲对曰："人之情无不爱其父，父之忍将何有于君？"公曰："诺。"管仲死，尽逐之。食不甘，官不治，病不起，朝不肃。居三年，公曰："仲父不亦过乎？"复召而反之。明年，公有病，常之巫从中出曰："公将以某日薨。"易牙、竖刁相与作乱，矫以公令卫公子启方以书社四十人下卫。公慨焉叹涕曰："管子圣人之所见，岂不远哉？若死者有知，我何目面以见仲父乎？"蒙衣袂而死，绝于寿宫。

又曰：吴起谓商文曰："事君果有命矣！"商文曰："何谓也？"吴起曰："治四境之内，成训教，变习俗，使君臣有义，父子有序，子与我孰贤？"商文曰："吾不若子。"曰："今日置质为臣，其主安重；今日释玺辞官，其主安轻；子与我孰贤？"商文曰："吾不若子。"曰："援桴一鼓，敌人在前，使三军之士，乐死若生，子与我孰贤？"商文曰："吾不若子。"吴起曰："三者，子皆不吾若也。位在吾上，命矣夫！"

商文曰："善。子问我，我亦问子。变世主少，群臣相疑，黔首不定。当此之时，属之我乎？属之子乎？"吴起默然不对。少间，曰："然。"商文曰："是吾所以加于子之上也。"

崔鸿《前凉录》曰：张茂谓马岌曰："刘曜自古可谁等辈也？"岌谓曰："曹孟德之流。"茂默然。岌曰："孟德公族也，刘曜戎狄，难易不同，曜殆过之。"茂曰："曜可方吕布、关习，而云孟德不及，岂不过哉。"岌曰："孟德挟天子，令诸侯，仗大义，讨不庭。曜一卒胡人，用乌合之众而能建威成大逆，天下莫之当，其不优欤？"茂曰："天生胡以灭中国，殆不可以人事论也。"

《秦记》曰：姚苌大破符登，置酒高会，诸将咸曰："若值魏武王，寻破此贼，陛下将牢大过。"上叹曰："吾不如亡兄者四也；长八尺五寸，垂臂过膝，望而畏之，一也。当十万之众，与天下争衡，望麾直突，前无横阵，二也。突览古今，讲论道艺，驾御群贤，收罗俊异，三也。总领大众，经履险难，大小悦称，人尽死力，四不如也。"

又曰：魏武王姚襄礼待杨亮，亮奔桓温，温问亮曰："襄何如人？"答曰："天下杰也。神明器度，故是孙策之俦，而雄武过之。"

《越绝书》曰：或问曰："子胥、范蠡何人也？"曰："子胥勇而知，范蠡知而明，皆贤人也。"问曰："子胥死，范蠡去，二人行违，皆称贤何也？"答曰："《论语》曰：陈力就列，不能者止。事君，以道言耳，范蠡单身入越，致主于霸，有所不合，故去也。"问曰："不合何不死？"曰："止，去，事之义也，义无死。子胥死者，受恩深也。《传》曰：孔子去鲁，燔俎无肉。曾子去妻，藜蒸不熟。微子去，比干死，孔子并称仁，行虽违，其义同。死与生，败与成，其同奈何？《论语》曰：有杀身以成仁。子胥重其信，范蠡贵其义，信从中出，义从外入。微子去者，痛殷道也；比干死者，忠于纣也；箕子亡者，绝也。忠信之至，相为外里耳。"问："二子孰逾乎？"曰："以为同耳。"

《华阳国志》曰：广陵太守下邳陈登，字元龙，太尉球孙也。有俊才，较天下士，谓功曹陈乔曰："闺门雍穆，有德有行，吾敬陈元方。父子冰清玉洁，有德有言，吾敬华子鱼。博闻强识，奇逸卓荦，吾敬孔文举。雄姿杰出，有王霸之略，吾敬刘玄德。”

《零陵先贤传》曰：刘备曰：“子初即刘巴字也才智绝人，如孤，可用。非孤者，难独任也。”亮亦曰：“运筹策于帷幄之中，吾不如子初远矣。若提桴鼓，会于军门，使百姓喜勇，当与议之可。”

《陈武别传》曰：武，时人无察者，顿丘闾遐荐之于军府。或问：“武当今可与谁为辈？”遐曰：“方谢道坚不足，比徐世璋有余。”道坚、世璋皆同时知名士也。武闻之，笑曰：“乃处我季孟之间乎？”

《卫玠别传》曰：永和中，丹阳尹刘真长、镇西将军谢仁祖商略中朝士人，遂及于玠。或问：“杜弘治得方卫洗马不？”谢曰：“安得相比，其间可容数人。”

《世说》曰：嵇中散语赵景真：“卿瞳子白黑分明，有白起之风，恨量小狭。”赵答曰：“尺表能审璇衡之度，寸管能测往复之晷。何必在大？但问识何如耳。”

又曰：诸名士共洛水上戏。还，乐令问王夷甫曰：“今日共看，乐不？”王曰：“裴仆射善谈名理，混有雅致；张茂先论《史》《汉》，殊靡可听；我与王安丰说延陵、子房，亦超然者。”

又曰：刘万安，即道真之子，庾公所谓“灼然玉举。”又云：“千人亦见，百人亦见。”王右军少时，丞相云：“逸少何缘复减万安？”

又曰：诸葛瑾弟亮及从弟诞，并有盛名，各在一国。于时以为蜀得其龙，吴得其虎，魏得其狗。诞在魏，与夏侯玄齐名；瑾在吴，吴朝服其弘雅。

又曰：卞望之云：“郄公体中有三反：方于事上，好下接己，一反；治身清贞，而大修计校，二反；自好读书，憎人学问，三反也。”

又曰：王敦为大将军，镇豫章。卫玠避乱，从洛投敦。相见欣然，谈话弥日。于时谢鲲为长史，敦谓鲲曰：“不意永嘉之末，复闻正始之音。阿平若在，当复绝倒。”时人以玠为玉人。

《语林》曰：谢碣绝重其妇，张玄常称其妇，欲以敌之。有济尼者，并游张、谢二家，人问其二姬优劣，答曰："玄夫人神情散朗，故有林下之风；碣家妇，清心玉映，自是闺房之秀也。"

《三辅决录》曰：弭生，字仲叔，其父贱。故张伯英与李幼才书曰："弭仲叔高德美名，命世之才，非弭氏小族所有，新丰瘠土所当出也。"

《郭泰别传》曰：泰字林宗，少游汝南，先过袁阆，不宿而退，往从黄宪，累日方还。或问林宗，林宗曰："奉高之器，譬诸泛滥，虽清而易挹；叔度汪汪君子，若千顷波，澄之不清，挠之不浊，不可量也。"

太平御览卷第四百四十七 人事部八十八

品藻下

《孔丛子》曰：子高谓魏王曰："臣入魏，见君二，计臣张叔谋有余，范威智不逮，然其功一也。"王曰："叔也有余，威也不逮，何得同乎？"答曰："驽骥同辕，伯乐为之咨嗟；玉石相糅，和氏为之叹息。故贤愚共贯，则能士匿谋；真伪相错，则智士结舌。虽有余，犹不逮也。"

又曰：东里闾空腹而好自贤，欲自亲于子顺，子顺弗下，曰："夫东里闾外质顽拙，有似疏直，内怀虚妙，非丈夫之节。若其度骸称肤，面目鬓眉实美于人也。圣人论士，不以此为贵者，无益于德故也。"

又曰：宫他见子顺曰："他困于贫贱，欲自托富贵之门，庶克济乎？"子顺曰："夫富而可以托贫，贵而可以寄贱者，天下寡矣。非信义君子，明识通达，则不可。所欲托者谁也？"宫他曰："将适赵公。"子顺曰："非其人矣。虽好养士，奉而已，终不能称也。"宫他曰："将之燕相。"子顺曰："彼从兄弟甥舅，各济其私，无求贤之志，不足归也。"宫他曰："将之齐田氏。"子顺曰："齐，大国也。其士大夫皆有多党之心，不能容子也。"他曰："然则何向而可？"子顺曰："济子之欲，则宜若后成子可也。"

又曰：魏安厘王问子顺曰："马回之为人，虽少文，桓桓亮直，丈夫之节，吾欲以为相，可乎？"答曰："知臣莫若君，何有不可！至于亮直之节，臣未明也。""何故？"答曰："闻诸孙卿，其为人也，长目而永视者，必体方而心圆，每以其法相人，千百不失。臣见回，非不伟其体干，然甚疑其目。"王卒用之，三月，果以谄得罪。

《淮南子》曰：管子文锦也，虽丑登庙；相桓公以霸功成事，衣文锦之服，大书在明堂，故曰虽丑登庙也。子产绢染也，美而不尊。子产相郑，以乘车济朝涉者，孟子曰：惠而不知为政。绢染者，以子产喻母人。《月瘤路曰：命妇宫染绢，温暖其民。如人之母也。

袁子《正书》曰：孔子称蘧伯玉，国无道，可卷而怀也。今李膺居浊世之中，皦然与世殊途，此西山饿夫之畴耳。卒死于非罪，恶得为雅人。

又曰：李膺言出于口，人莫得违也。有难李君之言者，则乡党非之。李君子与人同舆载，则名闻天下。

又曰：或云："少府杨阜，岂非忠哉？"答曰："然。可谓直士，忠臣则吾不知也。夫为人臣，见人主失道，指其非而播扬其恶，可谓直士，未为忠臣。故司空陈群则不然，其谈论终日，未尝言人主之非，书数十上而外不知。君子谓陈群于是乎长者。"

姚信《士纬》曰：论清高之士，上可如老子、庄周，下可如君平、子贡耳。若於陵仲子及严遵、夏甫子治，未可尽以为师矣。平议之士若季札、赵武逮于林宗，皆可尽为则也。其泄冶、伯宗及末世史云、子将之属，皆美而未善也。圣人考功黜陟，犹以三载，而子将月旦之处，史云睚眦废人。其观进者，或饰虚；其怠沮者，皆离叛，识诚可谓妙矣。然非洙泗之风，三千之弘化。

又曰：延陵季子际会之间，卫尉蔡君限之于弱，余必以然。季子通妙达道之机，假其讨光，恐增祸乱，受光之让，非其本志。若季子之为君也，欲行王道，其与周争治霸术，以力与列国争强，则不肯破强楚而并其封疆也。国人疾光而心归季子。季子不立，社稷将倾，恐光忧迷内灼而异图，外生非常之变，将加于高人。是以季子相时虑事，顺以安民而谓其弱，未闻厥旨。蔡子答曰：诸兄以贤让国，与之冀能，扬文、武之遗教，崇仁义之美化，以移风易俗耳！何必当与周争乎？而苟守一节，退耕于野，使还国无讨贼之意，反云国家有主，社稷有祠，乃吾君也。盖开篡弑之路，非所谓从忠教也。

又曰：杨子云有深才潜知，屈伸沉浮，从容玄默，近于柳下惠、朝隐之风，智似蘧瑗而高不及也。班固称之有大度，不孜孜于富贵，不戚戚于贫贱，二者之美，盖亦良矣。然杨子之书，清贵甚远，然无庙堂之议，对王公大人之辞，故令其骨鲠不见，节操不显也。夫孟子之书，将门人所记，非自作也，故其志行多见，非唯教辞而已。或拒万钟之禄，或辞兼金之赠，或以周汉礼殊，二子时异，不可责之于周。或曰帝纳异言，而子云无正论，卒有投阁之累。孟轲昂昂其肯，然子云保家养智之士，孟轲凤峙高世之英也。

又曰：周勃之勋，不如霍光，此前史所载，较然可见。而人以勃功大于光，意窃不安，何者？勃本帝大臣居太尉之位，拥兵百万，既有陈平、王陵之力，又有朱虚诸王之据。郦寄托游说，以谲诸吕，因众之心，易以济事。若霍光者，以仓卒之际，受寄之任，辅弼幼主，天下晏然。遇燕王、上官之乱，诛除凶逆，以靖王室，废昌邑，立宣帝，任汉家之重，隆中兴之祚，参声伊周为贤相，推验事校，优劣明矣。

又曰：汝南陈仲举，体气高烈，有王臣之节。颍川李元礼，忠平正直，有社稷之能。海内论二士，有议而未决。陈留蔡伯喈云："仲举强于犯上，元礼长于接下，犯上为难，接下为易，仲举为先，元礼后矣。"天下于是为定。愚思窃以伯喈未必可从也。夫皋繇戒舜，犯上之征也；舜治百揆，接下之效也。故陈平谓王陵言：面折廷争，我不如公；至安刘氏，公不如我。而犯上则为优，是王陵当高于陈平，朱云殊乎吴邓矣！陆恭仲答曰："陈李二君，德齐于行，才等于身，无长短之差。"时人或其先后。

魏文帝《典论》曰：或有方周成王于汉昭帝者，余以为周氏体圣考之休气，禀贤妣之胎教，周邵为保傅，吕尚为太师，故咳笑必含仁义之声，观听必睹礼义之容。弘践祚之义，隆太平之化，礼乐兴于上，颂声作于下。时成王年二十二，享国三十年，世永治长，德与年丰。夫孝昭，父非武王，母非邑姜，体不承圣，化不胎育，保无仁孝之德，佐无隆平之治，所谓生深宫中，长妇人手矣。德与体并，智与性成。孝昭之崩，年二十有一，承衰弊之世，牧凋落之民，臣无淑圣之智，身有短折之期，欲高隆周，岂不谬哉！

曹植《汉二祖论》曰：高祖因暴秦而起，官由亭长，自亡徒招集英雄，遂诛强楚，光有天下。功齐汤武，业流后嗣，诚帝王之元勋，人君之盛事也。直寡善人之美称，鲜君子之风采，惑秦宫而不出，窘项座而不起，计失乎郦生，忿过乎韩信，太公是诰，于孝违矣！败古今之大教，伤王道之实义。然其骁将荩臣，皆古今之鲜有，而能任其才而用之，听其言而察之，故兼天下而有帝位也。不然，斯不免当世之妄夫。世祖体乾灵之休德，韬亚圣之懿才，聪达而多识，乐施而爱人。神光前驱，威风先逝。军未出于南京，莽已毙于西都。当此时也，九州鼎沸，四海渊涌，言帝者二三，称王者四五。咸鸱视狼顾，虎超龙骧。光武秉朱光之巨钺，震赫斯之隆怒，荡涤凶秽，剿除丑类，若劲风而纵烈火，晒白日而扫朝云也。计功则业殊，比隆则事异，语德则靡愆，言行则无秽。卒能立不刊之遐迹，建不朽之元功。故曰光武其近优也。

曹植《成王汉昭论》曰：周公以天下初定，武王既终，而成王尚幼，未能定南面之事。是以推己忠诚，称制假号。二弟流言，邵公疑之，发金滕之匮，然后用寤亦未决也。至于昭帝所以不疑于霍光，亦缘武帝有遗诏于光。使光若周公，践天子之位，行周公之事，吾恐叛者非徒二弟，疑者非徒邵公也。且贤者固不能知，圣贤自其宜耳。昭帝固可不疑霍光，周王自可疑周公也。若以昭帝胜成王，霍光当逾周公耶？若以尧舜为成王，汤禹作管、蔡、邵公，周公之不见疑必也。

陈群《汝颍士论》曰：群以为孔氏先汝颍士胜负之评矣。孔答曰：汝南戴子高亲止千乘万骑，与光武帝共揖于道中。颍川士虽抗节，未有能颉颃天子者也。汝南许子伯与友人共说世俗将坏，同夜起，举声号哭。颍川士虽颇忧时，未有能哭世者也。汝南许掾教太守刘晨图开稻陂，灌数万顷，累世获其功。韩元长虽好地理，未成功见效如许垣者也。汝南张元伯身死之后。见梦于范巨卿。颍川虽有奇异，未有鬼神能灵者也。汝南应世叔读书，五行并下，颍川士虽多聪明，未有能《离娄》并诵者也。汝南李鸿为太尉掾，弟杀人当死，鸿自缚诣门，乞代弟命，使饮鸩而死，弟因得全。颍川士虽欲尚节义，未有能煞身成仁者也。汝南翟文仲为东郡太守，始举义兵以诛王莽，颍川士虽疾恶，未有破家为国者也。汝南袁公著吻甲科郎中，上书欲治梁冀，颍川士虽务忠谠，未有能没命直言者也。

何晏《冀州论》曰：略言春秋以来，可以海内比而校也，恭谨有礼，莫贤乎赵衰；仁德忠义，莫贤乎赵盾；纳谏服义,莫贤乎韩起；决危定国，莫贤乎狐偃；勇谋经国，莫贤乎魏绛；达仇为主，莫贤乎祁奚；延誉先主，莫贤乎张老；明智识物，莫贤乎赵武；清直笃义，莫贤乎叔向；聪明肃恭，莫贤乎羊舌职；守信不移，莫贤乎荀息；见利思义，莫贤乎中行穆子；忧国捍君，莫贤乎先轸；书法不讳，莫贤乎董狐；分谤和众，莫贤乎郄克；流放能显，莫贤乎冀缺；拔幽直滞，莫贤乎臼季；守义死节，莫贤乎栾恭子；抗言不屈，莫贤乎旬莹；劫略不动，莫贤乎解杨；审听知机，莫贤乎师旷；放而益显，莫贤乎狼瞫；儒雅博通，莫贤乎董仲舒；体恭笃敬，莫贤乎石奋；才兼文武，千金不入私门，莫贤乎窦婴；明君显贤，莫贤乎田叔；证主知分，莫贤乎贯高；忠义正直，莫贤乎鲍子都；謇谔忠谏，莫贤乎王宏。

张辅《名士优劣论》曰：世人论司马迁、班固才之优劣，多以固为胜，余以为失。迁叙三千年事，五十万言；固叙二百年事，八十万言。烦省不敌，固之不如一也。良史述事，善足以奖劝，恶足以鉴诫，人道之常。中流小事无取之，固又因循，难易益不同矣。又迁为苏秦、张仪、范雎，蔡泽作传，逞辞流离，亦足以明其大才也。此真所以为良史也。

又曰：世人见魏武皇帝处有中土，莫不谓胜刘玄德也。余以玄德为胜。夫拨乱之主，当先以能收相获将为本，一身之善战不足恃也。世人以玄德为吕布所袭，为武帝所走，举军东下为陆逊所覆，未若武帝为徐荣所败、马被创之危也。玄德在荆州，刘景升父子不能用其计，举州降魏，手下步骑不满数千，为武帝大众所走，未若武帝为吕布奔北骑所擒勒突火之急也。玄德为陆逊所覆，未若武帝为张绣所困，挺身逃遁以丧二子也。若令高祖死于彭城，世人方之不及项羽远矣。武帝死于宛下，将复谓不及张绣矣。而其安忍无亲，若杨德祖之徒多见贼害，孔文举、桓文林等以宿恨见杀，良将不能任，行兵三十余年，无不亲征，功臣谋士曾无列土之封；岂若玄德威而有思、勇而有义，诸葛孔明、张飞、关羽曰皆人杰也。服而使之。夫明暗不相为用，臧否不相为使，武帝虽处强不为用矣。况在危急之间，势弱之地乎？若令玄德据有中州，将与周室比隆，岂三杰而已！

又曰：乐毅、诸葛孔明之优劣乎？或以毅为弱燕合五国之兵，以破强齐，雪君王之耻，莫不谓毅为优。余以为五国之兵，共伐一齐，不足为强；大战济西，伏尸流血，不足为仁。夫孔明苞文武之德，刘玄德以知人之明，屡造其庐，咨以济世，至如奇策泉涌，知谋纵横，遂东说孙权，北抗大魏，以乘胜之师，翼佐取蜀。及玄德终，禅登大位，在扰攘之际，立童蒙之主，设官分职，班叙众才，文以宁内，武以折冲，勋业济而殒。观其遗文，谋谟弘远，雅规恢廓，已有功则让于下，阙则躬自咎，见善则迁，纳谏则改，故烈声震遐迩者也。

习凿齿《周鲁通诸葛论》曰：客问曰："周瑜、鲁肃何人也？"主人曰："小人也。"客曰："周瑜奇孙策于总角，定大计于一面，摧魏武百胜之锋，开孙氏偏王之业，威震天下，名驰四海。鲁肃一见，孙权建东帝之略，子谓之小人，何也？"主人曰："此乃真所以为小人也。夫君子之道，故将竭其真忠直，佐扶帝室，尊主宁时，远崇名教。若乃力不能合，事与志违，躬耕南亩，遁迹当年，何由尽臣礼于孙氏，于汉室已亡之日耶！"客曰："诸葛武侯，翼戴玄德，与瑜、肃何异而子重诸葛，毁瑜、肃，何其偏也？"主人曰："夫论古今者，故宜先定其所为之本，迹其致用之源。诸葛武侯，龙蟠江南，托好管，乐，有匡汉之望，是有宗本之心也。今玄德，汉高之正胄也，信义著于当年，将使汉室亡而更立，宗庙绝而复继，谁云不可哉！"

袁宏《七贤序》曰：阮公瑰杰之量，不移于俗，然获免者，岂不以虚中莘节、动无近对乎？中散遣外之情最为高绝，不免世祸，将举体秀异，直致自高，故伤之者也。山公中怀体默，易可因任，平施不挠，在众乐同，游刃一世，不亦可乎！

《新序》曰：晋献公用荀息之谋而禽，虞不用宫之奇谋而亡。故荀息非霸王之佐，乃战国并兼之臣也；若宫之奇，则可谓忠臣之谋也。

蒋子《万机论》曰：太史迁云：颜回虽笃行，不遇仲尼不能彰其名也。故五尺之童，德拟大舜，使在他门，未或及此也。夫甘罗少回六岁，获河东五城，万乘郊迎而佩印，虽所弘非道义，然当秦之时，染诈变之风也。使罗在孔门治丘之训，亦可闻一知十乎？曰：未必也。昔齐欲伐鲁，回求说陈常，而孔子不许，遂使子贡。子贡一出，破齐、强晋、亡吴、霸越、存鲁也。夫颜子与赐，程智比才，相校于八，至于此事而丘不使也。

《抱朴子》曰：凡薄之徒，虽便辟流俗，而怀空抱虚，有似蜀人瓠壶之喻，胸中无一纸之识，不过酒炙，所谓冒于货贿，贪于饮食，左生所载，不才之子。

《傅子》曰：夏侯玄求交于傅嘏，嘏不纳。荀粲谓傅嘏曰："夏侯太初，一时之俊，虚心交子，不合则怨，至二贤不睦，非国之利也。"嘏答之曰："太初能虚声而无实才；何平叔言远而情近，好辩而无诚；邓玄茂外徇名利，内无关钥。此三人者，皆败德也。"

《孙子》曰：谯周劝主降魏，何乎？曰："自谓天子而乞降请命，何耻之深乎？夫为社稷，死则死，亡则亡，先君正魏之篡，不与同天，过于其父，俯首而事仇，可谓苟存，岂大君之正道哉！"

《郭子》曰：庾道季云，蔺相如虽千载死人，懔懔恒如有生气；曹蜍、李志虽见在，厌厌如九泉下。

又曰：世中称庾文康为丰年玉，庾稚恭为荒年谷。

又曰：魏明帝世使后弟毛曾与夏侯太初共坐，时人谓"兼葭倚玉树"。时目夏侯太初，朗如明月入怀。

又曰：人有问王长史王仲祖也、江霦群从兄弟者，王答云："诸江皆能自生活。"

又曰：人问："谢太傅、王子敬可与先辈谁比？"谢答曰："阿敬近王、刘之间。"王修与真长。

又曰：王子敬问谢公："嘉宾何如道季？"嘉宾，郗超小名。道季，庾和小名。答云："道季诚抄撮清悟，嘉宾故自胜。"桓公桓温也称云："锵锵有文武。"

又曰：王右军道刘真长"树云柯而不扶疏"。

又曰：桓公问孔思阳："安石何如文度？"孔思未答，反问公谓如何，答曰："安石居然不可陵践。"

又曰：简文云："谢安南清泠如其弟，谢安南名奉，字弘道。弟名躬，字弘远。学义不如孔严。"严字彭祖。

又曰：王丞相云：雒下论以我比安期、千里，王丞，字安期。阮瞻，字□里。我亦不推此二人，唯王共推王太尉夷甫也。

又曰：周伯仁道桓茂伦；钦崎历落，可笑之人也。或云是谢幼舆言。

又曰：王丞相言，刁玄亮之察察，刁协，字玄亮。戴若思之岩岩，戴渊，字若思。卞望之峰岠，并一见我而服也。

又曰：祖士少道："右军，王家阿菟，菟，羲之小名吾菟。何缘复减处仲。"右军道："祖士少风领毛骨，恐没世不复见如此人。"王子猷说："世目士少为朗迈，我家亦以为彻朗。"

又曰：孙子荆应上品状，王武子时为之目曰："天才英博，亮拔不群。"

太平御览卷第四百四十八　人事部八十九

权谋上

《说文》曰：虑难曰谋。

《易》曰：人谋鬼谋，百姓与能。言谋为善谋助之，百姓能与己。

《尚书》曰：汝则有大疑，谋及乃心，谋及卿士，谋及庶民，谋及卜筮。将举事而汝则有大疑，先尽汝心以谋虑之，次及卿士、众民，然后卜筮以决之。

又曰：尔有嘉谋嘉猷，则入告尔后于内；尔乃顺之于外。

《诗》曰：载驰载驱，周爰咨谋。

《礼记》曰：谋于长者，必操几杖以从。

《左传》曰：齐师伐我。公将战，曹刿请见。其乡人曰："食肉者谋之，又何间焉。"肉食，在位者也。一间，犹与之位也。刿曰："肉食者鄙，未能远谋。"乃入见。公与之乘。战于长勺。公将鼓之。刿曰："未可。"齐人三鼓，刿曰："可矣。"齐师败绩。

又曰：楚师背酅而舍，酅，丘陵之限也。晋侯患之，听舆人之诵，曰："原田莓莓，舍其旧而新是谋。"高平曰：原莓莓，美厚貌。诗曰：周原莓莓，堇荼如饴，舍其旧而谋新也。言仰楚旧惠为利薄，谋楚之新权其利厚，众欲之意也。

又曰：晋人患秦之用士会也，赵宣子曰："随会在秦，贾季在狄，难日至矣，若之何？"乃使魏寿余伪以魏叛者以诱士会，执其孥于晋，使夜逸。请自归于秦，秦伯许之。履士会之足于朝。秦伯师于河西，魏人在东。寿余曰："请东人能与夫二三有司言者，吾与之先。"使士会。士会辞曰："晋人，虎狼也。若背其言，臣死，妻子为戮，无益于君，不可悔也。"秦伯曰："若背其言，所不归尔孥者，有如河。"

又曰：晋悼公归，谋所以息民。魏绛请施舍，已责输积聚以贷。自公以下，苟有积者，尽出之。国无滞积，亦无困人。

《公羊传》曰：权者反于经，后有善者也。行权有道，自贬损以行权，不害人以行权，杀人以自生，亡人以自存，君子不为也。

《论语》曰：为人谋而不忠乎？

又曰：君子谋道不谋食也。

《史记》曰：人有上书告楚王韩信谋反，上问左右，左右争欲击之。用陈平计，乃伪游云梦，会诸侯于陈，楚王迎，因即执之。

又曰：魏伐赵，赵急，请救于齐。齐王欲将孙膑，膑辞谢曰："刑余之人，不可。"于是乃使田忌将兵而往，直走梁。魏将庞涓闻之，去韩而归，齐军已过而西矣。孙子谓忌曰："彼三晋之兵，素悍勇而轻齐，齐号为怯，善战者因其势而利导之。兵法：百里而趣利者蹶上将，魏文帝曰：蹶，犹挫也。五十里而趣而利者军半至。使齐军入魏地为十万灶，明日为五万灶，明日为二万灶。庞涓行三日，大喜，曰："我固知齐卒怯，入吾地三日，士卒亡者过半矣。"乃弃其步兵，与其轻挽亡辩反倍日并行逐之。孙子度其行，暮当至马陵。马陵道狭，而傍多阻险，可伏兵，乃大斫树白而书之曰："庞涓死此下。"于是令军善射者万弩夹道而伏期曰"暮见火举而俱发。涓夜至斫禾下，见白书，乃钻火烛之。未毕，齐军万弩共发，军大乱相失。涓自智计穷兵败，遂自刭。曰："遂成竖子之名。"

《汉书》曰：高祖十年，陈豨反，上亲征之。师次邯郸，令周昌选赵壮士堪为将者，得四人。及见上，上骂曰："竖子能为将乎？"四人惭赧俯伏，上各封千户，任以为将。左右谏曰："从陛下入蜀汉，破强楚，定海内，转斗数千里，疮痍遍体，而功赏未行，今四人何功而遽封千户？"上曰："非尔所知也。今陈豨反，赵、代地皆豨之有也。吾以羽檄征天下兵，未有至者，今唯独邯郸中兵耳。吾何爱四千户，不以慰赵子弟乎！"左右曰："善。"又闻豨将皆商贾人。高祖曰："吾知其易与之矣。"商人尚利，乃以金购豨将，豨将多降者。

又曰：景帝三年，吴楚七国反。太尉周亚夫将东击，师次灞上。赵涉遮说亚夫曰："将军东击吴楚，胜则宗庙安，不胜则天下危，能用臣言乎？"亚夫下车，礼而问之。涉曰："吴王素富，怀辑死士久矣。以此知将军且行，必置间人于崤渑厄狭之间。且兵事尚神密，将军何不从此右去，趋蓝田出武关，抵洛阳，间不过二三日，直至武库，击鸣鼓。诸侯闻之以谓将军从天而下也。”如其谋，至洛阳，使人索崤渑间，果得伏甲。以涉为护军，竟灭吴楚。

又曰：周勃等既诛诸吕，使迎代王。郎中令张武等议，皆曰：“不可信。愿称疾无行，以观其变。”中尉朱昌进曰：“群臣之议皆非也。夫以吕太后之严，立诸吕为三王，擅权专利，然而太尉以一节入北军，一呼，士皆左袒，为刘氏，叛诸吕，卒以灭之。此乃天授，非人力也。内有朱虚、东牟之亲，外畏吴、楚、淮南、琅耶、齐、代之强。方今高帝子独淮南王与代王，代王又长，贤圣仁孝，闻于天下，故大臣因天下之心而欲迎立大王，大王勿疑也。”

又曰：上击韩王信，从晋阳连战，乘胜逐北，至楼烦，会大寒，士卒堕指者十二三。遂至平城，为匈奴所围，七日，用陈平秘计得出。应劭曰：平画图美人形遗阏氏，恐汉女美夺己宠，因谓单于曰：汉天子亦有神灵，得其地非能有也。于是匈奴开其一角，得突出，以计鄙秘不傅也。

又曰：七国反，条侯将乘六乘传会兵荥阳。至洛阳，问故父绛侯客邓都尉曰：“策安出？”客曰：“吴兵锐，难与争锋。楚兵轻，不久。方今为将军计，莫若引兵东北壁昌邑，以梁委吴，吴必尽锐攻之。将军深沟高垒，使兵绝淮泗口，塞吴饷道而粮食竭，乃以全制其弊，破吴必矣。”条侯曰：“善。”乃从其策。

又曰：陈平将终，曰：“我多阴谋，道家所禁。吾即废，亦已矣，终不能复起，以吾多阴祸也。”

又曰：诸吕擅权，丞相陈平患之。平尝燕居深念不见陆贾。贾曰：“何念深也？”陈平曰：“生揣我何念？”贾曰：“足下位为上相，食三万户侯，可谓极富贵无欲矣。然有忧念，不过患诸吕、少主耳！”陈平曰：“然。为之奈何？”贾曰：“天下安，注意相；天下危，注意将。君何不交欢太尉，深相结友？”陈平用其计，乃以百金为绛侯寿，厚其乐饮太尉亦报如之。两人深相结友，吕氏谋益坏。陈平又以奴婢百人，车马五十乘，钱五百万，遗贾为食饮之费。贾以此时游汉庭公卿间，名声藉甚。及诛吕氏，立孝文，贾颇有力。

又曰：高祖既诛黥布，闻朱建谏，不听，赐建号平原君。为人刚直，行不苟合，义不取容。辟阳侯行不正，得幸吕太后，欲知建，建不肯见。建母死，贫未有发丧。陆贾素与善，乃贺辟阳侯，辟阳侯曰："平原君母死，何乃贺我？"陆生曰："前日君侯欲知平原君，平原君义不知君，以母故。今其母死，君诚厚送丧，则彼为君死。"辟阳侯乃奉百金祝，韦昭曰：衣服为税，税当为祝也。列侯贵人以辟阳侯故，往赙凡五百金。人或毁辟阳侯，惠帝大怒，下吏，欲诛之。太后惭，不可言。大臣多害辟阳侯行，欲遂诛之。辟阳侯急，使人欲见建。建辞曰："狱急，不敢见君。"建乃求见孝惠幸臣闳籍孺，说曰："君所以得幸帝，天下莫不闻。今辟阳侯幸太后而下吏，道路皆言君谗，欲杀之。今日辟阳侯诛，旦日太后怒，亦诛君。君何不肉袒为辟阳侯言帝？帝听君出辟阳侯，太后大欣，两主俱幸君，君富贵益倍矣。"于是闳籍孺大恐，从其言，帝果出之。辟阳侯之囚也，欲见建，建不见，辟阳侯以为背之，大怒。及其成功出之，乃大惊。

又曰：韩信已拜大将军，汉王曰："丞相数言将军，将军何以教寡人计策？"信再拜曰："臣尝事项王，请言项王为人。不能任属贤将，此特匹夫之勇，又背约而逐义帝，所过无不残灭。虽为霸，实失天下心。大王之入武关，秋毫无害，除秦苛法，与民约，法三章，秦民无不欲大王王秦者。今王举兵而东，三秦可传檄而定也。"于是汉王大喜，自以为得信晚。遂听信计。部署诸将，举兵东出陈仓，定三秦。

又曰：韩信，张耳以兵数万，欲东下井陉击赵。赵王及成安君、陈余闻汉且袭之，聚兵井陉口，号称二十万。广武君李左车说成安君曰："闻汉将韩信乘胜去国远斗，其锋不可当。臣闻千里馈粮，士有饥色；樵苏后爨，师不宿饱。今井陉之道，车不得方轨，骑不得成列，行数百里，粮食必在后。愿足下假臣奇兵三万人，从间路绝其辎重，足下深沟高垒勿与战。彼前不得斗，退不得还，吾奇兵绝其后，野无所掠，不至十日，两将之头可致麾下。”成安君儒者，常称义兵不用诈谋奇计，不听广武君策。韩信既破赵，令军有生得广武君，购千金。须臾，有缚至者，信解其缚，而师事之，曰：“仆欲北攻燕，东代齐，何如？”广武君辞曰：“臣闻亡国之大夫不足以图存，败军之将不可以语勇。若臣者，何足以权大事乎？”信曰：“百里奚居虞虞亡，之秦而秦霸，非愚于虞而知于秦也，用与不用，听与不听耳。使成安君听子计，仆亦擒矣。仆委心归计，愿子勿辞。”广武君曰：“足下虏魏王，禽夏说，不旬朔破赵二十万众，诛成安君。名闻海内，威震诸侯，士庶莫不倾耳以待命者。然众劳兵罢，其实难用也。今足下与倦弊之兵，顿坚城之下，臣愚，窃以为过矣。”韩信曰：“然则何由？”广武君对曰：“当今之计，不如偃甲休兵，百里之内，牛酒日至，以飨士大夫，北首燕路，然后发一乘之使，持咫尺之书，以使燕，燕必不敢不听。从燕而东临齐，虽有知者，不能为齐计矣。知如此，则天下事可图也。兵固有先声后实者，此之谓也。”信曰：“敬奉教。于是用广武君策，发使燕，燕随风而靡。

又曰：惠帝崩，太后发丧而泣不下。留侯子张辟疆为侍中，年十五。谓丞相陈平曰：“太后独有帝，今哭而不悲，君知其解未？”陈平曰：“何解？”辟疆曰：“帝无壮子，太后畏君等。今拜吕台、产为将，将兵居南北军，及诸吕皆为官，居中用事。如此则太后心安，君等幸脱祸矣！”丞相以辟疆计请之，太后悦，其哭也乃哀。

又云：《艺文志》云：“权谋者以正守国，以奇用兵，兵先计而后战。”

范晔《后汉书》曰：袁绍既兼河朔之地，有骄气。曹操败于张绣，绍与操书，甚倨慢，大怒，欲先攻之，所患力不敌，访于荀彧。彧量绍虽强，终为操所制，乃说取吕布，然后图绍。操从之。

又曰：袁绍引沮授为别驾，因谓授曰：“今贼臣作乱，朝廷迁弑。吾历世受宠，志竭力命，兴复汉室。今欲与卿戮力，将何匡之？”授曰：“将军弱冠登朝，播名海内。值废立之际，忠义奋发，单骑出奔，董卓怀惧，济河而北，渤海稽服。拥一郡之卒，撮冀州之众，威凌河、朔，名重天下。若举军东向。则黄巾可扫；还讨黑山，则张燕可灭；回师北首，则孙瓒必擒；震胁夷狄，则匈奴立定。横大河之北，合四州之地，收英雄之士，拥百万之众，迎大驾于长安，复宗庙于洛邑，号令天下，诛讨未服。以此争锋，谁能御之！比及数年，其功不难。”绍喜曰：“此吾心也。”

又曰：刘表宠后妻，为小子琮娶蔡氏，遂爱琮。而长子琦不自宁，尝与诸葛亮谋自安之术。亮初不对。后乃共升高楼，因令去梯，谓亮曰：“今日上不至天，下不至地，言出子口而入吾耳，可以言未？”亮曰：“君不见申生在内而危，重耳居外而安？”琦意感悟，因规出。

又曰：冯异，字公孙，颍川城父人。通《左氏春秋》、《孙子兵法》。归世祖，授大将军，与赤眉战不利。异令各更衣色，伏于道旁。战移时，伏兵卒起，衣服相乱，众惊大败，降赤眉男女八万余众。初为世祖主簿，王郎起河北，世祖自蓟南驰至饶阳芜蒌亭，时天寒烈，众皆饥疲，异上豆粥。明旦，世祖谓诸将曰：“昨得公孙豆粥，饥寒俱解。”至南宫，遇大风雨，世祖引车入道傍空舍，异复进麦饭兔肩，从破王郎，封应侯。异为人谦退，不伐行能。诸将论功，异常独坐屏树下，军中号曰：“大树将军”。世祖即位，封夏节侯。

《东观汉记》曰：光武发邯郸，晨夜驰骛，传闻王郎军在后，吏士惶恐。至下曲阳呼沲河，导吏还，河水流澌，无船，不可渡。官属亦惧，上不然也，遣王霸往视之，实然。王霸恐惊众，即还曰“冰坚可渡。”士众大喜。上笑曰：“果妄也。”比至河，河流澌已合。上令霸护渡，以沙土汾冰上，遂得渡。渡未毕军，冰解。上谓霸曰：“安吾众能济者，卿力也。”谓官属曰：“王霸从我劳苦，前连水变，权时以安吏士，是天瑞也。为善不费赏，无以劝后。”即日以霸为军正，赐爵关内侯。

又曰：隗嚣死，其将高峻拥兵据高平，帝入关，将自征之。寇恂时从。上议遣使之，帝乃谓恂曰：“卿前止吾此举，今为吾行也。若峻不即降，引耿弇等五营击之。”恂奉玺书至高平，峻遣军师皇甫文谒，辞礼不屈。恂怒，将诛文。诸将谏曰：“高峻精兵万人，卒多强弩，西遮陇道，连年不下。今欲降之，反戮其使，无乃不可乎？”恂不应，遂斩之，遣其副归告峻曰："军师无礼已戮之矣。欲降，急降；不欲，固守。"峻惶恐，即日开城降。诸将皆贺，因曰："敢问戮其使而降城，何也？"恂曰："皇甫文，峻之腹心，其所计事者也。今来不屈，无心降耳。"诸将皆曰："非所及也。"

又曰：朱勃上书理马援，援谋如涌泉，势如转圜。

谢承《后汉书》曰：灵帝时，杨璇为零陵太守。时苍梧、桂阳猾贼攻璇，璇力弱，吏民忧恐。璇乃特制马车数十，以排囊盛石灰于车上，系布索于马尾。会战，乃令马车居前，从风鼓灰，贼不得视，以火烧布，布燃马惊。奔突贼阵，大破之。

太平御览卷第四百四十九 人事部九十

权谋中

《续汉书》曰：铜马所过虏掠，王俊言于上曰："宜舍轻兵出贼前，使百姓各坚壁，以绝其食，可不战而殄也。"上然之，遣俊将轻骑驰出贼前；视民保壁者，敕令固守；散在野者，因掠取之。贼至，无所得，遂散败。及军还，上谓俊曰："困此虏者，将军策也。"

又曰：廉范为云中太守。会匈奴大入塞，范自率士卒拒之。虏众盛，不敌。令军士各交缚两炬，三头燃火，虏见火多，谓汉兵将至，待旦将退，范乃命军中蓐食，晨往赴之，斩首数千级。虏自此不敢复向云中。

又曰：朝歌贼宁季等数千人攻杀长吏，乃使虞诩为朝歌长。故旧皆吊诩曰："得朝歌何衰！"诩笑曰："志不求易，事不避难，臣之职也。不遇盘根错节，何以别利器乎？"始到，谒河内太守马陵。棱勉之曰："儒者谋谟庙堂，反在朝歌耶？"诩曰："初除之日，大夫皆吊。"及到官，设令三科以募求壮士，自掾吏以下各举所知，其攻劫者为上，而不事家业者为下。收得百余人，诩为之飨会，悉贷其罪，使入贼中，诱令劫掠，乃伏兵以待之，遂杀贼百人。又潜遣贫民得缝者，佣作贼衣，以采綖缝其裙为识，有出市卖者，吏辄禽之。贼由是骇散，咸称神明。迁武都太守。及还，羌率数千，遮诩于陈仓，诩即停军不进，而上书请兵，须到当发。羌闻之，乃分钞傍县，诩因其兵散，日夜进行百馀里。令吏士各作两灶，日增倍之，羌不敢逼。或问曰："孙膑减灶而君增之。兵法曰：日行不可过三十里，而今日行二百，何也？"诩曰："虏众多，吾兵少。徐则易为所及，速则彼不测。虏见灶增，必谓郡兵来迎。行速必惮追我。孙膑见弱，吾今示强，势有不同故也。"

《魏志》曰：荀彧，字文若，颍川人，淑之孙也。举孝廉，迁亢父令。以董卓之乱，弃官归太祖。太祖悦曰："吾子房也。"以为司马，时年二十九。后太祖破黄巾，汉献帝自河东还洛阳。彧劝太祖曰："晋文纳周襄王而诸侯愿从，汉高为义帝缟素而天下归心。自天子蒙尘，将军首唱义兵，虽御难于外，心无不在王室。今鸾驾旋轸，东京榛芜，义士有存本之思，兆人怀感旧之哀。诚因此时，奉主上以从民望，大顺也；秉至公以服天下，大略也；仗弘义以致英俊，大德也。四方虽有逆节，其何能为？"太祖从之，遂迎天子都许，进彧为尚书令。及袁绍兼河北，天下畏其强。与太祖书，极悖慢。太祖以书示彧，曰："将诛不义，而力不敌，如何？"彧曰："古之成败者，诚有其才，虽弱必强，苟非其人，其强易弱，刘、项存亡，足以观之。"太祖卒破绍于官渡，如彧所策。

又曰：荀攸，字公达，彧从子也。太祖遗攸书曰："方今天下大乱，智者劳心之时也。"遂征，入为尚书。操谓锺繇曰："公达，非常人也，吾得之与计事，天下何忧哉！"以为军师。征吕布，至下邳，攻之不拔，太祖欲还。攸曰："布勇而无谋，不可解。"遂生擒布。太祖又与袁绍相拒于官渡，攸劝击绍将淳于琼运粮，遂破绍。魏国初建，为尚书令。太祖谓文帝曰："公达，人之师表，汝宜尽礼敬之。"

又曰：袁尚攻兄谭于平原，留别驾审配守邺，为曹公所围。尚闻邺急，弃而救之，求人入城计会事，主簿李孚请行。时围甚急，尚曰："何办？"孚曰："多人不可，三骑足矣。"尚遣之。孚选温信者，得三人，各给骏马，不示其谋，令释戎器，着平常冠，秉问事杖，投暮直抵邺城下。自称曹公巡历，围垒所过，失候者辄捶之。自东西正出曹公营，当城门，复怒守围者收缚之。因直入城下，配以縋引之，孚与配相见。既事了，外围益急，孚因谓配曰："城中谷少，无用老弱，不如驱出省谷也。"配乃夜简得一千人，皆令持白幡、秉脂烛，从三门而出，请降。孚将所来骑随降人而出。时守围吏闻城中悉降，火光照曜，但共观降，不复视围。孚从北门突围而归，报命于袁尚。明旦曹公闻孚已出，拊掌大笑，邺郡竟为曹公所取。袁尚奔于辽东。

又曰：郭嘉，字奉孝，颍川人。诣太祖，太祖与论天下事，曰：“使孤成大业，必此人也。”太祖用其计，先击吕布，擒之。太祖与袁绍相持于官渡，孙策北袭，楚众并惧。嘉料曰：“策轻而无备，虽有百万之众，无异独行于中原也。以吾观之，必死于匹夫之手。”策临欲济江，果为许贡客所杀。后太祖又用其计，密袭卢龙塞，大破单于。

又曰：邓艾，字士载，义阳人。少孤贫，每见高山大泽，辄指画军营处所，时人笑焉。因计吏上见司马宣王，宣王奇之，辟为掾。景元四年秋，诏诸军征蜀，艾授大将军节度。锺会攻剑阁不下，艾自阴平行无人之地七百余里，凿山通道。艾以毡自裹，推转而下。进至江由，遂入成都，降刘禅。

《蜀志》曰：庞统，字士元，襄阳人。守耒阳令，在县不治，免官。吴鲁肃遗先主书曰：“士元非百里之才，使处治中、别驾，始展骥足耳。”先主以为治中从事，亲待亚亮，为军师中郎将，亮留镇荆州，统随入蜀。刘璋与先主会，统曰：“因此会执之，则无用兵之劳。”先主曰：“初入地，恩信未著，不可也。”统复说以三计，先主用中计，向成都，所过辄克。进围雒，率众攻城，为流矢中，卒。

又曰：法正，字孝直，扶风人。建安初，天下乱，入蜀依刘璋，别驾张松与正书，度璋不足成事，因劝璋结先主。乃遣正往，及还，谓松曰：“雄略密谋，可共戴奉之。”璋复使正迎先主，先主定蜀，以正为蜀郡守，外统都畿，内为谋主。正说曰：“曹公留夏侯渊、张郃屯汉中，渊等才略不胜国之帅，今举众讨必克。”先主乃率诸将兵讨汉中。渊将兵来争其地，正曰：“可击矣。”先主命黄忠乘高攻之，渊等授首。曹公闻正策，曰：“吾故知玄德不办此，必为人教。”先主立为汉中王，以正为尚书令。

《吴志》曰：太史慈，字子义，东莱人。避乱至辽东，北海相孔融闻而奇之，数遣饷馈其母。融以黄巾寇暴，出屯都昌，为贼管彦所围。慈归，其母曰：“汝与孔北海未尝相识，汝去后，赡恤过于故旧，今被围，汝宜赴之。”慈单步至都昌。夜因伺开间得入见融。融欲告急平原相刘备，城中人无由得出，慈请行，融难慈。慈曰："昔府君倾意老母，母感遇，遣慈赴急。今众人言不可，岂府君优顾之义，老母遣慈意耶？"慈晨出，下鞭直突围驰去，射杀数人，应弦而倒，无敢追者。到平原说备，备敛容曰："孔北海知世间有刘备耶？"即遣兵三千随慈。击贼遂退。

又曰：黄盖，字公覆，零陵人。随周瑜拒曹公于赤壁，盖白瑜曰："今寇众我寡，难为持久，可烧而走也。"乃取斗船数十艘，实以薪草，膏灌其中，裹以帷幕，上建牙旗。先书报曹公，期以欲降。引次俱前，盖令诸船同时发火。时风盛猛，延烧岸上营，烟焰张天，烧溺死者甚众。曹公乃败。

《晋书》曰：马隆，字孝兴，东平人。凉州刺史杨欣失羌戎之计，为虏所没，河西断绝。上临朝叹曰："谁能为我讨此虏？"朝臣莫对。隆曰："陛下若能任臣，臣能平之。"帝遂许隆募勇士三千五百人而行。或奇谋间发，或夹道垒磁石，贼负铁铠，卒行不得。隆卒悉被犀甲，无所留碍，贼以为神。转战千里，凉州遂平。诏假节西平太守。

又曰：明帝大宁元年，王敦反，屯兵济阴。帝微服行其营垒，既而驰去。敦方昼寝，梦日环其营，惊起曰："必是鲜卑黄须奴来也。"使骑切遽而追之，帝亦驰去，马有遗粪辄以冷水沃之。时逆旅有卖饭媪，帝以七宝鞭与之。俄而追者至，讯媪，媪云："去已远矣。"因以鞭示之。傅示迟留，又见马粪冷，信已远矣而止，帝遂得免。

又曰：伪赵张宾，字孟孙，赵郡中山人。石勒初为刘元海授辅汉将军。宾谓所亲曰："吾历观诸将多矣，独胡将军可以共成大事。"乃提剑军门，大呼请见勒。勒初未可也，渐见进重，引为谋主，机不虚发，算无遗策，成勒之事，皆宾之计，勒常叹曰："吾每临大事，吾意未了，右侯已了。"及卒，勒亲临哭之恸，顾谓左右曰："天不欲吾成事，何夺右侯之早也！"

又曰：伪燕慕容垂欲兴师讨慕容永长子。议曰："顷年士卒疲于行阵，居人不暇耕织，疮痍满身，哭泣盈路，且抚士安人以待时，长子不足忧也。”慕容德曰：“不然。昔光武驰苏茂之难，不顾百官之疲，夫岂不仁，机急故也。兵法有不得已而用之。方今海内版荡，人百其心，急之则得其用，缓之各怀所思。可因其劳而成其逸，何得缓之？”垂笑曰：“卿言当矣。二人同心，其利断金。”行其谋而灭永。

又曰：杜预以太康元年正月陈兵江陵，遣参军樊显、尹林、邓珪、襄阳太守周奇等率众循江西上，授以节度。旬日之间，累克城邑，皆如预策焉。

又曰：杜预陈兵江陵，遣周旨、伍巢等率奇兵八百，泛舟夜渡，以袭乐乡。多张旗帜，起大巴山，出于要害之地，以夺贼心。吴都督孙歆震恐，与伍延书曰：“北来诸军，乃飞渡江也。”

《后周书》曰：武帝保定元年，汾晋之北，离石之南，悉是羌胡，而地居齐境，抄掠我东鄙，朝廷患之。韦孝宽乃于要害，欲置大城以扼其吭。兴役十万，甲士百人，遣姚岳监之。岳有难色，谓孝宽曰：“国家每于境外筑城，未尝不动大众。今深入胡境，密迩齐师，以兵百骑，何以御役？”孝宽曰：“事有万途，兵非一势，君但受成规，无所忧也。计筑此城，十日即毕。今齐君征兵，三日方集；谋议之间，自稽三日；计其军行，二日不到。我之城隍办矣。”乃令筑之。齐人果如期而至界首，疑有伏军，不敢进迫。其夕岳令缘汾傍山，处处举火。齐人谓有大军，因示自固，犹豫之间，土功已毕，齐师乃退。

《隋书》曰：上尝问高颖取陈之策，颖曰：“江北地寒，田收差晚，江南土热，水田早熟。量彼收获之际，征士马，声言掩袭。彼必屯兵御守，足得废其农时。彼既聚兵，我便解甲，再三若此，贼以为常。后更集兵，彼必不信，犹豫之顷，我乃济师，登陆而战，兵气益倍。又江南土薄，舍多竹茅，所有储积，皆非地窖。密遣行人，因风纵火，待彼修立，复更烧之。不出数年，自可财力俱尽。”上行其策，由是陈人益弊。

又曰：樊子盖与宇文述陪宴积翠亭，帝亲以金杯属子盖酒，曰：“良算嘉谋，俟公后动，即以此杯赐公，用为永年之瑞。”并绮罗百匹。

《唐书》曰：刘武周战于度索原，军败，贼徒进逼河东。江夏王道宗时年十七，从太宗率众拒之。太宗登玉壁城望贼，顾谓道宗曰："贼恃众来邀我战，汝谓如何？"对曰："群贼乘胜，其锋不可当，易以计屈，难与力竞。今深壁高垒，以挫其锋，乌合之徒，莫能持久，粮运致竭，自当离散，可不战而擒。"太宗曰："汝意暗与我合。"后贼果食尽夜遁，追及介州，一战灭之。

又曰：张守珪为瓜州刺史，领余众修筑州城。板堞裁立，贼又暴至城下，城中人相顾失色，虽相率登陴，略无守卫之意。守珪曰："彼众我寡，又疮痍 之后，不可以矢石相持，须以权道制之也。"乃于城上置酒作乐，以会将士。贼徒疑城中有备，竟不敢攻城而退。

又曰：裴行俭行至朔州，知萧嗣业以运粮被掠，兵多馁死，遂诈为粮车三百乘，每车伏壮士五人，各赍陌刀、劲弩，以羸兵数百人援车，兼伏精兵，令居险以待之。贼果大下，羸兵弃车散走。贼驱车就泉井，解鞍牧马，方拟取粮，车中壮士齐发，伏兵亦至，杀获殆尽，余众奔溃。自是续遣粮车，无敢近之者。军至单于之北，际晚下营，壕堑方周，遽令移就崇冈。将士皆以士众方就安堵，不可劳扰，行俭不从，更促之。比夜，风雨暴至，前设营所水深丈余，将吏莫不叹服。

又曰：裴行俭前后杀虏不可胜数。伪可汗泥埶匐为其下所杀，以其首来降；又擒其大首领奉职而还，余党走依粮山。行俭既回，阿史那伏念又伪称可汗，与温傅合势鸠集余众。明年，行俭复总诸军讨之，顿军于代州之陉口，纵反间说伏念与温傅，令相猜贰。伏念恐惧，密送降款，仍请自效。行俭不泄其事，而密表以闻。数日，有烟涨天而至，斥侯惶惑来白，行俭召三军谓曰："此是伏念执温傅来降，非他。然受降如受敌，但须严备。"更遣单使迎前劳之。少间，伏念果率其属缚温傅军门请罪，尽平突厥余党。高宗大悦，遣户部尚书崔知悌赴军劳之。

又曰：裴行俭至西州，人吏郊迎，行俭召其豪杰子弟千余人随己而西。乃扬言绐其下曰："今正炎蒸，热坂难冒；凉秋之后，方可渐行。”都支觇知之，遂不设备。行俭乃召四镇诸番酋长豪杰谓曰：“忆昔此游，未尝厌倦，虽还京辇，无时暂忘。今因是行，欲寻旧赏，谁能从吾猎也。”是时，番酋子弟投募者仅万人。行俭假为畋猎，教试部伍，数日，遂倍道而进。去都支部落十余里，先遣都支所亲问其安否，外示闲暇，似非讨袭，续又使人趣召相见。都支先与遮匐通谋，秋中拟拒汉使，卒闻军到，计无所出，自率儿侄首领等五百余骑就营来谒，遂擒之。是日，传其契箭，诸部酋长悉来请命，并执送碎叶城。简其精骑，轻赍晓夜前进，将虏遮匐。途中果获都支还使，与遮匐使同来。行俭释遮匐行人，令先往晓喻其主，兼述都支已擒，遮匐寻复来降。于是将吏已下立碑于碎叶城以纪其功，擒都支、遮匐而还。高宗廷劳之曰：“比以西服未宁，遣卿总兵讨逐，孤军深入，经途万里。卿权略有闻，诚节夙著，兵不血刃，而凶党殄灭。伐叛柔服，深副朕委。”寻又赐宴，谓行俭曰：“卿文武兼资，今故授卿二职。”即日拜礼部尚书，兼检校右卫大将军。

《周书》曰：容容熙熙，皆为利谋；熙熙攘攘，皆为利往。

《九州春秋》曰：庞士元说刘备曰：“荆州荒残，人物殚尽，东有吴孙，北有曹氏，鼎足之势，难以得志。益州国富民强，户口百万，四郡兵马，所出毕具，宝货无求于外，今可权借以定大事。”备曰：“今指与吾为水火者，曹操也。操以急，吾以宽，与反，事乃可成耳。今以小国而失信义于天下，吾所不足取也。”士玄曰：“权变之时，固非一道所能定也。兼弱攻昧，五伯定事，逆取顺守，报之以义，事定 之后，封以大国，何负于信？今日不取，终为人制耳。”备后遂行。

太平御览卷第四百五十　人事部九十一

权谋下

《尚书大传》曰：周公先谋于同姓。同姓从，然后谋于朋友。朋友从，然后谋于天下。天下从，然后加之蓍龟。是以君子圣人谋义，不谋不义，故谋必成。卜义，不卜不义，故卜必吉。以义击不义，故战必胜。是以君子圣人，谋则成，战则胜。

《战国策》曰：秦攻赵于长平，大破之而归，因使人索六城于赵而讲。计未定，娄缓新从秦来，赵王与缓计曰："与秦地，何如勿与？"缓曰："此非臣所知也。"王曰："虽然，试言之。"缓曰："缓新从秦来，言勿与，则非计也；言与之，则恐以臣之为秦也。故不敢对。使臣得为王计焉，不如与之。"王曰："诺。"虞卿见王，王以缓言告之。虞卿曰："秦索六城于王，王以五城以赂齐，齐秦深仇也，得王五城，并力西击秦，是王一举结三国之亲，而与秦易道也！"赵王曰："善。"因发虞卿东见齐王，与之谋秦。娄缓闻之，逃去。

又曰：楚围雍氏五月。韩令使者求救于秦，冠盖相望，秦师不下殽。韩令靳尚使秦，谓王曰："韩之于秦也，居为隐蔽，出为雁行，今韩已病矣，秦师不下殽。臣闻之：唇亡者其齿寒。愿大王熟计之。"太后乃谓尚子曰："妾事先王，先王以其体加妾之身，妾困弗支也。尽置其身，妾不重，何也？以其少有利焉。今救韩，日费千金，独不可使妾少有利耶！"靳尚归报王，王遣张翠。张翠称病，日行一县。张翠至，甘茂曰："韩急矣，先生病而来！"张翠曰："韩未急也。"甘茂曰："韩之急缓人莫弗知。今先生言不急，可乎？"翠曰："韩急则折而入楚矣，臣安敢来？"甘茂曰："先生勿复言也！"乃入，言于王曰："公叔且以国南合于楚。韩、楚为一，魏氏不敢不听，是楚以三国谋秦也。如此，则伐秦之形成矣！不识坐而待伐，孰与伐人之利？"秦王曰："善。"果下师于殽以救韩。

又曰：中山阴姬与江姬争为后，司马喜请见阴姬公，为画计。公稽首曰："诚如君言。"喜即奉书诣中山王，曰："臣闻赵强，即中山弱，臣能弱赵而强中山。"中山王悦而见之，喜曰："臣愿乞之赵，观其地形险阻，人民贫富，君臣贤不肖，商榷为资，未可豫陈也。"乃见赵王，曰："臣闻赵，天下善为音容，佳丽之所出也。今来，至境，入都邑，人民谣俗，容貌颜色，殊无佳丽好美者！以臣所见多矣，周流无所不至，未尝见人如中山阴姬者。不知者将以为神，其容貌颜色，过绝人矣。若乃其眉、准頞、权衡、犀角、偃月，彼乃帝王之后，非诸侯之姬。"赵王大悦，曰："吾愿请之，何如？"对曰："非臣所敢议。愿王无泄。"喜归报中山君，曰："赵王非贤王也，不好道德，而好声色；不好仁义，而好勇力。闻其乃欲请阴姬。"中山君作色不悦，喜曰："赵，强国也，请之必矣。王不与之，即社稷危；与之，即为诸侯笑。王立为后，以绝赵王意，可也。"遂立为后，赵王亦无请也。

又曰：秦王使人之楚，楚王贤之，恐其为楚用以危秦也。昭子曰："以王之德与王之贤因以遗之，楚王必为有外心去楚矣。"从其计，果如其言。

又曰：安陵缠以颜色美壮得幸于楚恭王，江乙往见。安陵缠曰："子之先人，岂有矢石之功于王乎？"曰："无有。"江乙曰："子之身，岂亦有乎？"曰："无有。"江乙曰："子之贵何以至于此乎？"曰："仆不知所以。"江乙曰："吾闻之，以财事人者财尽而交疏，以色事人者华落而爱衰，今子之华有时而落，子何以长幸无解于王乎？"安陵缠曰："臣年少愚陋，愿委质于先王。"江乙曰："独从为殉可耳！"安陵缠曰："敬闻命矣。"江乙去，居期年，逢安陵缠，谓曰："前谕子者，通之于王乎？"曰："未可也。"居期年，江乙复见安陵缠，曰："子岂谕王乎？"安陵缠曰："臣未得王之间也。"江乙曰："子出与王同车，入与王同坐，居三年，言未得王之间，子以吾之说未可耳。"不悦而去。其年，共王猎江渚之野，野火之起若云霓，虎狼之嗥若雷霆。有狂兕从南方来，正触王左骖，王举旍旄而使善射者射之，一发，兕死车下，王大喜，拊手而笑，顾谓安陵缠曰：“吾万岁之后，子将谁与此乐乎？”安陵缠乃逡巡而却，泣下沾衿，曰：“万岁之后，臣将从为殉，安知乐此谁？”于是共王乃封安陵缠于车下三百户。故曰江乙善谋，安陵缠知时也。

又曰：知伯欲袭卫，故遗之乘马，先之一璧。卫君大悦，酌酒，诸大夫皆喜，南文子独不喜，有忧色，卫君曰：“大国礼寡人，寡人故酌诸大夫酒。诸大夫皆喜，而子独不喜，有忧色者何也？”南文子曰：“无方之礼，无功之赏，祸之先也。我未有往，彼有以来，是忧也。”于是卫君乃修梁津而拟边城。智伯闻卫兵在境上，乃还。

又曰：知伯欲袭卫，乃佯亡其太子颜，使奔卫。南文子曰：“太子颜之为其君子也，甚爱，非有大罪也，而亡之有故。然人亡而不受，不祥。”使吏逆之，曰：“车过五乘，慎勿内也！”智伯闻之，乃止。

又曰：赵简子使人以明白之乘六，先以一璧为遗于卫。卫叔文子曰：“先不意可以生，故以小之，所以事大也。今我未以往，而简子先以来，必有故。”于是斩林除园聚敛蓄积而后遣使者。简子曰：“吾举也，为不可知也；今既已知之矣，乃辍围卫也。”

又曰：郑桓公将欲袭郐，先问郐之辩知果敢之士，书其名姓，择郐之良臣而与之，为官爵之名而书之，因为设坛于门外而埋之，衅之以豭，若盟状。郐君以为内难也，尽杀其臣。桓公因袭之，遂取郐。

又曰：郑桓公东会封于郑，暮舍于宋东之逆旅。逆旅之叟从外来，曰：“客将焉之？”曰：“会封为郑。”逆旅之叟曰：“吾闻之，时难得而易失，今客之寝安，殆非封也。”郑桓公援辔自驾，其仆接御而载之，行十日十夜而至。至，釐何与之争封。故以郑桓公之贤，微旅之叟，几不会封也。

又曰：赵简子使成何、涉他与卫灵公盟于专泽，灵公未喋盟，成何、涉他捘灵公之手而撙之。灵公怒，欲反赵，王孙商曰：“君欲反赵，不如与百姓同恶之。”公曰：“若何？”对曰：“请命臣令于国曰："有姑姊女者，家一人质于赵，百姓必怨君，因反之矣。"君曰："善。"乃令之，三日遂征之，五日而令毕，国人巷哭。君乃召国大夫而谋曰："赵为无道，反之可乎？"大夫皆曰："可。"乃出西门，闭东门，赵氏闻之，缚涉他而斩之，以谢于卫；成何走燕。子贡曰："王孙商可谓善谋矣！憎人而能害之，有患而能处之，欲用民而能附之，一举而三物具至，可谓善谋矣。"

又曰：吴阖闾夫人姜氏，齐景公以其子妻阖闾，送诸郊，泣曰："余死不汝见矣。"高梦子曰："齐负海而县山，纵不能全收天下，谁干我君？爱则勿行。"公曰："余有齐国之固，不能以令诸侯，又不能听是生乱也。寡人闻之，不能令则莫若从。且夫吴蜂虿，然不弃毒于人，则不静，余恐弃毒于我也。"遂遣之。

又曰：晋文公与荆人战于城濮，君问于咎犯，咎犯对曰："服义之君，不足于信；服战之君，不足于诈。君慎之诈而已矣。"君问于雍季，对曰："焚林而畋，得兽虽多，而明年无复也。干泽而渔，得鱼虽多，而明年无复也。诈犹可以偷利，而无报。"遂与荆军战，大败之，乃赏先雍季而后咎犯。侍者曰："城濮之战，咎犯之谋也。"君曰："雍季之言，百世之谋也；咎犯之言，一时之权也。寡人既已行之矣。"

又曰：智伯围晋阳，絺疵谓智伯曰："韩魏之君必反矣。"智伯曰："何以知之？"对曰："夫胜赵而三分其地，今城未没者三板，臼灶生蛙，人马相食，城降有日矣。而韩魏之君无喜志而有忧色，是非反何也？"明日，智伯谓韩魏之君曰："疵言君之反也。"韩魏之君曰："必胜赵而三分其地，今城将胜矣，二家虽愚，不弃美利而佩约为难不可成之事，其势可见也，是疵必为赵说君，且使君疑二主之心，而不解于攻赵也。今君听谗臣之言，而离二主之交，为君惜之。"智伯出，欲杀絺疵，絺疵逃，韩魏之君果反。

又曰：白圭之中山，中山欲留之，固辞而去。又之齐，齐王亦欲留之，又辞去。人问其辞，白圭曰："二国将亡矣，所学者国有五尽，故莫之必忠则言尽矣，莫之必誉则名尽矣，莫之必爱则亲尽矣，行者无粮、居者无食则财尽矣，不能用人、又不能自用则功尽矣。国有此五者，无辜必亡。中山与齐皆当此，若使中山之与齐也，闻五尽而更之，则必不亡也。其患在不闻也，虽闻又不信也。然则人主之务，在乎善听而已矣。”

又曰：下蔡威公闭门而哭三日三夜，泣尽而继之以血。旁邻窥墙而问之曰：“子何故而哭，悲若此乎？”对曰：“吾国且亡。”曰：“何以知也？”应之曰：“吾闻病之将死不可为良医，国之将亡不可为计谋。吾数谏吾君，吾君不用，是以知国之将亡也。”于是，窥墙者闻其言，则举宗而去之于楚。居数年，楚王果举兵伐蔡，窥墙者为司马将兵而往，束虏其众，问曰：“得无有昆弟故人乎？”见威公缚在虏中，问曰：“若何以至于此？”应曰：“吾何以不至于此？且吾闻之也，言之者行之役也，行之者言之主也。汝能行，我能言；汝为主，我为役，吾亦何以不至于此哉！”窥墙者乃言之于楚王，遂解其缚与俱之楚。故曰能言者未必能行，能行者未必能言也。

又曰：石乞侍坐。屈建曰：“白公其为乱乎？”石乞曰：“是何言也？白公至，于室无荣，所下士者三人，与已相君臣者五人，所与同衣食者千人。白公之行若此，何故为乱？”屈建曰：“此建之所谓乱也。以君子行则可与国家，行过礼则国家疑之，且苟不难下其臣，必不难高其君矣。建是以知夫子将为乱也。”处十月，白公果乱也。

又曰：韩昭侯作高门，屈宜咎曰：“昭侯不出此门。”曰：“何也？”曰：“不时。吾所谓不时者，非时日也。人固有利不利，昭侯尝利矣，不作高门。往年秦拔宜阳，明年大旱民饥，不以此时恤民之急也而顾反益以奢，此谓福不重至，祸不重来者也。”高门成，昭侯卒，竟不出此门矣。

又曰：田子颜自大术至乎平陵城下，见人子问其父，见人父问其子。田子方曰：“其以平陵反乎？吾闻行于内，然后施于外，子颜欲使其众甚矣。”后果以平陵叛。

又曰：晋人已胜智氏，归而缮甲治兵，楚王恐，召梁公弘曰：“晋人胜智氏矣，归而缮甲兵，其以我为事乎？”梁公曰：“不患害其在吴乎？夫吴君恤民而同其劳，使其民重上之令，而人轻死以从上使，如虑之战。臣登山以望之，见其用百姓之信必也勿已乎？其备之若何？”不听。明年，阖庐袭郢。

又曰：楚庄王欲伐陈，使人视之。使者曰：“陈不可伐也。”庄王曰：“何故？”对曰：“其城郭高，沟壑深，蓄积多，其国宁也。”王曰：“陈可伐也。夫陈，小国也，而蓄多。是赋敛重，则民怨上矣。城郭高，沟壑深，则民力罢矣。”兴兵伐之，遂取陈。

又曰：齐桓公将伐山戎孤竹，使人请助于鲁，君进群臣而谋，皆曰：“师行数千里，入蛮之地，必不反矣。”于是鲁许助之而不行。齐已伐山戎孤竹，而欲移兵于鲁，管仲曰：“不可。诸侯未亲，今有伐远而还诛近邻，邻国不亲，非霸王之道。君之所得山戎之宝器者，中国之所鲜也，不可以不进周公之庙乎？”桓公乃分山戎之宝献之周公之庙。明年，起兵伐莒，鲁下令丁男悉发，五尺童子皆至。孔子曰：“圣人转祸为福，报怨以德。”此之谓也。

又曰：智伯请地于魏宣子，宣子不与。任增曰：“何为不与？”宣子曰：“彼无故而请地也，吾是以不与。”任增曰：“彼无故而请地者，无故而与之，是重欲无厌也。彼喜，必又请地于诸侯；不与，必怒而伐之。”宣子曰：“善。”遂与地。智伯喜，又请地于赵，赵不与。智伯怒，围晋阳，韩、魏合赵而反智氏，智氏遂灭。

又曰：楚庄王与晋战，胜之。惧诸侯之畏己也，乃筑为五仞之台。成而觞诸侯，诸侯请为觞，皆仰而曰：“将将之台，窅窅其谋。我言而不当，诸侯伐之。”于是远者来朝，近者入宾。

又曰：吴王夫差破越，又将伐陈，楚大夫皆惧，曰：“昔阖闾能用其众，故伐我于柏举，今闻夫差又甚焉。”子西曰：“二三子胡不相睦也？无患吴矣。昔阖闾食不二味，处不重席，择不取费。在国，天有灾，亲戚乏困而供之；在军，食熟者半而后食，其所尝者卒乘必与焉，是以民不罢劳。今夫差，次有台榭陂池焉，宿有妃嫱嫔御焉，一日之行所欲必具，玩好必集，珍异是聚。夫差元自败已，焉能败我？”

又曰：吴请师于楚以伐晋，楚王与大夫皆惧，将许之。左史倚相曰：“此恐吾攻已，故示我不病。请为长毂千乘，卒三万，与分吴地也。”庄王听之，遂取东国。

又曰：阳虎为难于鲁，走之齐，请师攻鲁，齐侯许之。鲍文子曰：“不可也。阳虎欲破齐师，齐师破，大臣必多死，于是欲奋其诈谋。夫虎有宠于季氏，而将季孙以不利鲁国而容其求焉。今君富于季氏，而大于鲁，滋阳虎所欲倾覆也。鲁免其疾而君收之，无乃害乎齐？”君乃执之，免而奔晋。

又曰：汤欲伐桀，伊尹曰：“请阻之贡职以观其动。”桀怒，起九夷之师以伐之。伊尹曰：“未可。彼尚犹能起九夷之师，是罪我也。”汤乃谢罪请服后入贡职。明年，又不贡职。桀怒，起九夷之师，九夷之师不起，伊尹曰：“可矣。”汤乃兴师，伐而残之，迁桀南巢焉。

《孔丛子》曰：赵间魏将以求亲于秦，子顺谓赵王曰：“此君之下吏计过也。比目之鱼所以不见得于人者，以偶视近而俱走也。今秦兼吞天下之志，不忘侧息也。赵、魏与之邻接，而强弱不敌，所以不敢图并赵、魏者，徒以二国并力周旋。今无故自离，以资强秦，天下拙谋无过此者。夫连鸡不能互栖，亦犹二国构难不能自免于秦也。愿王熟虑之。”赵王曰：“敬受教。”

又曰：韩与魏有隙，子顺谓韩王曰：“昭厘侯，一世之明君也；申不害，一世之贤相也。韩与魏仇敌之国，而釐侯执珪见梁君者，非好卑而恶尊，虑过而计失也。与严敌为邻，而动有灭亡之变，独劲不能支二难，故降心以相从，屈已以求存也。申不害虑事而言，忠臣也；昭厘侯听而行之，明君也。今之韩弱于始之韩，今之秦强于始之秦，而背先人之旧好，以区区之众，居二敌之间，非良策也。齐、楚远而难恃，秦、魏呼吸而至，舍近而求远，是虚名自累而不知近敌之困者也。为王计者，莫如除小忿全大恕也。吴、越之人，同舟济江，中流遇风波，其相救如左右手，所患同也。今不恤所同之患，是不如吴、越之舟人也。”韩王曰：“善。”

太平御览卷第四百五十一　人事部九十二

谏诤一

《尚书》云：木从绳则正，后从谏则圣。

《毛诗序》曰：上以风化下，下以风刺上，主文而谲谏，言之者无罪，闻之者足以戒，故曰“风。”

《礼记》曰：为人臣之礼，不显谏。显，明也。谓明言其恶，不几微言。三谏而不听则逃之。逃，去也。君臣有义则合，不义则离。子之事亲也，三谏而不听，则号泣而随之。至亲无去，至在感动之心。

又曰：父母有过，下气怡色，柔声以谏。

又曰：子曰：“事君远而谏则谄也，近而不谏则尸利也。”尸谓不知人事无辞让者。子曰：“迩臣守和，宰正百官，大臣虑四方。”迩，近也。和为和君臣事也。宰，主治百官也。子曰：“事君欲谏不欲陈。”谏，谓言其过于外。

《左传》曰：卫公子州吁，嬖人之子也，有宠而好兵。公弗禁。石碏谏曰：“臣闻贱妨贵，少陵长，远间亲，新间旧，小加大，淫破义，所谓六逆也。君义，臣行，父慈，子孝，兄爱，弟敬，所谓六顺也。去顺效逆，所以速祸也。”

又曰：魏献子为政，以魏戊为梗阳大夫，梗阳人有狱，魏戊不能断，以其狱上。大宗赂以女乐。讼者之大宗也。魏子将受之。魏戊谓阎没、汝宽曰：二子，晋大夫魏子之属。“主以不贿闻于诸侯，若受梗阳人，贿莫甚焉。吾子必谏。”皆许诺。退朝，待于庭。馈入，召之。台二大夫食。比置，三叹。既食，使坐。魏子曰：“吾闻诸伯叔，谚曰；唯食忘忧。吾子置食之间三叹，何也？”同辞对曰：“昨或赐二小人酒，不夕食。昨饮酒醉，故不夕食。馈之始至，恐其不足，是以叹。中置，自咎曰，岂将军食之，而有不足，是以再叹。及馈之毕，愿以小人之腹为君子之心，属厌而已。”献子辞梗阳人。属，足也。小人二子自谓小人腹饥，则恐食之不足，厌饱则恐君亡。君子居尊，官食重禄，而知不足，故愿以其腹为君子之心。

又曰：公将如棠观鱼。臧僖伯谏曰："凡物不足以讲大事，其材不足以备器用，君不举焉。材谓皮革、齿牙、骨角。君将纳民于轨物者也。故讲事以度轨量谓之轨，取材以章物采谓之物，不轨不物谓之乱政。乱政亟行，所以败也。"

又曰：宋华督已杀孔父而弑殇公，召庄公于郑而立之，以亲郑。以郜大鼎赂公，纳于太庙，非礼也。臧哀伯谏曰："君人者将昭德塞违，以临照百官，犹惧或失之。故昭令德以示子孙。夫德俭而有度，升降而有数。文物以纪之，声明以发之，百官于是乎戒惧而不敢易纪律。今灭德立违，而置其赂器于太庙，以明示百官，百官象之，又何诛焉！国家之败，由官邪也。官之失德，宠赂章也。郜鼎在庙，章孰甚焉？"周内史闻之曰："臧孙达其有后于鲁乎！君违不忘谏之以德。"

又曰：初，鬻拳强谏楚子，楚子弗从，临之以兵，惧而从之。鬻拳曰："吾惧君以兵，罪莫大焉。"遂自刖也。楚人以为大阍，谓之太伯，使其后掌之。其后，鬻拳之孙。

又曰：庄公如齐观社，非礼也。曹刿谏曰："不可。夫礼，所以整民也。故会以训上下之则，朝以正班爵之义，师长幼之序，行伐以讨其不然。诸侯有王，王有巡狩，有四方也。以大习之。大习会朝之礼。君举必书，书而不法，后嗣何观？"公不听。

又曰：丹桓宫之楹，丹雕桓宫桓公庙楹谓之柱。刻其桷，经书刻桓宫桷。桷谓之榱。榱，椽也。皆非礼也。御孙谏曰："臣闻之，俭，德之恭也；侈，恶之大也。先君有恭德而君纳诸大恶，无乃不可乎？"秋，哀姜至。公使宗妇觌，用币。御孙谏曰："男贽大者玉帛，公侯伯子男执玉，至诸侯世子、附庸孙孤执帛也。小者禽鸟，□执羔，大夫执雁，士执雉。以章物也。女贽不过榛栗枣修，以告虔也。榛，小栗也。修，脯也。虔，敬也。皆取名以示敬也。今男女同贽，是无别也。男女之别，国之大节也。由夫人乱之，无乃不可乎？"

又曰：晋侯假道于虞以伐虢。宫之奇谏曰："虢，虞之表也。虢亡，虞必从之。晋不可启，寇不可玩；一之谓甚，其可再乎！谚所谓辅车相依，唇亡齿寒者，其虞、虢之谓也。辅，颊辅也。车，牙车也。

又曰：晋灵公不君，厚敛以雕墙，从台上弹人观其避丸。宰夫胹熊蹯不熟，杀之，置诸畚，使妇人载之以过朝。赵盾、士季见其手，问其故，而患之。将谏，士季曰："谏而不入，则莫之继也。会请先，不入则子继之。"三进，及霤，而后视之。曰："吾知所过矣。将改之。"犹不改。宣子骤谏，公患之。

又曰：晋师为楚所败，师归，桓子请死，晋侯欲许之。士贞子谏曰："不可。城濮之役，师三日谷，文公犹有忧色。左右曰：有喜而忧，如有忧而喜乎？公曰：得臣犹在，忧未歇也。困兽犹斗，况国相乎！及楚杀子玉，子玉，得臣。公喜而后可知也，曰：莫余毒也。是晋再胜而楚再败也。楚以是再世不竞。今天或者大警晋也，而又杀林父以重楚胜，其无乃久不竞乎？"

《谷梁》曰：陈灵公通于夏征舒之家，公孙宁、仪行父，亦通于其家。或衣其衣，或衷其襦，以相戏于朝。泄冶闻之，入谏曰："使国人闻之则犹可，使仁人闻之则不可。"君愧泄冶，不能用其言，而杀之。

《周礼·地官》：保氏：掌谏王恶。谏者以礼义正之。

《论语》曰：事父母几谏。

《孝经》曰：曾子曰："敢问子从父之令，可谓孝乎？"子曰："是何言欤？是何言欤？昔者天子有争臣七人，虽无道不失其天下；诸侯有争臣五人，虽无道不失其国；大夫有争臣三人，虽无道不失其家；士有争友则身不离于令名，父有争子则身不陷于不义。"

《史记》曰：主父偃上书阙下。朝奏，暮召入见。所言九事，其八事为律令，一事谏伐匈奴。其辞曰："臣闻明主不恶切谏以博观，忠臣不敢避重诛以直言，是故事无遗策而功流万代。"

又曰：赵高亲近胡亥，曰："毁恶蒙氏，求其罪过，举杀之。"子婴谏曰："君诛杀忠臣而立无节行之人，是内使群臣不相信，而外令斗士之意离也。臣窃以为不可。"胡亥弗听。

又曰：赵肃侯游大陵，出于鹿门。大夫戊午扣马谏曰："耕事方急，一日不作，百日不食。"肃侯下车而谢之。

又曰：秦夷郡县城，销兵刃不复用，不立子弟为王、功臣无为诸侯者，使后无攻战之患。始皇三十四年，置酒咸阳宫，博士仆射周青臣等，颂称始皇威德，齐人淳于越进谏曰："臣闻之，殷、周千余岁，封子弟功臣，自为枝辅。今陛下有海内，而子弟为匹夫，卒有田常、六卿之臣，无辅弼，何以相救哉？事不师古而能长久者，非所闻也。"

又曰：沛公入秦，宫室帷帐、狗马重宝妇女以千数，意欲留居之。樊哙谏沛公出舍，沛公不听。张良曰："夫秦无道，故沛公得至此矣。为天下除残贼，宜缟素为资，今始入秦，即安其乐，此所谓助桀为虐。且忠言逆耳利于行，良药苦口利于病，愿听樊哙言。"沛公乃还军灞上。

又曰：高帝欲以赵王如意易太子，叔孙通谏上曰："太子仁孝，天下皆闻之。吕后与陛下攻苦食淡，其可背哉！必废嫡立少，臣愿先伏诛，以颈血污地。"高帝曰："公罢矣，吾直戏耳！"叔孙通曰："太子天下本，一摇天下振动，奈何以天下戏！"

又曰：司马相如尝从上至长杨猎。是时天子方好自击熊彘，驰逐野兽。相如上疏谏曰："臣闻物有同类而殊能者，故力称乌获，捷言庆忌，勇期贲、育。臣之愚，以为人诚有之，兽亦宜然。今陛下好陵阻险，射猛兽，卒然遇轶材之兽，骇不存之地，犯属车之清尘，是胡越起于毂下，而羌夷接轸也。"

又曰：楚庄王即位三年，不出号令，日夜为乐，令国中曰："有敢谏者死无赦！"伍举入谏。庄王左抱郑姬，左抱越女，坐钟鼓之间。伍举曰："愿有进隐。"曰："有鸟在于阜，三年不飞不鸣，是何鸟也？"庄王曰："三年不飞，飞将冲天；三年不鸣，鸣将惊人。举退矣，吾知之矣。"居数月，淫益大甚。苏从乃入谏，王曰："若闻令乎？"对曰："煞身以明君，臣之愿也。"于是乃罢淫乐，听政所诛者数百人，所进者数百人，任伍举、苏从以政，国人大悦。

又曰：孙叔敖病且死，属其子曰："我死必贫困，往见优孟，言我孙叔敖子也。”居数年，其子穷困，负薪逢优孟，与言曰：“我，孙叔敖子也。父且死时，属我贫困往见优孟。”孟曰：“若无远有所之。”即为叔敖衣冠，抵掌谈语。岁余，像孙叔敖，楚王及左右不能别也。庄王置酒，优孟前为寿。庄王大惊，以为孙叔敖复生也，欲以为相。优孟曰：“请归与妇计之，三日而为相。”庄王许之。三日，优孟复来。王曰：“妇言何？”对曰：“妇言慎无为楚相。孙叔敖尽忠为廉以治楚，楚王以得霸。今死，其子无立锥之地，贫困负薪，以自饮食，必如孙叔敖，不如自杀。”于是庄王谢优孟，乃召叔敖子，封寝丘侯四百户，以奉其祀。

又曰：优旃者，秦倡侏儒也。二世立，欲漆其城。优旃曰：“善。主上虽无言，臣固将请之，漆城虽于百姓愁费，然佳哉！漆城光荡荡，寇来不得上。即欲就之，易为漆耳，顾难为荫室。”于是二世以其故止。

又曰：武帝少时，东武侯母尝养帝，帝壮时，号之曰大乳母。所言未尝不听。公卿大臣皆敬重乳母。乳母家子孙奴从者横暴长安中，当道掣顿人车马，夺人衣服。闻于中，上不忍致之法。有司徙乳母于边，奏可。乳母当入至前，面见辞。乳母先见郭舍人，为下泣。舍人曰：“即入见辞去，疾步数还顾。”乳母如其言，谢去，步疾数顾。郭舍人疾言骂之曰：“咄！老女子，何不疾行！陛下已壮矣，宁尚须乳母而活耶？尚何还顾？”于是人主怜悲之，乃下诏止，无徙乳母。

又曰：始皇长子扶苏谏曰：“天下初定，远方黔首未集，今皆重法绳之，臣恐天下不安，唯上察之。”始皇怒，使扶苏北监蒙恬于上郡。

《汉书》曰：上朝东宫，赵谈参乘：袁盎伏车前曰：“臣闻天子所与共六尺舆，皆天下豪英，今汉虽之人，陛下独奈何与刀锯之余同载？”于是上笑，下赵谈。谈泣下车。

又曰：吴王谋反，枚乘谏曰：“夫举吴以訾于汉，譬由蚊蝱之脯群牛，腐肉之齿利剑也。”

又曰：南越自相攻，上欲救之。淮南王上书曰：“臣闻越非有城郭邑里也，处溪谷之间，篁竹之中，习于水斗，便于用舟，地深昧而水险。中国之不知其势阻而入其地，虽百不当其一。夫赖宗庙之灵，方内大宁，戴白之老不见兵革，民得夫妇相守，子孙相保，陛下之德也。陛下方寸之印，丈二之组，镇抚方外，不劳一卒，不烦一战，而威德并行。”

又曰：王吉，字子阳，为昌邑中尉。上疏谏曰：“大王不好书术，而乐逸游，口倦乎叱咤，手苦于辔捶，身劳乎车舆；朝则冒霜露，昼则被尘埃，夏则为大暑之所暴炙，冬则为风寒之所侵薄。以软脆之玉体，犯勤劳之烦毒。夫广厦之下，细毡之上，明师居前，劝诵在后，上论唐虞之际，下及殷周之盛，考仁圣之风，习治国之道，欣欣焉发愤忘食，日新厥德，其乐岂徒衔橛之间哉！”

又曰：鲍宣每居位，尝上书谏：民有七亡而无一得。欲望国安，诚难也；民有七死而无一生，欲望刑厝，诚难也。陛下擢臣岩穴，诚冀有益毫毛，岂徒欲臣美食大官，重高门之地哉！

又曰：龚遂，字少卿，山阳人。以明经为昌邑郎中令，事王贺。王动作不正。遂为人忠厚，刚毅有大节，内谏争于王，外责傅相，引经义，陈祸福，至于涕泣，蹇蹇亡已。面刺王过，王至掩耳起走，曰：“郎中令善愧人。”及国中皆畏惮焉。王尝与驺奴宰人游戏饮食，过度，遂入见王，涕泣膝行，左右御皆出涕。王曰：“郎中令何为？”遂曰：“臣痛社稷之危也！”

又曰：张敞为胶东相，王太后数出游猎，敞上书谏曰：“臣闻秦王好淫声，叶阳后为不听郑卫之曲；楚庄好畋猎，樊姬为不食鸟兽之肉。口非恶芳甘，耳非憎丝竹也，所以抑心意，绝嗜欲，将以帅二君而全宗祀也。礼，君母出门则乘辎軿，下堂则从傅姆，进退则鸣玉佩，内饰则结绸缪。此言尊贵所以自敛制，不纵恣之宜也。唯观览往古，令后姬有所则。”书奏，后不复出。

又曰：成帝起昌陵，数年不成，复还归延陵，制度奢大。刘向上书谏曰：“阖庐违礼厚葬，十有余年，越人发之。秦皇帝葬于骊山之阿，下固三泉，高五十余丈，周五里，水银为江海，黄金为凫雁。珍宝之藏，机械之变，棺椁之丽，宫馆之盛，不可胜量。工匠计以万数。数年之间，被项羽之灾，离牧竖之祸。丘垄弥高者，发掘必速。窃为陛下羞之。”上甚感向言，而不能从。

又曰：王莽新即位，恃府库之富，欲立威。乃拜十二部将率，同时十道并出，穷追匈奴，因分其地，立呼韩邪十五子。莽将严尤谏曰：“周宣存时，猃狁内侵，至于泾阳，命将征之，尽境而还。其视戎狄之侵，譬犹蚊虻之螫，驰之而已。故天下称明，是为中策。汉武帝选将治兵，轻粮深入远戍，虽有克获之功，胡辄报之，兵连祸结三十余年，中国罢耗，匈奴亦创，而天下称武，是为下策。秦始皇不忍小耻，而轻民力，筑长城之固，延袤万余里，转输之所行，起于负海，疆境既完，中国内竭，以丧社稷，是为无策。”莽不听，转兵谷如故，天下骚动。

又曰：王莽新即位，立威而穷追匈奴，莽将严尤谏曰：“今天下遭阳九之厄，比年饥馑，此一难也；不能奉军粮，二难也；胡地沙卤，多乏水草，三难也；胡地秋冬甚寒，春夏甚风多，此四难也；辎重自随，虏徐遁逃，五难也。功必不成。”莽不听。

又曰：成帝时，王氏擅权，群臣莫敢言，梅福上书谏曰：“昔高祖纳善若不及，从谏如转圜，此高祖所以无敌于天下也。”

又曰：梅乘上书谏吴王曰：“夫以一缕之任，系千钧之重，上县之无极之高，下垂之不测之泉，虽甚愚之人，犹知其绝也。”

又曰：谷永上疏谏成帝曰：“臣闻三代之所以陨社稷，皆由妇人与群恶，愿陛下追观夏、商、周、秦所失也。”

又曰：伍被楚人，谏淮南王曰：“昔伍子胥谏吴王，吴王不用，乃曰：臣今见麋鹿游姑苏之台也。今臣亦将见宫中生荆棘，露沾衣也。”因流涕而起。

太平御览卷第四百五十二 人事部九十三

谏诤二

《汉书》曰：文帝幸上林，皇后、慎夫人从。其在禁中，常同坐。及坐，郎署袁盎却慎夫人坐。因前说曰："臣闻尊卑有序则上下和，今陛下既已立后，慎夫人乃妾，妾主岂可以同坐哉！独不见人彘乎？"于是上乃悦，慎夫人赐盎金五十斤。盎以数直谏，不得久居中，调为陇西都尉。

又曰：玄帝时，左将军史丹护太子家事。竟宁玄年，上寝疾，傅昭仪及定陶王常在左右，而皇后、太子希得进见。丹直入卧内，顿首伏青蒲上，涕泣曰："皇太子以適长立，积十余年，名号系于百姓。今者道路流言，以为太子有动摇之议。审若此，臣愿先赐死，以示群臣。"应劭注曰："以青规地曰青蒲，自非皇后不得至此。"

又曰：项羽发使立沛公为汉王，王巴蜀，沛公怒，不许。萧何谏曰："虽汉中之恶，犹不愈于死乎？"王曰："何为乃死也？"何曰："今众不如，百战百败，不死何俟？《周书》曰：天与不取，反受其咎。天汉，其称美乎？夫能屈一人之下而于申万乘之上者，汤武是也。臣愿大王王汉中，养其人，致英杰，收巴蜀，定三秦，天下之事可图也。"汉王善之，遂之国。

又曰：周昌，沛国人，高祖时为御史大夫。高祖欲废吕后所生太子，立戚夫人之子如意为太子。昌谏之曰："陛下若废嫡立庶，臣不敢奉诏。"高祖乃止。后太子立，是为惠帝，拜昌为太傅。

又曰：薛广德为御史大夫。玄帝永光中行幸不已，广德乃上书谏曰："臣窃见关东人民流离，陛下日撞亡秦之钟，听郑卫之乐，驰骋干戈，遂猎于田野。不恤百姓，臣诚悼之。今士卒暴露，从官劳倦，愿陛下亟返宫，与天下同忧乐。"上即日还宫。又帝欲酎祭宗庙，出便门桥欲御楼船。广德乃当车免冠，顿首谏曰："陛下宜从桥上。"帝曰："大夫冠。"广德曰："陛下不听臣，臣自刎颈以血污车轮，陛下不得入宗庙矣。"帝不悦，先驱光禄大夫张猛前曰："臣闻主圣臣直。乘船危，从桥安，圣主不涉危，不履虚，御史大夫言可用。"上曰："晓人不当如此。"乃从桥。

又曰：刘向为宗正时，西域都护甘延寿、副校尉陈汤，矫制发胡、汉兵四万攻郅支单于，斩首传送京师，名王已下七千五百一十八级，生虏百四十五人，降虏千余人。上议其功，丞相匡衡、石显等，皆以延寿与汤擅兴师矫制，幸得不诛，不宜加爵土，上欲从之。向乃上疏极谏，文多不载。于是上乃赦汤与延寿等矫制罪，封延寿为义城侯、长水校尉，汤为关内侯，食邑各三百户。

又曰：贡禹，字少翁，琅琊人。累为谏议大夫。时岁不登，郡国多困，禹乃进谏曰："今关东诸道，禾稼不稔，江淮浙右，人民流离，父子不保。愿陛下蠲赋税常贡，减太官之食，去角抵诸戏，废不急务役，速下诏命，以苏疲人。"上悦之，迁禹为御史大夫。禹自治宪司，数陈得失。又言："官家奴婢十余万人，税良民以给之，率脂膏以滑之，岁费钜万，于国无益，宜请免为庶人。"从之。又奏："武帝始临天下，犯法者赎罪，入谷者补吏，是以官私俱乱，盗贼并起，玉石混杂，真伪不分。今欲兴至理，致太平，宜除赎法，以进贤良，则天下治矣。"上大悦，行之。赐禹钱百万。

又曰：刘辅为谏议大夫。成帝欲立赵婕妤为后，辅疏曰："今陛下触情纵欲，倾于卑贱之女，欲以母天下，岂不畏于天乎？"上怒，使掖庭中缚之。谷永等上书讼之，上乃减死。

又曰：谷永时成帝好微行不止。永乃谏曰："陛下弃万乘之至尊，乐家人之贱事，厌高美之尊号，好匹夫之卑业，使拱卫之臣执干戈守其空宫，使公卿百寮不知陛下所在。忽有变，将奈社稷何？"帝敛容而止。

又曰：耿育。关内侯陈汤被谗夺爵，黜之敦煌郡。育上书诤曰："陈汤昔年讨绝域不羁之君，雪国家累年之耻，自古及今，安有比哉？

今被谗黜，老弃敦煌，复为遗虏所笑，诚可痛哉！至今奉使外夷者，未尝不陈以郅支之诛夷以扬汉国之威棱，岂可以授人之功，弃人之身，开幸门路，快谗佞者乎？”帝遂诏汤还京师，复旧爵。又曰：郑崇，字子游，高密大族。哀帝时为尚书仆射，数见谏诤，陈得失。每奏事，尝曳革履，上笑曰：“我识郑尚书履声。”崇每以董贤贵宠过度陈谏，由是得罪。上因责崇曰：“君门如市，何乃欲禁切主上用人乎？”崇曰：“臣门如市，臣心如水矣。”

又曰：朱云，成帝封诸舅王凤等五人同日为侯，倾坏朝政，京兆尹王章以直言见诛，安昌侯张禹以违任事。云为槐里令，颇衔之。乃谏曰：“今朝廷大臣，上不能匡君，下不能益人，皆尸禄耳，不可以事君。臣请尚方剑，断佞臣头一人以励其余。”上问曰：“谁也？”云曰：“张禹。”上大怒，曰：“小臣居下讪上，庭辱师傅，罪死不赦！”御史将下，云攀折殿槛，大呼曰：“臣愿得从龙逢、比干游于地下，免事桀纣之主，死不恨矣！”将军辛庆忌叩头流血，极谏得免，所司理槛。帝曰：“勿理，以旌直臣。”

又曰：王宏为侍中，哀帝宠董贤，为大司马卫将军事。是时，贤年二十二，上置酒与贤父亲属宴饮。上放酒，从容视贤而笑曰：“吾欲法尧禅舜何如？”时弘在坐，进谏曰：“昔周成戏以桐叶封弟叔虞于晋，周公入曰：天子无戏言耳。今天下乃高帝之天下，非陛下之天下也。陛下以藩王入奉嗣孝成皇帝，后当承宗庙传子孙于无穷，岂得以戏言将高祖社稷输人耶？”上默然不悦。终以失旨贬为郎署。

又曰：郅都，景帝时为中郎，敢直谏，面折大臣于朝。尝从上入上林，贾姬在厕，野彘入厕，上目郅都，不行。上欲自持兵救贾姬，都伏上前曰：“一姬死，更一姬进，天下所少，宁贾姬乎？陛下纵自轻，奈宗庙太后何？”上还，彘亦不伤贾姬。太后闻嘉之，赐都金百斤，上亦赐金百斤。

又曰：梅福上书谏成帝曰：“天下民有上书求见者，辄使诣尚书问其所言，谏可采取者，秩以升斗之禄，赐以一束之帛。若此，天下之士发愤懑，吐忠言，嘉谋日闻于上，天下条贯，国家表里，烂然可睹矣。”

又曰：哀帝时杜钦谏曰：“臣闻非仁无以广施，非义无以正身。今汉承周秦之弊，宜抑文上质，表实去伪。臣窃有所忧，言之怫心逆旨，不言则增渐日长，为祸不细。”

《续汉书》曰：张子孝，平陵人。性矜严，非礼不动。遇妻子若严君，三辅以为仪表，人或谓之诈。子孝曰：“我诚诈也。人皆诈恶。我独诈善，不亦可乎！”为光禄谏正，常乘白马。上每有异政，辄言白马生且复谏矣。

又曰：吴祐，字季英，陈留人。父恢，南海太守祐年十二，随恢到官，欲以杀青简写尚书章名，祐谏曰：“今君逾江湘，越五岭，僻在海滨，风俗虽陋，然多珍玩，上为朝廷所疑，下为权戚所望。此章若成，载必兼两。昔马援以薏苡兴谤，王阳以衣囊邀名。嫌疑之戒，愿留意焉。”恢抚其背曰：“吴氏世不乏季子者。”

《后汉书》曰：陈蕃为太尉。桓帝末，朝纲失序，封赏逾制，蕃上疏谏曰：“臣闻诸侯上象七曜，下应九土，以藩屏王室。高祖非功臣不侯，今宠臣以非义受邑，左右以无材傅赏，守位不料其德，列土那纪其功，乃至一门之内侯者数人，后宫之中数千采女，肉食锦衣、脂油粉黛不可胜计。鄙谚曰：盗不入五女之门，以贫人家也。今后宫之女岂不以贫人国乎？且聚而不御，必生忧怨之感，以致兵革水旱之因也。”上知之而不能用，为佞所害。

又曰：申屠刚，字巨卿，茂陵人。累迁尚书令。帝尝欲出游，刚以陇蜀未平，不宜宴逸。谏不听，乃以头轫乘舆，帝遂止。

又曰：王尊为隗嚣将，世祖遣来歙往谕之，嚣不从命而执之，欲杀害。尊谏曰：“臣闻为国者慎器与名，为家者畏怨重祸，慎名器则下服其命，轻怨祸则上受其殃。今将军遣子质汉，内怀他志，名器逆矣，而更谋诛其使，怨祸结矣。古者烈国兵交，使在其间，所以兵贵和而不任战者，何况承王命藉重质而犯之哉！且来歙虽单车远使，而汉帝之外兄，害之无损于彼，灭之有害于吾。昔宋执楚使者，有折骸易子之祸，小国犹不辱，况万乘之主乎？”遂不敢害，以礼遣之。

又曰：张敏，字伯达，河间鄚人。累为尚书，建初中，有侮辱人父者，而子杀之，肃宗贷其死刑，时定其议，敏议曰："夫死生之决，宜从上下，犹天之四时，有生有死。若开相容恕，著之为定法者，则是故设奸萌，生长罪隙。今欲趋生，反开杀路，一人不死，天下受弊。记曰：利一害百，民去其郭。王者承天地，顺四时，法圣人，从经律。愿陛下留意下民，考寻利害，天下幸甚。"从之。

又曰：爰延，字季平，外黄人。性质直，迁侍中。帝游上林苑，从容问延曰："朕何如主也？"对曰："为汉中主。"帝曰："何与言之？"对曰："尚书令陈蕃任事即治，中常侍豫政则乱，是以知陛下可与为善，可以为非。"帝曰："呜呼，昔朱云庭折栏槛，今侍中面称朕过，何代无奇人哉？敬闻命矣。"

又曰：杜根，字伯坚，颍川人。永初玄年，为郎。时和喜邓后临朝，权在外戚。根以安帝年长，宜亲政事，与同舍郎上书直谏。太后大怒，令盛根于囊，殿上武士扑杀之。执法者以根素知名，私语行事人使不加力，既而载出，根得苏。太后使人检覆，根诈死，三日，目中生蛆，因得免。

又曰：李云，字行祖，甘陵人，为白马令。众灾频降，云素刚直，忧国将危，乃露布上书直谏。帝怒，遂下黄门北寺狱，五官掾杜众伤云以忠谏获罪，上书愿与云同日死。诏下廷尉，皆死狱中。

又曰：陈琳为丞相府主簿。灵帝时，朝纲失序，政在宦官，尚书何进谋于袁绍曰："晋赵鞅兴晋阳之甲，诛君侧之恶，今阉竖弄权，可谓蔓草也，盍萌而剃之。"琳谏曰："《易》称即鹿无虞，谚有掩目捕雀。夫微物尚不可欺以得志，况国之大事，其可以诈立乎？今明公总皇威，权兵要，龙骧虎步，高下在心，此犹鼓洪炉而燎毛发耳！夫违经合道，天人所慎，而反委释利器，更征外助，大兵聚会，强者为雄，所谓倒持干戈，授人以柄，功必无成，为祸阶矣。"进不听。遂召前将军太原守董卓，卓未至，卒为祸乱，而进亦为宦官所杀。

又曰：铫期重于信义，在朝廷，忧国忧主，其有不得于心，犯颜谏争。帝尝轻与期门近出，期顿首车前曰："臣闻古今之戒，变生不意，诚不愿陛下微行数出。”帝为之回舆而还。

又曰：桓帝时，有上书宜改铸大钱，刘陶上议曰：“伏读铸钱之诏，平轻重之义，盖以为当今之忧，不在于货，在于民饥。窃见比年来，良苗尽于蝗螟之口，杼柚空于公私之求，野无青草，室如悬罄，所急朝夕之餐，所患靡盐之事，岂谓钱之铢两轻重哉？就使当今沙砾化为黄金，瓦石变为和玉，使百姓渴无饮，饥无食，虽皇羲之纯德，唐虞之文明，犹不能以保萧墙之内也。盖人民可百年无货，不可一朝有饥，故食为至急也。”

又曰：刘陵，字孟高，豫章人。为侍中。车驾出祠南郊，陵参乘，上起早升舆眠，陵跪曰：“陛下为万乘之主，升舆宜正立，虽早，严欲寝不当。上为天地灵祇，下为百姓观睹。”上愧色曰：“敬受侍中斯言。”以后为式，更自整顿。

谢承《后汉书》曰：延笃，字叔固。孝桓皇帝拜侍中，自在机密，常见进纳。上数问政事得失，以经义古典，默谏帷幄，言不宣外。

又曰：李膺等党事下狱，陈蕃上疏极谏，曰：“臣闻圣明之君，委心辅佐；亡国之主，讳闻直辞。故汤武虽圣，而兴于伊、吕；桀纣迷惑，亡在失人。由此言之，君为玄首，臣为股肱，同体相须，共成美恶者。伏见前司隶校尉李膺、太仆杜密、太尉掾范滂等，正身无点，死心社稷。以忠忤旨，横加考案，或禁锢闭隔，或死徙非所。杜塞天下之口，聋盲一世之人，与秦焚书坑儒，何以为异？臣位列台司，忧深责重，不敢尸禄惜生，坐观成败。如不蒙采录，使身首分裂，异门而出，所不恨也。”帝讳其言切，托以蕃辟召非其人，遂策免之。

又曰：陈蕃谏桓帝曰：“故皋陶戒舜无畋游，周公戒成王无般于游田。虞舜、成王犹有此戒，况德不及二主者乎！夫安平之时，尚宜直节，况当今之世，有三空之危哉！田野空，朝廷空，仓库空，是谓三空。而兵戎未戢，四方离散，是陛下焦心毁颜，坐而待旦之时也。岂宜扬旗耀武，骋心舆马之观乎！”

太平御览卷第四百五十三 人事部九十四

谏诤三

《东观汉记》曰：上将自击彭宠，伏惠公谏曰："臣闻文王享国五十，伐崇七年，而三分天下有二。至武王，四海乃宾。陛下承大乱之极，出入四年，中国未化，远者不服，而远征边郡，四方闻之，莫不怪疑。愿思之。"

又曰：郅恽为上东城门侯。上尝夜出，还，拒关，诏开门欲入，恽不纳。上令从门间识面。恽遂不开。明日，恽上书曰："昔文王不敢盘于游田，以万民唯忧。而陛下远猎山林，以夜继昼，其如社稷宗庙何？诚小臣所窃忧也。"由是上特重之。

又曰：第五伦为司空，奉公不挠，言事无所依违，诸子谏止，辄叱之。每上封自作草，不复示掾吏。或民奏记言便宜，便封上。

又曰：明帝时决狱多近于重，尚书陈宠上疏谏曰："先王之政，赏不僭，刑不滥，与其不得已，宁僭，故古贤君君叹相重式者，重刑之至也。

又曰：帝时伐匈奴，鲁恭王上疏谏曰："窃见窦宪、耿秉，衔使奉命，暴师于外。陛下亲劳，忧在军役，诚欲以安定边陲，为民除害。臣思之，未见其便。数年以来，民食不足，国无积，盛春兴，扰动天下，妨废农时，以事夷狄，非所以垂意于中国，悯念民命也。"

又曰：日蚀，司徒丁鸿上疏曰："臣闻《春秋》日蚀三十六，而弑君三十六，变不空生。夫帝王不宜以重器假人，观古及汉倾危之祸，靡不由世位擅宠之家。伏见大将军，刺史二千石初除谒辞，求通待报，虽奉玺书，受台敕，不敢去，至数十日。背公室，向私门，此乃上威损，下权盛。外附之臣，依托权门，谄谀以求容媚，宜诛之。"

又曰：窦宪为车骑将军，辟崔骃为掾。宪府贵重，掾属三十人，皆故刺史、二千石，唯骃以处士年少擢在其间。宪擅权骄恣，骃数谏之。

及出征匈奴，道路愈多不法，驷为主簿，前后奏记数十，指切长短。宪不能容，稍疏之，因察驷高弟，出为岑长。驷自以远去，不得意，遂不之官而归，卒于家。

又曰：杨赐，字伯献，代刘郃为司徒，帝欲造毕珪灵昆苑，赐上疏谏曰："窃闻使者并规度城南民田，欲以为苑。昔先王造囿，裁足以修三驱之礼，薪菜刍牧，皆悉往焉。先帝之制，左开鸿池，右作上林，不奢不约，以合礼中。今猥规郊城之地，以为苑圃，广坏田园，废居民，畜禽兽。殆非所谓保赤子之义。"

又曰：光和中，有虹霓昼降嘉德殿，上引杨赐等入金商门问以祥异。对曰："按《春秋谶》曰：天投霓，恐海内乱。加四百之期，象见吉凶，圣人则之。今妾嬖人阉尹之徒，共专国朝，欺罔日月。而今缙绅之徒委伏畎亩，口诵尧、舜之言，身蹈绝俗之行，亡捐沟壑，不见逮及，冠履倒易，陵谷代处。"

又曰：白马令李云。桓帝诛大将军梁冀，而中常侍单超等五人皆以诛冀功并封列侯。又立掖庭民女亳氏为皇后，数月间，后家封四人，赏赐巨万。时地数震裂，众灾频降。云素刚，忧国，乃露布上书，移三府，曰："孔子曰：帝者，谛也。今官位错乱，小人谄进，财货公行，政令日损，是帝欲不谛乎？"帝得奏，震怒，下有司送云黄门北寺狱，死。

《魏志》曰：辛毗，字佐治，颍川人。帝践祚，为侍中。帝欲徙冀州士家十万民实河南。时连蝗民饥，群司以为不可，而帝意甚盛，毗与朝臣俱求见，帝知其欲谏，作色以见之，皆莫敢言。毗曰："陛下徙士家，其计安出？"帝曰："卿谓我徙之非耶？"毗曰："诚以为非也。"帝曰："吾不与卿共议也。"毗曰："陛下以臣不肖，置之左右，厕之谋议之官，安得不与臣议耶！臣所言非私也，乃社稷之虑也。"帝不答，起入内；毗随而引其裾，帝遂奋衣而还，良久乃出，曰："佐治，卿持我何太急耶？"毗曰："今徙，既失民心，又无以食也。"帝遂徙其半。尝从帝射雉，帝曰："射雉乐哉！"毗曰："于陛下甚乐，而于群下甚苦。"

帝默然，为之希出。

又曰：太祖讨张鲁，东还时有将军许游拥部曲不附太祖，而有慢言，太祖怒，先欲讨之。群臣多谏，太祖横刀于膝，作色不听。缪袭入，欲谏，太祖逆之曰："吾计以定，卿勿复言。"袭曰："若殿下计是耶？臣方助殿下成之；若殿下计非耶？虽成宜败之。殿下逆臣，令勿言，何待下之不阐乎？"太祖曰："许游慢吾，何言可致乎？"袭曰："臣闻千石之弩，不为鼷鼠发机；万钧之钟，不以蓬橦起音，今区区之许游，何足以劳神哉！"太祖曰："善。"遂厚抚游，游即归服。

又曰：贾诩，字文和。文帝时为五官将，而临淄侯植才名方盛，有夺宗之议。文帝使人问诩自固之术，诩曰："愿将军恢崇德度，躬素士之业，朝夕孜孜，不违子道。如此而已。"文帝从之，深自砥砺。太祖又当屏除左右问诩，诩默然不对。太祖曰："与卿言而不答，何也？"诩曰："思袁本初、刘景升父子也。"太祖大笑，于是太子遂定。

又曰：文帝频出游猎，或昏夜还宫。王朗上疏曰："夫帝王将行，则设兵而后登舆，清道而后奉引。所以显至尊，务戒慎也。近日车驾及昏而反，非万乘之至慎也。"

又曰：文帝践祚，以高柔为治书侍御史。时人间数有诽谤妖言，帝疾之，有妖言辄杀，而赏告者。柔上疏曰："宜除妖谤赏告之法。"帝乃下诏："敢以诽谤相告者，以所告罪罪之。"于是遂绝。

又曰：太祖置校事卢洪、赵达等，使察群下，高柔谏曰：今置校事既非君上信下之指，又达等数以憎爱擅作威福，宜检治之。"后奸利发，太祖杀之以谢于柔。

又曰：太祖征并州，留崔琰傅文帝于邺。太子仍出田猎，变服易乘，志存驱逐。琰书谏曰："今邦国殄悴，惠康未洽，唯太子燔翳损褶，以塞众望，不令老臣获罪于天。"

又曰：高堂隆寝疾，口占上疏曰："臣寝疾病，有增无损，常惧忠款不昭。臣常疾世主莫不思绍尧、舜，而蹈桀纣之迹，愿陛下少垂省览。"

又曰：明帝即位，辛毗为廷尉。帝欲平北邙，令登台观，则见孟津。毗谏曰："天地之性，高高下下，今而反之，既非其理。若九河溢溢，洪水为害，而丘陵皆移，将何以御之？"帝乃止。

又曰：明帝时，百姓凋匮，而役务方殷。卫凯上疏曰："顺止者，爱所由来；逆意者，恶所以至。故人臣皆争顺指，而避逆意。非破家为国、杀身成君者，谁能犯颜色、触忌讳、建一言、开一说哉！"

又曰：《荀彧传》曰："时曹公欲灭陶谦，乘胜欲取徐州，而后定吕布。彧谏曰：昔高祖保关中，光武据河内，深根固本，以制天下，进可以胜敌，退可以自守，虽师北身遁者数矣，而终复振成大业也。今将军本以兖州首事，故能平定山东，此实天下之要地，而将军之关河也。若不先定根本，将何以寄诸乎？宜且急收熟麦，以实军资，吕布不足虑也。今舍此而东，未见其便，多留兵则不可胜敌，少留兵则不可固守，且吕布乘虚寇暴，震动人心，纵保数城，非已所有。"操乃从其言，遂破吕布，而平兖州。

《魏略》曰：苏则为侍中。文帝时，人多饥困，而军数出，又兼治宫室；则又数面谏，由此，上颇不悦，其后，出以为河东相。

又曰：时太祖欲征吴，而大雨霖，三军多不愿行。太祖知其然，恐外有谏者，教曰："今孤戒严，未知所之，有谏者死。"贾逵受教，谓其同寮三主簿曰："今实不可出，而教如此，不可不谏也。"乃建谏草以示三人，三人不获已皆署名，入白事。太祖怒，收逵等。当送狱，教取造意者，逵即言"我造意"，遂走诣狱。狱吏以逵主簿也，不即着械。逵谓狱吏曰："促械我。尊者且疑我在近职，求缓于卿，今将遣人来察我。"既而复职。

又曰：明帝徙长安钟虡铜人，起土山寺。司徒军议掾河东董寻上书曰："臣闻古之贞士，尽言于国，不避死亡，故周昌比高祖于桀纣，刘辅譬赵后于人婢。天生忠直，虽白刃沸汤，往而不顾者，诚为时主爱惜天下也。建安已来，野战死亡，或门单户尽，虽有在者，遗孤老弱。若今宫室狭小，当大之，犹随时不妨农务，况乃作无益之物，黄龙凤皇、九龙承露盘，玉山渊池也。此皆圣明之所兴，其功参倍于殿舍，三公、九卿、侍中、尚书，天下至德皆知非道而不敢言者，以陛下春秋方刚，心畏雷霆。臣今知言出必死，而臣自比于牛一毛，生既无益，死亦何损，发笔流涕，心与世辞。臣有八子，臣死之后，累陛下矣。”将奏，沐浴既通，帝曰：“董寻不畏死耶！”主者奏收寻，有诏勿问。

《吴志》曰：张昭少子休，字叔嗣，从中庶子转为右弼都尉。孙权尝游猎，逮暮乃归。休上疏谏戒，权大善之，以示于昭。

又曰：孙权欲废太子和，立亮，尚书仆射屈晃固谏不止。权大怒，牵晃入殿，杖一百。

又曰：孙权任信校事吕壹。壹性苛惨，用法深刻。太子登数谏，权不纳。后壹奸罪发露，权引咎责躬。

又曰：孙权既为吴王，欢宴之末，自起行酒，虞翻伏地，阳醉不持。权去，翻起坐。权于是大怒，手剑欲击之，侍坐者莫不惶遽，唯大司农刘基起抱权谏曰：“大王以三爵后杀善士，虽翻有罪，天下孰知之？”权曰：“曹孟德尚杀孔文举，孤于虞翻何有哉？”基曰：“孟德轻害士人，天下非之。今大王躬行德义，欲与尧、舜比隆，何自喻于彼乎？”翻由是得免。权因敕左右：“自今酒后言杀，皆不得杀。”

又曰：张纮，字子纲，广陵人。避难江东，委质于孙策。策遣纮奉章诣许昌。曹公闻策薨，欲伐吴。纮谏曰：“以为乘人之丧，既非古义，若有不克，弃好成仇，不如厚礼。”曹公从之。纮归吴后为长史。权率轻骑将赴敌，纮谏曰：“兵者凶器，战者危事。麾下多强暴之勇，三军之众，莫不寒心。”权纳而止。

又曰：吕蒙时为护军，权将欲北取徐州，以广其地。蒙谏曰：“不可。今曹操远在河北，新破二袁，抚集幽、冀，未暇东顾。今徐州将守，恶足言也，往必克之。然地势陆通，四面受敌，今日得之，明日还失，举全吴之众未足守也。不如取关羽，西据荆州，则利尽长江，此上流之势，于国之便，十徐州也。则重关西门，国之固也。”权甚然之，兴师，遂擒关羽而平荆州。

又曰：华覈，字永先，吴人。上疏谏皓曰：“臣闻之，主所求于民者二，民之所望于主者三。二谓求其为己劳也，求其为己死者也。三谓饥者能食之，劳者能息之，功者能赏之。今民以致其二事而主失其三，主二求已备，民之三望未报。今百工作无用之器，妇人为绮靡之饰。且美貌者不待华彩以崇好，艳姿者不待文绮以致爱。若极粉黛，穷盛服，未必无丑妇；废华彩、文绣，未必无美貌也。”皓终不纳。后以恚谴免，数年而卒。

又曰：韦曜，字弘嗣，吴人。本名昭，避晋文讳改之。孙皓立，曜以直谏非一，渐见责怒。皓每飨宴，以七升为限，虽不入口，并浇灌取尽，曜遂见逼。皓辄以为曜与华覈、薛莹撰《吴书》，皓欲以父和作《帝纪》，曜以和不登帝位，宜作《传》，曜遂被诛。

又曰：贺邵，字兴伯。孙皓时为中书令，领太子太傅。皓凶暴骄矜，邵上疏谏曰：“陛下媟近宠媚之臣，日闻顺意之辞，海内悼心朝臣失图。”书奏，皓深恨之，竟见杀。

《蜀志》曰：时天旱禁酒，酿者有刑。吏于人家索得酿具，欲令与作酒者同罚。简雍从先主游，见一男子行道，谓先主：“彼人欲淫，何以不缚？”先主曰：“卿何以知之？”雍对曰：“彼有淫具，与欲酿者同。”先主大笑，而原欲酿者。雍之滑稽凡此类。

又曰：黄权，字公衡。州牧刘璋召为主簿，时别驾张松建议，宜迎先主，伐张鲁。权谏曰：“左将军有骁名，今欲以部曲遇之，则不满其心，欲以宾客礼等，则一国不容二君。客若有太山之安，则主有累卵之危。可但闭境，以待河清。”璋不听。

又曰：张松说刘璋交通先主，璋从之，遣法正请先主。璋从事广汉王累自倒悬于州门以谏，璋一无所纳，敕所在供奉先主，先主入境如归。

《晋书》曰：《何尚之传》：时造玄武湖，上欲于湖中立方丈、蓬莱、瀛洲三神山，尚之固谏，乃止。时又造华林园，并盛暑，欲兴人工，尚之又谏，宜加休息。

又曰：续咸。伪赵石勒将迁都于邺，咸固谏，勒怒曰：“不斩此老臣，朕宫不得迁也。”敕御史收之，中书令徐光表极谏，勒乃悟，停作。赐咸绢百匹。

又曰：孙嵩为王弥长史。弥与石勒有隙，勒常恶之，乃请计于右侯张宾。宾曰：“英雄不并立，宜早图之。”勒于是开宴请弥，弥将行，嵩请谏曰：“石公卑甚言甘，不可信也，愿公勿往，自守保固，恐有专诸、孙峻之祸及耳！”弥曰：“石勒一竖子耳，奚能为也？”不听，遂入。酒酣遇害。

又曰：裴元略事伪秦符坚，为佥部郎中。坚常以珠玑奇异，弥饰不可胜计，以朝群臣。玄略谏曰：“周卑宫室，庆垂八百；始皇穷极，嗣不及孙。此万古所以传载也。愿陛下去之，以延洪祚，庆流万代。”坚曰：“非卿忠，何以闻寡人之过。”悉命去之。

又曰：游子远仕刘曜。西羌羯叛乱，举兵四十余万，三辅大震。曜甚患之，欲大兴师伐之，子远谏曰：“足下纳臣愚计，不劳大军，可一月而定矣。且羌夷之叛也，非有大度窥窃神器矣，但迫足下严刑峻网。今死者不可追，生者犹可安，莫若大赦，释诸逆人。若没官者，悉还之，遽相抚育，听其复业，与人更始。彼生路既开，人情岂有乐祸好乱者也。且小人聚居，必有他心，今无刑辟之惧，以恩信怀之，不降何待矣！纵酋长负罪而不下者，请假臣弱兵五千人，为足下枭之，不劳大军，此可定矣。今贼党既盛，弥川被谷，若临之以兵，恐非岁月而可殄也。此言其术也。”曜大悦，行其计，西方遂平。

王隐《晋书》曰：愍怀太子颇好游宴。洗马江统等谏曰：“宜咨询保傅，引见宾客，悉得接尽，有增博见益多闻。”

《晋中兴书》曰：江逌为侍中，时穆宗欲于后园修立池苑，逌谏以“强贼不灭，宜务军备，当存俭约，以率群下”，上即纳之也。

徐广《晋记》曰：成帝有乳母，经营艰苦，诏假其名号，顾和谏曰：“保母奉佑，圣躬不遗其勋，第舍供给，已为隆厚，若假以名号，非令典也。书而不法，后嗣何观？”帝乃止。

臧荣绪《晋书》曰：卫瓘，字伯玉，每议及经国，屡形于言色，晋祖恐大臣有谏。瓘尝因宴饮，欢醉，手抚御床曰：“此坐可惜！”

《宋书》曰：世祖游幸无度，太后及六宫常乘副车在后，沈怀文与王景文每谏不宜亟出。后同从坐松树下，风雨甚骤。景文曰：“卿可以言矣。”怀文曰：“独言无从，理相与从之。”江智渊卧草侧，亦谓言之为善。俄而入召俱入雉场。怀文曰：“风雨如此，非圣躬所宜冒。”景文又曰：“怀文所启宜从。”智渊未及言，上方注弩，作色曰：“卿欲效颜竣耶？何以恒知人事。”又曰：“颜竣小子，恨不得鞭其面！”

又曰：何尚之迁尚书左仆射，加散骑常侍。时上行幸，还多侵夜，尚之表谏曰：“万乘宜重，尊不可轻，此圣心所鉴，岂假臣启。舆驾比出，还多冒夜。伏愿少采愚诚。”上优诏纳之。

太平御览卷第四百五十四　人事部九十五

谏诤四

崔鸿《前赵录》曰：刘聪将起凤仪殿于后庭，廷尉陈元达谏，聪怒曰："将营一宫，岂问汝鼠子乎！"将斩之。时在逍遥园，元达抱堂下树叫曰："臣所言者，社稷之计也。"刘后在后堂，密手疏救之，乃解。改逍遥园为纳贤园，季中堂为愧贤堂。

又曰：阉竖王沈等用事，太宰刘易、大将军刘敷、御史大夫陈元达诣阙请，固请免沈等官。聪以表示沈等，笑曰："是儿等为元达所引，遂成痴也。"聪手坏其表。

又曰：赵染次于新丰东，晋安将军索綝长安东讨，染有轻敌之色。染长史鲁徽曰："困兽犹斗，况于国乎？"梁曰："索綝小竖，岂能污吾马蹄刀剑也！"师精骑逆，战于城西，败绩。悔曰："吾不用鲁徽之言，以至于是。"乃斩徽。徽临刑，谓染曰："将军违谋取败，诛忠良以逞过忿，若死而有知，当诉将军于黄泉，使将军不得眠床枕死。"赵染攻北地，梦鲁徽引箭射之，且将攻城，中弩卒。

又曰：石虎驰猎无度，晨出夜归。太子韦傅谏曰："臣闻千金之子，坐不垂堂；万乘之主，行不履危。陛下虽天生神武，雄据四海，乾坤冥赞，万无所虑者也。然白龙鱼服，有豫且之祸；海若潜游，离葛陂之酷。深愿陛下清宫跸路，思二神为玄鉴，不忘天下之重。"虎省善之，赐以束帛。

又曰：赵明，字显昭，南阳人。虎摄位，拜为尚书，及诛勒诸子，明谏曰："明帝功格皇天，为赵之太祖，安可以绝之？"虎曰："吾之家事，幸卿不须言也。"以直言忤旨，故十年不迁。贞固之风，时论拟之苏则。

崔鸿《前秦录》曰：符坚如邺，狩于西山，亲驰射兽，游猎旬余，昏而忘返。伶人王洛叩马谏曰："若祸起须臾，变在不测者，其如宗庙何？其如太后何？"坚曰："善哉！昔文公悟愆于虞人，朕闻罪于王洛，吾过也。"

崔鸿《前凉录》曰：张天锡，元日与嬖亵饮，既不受群寮朝贺，又不朝于永训宫。从事郎中张虑舆榇切谏，不纳。

又曰：张骏宴群臣于闲豫堂，议欲严刑峻制，众咸以为宜。参军黄斌进曰："臣未见其可。若尊亲犯，令不行矣。"骏性严猛，乃弃几改容，曰："微黄生，吾不闻过矣。黄生可谓忠之至也。"

《后魏书》曰：高允为中书令，武帝禁封良田，人无农，多游者。允上疏谏曰："臣少也贱，所知唯田，请以农事言之。夫地方十里，为田三顷六十亩，百里为田三万六十顷。若勤之，则亩增三斗，惰之则亩减三斗。百里之内，损益之率，为粟可知矣。况天下之广乎？若户有私储，则国无阴阳之眚。"上从之，三年而国霸。

又曰：元昭业为谏议大夫，庄帝将畋洛南，昭业叩马谏止，帝避之而过，后诏劳勉之。

又曰：汝南王悦，字宣礼。性不伦，俶傥难测。无故过杖京兆王愉子宝月，悦国前郎中令北平阳固上疏谏曰："伏闻殿下乃小以怒过行威罚，诚严训有余，而慈惠不足。当今主上幼冲，宰辅用事，履冰践霜，兢业犹恐不济，况肆意非彝，任情行事，欲保全福禄，其可得乎？昔龚遂去国，犹献直言，韦孟离朝，不忘本国，况臣忝荷朝私，猥充谬举，伏隶国僚，闻道有岁，敢不尽言！"悦览之大怒。

《陈书》曰：章华，字仲宗。上疏谏后主曰："陛下不思先帝之艰难，不知天命之可畏，溺于嬖宠，惑于酒色，祠七庙而不出，拜后妃而临轩，老臣宿将，弃之草莽，谄佞谗邪，升之朝廷。今疆场日蹙，隋军日至，陛下不改弦易张，臣见麋鹿游于姑苏矣。"后主大怒，即日斩之。

《隋书》曰：卢恺。武帝在云阳宫，敕诸屯简老牛，欲以享士。恺进谏曰："昔田子方赎老马，君子以为美谈。向奉明敕，欲以老牛享士，有亏仁政。"帝美其言而止。又曰：刘行本，沛人，累迁黄门侍郎。

高祖常怒一郎，于殿前笞之。行本进谏曰："此人素清，其过又小。"上不顾。行本又曰："陛下不以臣不肖，置在左右。臣言若是，陛下安得不听？臣所言非，当致之大理，安得轻臣而不顾！臣所言非私。"因置笏于地而退，上于是敛容谢之。

又曰：苏威见宫中以银为幔钩，因盛陈节俭之美以谕上。上为之改容，雕饰旧物，悉命除毁。上尝怒一人，将杀之，威入阁进谏，不纳。上怒甚，将自出斩之，威当上前不去。上避之而出，威又遮止，上拂衣而入。良久，乃召威谢曰："公能若是，吾无忧矣。"于是赐马二匹，钱十余万。

又曰：赵绰为刑部侍郎。治梁士彦等狱，赐物三百段，奴婢十口，马二十匹。每有奏谳，正色侃然，上嘉之，渐见亲重。上以盗贼不禁，将重其法。绰进谏曰："陛下行尧、舜之道，多存宽宥。况律者天下之大信，其可失乎！"上欣然纳之，因谓绰曰："若更有闻见，宜数陈之也。"上禁行恶钱，有二人在市，以恶钱易好者，武侯执以闻，上令悉斩之。绰进谏曰："此人坐当杖，杀之非法。"上曰："不关卿事。"绰曰："陛下不以臣愚暗，置在法司，欲妄杀人，岂得不关臣事！"上曰："撼大木不动者，当退。"对曰："臣望感天心，何为动木！"上复曰："啜羹者，热则置之。天子之欲相挫耶？"绰拜而益前，诃之不肯退。上遂入，治书侍御史柳彧复上奏切谏，上乃止。

《唐书》曰：虞世南虽容貌儒愞，若不胜衣，而志性抗烈，论及古先帝王为政得失，必存规讽，多所补益。太宗常谓侍臣曰："朕因暇日与虞世南商略古今，有一言之失，未尝不怅恨，其恳诚若此，朕用嘉言，群臣皆若世南，天下何忧不理。"

又曰：孔颖达数进忠言，益见亲待。太宗尝问曰："《论语》云：'以能问于不能，以多问于寡，有若无，实若虚'，何谓也？"颖达对曰："圣人设教，欲以谦光。已虽有能，不自矜大，仍就不能之人求访能事。已之才艺虽多，犹以为少，仍就寡小之人更求所益。已之虽有，其状若无。已之虽实，其容若虚。非唯匹庶，帝王之德，亦当如此。夫帝王内蕴神明，外须玄默，深不可测，度不可知。《易》称以《蒙》养正，以《明夷》莅众。若其位居尊极，炫耀聪明，以才凌人，饰非拒谏，则上下情隔，君臣道乖，自古灭亡，莫不由此也。”太宗深善其对。

又曰：刘洎，太宗尝谓侍臣曰：“夫人臣之对帝王，皆顺旨而不逆，甘言以取容。朕今发问，欲闻己过，卿等须言朕愆失。”长孙无忌、李勣、杨师道等咸云：“陛下圣人，化致太平，臣等不见其失。”洎对曰：“陛下化高万古，诚如无忌等言。然顷上书人不称旨，或面加穷诘，无不惭退，非奖进言者之路。”太宗曰：“卿言是也，当为卿改之。”

又曰：谷那律迁谏议大夫，尝从太宗出猎，在途遇雨，因问曰：“油衣若为得不漏？”那律曰：“能以瓦为之，则不漏矣。”意欲太宗弗为猎。太宗大悦，赐帛二百段。

又曰：柳范，贞观中为侍御史。时吴王恪好畋猎，损居人，范奏弹之。太宗因谓侍臣曰：“权万纪事我儿，不能匡正，其罪合死。”范进曰：“房玄龄事陛下，犹不能谏止畋猎，岂可独罪万纪？”太宗大怒，拂衣而入。久之，独引范谓曰：“何得逆折我？”范曰：“臣闻主圣臣直，陛下仁明，臣敢不尽愚直。”太宗意乃解。又曰：薛收尝上书谏猎，太宗手诏曰：“览读所陈，实悟心胆，今日成我，卿之力也。明珠兼乘，岂比来言，当以诚心，书何能尽。今赐卿黄金四十铤，以酬雅意。”

又曰：高季辅，授太子右庶子，又上疏切谏时政得失，特赐钟乳一剂，曰：“卿进药石之言，故以药石相报。”

又曰：太宗问褚遂良曰：“舜造漆器，禹雕其俎，当时谏舜、禹者十余人。食器之间，苦谏何也？”遂良对曰：“雕琢害农事，组纂伤女工。首创奢淫，危亡之渐。漆器不已，必金为之，金器不已，必玉为之。所以诤臣必谏其渐，及其满盈，无所复谏。”太宗为然。

又曰：高宗将废皇后王氏，立武昭仪为皇后，褚遂良欲陈谏。及入，高宗难于发言，再三顾谓无忌曰：“莫大之罪，绝嗣为甚。王后无胤息，昭仪有子，今欲立皇后，公等以为如何？”遂良曰：“皇后出自名家，先朝所娶，伏事先帝，无愆妇德。先帝不豫，执陛下手以语臣曰：

我好儿好妇，今将付卿。陛下亲承德音，言犹在耳。皇后自此未有愆，恐不可废，臣今不敢曲从上旨，违先帝之命，特愿再三思审。愚臣上忤圣颜，罪合万死，但愿不负先朝厚恩，何顾性命。”遂良致笏于殿陛，曰：“还陛下此笏。”乃解巾叩头流血。帝大怒，令引出。因左迁遂良潭州都督，后转桂州。未几，贬爱州刺史。

又曰：纳言桓彦范尝上表论中宗时政数条，其大略曰：“昔孔子论《诗》，以《关雎》为始，言后妃者人伦之本，理乱之端也。故皇、英降而虞道兴，任、姒归而姬宗盛。桀奔南巢，祸阶末嬉，鲁桓灭国，惑以齐媛。伏见陛下每临朝听政，皇后必施帷幔坐于殿上，预闻政事。臣愚历选列辟，详求往代，帝王有与妇人谋及政者，莫不破国亡身，倾辀继路。且以阴乘阳，违天也；以妇凌夫，违人也。违天不祥，违人不义。由是古人譬以‘牝鸡之晨，唯家之索’。《易》曰：‘无攸遂，在中馈’，言妇人不得预于国政也。伏愿陛下览古人之言，察古人之意，上以社稷为重，下以苍生在念。宜令皇后无往正殿，干预外朝，专在中宫，聿修阴教，则坤仪式固，鼎命唯新。”疏奏不纳。

又曰：中书侍郎袁恕己，以将作少匠杨务廉素以工巧见用。中兴初，恕己恐其更启游娱侈靡之端，言于中宗曰：“务廉致位九卿，积有岁年，若言嘉谋，无足可纪，每宫室营构，必务其侈，若不斥之，何以广昭圣德？”由是左授陵州刺史。

又曰：德宗尝泛舟鱼藻宫，张水戏，命皇太子升舟。舟具皆饰以金碧丹青，使妇人盛饰操篙楫行舟，光彩映烛，丝竹歌讴俱发。德宗顾谓上曰：“今日如何？”上对曰：“极盛。”退因以奢为谏，德宗不悦。

又曰：杜希全积功至朔方军节度使。尝献《体要》八章，多所规谏，德宗深纳之，乃著《君臣箴》以赐之。

又曰：宪宗元和中，有五坊使犯法，上将宥之，裴度恳论不已。时方征郓冀，上曰：“五坊是小事，今日与卿要商量用兵。”度奏曰：“山东叛逆不过乱数州，五坊使横暴将乱辇下！”上怒起，入，见诸中人，曰：“使我羞见宰相！”遂杀五坊使，京师肃然，天下望风而理。

又曰：镇州王承宗之叛，宪宗将以吐突承璀为招讨处置使，吕元靖与给事中穆质、兵部侍郎许孟容等八人抗论不可。且曰："承璀虽贵宠，然内臣也。若为师总兵，恐不为诸将所伏。"指喻明切，宪宗纳之，为改使号，然犹专戎柄。

又曰：李绛尝因浴堂北廊奏，违忤上旨，指切时病。及论中官纵恣、方镇进献事宜，上怒甚，厉声曰："卿所论事，何太过耶？"绛前论不已，曰："臣所陈，岂臣身之利？是国家之利！陛下不以臣愚，使处腹心之地，岂可见事亏圣德，致损清时，而惜身不言，仰屋窃叹，是臣负陛下也。若不顾患祸，尽诚奏论，旁忤幸臣，上犯圣旨，以此获罪，是陛下负臣也。且臣与内官，素不相识，又无嫌隙，只是威福大盛，上损圣明，臣所以不敢不论耳。使臣缄默，非社稷之福也。"上见其诚不回，即怒解，稍慰喻曰："卿尽节于朕，人所不言，卿悉言之，使朕闻所不闻，真忠正诚节之臣也。他日南面，亦须如今日。"绛拜恩而退。后教坊忽称密旨，取良家士女及衣冠别第妓人，京师嚣然。绛谓同列曰："此事大亏损圣德，须有论谏。"或曰："此嗜欲间事。从谏官陈疏。"绛曰："居常诸公尝病谏官论事，此难事即推与谏官可乎？"遂极疏论奏。翌日延英，上举手谓绛曰："昨见卿状所论采择事，非卿尽忠于朕，何以及此？朕都不知向外事，此是教坊罪过，不谕朕意，以至于此。朕缘丹王以下四人，院内都无侍者，朕令于乐工中及闾里有情愿者，厚其钱帛，只取四人，四王各与一人。伊不会朕意，便如此生事。朕今已科罚，其所取人，并放归。若非卿言，朕宁知此过矣？"

又曰：白居易为右拾遗，上令神策中尉吐突承璀为招讨使，谏官上章者十七八，居易面论，词情切至。既而又请罢河北用兵，凡数千言，皆今人之难言者，上多听纳。唯谏承璀事稍过，上颇不悦，谓李绛曰："白居易小子，是朕拔擢致名位，而无礼于朕，朕实难奈。"绛对曰："居易所以不避死亡之诛，事无巨细必言，盖酬陛下特力拔擢耳，非轻言也。陛下欲开谏诤之路，不宜阻居易言。"上曰："卿言是也。"由是多见听纳。

又曰：柳公权，字诚悬，幼嗜学，十二能为词赋。元和初，进士擢第，释褐秘书省校书郎。李听镇夏州，辟为掌书记。穆宗即位，入奏事。帝召见，谓公权曰："我于佛寺见卿笔迹，思之久矣。"即日拜右拾遗，翰林侍书学士，迁左补阙、司封员外郎。穆宗政僻，尝问公权笔何尽善，对曰："用在心，心正则笔正。"上改容，知其笔谏也。

唐穆宗便殿对六学士，上语及汉文恭俭，帝举袂曰："此浣濯者三矣。"学士皆赞咏帝之俭德，唯公权无言，帝留而问之，对曰："人主当进贤良，退不肖，纳谏诤，明赏罚。服浣濯之衣，乃小节耳。"时周墀同对，为之股慄，公权词气不可夺。帝徐谓之曰："极知舍人不合作谏议，以卿言事有诤臣风彩，却受卿谏议大夫。"翌日降制，以谏议知制诰，学士如故。

又曰：郑覃。穆宗不恤政事，喜游宴，即位之始，吐蕃寇边，覃与同职崔郾等廷奏曰："陛下即位已来，宴乐过多，畋游无度。今蕃寇在境，缓急奏报，不知乘舆所在。臣等忝备谏官，不胜忧惕，伏愿稍减游从，留心政道。伏闻陛下晨夜昵狎倡优，近习之徒，赏赐太厚。凡金银货帛，皆出自生灵膏血，不可使无功之人，滥沾赐与。纵内藏有余，亦乞用之有节，如边上警急，即支用无缺。免令有司重敛百姓，实天下幸甚。"帝初不悦其言，顾宰相萧俛曰："此辈何人？"俛对曰："谏官也。"帝意稍解。

又曰：刘栖楚。敬宗即位，畋游稍多，坐朝常晚。栖楚出班，以额叩龙墀出血，苦谏曰："臣历观前王嗣位之初，莫不躬勤庶政，坐以待旦。陛下即位已来，放情嗜寝，乐色忘忧，安卧宫闱，日晏方起，西宫密迩，未过山陵，鼓吹之声，日喧于外。伏以宪宗皇帝、大行皇帝皆是长君，恪勤庶政，四方犹有叛乱。陛下运当少主，即位未几，恶德布闻，臣恐福祚之不长也。臣忝谏官，致陛下有此，请碎首以谢！"遂以额叩龙墀，久之不已。帝相李逢吉出位宣曰："刘栖楚休叩头，候进旨。"栖楚捧首而起，因便陈论，磕头见血，上为之动容，以袖连挥令出。栖楚又云："不可臣奏，臣即碎首死。"中书侍郎牛僧孺从宣示而出，敬宗为之动容。无何，迁起居郎。

又曰：李程为相。敬宗冲幼，好治宫室，畋游无度，欲于宫中营新殿，程谏曰："自古圣帝明王，以慈俭化天下。陛下在谅暗之中，不宜兴作，愿以瓦木回奉园陵。"上欣然从之。

又曰：文宗时魏谟为起居舍人。紫宸中谢，召诫之曰："事有不当，即须奏论。"

謩曰："言臣顷为谏官，合伸规讽。今居史职，职在记言，不敢辄逾职分。"帝曰："凡两省官并合论事，勿拘此言。"寻以本官直弘文馆。四年，拜谏议大夫，仍兼起居舍人，判弘文馆事。

又曰：魏谟仪容魁伟，言论切直，与同列上前言事，他宰相必委曲规讽，唯谟谠言无所畏避。宣宗每曰："魏谟绰有祖风，名公子孙，我心重之。"

《汉武帝故事》曰：上性严急，法令峻刻，汲黯谏曰："陛下不爱才乐士，求之为倦，比得一人，心劳苦神，未尽其用，辄已杀之。以有限之士，资无已之诛，臣恐天下贤才将尽，陛下欲与谁为治乎？"上笑喻之。黯曰："愿陛下自今已后改之，无以臣愚不知理也。"

田融《赵书》曰：前石数出游猎，每亟驰骋，主簿程琅谏，前石驰逐自若，草木有瓦木，驰马触之，马即死，前石亦危殆，体小不稳，还宫，叹曰："程琅忠臣也，不用其言，吾之不善，追之何及。"

段龟《龙梁纪》曰：太常卿杨颖上疏谏吕纂饮酒过度，出入无恒。纂曰："不有直亮之臣，谁匡邪僻之君也。"纂虽有此言，终不能改。

又曰：吕光龙飞二年，太常麈反叛，麈以笺书招诱杨轨，推为盟主。轨性直，不虑麈之倾危。西河太守程肇谏轨曰："将军之与吕主，可谓臭味是同，今欲释同，心托异类，背龙头，寻蛇尾，非将军之高算也。"

梁祚《魏国统》曰：吴丞相顾雍谏孙权曰："公孙泉未可信，后必悔也。"权入禁中，雍后随之，顿首曰："此国之大事，臣以死争之。"权使左右扶出。

太平御览卷第四百五十五 人事部九十六

谏诤五

《锺离意别传》曰：孝明帝作北宫，意复谏曰："顷天旱不雨，陛下躬自敕责，避正殿之荣，今日雨而不濡，岂政有改耶？是天威未消也。愚以为可命大匠止功作诸室，减省不急，以助时气。"奏闻，有诏曰："朕之不德，敢不如教。"即日中沛然大雨。

《列女传》曰：魏曲沃负者，魏曲沃大夫如耳之母也。曲沃，邑也。魏哀王为太子纳妃，而将自纳焉。负谓如耳曰："王乱于不别，何故不匡之？"如耳未遇闲，会使于齐，未遇王之清闲，而受使行也。负因诣王门请见，曰："妾闻男女之别，国之大节也。妇人脆于志，窳于心，不可以邪开，脆窳，不坚固，不宜以邪事开诱也。是故十五而笄，二十而嫁。早成其号，谥所以就之。号谥，笄嫁之名。聘则为妻，奔则为妾，所以开善遏淫也。节成然后许嫁，亲迎而后随，贞女之义也。今大王为大子求妃而自纳之，此毁贞女之行而乱男女之别，妾恐王之国危也。"王曰："然，寡人不知也。"遂与太子，而赐负粟三十钟。六石四升曰钟。

又曰：楚处庄侄者，楚县邑之女也。顷襄王好游观之乐焉。王左右谓王曰："南游于唐五百里有乐焉。"王将行，侄年十二，王既见，出操帜伏于南郊道傍。王车至，侄举其帜。王使人问之，侄曰："愿谒隐事于王。"王召之："子何以成寡人？"对曰："大鱼失水，有龙无尾；墙欲内崩，而王不视。"王曰："不知。"对曰："大鱼失水者，离国五百里也；有龙无尾者，年三十无太子；墙欲内崩王不视者，祸乱且成而王不改。"王曰："何？"对曰："王好台榭，而不恤众庶，出入不时，耳目不聪，强奏闻王，左右使王日以滋甚。王不亟反，且及祸，虽悔无逮。"王曰："善。"命后车载之，立反国。比至，国门已闭，反者已定。王乃发鄢郢之师以击之，仅而得胜，乃立侄为夫人。

《说苑》曰：齐晏子复于景公曰："朝居严乎？"公曰："朝居严，则曷害于治国哉！"晏子对曰："朝居严则下无言，下无言则上无闻矣。下无言则谓之喑，上无闻则谓之聋。聋喑则非害治国家如何！且泰山之高，非一石也，累卑然后高也。夫治天下者，非用一士之言也。"

又曰：秦始皇时，侯生谏。始皇望见侯生，大怒曰："老虏不良，诽谤而至，乃敢复见我。"侯生曰："陛下奢侈失本，淫佚趋末，人力殚尽尚不知，臣等恐言之无益，而自取死也，故逃而不敢言。"

又曰：赵简子举兵攻齐，令军中谏者罪至死。被甲之士名曰公卢，望见简子而笑曰："臣有宿笑。当桑之时，臣邻家父与妻俱之田，见桑中女，因往追之，不能。还反，其妻怒而去之。臣笑其旷也。"简子还师而归。

又曰：左儒友于杜伯，皆臣周宣王，宣王将杀杜伯，而非其罪也。左儒争之，王不许也。王曰："党，友也，易而言则生，不易而死。"左儒对曰："臣闻古之士，不枉义以从邪，不易言以求生。"王杀杜伯，而儒死之。

又曰：有能尽言于君，用则留，不用则去，谓之谏。

又曰：秦始皇帝太后不谨，幸郎嫪毐，封以为长信侯，为生两子。毐专国事，浸益骄奢，与侍中左右贵臣俱博，饮酒，醉，争言而斗，瞋目大叱，曰："吾乃皇帝之假父也，窭人子何敢乃与我抗。"所与斗者走，行白皇帝，皇帝大怒。毐惧诛，因作乱，战咸阳宫，败。始皇乃取四支车裂之，取其两弟囊扑杀之，谏而死者二十七人矣。齐客茅焦乃往，上谒曰："齐客茅蕉愿上谏皇帝。"皇帝使使者出问："客得无以太后事谏也？"茅蕉曰："然。"使者还白曰："果以太后事谏。"皇帝曰："走往告之，若不见阙下积死人耶？"使者问茅蕉，茅蕉曰："臣闻之，天有二十八宿，今死者已有二十七人矣，臣所以来者，欲满其数耳。臣非畏死人也。"走入白之，茅蕉邑子同食者尽负其衣物行亡。使者入白之，皇帝大怒，曰："是子故来犯吾禁，趋炊镬汤煮之，是安得积阙下乎？趋召之入！"皇帝按剑而坐，口正沫出。使者召之入，茅蕉不肯疾行，足趣相过耳。使者趋之，茅蕉曰："臣至前则死矣，君独不能忍吾须臾乎？"使者极哀之，茅蕉至前，再拜谒起，称曰："臣闻之，夫有生者不讳死，有国者不讳亡，讳死者不可以得生，讳亡者不可以得存。死生存亡，圣主所欲急闻也，不审陛下欲闻之不？"皇帝曰："何谓也？"茅蕉对曰："陛下有狂悖之行不自知耶？"皇帝曰："何等也，愿闻之。"茅蕉对曰："陛下车裂假父，有嫉妒之心；囊扑两弟，有不慈之名；迁母棫阳宫，有不孝之行；从蒺藜于谏士，有桀纣之治。今天下闻之，尽瓦解无向秦者，臣窃为陛下危之。所言已毕，乞行就锧。"乃解衣伏锧。皇帝下殿，左手接之，右手麾左右曰："赦之，先生就衣，今愿受事。"乃立焦为仲父，爵之为上卿。皇帝立驾千乘万骑，空左方，自行迎太后棫阳宫，归于咸阳。太后大喜，乃置酒待茅蕉，及饮，太后曰："抗枉令直，使败更成，安秦之社稷，使妾母子复得相会者，尽茅君之力也。"

又曰：楚庄王筑层台，延石千里，延壤百里，士有反三月之粮者，大臣谏者七十二人，谏者皆死矣。有诸御己者，违楚百里而耕，谓其耦曰："吾将入见于王。"其耦曰："以身乎？吾闻说人主者，皆闲暇之人也，然且至而死矣。今子持草茅之人耳！"诸御己曰："若与子同耕而比力也，至于说人主不与子比智矣。"委其耕，入见庄王，庄王谓之曰："诸御己来，汝将谏耶？"诸御己曰："君有义之用，有法之行，且已闻之，土负水者平，木负绳者正，君受谏者圣，君筑层台，延石千里，延壤百里，民之衅咎血成通于涂，然且未敢谏也，己何敢谏乎？顾臣愚，窃以虞不用宫之奇而晋并之，陈不用子家羁而楚并之，曹不用僖负羁而宋并之，莱不用子猛而齐并之，吴不用子胥而越并之，秦不用蹇叔之言而秦国危，桀杀关龙逢而汤得之，纣杀王子比干而武王得之，宣王杀杜伯而周室卑。此三天子、六诸侯皆不能尊贤用辩士之言，故身死而国亡。"遂趋而出，楚王遽而追之，曰："己，子反矣！吾将用子之谏。先日说寡人者，其说也，不足以动寡人之心，又危加诸寡人，故皆至而死矣。今子说，足以动寡人之心，又不危加诸寡人，故将用子之谏。”明日，令曰：“有能入谏者，吾与为兄弟。”遂解层台而罢民。楚人歌之曰：“薪乎莱乎，无诸御己，讫无子乎！莱乎薪乎，无诸御己，讫无人乎！”

又曰：齐桓公谓鲍叔曰：“寡人欲铸大钟，昭寡人之名焉。寡人之行，岂避尧、舜哉？”鲍叔曰：“敢问君之行。”桓公曰：“昔者吾围谭三年，得而不自与者，仁也。吾北伐孤竹，刬令支而反者，武也。吾为葵丘之会，以偃天下之兵者，文也。诸侯抱美玉而朝者九国，寡人不受者，义也。然则文武仁义寡人尽有之矣，寡人之行岂避尧、舜哉？”鲍叔曰：“君好直言，臣以直言对。昔者公子纠在上位而不让，非仁也。背太公之言而侵鲁境，非义也。疆埸之士，上詘于一剑，非武也。侄娣不离里衽，非文也。为不善遍于物不自知者，无天祸必有人害。天处甚高，其听甚下，今君过言，天且闻之。”桓公曰：“寡人有过，子幸记之，是社稷之福也。子不幸教，几有大罪以辱社稷。”

又曰：楚昭王欲之荆台游，司马子綦进谏曰：“荆台之游，左洞庭之波，右彭蠡之水，南望猲山，下临方淮，其乐使人遗老而忘死，人君游者尽以亡其国，愿大王勿往游焉。”王曰：“荆台乃吾地也，有地而游之，子何为绝我游乎？”怒而击之。于是令尹子西驾安车驷马至于殿下，曰：“今日荆台之游，不可不观也。”王登车而拊其背曰：“荆台之游，与子共乐之矣。”步马十里，引辔而止曰：“臣不敢下车，愿得有道，大王肯听之乎？”王曰：“第言之。”令尹子西曰：“臣闻之，为人臣而忠其君，爵禄不足以赏也。若司马子綦者，忠臣也；若臣者，谀臣也。愿大王杀臣之躯，罚臣之家，而禄司马子綦。”王曰：“若我能止，听公，子独能禁我游。后世游之，无有极时，奈何乎？”令尹子西曰：“欲禁后世易耳，愿大王山陵崩阤，为陵于荆台。未尝有持钟鼓管弦之乐，而游于父之墓上者也。”于是王还车，卒不游于荆台，令罢先置。孔子从鲁闻之，曰：“美哉！令尹子西谏之十里之前，而权之于百世 之后者也。”

又曰：荆文王得如黄之狗，菌簬之矰，以畋于云梦，三月不反；得舟之姬，淫之，期年不听朝。保申谏曰：“先王卜以臣为保，吉。今王得如黄之狗，菌蕗之矰，畋于云梦，三月不反，得舟之姬，淫之，期年不听朝，王之罪当笞。”匍伏将笞王。王曰：“不谷免于襁褓，托诸侯矣，愿请变更无笞。”保申曰：“臣承先王之命不敢废。王不受笞，是废先王之命也。臣宁得罪于王，无负于先王。”王曰：“敬诺。”乃席王，王伏。保申束细箭五十，跪而加之王背，如此者再，谓王起矣。王曰：“有笞之名，一也。”遂致之。保申曰：“臣闻之，君子耻之，小人痛之，耻之不变，痛之何益？”保申趋出，欲自流，乃请罪于王。王曰：“此不谷之过，保申将何罪？”王乃变行，从保申，杀如黄之狗，折菌蕗之矰，逐舟之姬，务治乎荆。兼国三十，令荆国广大至于此者，保申敢极言之功也。萧何、王陵闻之，曰：“圣主能举先世之业而以成功名者，其唯荆文王乎！故天下誉之，至今明主、忠臣、孝子以为法。”

又曰：晋平公使叔向聘于吴，吴人拭船以逆之。左五百人，右五百人，有绣衣豹裘者。叔向归以告平公，平公曰：“吴其亡乎？奚以敬舟？奚以敬民？”叔向对曰：“君为驰底之台，上可以发千兵，下可以陈钟鼓，诸侯闻君者亦曰：奚以敬台？奚以敬民？所敬各异也。”于是平公乃罢台。

又曰：齐景公好弋，使烛邹主鸟而亡之，景公怒而欲杀之。晏子曰：“烛邹有罪，请数之以其罪，乃杀之。”景公曰：“可。”于是乃召烛邹数之景公前，曰：“汝为君主鸟而亡之，是一罪也；使吾君以鸟之故杀人，是二罪也；使诸侯闻之，以吾君重鸟而轻士，是三罪也。”数烛邹罪已毕，请杀之。景公曰：“止。”勿杀而谢之。

又曰：齐景公正昼被发，乘六马，御妇人以出正闺，刖跪击其马而反之，曰：“尔非吾君也。”公惭而不朝。晏子睹裔敖而问曰：“君何故不朝？”对曰：“昔者君正昼，被发，乘六马御妇人出闺，刖跪击其马而反之，曰：尔非吾君也。公惭而反，不果出，是以不朝。”晏子入，公见曰：“昔者寡人有罪，被发，乘六马以出正闺，刖跪击马而反之曰：尔非吾君也。寡人以子大夫之赐，得率百姓以守宗庙，今见戮刖跪，以辱社稷，吾犹可以齐于诸侯乎？”晏子对曰：“民无直辞，上有隐恶；民多讳言，君有骄行。古者明君在上，下有直辞；君上好善，民无讳言。今君有失行，而刖跪有直辞，是君之福也。故臣来庆。请赏之，以明君之好善；礼之，以明君之受谏。”公笑曰：“可乎？”晏子曰：“可。”于是刖跪倍资，时朝无事。

又曰：景公饮酒，移于晏子家，前驱报门曰：“君至。”晏子被朝衣，立于门曰：“诸侯得微有谏乎？国家得微有事乎？君何为非时而夜辱。”公曰：“酒醴之味，金石之声，愿及夫子乐之。”晏子对曰：“布荐席、陈簠簋者有人，臣不敢与焉。”公曰：“移于司马穰苴之家。”前驱报门曰：“君至！”司马穰苴介胄操戟立于门曰：“诸侯微有兵乎？大臣得微有叛者乎？君何为非时而夜辱？”公曰：“酒醴之味，金石之声，愿与夫子乐之。”对曰：“布荐席、陈簠簋者有人，臣不敢与焉。”公曰：“移于梁丘据之家。”前驱报门曰：“君至！”梁丘据左操瑟，右挈竽，行歌而至。公曰：“乐哉！今夕吾饮酒也。微彼二子者，何以治吾国；微此一臣者，何以乐吾身。”圣贤之君皆有益友，无偷乐之臣，景公弗能及，故两用之，仅得不亡。

又曰：吴王濞反。梁孝王中郎枚乘字叔，闻之，为书谏王。其辞曰：“君王之外臣乘，窃闻得全者昌，失全者亡。舜无立锥之地，以有天下；禹无百户之众，以王诸侯。汤、武之地方不过百里，上不绝三光之明，下不伤百姓之心者，有王术之故。父子之道，天性也。忠臣不敢避诛以直谏，故事无废业而功流于万世也。臣乘愿披腹心而效愚忠，恐大臣不能用也，臣乘愿大王听臣乘之言。夫一缕之任系千钧之重，上悬之无极之高，下垂之不测之渊。虽甚愚之人，且犹知哀其绝也。马方骇而重惊之，系方绝而重镇之；系绝于天不可复结，坠入深渊难以复出。其出不出，间不容发。诚能用臣乘言，以百举必脱。必若所欲为，危于累卵，难于上天；变所欲为，易于反掌，安于泰山。今欲极天命之寿，弊无穷之乐，保万乘之势，不出反掌之易，以居泰山之安，乃欲乘累卵之危，走上天之难，此愚臣之所大惑也。人生有畏其影而恶其迹者，乃背而走，无益也，不如就阴而止，影灭迹绝。欲人勿闻，莫若勿言；欲人勿知，莫若勿为。欲汤之冷，令一人炊之，百人扬之，无益也，不如绝薪止火而已。不绝之于彼，而救之于此，譬犹抱薪救火也。”“故武王谔谔而昌，纣嘿嘿而亡。君无谔谔之臣，父无谔谔之子，兄无谔谔之弟，夫无谔谔之妇，士无谔谔之友，其亡可待。故曰：君失之，臣得之；父失之，子得之；兄失之，弟得之；夫失之，妇得之；士失之，友得之。故无亡国破家、悖父乱子、放兄弃弟、狂夫淫妇、绝交败友者也。”

又曰：《易》曰：“王臣謇謇，匪躬之故。”人臣之所以謇謇为难而谏其君者，非为身也，将欲以匡君之过，矫君之失也。君有过失者，危亡之萌也。见君之过失而不谏，是轻君之危亡也。夫轻君之危亡者，忠臣不忍为也。三谏而不用则去，不去则亡身，亡身者仁人所为也。是故谏有五：一曰正谏，二曰降谏，三曰忠谏，四曰戆谏，五曰风谏。孔子曰：“吾其从风谏。”夫不谏则危君，固谏则危身，与其危君，宁危身，危身终不用，则谏亦无功矣。智者度君权时，调其缓急而处其宜，上不敢危君，下不为危身，故在国而国不危，在身而身不殆。昔陈灵公不听泄冶之谏而杀之，曹羁三谏曹君不听而去，《春秋》序义虽俱贤，而曹羁合礼。

太平御览卷第四百五十六 人事部九十七

谏诤六

《周书》曰：微子开者，纣之兄也。纣不道，数谏不听。度纣终不可谏，欲死之。及去，未能决，乃问太师箕子，少师比干曰："纣湎于酒，妇人之言是用，若涉水无津涯。"箕子曰："今诚得治国，国治身死不恨，为死终不治，不如去之。"纣乃为象床。箕子曰："彼为玉床，则思远方珍怪之物而御之矣。为人臣者，谏不听，是彰君之恶。"乃被发佯狂。比干曰："君有过不以死争，则百姓何辜矣。"乃直言谏。纣怒，刳视其心。微子曰："父有过，三谏不听，则号泣而随之；臣三谏不听，则其义可以去矣。"

又曰：许绾。魏襄王欲为中天之台，诫曰："敢谏者死。"绾乃负操捶而入曰："臣闻大王将为中天之台，愿加一力焉。"王曰："何也？"对曰："臣闻天地相去万五千里，今王因而半之，当高七千五百里，基址当广八千里。尽王之地，不足以为。大王必欲为之，先起兵以伐诸侯，及四夷尽有，地乃足矣。然以林木之积，人徒之众，仓廪之输，当给其外，乃可以作。"襄王默然，无以应之，乃罢。

又曰：段规。智伯请地于韩康子，康子欲勿与，规谏曰："不可。夫智伯之为人，好利而鸷，复来请地而勿与，则必加兵于我矣。若与之，彼又请地于他国，他国不听，必向之以兵。然则，与可以免于患，而待事之变。"康子曰："善。"因使使者封万家之县一与智伯，智伯大悦。复请地于赵，不与，果阴约韩、魏而伐，围晋阳三年。后韩、魏应之，遂灭智伯。

又曰：田婴，齐宣王弟，封靖郭君于薛。婴自威王以来，任职有功，故封之。靖郭君婴将城薛，客多谏者。婴谓谒者，有谏者勿通。于是人有请见者曰："臣请三言而已矣，若过三言，臣则请烹。"靖郭君见之，客趋进，曰："海大鱼。"因返走。君不解，曰："更言之。"客对曰："君夫不闻海大鱼乎？网不能止，钓不能牵，忽而失水，则蝼蚁得志焉。今齐，亦君之水也。若长有齐，奚以薛为？君若一旦失齐，虽降薛之城到天，犹无益也。"君曰："善。"遂不城薛。

又曰：不幸，不闻其过。福在受谏，基在爱民，固在亲贤。

《战国策》曰：齐王有幸臣九人，九人欲伤安平君田单。田单之与王，君臣无礼，阴结诸侯之雄俊，其意欲有为也。貂勃从楚来，王觞诸前，酒酣，王曰："召相田单。"貂勃避席稽首曰："王恶得此亡国之言乎？人臣之功岂有厚于安平君乎？"王乃煞九子，益封安平君。

又曰：先生王歜造门而歌，欲见于宣王，宣王使谒者延入。王歜趋见王为好势，王趋见歜为好士，于王何如？使者还报，宣王因趋而迎之于门，与入。曰："寡人闻先生直言正谏不讳。"王歜曰："生于乱世，事乱君，焉敢直言正谏？"宣王忿然作色，不说。有间，王歜曰："昔先君桓公所好者五，天子受籍，立为方伯。今王有四焉。"宣王说，曰："寡人愚陋，焉能有四？"王歜曰："先君好马、好狗、好酒、好色，王亦好之，先君好士，王不好士。"宣王曰："当今之世无士，寡人何好？"歜谓王曰："世无骐骥騄耳，王驷已备；世无东郭韩、卢氏之犬，王走犬已备；无毛嫱、西施之妓、王宫已充。王亦弗好士也，何患无士？"

《战国策》曰：赵旦伐燕，苏代为燕王谓赵惠王曰："今者来，过川，蚌方出曝，而鹬啄其肉，蚌合而掩其啄。鹬曰：今日不雨，明日不雨，蚌将为脯。蚌亦谓鹬曰："今日不出，必见死鹬。两者不肯相舍。渔父得而并禽之。今赵且伐燕，燕赵久相交，以弊大众，臣恐强秦之为渔父也。"惠王曰："善。"乃止之。

又曰：赵太后新用事，秦急征之。赵氏求救于齐，齐曰："必以长安君为质，兵乃出。"太后不肯，太臣强谏。太后谓左右："有复言令长安君为质者，老妇必唾其面！"右师触龙言愿见太后，盛气而须之。入而徐趋，曰："老臣贱息舒旗，最少，不肖。而衰窃爱怜之，愿令得补黑衣之数，以卫王宫。”太后敬诺，问年几何矣？对曰：“十五岁矣。”太后曰：“丈夫亦爱怜少子。”对曰：“甚于妇人。”太后曰：“妇人异甚！”对曰：“左右臣窃以为媪之爱燕后，贤于长安君。”曰：“过矣。”“媪之送燕后，时祭祀则祝之曰：必不使反。岂非计长久为子孙相继为王也！今媪尊长安君之位，而封之以膏腴之地，与之重器，而不及今令有功于国。山陵崩，长安君何以自托于赵？老臣以媪为长安君计短也。故以为其爱不若燕后。”太后曰：“诺！唯君所使之。”于是为长安君约车百乘，质于齐，齐兵乃出。

《补逸礼传》曰：卫灵公之时，蘧伯玉贤而不用，弥子瑕不肖而任事。史鳝患之，数言蘧伯玉贤而不听，病且死，谓其子曰：“我死则治丧于北堂，吾生不能进蘧伯玉而退弥子瑕，是不能正君也。生不能正君者，死不当成礼，而致尸于北堂于是足矣。”灵公往吊，问其故，其子以父言闻灵公，灵公失容曰：“吾失矣。”立召蘧伯玉而进之，召弥子瑕而退之，徙丧于堂，成礼而后去。卫国以治，史鳝之力也。史鳝以尸谏，可谓忠不衰矣。

《孝经援神契》曰：三谏，待放，复三年眷眷所以者，臣为君谏，若言有过而放矣。所谏事遂以行者，遂去不留。凡待放者，冀君用耳。事以行，灾咎将至，无为留之。臣待放于郊，君不绝其禄者，亦不欲去。道不合，故去耳。以其宗庙，赐之环，即还之，玦则去。

《国语》曰：周灵王二十二年，谷、洛斗，将毁王宫。王欲壅之，太子晋曰：“不可。晋闻古之长人者，不堕山，不崇薮，不防川，不窦泽。”

《国语》曰：吴伐越，越王令诸稽郢行成于吴，曰：“君王不以鞭棰使之，而辱军士，使寇令焉。若御寇之号令。勾践请一介嫡女执箕帚，一介嫡男奉盘匜，匜，沃器也。以随诸御，春秋贡献，不懈王府。谚曰：狐埋之而狐榾之，是无成功也。今大王既封植越国，而又刈之，刈，斩。是无劳也。”吴王曰：“吾将许越，谢成。”申胥申胥，楚臣五员谏曰：“不可许。大夫种勇以善谋，将还玩吴国于股掌之上，以得其志，故婉约其辞以从王志。为虺弗摧，为蛇将若何？”虺短蛇长。吴王不听，乃许盟。

《国语》曰：鲁武公以括与戏见宣王，武公，敖也。括，武公长子伯御也。王命立戏，樊仲山父谏樊宣王卿士山父之所封也，仲山父樊穆仲也。曰：“不可立也！不顺必犯王命，犯王命必诛，故出命不可不慎也。命之不行，政之不立，行而不顺，民将弃上。夫下事上，少事长，所以为顺也。今天子立诸侯而违其少，是教逆也。天子其图之！”

又曰：宣王既丧南国之师，乃料民于太原。仲山父谏曰：“民不可料也！无故而料民，天之恶也，害于政而妨于后嗣。”王卒料之，及幽王乃灭。

讽谏木《国语》曰：晋平公射鷃，不死，使竖襄搏之，失。公怒，拘将煞之。叔向闻之，曰：“君必煞之。昔吾先君唐叔射兕于徒林，殪，以为大甲，以封于晋。今君嗣吾先君，射鷃不死，搏之不得，是扬吾君之耻者也。君必速杀之，无令远闻。”君颜忸怩，乃走赦之。

《说苑》曰：齐景公游于海上而乐之，六月不归，令左右曰：“敢有先言归者，致死不赦！”颜烛趋进谏曰：“君乐治海上而六月不归，彼倘有治国者，君且安得乐此海也。”景公援戟将斩之，颜烛进，抚衣待之，曰：“君奚不斫也？昔者桀杀关龙逢，纣杀王子比干。君之贤，非比二主也；臣之材，亦非比二子也。君奚不斫？以臣参此二人者，不亦可乎？”景公说，遂归。中道闻国人谋不内矣。

又曰：吴王欲伐荆，舍人少孺子欲谏不敢，则怀丸操弹游于后囿，露沾其衣，王曰：“何沾衣如此？”对曰：“榆上有蝉，高居而鸣，不知螳螂在其后；螳螂欲取蝉，不知黄雀在其傍；黄雀延颈啄螳螂，而不知弹丸在其下；臣欲弹雀，不知露沾衣。如此三者，皆务欲得其利，而不顾其后患也。”王曰：“善哉！”乃罢兵。又曰：晋平公好乐，多其赋敛，不治城郭，敢有谏者死，国人忧之。有咎犯者，见门大夫曰：“臣闻主君好乐，故以乐见。”门大夫入言：“晋人咎犯欲以乐见。”平公曰：“内之。”止坐殿上，则出钟磬竽瑟。坐有顷，平公曰：“客子为乐。”

咎犯对曰："臣不能为乐，臣善隐。"平公召隐士十二人，咎犯曰："隐臣窃愿昧死御。"平公曰："诺。"咎犯申其左臂而诎五指。平公问于隐官曰："占之为何？"隐官皆曰："不知。"平公曰："归之。"咎犯则申其一指曰："是一也，便游赭画而后城门；二也，柱梁衣绣，士民无褐；三也，侏儒有余酒而死士渴；四也，民有饥色而马有粟秫；五也，近臣不敢谏，远臣不得达。"平公曰："善。"乃屏钟鼓，除竽瑟，遂与咎犯治国。

又曰：枚乘上书谏吴王曰："福生有基，祸生有胎，纳其基，绝其胎，祸何从来哉？泰山之溜穿石，殚极之绠断干。水非石之钻，绳非木之锯也，渐摩使之然。夫铢铢而称之，至石必差；寸寸而度之，至丈必过。石称丈量，径而寡失。十围之木，始生于蘖，可分而绝，可擢而拔，据其未生，先其未形。磨礲砥砺，不见其损，有时而尽；种树畜长，不见其益，有时而大；积德循行，不知其善，有时而用；弃义背理，不知其恶，有时而亡。臣乘愿大王熟计而身行之，此百王不易之道。"吴王不听，卒死丹徒。

又曰：晋灵公造九层台，费用千亿，谓左右曰："敢有谏者斩。"荀息闻之，上书求见。灵公张弩持矢见之，谓曰："子欲谏耶？"息曰："不敢谏也。臣能累十二博棋，加九鸡子其上。"公曰："子为寡人作之。"息即正颜色，定志意，以棋子置下，加九鸡子其上，左右慴息。灵公扶伏，气息不续。公曰："危哉，危哉！"息曰："是不危也，复有危于此者。"公曰："愿复见之。"息曰："九层之台三年不成，男不得耕，女不得织，国有空虚，邻国谋议将欲兴兵，社稷亡灭，君欲何望？"灵公曰："寡人之过，乃止于此。"即坏九层之台。

又曰：秦始皇时侯生谏，始皇望见侯生，大怒。侯生曰："陛下之淫，万万丹朱而千千桀纣，臣恐陛下之千亡曾不一存。"始皇默然久之，曰："汝何不早言？"侯生曰："陛下之自贤自健，上侮五帝，下陵三王，弃素朴，就末伎，陛下亡征见久矣。臣等恐言之无益而自为取死也，故逃而不敢言。"

又曰：楚庄王伐阳夏，师久而不罢，群臣欲谏而不敢。庄王猎于云梦，椒举谏曰："王所以多得兽者，马也，而废王国亡，王之马岂可哉？"王曰："善。不谷知屈强国之可以长诸侯也。知得地可以为富也，亡其民之不用也。"明日，饮诸大夫酒，椒举为上客。罢阳夏之师。

《晏子春秋》曰：景公为长庲音来，舍也，将欲美之。有风雨作，公与晏子入坐，饮酒，致堂上之乐。酒酣，晏子作歌曰："穗兮不得获，秋风至兮草零落。风雨之，拂煞之，靡弊之。"歌终，顾而流涕，张掖而舞。公止之曰："今日夫子有赐讥寡人之罪。"遂废酒罢役。

又曰：齐景公使人养爱马暴病死，景公怒，令人持刀欲煞养马者。是时，晏子侍前，左右执刀而进，晏子止之而问："古者尧舜支解人从何体始？"公惧然曰："从寡人始。"遂止不支解。公曰："以属狱。"晏子曰："请数之，使自知其罪然后煞之狱。"公曰："可。"晏子数之曰："尔有罪三：公使汝养马，汝煞之，当死罪一；又煞公之所爱马，当死罪二；使公一马之故而煞人，百姓闻之必怨吾君，诸侯闻之必轻吾国，汝一煞公马，使公怨积于百姓，兵弱于邻国，汝当死罪三。令以属狱。"公喟然曰："赦之。"

又曰：景公筑路寝之台，三年未息而又为邹之长涂。晏子谏，公斩板而去之。

又曰：景公有爱槐，令吏谨守之。令犯槐者刑，伤槐者死。有不闻令，过而犯之者，将加罪焉。晏子谏曰："婴闻穷人财力，以从嗜欲，谓之暴；崇玩好威严，谓之逆；形煞不称，谓之贼。三者，守国之大殃也。君飨国德行未见于民，而三辟著于国，婴恐其不可以莅国子人也。"公曰："善。"出犯槐之囚。

《晏子》曰：景公畋于署梁，十有八日而不返。晏子伯自往见公，比至，衣冠不正，不革衣冠，望游而驰。公望见晏子，曰："何其遽，国家得无故乎？"晏子对曰："国人皆以君安于野，不安于国，好兽而恶民。"公曰："寡人之有子，犹心之有四支也。心有四支，故心得佚焉，岂不可哉？"晏子对曰："婴闻之与君言异。乃若心之有四支而心得佚焉则可，今四支无心也十有八日矣，不亦久乎？”公于是罢田归。

又曰：楚巫微道裔款以见景公，侍坐三日，景公说之。楚巫曰：“公明神之主，帝王之君也。公即位十有七年矣，事未大济者，神明未至也，请致五帝以明君德。”景公再拜稽首。楚巫曰：“请巡国郊以观帝位。”至于牛山而不敢登，曰：“五帝之位在于国南，请齐具而后登之。”公命百官供齐具，裔款视事。晏子闻之，而见于公曰：“古者不慢行而繁祭，不轻身而恃巫。今政乱而行辟，弃贤而用巫。帝王之在身也，而求帝王，不亦难乎？”

又曰：景公射鸟，野人骇之。公即令吏诛之。晏子曰：“野人不知也。臣闻之，赏无功谓之乱，罪不知谓之虐，两者先王之禁也。”公曰：“善。”自尔以来，未有鸟兽之禁。

又曰：景公为巨冠长衣以听朝，日晏不罢。晏子进曰：“日宴矣，君脱服就晏。”公曰：“诺，寡人受令。”退朝，遂去衣冠，不复服也。

萧方等《三十国春秋》曰：秦王符坚悬珠帘于正殿以朝群臣，宫宇服御物极珍饰之奇，尚书佥部郎裴元略谏曰：“愿陛下遵采椽之不斫，鄙琼室而不居。”坚笑曰：“非卿之忠，朕何由闻过乎？”

赵晔《吴越春秋》曰：吴王既煞子胥，问太宰曰：“子胥数以越谏，遂以丧身。从死以来，若有所亡，今欲祠之，何日可也？”曰：“三月癸未可也。”及夫差出国，祠子胥江水之滨，乃言曰：“寡人昔日不听相国之言，至令相国远投江海自亡。”

司马彪《九州春秋》曰：曹公征孙权，参军徐干谏曰：“今未承王命者，吴与蜀也，唯明公思虞舜舞干戚之义，全威养德，以道制胜，公不从军，遂无功。”

太平御览卷第四百五十七 人事部九十八

谏诤七

《白虎通》曰：谏，间也。更也。是非相间，革更其行也。

又曰：规谏者礼也。视君颜色不悦，且却；悦者复前；以礼进退。

又曰：士不得谏者，士贱，不得豫政，故不得谏诤父之力。得因尽其忠耳。保傅曰："大夫进谏，士傅民语，妻得谏夫者，夫妻一体，荣辱共之。"《诗》曰："相鼠有皮，人而无仪，不死胡为？"此妻谏夫之诗。子谏父，父不从，不得去者，父子一体无相离之性，犹火去木而灭。

刘向《新序》曰：鲁哀公为室，而大公仪子谏，哀公毁室而止。

又曰：庄辛谏楚襄王曰："君王左州侯右夏侯，从新安君与寿陵君同轩，淫行侈靡，而亡国政，郢其危矣。"王曰："先生老惛欤，妄为楚国祓欤？"对曰："臣非敢为楚祓，诚见之也，不出十月。"十月，王果亡失江汉鄢郢之地。

讽谏木《新序》曰：楚襄王亡失江汉鄢郢之地，乃使召庄辛，辛曰："庶人有称曰：亡羊而固牢，不为迟；见兔而呼狗，不为晚。汤武以百里王，桀纣以天下亡。今国虽小，绝长继短，以千里数。且君王独不见夫青蛉乎，六足四翼，蜚翔乎天地之间，求蚊虻而食之，待甘露而饮之，自以为无患，不知五尺童子以竹竿加之乎四仞之上，而下为虫蚁所食青蛉！犹其小者，黄雀俯啄百粒，仰栖茂树，鼓其翼，奋其翅，自以为无患，与民无争；不知公子王孙左抱弹、右摄丸，昼游乎茂树而夕和乎酸咸。黄雀犹其小者，鸿鹄嬉游乎江河，修其六翮，一举千里，自以为无患，与民无争；不知弋者操其弓矢，修其防翳，故朝游乎江河而暮调乎鼎俎。鸿鹄犹其小者，蔡侯之事又是也。蔡侯南游乎高陵，北经乎巫山嬉游乎商蔡之囿，不以国家为事；不知子发受命宣王，继以朱丝也。蔡侯之事犹其小者，今君王之事又是也。君王左州侯、右夏侯，从新安君与寿陵君，淫行康乐，游娱驰骋；不知穰侯方与秦王谋杀之乎黾塞之外。”襄王大惧，形体棹慄曰：“谨受令。”乃封辛为成陵君，而用计焉。《战国策》文亦同。

又曰：赵简子上羊肠之坂，群臣皆偏裼推车，而虎哙独担戟行歌，不推车。简子曰：“寡人上坂，群臣皆推车，哙独戟行歌不推车，哙为人臣而侮其主者，其罪何若？”对曰：“为人臣侮其主者死！”又曰：“身死妻子为戮，君既已闻为人臣侮其主罪，君亦闻为人君侮其臣者乎？”简子曰：“为人君而侮其臣者如何？”对曰：“为人君侮其臣，智者不为谋，辩者不为使，勇者不为斗。夫知者不为谋，则社稷危；辨者不为使，则指事不通；勇者不斗，则边境侵。三者不使，则君难保。”简子曰：“善！”乃罢群臣推车，为上大夫，酒举群臣饮，以虎哙为上客。

又曰：楚人有献鱼于楚王者曰：“今日获鱼，食之不尽，卖之不售，弃之又惜，故来献之。”左右曰：“鄙哉辞也！”楚王曰：“子不知渔者，仁人也。盖闻囷仓粟余者，国有饿死民；后宫多幽女者，下多旷夫；余衍之蓄众府库者，境内多贫困之民。皆失君人之道。渔者知之，其此喻寡人也。”于是乃遣使恤鳏寡而存孤独，出仓粟、发币帛而周赈不足；罢去后宫不御者，出以妻鳏夫。楚民大悦，邻国归之。故渔者献鱼，而楚国赖之。

又曰：魏文侯与士大夫坐，问曰：“寡人何如君？”群臣皆曰：“仁君也。”次至翟黄，曰：“君非仁君。”曰：“子何以言之？”对曰：“君伐中山，不封君之弟，而封君之长子，臣以知君非仁君也。”文侯怒而逐翟黄，趋而出。次至任座，文侯问：“寡人何如君也。任座对曰：“仁君也。”臣闻之，其君仁者其臣直，向者翟黄之言直，臣是以知君仁也。“文侯曰：“善！”复召翟黄。

各纳木《新序》曰：魏文侯曰：“吾一见箕季而得四焉：其墙坏而不筑，吾问何不筑，对曰不时，是教我不夺农功，其墙枉而不端，吾问何不端，对曰地然，是教我无侵封疆也；从者食其桃，箕季禁之，岂爱桃哉，是教我下无犯上也；食我槽餐之食、瓜瓠之羹，岂不具五味，教我无多敛于百姓以省饮食之养也。”

王孙子《新书》曰：楚庄王攻宋，将军子重谏曰：“今君厨肉臭而不可食，樽酒败而不可饮，而三军之士皆有饥色，欲以胜敌，不亦难乎？”庄王曰：“请有酒投之水，有食馈之贤，行军中之有饥色者加五倍之赐。”

又曰：卫灵公座重华之台，侍御数百，随珠照日，罗衣从风。仲叔敖入谏曰：“昔桀行此而亡。今四境内侵，诸侯加兵，土地日削，百姓乖离。今君内宠无乃太盛欤？”灵公再拜曰：“寡人过矣。微子之言社稷倾。”于是出宫女之不进者数百人，百姓大悦。

《庄子》曰：赵简子出田，郑龙为右，有一野人，简子曰：“龙！下射彼，使无惊吾马。”三命郑龙，郑龙不对，简子怒。郑龙曰：“昔践土之盟，不戮一人。虎狼杀人，固将救之。”简子还车辍田曰：“今吾田也，得士。”

又曰：梁君出猎，见白雁群集。梁君下车，彀弓欲射之。道有行者，白雁群骇，梁公怒，欲杀行者，其御公孙龙下车，抚其心。梁君忿然作色而怒曰：“龙不与其君，而顾与他人，何也？”公孙龙对曰：“昔者齐景公之时，天旱三年，卜之曰：必以人祠乃雨。景公下堂顿首曰：吾所以求雨者，为民也。今必使吾以人祠，乃且雨，寡人将自当之，言未卒而天大雨，方千里。何为？有德于天而惠施民也。今主君以白雁之故而欲杀人，无异于虎狼。”梁君援手与上车，归入郭门，呼万岁曰：“乐哉，今日也！人猎皆禽兽，吾猎独得善言而归。”

又曰：齐桓公读书堂上，轮扁斫轮堂下，释椎凿而上问桓公曰：“敢问公之所读者，何言耶？”公曰：“圣人之言也。”曰：“圣人在乎？”公曰：“已死矣。”“然则君之读者，古人之糟粕也。”

《列子》曰：晋文公出，欲会伐卫，公子鉏仰而笑。公问：“何笑？”曰：“笑臣邻之人也。臣之邻人有送其妻适家者，道见柔妇悦而与言，然顾视其妻亦有招之者矣。窃笑此也。”公悟其言，乃止，引师还。未至，而有伐其北鄙者。

见君火《韩子》曰：卫灵公之时，弥子瑕有宠，专于卫国。侏儒有见公者，曰：“臣之梦践矣。”公曰：“奚梦？”曰：“见灶为见公也。”公怒曰：“吾闻梦见人主者见日，奚为见灶？”对曰：“夫人君兼照一国，一人不能壅，故将见人主而梦见日。夫灶，一人炀焉，则后人无从见矣，今或者一人炀君乎？则臣虽梦见灶，不亦可乎？”公曰：“善！”遂去雍锄、退子瑕，而用司空狗。

台甲《孔丛子》曰：陈惠侯大城，因起陵阳之台，未终，而坐法死者数千人，欲坑三监吏煞之。夫子适见陈侯，与登台而观焉。夫子曰：“美哉，斯台！自古圣王之为城，未见不戮一人而能功若此者也。”陈侯默然而退，遽窃赦所坑吏。既而见夫子问曰：“昔周作灵台，亦戮人乎？”答曰：“文王之兴，附者六州，六州之众，各以子来，区区之台，未及期月而既成矣，何戮之有！夫以少少之众能立矣，大大之功唯君耳。”

又曰：齐王行车裂之刑，群臣谏争之，弗听。子高见齐王曰：“车裂之刑，无道之刑也。而君行之，臣窃以为下吏之过也。”齐王曰：“谨闻命。”遂除车裂。

又曰：智伯欲伐仇由，而道难，不通。乃铸大钟遗仇由，仇由君悦，除道将内之。赤章曼支谏曰：“不可。此小之所以事大，而今大以遗小，卒必随之，不可内。”不听，遂内之。曼支因以断毂而驰至齐，十月而仇由亡。

又曰：秦缪公以女乐二八与良宰遗戎王，戎王喜，迷惑大乱。由余骤谏而不听，因怒而归缪公也。

谏木《孔丛子》曰：赵简子曰：“厥也爱我，铎也不我爱。厥谏我，必于无人之所；铎之谏我也，喜质我于人中，必使我愧。”尹铎对曰：“厥爱君之愧也，而不爱君之过也；铎也爱君之过，而不忧君之愧也。”此简子之贤也。人主贤则人臣之言直。

又曰：越饥，请食于吴。子胥谏曰：“不可与也。夫吴之与越，仇仇之国，非吴丧越，越必丧吴。若燕秦齐晋，山处陆居，岂能逾五湖九江越十地以有吴哉！今将输之粟，是长仇仇，财匮民怨，悔无及也。”

杀谏庚《符子》曰：龙逄进谏桀曰：“臣尝观君之冕，非其冕也，而冕危石；君之履，非其屦也，而屦春冰。未有冠危石而不压，逾春冰而不陷者也。”桀乃笑而应之曰：“子且就炮烙之刑。”龙逄布武而趋，赴火而死。

桓氏《要论》曰：《易》曰：“王臣謇謇。”传曰：“谔谔者昌。”变人之情，抑人之欲，咈人之耳，逆人之意。不尔，不为谏也。

《楚汉春秋》曰：惠帝崩，吕太后欲为高坟，使从未央宫而见之。诸将谏，不许，东阳侯垂泣曰：“陛下见惠帝冢，悲哀流涕无已，是伤生也。臣窃哀之。”太后乃止。

《汝南先贤传》曰：郭宪，字子横。建武中，为光禄勋，车驾西征隗嚣，谏曰：“天下初定，车驾未可动。”宪乃当车拔佩刀，以断车靷。帝不从，遂上陇。其后颖川兵起乃回驾而还。帝叹曰：“恨不用光禄之言也。”

又曰：郭宪，字子横。学贯秘奥，师事东海王仲子。王莽为大司马，权贵倾朝。莽召仲子，欲令为儿讲，仲子闻，即褰裳欲往，宪曰：“今君位为博士，如何轻身贱道！礼有来学，无往教之义，不宜轻道也。”于是仲子晏乃往，莽问：“君来何迟？”仲子具以宪言答之，莽阴奇焉。

又曰：刘璋遣法正迎刘备，刘巴谏曰：“不可内也。”既入，巴复谏曰：“若使备讨张鲁，是放虎于山林也。”璋不听。巴闭门称疾。备攻成都，令军中：“其有害巴者，诛及三族。”及得，甚善。

又曰：时匈奴数犯塞，帝患之，乃召百寮廷议。时郭宪以为天下疲弊，不宜动众。谏诤不合，乃伏地眩瞀，不复言。帝令两郎扶下殿，宪亦不拜。

又曰：薛勤，字子恭。定远侯班始尚公主，主遇始傲慢，无妇礼，始杀主。诏书怒，欲灭其家，勤建议抗志不顾，遂奏上施行，其立朝尽忠，类皆如此。

又《楚国先贤传》曰：杨颙字子昭，襄阳人，为蜀丞相主簿。诸葛亮每自校簿书，颙直入谏曰："为治有体，上下不可相侵，请为明公作家以喻之。今有人使奴执耕稼，婢典炊灶，鸡主司晨，狗主吠盗，牛负重载，马涉远路，私业无旷，所求皆足，雍容高拱，饮食而已矣。忽一旦捐弃，欲以身亲其役，为此碎务，形疲神困，终无一成。岂知不如奴婢鸡犬哉？失家之法耳。是以古人称'坐而论道谓之三公，作而行之谓之卿大夫。'明公为治，乃躬自校簿，流汗竟日，不亦劳乎！"亮谢之。

《锺离意别传》曰：明帝作北宫，意谏曰："昔汤遭旱，以六事自责，曰：政不节耶？使民疾耶？宫室荣耶？女谒盛耶？说夫昌耶？苞苴行耶？夫宫室广大，所以惊耳极观，非所以崇德致平，宣化海内。"

《东方朔别传》曰：孝武皇帝时，人有杀上林鹿者，武帝大怒，下有司杀之。群臣皆相阿，杀人主鹿，大不敬，当死。东方朔时在旁，曰："是人罪一当死者三，使陛下以鹿之故杀人，一当死；使天下闻之，皆以陛下重鹿贱人，二当死也；匈奴即有急，推鹿触之，三当死也。"武帝默然，遂释杀鹿者之罪。

《邵氏家传》曰：邵信，字孝信。为执法都尉。吴王尝因迎春，便道游猎，信从行，露板谏曰："今玄正御节，是万物萌育之始，岂可亡温养之德，而为逆害之道乎？"吴主省板，即为回驾。

虞溥《江表传》曰：孙权以郑众为郎中，尝与之言："卿好于众中面谏，或失礼敬，宁不畏龙鳞乎？"对曰："君明臣直，朝廷与下无讳，实侍洪恩，不畏龙鳞。"

谏木《顾子》曰：昔梁丘据之谏景公也于房，晏婴之谏景公也于朝，然晏婴忠著于竹素，梁丘之佞于今不绝。亦为公平正直者，圣贤之所先矣。

宫殿甲《汉书·杨雄甘泉赋》曰：甘泉本因秦离宫，既奢泰，而武帝复增通天、高光、迎风观，且其为已久矣。非成帝所造，欲谏则非时，欲默则不能已，故遂推而隆之，乃上比于帝室紫宫。若曰此非人力之所为，傥鬼神可也。

何晏表谏魏齐王曰：臣晏言：臣闻善为国者，必先治其身，慎其所习。季末暗主，不知损益：乱生近昵，譬之社鼠。

崔骃《与窦宪笺》曰：主簿崔骃言：今旦汉阳太守棱，吏卒数十人皆臂鹰牵狗，陈于道侧，云欲上幕府。骃闻《传》曰：禽兽之皮，不足以备器用，其肉不可以将献养，则公不举焉。《礼》：公侯非麋兕不射，且以服猛，为民除害，因以登临器械也。故晋唐叔射兕于徒林，以为大甲。夫鹰犬所获，不过雉兔，而有历险阻之难。斯乃细人匹夫之事，非王公大人所为要资也。

崔骃《与窦宪笺》曰：骃幸得充下馆，序在众贤后尘，是以竭其惓惓，敢进壹言。

《阎纂理愍怀太子表》曰：臣备近职，虽未能自洁天日，请因阍守悾悾之职。

王景兴与锺玄常书，谏其室人大归事曰：朗白：近闻室人孙氏归，或曰大归也，共经忧乐既久矣，曷为一旦离析以至于归而不反乎？不得面谈，裁书叙心。

祖台之《与王荆州书》：君顷复饮不？古人以酒为笃诫，通人识士往往累于此物。君受重任，忧深责大，至于酒事一条，而未先急。仆请以谏，愿君屏爵弃卮，焚罍毁榼，殛仪狄于羽山，放杜康于三危，流王武于幽都，拘谷阳于崇山。四罪既除，道自康矣。

《楚辞》曰：《七谏》者，东方朔之所作也。谏，正也，陈法度以正君也。

太平御览卷第四百五十八　人事部九十九

鉴戒上

《易》曰：防患曰戒。

又曰：君子终日乾乾，夕惕若。厉，无咎。

又曰：见群龙无首。吉。

又曰：履霜，坚冰至。

又曰：积善之家必有余庆，积不善之家必有余殃。

又曰：其亡其亡，系于苞桑。

又曰：当其忧悔吝之时，其介不可慢也。

又曰：言行者，君子之枢机。枢机之发，荣辱之主也，可不慎乎！

《尚书》曰：兢兢业业，一日二日万机。

又曰：无稽之言勿听，弗询之谋勿庸。

又曰：不矜细行，终累大德。

又曰：功崇唯志，业广唯勤，位弗期骄，禄弗期侈。

又曰：先王克谨天戒。

又曰：作德心逸日休，作伪心劳日拙。

又曰：戒惧无虞，罔失法度。

又曰：懔乎，若朽索之驭六马。

又曰：德唯一，动罔弗吉；德二三，动罔弗凶。

《毛诗》曰：惴惴小心，如临于谷。

又曰：战战兢兢，如临深渊，如履薄冰。

又曰：无念尔祖，聿修厥德。

又曰：白珪之玷尚可磨，斯言之玷不可为。

《左传》曰：晋入楚军，三日谷。范宣子立于戎马之前，曰："君幼弱，诸臣不佞，何以及此？天命不于常，有德之谓也。君其戒之！"

又曰：祸福无门，唯人自召。

又曰：臧孙云：季孙之爱我，疾疹也；孟孙之恶我，药石也。美疹不如恶石，孟孙死，吾亡无日矣。

又曰：吴公子札来聘，见叔孙穆子，悦之。谓穆子曰："子其不得死乎？好善不能择人。吾闻君子务在择人，吾子为鲁宗卿，而任其大政，不慎所举，何以堪之？祸必及子！"聘于郑，见子产，如旧相识，与之缟带，子产献纻衣焉。谓子产曰："郑之执政者侈，难将至矣！政必及子。子为政，慎以礼。不然，郑国将败。"适晋，说叔向曰："吾子勉之！君侈而多良，大夫皆富，政将在家。吾子直，必思自免于难。"

又曰：正考父三命益恭，故鼎铭云："一命而偻，再命而伛，三命而俯。循墙而走，亦莫予敢侮。"

《礼》曰：毋不敬。俨若思。安定辞。

又曰：敖不可长，欲不可纵，志不可满，乐不可极。

又曰：安安而能迁。临财无苟得，临难无苟免。很毋求胜，分毋求多。

又曰：不登高，不临深，不苟訾，不苟笑。孝子不服暗，不登危，惧辱亲也。

又曰：管仲镂簋、朱纮，山节、藻棁，君子以为滥矣。晏平仲祠其先人，豚肩不掩豆，浣衣濯冠以朝，君子以为隘矣。是故君子之行礼也，不可不慎也。

又曰：莫见乎隐，莫显乎微，故君子慎其独也。

《孝经》曰：在上不骄，高而不危；制节谨度，满而不溢。

《论语》曰：君子有三戒：少之时戒之在色，及其壮也戒之在斗，及其老也戒之在得。

又曰：如有周公之才之美，使骄且吝，其余不足观也已。

又曰：三思而后行，再思可矣。

《家语》曰：孔子之周，观于太庙，右阶之前有金人焉，三缄其口而铭其背曰："古之慎言之人也，戒之哉。无多言，多言多败；无多事，多事多患。安乐必戒，无行所悔。勿谓何伤，其祸将长；勿谓何害，其祸将大；勿谓莫闻，神将伺人。荧荧不灭，炎炎奈何；涓涓不壅，终为江河；绵绵不绝，将成网罗。毫末不札，将寻斧柯。诚能慎之，福之垠也；口是何伤，祸之门也。强梁者不得其死，好胜者必遇其敌。盗憎主人，民怨其上。君子知天下之不可上也，故下之；知众之不可先也，故后之。温恭慎德，使人慕之；执雌持下，人莫逾之。人皆趋彼，我独守此。"孔子顾谓子弟曰："此言虽鄙，而中事情。"又孔子观于周庙而有欹器焉。孔子问守庙者曰："此谓何器？"对曰："盖谓右坐之器。"孔子曰："吾闻右坐之器满则覆，虚则欹，中则正，有之乎？"对曰："然。"孔子使子路取水而试之，满则覆，中则正，虚则欹，孔子喟然叹曰："呜呼！恶有满而不覆者哉！"子路曰："敢问持满有道乎？"孔子曰："持满之道，挹而损之。"子路曰："损之，有道乎？"孔子曰："高而能下，满而能虚，富而能俭，贵而能卑，智而能愚，勇而能怯，辩而能讷，博而能浅，明而能暗，是谓损而不极。能行此道，唯至德者及之。《易》曰：不损而益之，自损而终益故也。"

《家语》曰：孔子行游中路，闻哭者声甚悲。孔子驱之前，有异人者少进见之；吾丘子也，拥锁带索而哭。孔子辟车而下，问曰："夫子有丧也，何哭之悲也？"吾丘子对曰："吾有三失。"孔子曰："愿闻三失。"吾丘子曰："吾少好学问，周游天下，还后吾亲亡，一失也。事君骄奢，谏不遂，是二失也。厚交友而后绝，三失也。树欲静而风不止，子欲养而亲不待。往而不来者年也，不可得再见者亲也。请从此辞。"则自刎而死。孔子曰："弟子记之，此足以为戒矣。"于是弟子归养亲者十三人。

又曰：曾子曰："狎甚则简，庄甚则不亲。是故君子狎足以交情，庄足以成礼而已。"孔子闻斯言也，曰："二三子志之！孰为参也而不知礼者乎？"

又曰：卫孙文子得罪于献公，居戚。公卒，未葬，文子击钟焉。延陵季子适晋，过闻之曰："异哉，夫子之在此也！犹燕之巢于幕，惧犹未也，又何乐焉？君又在殡可乎？"文子于是终身不听琴瑟。孔子闻之曰："季子能以义正人，文子能克己复义，可谓善讥善改矣。"

《国语》曰："智襄子为室美，士茁夕焉。智伯曰："室美夫！"对曰："美则美矣，抑臣亦有惧也。"曰："何惧？"对曰："臣以秉笔事君。记有之曰：'夫高山峻原。不生草木；松柏之地，其土不肥。'今土木胜，臣惧其不安人也。"室成，三年而知氏亡。

《汉书》：张安世曾孙勃嗣，每登阁殿，常曰："桑、霍为我诫，岂不厚哉！"

又曰：隽不疑，字曼倩，渤海人也。为郡文学，进退必以礼，名闻州郡。武帝末，郡国盗贼群起，暴胜之为直指使者，衣绣衣，持斧捕盗。素闻不疑贤，至渤海，遣吏请与相见，屣履迎之。坐定，不疑据地曰："窃伏海濒，闻暴公子旧矣，乃今承颜接辞。凡为吏，太刚则折，太软则废，威行施之以恩，然后树功扬名，永终天禄。"胜之纳其诫，深接以礼。

又曰：杨恽失爵位，居处治产业，起室宅。其友人安定守孙会宗，与书诫之曰："大臣废退，当阖门惶恐，为可怜之意，不当通宾客，有誉称也。"恽内怀不服，骄奢不悔，坐腰斩。

望前列曰：玄帝时，京房以言灾异数召见，又为吏考课事奏之，因问上曰："幽、厉之君何以危，所任者何人也？"上曰："主不明而任巧佞。"房曰："知巧佞而任之邪，将以为贤而任之耶？"上曰："贤之。"房曰："然则何以知其不贤也？"曰："以其时乱而君危知之。"房曰："今治乎，乱乎？"上曰："乱。"房曰："然则有所任乎？"上曰："幸其未至于彼也。"房曰："臣恐后世之视今，犹今之视古也。"玄帝默然矣。

又曰：韩延寿善为政，坐法弃市，吏民数千人送至渭城，老小扶持车毂，争奉酒炙。延寿不忍拒逆，为饮酒石余。使椽吏分谢，吏民百姓莫不流涕。延寿三子皆为郎吏。临死，属其子勿为吏，以己为戒。子皆以父言去官。

《东观汉记》曰：冯勤迁司徒。是时三公多见罪退，上欲令以善自终，乃因宴见从容戒之曰："朱浮上不忠于君，下陵轹同列，终以中伤，放逐受诛，虽复加赏赐，不足以偿不訾之身。忠臣孝子鉴照前世，以为鉴戒。能尽忠于国，事君无二，则爵赏，先乎当世名利于不朽，可不勉哉！”

又曰：樊宏为人谦慎，常戒其子曰：“富贵盈溢，未有能终者。天道恶满而好谦，前世贵戚皆明戒也。保身全己，岂不乐哉！”

《后列》曰：班超为都护，以任尚代超，尚谓超曰：“君在外国三十余年，而小人猥承君后，宜以诲之。”超曰：“塞外吏士，本非孝子顺孙，皆以罪过徙补边屯，而蛮夷怀鸟兽之心，难养易败。今君情严急，水清无大鱼，察政不得下，宜阳为简易，宽小过，绳大罪而已。”

又曰：马援出屯襄国。诏百官祖道。援谓黄门侍郎梁松、窦固曰：“凡人贵富，当使可贱，如卿等欲不可复贱，居高自持，勉思鄙言。”松后果贵满致灾，固亦几不免。

《后列》曰：马援兄子严、敦并喜讥议，通轻侠。援前在交趾，遗书戒之曰：“吾欲汝曹闻人过失，如闻父母之名，耳可得闻，而口不可得言也。好论议人长短，是非正法，此吾所大恶也。宁死不愿闻子孙有此行。”

又曰：徐稚尝为太尉黄琼所辟，不就。及琼卒归葬，稚乃负粮徒步到江夏赴之，设鸡酒薄祭，哭卒而去，不告姓名。时会者四方名士郭林宗等数千人，闻之，疑其稚也，乃选能言生茅容轻骑追之。及于涂，容为设饭，共言稼穑之事。临决去，谓曰：“为我谢郭林宗，大厦将颠，非一绳所维，何为栖栖不遑宁处也？”

《魏志》曰：傅嘏与锺会从平毌丘俭后，会有自矜色，嘏戒之曰：“子志大量小，而勋业难为也，可不慎哉！”

又曰：吏部尚书何晏诣管辂，问曰：“连梦青绳数头，来在鼻上，驱之不肯去，有何意故？”辂曰：“今君侯位重山岳，势若雷霆，而怀德者鲜，畏威者众，殆非小心翼翼多福之人。又鼻者艮，此天中之山，高而不危，所以长守富也。今有蝇集焉，位峻者颠，轻毫者亡，不可不慎！”

又曰：曹爽饮食衣服，拟于乘舆，擅取武库禁兵。曹羲深以为忧，数谏止之。又著书三篇，陈骄淫盈溢之致祸败，辞旨甚切，不敢斥爽，托戒诸子以示爽。爽知其为己发也，甚不悦。羲或时以谏喻不纳，涕泗而起。

《吴志》曰：孙权每田猎，常乘马射虎，虎尝突前攀持马鞍。张昭变色而前曰："将军何用不当尔？夫为人君，谓能驾御英雄，驱使群贤，岂谓驰逐于原野，校勇于猛兽者乎？"

《江表传》曰：孙权征合肥还，为张辽所袭，几至危殆。贺齐时率三千兵在南津迎权。权既就大船，会诸将饮宴，齐下席涕泣而言曰："至尊人主，当持重。今日之事，几致祸败，群下震悑，若无天地，愿以此为终身戒。"权自前拭其泪曰："大惭！谨以刻心，非但书绅也。"

王隐《晋书》曰：庾衮兄女芳将嫁，美服具矣。衮刈荆苕为箕帚焉。召诸子集之于堂，男女以班，而命芳："来！汝少孤，汝逸汝豫，不汝疵瑕。今汝将适人，事舅姑，洒扫庭内，妇人道也，故赐汝此。匪器之美，欲汝之温恭朝夕，虽休勿休也。"

《晋书》曰：赵王伦篡位，嵇绍为侍中。惠帝复祚，绍居本职，上疏曰："愿陛下无忘金墉，大司马无忘颍上，大将无忘黄桥，则祸乱之萌，无由而兆。"

《隋书》曰：贺若弼，父敦，以武烈知名，仕周为金州总管，宇文护忌而害之。临刑呼弼，谓之曰："吾必欲平江南，然此心不果，汝当成吾志。且吾以舌死，汝不可不思。"因引锥刺弼舌出血，诫以慎口。

《唐书》曰：太宗尝谓长孙无忌等曰："朕闻主贤臣直，人不自知，公宜面论，攻朕得失。"无忌奏言："陛下武功文德，跨绝古今，发号施令，事皆利物。《孝经》云：'将顺其美。'臣顺之不暇，实不见陛下有所愆失。"太宗曰："朕冀闻己过，公乃妄相谀悦。朕今面谈公等得失，以为鉴诫。言之者无过，闻之者可以自改。"因目无忌曰："善避嫌疑，应对敏速，求之古人，亦当无比；而总兵攻战，非所长也。高士廉涉猎古今，心术聪悟，临难既不改节，为官亦无朋党；所少者骨鲠规谏耳。唐俭言辞俊利，善和解人，酒杯流行，发言启齿；事朕三十载，遂无一言论国家得失。杨师道性行绝善，自无愆过，而情实怯懦，未甚更事，急缓不可得力。岑文本性过敦厚，文章自其所长；而持论恒据经远，自当不负于物。刘洎性最坚贞，言多利益；然其意尚然诺于朋友，能自补阙，亦何以尚。马周见事敏速，性甚贞正，于论量人物，直道而行，朕比任使，多所称意。褚遂良学问稍长，性亦坚正，既写忠诚，甚亲附于朕，譬如飞鸟依人，自加怜爱。”

又曰：阎立本虽有应务之才。而尤善图画，工于写真，《秦府十八学士图》及贞观中《凌烟阁功臣图》，并立本之迹也，时人咸称其妙。太宗尝与侍臣学士泛舟于春苑，池中有异鸟随波容与，太宗击赏数，赐诏座者为咏，召立本令写焉。时阁外傅呼云：“画师阎立本。”时以为主爵郎中，奔走流汗，俯伏池侧，手挥丹粉，瞻望座宾，不胜愧赧。退戒其子曰：“吾少好读书，幸免墙面，缘情染翰，颇及侪流。唯以丹青见知，躬厮役之务，辱莫大焉！汝宜深戒，勿习此末伎。”立本为性所好，欲罢不能也。及为右相，与左相姜恪对掌枢密。恪既历任将军，立功塞外；立本唯善于图画，非宰辅之器。故时人以《千字文》为语曰：“左相宣威沙漠，右相驰誉丹青。”

《唐书》曰：房玄龄尝诫诸子以骄奢沉溺，必不可以地望陵人，集古今圣贤家戒，书于屏风，令各取一具，谓曰：“若能留意，足以保身成名。”又云：“袁家累叶忠节，是吾所尚，汝即宜师之。”

太平御览卷第四百五十九　人事部一百

鉴戒下

《鬻子》曰：昔周公使康叔守商，戒之曰："无杀不辜，宁失有罪。亦有无罪而见诛，亦有有功而不赏，慎之！"

《管子》曰：齐桓公、管仲、鲍叔牙、宁戚饮，公曰："何不为寡人寿！"鲍叔牙奉杯而起曰："使公无忘在莒，管仲无忘束缚于鲁，宁戚无忘饭牛车下。"公避席再拜。

《晏子》曰：夫爵益高者意益下，官益大者心益小，禄益厚者施益博也。

又曰：君子居必择邻，游必就士，可以避患也。

又曰：人之将疾，必先不甘粱肉之味；国之将亡，必先恶忠臣之语。

《列子》曰：孤丘丈人谓孙叔敖曰："人有三怨，子知之乎？"孙叔敖曰："何谓也？"对曰："爵高者，人妒之；官大者，主恶之；禄厚者，患处之。"孙叔敖曰："吾爵益高志益下，吾官益大吾心益小，吾禄益厚吾施益博，以是免三怨可乎？"

《庄子》曰：夫畏途十杀一人，则父子兄弟相戒，必盛卒徒而后敢出。衽席之上，饮食之间，而不知为之戒，过也。

《文子》曰：其文好者身必剥，其角美者身见杀。甘泉先竭，直木必伐。

《荀子》曰：鲁哀公问政于孔子曰："寡人生于深宫之中，长于妇人之手，未尝知哀，未尝知忧，未尝知劳，未尝知惧，未尝知危。"孔子曰："君之问也，圣君之问，丘，小人也，何以知之？"曰："无吾子无所闻之。"孔子曰："君入庙门而右，登自阼阶。仰见榱栋，俯察机筵，其器存，其人亡，君以此思则哀至焉。昧爽而栉冠，未明而听朝，一物失所，乱之端也。君以此思，则忧至焉。君平明而听朝，日昃而退，诸侯之子孙必有在君之庭者。君以此思，则劳至焉。君出鲁之四门以望四郊，亡国之墟则必有类焉。君以此思，则惧至焉。且丘闻之，君者舟也，民者水也，水能载舟，亦能覆舟，君以此思，则危至焉。"

又曰：庆封为乱于齐，而将之越，其族人曰："晋近，奚不之？"庆封曰："越远利以避难。"族人曰："变是心也，居晋而安；不变是心，虽越其可以安乎？"

又曰：桓公往问管仲曰："仲父有病，即有不幸，政将迁谁？竖刁何如？"曰："不可。人情莫不爱其身。竖刁自宫而为君治内，身之不爱，何能爱君？"公曰："卫公子开封何如？"管仲曰："齐卫之间不过十日之行，开封事君，十年不归，不见父母，非人心也，父母之不亲，安能亲君？"公曰："易牙何如？"曰："夫易牙为君主味，君之所未尝食唯人肉，而易牙蒸首子而进之，其子不爱，焉能爱君？"公曰："孰可？"管仲曰："隰朋可。其为人坚中而廉外，少欲而多信。坚中足以为表，廉外可与大任，少欲则能临其众，多信则能亲邻国。此霸王之佐也，君其用之。"管仲死，桓公不用隰朋，而用竖刁。三年，桓公南游堂邑，竖刁、易牙、卫公子开封及大臣为乱，桓公馁而死。

《荀子》曰：伯禽将归于鲁，周公谓伯禽曰："君子力如牛，不与牛争力；走如马，不与马争走；智如士，不与士争智。"

《韩子》曰：西门豹性急，佩韦以自缓；董安于心缓，佩弦以自急。故能以有余补不足，以长续短，之谓明至。

《淮南子》曰：奔车之上无仲尼，覆舟之下无伯夷。

《韩子》曰：天下有至贵而非势位也，有至富而非金玉也，有至寿而非千岁也。愿恕反性则贵矣，适情知足则富矣，明生死之分则寿矣。

《韩子》曰：秦昭王谓左右曰："今时韩与魏孰强？"对曰："魏强。"秦昭王曰："其无奈寡人何。"左右皆然。中旗伏瑟而对曰："王之料天下过矣。当六晋之时，智氏最强，灭范、中行氏，又率韩、魏之兵以围赵襄子于晋阳，决晋水以灌晋阳之城，城不没者三板。智伯行水，魏宣子御，韩康子骖乘，智伯曰：'吾始不知水可以亡国也，乃今知之：汾水可以灌安邑，绛水可以灌平阳。’魏宣子肘韩康子，韩康子履魏宣子之足，接于车上，而智氏身死国亡，为天下笑。今秦虽强，不过知氏，韩、魏弱，尚贤其在晋阳之下也。此方其用肘足之时，愿王勿易也。”于是秦王恐。

又曰：吴铎以声自毁，膏烛以明自铄。

又曰：魏武侯浮西河而下中流，谓吴起曰：“美哉，山河之固，魏国之宝也！”对曰：“在德不在险。昔三苗氏左洞庭而右彭蠡，德义不修而禹灭之；夏桀之居，左河济而右太华，伊阙在其南，羊肠在其北，修政不仁，汤放之；商纣之国，左孟门、右太行，常山在其北，大河经其南，修行不德而武王灭之。王恃俭而不修德，舟中之人尽敌国也。”武侯曰：“善！”

《说苑》曰：昔成王封周公，周公辞不受，乃封周公子伯禽于鲁。将辞去，周公戒之曰：“去矣，子其无以鲁国骄士矣。我文王之子也，武王之弟也，今王之叔父也，又相天子。吾于天下亦不轻矣，然尝一沐而三握发，一食而三吐哺，犹恐失天下之士。吾闻之曰：德行广大而守以恭者荣，土地博裕而守以俭者安，禄位尊盛而守以卑者贵，人众兵强而守以畏者胜，聪明睿智而守以愚者益，博闻多记而守以浅者广。此六守者谦德也。夫贵为天子，富有四海，不谦者失天下，亡其身，桀纣是也，可不慎乎！故《易》曰：‘天道亏盈而益谦，地道变盈而流谦，鬼神害盈而福谦，人道恶盈而好谦。’诫之哉！子其无以鲁国骄士矣。”

又曰：《春秋》有忽然而足以亡者，国君不可以不慎也。妃妾不一足以亡，公族不亲足以亡，大臣不任足以亡，国爵不用足以亡，亲佞近谗足以亡，举百事不时足以亡，使民不节足以亡，刑罚不中足以亡，内失众心足以亡，外慢大国足以亡。

《说苑》曰：田子方侍魏文侯坐，太子击趋而入见，宾客群臣皆趋，田子方独不起，文侯有不说之色，太子亦然。田子方称曰：“为子起与？无如礼何！不为子起与？无如罪何！请为子诵楚恭王之为太子也，将出之云梦，遇大夫工尹，工尹遂趋避家人之门中，太子下车从之家人之门中，曰：‘子大夫何为其若是？’吾闻之，尊其父者不兼其子，兼其子者，不祥莫大焉。子大夫何为其若是？工尹曰：‘向吾望见子之面，今而后记子之心。’”文侯曰：“善！”太子击前，诵恭王之言而习之。

又曰：孙叔敖为楚令尹，一国吏民皆来贺。有一父衣粗衣、冠白冠，后来吊。孙叔敖正衣冠而出见之，谓老父曰：“楚王不知臣不肖，使臣受吏民之垢，人尽来贺，子独来吊，岂有说乎？”父曰：“有说。身已贵而骄人者，民去之；位已高而擅权者，君恶之；禄已厚而不足者，患处之。”孙叔敖再拜曰：“谨受命。愿闻余教。”父曰：“位已高而意益下，官益大而心益小，禄已厚而慎不取。君守此三者，足以治楚矣。”

《说苑》曰：魏公子牟东行，穰侯送之曰：“先生将去冉之山东矣，独无一言以教冉乎？”魏公子曰：“微君言之，牟几忘语君。君知夫官不与势期而势自至乎？势不与富期而富自至乎？富不与贵期而贵自至乎？贵不与骄期而骄自至乎？骄不与罪期而罪自至乎？罪不与死期而死自至乎？”穰侯曰：“善！谨受明教。”

《说苑》曰：高上尊贤，无以骄人；聪明圣知，无以穷人；资给疾速，无以先人；刚毅勇猛，无以胜人。不知则问，不能则学。虽知必质，然后辩之；虽能必让，然后为之。故士虽聪明圣智，自守以愚；功被天下，自守以让；勇力距世，自守以怯；富有四海，自守以廉。此谓高而不危，满而不溢者也。

《说苑》曰：齐桓公为大臣具酒，期以日中。管仲后至，桓公举觞以饮之。管仲半弃酒，桓公曰：“期而后至，饮而弃酒，于礼可乎？”管仲对曰：“臣闻酒入舌出，舌出者言失，言失者身弃。臣计弃身，不如弃酒。”桓公笑曰：“仲父起就坐。”

《说苑》曰：常枞有疾，老子往问焉，曰：“先生疾甚矣，无遗教可以语诸弟子者乎？”常枞曰：“子虽不问，吾将语子。曰：过故乡而下车，子知之乎？”老子曰：“过故乡而下车，非谓其不忘故乡耶？”常枞曰：“嘻，是已。”常枞曰：“过乔木而趋，子知之乎？”老子曰：“过乔木而趋，非谓其敬老耶？”常枞曰：“嘻。是以。”张其口而示老子曰：“吾舌存乎？”老子曰：“然。”“吾齿存乎？”老子曰：“亡。”常枞曰：“子知之乎？”老子曰：“夫舌之存也，岂非以其柔耶！齿之亡也，岂非以其刚耶！”常枞曰：“嘻。是以。天下之事已尽矣，无以复语子哉！”

《说苑》曰：桓公曰：“金刚则折，革刚则裂，人君刚则国家灭，人臣刚则交友绝。”夫刚则不和，不和则不可用。是故四马不和，取道不长；父子不和，其世破亡；兄弟不和，不能久同；夫妻不和，家室大凶。《易》曰：“二人同心，其利断金。”因不刚也。

又曰：老子曰：“得其所利，必虑其害；乐其所乐，必顾其败。”人为善者，天报以福；人为不善者，天报以祸也。故曰：“祸兮福所倚，福兮祸所伏。”戒之慎之，君子不务，何以备之？夫上知天则不失时，下知地则不失财。日夜慎之，则无害矣。

《太公金匮》曰：武王问师尚父曰：“五帝之戒可复得闻乎？”师尚父曰：“舜之居民上，兢兢如履薄冰；禹之居民上，栗栗如恐不满；汤之居民上，翼翼乎惧，不敢息。”

《吕氏春秋》曰：出则以车，入则以辇，务以自逸，命之曰招蹶之机；肥肉厚酒，务以自强，命之曰烂肠之食；靡曼皓齿，郑、卫之音，务以自乐，命之曰伐性之斧。三者富贵之所致者也。

《新序》曰：楚恭王有疾，召令尹曰：“常侍苑苏与我处，忠我以义。吾与其处，不见不思也。虽然，吾有以得也，其功不细，必爵之。申侯伯与我处，吾所乐者，劝吾为之，吾所好者，劝吾服之。尝与处，不见思之。虽然，吾终无得也，其过也不细，必亟遣之。”令尹曰：“诺。”明日，王薨，令尹即拜苑苏为上卿，而逐申伯出于国。

《诸葛亮集》先主遗诏敕后主曰：勿以恶小而为之，勿以善小而不为。唯贤唯德，能服于人。汝父德薄，勿效之。读傅必可读《汉书》、《礼记》，闲暇历视诸子及《六韬》《商君书》，益人意知。吾终之后，汝兄弟父事丞相。

《郑玄别传》曰：玄病困，戒子益恩曰：“吾家旧贫，为父母群弟所容，去厮役之吏，游周秦之都，往来幽、并、兖、豫之役。候觐通人大儒，得意者咸从捧手，有所受焉。遂博稽六艺，究览传记。今我告尔以事，将闲居以安性，覃思以终业。自非国君之命，问亲族之忧，展孝坟墓，观省野物，曷常扶杖出门乎？家事大小，汝一承之。吾茕茕一夫，曾无同生相依，其勖求君子之道，研钻勿替，恭慎威仪，以近有德。显誉成于僚友，德行立于己志，若致声称，亦有荣于所生耳。”

《曹植别传》曰：植博学有高才，年十余岁，诵《诗》《论》及赋十万言。性简易，不事华丽。太祖征孙权，使植留守邺，戒之曰：“吾昔为颍令，年二十三。思此时所行，无悔于今。今汝年二十三矣，可不勉与！”

《文士传》曰：陆景诫盈曰：“重臣贵戚，隆盛三族，莫不罹患构祸，鲜以善终。大者破家，小者灭身，唯金、张子弟，世履忠笃，故能保贵持宠，祚钟昆季。其余祸败，可为痛心。”

《东方朔集》曰：朔将仙，戒其子曰：“明者处世，莫尚于中庸；优哉游哉，与道相从。首阳为拙，柱下为工；饱食安步，以仕代农。依隐玩世，诡时不逢。”

《刘向集·诫子书》曰：告歆谦之，无忽若！未有异德，蒙恩甚厚，将何以报？董生有云：吊者在门，贺者在闾，有忧则恐惧慎事，慎事则必有善功而遗福也。

蔡邕《女诫》曰：心犹首面也，是以甚致饰焉。面一旦不修，则尘垢秽之；心一朝不思善，则邪恶入之。咸知饰其面，不修其心。夫面之不饰，愚者谓之丑；心之不修，贤者谓之恶。愚者谓之丑犹可，贤者谓之恶，将何容焉？故览照拭面则思其心之洁也，傅脂则思其心之软也，加粉则思其心之鲜也，泽发则思其心之顺也，用栉则思其心之理也，立髻则思其心之正也，摄鬓则思其心之整也。

蔡邕《广连珠》曰：臣闻目瞤耳鸣，近夫小戒也；狐鸣犬嗥，家人小妖也。犹忌慎动，作封镇书符以防其祸。是故天地示异灾、变横起，则人主恒恐惧而修政。

魏文帝诫子曰：父母于子日虽肝肠腐烂，为其掩蔽，不欲使乡党士友闻其罪过；然行之不改，久久人自知之。用此仕官，不亦难乎！

王脩《诫子书》曰：我实老矣，所恃汝等也。汝今逾郡县、越山河、离兄弟、去目下者，欲令见举动之宜，以观高人远节，闻一得三。父欲令子善，唯不能杀身，其余无惜也。

诸葛亮诫外生曰：夫志当存高远，慕先贤，绝情欲，弃疑滞，使庶几之志，揭然有所存，恻然有所感。忍屈伸，去细碎，广咨问，除嫌吝，虽有淹留，何损于美趣，何患于不济。若志不强毅，意不慷慨，徒碌碌滞于俗，默默束于情，永窜伏于凡庸，不免于下流矣！

又诫子曰：夫君子之行，静以修身，俭以养德。非淡薄无以明志，非宁静无以致远。夫学欲静也，才须学也，非学无以广才，非志无以成学。淫慢则不能励精，险躁则不能治性。年与时驰，意与日去，遂成枯落，多不接世，悲守穷庐，将复何及！

崔瑗《座右铭》曰：无道人之短，无说己之长。施人慎勿念，受施慎勿忘。世誉不足慕，唯仁吻纪纲。隐心而后动，谤议庸何伤。

太平御览卷第四百六十 人事部一百一

游说上

《释名》曰：说者，述也，宣述人意也。

《左传》曰：晋人将寻盟，齐人不可。叔向告于齐曰："明王之制，使诸侯岁聘以志业，间朝以讲礼，再朝而会以示威，再会而盟以显昭明。自古以来，未之或失。"齐人惧。

又曰：晋郤缺言于赵宣子曰："卫不睦，故取其地，今已睦矣，可以归之。叛而不讨，何以示威？服而不柔，何以示怀？非威非怀，何以示德？"赵宣子悦，归卫匡、戚之田。

又曰：吴人执卫侯，子服景伯谓子贡曰："子盍闻见太宰？"乃请束锦以行。语及卫故，子贡曰："卫君之来也，必谋于其众。其众或欲或否，是以缓来，其欲来者，子之党也。其不欲来者子之仇也若执卫君，是堕党而崇仇也。……难以霸乎？"太宰嚭说，乃舍卫侯。

又曰：晋、楚会于虢。季武子伐莒，取郓，莒人告于国会。楚告于晋曰："请戮其使。"赵孟请诸楚，曰："鲁虽有罪，其执事不避难，疆埸之邑，一彼一此，何常之有？去烦宥善，莫不竞劝。"固请诸楚，楚人许之，乃免叔孙。

又曰：楚五举奔郑，将遂奔晋。声子将如晋，遇之于郑郊。声子曰："吾必复子。"还如楚，令尹子木与之语。声子曰："椒举今在晋矣。晋人将与之县，以比叔向。彼若谋害楚国，岂不为患？"子木惧，言诸王，益其禄爵而复之。声子使椒鸣逆之。

又曰：晋侯秦伯围郑，佚之狐言于郑伯曰："国危矣。若使烛之武见秦君，师必退。"烛之武夜缒而出，出见秦伯，曰："秦、晋围郑，郑既知亡，若亡郑而有益于君，敢以烦执事。越国以鄙远，君知其难也，焉用亡郑以陪邻。夫晋何厌之有？既东封郑，又欲肆其西封，不阙秦，焉取之？阙秦以利晋，唯君图之。”秦伯悦。

《传》曰：吴伐楚，入郢，申包胥如秦乞师，曰：“吴为封豕、长蛇，荐食上国。虐始于楚，寡君失守社稷，越在草莽。使下臣告急，曰：夷德无厌，若邻于君，疆埸之患也。逮吴之未定也，君其取分焉。若以君灵抚之，世以事秦。”立，依于庭墙而哭，日夜不绝声，勺饮不入口七日。秦师乃出。

又曰：楚子飨鲁昭公于新台，好以大屈。既而悔之。薳启强闻之，见公。公语之，拜贺。公曰：“何？”对曰：“齐与晋、越欲此久矣。寡君无适与也，敢不贺乎？”公惧，乃反之。

《战国策》曰：苏秦死，其弟苏代欲继之，乃北见燕王哙曰：“臣，东周之鄙人也。至燕廷观王之群臣下吏，大王天下明主也！”王曰：“何如？”曰：“臣闻之，明主也，务闻其过，不欲闻其善。臣请谒王之过。”

又曰：濮阳人吕不韦贾于邯郸，见秦质子楚，说之。乃说秦王后弟阳泉君曰：“王后无子。子楚，贤才也，弃在赵，王后诚请而立之，是有子也。”阳泉君入说王后，王后为请而归之，为太子也。

又曰：张仪为秦连横，说韩王曰：“夫违祸而求福计，莫如事秦。今王西面事秦，以攻楚，秦王必喜。”

又曰：苏秦说李兑，抵掌而谈。兑送秦以明月之珠、和氏之璧。

《战国策》曰：齐宣王因燕丧，攻取十城，苏秦为燕说齐王，再拜而贺，因仰而吊，齐王案戈曰：“何庆吊相随之速也？”对曰：“人之饥所以不食乌喙者，以为虽愈饥充腹，而与死同患。”齐乃归燕城。

《战国策》曰：应侯使人召蔡泽。蔡泽入，曰：“夫四时之序，功成者去。君何不以此时归相印，让贤者而授之？必有伯夷之廉，长为应侯，而有乔松之寿。孰与祸终此哉？”应侯曰：“善。”乃延入坐，为上客。

又曰：楚免淖齿于柱国，游腾为楚王曰：“秦有上群午者，重兵之战，请秦王曰：‘必无与楚战。’王曰：‘何也？’对曰：‘南方火也，西方金也，金之胜火，亦必矣。’秦王不听，其战不胜。今午又请秦王必与楚战，南方火，西方金也。楚正夏中年而免其柱国，此所谓内自灭也。”楚惧，复置淖齿。

又曰：齐欲伐魏，魏使人谓淳于髡曰：“齐欲伐魏，能解患唯先生也。”淳于髡曰：“诺。”遂入说齐王曰：“楚，齐之仇敌也；魏，齐之与国也。夫伐与国，使仇敌制其余弊，名丑而实危，为王不取也。”齐王曰：“善。”乃不伐魏也。

又曰：赵、魏攻华阳，韩谒急于秦，冠盖相望，秦不救。韩相国谓由余曰：“事急！愿公虽病，为一宿之行。”由余见穰侯，穰侯曰：“急乎？”由余对曰：“未急也。彼韩急，则将变矣。”穰侯请发兵救韩，大败赵魏于华阳之下。

又曰：昭阳为楚伐魏，覆军杀将，得八城，移师而攻齐。陈轸为齐王使，见昭阳，再拜，贺战胜。起而请问：“楚之法，覆军杀将，其官爵何也？”昭阳曰：“官为上柱国，爵为上执珪。”陈轸曰：“今小贵矣。又移师攻齐，而不知止者，身且死，爵且偃。”昭阳车而归之。

又曰：范雎谓秦王曰：“大王之国，北有甘泉、谷口，南注泾、谓，右陇、蜀，左关、阪，战车千乘，奋卒数百万。以秦卒之勇，车骑之多，以当诸侯，譬若放韩卢而逐狡兔也，霸王之业可致。今反闭关不敢窥兵于山东者，是穰侯为秦谋不忠，大王之计有所失也！”

又曰：秦王谓赵使谅貇曰：“赵豹、平原君数欺弄寡人。赵能杀此两人则可；若不能杀，请率诸侯受命邯郸城下。”谅毅曰：“赵豹、平原君，亲寡君之母弟也，犹大王之有叶阳、泾阳君，夫以孝悌闻于天下，衣服之便于体，膳啖之兼于口，未尝不分与焉？衣裘无非大王之服。今受大王之严令以报，敝邑之君不敢弗行，无乃伤君之心乎？”

《战国策》曰：赵且伐燕。苏代为燕谓赵惠王曰：“今者来，过川，蚌方出曝，而鹬啄其肉，蚌掩鹬喙。鹬曰：‘今日不雨，明日不雨，蚌将为脯。’蚌亦谓鹬曰：‘今日不出，明日不出，必见死鹬。’两者不相舍，渔者得而并擒之。今赵且伐燕，燕、赵久相持，臣恐强秦之为渔父也。故愿王熟计之。”惠王曰：“善！”乃止。

《战国策》曰：昭阳为楚伐魏，移兵而攻齐。陈轸为齐王使，见昭阳，曰：“今子既贵矣，王非置两令尹也！臣窃为公譬之可乎？楚有祠，锡其舍人酒一卮，舍人相谓曰：数人饮之不足，一人饮之有余，请画蛇，先成者饮酒。一人蛇先成，乃左手持卮，右手画蛇，曰：吾能为足。为足未成，一人蛇成，夺其卮曰：蛇故无足，子安能为足？遂饮其酒。画蛇足者，终亡其酒。公攻魏杀将，得八城。又移师亦攻齐，齐畏公甚，公以是名足矣！冠之非可重也，战无不胜而不知止者，身且死，爵且偃，犹为蛇足也。”昭阳以为然，解军而归。

又曰：卫客事魏王，三年不得见。乃见梧丘先生，许之以百金。先生曰：“诺。”乃见魏王，曰：“吾闻秦出兵，未知所之。愿王专事秦，无有他计。”王曰：“诺。”客趋出，至郭门而返，曰：“臣恐王事秦之晚也！夫人于事己者过急，于事人者过缓。今王于事己缓，安能急于事人？卫客事王五年不得见，臣以是知王缓也。”魏王趋见卫客。

曰：苏秦为楚合从说韩王曰：“夫以韩卒之勇，被坚甲，带利剑，一人当百，不足云也。夫以韩卒之劲与王之贤，乃欲事秦，为天下笑，无过此者！大王事秦，秦必求宜阳、成皋。今兹效之，明年又求之，予之则无地以给，不予则弃前功而受后祸。大王之地有尽而秦之求无厌，以有尽之地而应无已之求，此所谓市怨而买祸者也，不战而地已削矣！鄙语曰：‘宁为鸡口，不为牛后。’今西南交臂而事秦，何异牛后乎？”

又曰：秦王与中期争论而不胜，秦王大怒，中期徐行而去。人为说秦王曰：“此悍人也，中期！适遇明君故也，遇桀纣必杀之矣！”王因弗罪。

又曰：秦令樗里疾以车百乘入周，周君迎之甚敬。楚王怒，让周，以其重秦客也，游腾为周君谓楚王曰：“秦者，虎狼之国也，有独吞之意，周君惧焉。”楚王乃说也。

又曰：司马错与张仪争论于秦惠王前。错欲伐蜀，仪曰：“不如伐韩。”王问其说，对曰：“亲魏善楚，下兵三川，塞轘辕、缑氏之口，当屯留之道，此王业也。”

又曰：惠施为韩、魏交，令太子鸣质于齐。王欲见，朱仓谓王曰：“何不称病？臣请说婴子曰：魏王之年长矣。今有病，公不如归太子以德之。不然，公子高在楚，将内而立之。是齐抱空质而行不义也！”王从之，太子得还。

又曰：范雎谓秦王曰：“秦、韩之地形相错如绣；秦之有韩，若木之蠹，为秦害者，莫大于韩王。”

又曰：张仪为秦连横，说韩王曰：“诸侯不料兵之弱。而听从人之甘言；不顾社稷长利，而听谀人之说，诖误人言，无过此矣。”

《战国策》曰：燕文公时，秦惠王以其女为燕太子妇。文公卒，殇王立，齐宣王因燕丧攻，取十城。苏秦为燕说齐王，再拜而贺，因仰而吊。曰：燕虽弱小，强秦之婿。王利其十城，而深与秦为仇。王能听臣，莫如归燕城，卑辞以谢秦。是王弃强仇而立厚交也。“齐王大悦，乃归燕城。

又曰：齐楚约而欲攻魏，魏有唐雎见秦王曰：“今齐楚之兵已在魏郊矣，大王之救不至，魏急则割地而约，王虽欲救之，岂有及哉！”秦王遽发兵赴魏，魏复存，唐雎之说也。

又曰：楚绝齐，齐举兵攻楚。陈轸谓楚王曰：“不如以地东解于齐，而西谋于秦矣。”

又曰：文信侯欲攻赵，而广河间，使张唐相燕，张唐辞之。少庶子甘罗曰：“臣请行之。”甘罗见张卿，即曰：“今文信侯自请卿相燕，而卿不肯行，臣不知卿死所之处矣！”卿曰：“请孺子而行。”令库具车，厩具马，府具币，行有日矣。

《战国策》曰：东周欲为稻，西周不下水，东周患之。苏子谓东周君曰：“臣请使西周下水，可乎？”乃往见西周之君曰：“君之谋过矣！今不下水，所以富东周也。今其人皆种禾，君若欲东周之乏，不若一下水，以病其所种。下水，东周必复种稻；种稻而复夺之。若是，则东周之人可令一仰西周而受命于君矣。”西周君曰：“善。”遂下水，苏子亦得两国之金矣。

又曰：司马错与张仪争论于秦惠王前。错欲伐蜀，仪曰："不如伐韩。"王问其说，曰："臣闻欲富者务广其地，欲强者务富其人，欲王者务崇其德。三资者备，而王道兴矣。"王曰："善。"起兵伐蜀。

又曰：司马错与张仪争论于秦惠王前，错欲伐蜀，仪曰："不如伐韩。"王问其说，对曰："亲魏善楚，下兵三川，诛周王之罪，侵楚、魏之地。周自知不救，九鼎宝器必出。据九鼎，案图籍，挟天子以令天下，天下莫敢不听，此王业也。"

又曰：苏秦发书，陈箧，为揣摩，曰："安有说人主不能出金玉锦绣，取相之尊者乎？"

又曰：司马错与张仪争论于秦惠王前，错欲伐蜀，仪曰："不如伐韩。"王问其说，对曰："臣闻争名于朝，争利于市，今三川周室，天下之市朝也，而王不争焉，顾争于戎狄。"

又曰：秦将急攻韩，韩王安使公子韩非西入秦，上书说秦王曰："唇亡齿寒。故曰兵者凶器，陛下试听臣之计，则从者困而赵孤，天下可蚕食也。"

又曰：以秦卒之勇，车骑之多，以当诸侯，譬若放韩卢而逐骛兔也。

又曰：司马错与张仪争论于秦惠王前，错欲伐蜀，仪曰："不如伐韩。"王问其说，对曰："案图籍，挟天子以令天下。"错曰："不然。蜀，戎翟之长也，以秦攻之，譬如使豺狼逐群羊。"王曰："善。"起兵伐蜀。

又曰：蔡泽对应侯曰："君之禄位贵盛而身不退，窃为君危之。物盛则衰，天下之常数也。"

又曰：张登谓赵、魏曰："齐欲伐河东。何以知之？齐之羞与中山之为王甚矣，今召中山，与之遇而许之王，是欲用其兵也。岂若令大国先与之王，以止其遇哉？"赵、魏许诺，果与中山之王而亲之，中山东绝齐而从赵、魏。

又曰：苏秦为燕说齐王，归燕之十城。人有毁苏秦于燕王左右：

"卖国反臣也，将作乱。"苏秦恐得罪，归而燕王不复官也。苏秦见燕王曰："臣，东周之鄙人也，无尺寸功，而王亲拜之于庙，朝而礼之于廷。今臣为王却齐之兵，而攻得十城，宜以益亲；今者而王不官臣，人必有不信，伤臣于王者。臣之不信，王之福也。"

《史记》曰：初，沛公引兵过陈留，郦生上谒，沛公拔吊曰："延客入。"郦生入，揖，谓沛公曰："今足下甚若，暴衣露冠，将兵助楚讨不义，足下何不自喜也。臣愿以事见。"

又曰：李斯说秦王曰："夫以秦之强，大王之贤，足以灭诸侯成帝业。"秦王乃拜斯为长史，听其计。

又曰：田常欲为乱于齐，移兵欲伐鲁。子贡见吴王，说曰："齐与吴争强，窃为王危之。"王曰："善。虽然，子待我伐越而听子。"子贡曰："王必恶越，请东见越王，令出兵以从。"吴王大悦，乃使子贡之越，越王许诺也。

又曰：田常欲伐鲁，子贡至齐，说田常曰："君之伐鲁过矣，不如伐吴。"吴王果与齐人战于艾陵，大破齐师。故子贡一出，存鲁乱齐。

《战国策》曰：邹忌以鼓琴见威王，王悦而舍之右室。须臾，王鼓琴，邹忌推户入曰："善！鼓琴。夫大弦浊以春者，君也；小弦廉折以清者，相也；攫之深而令人愉者，政令也；钧以鸣，大小相益，因推而不害者，四时也。故曰：琴音调而天下正也。"

又曰：秦围邯郸急，且降，平原君甚患之。邯郸傅舍吏子李同说平原君曰："诚能令家之所有尽散，以飨士，士方其危苦之时易得耳。"于是，平原从之，得敢死之士三千。李同遂与三千人赴秦军，秦军为之却三十里。

《史记》曰：汉王数困荥阳、城皋，郦生曰："今燕、赵已定，唯齐未下。臣请得奉明诏说齐王，使为汉称东藩。"上曰："善！"

又曰：范增说项梁曰："君江东楚将，皆争附君者，以君代楚将为能复立楚之后也。"于是项梁然其言也。

又曰：范阳人蒯通说范阳令曰："窃闻公之将死，故吊。然贺公得通而生。”

又曰：韩非《说难》曰：“计利害以难其攻，直指是非以饰其身，以此相持，说之成也。”

《战国策》曰：苏秦说六国从合，秦为从长，并相六国，喟然叹曰：“使我有洛阳负郭田二顷，岂能佩六国相印乎？”于是散千金以赐宗族。

又曰：张仪说燕昭王曰：“今王事秦，秦王必喜，赵不敢妄动。”燕王曰：“今大客幸教之，请西面而事秦王耳。”

《战国策》曰：张仪闻苏秦死，乃说楚王曰：“夫为从者，无以异于驱群羊而攻猛兽。兽之与羊，不格明矣。今王不与兽而与群羊，臣窃闻为大王之计过。”

又曰：韩非知说之难，为《说难》书曰：“所说实为厚利而显为名高者也，而说之以名高，则阳收其身而实数疏之；说以厚利，则阴用其而言显荣其身。”

又曰：汉王使随何说淮南王，随何曰：“项王伐齐，大王宜悉淮南之众为楚军前锋。今乃提空名以向楚，臣窃为大王不取也。”淮南王阴许，畔楚与汉。

又曰：李斯诣秦，会庄襄王卒，乃求为秦相吕不韦舍人。不韦贤之，任以为郎。李斯因以得说秦王。秦王乃拜为长史，听其计。

太平御览卷第四百六十一　人事部一百二

游说中

《史记》曰：苏秦说赵王，王乃饰车百乘、黄金千镒、白璧百双、锦绣千纯，以游诸侯。

又曰：苏秦说齐王曰："齐三军之良、五家之兵，战如雷霆，解如风雨。"

又曰：蒯通对高祖曰："秦失其鹿，天下共逐之。"

又班彪萧《王命论》曰：游说之士比天下于逐鹿也。

又曰：汉王使隋何说淮王，隋何曰："臣请与大王持剑，而归汉王。"

又曰：蒯通为奇策感通韩信，佯以相人说信。

又曰：子贡之晋，谓晋君曰："臣闻虑不先定不可以应卒，兵不先辨不可以胜敌。今齐战胜，必以其兵临晋。"晋君大恐。

又曰：田常欲为乱于齐，惮高、国、鲍、晏，故移兵欲伐鲁。子贡说田常曰："臣闻之，忧在内者攻强，忧在外者攻弱。今君忧在内，破鲁以广齐，战胜以骄主，求以成大事难矣。"

又曰：范阳人蒯通说范阳令曰："今诸侯叛秦矣。武信君兵且至，而君坚守范阳，少年皆争杀君，下武信君。君急遣臣见武信君，可转祸为福，在今矣。"

又曰：田肯说高祖曰："秦，形胜之国也，持戟百万，得百二焉。地势便利，其以下兵于诸侯，譬犹居高屋之上建瓴水也。"

又曰：汉王数困荥阳、成皋，计欲捐成皋以东，屯巩、洛以距楚。郦生曰："臣闻知天之天者，王事可成。王者以人为天，而人以食为天。夫仓敖，天下输久矣。"

又曰：子贡一出说，存鲁，乱齐，破吴，强晋而霸越也。

又曰：汉王数困荥阳、成皋，计欲捐成皋，以东，屯巩、洛以距楚。郦生因曰："臣愿足下急复进兵，收取荥阳，据敖仓之粟，塞成皋之险，杜太行之道，距飞狐之口，守白马之津，则天下知所归矣。"

又曰：韩非知说之难，为《说难》书曰："凡说之难，在知所说之心，可以吾说当之。"

又曰：韩信既杀龙且，项王恐，使武涉说信曰："足下右救则汉王胜，左救则项王胜。项王今日亡，则次取足下矣。"

又曰：蒯通说韩信曰："郦生一士，伏轼掉三寸之舌，下齐七十余城。"案《汉书》曰："食其凭轼下齐。"

又曰：张仪闻苏秦死，乃说楚王曰："今秦与楚接境壤，大王诚能听臣，臣请使秦以秦女为大王箕帚之妾，长为昆弟之国，终身无相攻伐。臣以为计无便于此者。"楚从其计。

又曰：李斯说秦王曰："自孝公以来，周室卑微，诸侯相兼，关东为六国，秦之乘胜役诸侯，盖六世矣。今诸侯服秦，譬若郡县。夫以秦之强，大王之贤，如老妪灶上扫除，足以灭诸侯，成帝业。今怠而弗急，诸侯复强，相聚约从，虽有黄帝之资，弗能并也。"秦王听其计。

又曰：李左车说成安君陈余曰："臣闻韩信涉西河，虏魏王，擒夏悦，新喋血阏与，今乃辅以张耳，议欲以下赵，此乘胜而远斗，其锋不可当。臣闻千里馈粮，士有饥色。今井陉之道，车不得方轨，骑不得成列，其势粮食必在其后。愿足下假臣奇兵三万人，从间道绝其辎重。彼前不得斗，退不得还，吾奇兵绝其后，使野无所掠，不至十日，两将之头可致麾下。"

又曰：郦食其说齐王曰："王知天下所归乎？"齐王曰："天下何归？"曰："归汉。""何以言之？"曰："汉王与项王戮力西面击秦，约先入咸阳者王之。项王负约不与而王之汉中。又还杀义帝，汉王闻之，起蜀汉之兵，责义帝之罪。降城即以侯其将，得财即以分其士，蜀汉之粟方船而下。项羽有背约之名，杀义帝之负，于人之罪无所忘。天下之士归于汉王，可坐而观。今以据敖仓之粟，塞成皋之险，守白马之津，杜太行之陵，距飞狐之口，天下后服者先亡。王疾下汉王，齐国社稷可得而保；不下汉王，危亡可立而待。”乃听郦生。

又曰：高祖使陆生赐尉他印，为南越王。陆生进说它曰：“足下中国人，亲戚昆弟坟墓在真定。今反天姓，弃冠带，欲以区区之越与天子抗衡，祸且及身。乃欲以新造未集之越，屈强于此。汉使一偏将将十万众临越，则杀王降汉，如反覆手耳。”

《汉书》曰：张耳、陈馀北略地燕界。赵王为燕军所获，燕因留之，欲与分地。赵有厮养卒，乃走燕壁，问曰：“知臣何欲？”燕将曰：“若欲得王耳。”曰：“君知张耳、陈馀何人也？”燕将曰：“贤人也。”曰：“其志何欲？”燕将曰：“欲得其王耳。”赵卒叹曰：“君未知两人所欲也。夫武臣张耳、陈馀，杖马棰下赵数十城，亦各欲南面王。夫臣之与主，岂可同日道哉！两人亦欲分赵而王，时未可耳。今两人名为求王，实欲燕杀之，此两人分赵而王。夫以一赵尚易燕，况以两王右提左挈而责义杀王，灭燕易矣。”燕以为然，乃归赵王。养卒为御而归。

又曰：陆贾说尉他，他赐贾橐中，装直千金。张晏注曰：“珠玉之宝装里也。”

又曰：魏豹叛汉王，汉王谓郦生曰：“缓颊往说之。”

又曰：蒯通知天下权在于韩信，欲说令背汉。曰：“臣愿披心腹，堕肝胆，效愚忠，恐足下不能用也。”曰：“夫功者难成而易败，时者难值而易失。时不再来，愿足下无疑臣之计。”信犹豫，不忍背汉，遂谢通。通乃阳狂为巫。

又曰：汉三年，与项羽相距京、索间，上数使使劳苦丞相。鲍生谓萧何曰：“数劳苦君者，有疑君。今为君计，遣君子孙昆弟能胜兵者，悉诣军所，上益信君。”于是何从其计，汉王大悦。

又曰：项羽击陈留、外黄，外黄不下。数日降，羽悉令男子年十五以上诣城东，欲坑之。外黄令舍人儿年十三，往说羽曰：“彭越强劫外黄，外黄恐，故降以待大王，大王至，又皆坑之，百姓岂有所归心哉！

从此以东，梁地十余城皆恐，莫肯下矣。”羽然其言，乃赦外黄当坑者。而东至睢阳，闻之皆争下。

又曰：汉王至雒阳，新城三老董公遮说汉王曰：“臣闻顺德者昌，逆德者亡；兵出无名，事故不成。故曰明其为贼，敌乃可服。项王为无道，放杀其主，天下之贼也。夫仁不以勇，义不以力，三军之众为之素服，以告诸侯，为此东伐，四海之内莫不仰德。此三王之举也。”汉王曰：“善！非夫子无所闻。”于是汉王为义帝发丧，哀临三日，发使告诸侯。

又曰：娄敬，齐人也。汉五年，戍陇西，过雒阳，帝在焉。敬脱挽辂，见齐人虞将军曰：“臣愿见上言便宜。”虞将军入言，上召见，赐食。敬说曰：“陛下都洛阳，岂欲与周室比隆哉？”上曰：“然。”敬曰：“陛下取天下，与周异。周之先积德累善十有余世。武王伐纣，成王即位，周公之属傅相焉，乃营成周都雒阳，以为天下中，诸侯四方纳贡职，道里均矣，有德则易以王，无德则易以亡。今陛下与项籍战荥阳，大战七十，小战四十，使天下之民肝脑涂地，哭泣之声不绝，伤痍者未起，而欲比隆成康之时，臣窃以为不侔矣。且夫秦地被山带河，四塞以为固，卒然有急，百万之众可具。夫与人斗，不扼其亢，拊其背，未能全胜。今陛下入关而都，按秦之故，此亦扼天下之亢而拊其背也。”高帝即日西都关中。

又曰：陈豨反，上自将，至邯郸，而韩信谋反关中，吕后用萧何计诛信。上已闻信诛，便拜何相国，益封五千户，令卒五百人一都尉为相国卫。诸君皆贺，邵平独吊，谓何曰：“祸自此始矣。上暴露于外，而君守内，非被矢石之难，而益君封置卫者，以今者淮阴新反于中，有疑君心。夫置卫卫君，非以宠君也。愿君让封勿受，悉以家私财佐军。”何从其计，上喜悦。

又曰：齐悼惠王时，曹参为相，礼下贤人，请蒯通为客。初，齐王田荣怨项羽，谋举兵叛之。齐处士东郭先生、梁石君在劫中，强从。及田荣败，二人丑之，相与入深山隐居。客谓通曰：“先生之于曹相国，拾遗举过，显贤进能，齐国蔑若先生者。先生知梁石君、东郭先生，士俗所不及，何不进于相国乎？”通曰：“诺。臣之里妇，与里诸母相善也。里妇夜亡肉，姑以为盗，怒而逐之。妇晨去，过所善诸母，语以事而谢之。里母曰：‘汝安行，我今令而家追汝矣。’即束蕴请火于亡肉家，曰：‘昨暮，犬夜得肉，争斗相杀，请火治之。’亡肉家遽追呼其妇。故里母非谈说之士也，束蕴乞火非还妇之道也，然物有相感，事有适可。臣请乞火于曹相国。”曰：“妇人有夫死三日而嫁者，有幽居守寡不出门者，足下即欲求妇，何取？”曰：“取不嫁者。”通曰：“然则求臣亦犹是也，彼东郭先生、梁石君，齐之俊士，隐居不嫁，未尝卑节下意以求仕也。愿足下使人礼之。”曹相国曰：“敬受命。”皆以为上宾。

又曰：袁盎逢丞相申屠嘉，下车拜谒，丞相从车上谢。盎还，愧其吏，乃之丞相舍上谒，求见丞相，曰：“且陛下从代来，每朝，郎官者上书疏，未尝不正辇受其言。言不可用，置之；言可采，未尝不称善。何也？欲以致天下贤士，日闻所不闻，以益圣。今君自闭钳天下之口，而日益愚。夫以圣主责愚相，君受祸不久矣。”丞相乃再拜曰：“嘉鄙人，乃不知，将军幸教。”引与之坐，为上客。

范晔《后汉书》曰：更始，尚书令谢躬留魏郡，太守陈康守邺，自率诸将击五莱贼。世祖因躬在外，乃使吴汉袭其城。汉先令辩士说陈康曰：“盖闻之，上智不处危以侥幸；中智能因危以为功；下愚安于危以自亡之。智在人所由，不可不察。今京师败乱，四方云扰，公所闻也。萧王兵强士附，河北归命，公所见也。谢躬内背萧王，外失众心，公所知也。公今据孤危之城，待灭亡之祸，义无所立，节无所成，不若开门内军，转祸为福，免下愚之败，收中智之功。此计之至者也。”康然之，于是开门内汉。

又曰：袁绍奔冀州，董卓购募求绍。时侍中周秘、城门校尉伍琼等阴为绍说卓曰：“夫废立大事，非常人所及。袁绍不识大体，恐惧出奔，非有它志。今急购之，势必为变。袁氏树恩四世，门生故吏遍于天下，若收豪杰以聚徒众，英雄因之而起，则山东非公之有也。不如赦之，拜一郡守，绍喜于免罪，必无患矣。”卓经为然，乃遣授绍渤海太守。

又曰：袁绍以书要公孙瓒，以袭冀州，收韩馥。绍乃使外甥陈留高干及颍川荀谌等说馥曰：“公孙瓒乘胜来南，而诸郡应之。袁车骑意未可量也。窃为将军危之。”馥惧曰：“然则为之奈何？”谌曰：“君自料宽仁容众，为天下所附，孰与袁氏？”馥曰：“不如也。”“临危叱决，智勇迈于人，又孰与袁氏？”馥曰：“不如也。”“世布恩德，天下之蒙其惠，又孰与袁氏？”馥曰：“不如也。”谌曰：“今将军资三不如之势，久处其上，袁氏一时之杰，必不为将军下也。且公孙提征伐之卒，其锋不可当。夫冀州天下之重资，若两军并力，兵交城下，危亡可立而待也。夫袁氏将军之旧，且同盟。当今之计，莫若举冀州以让袁氏，厚德将军，公孙瓒不能复与之争矣。是将军有让贤之名，而身安于太山也。愿勿有疑。”馥性怯，因然其计。

又曰：沮授说袁绍曰：“将军累叶台辅，世济忠义。今朝廷播越，宗庙残毁，观诸州郡，虽外托义兵，内实相图，未有匡正社稷恤民之意。且今州城粗定，兵强士附，西迎大驾，即宫邺都，挟天子令诸侯，畜士马以讨不庭，谁能御之？”

又曰：曹操与袁绍相持于官渡，绍遣人求助，刘表许之，而不至，亦不助曹操，且欲观天下之变。从事中郎南阳韩嵩、别驾刘先说袁曰：“今豪杰并争，两雄相持，天下之重在于将军。将军若欲有为，起乘其弊可也；如其不然，固将军所宜从。岂可拥甲十万，坐观成败，求援而不能助，见贤而不肯归！此两怨必集于将军，恐不得复中立矣。”

又曰：曹操军至新野，蒯越、韩嵩、傅巽等说刘琮曰：“逆顺有大体，强弱有大势。以人臣拒人主，逆道也；以新造之楚御中国，必危；以刘备敌曹公，不当也。三者皆短，欲以抗王师之锋，必亡之道也。将军自料何与刘备？”琮曰：“不若也。”巽曰：“诚以刘备不足御曹公，则虽保全楚不能自存也，诚以刘备足御曹公，则备不为将军下也。愿将军勿疑。”琮乃请降。

又曰：阎忠说皇甫嵩曰：“将军指挥足以展风云，叱咤可以兴雷电。”

《东观汉记》曰：隗嚣将王玄说嚣曰："昔更始西都，四方响应，天下喁喁，谓之太平，一旦坏败。今南有子阳，北有文伯，江湖海岱，王公十数，而欲牵儒生之说，弃千乘之基，计之不可者也。今天水完富，士马最强，北取西河，东收三辅，案秦旧迹，表里山河，元请以一丸泥为大王东封函谷关，此万世一时也。若计不及此，且畜养士马，据隘自守，旷日持久，以待四方之变，图王不成，其弊犹足以霸。"嚣然其计。

又曰：更始，大司马朱鲔守洛阳，吴汉诸将围守，数月不下。世祖以岑彭尝为鲔校尉，令彭说鲔曰："赤眉已得长安，今公谁为守乎？萧王受命，平定燕、赵，百姓安土归心，贤俊四面云集。今北方清净，大兵来攻洛，保一城欲何望乎？不如亟降。"鲔曰："大司徒公被害时，鲔与其谋，又谏更始无遣上北伐，自知罪深，故不敢降耳。"彭还，诣河阳白上，上谓彭复往晓之："夫建大事者，不忌小怨。今降，官爵可保，况诛罚乎？"上指水曰："河水在此，吾不食言。"彭奉上旨，复至城下说鲔，因曰："彭往者得执鞭侍从，蒙荐举拔擢，深受厚恩，思以报义，不敢负公。"鲔从城上下索曰："当如此来。"彭趋索欲上。鲔见其不疑，即曰："旦蚤与我会，上东门外。"彭如期往，与鲔交马语。鲔轻骑诣，降，彭为杀羊具食。鲔身为降虏，未见吴公，诸将不敢食。彭即令鲔自缚，与俱见吴公。将诣行在所河津亭，上即时解鲔缚，复令彭夜送归洛阳。

又曰：更始使侍御史黄党即封世祖为萧王，罢兵，耿弇曰："今使者来，欲罢兵，不可听也。兵一罢，不可复会也。"上曰："国家已都长安，天下大定，何用兵为？"弇曰："青、徐之贼，铜马、赤眉之属数十辈，辈数十万众，皆东至海，所向无前，圣公不能辩也，败必不久。"帝起坐曰："卿失言，我击卿。"弇曰："大王哀厚弇如父子，故披赤心为大王陈事。"上曰："我戏卿耳。何以言之？"弇曰："百姓患苦，王莽苛刻日久，闻刘氏复兴，莫不欣喜，望风从化，而去虎口，就慈母，倒戟横矢，不足以喻。明公首事，南破昆阳，败百万师；今复定河北，以义征伐，表善惩恶，躬自克薄，以待士民，发号响应，望风而至，天下至重，公可自取，无令他姓得之。”上曰：“卿若东得，无为人道之。”弇曰：“此重事，不敢为人道也。”

又曰：冯异因间进说曰：“天下同苦王氏，思汉久矣。更始诸将纵横暴虐，所至虏掠，百姓失望。今公专命方面，施行恩德。夫有桀纣之乱，乃见汤、武之功；民人饥渴，易为充饱。宜急分遣官属，徇行郡县，理冤结，布惠泽。”上纳之。

又曰：隗嚣既立，便聘平陵方望为军师。望至，说嚣曰：“足下欲丞天顺民，辅汉而今，起立者乃在南阳，王莽尚据长安，虽欲以汉为名，其实无所受命，将何以见信于众？宜急立高庙，称臣奉祠，所谓神道设教，求助民神者也。且礼有损益，质文无常。削地开兆，茅茨土阶陛下，以致其肃敬。虽未备物，神明其舍诸？”嚣从其言。

又曰：蜀郡功曹李熊说公孙述曰：“方今四海波荡，匹夫横议。将军割据千里，地方十城，若奋发盛德以投天隙，霸王之业成矣。宜改名号，以镇百姓。”述曰：“吾亦虑之，公言起我意。”于是自立为蜀王。熊复说述曰：“今山东饥馑，人民相食；兵所屠灭，城邑丘墟。蜀地沃野千里，土壤膏腴，果实所生，无谷而饱。女工之业，覆衣天下。名材竹干，不可胜用，又有鱼盐银铜之利，浮水转漕之便。北据汉中，杜褒、斜之途，东守巴郡，拒扞关之口；地方数千里，战士不下百万。见利则出兵而略地，无利则坚守而力农。东下汉水以窥秦地，南顺江流以震荆、杨。所谓用天因地，成功之资也。君有为之声，闻于天下，而名号未定，志士狐疑，宜即大位，使远人有所依归。”述遂自立为天子。

又曰：荆邯见东方渐平，兵且西向，说公孙述曰：“兵者，帝王之大器，古今所不能废也。昔秦失其守，豪杰并起，汉祖无前人之迹，立锥之地，起于战阵之中，躬自奋击，兵破身困数矣。然军败复合，创愈复战。何则？死而功成，逾于却就于灭亡。臣之愚计，以为宜及天下之望未绝，豪杰尚可招诱，急以此时发国内精兵，令田戎据江南之会，倚巫山之固，筑垒坚守，傅檄吴、楚，长沙已南必随风而靡。令延岑出汉中，定三辅，天水、陇西拱手自服。如此，海内震摇，冀有大利。”

又曰：邓禹闻上安集河北，即杖策比渡，追及于邺。上欣其至，禹进说曰：“更始虽都关西，今山东未安，赤眉、青犊之属，动以万数，三辅假号，往往群聚。更始既未有所挫，而自听断，诸将皆庸人屈起，志在财币，争用威力，朝夕自快，非有忠良明知，深虑远图，欲尊主安民者。明公虽建蕃辅之功，犹恐无所成立。于今之计，莫如览延英雄，务悦民心，立高祖之业，救万民之命。以公而虑天下，不足定也。”上大悦，因令左右号禹曰邓将军，常宿止于中，与定计议。

又曰：光武以寇恂为河内太守，行大将军事。恂同门生董崇说恂曰：“上新即位，四方未定，而君以此时据大郡，此谗人所侧目，怨祸之府也。宜思功遂身退之计。”恂然其言，因病不视事。

太平御览卷第四百六十二 人事部一百三

游说下

《魏志》曰：袁绍领冀州牧，从事沮授说绍曰："将军属废立之际，忠义奋发。虽黄巾猾乱，黑山跋扈，举军东向，则青州可定；还讨黑山，则张燕可灭。迎大驾于西京，复宗庙于洛邑，号令天下，以讨未服，以此争锋，谁敌之？"绍喜。

王沉《魏书》曰：桓阶，字伯绪。天下乱，太祖兴义兵，袁绍强盛，刘表举州应之。阶说其守张羡曰："夫举事而不本于义，未有不败者也。曹公虽弱，扶义而起，奉王命以讨有罪。孰敢不服？"羡曰："善矣！"

鱼豢《魏典略》曰：苏秦四说秦惠王，书十上，而说不行。

《蜀志》曰：曹公追先主与诸葛亮至于夏口，亮曰："事急矣，请求救于孙将军。"亮说权曰："曹操之众，远来疲弊，闻追豫州，骑一日一夜行三百里，此所谓强弩之末不能穿鲁缟者。今将军诚与豫州协规同力，破操军必矣。"权大悦，即并力拒曹公，败于赤壁。

又曰：曹公追先主至于夏口，诸葛亮曰："事急矣，请奉命求救于孙将军。"时权军柴桑，观望成败，亮说权曰："海内大乱，将军起兵江东，刘表豫州牧收众汉南，与曹操并争天下。今操芟荑大难，略已平矣，遂破荆州，威震四海。英雄无所用武，故豫州牧遁逃至此。将军量力而处之：若能以吴、越之众与中国抗衡，不如与之绝；若不能当，何不按兵束甲，北面而事之！今将军外托服从之名，而内怀犹豫之计，事急而不断，祸至无日矣！"

《晋中兴书》曰：苏峻反，温峤推陶侃为盟主。侃欲西归，峤说侃曰："天子幽逼，社稷危殆，四海臣子，肝脑涂地，峤等与公并受国恩，是致命之秋。事若克济，则臣主同休；如其不然，身虽灰灭，不足以谢责于先帝。今之事势，义无旋踵，骑虎之势，可得下乎。公若违众独反，众心必沮；沮众以败事，义旗将回指于公矣。”侃无以对，遂留不去。

又曰：建兴初，祖逖进说曰：“晋室之乱，非上无道而逃民怨叛也。由藩王争权，自相诛灭，遂使戎狄乘隙，毒流中原。今天下既被残酷，遗黎思本，人有奋击之心，但悉无所凭倚。大王诚能命将帅，使若逖等执殳前驱，上为国家雪耻，下为百姓请命，则郡国豪杰必因风响起，沉溺之民欣于来苏也。扫洒中原，清复寰宇，此千载之一时，愿大王图之。”中宗于是始欲疆理神州。

又曰：刘牢之屯洌州，桓玄至于湖熟，遣牢之族舅何睦说曰：“今君战败则倾宗，战胜亦覆族，欲以是安归乎？孰若翻然改图，唯理是宅，则身与金石等固，名与天壤无穷哉？”牢之得说，诣玄请降也。

范亨《燕书》曰：晋室大乱，高祖方经略江东，高诩说高祖曰：“自王公政错，士人失望。襁负归公者，动有万数。今王氏败没，而福宿见尾箕，其兆可见也。今晋室虽衰，人心未变。宜遣贡使江东，亦有所尊，然后仗义声以扫不庭，可以有辞于天下。”高祖深纳焉。

《宋书》曰：二凶构逆，王僧达回惑，不知所从。有客说之曰：“为君计，莫若承义师之檄，移告傍郡，使工言之士，明示祸福也。”

《唐书》曰：李怀光屯军咸阳，反状始萌。李景略时说怀光，请复宫阙，迎大驾，怀光不从。景略出军门恸哭曰：“谁知此军一旦陷于不义？”军士相顾，甚义之，因退归私家。

又曰：柏耆者，将军良器之子。素负志略，学纵横家流。会王承宗以常山叛，朝廷厌兵，欲以恩泽抚之。耆于蔡州行营以画干裴度，请以朝旨奉使镇州，乃自处士授左拾遗。既见承宗，以大义陈说，承宗泣下，请质二男，献两郡，由是知名。

韦昭《吴书》曰：将军曹仁在公安拒守，吕蒙令虞翻说之。翻至城门，仁不肯相见，乃为书曰：“将军独守萦带之城而不降，死战则毁宗灭祠，为天下笑，幸熟思焉。”仁得书，流涕而降之。

《太公六韬》曰：文王斋戒三日，乘田车田马田于渭之阳。吕尚以竿以渔曰："今臣言至情不讳，君其恶之乎？缗微饵明，小鱼食之；缗调饵多，大鱼食之。夫鱼食于饵乃牵于缗，人食其禄而服于君。故以饵取鱼，鱼可杀；以禄取人，人可竭也。"

《春秋后传》曰：梁以张仪为，齐相楚怒，约而攻梁，雍沮曰："请令解攻。"雍沮谓齐、楚之王曰："王亦闻张仪之约秦王乎？"曰："王若相仪于梁，齐楚恶仪必攻魏，魏战而胜，是齐楚之兵折而仪固得梁矣。若不胜，梁必事秦，以持其国，必割地以赂王。若欲复攻，其弊不足以应秦。此仪之所以与秦王阴相约也。"齐楚王曰："善。"乃遽解兵。

又曰：魏加问春申君："闻欲将临武君，有之乎？"曰："有矣。"加曰："臣少之时好射，臣愿以射譬，可乎？"春申君曰："可。"曰："更羸与魏王处廪下，更羸谓魏王曰：臣能为王虚发而下鸟。有间，雁来，更羸虚发而鸟下。魏王曰：然则射可至此乎！更羸曰：此孽也。王曰：何以知之？对曰：其飞徐而鸣悲者，故创痛也。鸣悲者，久失群也，今临武君尝为秦孽，不可为距秦之将也。"

又曰：皇甫嵩既破黄巾，威震天下，故信都令汉阳阎忠说嵩曰："难得易失者，时也；时至不旋踵者，机也。故圣人常顺时而动智者，必因机以发。今将军遭难得之时，蹈机而不发，将何以权大名乎！"

又曰：刘备救徐州刺史陶谦，会谦病死。伏波将军陈登说备曰："今欲为使君合众十万，上可以匡主济人，成五霸之业，下可以割地守境，书名竹帛。若使君不听，登亦未听使君得发。"备遂领徐州。

孔演《汉魏春秋》曰：兴平元年，曹公复征陶谦，陈宫说张邈曰："雄杰并起，君以千里之众，当四战之地，抚剑顾盼，亦足以为人豪，而反制于人，不以鄙乎！"

《魏氏春秋》曰：锺会阴怀异图，姜维见而知其心，谓可构成扰乱以图克复，乃诡说之曰："君自淮南已来，算无遗策，晋道克昌，皆君为之。今复定蜀，威德大震，其民高其功，而主畏其谋，欲以此安归乎！夫韩信不背汉于扰攘，而见疑于既平；大夫种不从范蠡于五湖，卒伏剑而亡。彼岂闇主愚臣哉？利害使之然也。今君大功既立，大德已著，何不法陶朱公泛舟绝迹，全功保身，登峨嵋之岭而从赤松游乎？”会曰：“君言远矣，我不能行，且为全身之道，或未尽于此也。”维曰：“其他则君智力之所能，无烦于老夫矣。”由是情好欣甚。

《周载》曰：薄疑者，卫之居士也。疑进说卫嗣君以王道，嗣君悦，延之以相，辞曰：“疑之母以疑为贤，然与疑议家事既定，则又决之所幸蔡妪，故事多不就。母子之间犹不免乎蔡妪之议，今人主皆有蔡妪，而于臣非骨肉之亲，安得不败？”君曰：“寡人闻命。”遂相之，委以从事。

《江表传》曰：曹公闻周瑜年少有俊才，谓可游说动也。密下扬州，遣九江蒋幹往见瑜。幹有仪容，以才辩见称，独步江淮之间，莫与为对。乃布衣葛巾，自托私行诣瑜，瑜出迎之，立谓干曰：“子翼卿苦远江湖，为曹氏作说客耶？”干曰：“吾与足下州里，中间别隔，遥闻芳烈，故来叙阔，并观雅颂，而云说客，无乃逆诈乎！”瑜曰：“吾虽不及夔、旷，闻弦赏音，足知雅曲也。”因延干入，为设酒食。后三日，瑜请干与周观营中，行视仓库军资器仗，言讫，还饮宴，示之侍者服饰珍玩之物。因谓干曰：“丈夫处世，一遇知己，外守君臣之义，内结骨肉之恩，言行计从，祸福共之。假使苏、张更生，郦叟复在，吾犹拊其背而折其辞，岂足下幼生所能移乎！”干但笑，终无所言。干还，称瑜雅量，非言辞所间。中州之士亦此多之。

王充《论衡》曰：传称苏秦、张仪纵横之术习之于鬼谷先生。掘地为坎，曰：“能下，说令我泣，出则能分人主之地。”苏秦下，说鬼谷先生泣沾衿；张仪下，说鬼谷先生泣亦沾衿。

刘向《说苑》曰：孙卿曰：夫谈说之术，端盛以处之，坚强以持之。

《庄子》曰：昔赵文王喜剑，剑士日夜相击于前。太子悝患之，募左右说：“孰能说王之意止剑士者，赐之千金。”乃使以千金奉庄子，庄子不受。请持剑服，剑服成，乃见王曰：“臣有三剑，有天子剑，有诸侯剑，有庶人剑。天子之剑，包以四夷，裹以四时，一用天下服。此天子之剑。”于是文王不出宫三月，剑士皆伏弊之也。

《列子》曰：邓析操两可之说，设无穷之弊。

韩子《说难》篇曰：不可不察爱憎之主而后说焉。

又《说难》篇曰：凡事以密成，亦以泄祸。未必其身泄也，而语及所匿之事，如此者身危矣。

又《说难》篇曰：龙喉下有逆鳞，有婴之则必煞人；人主亦有逆鳞，说者能无婴人主之逆鳞，则几死矣。

又《说难》篇曰：大意无所拂悟，辞言无所击排，然后极骋智辩焉。

又《说难》篇曰：略事陈意，则曰怯懦而不尽；虑事广肆，则曰草野而倨侮。此说之难也。

又《说难》篇曰：凡说得亲近不疑，而得尽其辞也。

《鬼谷子》曰：《抵巇音熙篇》云：“巇者始有朕，可抵而塞，可抵而却。圣人知之，独保其用。因作说事。

又曰：《量权篇》云：“与智者言，依于博；与博者言，依于辩；与辩者言，依于要。此其说也。”

又曰：《午合篇》云：“伊尹五就桀，五就汤，然后合于汤。吕尚三入殷朝，三就文王，然后合于文王。此天知之至，归之不疑。”注云：伊尹、吕尚各以至知说圣王，因泽钓行其术策。

又曰：《摩意篇》云：“摩者，揣之也。说莫难于悉行，事莫难于必成。”注曰：摩不失其情，故能建功。

又曰：《量权篇》云：“言有通者从其所长，言有塞者避其所短。”注曰：人辞说条通理达，即叙述从其长者，以昭其德。人言壅滞，即避其短，称宣其善，以显其行。言说之枢机，事物之志务者也。

又曰：《反覆篇》云：“其和也，若比目鱼；其司言也，若声与响。”注曰：和，答问也。因问而言，申叙其解，如比目鱼相须而行，候察言辞，往来若影随形，响之应声。

又曰：《量权篇》云：“介虫之捍必以甲而后动，螫虫之动必先螫毒。故禽兽知其所长，而谈者不知用也。”注云：虫以甲自覆鄣，而言说者不知其长。

又曰:《揣情篇》云:“说王公君长则审情,以说王公,避所短,从所长。”

又曰:《谋虑篇》云:“乃立三仪,曰上中下,曰参以立焉。变生事,事生谋,谋生计,计生仪,仪生说,说生进。”注曰:三仪,有上有下有中。会同异曰仪,决是非曰说。

《吕氏春秋》曰:伍子胥将见吴王而不得。客有言之于王子光者,王子光见之而恶其貌,不听其说而辞之。客请之,王子光曰:“其貌吾所甚恶也。”客以告子胥,子胥曰:“此易改也。愿令王子光居于堂上,重帷而见其衣。”子光许之。胥说之半,王子光举帷,搏其手而与之坐。说毕,王子光大悦。子胥以为有吴国者必王子光也,退而耕于野十年。子光代吴王僚为王,任子胥,子胥乃为法制,下贤良,选阵士,习战斗;六年然后大胜楚于柏举,九战九胜,逐北千里,昭王出奔。

又曰:韩氏城新城,期十五日而成。段桥为司空。有一县后二日,段桥执其吏而囚之。囚者之子走告封人子高曰:“唯先生能活臣父。”封人子高曰:“诺。”乃见段桥,自扶而上城。封人子高左右望曰:“美哉城!壹大功矣。子必有厚赏矣。自古及今,功若此其大也,而能无有罪戮者,未曾有也。”封人子高出,段桥使人夜解其吏之束缚之者,而出之。说之行若此其精也。封人子高可谓善说矣。

又曰:孟尝君为从,公孙弘谓孟尝曰:“不若西观秦王之意。”弘见昭王曰:“薛之地小大?”弘曰:“百里。”昭王曰:“寡人之国,地数千里,犹未敢以有难也。今薛百里之地而欲难寡人乎?”公孙弘曰:“孟尝君好士,大王不好士。”昭王笑而谢之。

又曰:善说者若巧士,因人之力以自为力,因其来而与来,因其往而与往,所因便也。

《尸子》曰:公输般为蒙天之阶,阶成,将以攻宋。墨子闻之,赴于楚,行十日十夜而至于郢。见王,曰:“今有人于此:舍其文轩,邻有弊舆而欲窃之;舍其锦绣,邻有短褐而欲窃之;舍其粱肉,邻有糟糠而欲窃之。此为何若人？”王曰：“必窃疾矣。”墨子曰：“荆之地，方五千里，宋方五百里，此犹文轩之与弊舆也。荆有云梦，犀兕麋鹿盈溢，江汉之鱼鳖鼋鼍为天下饶；宋所谓雉兔鲋鱼者也，犹粱肉之与糟糠也。荆有长松文柏、梓楠豫章，宋无长木，犹锦绣之与短褐也。臣以王之攻宋也，为与此同类。”王曰：“善哉。”请无攻宋。

《孔丛子》曰：齐攻赵国禀立，赵使孔青击之，克齐军，尸三万。赵王诏勿归其尸，将以困之。子慎聘齐，曰：“以臣愚计，贫齐之术乃宜归尸。使其家远来迎尸，不得事农，一费；归而葬之，二费也。一年之中丧三万，费欲无困贫，弗可得也。”王曰：“善。”

又曰：五国约而诛秦，未入秦境而留兵于成皋，子慎谓市丘君曰：“此师楚为之主，今兵不散，殆有异意，君其备之。”市丘君曰：“先生幸而教之。”子慎许诺。遂见楚王曰：“王约五国而伐秦，事既不集，王胡不卜交乎？”楚王曰：“奈何？”子慎曰：“王今出令使五国勿攻市丘，五国重王则听王之令矣。不重王则且反王令而攻市丘。以此卜为五国交王之轻重必明矣。”楚王敬诺而五国散。

杨雄《解嘲》曰：娄敬委辂脱挽，掉三寸之舌。案《汉书》曰：“娄敬说高祖西都。”

又曰：上说人主，下谈公卿，一从一横，论者莫当。

班固答宾戏曰：游说之徒，风飑电激。

太平御览卷第四百六十三　人事部一百四

辩上

《说文》曰：辩被免切，治也。

《尚书》曰：君罔以辩言乱旧政。

《尔雅》曰：诸诸便便，辩也。

《论语》曰：便便言，唯谨尔。郑玄曰：便便，辩也。

又曰：孔子曰："恶利口之覆邦家者。"

又曰：御人以口给。

《家语》曰：子夏问子贡何人，子曰："辩人，丘弗及也。"

又曰：宰予，鲁人也，有口才，以言语著名。

又曰：孔子登农山，谓二三子各言尔志。子贡进曰："赐愿使齐、楚合战于莽瀁之野，两垒相当，旗鼓相望，埃尘相接，挺刃交兵。赐着缟衣白冠，陈说其间，推论利害，二国释患，唯赐能之矣。"夫子曰："辩哉！"

《史记》曰：子贡利口巧辞，孔子常绌其辩。田常欲为乱于齐，移兵欲伐鲁，孔子谓弟子曰："夫鲁，坟墓所处，父母之国。国危，二三子何为莫出。"子贡请出，孔子许之，遂行。子贡壹出，存鲁，乱齐，破吴，强晋，霸越。

又曰：汉遣陆贾说项王，请太公，项王弗听。汉王复使侯公往说项王，乃与汉约，中分天下，割鸿沟以西者为汉，鸿沟以东者为楚。项王即归汉王父母妻子，军皆呼万岁。汉王乃封公为平国君，曰："此天下辩士。"所居号为平国。

又曰：范雎欲事魏王，家贫无自资，乃先事魏中大夫须贾。为魏使齐，齐襄王闻雎辩有口，赐金印及牛酒。

又曰：上问上林诸尉禽兽簿，十馀问，左右视不能对。虎圈啬夫从旁代尉对，上所问禽兽簿甚悉，次观其口对，响应无穷。乃拜啬夫为上林令。

又曰：秦蔡泽游学于诸侯，大小甚众而不遇。因从唐举相，曰："闻子相李兑，百日之内持国柄，有之乎？"曰："有之。"泽曰："今若臣者何如？"唐举熟视而笑曰："先生揭鼻、戾唇、魋颜、蹙齃，吾闻圣人不相，殆先生乎？"蔡泽被唐举之戏，乃曰："富贵吾所自有，吾不知者寿也，愿闻之。"举曰："先生从今已往四十三岁。"泽笑谢去，谓其御者曰："吾跃马，食肉，富贵四十三年亦足矣。"乃来入秦。使人宣言以感怒应侯范睢曰："燕客蔡泽，天下俊雄弘辩智士也。彼一见秦王，必夺君位。"应侯使人召泽。泽入，揖应侯。应侯固不快矣，及见又倨，应侯因让之曰："子尝宣言欲代吾相秦，岂有之乎？"对曰："然。"应侯曰："请闻其说。"泽曰："吁，君何见之晚耶！夫四时之序，功成者去，未成者来。君禄位贵盛，私家之富皆已极矣，不退将危，臣之代君，不亦宜乎！"应侯善之，乃延入坐，为上客。后数日，入朝，言于王曰："客有新从山东来者蔡泽，其人辩士。臣见人众，莫能及之，臣不如也。"王召见，与语，大悦之，拜为客卿。应侯因谢病请归相印。昭王许之，以泽为相，终如其志。

又曰：苏秦初与张仪俱事鬼谷先生十一年，皆通六艺，经营百家之言。鬼谷先生弟子五百余人，为之土窟，窨深二丈。先生曰："有能独下，说窨中，使我泣出者，则能分人主之地。"久，苏秦下说窨中，鬼谷先生泣下沾衿。次张仪下说窨中亦泣。先生曰："苏秦词说与张仪一体也。"

又曰：楚陈轸，词辩之士也。初与张仪俱事秦惠王，惠王皆重之。仪恶轸于王曰："陈轸重币轻信，秦使之楚，将为交也。今楚不善于秦而善于轸。"王以仪言召轸问之，轸曰："然。王闻楚有两妻者乎？"王曰："不闻。"轸曰："楚有两妻者，人挑其长者，长者骂之，挑其少者，少者复挑之。居无何，有两妻者死。客谓挑者曰："谓汝娶长者乎，少者乎？"挑者曰："娶长者。"客曰："长者骂汝，少者复挑汝，何故娶长者？”对曰：“居人之所，则欲其挑我，为妻，则欲其骂人。今楚王明主，昭阳贤相，使轸为臣常以国情输楚，楚王将不留臣，昭阳将不与臣从事矣。臣必之楚，足以明臣为楚不与也。”轸出，张仪入问王曰：“轸果欲之楚不？”王曰：“然。轸，天下之辩士。寡人遂无奈何也。”惠王终相张仪，轸遂奔楚，楚用为上卿。后轸为楚使之秦，惠王见之，谓曰：“子去寡人之楚，寡人甚思子，子思寡人乎？”轸曰：“王闻越人庄舄乎？”王曰：“不闻。”轸曰：“越人庄舄仕楚执珪，有顷而病。楚王曰：舄，越之鄙人。凡人之思。固在其病也。思越则越声，不思越则楚声。使人听之，犹尚越声。今臣虽弃逐之楚，能无秦声哉！”

《汉书》曰：郦食其有词辩，年六十，身长八尺，鬓发皓然。请见高祖，谒者曰：“上好嫚骂人，不喜儒生，有客冠而来者，辄解其冠而溺其中。”食其作色叱之曰：“我高阳酒徒，何儒生之有！”谒者股栗而见之，高祖乃踞床使两女子洗足。食其入，长揖不拜，曰：“欲助秦攻诸侯乎？将欲率诸侯攻秦乎？”高祖骂曰：“竖儒！夫天下同苦秦久矣，故诸侯相率攻秦，汝奚为助秦耶？”食其曰：“必欲聚合义兵诛无道秦，不宜踞见长者。”高祖懔然而起，拔足挥洗摄衣，延食其坐而谢之。食其因言六国纵横王霸之道。高祖大悦，问其计，食其曰：“足下起乌合之众，收散乱之兵，不满二旅，而欲鼓行入秦，所谓探虎口而喂饿狼也。夫陈留者，当天下之冲，四通五达之郊，城坚粟多，可以少留。臣知其令，请使命下之。如不听，可举兵攻之，臣为内应，不崇朝而拔之矣。”于是高祖乃遣食其说陈留令，高祖引兵随之，遂下陈留。

又曰：少府五鹿充宗贵幸，善梁丘氏《易》。玄帝好之，欲考其异同，令与诸家论《易》。充宗贵辩口，诸儒莫能与抗，皆称疾，不敢会。有荐朱云者，召入，摄齐登台，抗首而请，音动左右。既论难，连柱五鹿君，故诸儒为之语曰：“五鹿岳岳，朱云折其角。”

又曰：娄护为人短小，精辩，论议常依名节，听之者竦然。与谷永俱为五侯上客，长安号曰：“谷子云之笔札，娄君卿之唇舌”，言其见信用也。

又曰：晁错，颖川人也。为太子家令，以其辩得幸太子，太子家号曰："智囊"。

又曰：田蚡贵幸，为中大夫，辩有口，学《盘盂》诸书。应劭曰：黄帝史，孔甲所作名也。孔甲《盘盂》二十六篇。

又曰：东方朔自公卿在坐，朔皆傲弄，无所屈。上以朔口谐辞给，尝问："先生视朕何如主也？"朔对曰："自唐、虞之隆，成、康之际，未足喻当世。臣朔伏观陛下功德，陈五帝之上，在三王之右。非若此而已，诚得天下贤士，公卿在位咸得其人。譬若以周、邵为丞相，孔丘为御史大夫，太公为将军，卞庄子为卫尉，皋陶为大理，后稷为司农，伊尹为少府，应劭曰：伊尹善烹割，太官属少府，故令作。子贡使外国，颜闵为博士，子夏为太常，孟子为右扶风，季路为执金吾，契为鸿胪，龙逢为宗正，伯夷为京兆，管仲为冯翊，鲁般为将作，山甫为光禄，申伯为太仆，延陵季子为水衡，百里奚为典属国，晓其风俗，故令为之。柳下惠为大长秋，史鱼为司直，蘧伯玉为太傅，如淳曰：太傅傅人主使无过，伯玉欲寡其过也。孔父为詹事，叔敖为诸侯相，子产为郡守，王子庆忌为期门，夏育为鼎官，羿为旄头，宋万为式道侯。"上乃大笑也。

又曰：终军，字子云，济南人。少好学，以辩博能属文闻于郡。年十八，选为博士弟子。至府，太守闻其有异才，召见军，甚奇之。及至长安上书言事，武帝异其文，拜军为谒者给事中。

又曰：蒯通知天下权在于韩信，欲令背汉，乃先微感信曰："仆尝受相人之术，相君之面，不过封侯，又危而不安；相君之背，贵而不可言。"信曰："何谓也？"通曰："天下初作难也，俊雄豪杰建号壹呼，天下之士云合雾集，鱼鳞杂袭，飚至风起。当此之时，忧在亡秦而已。今刘、项分争，使人肝脑涂地，流离中野，不可胜数。今时两主悬命足下，足下为汉则汉胜，与楚则楚胜。臣愿披心腹，堕肝胆，效愚忠，恐足下不能用也。方今为足下计，莫若两利而俱存之，三分天下，鼎足而立。天下孰不听足下，愿图之。"信曰："汉王遇我厚，吾岂可见利而背恩乎！"通曰："臣闻勇略震主者身危，功盖天下者不赏。今足下挟不赏之功，载震主之威。归楚，楚人不信；归汉，汉人震恐。足下欲将安归乎？故猛虎犹预，不如蜂虿之致螫；孟贲狐疑，不如童子之必至。”信不忍背汉，遂谢通。通说不听，惶恐，乃佯狂为巫。天下既定，后信以罪废为淮阴侯，谋反被诛，临死叹曰：“悔不用蒯通之言。”高帝曰：“是齐辩士蒯通。”乃诏齐召蒯通。通至，上欲烹之，曰：“若教韩信反，何也？”曰：“狗各吠非其主。当彼时，臣独知韩信，非知陛下也。且秦失其鹿，天下共逐之，高材者得。天下汹汹，争欲为陛下所为，顾力不能，何惮诛耶！”上乃赦之。

又曰：淮南王黥布反，朱建谏之，不听。汉既诛布，闻建谏之，高祖赐建号“平原君”，家徙长安。为人辩有口，刻廉刚直，行不苟合，义不取容。

又曰：辩士曹丘生数招权顾金钱，孟康曰：招金钱，事权贵，而求事也。事贵人赵谈，与窦长君等善。季布闻，寄书谏长君曰：“吾闻曹丘非长者，勿与通。”及曹丘归，欲得书谒布。窦长君曰：“季将军不说足下，足下无往。”固请，遂使书人先发书，布大怒。曹至，则揖布曰：“楚人谚曰：‘得黄金百镒，不如得季布一诺。’足下何以得此声梁、楚之间哉！且仆与足下俱楚人，使仆游扬足下名于天下，顾不美乎？何足下之距仆深也！”布乃大悦，引入，留数日，为上客，厚送之。布名所以益闻者，曹丘扬之也。

范晔《后汉书》曰：黄琬，字子琰，琼之孙。早而辩慧。祖父琼为魏郡太守，建和元年正月日蚀，京师不见而琼以状闻梁太后。太后诏问所蚀多少，琼思其对而未知所况。时琬年七岁，在旁，云：“何不言日蚀之余，如月之初？”琼大惊，即以其言应诏。

又曰：孔融，字文举。孔子二十世孙也。李膺为河南尹，恃才倨傲，诫守门者：“非吾通家子孙不得辄通。”融年十二，入洛，欲以观其人，乃谓守门者曰：“吾与李君通家子孙耳。”守门者告膺，膺呼召，问曰：“卿与吾有何所故？”融曰：“臣先君孔子与公老君同德比义，则臣与公累代通家也。”膺大悦，引坐，谓曰：“卿欲食乎？”融曰：“须食。”膺曰：“教卿为客之礼，主人问食，但让不须。”融曰：“不然。教君为主之礼，但置于食，不须问客。”膺惭，乃叹曰：“吾将老死，不见卿富贵也。”融曰：“公殊未死。”膺曰：“如何？”融曰：“鸟之将死，其鸣也哀；人之将死，其言也善。向来公言，未有善也，故知未死。”膺甚奇之。后与膺谈论百家经史，应答如流，膺不能下之。

又曰：刘祐，字伯祖，中山安国人也。祐初察孝廉，补尚书侍郎，闲悉故事，文札强辩，每有奏议，对应无滞，为侪类所归。

谢承《后汉书》曰：郭弘为郡上计吏。正月朝觐，弘进殿下谢祖宗受恩，言辞辩丽，专对移时。天子曰：“颍川乃有此辩士邪！子贡、晏婴何以加之？”群公属目，卿士叹伏。

又曰：郭宏为郡上计吏，朝廷问宏颖川风俗所尚、土地所出、先贤将相儒林文学之士，宏援经以对，陈事答问，出言如浮，引义如流。

《东观汉记》曰：班超，字仲叔，扶风平陵人，徐令彪之子也。为人大志，不修细节。然内孝谨，居家常执勤苦，不耻劳辱。有口辩，而涉猎书传。

《魏志》曰：黄初元年，郭淮奉使贺文帝践祚，而道路得疾，稽留。帝正色责之曰：“昔禹会诸侯于涂山，防风后至，便行显戮。今溥天同庆，而卿最留迟，何也？”淮对曰：“臣闻五帝先教，道人以德，夏后政衰，始用刑辟。今臣遭唐虞之代，是以自知免于防风之诛也。”帝悦之，擢领雍州刺史。

《魏典略》曰：邯郸之北有苏大侯者，苏秦往说之，苏大侯送以百金。家丞问其故，苏大侯曰：“客辩士也，立谈之间，再夺吾地而复归之，吾地虽小，岂直百金耶！”又曰：韩宣，字景然，渤海人。为人短小。建安中，丞相召署军谋掾，冗散在邺。尝于邺步行入宫，于东掖门内，与临淄侯植相遇。时天新雨，地有泥潦，宣欲避之，阂潦不得去，乃以扇自障住于道边。植嫌既不去，又不为礼，乃驻车使其常从问宣何官，宣云：“丞相军谋掾也。”植又问曰：“应得唐突列侯不？”宣曰：“《春秋》之义，王人虽微，列于诸侯之上，未闻宰士而为下士诸侯之礼。”植又曰：“即如所言，为人父吏见其子，应有礼不？”宣又曰：“于礼，臣子一例也。”植知其难穷，乃释去，以为辩也。

梁祚《魏国统》曰：黄权来降，文帝从容谓权曰：“君舍逆效顺，欲追踪陈、韩邪？”对曰：“臣过受刘氏殊遇，降吴不可，归蜀无路，是以归命。且败军之将，免死为幸，何古人之敢慕也！”帝善之。

《吴志》曰：孙权问诸葛恪曰：“卿父与叔父孰贤？”对曰：“臣父为优。”权问其故，对曰：“父知所事，叔父不知，以是为优。”权又大噱。命恪行酒，至张昭前，先有酒色，不肯复饮，曰：“此非养老之礼也。”权曰：“卿其能令张公辞屈，乃当饮之耳。”恪难昭曰：“师尚父九十，秉旄伏钺，犹未告老也。今军旅之事，将军在后，酒食之事，将军在先，何谓不养老也？”昭卒无辞，遂为尽爵。

又曰：孙权遣都尉赵咨使魏，帝问曰：“吴王何等主？”赵咨对曰：“聪明仁知，雄略之主也。”帝问其状，答曰：“纳鲁肃于凡品，是其聪也；拔吕蒙于行军，是其明也；获于禁而不害，是其仁也；取荆州兵不血刃，是其智也；据三州而虎视于天下，是其雄也；屈身于陛下，是其略也。”

又曰：薛综，字仲文，沛郡人。其先田文封薛，因以氏焉。避地交州，士燮召为交阯太守。及还都，蜀使张奉于权前嘲尚书阚泽，泽不能答。综曰：“有犬为独，无犬为蜀，横目狗身，虫入其腹。”奉曰：“不当复别吴耶？”综应声曰：“无口为天，有口为吴，君临万邦，天子之都。”奉无以对焉。

韦昭《吴书》曰：吴使郎中令陈化使魏，魏文帝因酒酣，问化曰：“吴魏峙立，谁将平壹海内者乎？”化曰：“《易》称‘帝出乎震’，化闻先哲知命，旧说‘紫盖黄旗运于东南’。”帝曰：“昔文王以西伯天下，岂复在东乎？”化曰：“周之初基，大伯在东，是以文王能兴于西。”帝笑，奇其辞。

又曰：沈珩，字仲山。孙权以珩有智谋，能专对，乃使至魏。魏文帝问曰：“吴嫌魏东向乎？”珩曰：“不嫌也。”曰：“何以言之？”曰：

"信恃旧盟，言归于好，是以不嫌。"又问："太子当来，宁然乎？"珩曰："臣在东朝，朝不坐，宴不与，若此之议，无所闻也。"文帝善之，乃引珩自近，谈语终日。珩随事响应，无所屈服。

张勃《吴录》曰：吴兴沈友，字子正。善属文，有口辩，每所至，众人皆默，因号曰："谧众"。咸言其笔之妙、力之妙、舌之妙皆绝于人也。

《蜀志》曰：先是雍闿送张裔于孙权，诸葛亮遣邓芝使吴，亮令芝言次可从权请裔。裔自至吴数年，流徙伏匿，权未知也。许之遣裔。临发，乃引见，问裔曰："蜀卓氏寡女，亡奔司马相如，贵土风俗何以乃尔？"裔对曰："愚以为卓氏之女，犹贤于买臣之妻。"权又谓裔："君还，必用事西朝，终必不作田父于闾里也，将何以报我？"对曰："裔负罪而归，将委命有司。若蒙侥幸得全首领，五十以前父母之年，自此以后大王之赐也。"

又曰：伊籍，字几伯，山阳人。随先主入益州，东使吴，孙权闻其才辩，欲逆折以辞。籍适入拜，权曰："劳事无道之君。"籍即对曰："一拜一起，未足为劳。"

又曰：吴遣使张温来聘，百官皆往饯焉。温问秦密曰："天有头乎？"密曰："《诗》云乃眷西顾，以此推之，头在西方。"温曰："天有耳乎？"密曰："《诗》云鹤鸣于九皋，声闻于天，若其无耳，何以听之？"温曰："天有姓乎？"密曰："姓刘。"曰："何以知之？"密曰："天子姓刘，故以此知之。"温曰："日生于东乎？"密曰："虽生于东而没于西。"答问如响。温服密之文辩，凡如此类也。

太平御览卷第四百六十四　人事部一百五

辩下

《晋书》曰：王衍妙善玄理，唯谈《庄》《老》为事。每捉王柄麈尾，与手同色。义理有所不安，随即改更，世号“口中雌黄”。朝野翕然，谓之“一世龙门”矣。又曰：谢安常赏袁宏机对辩速。安为扬州刺史，宏自吏部郎出为东阳郡，及祖道于治亭。时贤皆集，安欲以卒迫试之，临别执弘手，顾左右取一扇而授之曰：“聊以赠行。”宏应声答曰：“辄当奉扬仁风，慰彼黎庶。”

又曰：华谭或问曰：“谚云‘人之相去，如九牛毛’，宁有此理乎？”谭对曰：“昔许由让天子之贵，市道小人争半钱之利，此相去何啻九牛毛也！”闻者称善。

又曰：吕珩问袁甫曰：“卿名能辩，岂知寿阳已东何以恒水？”甫曰：“寿阳已东皆是吴人，夫亡国之音哀以思，鼎足强邦，一朝失职，愤叹甚积，积忧成雨，雨久成水，故其城恒涝也。”

又曰：祖纳谓梅陶及锺雅曰：“君汝颍之士，利如锥；我幽冀之士，钝如椎。持钝椎，捶君利锥，皆当摧矣。”陶、雅并称：“有神锥，不可得摧。”纳曰：“假有神锥，必有神椎。”陶、雅无以对。

又曰：武帝始登祚，探策得一。王者世数，继此多少。帝既不怡，群臣失色，莫能有言者。侍中裴楷正容仪进曰：“臣闻天得一以清，地得一以宁，侯王得一以为天下贞。”帝意悦，群臣叹服。

又曰：李密，字令伯，犍为武阳人。蜀朝旧臣，数使于吴，应机当义，吴人称其才辩。蜀平，以太子洗马召。张华问曰：“安乐公何如？”密曰：“可次齐桓。”华问其事，密曰：“齐得管仲而霸，得竖刀而流亡。安乐公得诸葛亮而抗魏，后任黄皓而丧国，成败一也。”

又曰：释道安俊辩有高才，自北至荆州，与习凿齿初相见。道安曰："弥天释道安。"凿齿曰："四海习凿齿。"

《宋记》曰：孝武常赐谢庄宝剑，庄以与豫州刺史鲁爽。爽后反叛，孝武因宴集，问剑所在，答曰："昔以与鲁爽别，窃为陛下杜邮之赐。"上甚悦，当时以为知言。

萧子显《齐书》曰：张融，字思光，吴郡人也。玄义无师法，而神解过人，白黑谈论，鲜能抗拒。

又曰：周颙，字彦伦，汝南人。音辞雅丽，出言不穷，商较朱紫，发口成句。每宾友会同，颙虚席晤语，声如流，听者忘倦。

萧方等《三十国春秋》曰：刘裕为太尉、中书监。裕既拜，朝贤毕至，仆射谢混后来，衣冠倾纵，颇有傲慢之容。裕甚不平，乃谓之曰："何谓旁若无人？"混对曰："明公将隆伊周之化，方使四海解衾，谢混何人，而敢独异乎！"乃以手板披拨其衾领，悉皆解散，裕大悦。

魏收《魏书》曰：李谐，字虔和，博学才辩。天平中，以谐兼散骑常侍，为聘。梁王衍遣主客郎范胥当接，胥曰："黄旗紫盖，本出东南，君临万拜，故宜在此。"谐答："帝王符命，岂得与中国比隆？紫盖黄旗，终于入洛，无乃自害邪？"

《陈书》曰：简文在东宫，召戚衮讲论。又尝置宴，集玄儒之士。先命道学玄相质难，次令中庶子徐摛驰骋大义，间以剧谈。摛辞辩纵横，难以答抗，诸人慑气，皆失次序。衮时骋义，摛与往复，衮精采自若，对答如流。简文深加叹赏。

《隋书》曰：吴兴沈重，名为硕学。高祖尝令辛彦之与重论议，重不能抗，于是避席而谢之曰："辛所谓金城汤池，无可攻之势。"高祖太悦。

又曰：苏夔，字伯尼。少聪敏，有口辩。炀帝尝从容谓宇文述、虞世基等曰："四夷率服，观礼华夏，鸿胪之职，须归令望。宁有多才多艺，美容仪，可以接对宾客者为之乎？"咸以夔对。是日拜鸿胪少卿。

又曰：柳謇为东宫学士，每召入卧内，与之宴谑。謇尤俊辩，多在侍从，有所顾问，应答如响。

《唐书》曰：薛收归国，秦府记室房玄龄荐之于太宗，即日召见，问以经略，收辩对纵横，皆合旨要。授秦王府主簿。

又曰：文宗尝于诞节召白居易与僧唯澄、道士赵常盈对御讲论于麟德殿。居易论难峰起，辞辩泉注，上疑宿构，深嗟挹之。

《列子》云：子夏问于孔子，孔子对曰："赐辩贤于丘。赐也能辩不能讷。吾兼有之，所以事吾也矣。"

《庄子》曰：孔子舍于沙丘，见主人曰："辩士也。"子路曰："夫子何以识之？"曰："其口穷踦，其鼻空大，其服博戏，其睫流抝，其举足也高，其践地也深，鹿与而牛舍。"

又曰：公孙龙辩者之徒，饰人之心，易人之意，能胜人之口，不能服人之心，辩者之囿也。

又曰：古者王天下者，智虽络天地，不自虑也；辩虽雕万物，不自说也。

《鲁连子》曰：齐之辩者田巴，辩于狙丘，议于稷下，毁五帝，罪三王，訾五伯，离坚白同异，一日而服千人。有徐劫者，其弟子曰鲁连，谓劫曰："臣愿得当田子，使之不敢复谈，可乎？"徐劫言之田巴，曰："劫弟子年十二耳，然千里之驹也。愿得侍议于前。"田巴曰："可。"鲁连曰："臣闻堂上之粪不除，郊草不芸，白刃交前不救流矢，何则？急者不救则缓者非务。楚军南阳，赵氏伐高唐，燕人十万之众在聊城而不去，国亡在旦暮耳。先生将奈何？"田巴曰："无奈何。"鲁连曰："夫危不能为安，亡不能为存，则无为贵学士矣。今臣将罢南阳之师，还高唐之兵，却聊城之众。为所贵谈，谈者其若此也。先生之言有似枭鸣，出声而人恶之。愿先生之勿复谈也。"田巴曰："谨闻教。"明日见徐劫曰："先生之驹乃非兔騕褭也，岂特千里哉！"于是杜口易业，终身不复谈。

《淮南子》曰：智络天地，明照日月，辩解连环，泽润玉石。

《抱朴子》曰：飞清机之英丽，言约畅而判滞，辩人也。

太公《六韬》曰：辩言巧辞善毁誉者曰飞言之士。

皇甫谧《高士传》曰：赵惠文王好剑，士夹门而客三千人，太子悝患之，募有能止王者与千金。左右曰："庄子必能。"太子使人奉周，周见王曰："臣有三剑，唯所用焉。天子之剑，宾诸侯，正天下；诸侯之剑，如雷霆之威震，四封之内无不宾服；庶人之剑，上绝颈领，下脱肺肝。而此无异于斗鸡，而争一旦之命也，今大王有天子之位而好庶人之业，臣窃为大王薄之。"王不出宫三月，剑客皆伏。

《韩诗外传》曰：鸟之美羽勾啄者，鸟共畏之；人之利口巧辩者，人共畏之。是以君子避三端；文士笔端，辩士舌端，武士锋端。

又曰：子贡曰："两国构难，壮士列陈，尘埃张天，赐不持尺兵斗粮，解两国之难，用赐者存，不用赐者亡。"孔子曰："辩士哉！"

《语林》曰：诸葛靓，字仲思。在吴于朝堂大会，孙皓问曰："卿字仲思，为欲何思之？"曰："在家思孝，事君思忠，朋友思信，如斯而已。"

王子年《拾遗录》曰：张仪、苏秦二人递剪发以相活，或佣力写书，行遇圣人之文，无以题记，则以墨书于掌中及股里。夜还，折竹写之，二人假食于路，剥树皮为囊，以盛天下良书。每息大树之下，假息而寐，有一先生问曰："二子何勤苦若是？"而仪、秦共与言论曰："子是何人？"答曰："吾死生归于山谷，世论谓余归谷子也。"秦、仪后游学，复逢归谷子。乃请其学术，则教以干世俗之辩。乃探胸中韦袟三卷书，言辅时之事，故仪、秦学之以终身也。古史考云：仪、秦受术鬼谷先生，归之声与鬼相乱故也。

桓谭《新论》曰：公孙龙，六国时辩士也，为坚白之论，假物取譬，谓白马为非马。非马者，言白所以名色，马所以名形也。色非形，形非色。

《世说》曰：郭象议如悬河泻水，注而不竭。

刘向《别录》曰：邹奭者，颇采邹衍之术，远大而闳辩，文俱难胜。齐人美之，颂曰："谈天邹。"

《说苑》曰：林既衣韦而朝齐景公，景公曰："君子之服也？小人之服也？"林既作色曰："夫服何足以揣士行乎？昔荆为长剑危冠，令尹子西出焉；齐短衣而管仲隰朋出焉；越文身剪发而范蠡大夫种出焉。如君言，衣狗裘者当犬号，衣羊裘者当羊鸣。今君衣狐裘而朝得无为变乎！”

《文士传》曰：刘祯，字公干，年八岁能诵论及赋数万言，性辩捷。文帝尝请同好为主人，使甄夫人出，拜坐者皆伏，而祯独平视如故。武帝使人观之，见祯，大怒，命收之。主者案祯大不恭，应死减一等，输作部使磨石。武帝尝辇至尚方，观作者，见祯故环坐正色，磨石不仰，武帝问曰：“石何如？”祯因得喻己目理，跪对曰：“石出自荆山玄岩之下，外有五色之章，内含卞氏之珍，磨之不加莹，雕之不增文，禀气坚贞，受兹自然，顾理枉屈，纡绕独不得申。”武帝顾左右，大笑，即日还宫，赦祯复署吏。

又曰：华谭，字令思。年十四，举秀才，入洛，会宣武场座有卞者嘲南人：“诸君，楚人亡国之余，有何秀异，忽应斯举。”众无答，谭在下行，遥曰：“当今六合齐轨，异人并出。吾闻大禹出于东夷，文王生于西羌，贤圣之所在，岂常之有？昔武王伐纣，迁商顽民于洛邑，得无吾子是其苗裔？”时咸改视，辩者无以应也。

王瑱之《童子传》曰：孔林，鲁国人，年十岁诣台。鲁相刘公客有献雁者，叹曰：“天之于人，生五谷以为之食，有鱼鸟以为之肴。”众宾咸曰：“诚如公旨。”林曰：“不然。夫万物所生，各禀天气。事不必为人，人徒以智得之，故蚊蚋食人，蚓虫啖土，非天为蚊蚋生人，为蚓生土。”公曰：“童子辩焉。”

《郭子》曰：梁国杨氏子年九岁，甚聪慧。孔君平诣其父，父不在，乃呼儿出，为设果，有杨梅。孔指示儿：“此君家果。”儿应声答曰：“未闻孔雀是夫子家禽。”《王弼别传》曰：弼年十余岁，好《老》《庄》，通辩能言者。

《列女传》曰：袁次阳妻者，扶风马季长之女也。下车礼毕，次阳问曰：“为妇之道，贞顺而已，何辎軿僮婢数十，黼黻玄黄珠玑之饰耶？”夫人答曰：“女有三从之义，在家系于父母，情爱无已，欲其丰丽，故不敢逆命。今君欲拟鲍子、子都之风，不受妇家之送，此乃清高异行也。妾亦欲察君志，悉还所有，以成君之高，不亦可乎？”次阳又问曰：“弟先兄举，犹以为鄙，高士不为也。贤姊未嫁而新妇先行，有何汲汲乎！”答曰：“家姊有宋伯姬之风，梁高之行，节操概于青云，贞介皦于白日。家君庶尧之配舜，孔子妻公冶之义，世乏此贤，故目踌躇。妾固陋不才，遭人则可。”次阳默然怅恨。外听者曰：“使君努力，何为新妇所困之有！”

傅玄《七礼》曰：辩论锋起，探虎摩龙。

徐干《七喻》曰：战国之际，秦、仪之徒，智略兼人，辩利轶轨，倜傥挟义，观衅相时。图爵位则佩六绂，谋货财则输海内，一怒而诸侯惧，安居而天下憩，人主见弄于股掌之上，而莫之知恶也。

班固《答宾戏》曰：子虽驰辩如涛波，摛藻如春华，犹无益于殿最。

刘邵《赵都赋》曰：辩论之士，则智凌狙兵，材过东里，分摘滞义，割擗纤理，论折坚白，辩藏三耳。

张衡《西京赋》曰：其都游说辩论之士，街谈巷议，弹射臧否，剖析毫厘，擘肌分理。

张华《纵横篇》曰：苏秦始为交，同学鬼谷先生，辩说剖毫厘，变诈入无形，巧言惑正理，人主莫不倾听。

王廙《子贡画赞》曰：端木英辩才清，吐口敷华，发音扬馨。

讷

《说文》曰：讷，言难也。

《易》曰：吉人之辞寡。

《礼记》曰：赵文子其言内内，若不出诸其口。

《论语》曰：君子欲讷其言而敏于行。

又曰：刚毅木讷近仁矣。

《史记》曰：周勃为人木强少文，然可属大事。

又曰：司马相如口吃，而善著书。

《汉书》曰：曹参为相，遵萧何之约，采择郡国长史，讷于文辞谨厚长者，即召，除为丞相史。

又曰：李广讷口，少与人言，居则画地以为阵。

《东观汉记》曰：吴汉为人质厚少文，造次不能以辞语自达。邓禹及诸将多所荐举。

又曰：杨雄好著书而口吃，不能剧谈。

范晔《后汉书》曰：吴汉自建武时，常居上公之位，终始亲爱，谅犹质简而强力也。子曰："刚毅木讷近仁。"斯岂汉之方乎！

又曰：刘昆，字恒公，陈留人。建武五年举孝廉，除江陵令。时县连火灾，昆辄向火叩头，多能降雨止风。迁弘农太守，虎皆负子渡河，征为光禄勋。诏问："前在江陵，何德而政致是耶？"对曰："偶然耳。"左右皆笑其质讷。帝曰："此长者之言。"顾命书诸策。

又曰：高彪，字义方，吴郡无锡人也。家本单寒，至彪为诸生，游太学，有雅才而讷于言。

《续汉书》曰：何休任城樊人，朴讷而精研六经，世儒无及者。

《魏略》曰：严翰善《春秋公羊》，司隶锺繇不好《公羊》而好《左氏》，谓左氏为太官而谓公羊为卖饼家，故常数与翰辩短长。繇为人机捷，善持论，而翰讷，临时屈无以应。

《晋书》曰：郭林宗谓刘儒口讷心辩，有珪璋之质。

张诠《南燕书》曰：慕容纳沉静深邃，外讷内敏。

《北史》：牛恒讷于言而敏于行。上尝令其宣敕，至陛下不能言，退还拜谢云："并忘之。"上曰："传语小辩，故非宰臣任也。"愈称其质直。

《隋书》：范阳祖君彦，齐尚书仆射孝徵之子也。容貌短小，言讷涩，有才学。大业末，官至东平郡书佐。

《老子》曰：大辩若讷。

《管子》曰：吾畏事不敢事，畏言不为言，行年六十如老吃耳。

张骘《文士传》曰：左思，字太冲。貌恶不扬，口讷不能给谈，默而心解。

又曰：成公绥口讷不能谈论，嘿而内朗，人有剧问，以笔墨答之。

裴启《语林》曰：邓艾口吃，常云艾艾。宣王曰："为云艾艾，终是几艾？"答曰："譬如凤兮凤兮，故作一凤耳。"

《玄晏春秋》曰：予朴讷不好戏弄，口又不能戏谈。

崔琰《述初赋》序云：琰性顽口讷，年十八不能会问，好击剑，尚武事。

纪骘表孙皓曰：臣禀气浅薄，体不及众，形容短陋，讷口弱颜。

太平御览卷第四百六十五 人事部一百六

讴

《说文》曰：讴，齐歌也。

《左传》曰：宋华玄为植，巡功。城者讴曰："睅其目，皤其腹，弃甲而复。于思于思，弃甲复来。"

又曰：宋皇国父为太宰，为平公筑台，妨于农收，子罕请俟农功之毕，公不许。筑者讴曰："泽门之皙，实兴我役。邑中之黔，实慰我心。"

《汉书》曰：汉王既至南郑，诸将及士卒皆歌讴思东归，师古曰：讴，齐歌也。多道亡还者。未至南郑，在道即止。

歌

《释名》曰：歌，柯也。所歌之声是其质也。以声吟咏，有上下，如草木之有柯叶也。

《说文》曰：歌，咏也。

《诗》曰：心之忧矣，我歌且谣。

《家语》曰：孔子相鲁，齐人归女乐。鲁君淫荒，孔子遂行，师已，送曰："夫子则非罪也。"孔子曰："欲歌可乎？"歌曰："彼妇人之口，可以出走；彼妇人之谒，可以败死。优哉游哉，聊以卒岁。"

《史记》曰：曹参为汉相国三年，百姓歌之曰："萧何为法，讲若画一；曹参代之，守而勿失。载其清静，人以宁一。"

又曰：卫子夫为皇后，弟青贵震天下。天下歌之曰："生男无喜，生女无怒，独不见卫子夫霸天下！"

《汉书》曰：石显与中书仆射牢梁、少府五鹿充宗结党，诸附倚者得宠位。民歌之曰："牢耶石耶，五鹿客耶！印何累累耶，绶何若若耶!”言其兼官据势也。

又曰:太始二年,赵中大夫白公白姓,公爵也,为孺子之也。复奏穿渠引泾水,首起谷口,尾入栎阳,注渭中,延袤二百里,溉田四千五百余顷,因名“白渠”。民甚饶,歌之曰:“田于何所,池阳谷口;郑国在前,白渠起后。举插为云,决渠为雨;泾水一石,其泥数斗。且粪且溉,长我禾黍;衣食京师,亿万之口。”

又曰:冯立,字圣通。为西河、上郡,与兄野王相代,政行相似,吏人嘉之,乃歌曰:“大冯君,小冯君,兄弟继踵相因循,聪明圣智惠吏人,政如鲁、卫德化钧,周公、康叔犹二君。”

又曰:王氏五侯争为奢侈,大起第宅,百姓歌曰:“五侯初起,曲阳最怒;坏决高都,连境外杜;土山渐台,象西白虎。”白虎,殿名。

《后汉书》曰:皇甫嵩讨平黄巾,请冀州一年田租,以赡饥民。百姓歌曰:“天下乱兮市为墟,母不保子妻失夫,赖得皇甫复汝居。”

又曰:刘陶騄除顺阳长,以病免吏,民思而歌之曰:“邑然不乐,思我刘君;何时复来,安此下民。”

又曰:郭贺,字乔卿。为荆州刺史。到官有殊政,百姓歌之曰:“厥德仁明郭乔卿,忠正朝廷上下平。”

谢承《后汉书》曰:岑晊迁魏郡太守,民歌之曰:“我有枳棘,岑君伐之。我有蟀贼,岑君遏之。狗吠不惊,足下生氂;含哺鼓腹,焉知凶灾。我嘉我生,独丁斯时;美矣岑君,于戏在兹。”

又曰:陈临,字子然。为苍梧太守。人遗腹子,报父怨,捕得系狱。伤其无子,令其妻入狱,遂产得男。人歌曰:“苍梧陈君恩广大,令死罪囚有后代,德参古贤天报施。”

司马彪《续汉书》曰:贾琮为交州刺史,岁间清平,百姓安土,为之歌曰:“贾父来晚,使我先反;今见清平,吏不敢饭。”

又曰:李燮拜京兆尹,诏发西园钱,燮上一封,事遂止不发。吏民爱仰,乃歌曰:“我府君,道教举;恩如春,威如虎;刚不吐,弱不茹;爱如母,训如父。”

《东观汉记》曰：廉范，字叔度。为蜀郡太守。削火，令但严使储水而已，百姓歌之曰："廉叔度，来何暮；不禁火，人安堵？平生无襦，今五裤。"

又曰：范丹，字史云。为莱芜长。遭党锢事，推鹿车，载妻子，捃拾自资，有时绝粮。丹言貌无改，闾里歌之曰："甑中生尘范史云，釜中生鱼范莱芜。"

又曰：朱晖为临淮太守，抑强绝雅，岁常丰熟，人为之歌曰："强直自遂，南阳朱季。吏畏其威，人怀其惠。"

又曰：张堪为渔阳太守，勤人耕种以致丰富，百姓歌曰："桑无附枝，麦秀两岐；张君为政，乐不可支。"

《吴录》曰：彭循，字子阳，毗陵人。建国二年，海贼丁仪等万人据吴，太守秋君闻循勇，谋以守令。循与仪相见，陈说利害，应时散降，民歌之曰："时岁仓卒贼纵横，大戟强弩不可当，赖遇贤令彭子阳。"

又曰：王谭，字世容。为成武令，民服德化，宿恶奔迸。父老歌之曰："王世容，治无双；省徭役，盗贼空。"

《晋书·束皙传》：太康中，郡界大旱，皙为邑人请雨，三日而雨注。众谓皙诚感，为作歌曰："束先生，通神明；请天三日，甘雨零零。我黍以育，我稷以成。何以酬之，报束先生。"

又曰：邓攸为吴郡守，刑政清明，百姓欢悦，为中兴良守。后称疾去职。郡常有送迎钱数百万，攸去郡，不受一钱。百姓数千人留牵攸船，不得进，攸乃少停，夜中发去。吴人歌之曰："才如打五鼓，鸡鸣天欲曙。邓侯挽不留，谢令推不去。"

又曰：徐州刺史吕虔檄王祥为别驾，祥年垂耳顺，固辞不受。为具车牛，祥乃应召，虔委以州事。于时寇盗充斥，祥率励兵士，频讨破之。州界清静，政化大行。时人歌之曰："海沂之康，实赖王祥。邦国不空，别驾之功。"

又曰：诸葛恢，字道明；荀闿，字道明；蔡谟，字道明。皆有名誉，号曰中兴三明。时人歌之曰："京师三明各有名，蔡氏儒雅，荀、葛廉清。"

王隐《晋书》曰：应詹为南平郡，郡人歌之曰："乱离既著，殆为灰朽；侥幸之运，赖兹应后。荫我涂炭，惠隆丘阜；润曰江海，恩犹父母。"

崔鸿《前秦录》曰：王猛化洽六州，人移风变，百姓歌之曰："长安大街，夹树杨槐。下走朱轮，上有鸾栖。英彦云集，诲我人黎。"

又曰：符坚时，凤皇集于东阙，歌之曰："凤皇于飞，其羽翼翼；渊哉圣后，享龄万亿。"

崔鸿《崔氏家传》曰：崔瑗为汲令，开沟浍，兴造稻田。长老歌之曰："上天降神明，锡我慈仁父；临人布德泽，恩惠施以序。"

《唐书》：颜师古叔父游秦，武德初，累迁廉州刺史，封临沂县男。时刘黑闼初平，人多以强暴寡礼，风俗未安。游秦抚恤境内，礼让大行，邑人歌之曰："廉州颜有道，性行同庄老；爱人如赤子，不煞非时草。"高祖玺书劳勉之。

《韩子》曰：齐桓公饮酒醉，遗其冠，耻之。管仲曰："公胡不雪之以政？"公曰："善"。因发囷仓赐贫穷，论囹圄三日，而人歌之曰："公胡不复遗其冠乎！"

《吕氏春秋》曰：魏襄王使吴起为邺令，引漳水灌田，民大得利，相与歌曰："邺有吴圣令，为公决漳水；灌邺旁终古，斥卤生稻粱。"

《世说》曰：郗超、王珣并以俊才为桓温大司马所眷。珣为主簿，超为记室参军；超多须，珣形状短小。时人为之歌曰："髯参军，短主簿；能令公喜，能令公怒。"

常璩《华阳国志》曰：吴资，字元约，为巴郡太守。屡获丰年，人歌之曰："习习晨风动，澍雨润乎苗；我后恤时务，我人以优饶。"

刘向《新序》曰：季子以剑带徐君墓树，徐人嘉而歌之曰："延陵季子，不忘旧故；千金之剑，以带丘墓。"

《陈留耆旧传》曰：爰珍除六令，吏人讼息，教诲其子弟，歌之曰："我有田畴，爰父殖置；我有子弟，爰父教诲。"

《襄阳耆旧传》曰：山季伦每临习池，未尝不大醉而还，曰："我高阳池也。"襄陵城中小儿歌之曰："山公出何去往至高阳池。日夕倒载归，酩酊无所知。时时能骑马，到着白接篱。举鞭向葛强，何如并州儿！"

又曰：襄阳太守胡烈有惠化，百姓歌曰："美哉明后，俊哲唯嶷。陶广乾坤，周孔是则。文武播畅，威振遐域。"

谣

《尔雅》曰：徒歌曰谣。

《汉书》曰：石显失权数月，丞相条奏显旧恶，及其党牢梁、陈顺皆免官。显与妻子徙归故郡，忧懑不食，道病死。诸所交结，以显为官，废罢，少府五鹿充宗左迁玄菟太守，御史中丞伊嘉为雁门都尉。长安谣曰："伊徙雁，鹿徙菟，去牢与陈石无徒。"

袁山松《后汉书》曰：桓帝时，朝廷日乱，李膺风格秀整，高自标尚，后进之士升其堂者以为登龙门。大学生三万余人榜天下士，上称三君，次八俊，次八顾，次八及，次八厨，犹右之八玄八凯也。因为七言谣曰："不畏强御陈仲举，九卿直言有陈蕃。天下模楷李元礼，天下好交荀伯条。天下英秀王叔茂，天下冰楞王秀陵。天下忠平魏少英，天下稽古刘伯祖。天下良辅杜周甫，天下才英赵仲经。"

司马彪《续汉书》曰：张霸为会稽太守，越贼束手归附。童谣曰："弃我戟，捐我矛；盗贼尽，吏皆休。"

又曰：蜀童谣曰："黄牛白腹，五铢当复。"时公孙述僭号于蜀，时人窃言王莽称皇述欲继之，故称汉家货泉当复也。

又曰：桓帝时，汝南太守宗资任用功曹范滂，中人以下共嫉之，作七言谣曰："汝南太守范孟博，南阳宗资主画诺。"

《东观汉记》曰：王涣除河内温令，商贾露宿，人开门卧，人为作谣曰："王稚子，代未有；平徭役，百姓喜。"

《吴志》曰：周瑜少精意于音乐，虽三爵 之后，其有阙误，瑜必知之，知之必顾，时人谣曰："曲有误。周郎顾。"

《晋书》曰：羊祜以伐吴必藉上流之势。又时吴有童谣曰：“阿童复阿童，衔刀浮渡江。不畏岸上兽，但畏水中龙。”祜闻之曰：“此必水军有功，但当思应其名者耳。”

又曰：杜预遣周旨、伍巢等伏兵乐乡城外。孙歆遣军出拒王濬，大败而还。旨等发伏兵，随歆军而入，直至帐下，虏欣而还。故军中为之谣曰：“以讨伐战一当万。”于是进逼江陵。

又曰：太始中为贾充等谣曰：“贾裴王，乱纪纲；王裴贾，济天下。”言亡魏而成晋也。

王隐《晋书》曰：裴秀才十余岁，叔父徽有声名，宾客诣徽，出则过秀。时人谣曰：“后进领袖有裴秀。”

又曰：杜预开杨口，起夏口水道洪洞达巴陵，经千余里，内写长江之险，外通零桂之漕。南土美而谣之曰：“后世无叛由杜翁，孰识智名与勇功。”

又曰：潘岳，字安仁，清辩能属文。早辟贾充府、太子舍人，出为河阳令。以仕次宜为郎，不得意。时仆射山涛领选，岳内非之，密作谣曰：“阁道东，有大牛。王济鞅，裴楷秋，和峤刺促不得休。”

崔鸿《后赵录》曰：张楼为临水长，严政酷刑，残忍无惠，人谣之曰：“阳平张楼头如箱，见人切齿剧虎狼。”

崔鸿《前秦录》曰：符洪母姜氏因寝产洪，惊悸而寤。先是，陇右大霖雨，百姓苦之，谣曰：“雨若不止，洪水必起。”故名之曰洪。

又曰：初，符生梦大鱼食蒲，又长安谣曰：“东海大鱼化为龙，男便为王女为公，问在何所洛门东。”海，坚将也，时为龙骧将军，第在洛门之东。是月，生以谣梦之，故诛侍中鱼遵。

《赵书》曰：刘胶讨陈安于陇城。安下小将刘牙、赵牢、路松多坚戍不下，城内得安死力，谣曰：“陇上健儿曰陈安，躯干虽小腹中宽；爱养将士同心肝，騄骢驳马铁瑕鞍。七尺大刀配齐钚，丈八蛇矛左右盘。十荡十决无当前，百骑俱出如云浮，追者千万骑悠悠。战始三交失蛇矛，十骑俱荡九骑留。弃我騄骢攀岩悲，天降雨，追者休。阿呵呜乎奈子乎，呜乎阿呵奈子何。”

又曰：汲桑六月盛暑而重裘累茵，使人扇之，患不清凉，斩扇者。时军中为之谣曰：“士为将军何可羞，六月重茵被纳裘，不识寒暑断他头。”

又曰：燕人庞世为光禄勋。奏案豪强苛克，人物咸惧疾之。及卒，门无吊客。时人为之谣曰：“庞家之巷车马鳞鳞，泥丸之日无吊宾，吊宾不来何所因，由性苛克寡所亲。”

《隋书》曰：韩擒虎。先是，江东有谣曰：“黄斑青骢马，发自寿阳涘，来时冬气木，去日春风始。”皆不知所谓。擒虎本名豹，平陈之际，又乘青骢马，往反时节与谣相应，至是时方悟。

《列子》曰：尧微服游于康衢，闻童谣曰：“立我蒸民，莫匪尔极；不识不知，顺帝之则。”

《抱朴子》曰：童谣犹助圣人之耳目，岂况坟素之弘博哉！

《益部耆旧传》曰：王忳，字少林。诣京师于客舍，见诸生病甚困，生谓忳曰：“腰下有金十斤，愿以相与，乞收藏尸骸。”未问姓名，呼吸因绝。忳卖金一斤，以给棺絮，九斤置生腰下。后署大度亭长。到亭日，有马一匹到亭中。其日大风，有一绣被随风以来。后忳骑马突入，金彦父见曰：“真得盗矣。”忳说马状，又取被示之，彦父怅然曰：“被马俱止，卿有何阴德？”忳具说葬诸生事，彦父曰：“此吾子也。”遣迎彦丧，金具存。民谣之曰：“信哉少林世为遇，飞被走马与鬼语。”

《陈留耆旧传》曰：吴祐为恒农令，劝善惩奸，贪浊出境，甘露降，年谷丰。童谣曰：“君不我忧，人何以休；不行界署，焉知人处。”

《商氏世传》曰：商亮，字子华。举孝廉，到阳城，遇两虎争一羊，亮按剑直前斩羊，虎乃各以其半去。时人为之谣曰：“石里之勇商子华，暴虎见之藏爪牙。”

常璩《华阳国志》曰：阎虑，字孟度。为绵竹令，以礼让为本。童谣曰：“阎君赋政明且昶，蠲苛去碎以礼让。”

刘恭叔《异苑》曰：晋时长安谣曰：“秦川中，血没腕；唯有凉州倚柱看。”及惠、愍之间，关内歼破，浮血丹溧，张轨拥众一方，威恩共著。

太平御览卷第四百六十六　人事部一百七

嘲戏

《说文》曰：嘲，相调戏，相弄也。

又曰：戏，弄也。

《毛诗》曰：善戏谑兮，不为虐兮。

又曰：伊其相谑，赠之以芍药。

又曰：谑浪笑傲，中心是悼。

《左传》曰：宋万归宋，宋公靳之曰："始吾爱子，今子，鲁囚也，吾不爱子矣。"万病之，遂杀宋公。戏而相狎曰靳。

《论语》曰：子之武城，闻弦歌之声，莞尔而笑曰："割鸡焉用牛刀。"子游对曰："昔者偃也，闻诸夫子曰：君子学道则爱人，小人学道则易使。"夫子曰："偃之言是也，前言戏之耳。"

《汉书》曰：上以东方朔为常侍。伏日，诏赐从官肉。朔独拔剑割肉，谓其同官曰："伏日当早归。"即怀肉去。上问朔："赐肉，不待诏，割肉而去，何也？先生自责。"朔曰："不待诏，何无礼也！"拔剑割肉，一何壮也！割之不多，又何廉也！归遗细君，又何仁也！上笑曰："令先生自责，反自誉！"复赐酒一石，肉一百斤，使遗细君。

《东观汉记》曰：光武令王霸至蓟市中募人，将以击王郎。市中人皆大笑，举手邪揄之。霸惭慷而还。

《后汉书》曰：边韶，字孝先，陈留浚仪人。以文学教授数百人。曾昼卧，弟子嘲之曰："边孝先，腹便便。懒读书，但欲眠。"韶潜闻之，应时对曰："边为姓，先为字。腹便便，《五经》笥。但欲眠，思经事。寐与周公通情，梦与孔子同意。师而可嘲，出何典记？"嘲者大惭。

《吴志》曰：诸葛瑾，字子瑜。面长似驴，吴主使优人牵驴入，题其上曰："诸葛子瑜。"瑾子恪请笔益两字曰"之驴"，人伏其敏。权即以驴赐恪。

《蜀志》曰：行主与刘璋会涪，时张裕为璋从事，侍坐。其人饶须，先主嘲之曰："昔吾居涿县时，多毛姓，东西南北皆诸毛也。"裕即答曰："昔有士作上党潞长，迁为涿郡令者，去官还家。时人与书，欲署潞则失涿，欲署涿则失潞，乃署曰："潞涿君"。先主无须，故裕以此及之。

《晋书》曰：范宁尝患目痛，就中书侍郎张湛求方，湛因嘲之曰："古方，宋阳里子少得其术，以授鲁东门伯，东门伯以授左丘明，遂世世相传。及汉杜子春、郑康成、魏高堂隆、晋左太冲，凡此诸贤，并有目疾，得此方云：用损读书一，减思虑二，专内视三，简外观四，旦晚起五，夜早眠六。凡六物，熬以神火，下以气筛，蕴于胸中七日，然后纳诸方寸。修之一时，近能数其目睫，远视尺捶之余。长服不已，洞见墙壁之外。非唯明目，乃亦延年。"

又《谢敷传》曰：初，月犯少微，少微一名处士星，占者以隐士当之。谯国戴逵有美才，时人忧之。俄而敷死，故会稽人士以嘲吴人云："吴中高士，便是求死不得死。"

又曰：谢万有才名，为会稽王道子骠骑长史，尝因侍坐。于时月夜明净，道子叹以为佳，万率尔曰："意谓不如微云点缀。"道子因戏万曰："卿居心不净，乃复强欲滓秽太清耶！"

又曰：何充性好释典，崇修佛寺，供给沙门，縻费巨亿而不吝。亲友贫乏，无所施遗，以此获讥于世，阮裕常戏之曰："卿志大宇宙，勇迈终古。"充问其故。裕曰："我图数千户郡尚不能得，卿图作佛，不亦大乎！"

又曰：陆云与荀隐素未相识，尝会张华坐，华曰："今日相遇，可勿为常谈。"云因抚手曰："云间陆士龙。"隐曰："日下荀鸣鹤。"鸣鹤，隐字也。云又曰："既开青云睹白雉，何不张尔弓，挟尔矢？"隐曰："本谓是云龙骙骙，乃是山鹿野麋。兽微弩强，是以发迟。"华抚手大笑。

又曰：袁山松欲以女妻谢混，王珣曰："卿莫近禁脔。"初，元帝始镇建业，公私窘罄，每得一豘，以为珍膳，项下一脔尤美，辄以荐帝，群下未尝敢食，于时呼为“禁脔”，故珣以为戏。混果尚主。

又曰：郤诜迁雍州刺史。东堂会送，武帝问诜：“卿自以为何如？”诜对曰：“臣举贤良对策，为天下第一，犹桂林一枝，昆山片玉。”帝笑。侍中奏免诜，诏曰：“与戏耳，不足罪。”

又曰：张凭，字长宗。祖镇，苍梧太守。凭年数岁，镇谓其父曰：“我不如汝有佳儿。”凭曰：“阿翁讵宜以子戏父耶！”

又曰：郗超为桓温参军。时王珣为温主簿，亦为温所重。府中语曰：“髯参军。短主簿，能令公喜，能令公怒。”超髯，珣短故也。

又曰：潘京为州所辟，因谒见问策，探得“不孝”字，刺史戏京曰：“辟士为不孝耶？”京举板答曰：“今为忠臣，不得复为孝子。”

沈约《宋书》曰：何承天除著作郎。时年已老，诸佐郎并名家少年，荀伯子嘲之，曰呼为你母。承天曰：“卿当云凤凰将九子，你母何言耶！”

又曰：袁淑憙为夸诞，每为时人所嘲。始兴王濬尝送钱三万饷淑，一宿复遣追取，谓使人谬误，欲以戏淑。

《齐书》曰：陆澄当世称为硕学，读《易》三年不解义，欲撰《宋书》终不就，王俭戏之曰：“陆公，书厨也。”

又曰：庾杲之清贫自业，食唯有韭菹、瀹韭、生韭杂菜，或戏之曰：“谁谓庾郎贫，食常有二十七种。”言三九也。

又曰：谢超宗。司徒褚渊送湘州刺史王僧虔，阁道坏，坠水；仆射王俭尝牛惊，跣下车。超宗抚掌笑戏曰：“落水三公，堕车仆射。”

《梁书》曰：朱异遍治《五经》，涉猎文史，博奕书算，皆其所长。年二十，诣尚书令沈约，诫之，因戏异曰：“卿年少，何乃不廉？”异逡巡未达，约乃曰：“天下唯有文义棋书，卿一时将去，可谓不廉也。”

《陈书》曰：徐陵使魏，魏人授馆宴宾。是日甚热，其主客魏收嘲陵曰：“今日之热，当因徐常侍来。”陵即答曰：“昔王肃至此，为魏始制礼仪；今我来聘，使卿复知寒暑”收大惭。

《隋书》曰：何妥少机警，八岁游国学，助教顾良戏之曰："汝姓何，是荷叶之荷，是河水之河？"妥应声答曰："先生姓顾，是眷顾之顾，是新故之故？"众咸异之。

《隋书》曰：麦铁杖，考功郎窦从一嘲之曰："麦是何姓？"铁杖应声对曰："麦豆不殊，那忽相怪。"窦赧然无以应之，时人以为敏惠。

又曰：郑译少为太祖所亲，恒令与诸子游集。年十余岁，尝诣相府司录李长宗，长宗于众中戏之。译敛容谓长宗曰："明公位望不轻，瞻仰斯属，辄相玩狎，无乃丧德也。"长宗甚异之。

《唐书》曰：苏世长，高祖尝嘲之曰："名长意短，口正心邪，弃忠贞于郑国，忘信义于吾家。"世长对曰："名长意短，实如圣旨；口正心邪，未敢奉诏。昔窦融以河西降汉，十世封侯；臣以山南归国，唯蒙屯监。"即日擢拜谏议大夫。

《晏子春秋》曰：晏子短小，使楚，楚人为小门于大门侧，而延晏子，晏子不入。曰："使狗国者，从狗门入。今日臣使楚，不当从狗门入。"王曰："齐无人耶？"对曰："齐之临淄，张袂成帷，挥汗成雨，何为齐无人！使贤者使贤王，不肖者使不肖王，婴不肖，故使耳。"

《庄子》曰：惠子始与庄子相见，而问乎庄子曰："今日自以为见凤凰，而徒遭燕雀耳。"坐者俱笑。

《孔丛子》曰：平原君与子高饮，强子高酒曰："昔有遗谚：尧舜千钟，孔子百觚，子路嗑嗑，尚饮百榼，古之圣贤，无不能饮也。吾子何辞焉。"子高曰："以穿所闻，圣贤以道德为人，未闻以饮也。"平原君曰："即如先生言，则此言何生？"子高曰："生于嗜酒者，盖其劝励采戏之辞，非实然也。"平原欣然曰："吾弗戏子，无所闻。此雅言也。"

《吕氏春秋》曰：成王与唐叔虞燕居，援梧叶以为珪，授虞曰："此封汝。"虞喜，以告周公。公请曰："天子封耶？"成王曰："余一人与虞戏尔。"周公曰："臣闻之，天子无戏言。天子言，则史书之，工诵之，士称之。"于是遂封虞于唐。

裴启《语林》曰：刘道真遭乱于河侧，自牵船见一老妪操橹，刘谓之曰:“女子何不调机利杼而操橹?”女答曰:“丈夫何不跨马挥鞭而牵船?”

又曰:祖士言与锺雅相调,锺语祖曰:“我汝颖之士,利如锥;卿燕代士,钝如槌。”祖曰:“以我钝槌打尔利锥。”锺曰:“自有神锥不可得打。”祖曰:“既有神锥,亦有神槌。”锺遂屈。

刘义庆《世说》曰:谢太傅始有东山之志。祖公见药中有远志,公问谢:“此药又曰小草,何以一物二称?”谢未即答,郝参军答曰:“处则为远志,出则为小草。”谢公殊有愧色。

又曰:邓艾口吃,语“艾艾”。晋文王戏之曰:“为云艾艾,故是几艾?”邓答曰:“凤兮凤兮,故是一凤。”

《诸葛恪别传》曰:孙权尝宴见蜀使费祎,逆敕群臣:“使至,伏勿起。”祎至,权辍食,而群下不起。祎嘲之曰:“凤凰来翔,麒麟吐哺,驴骡无知,伏食如故。”恪答曰:“爱植梧桐,以待凤凰,是何燕雀,自称来翔?何不弹射,使还故乡!”

刘昭《幼童传》曰:张玄,字祖希。年八岁,亏齿,先达知其不常,故戏之:“君口复何为开狗窦?”玄答云:“正使君辈从中入。”

骂詈

《释名》曰:骂,迫也。以恶言被迫人也。

又曰:詈,历也,以恶言相弥历。音力智反。

《左传》曰:冉坚射陈武子,中手,失弓而骂。

《战国策》曰:宋康王时,有雀生鹯于城之陬。使史占之,曰:“小而生巨,必霸天下。”王大喜,于是灭滕伐薛,取淮北之地。愈自信,欲霸之亟成,故射天笞地,斩社稷而焚灭之,曰:“威服天下鬼神。”骂国老谏者为无头之冠,以是示勇。国人大骇,齐闻而伐之。

《史记》曰:陈狶将赵利守东垣,高祖攻之,月余不下,卒众骂高祖,高祖怒。城降,令出骂者斩,不骂者原之。

《汉书》曰:项羽拔荥阳城,生得周苛。羽谓苛:“为我将,以公为上将军。”苛骂曰：“若不趋降汉，今为虏矣！”

又曰：陈狶反。上自至邯郸，令周昌选赵壮士可令将者，昌见四人，上嫚骂曰：“竖子能为将乎！”四人惭，伏地。上以为将。

又曰：张汤以更定律令为廷尉，汲黯责汤于上前，愤发，骂曰：“天下谓刀笔吏不可以为公卿，果然。”

又曰：王莽自位，使安阳侯王舜素传国玺。太后知为莽求，怒骂之曰：“我汉家老寡妇旦暮且死，欲与此玺俱葬。”终不可得。

又曰：魏豹叛，汉王谓郦生曰：“缓颊往说之。”豹曰：“人生一世间，若白驹过隙。今汉王嫚侮人，骂詈诸侯群臣如奴耳，吾不忍复见。”

又曰：张敖为赵王，高祖从平城过，赵王旦暮自上食。高祖箕踞骂詈，甚慢之。赵相贯高等怒说敖曰：“今王事皇帝甚恭，而皇帝无礼，请为王杀之。”

又曰：韩信平齐，使人请自立为假王。汉王大怒，詈曰：“吾困于此，望若来佐我，乃欲自立为王！”张良、陈平附耳语之，汉王寤，因复骂曰：“大丈夫即为真王耳，何以假为！”

又曰：田蚡取燕王女为夫人，太后诏召列侯宗室皆往贺。灌夫行酒，次至临汝侯灌贤，方与程不识耳语，又不避席。夫乃骂曰：“贤平生毁程不直一钱，今长者为寿，乃效女儿曹沾嗫耳语耶！”

又曰：黥布反，上自征，谓布何苦而反，布曰：“欲为帝耳。”上怒骂之，遂战，破布阵。

又曰：吕后召赵王，周昌令王称疾不行。吕后大骂昌曰：“尔不知我之怨戚氏乎？而不遣赵王也！”

又曰：上击黥布时，流矢所中，行道疾甚，吕后迎良医入见，问医：“疾可治不？”医曰：“可治。”上谩骂之，曰：“吾以布衣提三尺剑取天下，此非天命乎！命乃在天，虽扁鹊何益！”

又曰：陆贾时时前说称《诗》《书》。高帝骂曰：“我乃马上得之，安事《诗》《书》乎！”贾曰：“马上得之，宁可马上治之乎？”

范晔《后汉书》曰：王允与吕布谋，令骑都尉李肃并勇士千余人于掖门内以待董卓。卓将出，马惊不行，肃以戟刺之，坠车，顾大呼曰："吕布何在？"布曰："有诏讨贼！"卓大骂曰："庸狗，敢如是耶！"

又曰：李傕等共追乘舆，大战恒农东涧，射声校尉祖儁被疮堕马，李傕谓左右曰："尚可活不？"儁骂之曰："汝等凶逆，逼迫天子，乱臣贼子未有如汝者！"傕使杀之。

《续汉书》曰：董卓为司空，辟蔡邕，称疾不就，卓大怒，詈曰："我力能族人！"邕不得已，及到，署祭酒。

《东观汉记》曰：刘宽尝坐客，遣苍头市酒，迂久，大醉而还。詈曰："畜生！"宽遣人视奴，疑必自杀。

《魏志》曰：诸葛恪围合肥新城，城中遣士刘整出围传消息，为贼所得，拷问所传语，整骂曰："死狗！此何言也！我当必死为魏国鬼，不苟求活，逐汝去。"

又曰：庞德与曹仁讨关羽，为羽所得。羽谓曰："我欲以卿为将，何不早降？"德骂羽曰："竖子，何谓降也！"遂为羽所杀。

又曰：刘备为豫州，举袁涣为茂才。后复为吕布所拘。布欲使涣作书詈辱备，涣不可，再三强之，不许。布大怒，以兵胁涣曰："为之则生，不为则死。"涣面色不变，笑而应之曰："涣闻唯德可以辱人，不闻以骂。且他日之事刘将军，犹今日之事将军也，将军一旦去此，复骂将军，可乎？"布惭而止。

《吴志》曰：孙峻诛诸葛恪，临淮臧均表乞收葬，曰："今恪父子三首悬示积日，观者数万，骂声成风。国之大刑，无所不震。"

又曰：孙坚至南阳，太守张咨不给军粮，又不见坚。坚诈得急病，欲以兵付咨。咨心利其兵，则将骑五六百入营省坚，坚卧与相见。无何，卒然而起，按剑骂咨，遂执斩之。

王隐《晋书》曰：段匹磾弟文鸯与石勒战，所乘马乏，勒呼曰："大兄久望共同，天下违愿，今日相见，何复战？请释杖，伏语。"鸯骂曰："汝为虏久，应死。吾兄不能用吾计，故令汝得至此。吾宁死，不忍为汝所擒。"遂下马与战。

《山海经》曰：若山有兽焉，名曰山膏。其状如豚，赤若丹火，善骂好骂也。

贾谊《新书》曰：纣自谓天王，而桀自谓天父，已灭之后，民以相骂。

《祢衡别传》曰：祢衡着宽布单衣、练巾。坐曹操大营门下，以杖捶地数骂责操及其先祖，无所不至。营令史入，启言外有狂生祢衡，言语悖逆，请案科治。操闻之，嘿然良久，乃敕外具上厩马三匹，并骑二人，挟将送置荆州，黄祖遂令杀之。

《吴质别传》曰：魏文帝诏上将军及特进以下皆会质所。上将军曹真肥，领军朱铄瘦，质召优，使说肥瘦。真扣刀瞋目，言："俳敢说，吾斩尔。"遂骂。质按剑曰："曹子丹，汝非屠几上肉，吴质吞尔不摇喉，何敢恃势骄耶？"

杨雄《方言》曰：荆淮海岱杂齐之间，骂奴曰赃，骂婢曰获。

桓谭《新论》曰：哀帝时，有老人范兰言，年三百岁，初与人相见则喜而相应和，再三则骂而逐人。

《列女传》曰：安定皇甫规妻，年盛色美，董卓娉以辎軿百乘。乃轻服诣卓门，跪自陈请，卓使侍者悉杖刀围之。妻知不免，乃立骂卓曰："君羌胡之种，毒害天下犹未足耶！敢欲行非礼于尔君夫人乎！"卓乃以其头悬车轭，鞭扑交至，遂死车下。

太平御览卷第四百六十七 人事部一百八

喜

《说文》曰："喜，不言而悦曰喜，从壴口。壴，音知句切。

《易》曰：上九，倾否。先否，后喜。

《尚书》曰：股肱喜哉，元首起哉。

《毛诗》曰：风雨如晦，鸡鸣不已。既见君子，云胡不喜。

又曰：我有嘉宾，中心喜之。

又曰：菁菁者莪，乐育才也。君子能长育人才，则天下喜乐之也。

《礼记》曰：乐者，音之所由生也，其本在人心之感于物。是故其喜心感者，其声发以散。

又曰：人喜则斯陶，陶，郁陶也。陶斯咏，咏斯摇。

又曰：何谓人情？喜怒哀乐爱恶欲七者，弗学而能也。

又曰：武王承命，兴师诛商，万国咸喜，军发盟津，前歌后舞。

又曰：文王朝夕至于大寝之门外，问于内竖曰："今日安否何如？"内竖曰："今日安。"太子乃有喜色。

《左传》曰：城濮之役，晋师三日谷，文公犹有忧色。左右曰："有喜而忧，如有忧而喜乎？"公曰："得臣犹在，忧未艾也。困兽犹斗，况国相乎！"及楚杀子玉，子玉得臣。公喜而后可知也。

又曰：子产始知然明，问为政焉。对曰："视民如子。见不仁者诛之，如鹰鹯之逐鸟雀。"子产喜，以语子太叔，曰："他日吾见蔑之面蔑，然明名。今吾见其心矣！"

又曰：公赐公衍羔裘使献龙辅于齐侯。齐侯喜，与之阳谷。

又曰：吴将伐齐，越子率其众以朝焉。吴人皆喜，唯子胥惧。曰："是豢吴也！"吴王闻之，使赐之属镂以死。

又曰：郑六卿饯韩宣子于郊。宣子曰："二三君子请赋，起亦以知郑志。”子蟜赋《野有蔓草》。宣子曰：“孺子善哉！吾有望矣。”子抑赋《萚兮》。宣子喜曰：“郑其庶乎！”

《公羊传》曰：九月丁卯，子同生。子同者孰谓？谓庄公。何言乎子同生？喜有正也。此言喜有正何？久无正子也。

又曰：齐高子来盟。高子者何？齐大夫也。何以不称使？我无君也。然则何以不名？喜之也。

《尔雅》曰：坎坎，僔僔，喜也。

《论语》曰：父母之年不可不知也。一则以喜，一则以惧。

又曰：上失其道，民散久矣。如得其情，则哀矜而勿喜。

又曰：子曰：“道不行，乘桴浮于海。从我者，其由也与？”子路闻之喜。

《尚书中候》曰：“维王既诛崇侯虎，诸侯贡，万民咸喜。”郑玄曰：王，文王也。贡，贡国异物色也。

《尚书·大传》曰：唯丙午，王还师。师乃鼓噪，师乃慆，前歌后舞。郑玄曰：慆，喜也。众大喜前歌后舞也。

《春秋元命苞》曰：两口衔土为喜。喜得明心。喜者为憙，憙天心。宋均曰：心为天王布政之宫，万物须之乃盛，所以为喜也。今于口间土移一画之者，于字体安也，是为两口土也。喜得明明得所喜也。

《春秋繁露》曰：春之言，犹蠢也。蠢蠢者，喜乐之貌。

《国语》曰：伯宗朝，以喜归。其妻曰：“子貌有喜，何也？”曰：“吾言于朝，诸大夫皆谓我智似阳子。知有似也。子阳，处父也。”对曰：“阳子华而不实，言而无谋，是以难及于身。子何喜焉？”

《战国策》曰：吕他亡西周，之东周，尽输西周之情于东周，东周大喜。

又曰：孟尝君出行至楚，楚献象床。郢之登徒直送之，不欲往，见孟尝门人公孙戌曰：“臣，郢之登徒，直送象床。象床之直千金，伤此若发标，卖妻息不足以偿。足下能使仆无行，先入有宝剑，愿献之。”戌曰：“诺。”入见孟尝，曰：“五国所以皆致相印于君，以国事累君者，诚悦君之义，慕君之廉。今君至楚而受象床，所未至国，将何以待君？”孟尝曰：“善。”戊趋而出，孟尝君曰：“今子举足高，志之扬，何也？”戊曰：“臣有大喜三，重之以宝剑一。”孟尝曰：“何谓也？”戊曰：“门下百数，莫敢入谏，臣入谏，一喜；谏而听臣，二喜；谏而止君之过，三喜。”

《史记》曰：赵使蔺相如赍璧西入秦。秦王坐章台见相如，相如奉璧。秦王大喜，传璧以示美人及左右，左右皆呼万岁。

又曰：孔子由大司寇摄行相事，有喜色，门人怪之。孔子曰：“非乐其贵，然喜下人得吾也。”

又曰：龙且与韩信夹潍水阵，信乃夜令人为万余囊，满盛沙，壅上流，引军半渡，击龙且，佯不胜，还走。龙且果喜曰：“固知韩信怯也。”追信渡水。信使人决壅囊，水大至，击，杀龙且。

又曰：庆云，喜气也。

又曰：吕后谓高祖曰：“季所居之上，常有云气，故从往常得季。”高祖心喜。又曰：邑中人民尝惧出猎，任安为人分麋鹿雉兔，众人皆喜曰：“无伤也，任少卿分则平也。”

《汉书》曰：朱博为左冯翊。长陵大姓尚方禁少时盗人妻，见斫，创着颊。博闻以它事召，视其面，果有瘢。博辟左右问方禁：“是何创？”禁自知情得，叩头服状。博笑曰：“大丈夫固时有是。博欲洒乡耻，能自效不？”方禁且喜且惧，对曰：“必死！”博因亲信之以为耳目。

又曰：高祖入关，与父老约，法三章，民大喜也。

又曰：英布间行与隋何俱归汉。王方踞床洗，召布入见。布大怒，悔来，欲自死。就舍，张御饮食从官如汉王居，布又大喜。

又曰：韩信投汉，萧何等已数言上，不用，即亡。何闻信亡，不及以闻，自追之。人有言上曰：“丞相何亡。”上怒，如失左右手。居一二日，何来谒。上且怒且喜。

又曰：吕须尝以陈平前为高帝谋执樊哙，数谗平于吕后曰：“为丞相，不治事，日饮醇酒，戏妇人。”平闻日益甚。太后闻之，私喜。

又曰：翟方进随父至汝南，蔡父奇方进形貌，有封侯骨。方进既厌为小吏，闻蔡父言，心喜。

又曰：匈奴单幼稍："愿婿汉氏以自亲。"元帝以后宫良家子王嫱字昭君赐单于，单于欣喜。

谢承《后汉书》曰：庐江毛义，家贫，以孝行称。南阳张奉慕其名，往候之，坐定，而府檄适至，以义守令。义捧檄而入，喜动颜色。

《续汉书》曰：荀爽尝谒李膺，因为其御。既还，喜曰："今日乃得御李君侯。"见慕如此。

《东观汉记》曰：上谓鲍永曰："我攻怀三日而兵不下，关东畏卿，且将故人往。"即拜永谏议大夫。至怀，谓太守曰："足下所以坚不下者，未知孰是也？今圣主即位，天下以定，不降何待！"即开城降。上大喜，与永对食。

又曰：贾复北与五校战于真定，大破之，复伤疮甚，上惊。复病，寻愈，追及上，上见大喜。

又曰：梁鸿妻椎髻，着布衣，操作具而前。鸿大喜，曰："此真梁鸿之妻也！"字之曰："德曜孟光。"

又曰：上幸长祠、高庙十一陵，历览宫馆旧处。会郡县吏劳赐作乐者，有县三老大言："陛下入东都，臣望颜色容仪，类似先帝，臣一欢喜；百官严设如旧时，臣二欢喜；见吏赏赐，识先帝时事，臣三欢喜；陛下听用直谏，默然受之，臣四欢喜；陛下至明，惩艾酷吏，视人如赤子，臣五欢喜；进贤用能，各得其所，臣六欢喜；天下太平，德合于尧，臣七欢喜。"

又曰：上以冯异为孟津将军，屯河上，击走朱鲔，追至雒阳城门，环城一匝乃还。上闻之大喜，诸将皆贺。

又曰：郭伋，字细侯，河南人。前在并州，素结恩德。至行部，到河西美稷，有童儿数百，各骑竹马，于道次迎拜。伋问曰："儿曹何自远来？"对曰："闻使君到，喜，故来奉迎。"

《魏志》曰：颍川戏志才，筹画士也。太祖甚器之。早卒。太祖与荀彧书曰："自志才亡后，莫可与计事者。汝、颍固多奇士，谁可以继之？"彧荐郭嘉。召见，论天下事。太祖曰："使孤成大业者，必此人也。"嘉出，亦喜曰："真吾主矣。表为司空军谋。

《吴志》曰：曹公破走，鲁肃选还，权大喜。肃将入阁拜，权起礼之，因谓曰："孤持鞍下马相迎，足以显卿未？"肃趋进曰："未也。"众人闻之，无不愕然。就坐，徐举鞭曰："愿至尊威德加乎四海，总括九州，克成帝业，更以安车蒲轮征肃，始当显耳。"权拊掌欢笑。

王隐《晋书》曰：石珩问袁甫："寿春以西河以常旱？东何以恒水？"甫曰："东是吴人新附，积忧成阴；西是中国新平，吴珍宝美人皆入，志盈心满长欢，故旱。"

孙严《宋书》曰：刘宣，字万寿，彭城人也。素晓天文，知晋室当复，又梦丸土服之，觉而喜曰："丸者，桓也，桓既吞矣，吾当复本土乎？"

《齐书》曰：谢超宗诣东府，门自通，其日风惨，太祖谓四座曰："此客至，使人不衣自暖矣。"超宗既坐，饮酒数巡，辞气横出，太祖对之甚欢。

崔鸿《后秦录》曰：秦末，祆星见于东井。尹纬知秦将灭，心喜，踊跃向天再拜。

《唐书》：陆贽从幸山南，道途艰险，扈从不及，与帝相失。一夕不至，上喻军士曰："得贽者赏千金。"翌日，贽谒见，上喜形于颜色。其宠待如此。

《周书》曰：人有五气，喜气内畜，虽欲隐之，阳喜必见，喜色油然以出。

又曰：师旷见太子晋曰："愿闻一言。"王子应之曰："吾闻太师将来，吾心甚喜；既已见子，喜而又惧。吾年甚少，见子而慑，尽忘吾度。"

《韩诗外传》曰：曾子曰："吾尝仕为吏，禄不过锺、釜，尚犹欣欣而喜者，非以为多也，乐其逮亲也。"

张勃《吴录》曰：长沙桓王在历阳，遣书呼周瑜。瑜将兵五百人，船粮器杖，星夜驰赴。王大喜，执瑜手曰："卿至，谐矣。"

又曰：吴王之女有所怨王者，遂自杀。王痛之，葬于昌门外，文石为椁，高坟深池，珍玩人马以徇葬。国人哀之。湛卢之剑夜飞去楚，楚昭王觉，剑在其床首。昭王召风胡子而问焉，对曰："越献剑于吴，名曰湛卢，人君有过则去，适他国。闻吴王葬女奢侈，以人从死，其必是也。"昭王大喜。

胡冲《吴历》曰：太史慈，字子义，于神亭战败，为孙策所执。策素闻其名，即解缚咨问进取之术。慈曰："州郡新破，士卒离心，若偒分散，难复合聚；欲出宣恩安集，恐不合尊旨。"策长跪答曰："诚本心所望也。明日日中，望君来还。"诸将皆疑，策曰："太史子义，青州名士，以信义为先，终不欺策。"明日，大会诸将，预设酒食，立竿视影，日中而慈至，策大欢喜，常与参论军事。

司马彪《九州春秋》曰：曹公与袁绍相距，遣人招张绣。绣欲归绍，贾诩劝绣归曹公，绣曰："绍强。又曹公与吾有仇，不可。"诩曰："此乃所以宜从之也。夫有霸王之志者，固将释大怨明德于四海也。"绣从之，归曹公。曹公见之，喜，执诩手曰："使我信重于天下者，君也。"

檀道鸾《续晋阳秋》曰：初，符坚南寇，京师大震。谢玄入问讨御之方，谢安夷然无惧色。玄等既破贼，有驿书至，安方对客围棋，看书既毕，摄放床上，了无喜色，还棋如故。客问之，徐答云："小儿辈遂已破贼。"客罢，还内过户，安心喜甚，不觉屐齿之折。其矫情镇物如此也。

太公《六韬》曰：因其所喜，以顺其志。

又曰：文王拘羑里，求天下珍、怪而献之，纣贪其币，大喜，杀牛，而赐之。

《曹操别传》曰：拜操典军都尉，还谯、沛，士卒共叛，袭击之。操得脱身亡走，窜平河，亭长舍，称曹济南处士。卧养足创八九日，谓亭长曰："曹济南虽败，存亡未可知。公幸能以车牛相送，往还四五日，吾厚报公。"亭长乃以车牛送操，未至谯，数十里骑求操者多，操开帷示之，皆大喜，始悟是操。

《雷焕别传》曰：张华以焕为丰城令，得双宝剑，乃送一剑与华，自留一剑。华得剑甚喜，曰："此干将也！"

《邴原别传》曰：魏太祖为司空，辟原署东阁祭酒。太祖北伐三郡，克单于，还，太祖曰："孤返，邺守诸君必将来迎。其不来者，独邴祭酒耳！"言讫未久，而原先至。门下通谒，太祖大喜，揽履而起，远出迎原曰："贤者诚难则测度！孤谓君将不能来，而远自屈，诚副饥虚之心。"

《零陵先贤传》曰：刘巴入益，益州牧刘璋见而惊喜，每有事辄以咨问。璋遣法正迎刘备，巴谏曰："备，雄人，入必有为，不可内也。"既入，巴复谏曰："若使备讨张鲁，是放虎于山林。"璋不听。巴闭门称疾。备攻成都，令军中曰："其有害巴者，诛及三族。"及得巴，甚喜。

《列异记》曰：华子鱼为诸生，寄宿人门外。主人妇夜生。顷两吏诣门，便辟易却，相谓曰："公在此。"踌躇良久，一吏曰："籍当定，奈何住？"乃前向子鱼拜，相将入。入出并行，共语曰："当与几岁？"一人曰："当三岁。"子鱼后故往视之，儿果已死。子鱼喜曰："我固当为公。"后果为太尉。

《西京杂记》曰：樊将军哙问陆贾曰："自古人君皆云受命于天，云有瑞应，岂有是乎？"贾应之曰："有之。夫目瞤得酒食，火花得钱财，鸦鹊噪则行人至，蜘蛛集而百事喜也。"

《晋朝杂事》曰：明帝入，帻不正，玄帝自为正之，明帝大喜。

《庄子》曰：凡交，近则靡以信，远则必忠之言。以言必，或传之失传。两喜两怒之言，天下之难者也。夫两喜必多溢美之言，两怒必多溢恶之言，凡溢之类，妄则信之。

《列子》曰：郑人有薪于野者，遇骇鹿，从而击之，毙。恐人之见也，遽藏诸隍中，覆之以蕉，不胜其喜。俄而，遗其所藏之处，遂以为梦焉。

又曰：尧微服游于康衢，闻儿童谣曰："立我蒸民，莫匪尔极。不识不知，顺帝之则。"尧喜曰："畴教尔为此言？"童儿曰："我闻之大夫。"问大夫，曰："古诗也。"

《孟子》曰：鲁欲使乐正子为政，孟子闻之，喜而不寐。公孙丑曰："奚为喜？"曰："其为人也好善。"

又曰：子路，人告其过，则喜。

《抱朴子》曰：人主有道，国无粗虐政，则四七序从度，五星不逆，日不蚀朔，月不薄望，霜不夏繁，雷不冬泄，嘉瑞并臻，灾厉寝灭，此则天喜也。

《吕氏春秋》曰：汤闻伊尹，使人请之有侁氏。有侁氏不可。伊尹亦欲归汤。汤于是请取妇为婚。有侁氏喜，以伊尹为媵送女。

《顾子》曰：夫哀乐喜怒、爱憎欲惧，人之情也。当其哀也，则欲哭泣擗踊，遇其乐也，则欲欢笑鼓舞。

公孙尼子曰：君子怒则自说以和，喜则收之以正。

《楚辞》曰：师望在肆昌何识，鼓刀扬声后乃喜。王逸曰：师，谓太公也。昌，文王也。后，亦文王也。

曹植《礼上谢入觐表》曰：臣得去幽屏之城，获觐百官之美，此一喜也；背茅茨之陋，登阊阖之闼，此二喜也；必以有靦之容，瞻见穆穆之颜，此三喜也；将以梼杌之质，禀受崇圣之训，此四喜也。

太平御览卷第四百六十八 人事部一百九

乐

《说文》曰：乐，极也，欢也。

《易》曰：乐天知命，故不忧。

《毛诗》曰：王在在镐，凯乐饮酒。

《礼记》曰：傲不可长，欲不可从，志不可满，乐不可极。

又曰：乐者乐也，君子乐得其道，小人乐得其欲。

又曰：子贡观于蜡。孔子曰："赐也乐乎？"对曰："一国之人皆若狂，赐未知其乐也。"子曰："百日之蜡，一日之泽，非尔所知也。"

《左传》曰：公入而赋："大隧之中，其乐也融融。"姜氏出而赋："大隧之外，其乐也泄泄。"

《论语》曰：有朋自远方来，不亦乐乎！

又曰：饭蔬食，饮水，曲肱而枕之，乐亦在其中矣。

又曰：乐然后笑，人不厌其笑。

又曰：在陋巷，人不堪其忧，回也不改其乐。

又曰：不仁者，不可以长处乐。

《战国策》曰：魏文侯与虞人期猎。是日，饮酒乐，天雨。文侯将出，左右曰："饮酒乐，天又雨，君将焉之？"文侯曰："吾与虞人期猎，虽乐，岂可不一会期哉？"乃往，身自罢之。魏于是始强。

又曰：梁王魏婴会诸侯于兰台，酒酣，请鲁君举觞。鲁君避席曰："昔楚王登疆台而望崇山，左江右湖以临方皇，其乐忘死，曰：'后代必有以高台陂池亡国者。'今君前夹林后兰台，疆台之乐，可无诫乎？"

《东观汉记》曰：光武伐蓟还，士众喜乐，师行鼓舞，歌咏雷声。

又曰：东平王张苍曰："为善最乐。"

袁宏《后汉记》曰：光武尝听朝至于日侧，讲经至于夜半，皇太子从容曰："陛下有禹、汤之明而失黄老养性之道，今天下又安，愿省思虑养精神、优游以自宽。"上答曰："吾以为乐也。"

王沈《魏书》曰：太祖告归乡里，筑室城外，习读书传，秋冬弋猎以自娱乐。

裴子野《宋略》曰：废帝于华林园为列肆，亲自酤卖，又开渎，与左右引船唱呼，以为欢乐。

《管子》曰：桀放虎入市，乐人之惊。

《晏子春秋》曰：景公饮酒数日，去冠破裳，自鼓盆问左右曰："仁人者，亦乐此乎！"晏子曰："人所以贵于禽兽者，以有礼也。君无礼，何以临下？"景公请易衣冠也。

又曰：景公饮酒移于晏子前，驱款门曰："君至！"晏子立于门曰："国家得微有故乎？君何为非时而夜辱！"公曰："酒醴之味，金石之声，愿与夫子乐之。"晏子曰："夫铺荐席陈簠簋者，有人臣不敢预焉。"又移司马穰苴，穰苴介胄操戟立门曰："铺荐席陈簠簋者，有人臣不敢预焉。"又移于梁丘据，据左援琴、右挈竽，行歌而至，公曰："乐哉！今夕吾饮，微二子何以治吾国；微此一臣，何以乐吾身也。"

《文子》曰：秦楚燕魏之歌，异傳而皆乐也。

《列子》曰：仲尼闲居，子贡入侍，而有忧色。子贡不敢问，出告颜回。回援琴而歌。孔子问曰："若奚敢独乐？"回曰："吾昔闻诸夫子：乐天知命故不忧，回所以乐也。"

又曰：孔子游太山，见荣启期行乎郕之野，鹿裘带索，鼓琴而歌。孔子曰："先生所为乐，何也？"对曰："吾乐甚多。天生万物人为贵，吾既得为人，一乐也。男女之别，男尊女卑，吾既得为男，二乐也；人生有不见日月、不免襁褓者，吾行年九十，是三乐也。贫者人之常，死者命之终，处常待终，当何忧哉？"孔子曰："自宽者也。"

又曰：林类年且百岁，晨春被裘，拾遗穗于故畦，并歌并进。孔子适卫，望之谓子贡曰："彼叟可与言！"子贡逆之垅端，面之叹曰："先生曾不悔乎？"乃仰而应曰："吾何悔邪？吾所以为乐，人皆有之，而反以为忧。少不勤行，长不竞时，故能寿若此。老无妻子，死期将至，故能乐若此。”

《庄子》曰：古之得道者，穷亦乐，通亦乐，所乐非穷通也。道德于此，则穷通为寒暑风雨之序矣。

又曰：与人和者谓之人乐，与天和者谓之天乐。

又曰：庄子与惠子游濠梁水上。庄子曰：“鯈鱼出游从容，是鱼乐也。”惠子曰：“子非鱼，安知鱼之乐也。”庄子曰：“子非我，安知我不知鱼之乐？”

又曰：孔子谓颜回曰：“回，来！家贫居卑，不仕乎？”对曰：“不愿仕。回有郭外之田五十亩，足以给饘粥；郭内之田十亩，足以为丝麻；以道自乐，回不愿仕也。”

《孟子》曰：君子有三乐：父母俱存，兄弟无故，一乐也；仰不愧天，俯不怍人，二乐也；得天下英才而教育之，三乐也。

又曰：乐人之乐，人亦乐其乐；忧人之忧，人亦忧其忧。从兽无厌谓之荒，乐酒无厌谓之亡。

又曰：梁惠王立沼上，顾鸿鹄麋鹿曰：“贤者亦乐此乎？”孟子曰：“贤者而后乐此，不贤者，虽有此不乐。”

《荀子》曰：子路问于孔子曰：“君子亦有忧乎？”孔子曰：“君子，其未得也则乐其意；既已得之，又乐其治。是以有终身之乐，无一日之忧。小人，其未得则忧不得之；既得之，又恐失之。是以有终身之忧，而无一日之乐。”

又曰：凤鸟啾啾，其翼若竽，其声若箫。有皇有凤，乐帝之心。

《淮南子》曰：令尹子佩请饮庄王，庄王许诺。子佩之于京台，庄王不往。明日，子佩跣揖北面，立于殿下，曰：“昔君王许之。今不果往，意者臣有罪乎？”庄王曰：“吾闻子具于京台。京台者，南望猎山，以临方皇；左江而右淮，其乐忘归。若薄德之人，不可以当此乐也，恐流而不能反。

又曰：吾所谓乐者，人得其得者也。夫得其得者，不以奢为乐，不以慊为悲；与阴俱闭，与阳俱开。与子夏心战而臞，道胜而肥。圣人不以身徇物，不欲人为之而以自乐也。

《顾子》曰：遇其乐也，则欲荒淫流湎；逮其喜也，则欲欢笑鼓舞。荒淫则伤义，鼓舞则亏风。

又曰：子谓子华曰："尔有四乐，颇知之乎？"子华曰："未之知也"。子曰："二亲具存，是尔一乐；兄弟无故，是尔二乐，夫和妻柔，是尔三乐；披褐怀玉，是尔四乐。"子华曰："华乃有五，遇千载之会，而登夫子之堂，则华之五乐也。"

又曰：或曰："夫人三坟、五典、八索、九丘，盖圣人之陈迹耳，子何好焉？"子曰："上纪五帝之盛，下述百王之义，粲粲如列宿，落落如连珠，虽复退居穷处，箪食瓢饮，未始失其乐矣。予可得无好乎！"

《贾谊书》曰：宓子治单父。于是齐人攻鲁，道自单父。始，父老谓曰："麦已熟矣，今迫齐寇，民不及刈获，请令民人自刈。刈传郭者，归可以益食，不资寇。"三请，宓子不听。俄而麦毕，资乎齐寇。季孙闻之，怒。使人让宓子，宓子曰："今年失麦，明年可树。令不耕者得获，是乐有寇也。且一岁之麦于鲁不加强，丧之不加弱。令民有自取之心，必数年不息。"季孙闻之，惭曰："使穴可入乎？吾岂忍见宓子哉！"

扬雄《连珠》曰：臣闻天下三乐焉：阴阳和调，四时不忒，年丰物遂，无有夭折，灾害不生，兵戎不作，天下之乐也。圣明在上，禄不遗贤，罚不偏罪，君子小人各处其位，众人之乐也。吏不苛暴，役赋不重，财力不伤，安土乐业，民之乐也。

刘向《说苑》曰：楚昭王欲之荆台游，司马子棋进谏曰："荆台之游，左洞庭之陂，右彭蠡之水，南望猎山，下临方淮，其乐使人遗老而忘死，人君游者尽以亡其国，愿大王勿往游焉。"

又曰：齐景公游海上，乐之，六月不归，令左右敢言归者死。颜蠋谏曰："君乐治海，不乐治国；彼至有治国者，且安得乐此海也。"

谯周《法训》曰：或曰君子处陋巷之中，奚乐也？曰："乐得其亲，乐得其友，乐圣人之道也。"

刘向《列女传》曰：楚昭越姬者，越王勾践之女也。昭王燕游，蔡姬在左，越姬骖乘，驷以驰逐，登附庄之台，以望云梦之囿。乃顾谓二姬曰："乐乎！吾愿与子生死若此。"蔡姬曰："故愿生俱乐，死同时。"顾谓史书之。

《楚辞》曰：乐莫乐于新相知。

刘伶《酒德颂》曰：先生乃捧罂承槽，衔杯漱醪，无思无虑，其乐陶陶。

曹子建《箜篌引》曰：乐饮过三爵，缓带倾庶羞。主称千金寿，宾奉万年酬。

忧上

《说文》曰：忧，愁也。

《易》曰：作《易》者，其有忧患乎？

又曰：当其忧悔吝之时，纤介不可慢也。

《毛诗》曰：踧踧周道，鞫为茂草。我心忧伤，惄焉如梼。假寐永叹，唯忧用老。

又曰：知我者，谓我心忧；不知我者，谓我何求。

又曰：未见君子，我心则忧。

《左传》曰：有喜而忧，如有忧而喜乎？

又曰：吴公子札来聘，请观周乐，为之歌《邶》《墉》《卫》，曰："美哉！渊乎，忧而不困。"

《史记》曰：秦昭王临朝叹息，应侯进曰："臣闻主忧臣辱，主辱臣死。今大王中朝而忧，臣敢请其罪。"昭王曰："吾闻楚之铁剑利则士勇，倡优拙则思虑远矣。以远思虑而御勇士，恐楚之图秦也。今武安君死，郑安平叛，内无良将，外多敌国，吾是以忧。"

又曰：怀王使屈原造为宪令，草稿未定。上官大夫见而欲夺之，不与。因谗之曰："王使平为令，众莫不知，每一令出，平伐其功。"王怒而疏平。平疾谗谄蔽明也，邪曲之害公也，方正之不容也，故忧愁幽思而作《离骚》。

《蜀志》曰：曹公征孙权，呼先主自救。先主遣使告刘璋曰："曹公征吴，吴忧危急。孙氏与孤本为唇齿。又乐进在青泥与关羽相距，今不往救，进必克转侵州界，其忧有甚于鲁。鲁自守之，贼不足虑。"

沈约《宋书》曰：武帝起，桓玄闻便忧惧无复为计。或曰："刘裕等众力甚弱，岂能有成，陛下何虑之甚。"玄曰："刘裕自足为一世之雄；刘毅家无担石之储，樗蒲一掷百万；何无忌，刘牢之之甥，酷似其舅。共举大事，何谓无成。"

《吴越春秋》曰：越王欲复怨于吴，冬寒则抱冰，夏热则握火，忧苦其志，悬胆于户，出入尝之，不绝于口。

《华阳国志》曰：蜀中传相告曰："井中有人。"学士靳普言："客星入东井，益州之分，忧刺客入耳。"

《山海经》曰：牛首山有草，名曰鬼目，其叶如菜而茎赤，其秀如禾，服之不忧。

又曰：霍山有兽如狸而白尾有鬣，名曰朏朏，可以亡忧。

又曰：茈湖之水，其中多鯈音稠鱼，其状如鸡而赤毛白尾，六足四首，其音如鹊，食之亡忧。

又曰：颜渊东之齐，孔子有忧色。子贡下席问曰："小子敢问：回东之齐，夫子有忧色，何耶？"孔子曰："善哉，汝问！昔管子有言，丘甚善之，曰褚小者不可以怀大，绠短者不可以汲深是为命有所成而形有所适，不可损益也。吾恐回与齐侯言尧、舜、黄帝之道，而重以燧人、神农之言。彼将内求于己而不得，则惑也。"

《列子》曰：孔子谓颜回："汝徒知乐天知命之无忧，未知乐天知命之有忧之大也。吾始知诗书礼乐，无救于治乱，而未知所以革之方。此乐天知命者之所忧也。"

《孟子》曰：忧以天下。

太平御览卷第四百六十九 人事部一百一十

忧下

《韩诗》曰：《黍离》，伯封作也。“彼黍离离，彼稷之苗。”离离，黍貌也。诗人求亡不得，忧懑不识于物，视彼黍离离然，忧甚之时，反以为稷之苗，乃自知忧之甚也。

《韩诗外传》曰：鲁监门之女婴相从绩之，中夜而泣涕，其偶曰：“子何为泣？”婴曰：“吾闻卫世子不肖，是以泣也。”偶曰：“卫世子不肖，诸侯之忧也，子独泣，为何？”婴曰：“祸相及也。今卫世子甚不肖，好兵，吾男弟三人，能无忧之。”

《毛诗·小弁》曰：踧踧周道，鞠为茂草踧踧，平易貌也。我心忧伤，惄焉如捣。假寐永叹，唯忧用老。惄，思也。捣，心疾。

《毛诗·柏舟北门》曰：北门刺仕不得志也。言卫之忠臣不得其志尔。“出自北门，忧心殷殷。”殷，兴也。北门背明向阴。笺云：自从兴者，谕己仕于暗君，犹行而北出门也，心为殷殷然也。

《左传·僖上》曰：秦伯获晋侯以归。秦穆夫人与太子罃、弘与女简、璧登台。舍之灵台，荐之以棘。在京兆鄠县，周之故台也。大夫请入，公曰：“晋人戚忧以重我，天地以要我。不图晋忧，重其怒也。”

《左传·宣》曰：荀林父请死，晋侯欲许之。士贞子谏曰：“不可。城濮之役，晋师三日谷，文公犹有忧色。左右曰：‘有喜而忧，如有忧而喜乎？’公曰：‘得臣犹在，忧未歇也。困兽犹斗，况国相乎！’”

《左传·襄二十九年》曰：吴公子札来聘，请观周乐。为之歌《邶》、《墉》、《卫》，曰：“美哉，渊乎！忧而不困。为之歌《王》，曰：“美哉！思而不惧，其周之东乎？”

《左传·昭元年》晋盟，楚公子围设服离卫。叔孙穆子曰：“楚公子美矣哉！”楚伯州犁曰：“此行也，辞而假之寡君。”郑行人挥曰：

"假不反矣！"伯州犁曰："子姑忧子皙之欲背诞也。"子羽曰："当璧犹在，假而不反，子其无忧乎？"当璧，谓弃疾。事在昭十三年，弃疾有当璧之命。

《史记》曰：应侯任郑安平，使将击赵。安平为赵所困，急，以兵二万人降赵。应侯席稿请罪。秦法，任人而所任不善，各以其罪之。应侯罪当收三族。王稽为河东太守，与诸侯通，坐诛，应侯日以不怿。昭王临朝叹息，应侯进曰："臣闻主辱臣死，今大王中朝而忧，臣敢请其罪。"昭王曰："吾闻楚之铁剑利则士勇，倡优拙则思虑远。夫以远思虑而御勇士，恐楚之图秦也。今武安君死，郑安平叛，内无良将而外多敌国，吾是以忧。"

《会稽典略》曰：越王近侵于强吴，远愧于诸侯，乃胁诸臣而欲与之盟："吾欲伐吴，奈何而有功？"群臣未对。王曰："夫主忧臣辱，主辱臣死，何大夫而见而难使者？"计倪官卑年少，其居在后，举手而起曰："殆哉！非大夫易见难使，是大夫不能也。"王曰："何谓也？"倪曰："夫官位财弊，王之所轻使；死者，士之所重也。王爱所轻，责士所重也，王岂难哉！"

辛氏《三秦记》曰：大秦国隔海，心无忧患，遇善风二十日得过；心忧，数年不得渡。谚曰："心无忧患，不经二旬；心若忧患，远离三春。"土人质直，男女皆长一丈，端正。国主风雨不和，则让贤而治。

《燕书》曰：慕容恪之威声震于外敌。初，列祖崩，晋人喜，曰："中原可图矣。"桓温曰："慕容恪尚存，所忧方重耳。"

《列子》曰：杞国有人忧天地崩坠，身无所寄，废寝与食。

《列子》曰：仲尼闲居，子贡入侍，而有忧色。子贡不敢问，出告颜回。颜回援琴而歌。孔子问曰："若奚敢独乐？"回曰："吾昔闻之夫子曰：乐天知命故不忧。回所以乐也。"

《孟子》曰：乐人之乐，人亦乐其乐；忧人之忧，人亦忧其忧。从下忘反谓之流，从上忘反谓之连，从兽无厌谓之荒，乐酒无厌谓之忘。先王无流连之乐、荒忘之行也。

王孙子曰：赵简子猎于晋阳，抚辔而叹。董安于曰："今游猎，乐也。而主君叹，敢问何也？”简子曰：“汝不知也。吾效厩养食谷之马以千数，令官奉多力之士日数百，欲以猎战也。忧邻国养贤以猎吾也。”孔子闻之曰：“简子知所叹矣。”

孙卿子曰：子路问于孔子曰：“君子亦有忧乎？”孔子曰：“君子其未得也则乐其意，既得已又乐其治，是以有终身之乐，无一日之忧。小人未得也而忧不得，既得之又恐失之，是以有终身之忧而无一日之乐也。”

《淮南子》曰：楚王亡其猿，而林木为之残；楚庄王猿也，接捷跀参依木而处，故残木以求。宋玉亡其珠，池鱼为之殚。故泽火而林木忧。

《淮南子》曰：夫捧爵酒不知于邑，言其轻也。洯石之樽则白汗交流，言其重也。又况羸天下之忧而任海内之事者乎！

又曰：数匝之寿忧天下之乱，犹忧河水少，泣而益之也。匝，犹至也，或作卒。卒，尽也。言垂尽之年不足以忧天下之乱，使水之多也。龟三千岁，蜉蝣不过三日，以蜉蝣而为龟忧养生之具，人必笑之，故不忧天下之乱而乐其身之治者，可与言道矣。

《说苑》曰：智伯欲袭卫，故遗之乘马，先之以璧。卫君大说，酌酒，诸大夫皆喜，南文子独有忧色，曰：“无方之礼，无功之赏，祸之先也。”

又曰：鲁有贤女，次室之子，年适二十，明晓经书，常倚立而吟，涕泣如雨。有识谓之曰：“汝欲嫁耶？何悲之甚！”对曰：“鲁君年老，太子尚小，忧其奸臣起矣。”

《郭子》曰：王东海初过，王承字安期，东海内史。登琅山，叹曰：“我由来不愁，今日直欲愁”太傅曰：“当尔时，形神俱往。”

又曰：初，荧惑入太微，寻废海西。简文既登祚，复入太微，帝恶之。时郗超为中书郎，在直，引超入曰：“天命修短，故非所计，当无复近日事不？”超曰：“大司马方将外固封疆，内镇社稷，必无若斯之虑，臣为陛下保之。”简文因颂席仲初诗曰：“士痛朝危。臣哀主辱。”其声甚凄怆。郗受假还东，帝曰：“致意尊公，家国之事遂至于此。由身不能以道匡衡，思患豫防，愧叹之深，言何能譬！”因泣下。

《语林》曰：陆士衡为河北都督，已被间构，内怀忧懑。闻众军惊角鼓吹，谓其司马孙拯曰："我闻此不如华亭鹤鸣。"

《俗说》曰：王孝伯起事王东亭，殊忧惧。时住在募士桥下，持药酒置左侧，诣其所念小人俞翼，令在门前："若见人骑傧从来，汝便可取酒药与我。"俄有行人乘马过，翼便进酒。王语翼："汝更看，定非官人。"王语翼："汝几误杀我。"

《楚辞》曰：心不怡之且久，怡，乐。忧与忧其相接。接，续。惟郢路之辽远兮，江与夏之不可涉。

又曰：望孟夏之短夜，何晦明其若岁。唯郢路之远兮，魂一夕而九逝。

又曰：屈原放逐，忧心愁悴。彷徨山泽，仰天叹息。楚有先王之庙及公卿祠堂，见图画天地山川神灵，琦玮及古贤圣怪物行事，因书其壁，呵而问之，以泄情懑，舒写愁思。

又曰：《渔父》者，原所作也。屈原放逐江、湘之间，忧愁叹吟，曰："渔父避世隐身，钓鱼江滨，欣然自乐。时遇屈原川泽之域，怪而问之，遂相应答。楚人思念屈原，叙其辞以相传焉。

扬雄《连珠》曰：臣闻天下有三乐、有三忧焉。阴阳和调，四时不忒，年谷丰遂，无有夭折，灾害不生，兵戎不作，天下之乐也。圣明在上，禄不遗贤，罚不偏罪，君子小人各处其位，众臣之乐也。吏不苟暴，役赋不重，财力不伤，安土乐业，民之乐也。乱则反焉，故有三忧。

《山海经赞》曰：焉得鬼草，是树是艺。服之不忧，乐天傲世。如彼浪舟，任波流滞。

惧

《东观汉记》曰：王莽前队大夫诛谋反者李次元闻事发觉，被马欲出。马驾在辕中，惶遽著鞍，上马出门，顾见车，方自觉，乃止。

又曰：庞萌还攻盖延，延与战，破之。诏书劳延曰："庞萌一夜反叛，相去不远，营壁不坚，殆令人齿相系，而将军闻之，夜告临淮楚国，有不可动之节。吾甚美之。夜闻急，少能若是。"

《蜀志》曰：初，孙权以妹妻先主。妹才捷刚猛，有诸兄风。侍婢百余人，皆亲执刀侍立。先主每入，心常懔懔。

《国语》曰：骊姬告优施曰："君既许我杀太子而立奚齐，吾惧里克，奈何！"优施曰："为我具特羊，从之饮酒。"中饮，优施起舞，谓里克妻曰："主盍啖我？大夫称主，妻亦如之，盖啖我者肉也。我教噬兹暇豫事君。"言我教里克，暇安乐事君。乃歌曰："暇豫之俉俉，不若鸟乌。俉俉，且来远之貌，言其知鲁不如鸟乌。人皆集于蔚？已独集于枯。"蔚喻茂盛，枯喻衰落。里克笑曰："何谓蔚？何谓枯？"对曰："其母为夫人，其子为君，可不谓蔚乎？其母既死，其子又谤，可不谓枯乎？"言申生无母又被谤，可不谓之枯乎？

《吴志》曰：刘备诣京口，见孙权，求都荆州，权借之共拒曹公。《汉晋春秋》曰：吕范劝孙权曰："将军虽神武命世，然操食有威力，初并荆州，恩信未著，宜以借备，使抚安之，多操之敌，而为树党，计之上也。"权从之也。曹公闻以土地借备，方作书，落笔于地。

《石勒别传》曰：勒治门阁至峻。时有醉胡乘马径入府门，勒问门吏冯翥："门阁有限，走向马入门为是何人而不弹白？"时号胡曰"国人。"翥见问，惧设对忘讳，称："向有醉胡乘马驰来，向即呵制，不可与语。胡人难与言，非小吏所制。"勒叹曰："故正自难与言。"恕翥不问，鞭犯门者，没所乘。

《新序》曰：白公之难。楚人有庄善者，辞其母将往死之，其母曰："弃其亲而死其君，可谓义乎？"庄善曰："吾闻事君者，内其禄而外其身。今所以养母，臣之禄也，身安得无死！"遂辞而行。北至公门，三废车中，其仆曰："子惧矣。"曰："惧则何不反乎？"庄善曰："惧者，吾私也。死君，公义也。吾闻君子不以私害公。"遂至公门，刎颈而死。

《幽明录》曰：吴末，中书郎失其姓名。夜读书，家有重门，忽闻外西门皆开，恐有急诏。户复开，一人有八尺许，乌衣帽，持杖坐床下，与之熟相视，吐舌至膝。于是大怖，裂书为火，至晓鸡鸣便去。门户闭如故，其人平安。

太平御览卷第四百七十 人事部一百一十一

贵盛

《释名》曰：贵，归也。物所归仰也。汝、颍言贵，声如归，晬之归也。

《易》曰：贵而无位。

《孝经》曰：高而不危，所以长守贵也。

《史记》曰：李斯长男由为三川守，诸男皆尚秦公主，女悉嫁秦诸公子。李由告归咸阳，李斯置酒于家，百官长令皆斯前为寿，门庭车骑以千数。李斯慨然而叹曰："嗟乎！吾闻之荀卿曰：'物禁太盛。'斯乃上蔡布衣，闾巷之黔首，上不知其驽困，遂擢至此。当今人臣之位无居臣上者，可谓富贵极矣。物极则衰，吾未知所税驾者也。"

又曰：卫子夫立为皇后，弟卫青封长平侯，三弟皆封为侯，贵震天下。天下歌之曰："生男无喜，生女无怨，独不见卫子夫。"

又曰：苏秦师于鬼谷先生，后得周书《阴符》，读之以揣摩。因说六国以拒秦，为从约，并六国，各佩其印。行过洛阳，车骑辎重，诸侯各发使送之甚众，拟于王者。周王闻之恐惧，除道，使人郊劳。于是散千金以赐宗族。

《汉书》曰：帝舅王谭为平阿侯，商为成都侯，立为江阳侯，逢为高平侯，根为曲阳侯。五人同日封，谓之五侯，荣贵绝代。

又曰：金日殚勒功上将，传国后嗣，七叶内侍，何其盛也！功臣之家唯有金氏亲近，贵宠比于外戚。

又曰：杨仆，宜阳人也。稍迁，至主爵都尉。南越反，拜楼船将军，有功，封梁侯。因归家，怀银、黄秉三组，以夸乡里。

又曰：杨恽曰："吾家方全盛，乘朱轮者十人。"

又曰：项羽屠咸阳，杀子婴，收货赂妇女而东。秦民失望。于是韩生说羽曰："关中阻山河，四塞之地肥饶，可都以伯。"羽曰："富贵不归故乡，如衣锦夜行。”

又曰：万石君石奋长子建，次甲，次乙，次庆，皆以驯行孝谨，官至二千石。于是景帝曰：“石君及四子皆二千石。”号奋为万石君。

又曰：主父偃曰：臣结发游学四十余年，身不得遂，亲不以为子，昆弟不收，宾客弃我，我厄日久矣。丈夫生不五鼎食，死则五鼎烹耳！吾日暮途远，故倒行逆施之。“偃为齐相，至齐，遍召昆弟宾客。散五百金与之，曰：“始贫时，昆弟不我内，今吾相齐，诸君迎我或千里。吾与诸君绝矣，无复入偃之门！”

又曰：张安世以父子封侯，在任太盛，乃辞不受禄。诏都内别藏张氏无名钱以五百万数。文颍曰：都内，主藏官也。张昌曰：安世以还，官官不薄。

又曰：田蚡召客饮，坐其兄盖侯北向，自坐东向，以为汉相尊，不可以兄故私桡。由此滋骄，治诸第，田圃极膏腴，市买郡国，市物相属于道。前堂罗鼓钟，立曲旃；如淳曰：旌旗之名也。通帛曰旃也。后房妇女以百数。诸珍物狗马玩好，不可称数。

又曰：孝元王皇后，成帝母也。家凡十侯，五大司马，外戚莫比。

又曰：史丹男九人，皆以丹任为侍中。自宣、元、成、哀外戚兴者，许、史、三王、丁、傅之家，皆重侯累将，穷富极贵。

又曰：刘向上封事曰：“今王氏一姓乘朱轮华毂者二十三人，青紫貂蝉充盈幄内。大将军执事用权，五侯骄奢，并作威福。”

又曰：天子见栾大说，乃拜为五利将军。居月余，得四印：天士将军、地士将军、大通将军印，赐列侯，甲第，僮千人，乘舆车马帷帐。又以卫长公主妻之，赍金十万斤。数月佩六印，贵震天下。

范晔《后汉书》曰：《杨震传》曰：自震至彪，四叶太尉，德业相继，与袁氏俱为东京名族。

司马彪《续汉书》曰：袁安，字召公。桓帝初，迁太尉。有子逢、成、隗。逢字周阳，灵帝时为司空。隗字次阳亦至司徒、太傅，封都乡侯，四叶五公。

谢承《后汉书》曰：梁不疑为颍阴侯，胤子为城父侯。冀一门前后七封侯，三皇后，六贵人，二大将军，夫人、女侯邑称君七人，尚公主三人，其余卿、将、尹、校五十七人。梁氏在位二十余年，穷极蒲盛，威行内外，百寮侧目，莫敢违命。

《东观汉记》曰：冯异，颍川人。建武中征贼还过阳翟，诏异上冢，别下颍川太守、都尉及三百里内长吏皆会，使中大夫致牛酒，宗族会郡县给费。

又曰：中元二年，以窦固为中郎将，监羽林左骑。破西羌还。是时，窦氏公、侯、二千石并在朝廷，门内尚三公主，赏赐恩宠荣于当世，亲戚功臣无与为等也。

又曰：邓训五子，及女弟为贵人，立为皇后，骘三迁虎贲中郎将、车骑将军、仪同三司。同三封，始自骘也。邓氏自中兴后，累世宠贵，凡侯者二十九人，公二人，大将军以下十三人，中二千石十四人，州牧郡守四十八人，其余侍中、大夫、郎、谒者，不可胜数，东京莫与为比。

又曰：耿氏自中兴以后，讫建安之末，大将军九人，卿十三人，尚公主三人，列侯十九人，郎将、护羌校尉及刺史二千石数十百人，遂与汉兴衰。

又曰：章帝崩，窦太后临政，窦宪为大将军，食邑二万户。弟景执金吾，怀将作大匠、光禄勋。

又曰：马防为车骑将军、城门校尉，加置掾令史，位在九卿上，绝席。诏封防兄弟三人，各三千户。防为颍阳侯，身带三绶。防子钜为黄门侍郎。肃宗亲御章台下殿，陈鼎俎，自临冠之。兄弟奴婢各千人已上。

又曰：窦融嗣子穆尚内黄公主，而融弟显亲侯窦友嗣子固尚泾阳公主，穆长子勋尚东海恭王女。窦氏一公、二侯、三公主、四千石，自祖至孙，官符邸第相望，奴婢千数，于亲戚功臣，莫与为比。

《吴志》曰：士燮兄弟并为列郡，雄长一州，偏在万里，威尊无上。出入鸣钟鼓，备具威仪，笳箫鼓吹，车骑满道，胡人夹毂焚香者常有数十。妻妾乘辎軿，子弟从兵骑，当时贵重，震服百蛮。

又曰：孙权拜诸葛恪抚越将军，领丹阳太守，授棨戟武骑三百。

拜毕，令恪备威仪，作鼓吹，导引归家，时年三十二。

何法盛《晋中兴书》曰：诸葛氏之先出自葛国，汉司隶校尉诸葛丰以忠强立名，子孙代居二千石。三国之典蜀有丞相亮，吴有大将军瑾，魏有司空诞，名并盖海内，为天下盛族。

又曰：何比干，字长卿。武帝时为丹阳都尉。有阴德，尝独坐，天大雨，有一老母诣比干而衣不濡，比干怪而敬焉。临去，怀中出金册九百九十枚以授比干曰："尔子孙当佩印绶，如此册数。"

《陈书》曰：征南将军欧阳頠。时頠弟盛为交州刺史，次弟邃为衡州刺史，合门显贵，威振南土。又多致铜鼓生口，献珍异，前后委积，颇有助于军国焉。

《隋书》曰：观德，《王雄传》曰：或奏高颎朋党者上次诘曰之于朝。雄对曰："臣忝卫宫闱，朝夕左右，若有朋附，岂容不知！至尊钦明睿哲，万机亲览，颎用心平允，奉法而行。此乃爱憎之理，惟陛下察之。"高祖深然其言。雄时贵宠，冠绝一时，与高颎、虞庆则、苏威称为"四贵"。

又曰：杨素贵宠日隆，其弟约、从父文思、弟纪，及族父异，并尚书列卿。诸子无汗马之劳，位至柱国、刺史，家僮千数，后庭妓妾曳绮罗者以千数。第宅华侈，制拟宫禁。有鲍亨者，善属文，谢胄者，工草隶，并江南士人，因高智慧没为家奴。亲戚故吏，布列清显，素之贵盛，近古未闻。

《唐书》曰：窦威拜内史令。威奏议雍容，多引古为证，高祖甚亲重之。或引入卧内，帝为前席。又尝谓曰："昔周朝有八柱国之贵，吾与公家咸登此职。今我为天子，公为内史令，本同末异，乃不平矣。"威谢曰："臣家昔在汉朝，四为外戚，至于后魏，三处外家，陛下龙兴，复出皇后。臣又阶缘戚里，位忝凤池，自惟叨滥，晓夕兢惧。"高祖笑曰："比见关中人与崔、卢为婚，犹自矜伐，公代为帝戚，不亦贵乎！"

又曰：窦氏自武德至今，再为外戚，一品三人，三品已上三十余人，尚主者八人，女为王妃六人，唐世贵盛，莫与为比。

又曰：姜皎，长安中累迁尚衣奉御。时玄宗在藩，见而悦之。皎察玄宗有非常之度，尤委心焉。寻出为润州长史。玄宗即位，召拜殿中少监。召入卧内，命之舍敬，曲侍宴私，与后妃连榻，间以击球斗鸡，常呼之为姜七而不名也。兼赐以宫女、名马及诸珍物不可胜数。玄宗又尝与皎在殿庭玩一嘉树，皎称其美，玄宗令徙植于其家。

又曰：崔神庆子琳等皆至大官，群从数十，趋奏省闼。每岁时家宴，组珮辉映，以一榻置笏，叠于其上。开元、天宝间，中外族属无缌麻之丧，其福履昌盛如此。东都私第门，琳与弟太子詹事珪、光禄卿瑶俱列棨戟，时号"三戟崔家"。

又曰：杨汝士有时名，遂历清贵。其后诸子皆至卿，郁为皇族。所居静恭里，知温兄弟，并列门戟。咸通中，昆仲子孙，在朝行方镇者十余人。

刘义庆《世说》曰：孙皓问丞相陆凯曰："卿一宗在朝有几人？"答曰："三相五侯，将军十余人。"皓曰："盛哉！"陆曰："臣闻君贤臣忠国之盛，父慈子孝家之盛也。当今政荒人弊，臣何敢言盛也？"

《荆州记》曰：自岘山南至宜城百余里，旧说其间雕墙峻宇，闾阎填列。汉灵帝末，其中有卿士及刺史二千石数十人，朱轩骈耀，华盖接阴。荆州刺史行部见之雅叹其盛，勒县刻石铭之。

《杂鬼神志》曰：昔周时尹氏贵盛，数代不别，食口数千，常遭饥荒，罗鼎镬作糜，啜糜之声闻数十里中。临食，失三十人，入镬中垦取镬底糜。镬深大，故人不见也。

《荀氏家传》曰：唯我之先生于有晋，人物盈朝，衮衣暐晔，六世九公，不亦伟乎！磊落瑰奇，光昭合同，已独步于古今，拊万姓而骇之矣。中兴丞相王公叹曰："自八龙以后，荣宠莫二，为天下之盛也。"

苏子曰：夫带方寸之印，拖丈八之组，戴貂鹖之尾，建千丈之城，游五里之衢，走卒警跸，叫呼而行，此诸侯之所谓荣华，时俗之所谓富贵也。

左思《咏史诗》曰：金章籍旧业，七叶珥汉貂。

太平御览卷第四百七十一　人事部一百一十二

富上

《周易》曰：富有之谓大业。兼济万物，故有曰富有。

《尚书》曰：五福，二曰富。

《毛诗》曰：瞻乌爰止，于谁之屋？富人之屋乌所集。

《礼记》曰：儒有不保金玉，而忠信以为宝；不祈土地，立义以为土地；不祈多积，多文以为富也。

又曰：富润屋，德润身。

又曰：问国君之富，数地以对，山泽所出。问大夫之富，曰："有宰食力，祭器衣服不假。"问士之富，以车对。问庶人之富，数畜以对。

《周礼》曰：太宰掌建邦之六典，以佐王平邦国。六曰事典，以富邦国。

《左传》曰：秦后子有宠于桓，后子，秦桓公子也。景公之母弟公子针。如二君于景。其母曰："不去，惧选。"选，数也。君子奢富弗去君，将数其罪而加也。

又曰：齐庆氏亡，分其邑与晏子，晏子不受，人问曰："富者，人之所欲也，何为不受？"对曰："我非恶富，恐失富也。"

又曰：初，卫公叔文子朝而请享灵公，退，见史鳝而告之。史鳝曰："子必祸矣，子富君贪，罪其及子乎！"文子曰："君既许我矣，其若之何？"史鳝曰："无害也。子臣，可以免。子虽富，礼恭不失臣礼。富而能臣，必免于难；戌也骄，戌子之才，公叔戌也。其亡乎。"

又曰：郑驷秦富而侈，嬖大夫也，而常陈卿之车服于其庭。郑人恶而杀之。

《论语》曰：孔子曰："富而可求也。虽执鞭之士，吾亦为之。如不可求，从吾所好。"

又曰：季氏富于周公，而求也为之聚敛而附益之。子曰："非吾徒也，小子鸣鼓而攻之可也。"求，冉有名也。季氏富矣，而求聚民财以增之。

又曰：富与贵是人之所欲，不以其道得之不处也。又曰：不义而富且贵，于我如浮云。

又曰：富而无骄易。

又曰：富而好礼。

《史记》曰：孔氏用铁冶为业。秦伐魏，迁孔氏于南阳。大鼓铸，规陂池，连车骑，游诸侯，因贾之利，有游闲公子赐与名。然其赢得过当，愈于纤啬，家致富数千金。故南阳行贾尽法孔氏之雍容。

又曰：计然曰："贵出如粪土，贱取如珠玉。财币欲其行如流水。"修之十年，国富。

又曰：苏秦说齐王曰："临淄富而实，其人无不斗鸡走狗六博蹴踘者。"

又曰：范蠡之陶，乃营生积居，与时驰逐。十九年之中三致千金。

又曰：君子富好行其德，小人富以适其力。

又曰：白珪曰："吾营生犹伊尹、吕尚之谋。"

又曰：穰侯魏冉之富，富于王家。出关，辎车千乘有余。

又曰：白珪乐观时变，岁熟取谷，与之丝漆；茧出取帛絮，与之食。趋时若猛兽鸷鸟之发。

又曰：卓氏用铁冶富。

又曰：程郑富埒卓氏。

又曰：吴楚七国兵起，时长安中列侯封君行从军旅，赍贷子钱。子家以为侯邑国在关东，成败未决，莫肯与。唯无盐氏捐千金贷，息什之。三月，吴楚平，一岁中，则无盐氏息十倍，用此富埒关中。

又曰：关中富商大贾尽诸田，田兰。韦家粟氏，安陵杜氏亦巨万。此其章章尤异者也。皆非有爵邑禄弄法犯奸而富也，尽推理去就，与时俯仰，获其赢利，以末致财用也。

又曰：吕不韦往来贩贱卖贵，家累千金。

又曰：齐俗贱奴虏，而刁间独贵人之。桀黠奴，人所患也，唯刁间收，使之逐渔盐商贾之利，或连骑交守相，然愈益任。终得其力，起富数千万。

又曰：范蠡浮海出齐，变名姓，自谓鸱夷子皮，耕于海畔，苦身务力，父子治生无几何，致钱数千万。齐人闻贤以为相。范蠡叹曰："居致千金，官则至卿相，此布衣极。又受尊名，不祥。"乃归相印，尽散财以分于知交、乡党，怀其重宝，间行以去，止于陶，以为此天下之中，交易有无之路通，为生可致富矣。于是自谓陶朱公。复约身，又耕畜劳居，候时转物，逐什一之利。居无何，则致资累巨万。天下称陶朱公也。

又曰：子贡既学于仲尼，退而仕于卫，废著鬻财曹、鲁之间，徐广曰：子贡傅云："废居，著犹居也。读音如贮。"七十子徒，赐最为饶。原宪不餍糟糠，匿于穷巷。子贡结驷车骑，束帛之币以聘诸侯，所至，国君无不界迎与抗礼者。夫使孔子名布扬于天下者，子贡先后之也。

又曰：猗顿用盬盐起。而邯郸郭纵以铸冶成业，与王者埒富。乌氏倮韦昭曰：乌氏，县名，属安定。倮，名也。畜牧，及众，斥卖，求缯物，间遗戎王。戎王倍与之蓄，至用谷量牛马。秦始皇令倮比封君。寡妇清，其先得丹穴，而擅其利数世，家足不赀。清，寡妇也，能守其业，用财自卫，不见犯。秦皇帝以为贞妇而客之，为筑女怀情台。夫倮，鄙人牧长；清，穷乡寡妇。礼抗万乘，君显天下，岂非以富耶？

又曰：夫用贫求富，农不如工，工不如商，刺绣文不如倚市门。此言末业，贫者之资也。富者，人之情性，所不学而俱显也。今有无秩禄之俸，爵邑之入而与之比者，命曰"素封"。

又曰：蜀卓氏之先，赵人，用铁冶富。秦破赵，迁卓氏，见虏略，独夫妻推辇，行诣迁处。诸迁虏少有余财，争干吏，求近卜处葭萌。唯卓氏曰："此地狭薄。吾闻岷山之下沃野，下有蹲鸱，至死不饥。民工于市，易贾。"乃求远迁。致之临邛，大喜，即铁山鼓铸，运筹策，汉蜀之民，富至僮千人。田池射猎之乐，拟于人君。程郑，山东迁虏也，亦冶铸，贾椎结之民，富埒卓氏，俱居临邛也。

《汉书》曰：宁成既被刑，乃诈刻传出关归家，曰："仕不至二千石，贾不至千万，安可比人乎？"乃广贷陂曲千余顷，假贫人役使数千家，致产数千万，为任侠。

又曰：张耳，大梁人，少时及魏公子毋忌为客。尝亡命游外黄，富人女甚美，庸奴其夫，亡邸父客。如淳曰：父时宾客也。谓曰："求贤夫，从张耳。"女听，为请决，嫁之。女家厚奉给耳，耳以故致千里客，宦为外黄令。陈余，亦大梁人，好儒术。游赵苦陉，富人公乘氏以妻之。余年少，父事耳，相与为刎颈交。

又曰：梁孝王未死，财以巨万计，不可胜数。及死，藏府余黄金尚四千万斤，他财物称是也。

又曰：张安世尊为公侯，食邑万户，然身衣弋绨，夫人自纺绩，家僮七百人皆有手伎作事，内治产业，累积纤微，是以能植其货，富于大将军光也。

又曰：卓氏女文君亡奔司马相如，相与归成都，家徒四壁立。相如与俱之临邛，尽卖车骑，置酒舍，乃令文君当垆。相如身自著犊鼻裈，与佣保杂作，涤器于市中。卓王孙耻之，为杜门不出。昆弟诸公谓王孙曰："有一男两女，所乏者非财。今文君既失身于司马长卿，长卿故倦游，虽贫，其人才足依也。且又令客，奈何相辱如此！"王孙不得已，分与文君僮百人，钱百万，及其嫁时衣被财物。文君乃与相如归成都，买田宅，为富人居。

又曰：鲍宣上书哀帝，曰："奈何独私养外亲与幸臣董贤，多赏赐以万数，奴从宾客浆酒藿肉，苍头卢儿皆用致富！非天意也。"

又曰：上使善相人相邓通，曰："当贫饿死。"上曰："然富通者在我，何说贫？"于是赐通蜀严道铜山，得自铸钱。邓后钱布天下，其富如此。"饿"部中亦出。

又曰：原涉父哀帝时为南阳太守。时天下殷富，大郡二千石死官，赋敛送丧皆千万以上，妻子通共受之，以定产业。时又少三年丧者。

及涉父死，让还南阳赙送，行丧冢庐三年，由是显名京师。“游使”部中亦出。

又曰：故秦阳以田农而甲一州，以田地过限，从而富贵，为一州第一。翁伯以脂而倾县，浊氏以卖脯而连骑，张里以马医而击钟。

又曰：宣曲任氏之先为督道仓吏。秦之败，豪杰皆争金玉，任氏独窖仓粟。楚汉相距荥阳，人不得耕种，米石至万，而豪桀金玉尽归任氏，以此起富。

又曰：安邑千树枣，燕秦千树栗。此其人皆与千户侯等。

又曰：刘德宽厚好施，家产过百万，则以赈昆弟宾客。

又曰：史丹尽得父财，身又食大国邑，数见褒赏，赐累千金，僮奴以百数，后房妾数十人，内奢淫，好饮食，极滋味声色之乐。

又曰：富者土木被文锦，犬马余肉粟。

又曰：中大夫张匡上书言：“王商宗族权势，合资巨万计，私奴以千数。”

又曰：郡国富人兼利颛业，以货赂自行取重于乡里者，不可胜数。

又曰：师史转毂百数贾，郡国无所不至，能致千万。

又曰：京师富人杜杨、樊嘉、茂陵挚纲，为天下高资。

又曰：所忠言贵家子弟富人或斗鸡走狗，马弋猎博戏乱齐人。

又曰：成都罗裒资至巨万。

后汉书曰：郭况迁大鸿胪，上数幸其宅，赏金帛甚盛。京师号况家为“金穴”，言其富贵也。

又曰：樊重，字君云。世善农稼，好货殖，性温厚，有法度，三世共财，子孙朝夕礼敬，常若父家。其营理产业，物无所弃，课役童隶，各得其宜。故能上下戮力，财利岁倍。至乃广开田土三百余顷，其所起庐舍，皆有重堂高阁，陂渠灌注，池鱼畜牧，有求必给。资至巨万而赈赡宗族，恩加乡闾。

又曰：宣帝时阴子方者至孝，有仁恩。当腊日晨炊而灶神形见，子方再拜受福。家有黄羊，因以祠之。自是以后，暴至巨富。有田七百余顷，舆马仆隶比于封君。方常言：“我子孙必将强大。”至识三世而遂繁昌。故后常以腊日祠灶，而以黄羊。

又曰：王丹，字仲因，京兆人。哀、平时，仕州郡。家累千金，隐居养志，好施周给。每岁农时，辄载酒肴于田间，候勤劳者而劳之。其堕懒者，耻不致丹，皆兼功自厉。邑聚相帅，以致富殷。其轻黠游薄废业为患者，辄晓其父兄，使黜责之。没则赙给，亲自将护。其有遭丧忧者，辄待丹为办也。

又曰：马防以病乞骸骨，诏赐故中山王田庐，以特进就第。防弟贵盛，奴婢各千人已上，宝货巨亿，皆买京师膏腴美业，又大起第复观，连阁临道，弥货曰街路，多聚声乐，曲度比诸郊庙。宾容毕至，京兆杜笃之徒数百人，常为食客，居门下。刺史、守、令多出其家。

谢承《后汉书》曰：戴遵，字子高。富于资产，轻财好义，宾客常三四百人，时人名之“关东大豪戴子高”。

《魏典略》曰：公沙穆，字文人，北海胶东人也。体履清直，兼学多文，隐居东莱山中。桓帝时，有富人王仲者谓穆曰：“今多以贷仕，吾奉子以百万，唯子所用。”穆答曰：“斯意厚矣。夫富贵在天，得之有命；以贿求爵，奸莫大焉。”郡举孝廉，除郎中，以高第为光禄主事。

《吴书》曰：刘表亡，曹公向荆州。表子琮降，以节迎曹公，诸将皆疑其祚，曹公以问娄子伯。子伯曰：“天下扰襄，各贪王命以自重，今以节来，是必至诚。”曹公大喜，遂进兵。宠秩子伯，家累千金。公曰：“娄子伯富乐于孤，但势不如孤耳！”从破马超等，子伯功为多。曹公常叹曰：“子伯之计，孤不及也。”

《蜀志》曰：董和，字幼宰，南郡人。益州牧刘璋以为牛鞞、江原长、成都令。蜀土富实，时俗奢侈，货殖之家，侯服玉食，婚姻葬送，倾家竭产。和躬率之以俭，恶之蔬，防过逾僭，为之轨制，所在皆移风变善。

又曰：麋竺，字子仲。祖业货殖，僮客万人，资产巨亿。

王隐《晋书》曰：石崇虽有人财，而性粗强，贪而好利，富拟王者。

有司簿阅崇田宅财物及水碓，有三千余区，苍头八百人，他珍宝奇异，不可称数。

又曰：何曾遒豪累世。人有小纸为书者，曾敕记室勿报也。蒸饼上不坼作十字不食。食日膳万钱，犹曰："无下箸处。"

又曰：刁逵字伯道；弟畅，字仲远；次弘，字叔仁，各历职州刺史。兄弟子侄并不治名行，竞修货殖，有田万顷，奴婢数千人。义旗初建，弘将谋起兵，宋王遣刘毅诛之。刁氏既富，奴客从横，上山固泽，为京口之蠹。宋既诛，畅散其谷帛金钱牛羊，令民称力取之，弥日不尽。时天下饥俭，编户菜色，及刁氏之破，百姓充足。

徐广《晋记》曰：石季伦甚富侈，衣服妓乐夸于许史。有妓人曰绿珠，美而艳，孙秀欲之，使人求焉。崇尽出其婢妾数十人，皆蕴兰麝而被罗縠。

《晋诸公赞》：和峤，字长舆，逌之子也。少知名，以雅重称。常慕其舅夏侯玄之为人，厚自封植，嶷然不群。拜黄门郎，迁中书令，转尚书。愍怀太子初立，以峤为少保，加散骑常侍。家产丰富拟王公，而性至俭吝。

《宋书》曰：沈攸之少贫，及贵，在荆州，富拟王侯。夜中诸厢廊然烛达晓，曳珠玉者数百人，皆一时绝妙。

孙岩《宋书》曰：徐堪之产业丰富，室宇园池贵游莫及，门生千余，皆三吴富人子。每出入行游，途巷盈满。

《唐书》：郝处俊。侍中、平恩公许圉师，即处俊之舅，早同州里，俱宦达于时。又其乡人田氏、彭氏，以殖货见称。有彭志筠，显庆中上表请以家财绢布二万段助军，诏受其绢万匹，特授奉议郎，仍布告天下。故江、淮间语曰："贵如许、郝，富若田、彭。"

太平御览卷第四百七十二 人事部一百一十三

富下

《家语》曰：鲁哀公问政于孔子，孔子对曰："政之急莫大乎使人富且寿也。"公曰："为之奈何？"孔子曰："省力役，薄赋敛，则民富矣。"公曰："寡人欲行夫子之言，恐吾国贫矣。"孔子曰："《诗》云：'恺悌君子，民之父母'未有子富而父母贫者。"

又曰：南宫敬叔富，得罪于定公而奔卫。期年，卫侯请复之，载其宝以朝。夫子闻之曰："富而不好礼，殃也。敬叔以之丧矣，而又弗改，吾惧其将有患也。"敬叔闻之，骤如孔氏，而后备礼散焉。

又曰：以富贵而下人，何人不与？以富而敬人，何人不亲！

《国语》曰：斗且斗且，楚大夫。曰："昔斗子文三舍令尹，无一日之积，恤民故也。成王每出子文之禄，必逃，王止而复。人谓子文曰："人生求富，而子逃之，何也？"对曰："夫从政者，以庇民也。民多旷，而我取富，是不勤民以自封也，死无日矣。我逃死，非逃富也。"

太公《六韬》曰：文王问守土奈何？对曰："人君必从事于富，弗富不足为人，弗与无以合亲。疏其亲则困，失其众则败矣。"

太史公《素王妙论》曰：诸称富者非贵其身，得志也乃贵，恩覆子孙，而泽及乡里也。

又曰：黄帝设五法，布之天下，用之无穷盖世有能知者，莫不尊荣，如范子可谓晓之矣。子贡、吕不韦之徒颇预焉。自是以后无其人，旷绝百余年。管子设轻重九府，行伊尹之术，则桓公以霸，九合诸侯，一匡天下。范蠡为越相，三江五湖之间，民富国强。卒以擒吴，功成而弗居，变名易姓之陶，自谓朱公。行十术之计，二十一年之间，三致千万，再散与贫。

桓宽《盐铁论》曰：古者盂樽杯饮，盖无爵无觞，今富者银剑黄耳，罍樽玉铺。

又曰：人太富则不可以禄使也。

又曰：古者庶贱骑绳校草鞮皮荐而已，今富者黄金银镳罽绣掩汗。

又曰：燕之涿蓟，赵之邯郸，魏之温轵，韩之荥阳，齐之临淄，楚之宛陈，郑之阳翟，富冠海内，皆为天下名都也。

魏文帝《典论》曰：雒阳郭珍居财巨亿，每暑夏召客，侍婢数十，盛装饰，披罗縠，使之进酒。

刘义庆记曰：王武子移第北芒下。于时人多地贵，济好马射，买地作埒，编钱布地竟埒，时人号曰："金埒"。

又《幽明录》曰：馀杭人沈纵家素贫，与父同入山，得一玉豚。从此所向如意，田蚕并收，家富。

又曰：海陵人黄寻先居家单贫，常因大风雨散钱飞至其家，钱来触篱援，误落在余处皆拾而得之。寻巨富，钱至数千万。

《异苑》曰：晋陵曲阿汤贶财数千万，三吴人多取其直，为商贾治生，辄得倍直。或行长江，卒暴风及劫盗者，若投钱，多获免济。贶死后，先所埋金皆移去，邻人尝晨起见门外忽有百许万钱，封题是汤贶姓字。然后知财物聚散，必由天运也。

又曰：张永家地有泉出，小龙在焉。从此遂为富室。逾年因雨腾跃而去，于是生资日不暇给。俗说云："与龙共居，不知龙神效矣。"

《说苑》曰：楚王问庄辛曰："君子之富奈何？"对曰："君子之富，假贷人不买也，饮食人不使不役也，亲戚爱之，罪人善之，不尚者事之，皆欲其寿乐不伤于患。此君子之富也。"

《论衡》曰：扬子云作《法言》，蜀富贾人赍钱十万，愿载书，子云不能，曰："夫富无仁义，犹圈中之羊，安得妄载！"

《三辅决录》曰：平陵士孙奋，字景卿。少为郡五官掾，起宅得钱，资至一亿七千万，富闻京师，而性俭吝。客舍，雇钱甚少，主人曰："君士大夫惜钱如此，欲作孙景卿耶！"不知实是景卿。从子端，梁冀掾奋送绢五匹，食以干鱼，冀问奋"何以相送"，端以实对。冀素闻奋富且吝，乃以一镂安革遗奋，从贷钱五千万。奋知冀贪暴，畏之，以三千万与冀。冀大怒，乃告郡，诈认奋母为守官藏婢，云盗白珠十斛，紫金千万，收考奋兄弟，死狱中，财资尽没。

《越绝书》曰：富中大塘者，勾践治以为义，肥饶谓之富中。

王子年《拾遗记》曰：郭况累金数亿，庭中起高阁，厝衡石于其上，以称量珠玉也，谓为琼厨金窟。

张渊《广州记》曰：豪富子女以金银为大钗，执以叩铜鼓与主人，名为铜鼓钗。

《西京杂记》曰：茂陵富人袁广汉藏镪万亿，八九百人于芒山下筑园，东西四里，南北五里，百步激流注其内，构石为山，高十余丈，连延数里，养白鹦鹉、紫鸳鸯、旄牛、青兕奇禽怪兽，委积其间也。

刘道真《钱塘记》曰：防海塘去邑一里，郡议曹华信家富，立此塘以防海水。始开募，有能致土一石即与钱一升，旬日之间来者云集，塘未成而谲不复取，皆弃置而去，塘以之成，于是改为钱塘。

《罗浮山记》曰：牛潭深洞无极，北岸有石，周员三丈许，鱼人见金牛自水而出，磐于此石。义兴周灵甫尝见此牛寝伏石上，旁有金锁如索绳焉。周甫素锐勇，往掩此牛，掣断其锁，得二丈许，遂以财雄。

干宝《搜神记》曰：魏郡张巨本富，忽衰死，散卖宅与程应，举家疾病。卖与何文，文先独持大刀，暮入北堂梁上。至一更见人丈余，高冠赤帻，呼曰："细腰"，细腰应诺。曰："何以有人气？"答"无"，便去。文往向呼处，因问："向赤衣冠谁？"答："是金也，在屋西壁下。"问君谁，答云："我，杵也。今在灶下。"文掘得金三百斤，烧去杵，由此大富，宅清宁。

又曰：元康中，屡县瑶怀家忽闻池中有犬声。视之，得犬子，雌雄各一。长老云："此名犀犬，得之者富。"

又曰：有周擥啧者，贫而好道。夫妇夜耕，困卧，梦天公过而哀之，敕外有以给与。司禄案云："此人相贫，限不过此。唯有张车子应赐钱千万，车子未生，请以借之。"公曰："善。"曙觉言之，于是夫妻戮力，昼夜以治生，所为辄得，资至千万。先时有妪者常往譬啧佣赁墅舍，有身，月满当孕，使遣出，驻车屋下，产得儿。主人往视，哀其孤寒，作糜粥以食之。问："当名汝儿作何？"妪曰："在车下生，梦天告之，名为车子。"譬啧乃悟曰："吾昔梦从天换钱，外白以张车子钱贷我，必是子也。财当归之矣。"自是居日衰减。车子长，富于周家。

又曰：京兆长安有张氏者，独处室，有鸠自外入于室，止于对床。张氏恶之，披怀而祝曰："为我祸耶，飞上承尘；为我福耶，来入我怀。"鸠飞入怀。以手探之，则不知鸠之所在，而得一金带钩焉，遂宝之。自是后子孙昌盛，资财万倍。故关西称张氏钩。

又曰：河间管弼侨居临水北岸作商贾，往往如意。尝载两舫米下都粜，垂行，忽于宅中见一物形似鼍而长大。行还，辄大得利。如此一家遂巨富，二十年恒有万斛米。

《续搜神记》曰：庐陵巴丘人夕晃者，世以田作为业。年市田数十顷，家渐富。晋太元初，秋收已过，获刈都毕，明旦至田，禾悉复满，郁然如先，即便更获，于是遂巨富。

《列女传》曰：陶答子妻者，陶大夫答子之妻也。答子治陶三年，名誉不兴，家富三倍。其妻数之，答子怒曰："非汝所知。"居五年，从车百乘。归休，宗人牵牛酒而贺之，其妻抱儿而泣。姑怒其不祥也，妇曰："夫子能薄而官大，是谓萦害；无功而家昌，是谓积殃。昔楚令尹之治国，家贫而国富，君敬之，民戴之，故福禄结于子孙，名垂于后世。今夫子贪富务大，不顾后害。妾闻南山有玄豹，雾雨七日不下，食何也？饱其志，饥其腹，将欲以泽其毛衣而成其文章也，故藏而远害。家不择食以肥身，坐而须死。今夫子治陶，家日益富而国日益贫，君不敬，人不戴也。夫子之逢祸必矣，请去，顾与少子俱脱。"于是遂弃之出。其年，答子之家果以盗诛。母老而免，妇乃与少子归养，终始天年。

《录异传》曰：昔庐陵邑子瓯明者，从客贾，道经彭泽湖，每辄以船中所有多少投湖中，云以为礼。积数年，后过，见湖中有大道，道上多风尘。有数吏乘车马来候，云是清洪君使要。明知是神，然不敢不往，甚怖。问吏，恐不得还，吏曰：“无可怖，青洪君以君前后有礼，故要君，必重送君者，皆勿收，独求如愿。”尔去，果以缯帛送明，辞之，乃求如愿。神大怪明，知之意，甚惜。不得已，呼如愿使随去。如愿者，青洪婢也，常使之取物。明将如愿归，所欲辄得之，数年大成富人。意渐骄盈，不复爱如愿，岁朝鸡一鸣，呼如愿。如愿不起，明大怒，欲捶之。如愿乃走，明逐之于粪上，粪上有昨日故岁扫除聚薪，如愿乃于此得去。明不知，谓逃在积薪粪中，乃以杖捶使出。久无出者，乃知不能困，曰：“汝但使我富，不复捶汝。”今世人岁朝鸡鸣时转往捶粪，云使人富也。

《韩诗外传》曰：陈之富人有处师氏者，校车百乘，觞于韫丘之上。

《风俗通》曰：河南平阴庞俭，本魏郡邺人，遭仓卒之世，失其父。时俭三岁，弟才襁抱耳，流传客居庐里中，凿井得钱千余万，遂富。俭作府吏，躬亲家事，行求老仓头谨信属任者，年六十余，直二万钱，使主牛马耕种。有宾婚大会，母在堂上，酒酣，陈乐歌笑。奴在灶下助厨，窃言：“堂上母，我妇也。”客罢，婢语次说：“老奴无状，为妄语，所说不可道也。”穷诘，具白。母谓婢：试问其形状，奴曰：“家居邺时，在富乐里宛西，妇艾氏女，字阿横，大儿字阿嶷，小儿曰越子。时为县吏，为人所略卖，阿横右足下有黑子，右胲下赤志，如半栉。”母曰：“是汝公也。”因下堂，相对啼泣：“儿妇前为汝公拜。”即洗浴，身见衣被，遂为夫妇如初。时人为之语曰：“庐里诸庞，凿井得铜，买奴得公。”子孙羞之，言我先人初居庐里者兄弟二人，家买奴得公尔。

《世说》曰：司徒王戎既贵且富，区宅、僮役、膏腴、水碓之属，洛下莫有比。契疏鞅掌，夜与夫人烛下散筹算计。

又曰：武帝尝降王武子家，武子供馔，并不用盘，悉用琉璃器。婢子百余人，皆绫罗裤褶，以手擎饮食。蒸肫肥，美于常味。武帝怪问何由得尔，云以人乳饮之。武帝色甚不平，所下饮食未毕便去。

又曰：王君夫以饴餔澳釜，石季伦以蜡炊。君夫作丝布步障四十里，崇作锦步障五十里。石以椒为泥泥屏，王以赤石脂泥壁。

《新序》曰：鲁孟献子聘于晋，韩宣子觞之，饮，三徙。钟石之悬不移而具。献子曰："富哉！"宣子曰："子之家孰与我富？"献子曰："吾家甚贫。我有二士，曰颜回、慈无灵。此二士者，使吾邦家安平，百姓和协。"客出，宣子曰："彼君子也，以畜贤为富；我鄙人也，以钟石金玉为富。"孔子曰："孟献子之富也，可著于《春秋》也。"

《归藏》曰：上有高台，下有雍池，以此事君，其贵若化，若以贾市，其富如何汉。

《列子》曰：虞氏者，梁之富人也。家既完盛，钱金无量，财货无比，登高楼，临大路，设乐陈酒，击搏楼上。

《管子》曰：凡为国之道必富人，人富则易理者也。七十九代之君，法制不一，号令不同，然而俱有天下，何也？必国富而粟众也。

又曰：天下有义则富，无则贫。

《文子》曰：帝王富其民，霸王富其地，危国富其吏，治国若不足，乱国若有余，存国囷仓实，亡国囷仓虚。

《孟子》曰：阳虎云："为富不仁，为仁不富。"

《荀卿子》曰：循礼者王，为政者强，节民者安，聚敛者亡。故王者富民，霸者富士。

又曰：仁义礼善之于人，譬之若货财米粟之于家也，多有之者富，少有者贫，至无有者穷。

《韩子》曰：舆人成舆，则愿人富贵也。非舆人仁，不富不贵，则舆不集也。

又曰：人有福则富贵至，富贵则衣食美，衣食美则骄心生，骄心生则行僻邪而动弃理也。行僻邪，则身夭死；动弃理，则无成功。

《尸子》曰：家有千金之玉而不知，犹谓之贫也，良功治之则富掩二国。身有至贵而不知，犹谓之贱也，圣人告之，则贵最天下。

《孔丛子》曰：子思曰：吾不取于人谓之富，不屈于人谓之贵也。

又曰：猗顿，鲁之穷士也。耕则常饥，桑则常寒。闻陶朱公富，往问术焉，朱公告之："子欲速富，当畜五牸。"于是乃商西河，大畜牛羊于猗氏之南。十年之间，其孳息不可计，资拟王公，驰名天下。以兴富于猗氏，故曰猗顿也。

《淮南子》曰：天下有至富而非金玉也，至寿而非千岁也。适情知足则富矣，明死生之分则寿矣。

又曰：富贵而之不道，适足以为患。出车入辇，务以自供，命之曰蹶身之机。肥肉厚酒，务以相强，命之曰烂腹之食。靡曼皓齿，郑、卫之音，命之曰伐性之斧。三患者，富贵之所致。

又曰：隋侯之珠、和氏之璧，得之而富，失之而贫也。

刘邵《赵都赋》曰：爰及富人，郭侯之伦。资衍陶卫，豸溢无垠。金碧其舆，朱丹其轮。会遇燕好，其从如云。

太平御览卷第四百七十三 人事部一百一十四

游侠

《汉书》曰：意气高，作威于世，谓之游侠。

又曰：背公死党之义成，守节奉上之义废。

又曰：朱家，鲁人。鲁皆儒教，而朱家用侠闻。诸所尝施，唯恐见之。赈人不赡，先从贫贱。专趋人之急。自关而东，莫不延颈愿交焉。

又曰：楚田仲以侠闻，父事朱家。田仲死，而有雒阳剧孟，以任侠显。吴楚反时，条侯为太尉，乘传东，至河南得剧，喜曰："吴楚举大事而不求孟，吾知其无能为也。"天下骚动，宰相得之若一敌国，而剧孟行大类朱家。孟母死，自远方送丧，车盖千乘。

又曰：郭解，河内轵人，字伯翁，善相者许负外孙也。解父以任侠，孝文时诛死。解为人短小精悍，不饮酒。少时阴贼感慨，不快意，身所役甚众，以躯借友报仇，藏亡令作奸剽劫。不休，及铸钱掘冢，不可胜数。年长，更折节为俭，以德报怨，厚施薄望。然其自喜，为侠益甚。解姊子负解之势，与人饮，使之釂；徐广曰：尽酒也。音子妙反。非其任，强灌之。人怒，拔刀刺杀，解使人征之，贼窘自归，且以实告解。解曰："公杀之当，吾儿不直。"遂去。诸公闻之，皆多解之义，益附焉。

《战国策》曰：韩傀相韩，严遂重于君，二人相害也。严遂正议直指，举韩傀之过。韩叱之于朝。严遂拔剑趋之，于是惧，亡去，求人可以报韩傀者。至齐，人言："聂政，勇敢士也。避仇，隐于屠肆之间。"严遂阴交于政，以意厚之。政母死，既丧除，政曰："嗟乎！政乃市井之人，鼓刀以屠，而严仲子乃诸侯之卿相也，不远千里，枉车骑而交臣，举百金为亲寿。我虽不受，然是深知政也。"至濮阳见严仲子，曰："前日所以不许子，曰徒以亲也，亲今不幸死，仲子所欲报者为谁？"

仲子具告之，政独行，拔剑至韩。韩适有东孟之会，韩王及相皆在焉，持兵戟而卫者甚众。政直入，上阶刺韩傀。傀走而抱哀侯，聂政刺之，兼中哀侯，左右大乱。

又曰：太史公曰：吾尝过薛，其俗闾里多暴桀子弟，与邹、鲁殊，问其政，曰："孟常君招致天下任侠、奸人，薛中盖六万家矣。"

又曰：郑、卫俗与赵相类，濮上之邑徙卫，野王县也。王好气任侠，卫之风也。

又曰：宁成抵罪得脱，乃诈刻传出关。归家称曰："仕不至二千后，贾不至千万，安可比人乎？"乃贯贷买陂田千余顷，役使数千家。数年，产至千金，为任侠，其役民重于郡守。

又曰：列国时魏有信陵，赵有平原，齐有孟尝，楚有春申，皆藉王公之势，悉竞为游侠，鸡鸣狗盗，无不宾礼。而赵相虞卿弃国捐君，以周穷支魏、齐之厄；信陵无忌窃符娇命，杀将专师，以赴平原之急。皆以取重诸侯，显名天下。扼腕而游谈者，以四豪为称首。

又曰：季布为人，任侠有名。项籍灭，高祖购求布千金，敢舍匿，罪三族。布匿濮阳周氏，周氏曰："汉求将军急，且至能听臣，敢进计。"布许之。乃髡钳布，衣褐，置广柳车中，而共其家僮数十人，之鲁朱家所卖之。朱家心知其季布也，置田舍。乃之雒阳，见汝阴侯滕公说曰："季布何罪？臣各为其主，项氏臣岂可尽诛耶？今上始得天下，而以私怒求一人，何示不广！且以季布之贤，汉求之急如此，不北走胡则南走越耳。夫忌壮士，资敌国，此伍子胥所以鞭平王之墓也。君何不从容为上言之？"滕公心知朱家大侠，意布匿其所，乃许诺。待间，果言如朱家指，上乃赦布。

又曰：布弟季心，气盖关中，遇人恭谨，为任侠，方数千里，士争为死。

又曰：孝文时，郑当时以任侠自喜。孝景时，为太子舍人。每五日洗沐，常置驿马长安郊，请谢宾客，夜以继日，常恐不遍。当时好黄老，其知友皆天下有名之士。

又曰：袁盎为楚相，病免家居，与闾里斗鸡走狗。雒阳剧孟尝过盎，盎善待之。安陵富人有谓盎曰："吾闻剧孟博徒，将军何自通之？"盎曰："孟虽博徒，然母死，客送丧车千余乘，此亦有过人者。"

又曰：灌夫为人刚直，使酒，不好面谀。贵戚权势在己之右，欲必凌之；在己之左，尤益礼待。稠人广众，荐宠下士。士亦以此多之。不好文学，喜任侠，重然诺。所与交通，无非豪杰大猾也。

又曰：公孙贺子敬声以皇后姊子，娇奢不奉法，征和中擅用北军钱千九百万，发觉，下狱。是时捕阳陵朱安世不能得，求之急，贺请逐捕安世以赎声罪。上许之。安世者，京师大侠也，闻贺欲以赎子，笑曰："丞相祸及宗矣。"从狱中上书，告声与阳石公主私通，及使巫祭祠，上幸甘泉当驰道埋偶人，祝诅有恶言。下有司案验贺，穷所犯，遂父子死狱中。

又曰：眭弘，字孟，鲁国番人。少时游侠，斗鸡走狗，长乃变节，从嬴公受《春秋》，嬴公，姓字。以明经为议郎，至符节令。

又曰：朱博，字子元，杜陵人。家贫，少时给事县为亭长，稍迁功曹，任侠好交，从士大夫，不避风雨。

又曰：万章，字子夏。长安炽盛，街闾各有豪侠，章在城西柳京，号曰："城西万子夏。"为京兆尹门下督，从至殿中，诸侯贵人争欲揖章，莫与京兆言者。

又曰：娄护，字君卿。是时王氏方盛，宾客满门，兄弟争名，其客各有所厚，唯谁尽入其门，咸得其欢心。结士大夫，无不倾心，交长者尤见亲礼。为人短小精辩，论议常依名节，听之者皆竦。会母死，送葬者致车千两。

又曰：陈遵，字孟公，杜陵人。身长八尺余，容貌甚伟。性善书，与人尺牍，主皆藏去以为荣。时列侯有子与遵同姓字者，每至人门，曰陈孟公，坐中莫不震动，既至而非，因号曰："陈惊坐"。

又曰：原涉为谷口令，时年二十余。谷口闻其名，不言而治。人尝置酒请涉，入里门，客有道涉所知母病避疾在里宅者。涉即往候，叩门。家哭，因问以丧事。家无所有，涉乃削牍为疏，具记衣被、饭含之物，分付市买，日跌皆会。其周急待人如此。后人有毁涉者曰“奸人之雄”，丧家子即时刺杀。

又曰：邛成太后外家王氏贵，而侍中林卿通轻侠倾京师。后坐法免，宾客愈盛。

又曰：汉兴，禁网疏阔，外戚大臣魏其、武安之属竞逐于京师，游侠剧孟、郭解之徒，驰骛于闾阎。

荀悦《汉记》曰：立气势、作威福、结私交，以力强于时者谓之游侠。

又曰：俗有三游，德之贼也。一曰游侠，二曰游说，三曰游行，乱之所由生也。伤道害德，败法惑时，先王之所慎也。

《东观汉记》曰：郅恽之友董子张，父及叔为乡里盛氏一时所残害。子张病困将终，恽往候张。张视恽，嘘欷，恽曰：“吾知子不悲天命长短，而痛二父仇不复也。”恽即将客遮仇人，取其头以示张。张喜，气因绝。恽见令，以状首。令应之迟，趋出诣狱。令跣追之，不及，即自入狱谢恽，拔刃自向以要恽曰：“子不从我出，敢不以死明心乎！”恽遂出。

《魏志》曰：典韦，陈留人也。貌魁梧，膂力过人，好豪侠。襄邑刘氏与睢阳李礼为仇，韦为报之。礼故富春长，备惌甚谨。韦乘车载鸡酒，伪候者，门开，怀匕首入杀礼并妻，徐出，取车上刀戟，步去。礼居近市，一市尽追，莫敢近者。

又曰：杨阿若，后名丰，字伯阳。少游侠，常以报仇解怨为事，故时人为之号曰：“东市相斫杨阿若，西市相斫杨阿若。”

鱼豢《典略》曰：徐福字元直，好任侠击剑。中平末尝为人报仇，为吏所得，问其姓字。闭口不言。

《吴志》曰：甘宁字兴霸。少有气力，好游侠，招合轻薄少年，为之渠帅。群聚相随，挟持弓弩，负毦带铃声，即知是宁。

裴子野《宋略》曰：宁朔将军何迈，素豪侠，好聚敛，士出入游从者塞路。

孙盛《晋阳秋》曰：祖逖，字士稚，好侠。每之田舍，辄称兄命，散谷帛以赠贫者。

《唐书》：丘和，河南洛阳人也。父寿，魏镇东将军。和少便弓马，重气任侠。及长，始折节，与物无忤，无贵贱皆爱之。

《列子》曰：虞氏者，梁之富人也。家既充盛，钱金无量，财货无訾。登高楼，临大路，设乐陈酒，击博楼上，侠客相随而行。楼上博者大笑，鸢飞适坠其腐鼠而中之。侠客曰："虞氏富乐之日久矣，常有轻易人之志，乃辱我以腐鼠。"率徒属而灭其家。

《韩子》曰：儒以文乱法，而侠以武犯禁。

裴启《语林》曰：李阳大侠，士庶无不倾心。为幽州刺史，当之职，盛暑，一日诣数百家。别，宾客常填门。

张衡《西京赋》曰：都邑游侠，张、赵之伦；轻死重气，结党连群；实蕃有徒，其从如云。

刘邵《赵都赋》曰：游侠之徒，晞风拟类，贵交尚信，轻命重气，义激豪毛，节成感概。

张华《博陵王宫侠曲》曰：侠客乐幽险，筑室穷山阴；獠猎野兽尽，施网川无禽。

又曰：雄儿任气侠，声盖少年场。借友行报怨，杀人都市旁。腰间义素戟，手持白头镶。

《古诗》曰：失意杯酒间，白刃起相仇。

曹子建诗曰：借问谁家子，幽、并游侠儿。

太平御览卷第四百七十四 人事部一百一十五

礼贤

《易》曰：贲于丘园，束帛戋戋。

又曰：康侯用锡马蕃庶，昼日三接。

《尚书》曰：所宝唯贤，则迩人安。

又曰：释箕子囚，封比干墓，式商容闾。

《毛诗》曰：《鹿鸣》，燕群臣嘉宾也。既饮食之，又实币帛筐篚，以将厚意。“我有嘉宾，鼓瑟吹笙。吹笙鼓簧，承筐是将。”

又曰：《南山有台》，乐得贤也。得贤则能为邦家立太平之基。

《周礼》曰：三年则大比，考其德行道艺而兴贤者，以礼宾之。

《礼记》曰：贤者狎而敬之。

又曰：天子存二代 之后，尊贤也。尊贤不过二代。

又曰：孔子曰：“吾食于少施氏而饱，少施氏食我以礼。”

《左传》曰：晋伐鲁。范文子谓栾武子曰：“季孙于鲁，相二君矣。妾不衣帛，马不食粟，可不谓忠乎？信谗慝而弃忠良，若诸侯何？”

《家语》曰：孔子之郯，遇程子于途，倾盖与语，尽日而别。

《国语》曰：勾践灭吴，反至五湖，范蠡辞于王曰：“君王勉之，臣不复入于越国矣。”遂乘轻舟以浮五湖，莫知所终极。王命工以良金写蠡之状而朝礼之，又令大夫朝之，环会稽三百里为蠡地。

《史记》曰：周公戒伯禽曰：“我一沐三握发，一饭三起以待士，犹恐失天下之贤人。”

又曰：子贡所至，国君无不分庭与之抗礼。

又曰：邹奭者，齐诸邹亦颇采邹衍之术以纪文，于是齐王嘉之，自淳于髡以下，皆命曰列大夫，为开第，临康庄之衢。

又曰：魏有隐士曰：“侯嬴为大梁夷门门者，公子闻之，于是置酒，大会宾客。坐定，公子从车骑虚左，自往迎侯生。侯生摄弊衣冠直上，上坐，公子执辔愈恭。

又曰：成王使由余于秦缪公，示以宫室、积聚。由余曰："使鬼为之，则劳神矣。使人为之，亦苦人矣。"缪公于是与由余曲席而坐，传器而食。

又曰：百里奚曰："臣友蹇叔贤而时莫知。"缪公使人厚币迎蹇叔，以为上大夫。

又曰：伊尹名阿衡。或云处士，汤使聘迎之，五反然后肯往。

又曰：驺子如燕，昭王拥彗先驱，请列弟子之坐而受业。

又曰：越石父贤，在缧绁之中。晏子出，遇之途，解左骖赎之，载归。弗谢，入门。久之，越石父请绝。晏子惧然，摄衣冠谢。

又曰：楚威闻庄周贤，使使厚币迎之，许以为相。

又曰：赵良说商君曰："夫五羖大夫，荆之鄙人也。闻穆公好贤，愿见，披褐食牛。期年，穆公知之，举之牛口之下，而加百姓之上，秦国莫敢毁也。

又曰：四皓隐商洛山，惠帝为太子，为书卑辞安车迎以为客，乃出。

《汉书》曰：曹参之相齐，七十城。天下初定，悼惠王富于春秋，参尽召长老诸先生，问所以治，诸儒以百数，参未知所定。闻胶西有盖公，善治黄老言，使人厚币请之。既见盖公，盖公为言治道贵清静而民自定，推此类言之，参于是避正堂，舍公焉。

又：初，楚元王交，礼待申公等，穆生不嗜酒，元王每置酒常为穆生设醴，及王戊即位，常醴忘设焉。穆生退曰："可以逝矣。"

又曰：隽不疑，字曼倩，渤海人。治《春秋》，为郡文学，进退必以礼，名闻州郡。武帝末，郡国贼盗群起，暴胜之为直指使者，衣绣、持斧，逐捕盗贼，东至渤海。素闻不疑贤，遣吏请与相见。不疑冠进贤冠，带櫑具剑，佩环玦，褒衣博带，盛服至门。门下使解剑，不疑叱曰："剑者，君子武备，所以卫身，不可解。请退。"胜之望见不疑容貌衣冠甚伟，躧履起迎。

又曰：高祖诏曰："贤士大夫有肯从我游者，吾能尊显之，布告天下。有意称明德者，必身劝为之驾，遣诣相国府。"

又曰：武帝初即位，王藏乃上书，请立明堂以朝诸侯，不能就其事，乃言师申公。于是上使使束帛加璧，安车以蒲裹车轮，驾四马迎申公，弟子二人乘轺传从。至，见上，上问治乱之事。申公时已八十余，对曰："为治者不在多言，顾力行何如耳。"以为太中大夫，舍鲁邸，议明堂事。

又曰：御史大夫朱博奏王莽为庶人。莽就国，南阳太守以莽贵重，选门下掾孔休守新都相。休谒莽，莽尽礼自纳，休亦闻其名，与相答。后莽疾，休候之，莽缘恩意，进其玉具宝剑，欲以为好。休不肯受，莽曰："诚见君面有瘢，美玉可以灭瘢，欲献其彘耳。"解其彘，休复辞。莽曰："君嫌其价耶？"遂椎碎之，自裹以进休，休乃受。莽征去，欲见休，休称疾不见莽。

又曰：大将军青既益尊，然汲黯与亢礼。或说黯曰："天子欲群臣下大将军，尊贵，诚重，君不可不拜。"黯曰："夫以大将军有揖客，反不重耶？"大将军闻，愈贤黯。

又曰：梁孝王大营宫室，为复道，自宫连属于平台，招延四方豪杰，自山东游士莫不至。

又曰：光武侧席，以求幽人。

又曰：沛公至高阳，见郦食其。沛公方踞，使两女子洗足。食其入，即长揖不拜，曰："足下必欲聚徒合兵诛无道秦，不宜踞见长者。"于是沛公辍洗，起衣，延食其上坐。

又曰：赵壹，字元淑。举郡是计，到京师，司徒袁逢受计，吏皆拜伏庭中，莫敢仰视。壹独长揖而已，逢令让之曰："计吏而揖，三公何也？"

对曰："郦食其长揖汉王，今揖三公，何遽讶哉！"逢即敛衽下堂，执其手，延置上坐。

又曰：井太春，名丹。少通五经，善谈难故，京师为之语曰："五经纷论井太春。"守静，不交势利。建武中，帝子沛、献王辅等五人皆好宾客，请丹，不能致。信阳侯阴就，光烈皇后弟也，以外戚别使人要劫之。丹不得已，既至，就故为设麦饭葱菜之食，丹推去，曰："以君侯能供养，故来，何为如此？"就便设馔。就欲起，左右进辇，丹曰："昔桀驾人辇者，是耶？"坐上失色。就去辇，谈终日乃去。

谢承《后汉书》曰：帝东巡，过任城，乃幸郑均舍，敕赐尚书禄以终其寿。故人号为"白衣尚书"。

又曰：包咸，字子良。永平五年，迁大鸿胪。每进见，锡以机杖，入屏不趋，赞事不名。经传有疑，辄遣小黄门就舍即问。显宗以咸有师傅恩，而素清苦，常时赏赐珍玩束帛，俸禄增于诸卿。

又曰：徐稚，字孺子，豫章人。家贫，常自耕稼，恭俭义让，所居服其德。屡辟公府，不起。时陈蕃为太守，以礼请署功曹，稚不免之，既谒而退。蕃在郡不接宾客，唯稚来特设一榻，去则悬之。后举有道，拜太原太守，皆不就。

袁山松《后汉书》曰：周璆，字孟玉，为乐城令。逍遥无事，县中大治，去官，征聘不至。陈蕃为太守，璆来置榻，去，悬之。

《续汉书》曰：皇甫规，安定人。有以货买雁门太守，还家，书刺谒规。规卧不迎，既入而问曰："卿前在郡食雁美乎？"有顷，白王符在门。规素闻符名，乃遽起，衣不及带，屣履出迎，援符手而还，与同坐，极忻。时人为之语曰："徒见二千石，不如一缝掖。"言书生道义之为贵也。

《东观汉记》曰：显宗以张酺授皇太子经，为东郡太守。元和二年，东巡狩，幸东郡，引酺及门生并郡县掾吏并会夜庭中。帝先备弟子之仪，使酺讲《尚书》一篇，然后修君臣之礼，赏赐殊特。

又曰：和帝永元三年诏曰："高祖功臣，萧、曹为首，有传世不绝之义。曹相国容城侯无嗣，朕甚闵焉。望长陵东门，见二臣之墓，生既有节，终不远身。可遣使者以中牢祠，大鸿胪悉求近亲宜为嗣者。"

又曰：永平中，江革为五官中郎将。朝会，帝诏使虎贲迎扶腋。革每进拜，上辄自礼之，小有疾，辄太官送食，宠遇甚厚。京师贵戚卫尉顺阳侯马廖、侍中窦宪等，各奉书致礼遗革，终不发书，无所当受。上以此重之。

又曰：东平宪王苍上书表荐名士左冯翊、桓虞等，虚己礼下，与参政事。

又曰：上还，幸祭遵营。时遵病，上为重茵席，覆以御盖。又曰：东平宪王苍开东阁延英雄。

袁宏《后汉记》曰：崔骃诣窦宪，始及门，宪倒屣迎之，曰："吾受诏交公，公何得薄哉！"

《魏志》曰：文帝引故汉太尉杨彪，待以客礼。诏曰："乃祖以来，世著名节，年过七十，行不逾涯，可谓老成人矣，所宜宠异，以彰旧德。其赐公延处杖。"

又曰：太祖北征乌丸，未至，先遣使辟田畴，又命田豫喻指。畴戒其门下趋治装。门人谓曰："昔袁公慕君，礼命五至，君义不屈；今曹公使一来，而君若恐弗及者，何也？"畴叹而应之曰："此非君所识。"遂随使者到军，署司空户曹掾，引见谘谈。明日出令曰："田子泰非吾所宜吏者。"即举茂才，随军。

又曰：管宁遇天下乱，往辽东投公孙度。度虚馆以待之。

又曰：钜鹿张臶，字子明，养志不仕。广平太守卢毓到官三日，纲纪白承，前致板谒臶，毓教曰："张先生所谓上不事天子，下不友诸侯，岂此板谒所可光饰哉！"但遣主簿奉书致羊酒之礼。

又曰：太祖北征柳城，过涿郡，令曰："北中郎将卢植，名著海内，举为儒宗，乃国之栋干也。孤到此州，嘉其余风。《春秋》之义，贤者之后，有异于人。亟遣丞掾修饰坟墓，并致薄酹，以彰厥德。"

又曰：王粲徙长安，左中郎将蔡邕见而奇之。时邕才学显著，贵重朝廷，常车骑填巷，宾客盈座。闻粲在门，倒屣迎之。粲至，年既幼弱，容状短小，一坐尽惊。邕曰："此王公孙，有异才，吾不如也。吾家书籍文章，尽当与之。”

《吴志》曰：孙策得张昭甚悦，谓曰：“吾方有事于四方，待子不得轻矣。”乃上为校尉，待以师友之礼。

又曰：顾邵年二十，起家为豫章太守。下车，礼先贤徐孺子之墓，优待其后。

又曰：吕蒙疾发，孙权迎置内殿。欲数见，又恐其劳动，常穿壁瞻之。

又曰：太守王明以虞翻为功曹，孙策征会稽，复命为功曹，待以交友之礼。

《蜀志》曰：先主得诸葛亮，情好日密。关羽、张飞不悦，先主解之曰：“孤之有孔明，犹鱼之有水也。”

又曰：诸葛亮《表》曰：“先帝不以臣卑鄙，猥自枉屈，三顾臣于草庐之中，咨臣以当世之务。”

萧子云《晋书》曰：明帝以太常桓荣为五更，躬式其闾，亲行养老之礼。

崔鸿《北凉录》曰：沮渠蒙逊令曰：“秘书郎中敦煌刘彦明学冠当时，道先区内，可授玄虚先生，拜以三老之礼，起陆沉观于东苑以处之。

崔鸿《前凉录》曰：宋纤，字令文。不应州郡辟命，唯与阴颙齐好友善。太守杨宣画其象于阁，出入视之。

崔鸿《前秦录》曰：符坚要结英豪王景略、吕婆、楼强、汪梁平等，皆有王佐之才。坚并倾身礼之，以为股肱羽翼。

《管子》曰：桓公在位，管仲、隰朋侍立，有间，二鸿飞而过，桓公叹曰：“仲父！今彼鸿鹄，有时而南，有时而北，有时而往，有时而来，寡人之有仲父，犹飞鸿之有羽翼。”

《孔丛子》曰：子鱼居卫，与张耳、陈余相善。会陈胜、吴广自立为王，耳、余并为之将。遂言之陈王，大悦，遣使者赍千金，加束帛，以车三乘迎之。子鱼遂往，陈王郊迎而执其手，议时务。

《孟子》曰：舜见帝，帝馆于贰室，迭为宾主，是天子而交匹夫。用下敬上，谓之贵贵；用上敬下，谓之尊贤。其义一也。

《韩子》曰：文王伐崇，与大夫谋，袜系解，视左右，而自结之。

又曰：齐桓公时有处士小臣稷，桓公三往见之，不得见。公曰："吾闻布衣之士而轻爵禄，虽万乘无以异；万乘之主不好仁义，亦无以下布衣之士。"于是五往，乃得见。

《董子》曰：禹见耕者五耦而式，过十室之邑而下，见山仰之，见谷俯之，避有道德之人，避俗之士也。

《淮南子》曰：淮南王安养士数千人，其中高才八人。

又曰：一目之罗不可以得鸟，无饵之钩不可以得鱼，遇士无礼不可以得贤。

《吕氏春秋》曰：魏文侯见段干木，立倦而不敢息；及见翟黄，踞于堂而与之言。翟黄不悦。文侯曰："段干木官之则不肯，禄之则不受。今汝欲官则相至，欲禄则上卿，既受吾爵，又责吾礼，无乃难乎？"

《韩诗外传》曰：周公摄天子位七年，布衣之士执贽所师见者十人，所友见者十二人，穷巷白屋所先见者四十九人，时进善者百人，教士者千人，官朝者万人。当此之时，诚使周公骄而且吝，则天下贤士至者寡矣。

又曰：楚襄王遣使者持金千斤，白璧百双，聘庄子欲以为相。庄子曰："独不见未入庙之牲乎？衣以文绣，食以刍豢，出则清道而行，止则居帐之内，此岂不贵乎？乃其不免于死，宰执旌居前或持在后。当此之时，虽欲为孤犊，从鸡鼠游，岂可得乎！仆闻之，左手据天下之国，右手刎其吭，愚者不为也。"

环济《吴记》曰：皇太子登，字子高。上为选置师傅，妙简俊秀。于是诸葛恪、张休、顾谭、陈表等以选入侍，诵讲诗书。其待接僚属以布衣之礼，与恪、休、谭等咸同舆而载，或共床而寝。

刘謟《先圣本纪》曰：伊尹耕于有莘之野，王驰往见之，彭氏子谏曰："伊尹贱人，可徒致之，君无辱车乘。"王曰："夫一草之本，可已天子病者，天子犹欣喜食之，子诚不欲药人病也。"遂黜彭氏之子。

皇甫士安《高士传》曰：老莱子，楚人。耕于蒙山之阳，藋葭为墙，蓬为屋，板木为床，蓍艾为席。或言楚王，楚王遂至老莱子之门曰："寡人愚陋，独守宗庙，先生幸临之。"老莱子曰："仆山野之人，不足以守政。"

又曰：亥唐者，晋人也。晋平公时，朝多贤臣，祁奚、赵武、师旷、叔向皆为卿大夫，名显诸侯。唐独守道不官，隐于穷巷。平公闻其贤，致礼与相见，而请事焉。平公待于门，唐曰入，公乃入，唐曰坐，公乃坐，唐曰食，公乃食。唐之食公也，虽疏食菜羹，公不敢不饱。

又曰：朝福也者，涿郡人。以行义修洁著名。昭帝时，大将军霍光秉政，表显义士，诏郡国条奏行状天下，得福等五人。福治义最高，以德行，征至京兆，病不进。

《会稽典略》曰：范蠡，字少伯，越之上将军也。本楚宛三户人，被发佯狂，倜傥负俗。文种为宛令，遣吏奉谒。吏还，曰："范蠡本国狂人，生有此病。"种笑曰："吾闻士有贤圣之资，必有佯狂之议；内有独见之明，外有不知之毁。此固非二三子之所知也。"驾车而往。蠡知种之必来，谓兄嫂曰："今日有客，愿假衣冠。"有顷，种至，抵掌而谈，旁人观者耸听。

《说苑》曰：邹子说梁王曰："伊尹，有莘氏之媵臣，汤立以为三公；管仲，城阴之狗盗，齐桓以为仲父；百里奚乞食于路，穆公委之以政；宁戚叩辕行歌，桓公任之以国；太公望出夫朝歌之屠，年七十而相周，九十而封齐。故《诗》云：绵绵之葛，在于旷野。良工得之，以为絺纮；良工不得，枯死于地。"

又曰：齐桓公设庭燎，为士之欲造者，期年而士不至。东野鄙人有以九九之术见者，桓公曰："九九足以见乎？"对曰："臣非以九九为足以见也，臣闻主君设庭燎以待士，期年而士不至。夫士之所以不至者，君天下贤君也，四方之士皆自论不及君，故不至也。夫九九薄能耳，而君犹礼之，况贤于九九者乎！"桓公曰："善。"乃因礼之。期月，四方之士相携而至矣。

又曰：齐桓公使管仲治国，管仲对曰："贱不能临贵。"公以为上卿，而国不治。桓公曰："何故？"管仲对曰："贫不能御富。"桓公赐之齐市租，一年而国不治。桓公曰："何故？"曰："疏不能制近。"桓公立以为仲父。齐国大安而遂霸天下。孔子曰："管仲之贤，而不得此三权者，亦不能使其君南面而伯。"

又曰：燕昭王问于郭隗曰："寡人地狭民寡，齐人削取八城，匈奴驱楼烦之下，以孤之不肖得承宗庙，恐危社稷，存之有道乎？"郭隗对曰："帝者之臣，其名臣，其实师也。王者之臣，其名臣，其实友也。霸者之臣，其名臣，其实仆也。亡国之臣，其名臣，其实虏也。今王将东面，目指气使以求臣，则厮役之才至矣。北面等礼不乘之，以势求臣，则朋友之才至矣。西面逡巡以求臣，即师傅之才至矣。诚欲兴道，隗请为天下之士开路。"于是燕王置郭隗为上客。

又曰：宋司城子罕之贵子韦也，入与共养，出与同衣。司城子罕亡，子韦不从。复召子韦而贵之。左右曰："君善子韦也，亡不从，来贵之，君独不愧于君之忠臣乎？"子罕曰："吾唯不用子韦，故至于亡。今吾之得复，尚是子韦之遗德余教也。"

又曰：杨回北见赵简子曰："臣居乡三逐，事君五去。闻君好士，故走来见。"简子闻之，绝食而叹。左右进谏曰："居乡三逐，是不容众也；事君五去，是不忠上也。"简子曰："子不知也。夫美女，丑妇之仇；盛德君子，乱世所疏也；正直之行，邪枉所憎也。"遂出见之。因授以为相，而国大治。

又曰：朝无人，犹鸿鹄之无羽翼也。

刘向《新序》曰：魏文侯过段干木之闾而轼，其仆曰："君何为轼？"曰："段干木盖贤者，安敢不轼！且吾闻段干木未肯以已易寡人之贵也。段干木光乎德，寡人光于地，干木富于义，寡人富乎财。地不如德，财不如义，寡人当事之。"

《世说》曰：陈仲举为豫章太守，至，便问徐孺子所在，欲先省之。主簿曰："群情欲府君先入廨。"陈曰："武王轼商容之闾，席不暇暖，吾之礼贤有何不可！"

又曰：何晏为吏部尚书，有位望。时谈客盈坐，王弼未弱冠，往见之。闻弼来，乃倒屣迎之。

《邴原别传》曰：原字根矩，上北伐单于，还住昌国。原至门下通谒，上甚喜，览履而起，远出迎原曰："诚副饥虚之心。"

虞老叔《高士传》曰：宋少文，博学善属文，清心简务。宋高祖领荆州，辟为主簿，少文不应。高祖乃彻卫，率尔从之游，延登第树，听其高谈，叹曰："不知礼，乃觉心明。"

张璠《汉记》曰：荀爽兄弟八人，时人谓之八龙。旧居豪里，县令苑康曰："昔高阳氏有才子八人。"署其里曰高阳里。

葛洪《西京杂记》曰：公孙弘，自以布衣为宰相，乃开东阁营客馆，以招天下之士。

阮籍《秦记》曰：昔子夏处西河之上，而文侯拥彗；邹子居黍谷之阴，而昭王陪乘。夫布衣穷居韦带之士，王公大人所以屈体而下之者，为道存也。

葛洪《西京杂记》曰：公孙弘营客馆以招天下之士，其名曰"钦贤之馆"以待大贤，次曰"翘材之馆"以待真材，次"接士之馆"以待国士。

又曰：文帝为太子立"思贤苑"以招宾客。

虞预《会稽典录》曰：陈嚣，山阴人。宗正刘向、黄门侍郎扬雄荐嚣德义可厉薄俗，孝成皇帝特以公车征。嚣时已年七十，每朝请，上常待以师傅之礼。

又曰：光武尝出南郊，严遵曳长裾、持鹿扇住立不动，天子下车，揖而别。

曹植《公宴诗》曰：公子敬爱客，终宴不知疲。清夜游西园，飞盖相追随。

太平御览卷第四百七十五　人事部一百一十六

待士

《毛诗》曰：《鹿鸣》，燕群臣嘉宾也。既饮食之，又实币筐篚以将其厚意，然后忠臣嘉宾得尽其心矣。

《家语》曰：孔子喟然叹曰："向使铜鞮伯华无死，天下其定矣。"子路曰："由愿闻其人。"子曰："其幼也，敏而好学；其壮也，有勇而不屈；其老也，有道而能下人。有此三者，以定天下，何难乎？"子路曰："幼而好学，壮而有勇，则其可也。若夫有道，谁下哉？"子曰："由，汝不知也。吾闻以众攻寡，无不克也；以贵下贱，无不得也。昔者周公居冢宰之尊，制天下之政，犹下白屋。白屋，草舍。之士，日见百七十人。斯岂以无道也？欲得士之用也？恶有有道而无下天下君子者乎！"

《战国策》曰：管燕得罪齐王，谓其左右曰："子孰能与我赴诸侯乎？"左右莫对。管燕涟然流涕曰："悲夫，士何为其易得而难用也！"田需对曰："士三食不得厌，而君鹅鹜有余食；下宫蹈罗纨，曳绮縠，而士不得以为缘。且财者，君之所轻；死者，士之所重。君不肯以所轻与士，而责士以所重事君，非士易得而难用也。"

又曰：孟尝君舍人有与君夫人相爱者，或以闻，孟尝君曰："睹貌相说者，人之情也。勿言！"君暮年，乃召爱夫人者而谓之曰："子与文游久矣，大官未可得，小官公不欲，卫君与文布衣之交，请具车马皮币，愿公以此从卫君游。"卫君欲约兵攻齐，是以谓卫君曰："孟尝君不知臣不肖，以臣欺君。今君约天下之兵攻齐，是足下欺孟尝君也。愿君勿以齐为心！如不听臣，臣血湔足下衿！"卫君乃止。

又曰：中山之君所倾盖舆车而朝穷闾隘巷之士者七十家。

《史记》曰：西伯敬老慈少，礼下贤者，日中不暇食以待士，伯夷、叔齐、太颠、闳夭、宜生之徒皆归之。

又曰：齐宣王喜文学游说之士，自如邹衍、淳于髡之徒七十六人，皆赐第、上大夫。是以齐稷下学士复盛。

又曰：帝召田横，乃与其客二人乘传诣雒阳。未至户乡厩置，横谢使者，遂自刎。令客奉其头，从使者奉之高帝，拜二客为都尉，以王礼葬横。二客穿其冢旁孔，自刎，下从之。海中五百人闻横死，皆自杀。于是乃知田横兄弟能待士也。

又曰：孟尝君在薛，招致诸侯宾客，及亡人有罪者，皆归孟尝君。孟尝君舍业厚遇之，以故倾天下之士。食客数千人，无贵贱一与之等。孟尝君待客夜食，有人蔽火光。客怒，以饭不等，辍辞去。孟尝起，自取其饭比之。客惭，自刭。

又曰：信陵君为人，仁而下士。士无贤不肖，皆谦而礼交之，不敢以其富贵骄士。士以此，方数千里争归之。

又曰：邹阳上书梁王曰："苏秦相燕，燕人恶之于王，王按剑而怒，食以駃騠；白珪显于中山，人恶之，魏文侯投以夜光之璧。何则？两主二臣，剖心折肝相信，岂移于浮辞哉！"

又曰：周公曰："我一沐三握发，一饭三起以待士，犹恐失天下之贤人也。"

《汉书》曰：司马迁云："愚以为李陵素与士大夫绝甘分少，能得士死力，虽古名将不能过也。"

又曰：班伯为定襄太守，至，请问耆老父母故人有旧恩者，迎延满座。尝日为供具，执子孙礼。

又曰：朱博好乐士大夫，为郡守九卿，宾客满门，欲仕宦者举荐之，欲报仇怨者解剑以带之。其趋事待士如是。博以此自立，然终用败。

又曰：郑当时为太子舍人，每五日洗沐，常置驿马长安诸郊，请谒宾客，夜以继日。已具"游侠"部。

又曰：郑当时迁大司马，戒门下："客至，无贵贱无留门者。"执宾主之礼，以其贵下人。

《东观汉记》曰：窦固为奉车都尉，与驸马都尉耿秉等北征匈奴，遂灭西城，开通三十六国。在边数年，羌胡亲爱之。炙肉未熟，人人长跪前割，血流指间，进之于固。固辄为啖，不秽贱也，是以亲之如父。

谢承《后汉书》曰：皇甫嵩为三公，以身起于汗马，常折节下士也。

《魏书》曰：刘平结客刺备，备不知而待客甚厚，客以状语之而去。是时人民饥馑，屯聚抄略。备外御寇难，内丰财施，士之下者，必与同席而坐，同簋而食，无所简择。众多归焉。

《蜀志》曰：曹公还许，先主为左将军，礼之逾重，出同舆，坐同席。

又曰：董允尝与尚书令费祎、中典军胡济等期游宴，严驾已办，而郎中董恢诣允修敬。恢年少官微，见允停出，逡巡求去，允不许，曰："本所以出者，欲与同好游谈也。今君已自屈，方展阔，舍此之谈，就彼之宴，非所谓也。"乃命解骖，祎等罢驾不行。其守正下士，凡此类也。

《吴志》曰：顾邵当之豫章，发在近路，会张景病。时送者百数，邵辞宾客曰："张仲节有疾，若不能来别，恨不见之，暂还与诀，诸君少相待。"其留心下士，唯善所在，皆此类也。

王隐《晋书》曰：王浑，字玄仲。平吴后，据两州，吴人新附，皆有畏惧之心。浑抚循羁旅，劳谦接纳，坐无空席，门不停宾。于是江东诸士莫不敬爱。

《宋书》：羊欣尝诣领军将军谢混，混拂席改服，然后见之。时混族子灵运在坐，退告族兄瞻曰："将军见羊欣，遂易衣改席。"欣由此益知名。

王智深《宋纪》曰：谢景仁尝请高祖，高祖乃命召景仁弟述。述时为豫州主簿，不从。高祖遂辍箸不食，须述至乃餐，其见重如此。

《后魏书》曰：陆馥为相州刺史，假长广公。为政清平，抑强扶弱。州中有德宿老名望素重者，以礼待之，询之政事，责以方略。如此者十人，号曰"十善"。又简取县强门百余人，以为假子，诱接殷勤，赐以衣服，令各归，为耳目于外。于是发奸擿伏，事无不验。百姓以为神明。

又曰：贾思伯，性谦和，倾身礼士，虽在街途，停车下马，接诱恂恂，曾无倦色。客有谓思伯曰：“公今贵重，宁能不骄？”伯曰：“衰至便骄，何常之有？”当时以为雅言。

《唐书》：李勉礼贤下士，终始尽心。以名士李巡、张参为判官，卒于幕，三岁之内，每遇宴饮，必设虚位于筵次，陈膳执爵，辞色凄恻，论者美之。

又曰：裴度以平贼报国为己任。自德宗朝宰相归私第，百官不敢及门。度以方讨不庭，宰臣宜日接多士，冀有所得，因奏诸私家通宾客。上方属意，遂许之。四方布衣尽得以策画干丞相，至今宰臣私接士，因度之请也。

又曰：杨炎乐贤下士，以汲引为己任，天下士子趋向风从。

皇甫谧《逸士传》曰：公仪潜，鲁人也。少而厉行乐道，不事诸侯，与子思友。鲁穆公闻其贤，因子思而致命，欲以为相，谓子思曰：“公仪子必辅寡人，寡人将三分鲁国而与之。”

《晋诸公赞》曰：张华博识多闻，无物不知，卢浮高朗经传有美于华，起家为太子舍人，病疽，截手，遂废。朝廷重之，就以为国子博士。

高间《燕志》曰：李陵居长谷之东，先主与高云游宴，往来每憩其家。陵与其妻王氏，每夜自赍酒馔而至。

《晏子春秋》曰：晏子之晋，至中牟睹弊冠衣裘，负刍息于途侧。晏子问曰：“何者？”对曰：“我越石父也。不免饥冻，为人臣仆。”晏子解左骖赎之，载以俱归。

崔鸿《十六国春秋·后秦录》曰：太尉文成公姚显，字子章，兴之弟也。清秀明发，文武兼才，为令录十余年无秕政。机务之暇，宾客如云，谦虚传受，待士以布衣之礼，或昏夜静处，与贤士谈论政事。

王孙子《新书》曰：楚庄王攻宋，厨有臭肉，樽有败酒，将军子重谏曰：“今君厨有肉臭而不可食，樽有酒败而不可饮，三军之士皆饥色，欲以胜敌，不亦难乎！”

《说苑》曰：赵简子游于西河而乐之，叹曰：“安得贤士而与处焉？”舟人古乘对曰：“鸿鹄高飞远翔，其所恃，六翮也。背上有毛，腹下有毳，无尺寸之数，去之满把。飞不能为之高。不知门下左右客千人者，亦有六翮之用乎？将尽毛毳。”《新序》同，而称“晋平公”，又云“三千余人”矣。

又曰：周公日见白屋之士，所下者凡七十一，而天下之士皆至。晏子所与同衣食者百人，而天下之士亦至。

又曰：周威王问于宁子曰：“取士有道乎？”对曰：“有。穷者达之，亡者存之，疾者起之，士则四方而至矣。故士存则国存，士亡则国亡。子胥怒而亡之，包胥怒而存之，胡可不贵乎！”

《俗说》曰：谢万诣简文，万来无衣帻可前。简文曰：“但前，不须衣帻。”即呼使入。万着白纶巾、鹄氅裘，履板而前。既见，共谈移日，大器之。

《汉杂事》曰：于定国谦逊下士。士虽贫，徒步往过，皆与均礼。

又曰：公孙弘为丞相，起客馆，开阁延贤人，与参谋议。身自食脱粟饭一器，尽以俸禄与故人宾客。

又曰：倪宽为人，卑体下士，务在得人心。择用仁孝，推诚与下，不求名誉。

《英雄记》曰：袁绍有姿貌威容，爱士养名。既累世台司，宾客所归，加以倾心折节，莫不争赴其庭，士无贵贱与之抗礼。

环济《吴中记》曰：孟仁，少以敏达知名，从南阳李恭学。其母贤而有智，为作大被。或问其故，母曰：“小儿无德，以致客学者多贫，故为大被，庶可得气类相接也。”

《黄石公记》曰：黄梁昔将用兵，人有馈一箪醪者，使投之于河，令将士迎而饮之。夫一箪醪不能味一河水，三军思为之死，非滋味及之也。

刘向《新序》曰：燕相得罪于君，将出亡，召门下诸大夫曰：“能从我出乎？”三问莫对，燕相曰：“士之不足养也。”有进者曰：“饥年恶岁，士糟糠不足，而君之犬马有余谷。隆冬冽寒，士短褐不完，而君之台观帷幭锦绣自若。财者君之所轻，死者士之所重也。君不能施君之所轻，而求得士之所重，难焉！”

《鬻子》曰：吾不恐四海之士留于道路也，吾恐其留门庭，是以四海之士皆至。

《庄子》曰：子张见鲁哀公，不礼士也，托仆夫而去，曰：“臣闻君好士，故不远千里以见君。君之礼士也，有似叶公子高之好龙：室雕文尽写以龙，于是天龙而下之，窥头于牖，拖尾于堂，叶公见之，弃而还走，失其魂魄，五色无主，是叶公非不好龙也，好夫似龙而非龙也。今君非不好士也，好夫似士而非士者也。”《新序》同。

《吕氏春秋》曰：张仪将西游于秦，过东周。客有语之于昭文君者曰：“张仪，壮士也，将西游于秦，愿君之礼貌之。”昭文君见谓之曰：“寡人国虽小，请与客共之。”张仪还，北面再拜。

《淮南子》曰：楚时子发好求伎道之士。士有求者无不养。楚有善为偷者，往见曰：“臣，楚市偷也，愿以伎该一卒。”该，备也。一卒，一人。后无几何，齐兴兵伐楚，于是市偷进请曰：“臣有薄伎，愿为君行之。”子发曰：“诺。”不问其辞而遣之。偷则夜出解齐将军之帷而献之。子发因使人归之，曰：“卒有出采薪者，得将军之帷，谨归之于执事。”明夕复往取其枕，子发又使归之。明夕复因取簪，又使归之。于是齐师大骇，将军与军吏谋之曰：“今夕不去，楚军恐取吾首。”即还师而去。故伎无细薄，在人君用之。

又曰：淮南王安养士数千人，其中高才八人。苏非、李南、左吴、陈田、伍被、雷被、毛被、晋昌，号为八公。

《燕丹子》曰：荆轲之燕，太子自御虚左，荆轲援绥不让。后日与轲之东宫，临池而观，轲拾瓦投蛙。太子令人奉盘金，轲用抵蛙，尽而复进。轲曰：“非为太子爱金也，臂痛耳。”后共乘千里马，轲曰：“闻千里马肝美。”太子即杀马进肝。暨樊将军得罪于秦，秦求之急，乃来归，太子为置酒阳华之台。酒中，太子出美人能琴者，轲曰：“好手！”琴者即进之。轲曰：“但爱其手。”太子即断其手，盛以玉盘奉之。太子常与轲等案而食，同床而寝。

《吕氏春秋》曰：勾践苦会稽之耻，欲深得民心，以致必死于吴。有甘肥不足分，弗敢食；有酒流之江，与民同之。

《韩子》曰：吴起出，遇故人而止之食，故人曰："诺！"故人至暮不来，吴起至暮不食而待之。

《孙子》曰：楚庄王攻宋，有酒投之水，有食馈之贤，行军中之有饥色者加赐之。

太平御览卷第四百七十六 人事部一百一十七

施恩上

《周易》曰：见龙在田，德施普也；云行雨施，天下治也。

《周礼》曰：小司徒以岁时巡国野，而赒万人之艰厄，以王命施惠。

《左传》曰：冬，晋荐饥，使乞籴于秦。秦伯谓子桑曰："与诸乎？"对曰："重施而不报，其民必携，携而讨焉，无众必败。"谓百里曰："与诸乎？"对曰："天灾流行，国家代有，救灾恤邻，道也，行道有福。"是以输粟于晋，自雍及绛相继，命之曰"泛舟之役"。

又曰：晋侯逆秦师，使韩简视师，复曰："师少于我，斗士倍我。"公曰："何故？"对曰："出因其资，入用其宠，饥食其粟，三施无报，是以来也。"

传曰：宋公子鲍礼于国人，宋饥，竭其粟而贷之。年七十以上，无不馈饴也，时加羞珍异。无日不数于六卿之门，国之贤人，无不事也，亲自桓以下，无不恤也。公子鲍美而艳，襄夫人欲通之，鲍嫡祖母。而不可，乃助之施。

传曰：郑子皮即位。于是郑饥而未及麦，民病。子皮以子展之命，饩国人粟，户一钟，是以得郑国之民。故罕氏常掌国政，以为上卿。

传曰：楚子伐萧。申公巫臣曰："师人多寒。"王巡三军，拊而勉之。三军之士，皆如挟纩。

传曰：晋公子重耳及曹，僖负羁之妻曰："吾观晋公子从者，皆足以相，公子必反其国。若反其国，必得志于诸侯，而诛无礼，曹其首也。子盍早自贰焉。"乃馈盘餐，置璧焉。公子受餐反璧。

传曰：子西曰："昔阖庐有国，天有灾厉，亲巡孤寡，而供其乏困。在军，熟食者，分而后敢食。"

《论语》曰：子华使于齐，冉子为其母请粟。子曰："与之釜。"请益。曰:“与之庾。”冉子与之粟五秉。子曰:“赤之适齐也,乘肥马,衣轻裘。吾闻之,君子周急不继富。”

《史记》曰:范蠡之陶,修产积居。十九年中,三致千金,再散分与贫交友兄弟。此谓富好行其德者也。

又曰:田常以大斗出贷,以小斗收。齐人歌之曰:“妪乎采芑,归乎田成子。”

又曰:苏秦为从约长,并相六国。北报赵王,乃行过雒阳。周显王使人效劳。于是苏秦散千金以赐宗族贫友。

《汉书》曰:韩信钓于城下,诸母漂,漂水击絮为漂。有一母见信饥,饭信,竟漂数十日。信谓漂母曰:“吾必重报。”母怒曰:“大夫不能自食,吾哀王孙而进食,苏林曰:如言公子也。岂望报乎!”

前列曰:吴楚反,窦婴为大将军,赐金千斤。婴言袁盎、栾布诸名贤士在家进之。所赐金,陈廊庑下,军吏过,辄令财取为用,苏林曰:“自令裁取为用。”金无入家者。

又曰:李广历七郡太守,前后四十年,得赏赐,辄分其麾下,饮食与士卒共之。家无余财,终不言生产事。

前列曰:娄护,字君卿,为谏议大夫。使郡国,护贷,多持币帛。至齐,上书求上先人冢,因会宗族故人,各以亲疏与束帛,一日散百金之费。使还,奏事,事称旨,擢天水太守。

前列曰:韦玄成,字少翁,以父任为郎。少好学,修父业,尤谦逊下士。出遇相识步行,辄下从者,与载送之,以为常。其接人,贫贱者益加,由是名誉日广。以明经擢为谏议大夫,迁大河都尉。

前列曰:张临,安世曾孙,亦谦俭。每登阁殿,常叹曰:“桑、霍为我戒,岂不厚!”且死,分施宗族故旧,薄葬不起坟。

又曰:苏武为右曹典属国,所得赏赐尽以施与昆弟故人。

又曰:朱邑为人惇,笃于故旧,以爱和为行,居处俭节。赐以供九族乡党,家无余财。

《后汉书》曰:赵典兄子温,字子恭,初为京兆郡丞,叹曰:“丈夫当雄飞，安能雌伏！”遂弃官去。遭岁大饥，散家粮以赈穷饿，所活万余人。

后列曰：刘诩，字子相，颍川人。家世丰产，常能周施而不有其惠。尝行于汝南界中，有陈国张季礼远赴师丧，遇寒冰车毁，顿滞道路。诩见而下车与之，不告姓名，自策马去。季礼意其子相也，后故到颍阴，还所假乘。诩闭门辞行，不与相见。后黄巾贼起，郡县饥荒，诩救给乏绝，资粮者数百人。又逢知故困馁于路，不忍委去，因杀所驾牛以救之，众人止之，诩曰：“视没不救，非志士也。”遂俱饿。

又曰：折像，字伯式，广汉雒人。父国有资财二亿，家僮八百人。像幼有仁心，不杀昆虫，不折萌芽。能通《京氏易》，好黄老言。及国卒，感多藏厚亡之义，乃散金帛资产，周施亲疏。自知亡日，召宾客饮食辞诀，忽然而终。

又曰：廖扶逆知岁荒，乃聚谷数千斛，悉用周给宗族姻亲，又敛葬遭疫死亡不能自收者。常居先人冢侧，未曾入城市，人因号为“北郭先生。”

袁宏《后汉书》曰：种暠，字景伯。父为定陶令，有财三千万。父卒，暠皆以赈乡里贫贱者。其进趣名利者，皆不与交通。

《东观汉记》曰：邓弘收恤故旧，无所失。父所厚同郡郎中王临，年老贫乏，弘常居业给足，乞与衣裘舆马，施之终竟。

后列曰：马援少年处处田牧，至有牛马羊数千头，谷万斛。既而叹曰：“凡殖货财产，贵其能施赈也，否则守钱虏耳。”乃尽散以班昆弟故旧。

又曰：崔骃学于太学而粮尽，邓卫尉欲饩焉，而未果。季彦九岁，以其父命往见卫尉曰：“施不必丰，期于救乏。崔生，臣父之执也，不幸而贫，公许赈之有日矣。嘉贶未至，或欲丰之，然后乃致之乎？”答曰：“家物少，须租入。”曰：“是犹古人欲决江海以救牛蹄之类也。”邓公曰：“诺。”

又曰：邓琳，字叔孙。西羌反，破郡县，上乃拜琳谒者，屯田三辅。琳临发之日，散千金之产，分与兄弟甥舅亲族，各有差品。

又曰：朱晖。建初四年，南阳大饥，米石千钱。初，同县张堪有名德，每与相见，常接以友道。晖以堪宿望成名，未敢安也。堪至，把晖臂曰："欲以妻子托朱生。"晖举手不敢答。后堪仕至蜀郡渔阳太守，物故。晖自为临淮太守，后遂绝，不复相闻。南阳饥时，闻堪妻子贫穷，晖乃自往候视，困厄分所有以赈之。

又曰：王丹，字仲回，京兆人。王莽时连征不至，家累千金，隐居养志，好施周急。已具"富"部。

又曰：寇恂经明行修，名重朝廷，所得秩俸，尽施朋友、故人及所从吏士。常曰："吾因士大夫以致此，其独享之乎！"时人称其长者，后为宰相。又曰：窦固久历大位，甚见尊贵而性谦俭，爱人好施，士以此称之。

又曰：梁商，饥年谷贵民馁，辄遣苍头去帻着巾，车载米盐菜钱于四城门与贫乏，不语主人。知其阴德伏恩，绝不望报，匿名隐誉，皆此类也。

司马彪《续汉书》曰：郭伋，字细侯，为并州牧。后征为太中大夫，赐宅一区，及帷帐钱谷，伋辄散与宗族九族，无所遗余。

又曰：张纯，字奋。少好学，节俭行义，常分捐租奉，赡恤宗亲，虽匮而施与不怠。

又曰：伏湛，字惠公。更始元年拜为平原太守。遭仓卒兵起，莫不惊扰，而湛独安然，教授不废。谓妻子曰："一谷不升，国君彻膳；今人皆饥，奈何独饱？"且食粗粝，尽分奉禄以赈活乡里，来客者百余家。

司马彪《续汉书》曰：献帝初，百姓饥荒，张俭资计差温，乃倾竭财产，与邑里共之，赖其差温故存者以百数。

又曰：肃宗崩，廉范奔赴敬陵。时卢江郡掾严麟奉章吊国，俱会于路。麟乘小车，涂深马死，不能自进，范见而愍然，命从骑下马与之，不告而去。麟事毕，不知马所归，乃沿路访之。或谓麟曰："故蜀郡太守廉叔度，好周人穷，今奔国丧，独当是耳。"麟亦素闻范名，以为然，即牵马造门，谢而归之。世伏其义。

《魏志》曰：杨俊，字秀才。以兵乱方起，而河内处四达之衢，必为战场，乃扶老弱去，诣京、密间，同行者百余家。俊赈济贫乏，通共有无。宗族知故为人所略作奴仆者凡六家，俊皆倾财赎之。

鱼豢《魏略》曰：赵喜，字伯阳，为平原太守。百官大食，光武问喜在郡何如，咸称喜政有迹。时亲家诸夫人皆会，会罢，诸夫人言喜笃义多恩，从长安还，收护妾等衣食生活，使得蒙今日之富贵，非独能临人也。

《吴志》曰：鲁肃，字子敬。大散财货，摽卖田地，以赈穷人结士为务，甚得乡邑欣心。周瑜为居巢长，将数百人故过候肃，并求资粮。肃家有两囷米，各三千斛，肃乃指一囷与瑜，瑜益知其奇也，遂相亲结，定侨、札之分。

又曰：朱据，字子范，吴郡人。有姿貌，膂力绝人，又能论难。黄武初，征拜五官中郎。权迁建业，据尚公，拜左将军，封云阳侯。谦虚接士，轻财好施。

《吴志》曰：骆统，字公绪，时年八岁，与亲客归会稽，事嫡母甚谨。时饥荒，多有困乏，公绪为之饮食衰少。其姊仁爱有行，寡居无子，见统甚哀之，数问其故。公绪曰："丈夫糟糠不足，我亦何必独饱！"姊曰："诚如是，何不告我，而自苦若此！"乃自以私粟与公绪，又以告母，亦觉之，遂使分施，由是显名。

《晋书》：郗鉴时所在饥荒，州中之士素有感其恩义者，相与资赡。鉴复分所得，以恤宗族乡曲孤老，赖而全济者甚多。

又曰：纪瞻少与陆机兄弟亲善，及机被诛，瞻恤其家周至，及嫁女资送，同于所生。

王隐《晋书》曰：潘勗，字元茂。值年荒，部曲之家健儿渠帅皆素服重名，共相率送迎，道路所在为储，以供行资。勗随主人多少口率均分，无有尊卑优劣。若所赋已尽，偶有不足，则推己之分以周未遍，父老有颂之曰："且贵且富，有南山之寿，吾仍得与潘元茂。"又曰："恩不可忘，无如我潘郎。"

《晋中兴书》曰：应詹以孝称，年拾余岁，祖父母亡，家富于财而詹年稚弱，乃请宗中单贫者与共为居。弱冠知名，太宰何邵见而称之曰：“质文之士也”。

《晋纪》曰：祖逖梗概有大志，年十五，不知书，轻财好施。每至诸田舍，辄称兄意散帛，以是嘉焉。

太平御览卷第四百七十七 人事部一百一十八

施惠下

《宋书》曰：范叔孙少而仁厚，周穷济急。乡曲贵其义行，无有呼其名者。

又曰：《刘凝之传》：衡阳王义季荆州年饥，义季虑凝之馁，饷钱十万。凝之大喜，将钱至市门，观其饥色者悉分与之，俄顷立尽。

又曰：张进之少有志，历郡五官主簿，永宁、安固二县领校尉。家世富足，经荒芜年散其财，救赡乡里，遂以贫罄，全济者甚多。

又曰：严世期，会稽山阴人也。好施慕善，出自天然。同里张迈三人，妻各产子，时岁饥俭，虑不相存，欲弃而不举，世期闻之，驰往拯救，分食解衣，以赡其乏，三子并得成长。

又曰：萧惠开为益州牧。太始四年，还至京师。初，惠开府录事参军刘希微负蜀人债将百万，为债主所制，未得俱还。惠开甚耻之，辄之厩中，凡有马六十匹，悉以与希微偿债，其意趣不常皆如此。

《齐书》曰：刘善明，平原人，怀珍族弟。祖徐州刺史镇北将军；父怀民，宋世为齐、北海二郡太守。元嘉末，青州饥荒，人相食，善明家有积粟，躬食饘粥，开仓以救乡里，多获全济，百姓呼其家田为"续命田"。

崔鸿《前凉录》曰：张冲，字长思，敦煌人。散家财巨万，施之乡闾，时人为之谣曰："推财不疑张长思。"

又《后燕录》曰：赵秋，字子武，汲郡朝歌人。少而轻财好施，邻人李玄度母死，家贫无以葬，秋谓其兄曰："起死生，救不足，人之本也。"家有二牛，以一与之，玄度得以葬。它年，秋夜行见一老母遗金一饼，曰："子能葬我，是以相报。子五十已后当富贵不可言，勿忘玄度也。"

《后魏书》曰：祖岩，字洪山。于固安县世有积粟至数万石。自延昌已来，北州频经灾俭，岩兄弟倾家赡遗。尝见州郡征租甚急，岩遂以家粟万斛代输，闻者莫不嗟叹。

又曰：张普惠不营财业，好有进举，敦于故旧。冀州人侯坚固少时与其游学，早终，其子长瑜，普惠每于四时请禄，无不减赡其衣食。

《隋书》：郭衍授瀛州刺史，遇秋霖大水，其属县多漂没，民皆上高树，依大冢。衍亲备船筏，并赍粮拯救之，民多获济。衍先开仓赈恤，后始闻奏，上大善之。

《唐书》曰：孟简，性俊拔，尚义，早岁交友。先殁者视其孤，每厚于周恤，议者以为有前辈风。

又曰：李藩，少恬淡修俭，雅容仪，好学。父卒，家富于财，亲族吊者有挈去，不禁。愈务散施，不数年而贫。年四十余未仕，读书扬州，困于自给，妻子怨尤之，晏如也。

又曰：卢钧为岭南节度使。自贞元已来，衣冠得罪流放岭表者，因物故，子孙贫悴，虽遇赦不能自还。凡在封境者，钧减俸钱为营槥椟。其家疾病死丧，则为之医药殡敛，孤儿稚女，为之婚嫁，凡数百家。

李皋贬温州长史。无几，摄行州事。岁俭，州有官粟数十万斛，欲行赈救，又曰：掾叩头乞候上旨，皋曰："夫人一日不再食，当死，安暇禀命！若杀我一身，活数千命，利莫大焉。"于是开仓尽散之。以擅贷之罪，飞章自劾。天子闻而嘉之，答以优诏。

《崔氏家传·座右铭》曰：无论人之短，无道己之长。施人慎勿念，受施慎勿忘。隐心而后动，谤议庸何伤。虚誉不足慕，古诫不可抗。

《家语》曰：子游问于孔子曰："夫子亟言子产之惠也，可得闻乎？"孔子曰："夫子产者，犹众人之母也，能食之，不能教，以其乘车济冬涉者，尽爱而无教也。"

又曰：孔子曰："好学则智，恤孤则惠，恭则近礼，勤则有继。"

《尚书大传》曰：老而无妻谓之鳏，老而无夫谓之寡，幼而无父谓之孤，老而无子谓之独，行而无资谓之乏，居而无食谓之困。此皆天民之至悲哀而无告者。故圣人在上，君子在位，能者任职，必先施此，无使失职。

《战国策》曰：襄王立，田单相之。过淄，有老人涉淄而寒，出不能行，坐沙中。田单见其寒也，解裘而衣之。王乃赐田单牛酒，召单而揖于庭，劳之。乃布令求百姓之饥寒者收谷之。乃使人听于闾里，闻大夫相与语，曰："单之爱人，乃王之教之也。"

《江表传》曰：全琮罢东安郡，还钱唐，修祭坟墓，麾幢节盖，曜于旧里，请会邑人平生知旧、宗族六亲，施散惠与，千有余万，本土以为荣。

又曰：司马徽字德操。人有临蚕求簇者，徽便与之，自弃其蚕。或有难之者，曰："凡人有损己以赡人，谓彼事急，己事缓耳。今彼此正等，何为急之以与人邪？"徽曰："人不当求耳。人已求，拒之将惭，何有以财货令人惭者也？"

《董卓别传》曰：太常张奂将师北征，表卓为军司马。从军行，卓手斩购募羌酋，拜五官中郎，赐缣九十匹。卓叹曰："为者则己，有者则士。"悉以缣分与兵吏。

葛洪《神仙传》曰：焦先日日入山，伐薪以布施，从西村头一家起，周而复始。

《秦书》曰：尚书令符雅为人乐施，乞人填门。尝曰："天下物何常吾今日富，后日贫耳？"忽一日不施则意不泰。时人为之语曰："不为权异富，宁作符雅贫。"

贾谊《新书》曰：楚昭王当房而立，愀然有寒色。是日也，出府之裘以衣寒者，出仓之粟以赈饥者。二年，吴袭郢，当房赐者请还，战死。阖闾曰："昔吾徒当房之德也。"

《三辅决录》曰：挚茂，字子华。以茂才为郡去。治财致大富，悉散以分宗人。先从贫始，以寿终。

虞预《会稽典录》曰：骆俊，字远。孝灵皇帝擢拜陈相。汝南葛陂盗贼并起，与接境四面受敌。俊整厉吏人，为之保障，出仓见谷，以赡贫乏。

刘邵《人物志》曰：中材之人，财随损益。是故籍富贵则货财充于内，施惠周于外；见赡者求可称而誉之，见援者阐小美而太之。虽无异材，犹行成而名立也。

《英雄记》曰：王匡，字公节，泰山人。轻财好施，以任侠闻。辟大将军何进府，使匡于徐州发强弩五百诣京师。会进败，匡还乡里。

刘义庆《世说》曰：顾荣在洛，尝应人请，觉行炙人有欲炙之色，因辍己施焉。后遭乱渡江，每经危急，常有一小人左右，问其故，乃受炙人也。

颜延之《庭诰》曰：善施者，岂唯发自人心，乃出天财。

裴启《语林》曰：大将军王敦尚武帝女。此主特所重爱，遣送十倍诸主。主既亡，人就王乞，始犹分物与之，后乞者多，遂指库屋间数以施。

《孔丛子》曰：卫公子友馈马四乘于子思，为宾主之饩焉。子思曰："伋寄命以来，度身以服卫之衣，量腹以食卫之粟，且又朝夕受酒脯及祭膰之赐。衣食已优，意气已足，以无行志，未敢当车马贶。礼，虽有爵赐人，不逾父兄。今重违公子之盛指，则有陷礼之愆焉，若何？"公子曰："友已言于君矣。"

又曰：季桓子以粟千钟饩夫子，夫子受之而不辞，既而以班门人之无者。子贡进曰："季孙以夫子贫，故致粟，夫子受之而以施人，无乃非季孙之意乎？"子曰："受人财，不以成富，与季孙之惠于一人，岂若惠数百之人哉！"

《列子》曰：卫端木叔者，子贡之世父也。籍其先资，家累万金。奉养之余，先散之宗族，次散之邑里，乃散一国。行年六十，气干将衰，弃其家事，都散其库藏、珍宝、车服、妾媵。一年之中尽焉。及其病也，无药石之储；及其死也，无埋葬之资。一国之人受其施者，相与赋而藏之，及其子孙之财焉。金屈鳌闻之，曰："端木叔，狂人也，辱其祖矣。"段干生闻之，曰："端木叔，达人也，德过其祖矣。"

《庄子》曰：青青之麦，生于陵陂，生不布施，死何含珠为！

《孟子》曰：子产听郑国之政，以其乘舆，济人于溱洧。

《孟子》曰：惠而不知为政。岁十一月，徒杠成；十二月，舆梁成，民未病涉。

《韩子》曰：吴起为魏将而攻中山，军人有病疽者，吴起跪而自吮其脓伤者。母立而泣，人曰："将军于若子如是，何为泣？"对曰："昔吴子吮其父伤，而杀之泾水之上，今又将安知不杀是乎？"

《吕氏春秋》曰：秦缪公乘马车败，右服失。公自往求马，见野人方将食之于岐山之阳。缪公笑曰："食马肉而不饮酒，余恐其伤生也！"遍饮而去。居一年，为韩原之战，晋人以环缪公之车矣，尝食马肉者三百余人疾斗车下，遂大克晋，反获晋公以归。

《吕览》曰：鲁国之法：鲁人为人臣妾于诸侯，有能赎之者，取其金于府。子贡赎鲁人于诸侯而辞不受其金。孔子曰："赐！失之矣。自今以往，鲁人不赎人也。"

《淮南子》曰：为鱼德者，非挈而入渊也，为猿赐者，非负于缘木也，纵其所之，利之而已矣。

太平御览卷第四百七十八 人事部一百一十九

赠遗

《毛诗》曰：《鸡鸣》，刺不说德也。“知子之来之，杂佩以赠之。知子之顺之，杂佩以问之。”

又曰：唯士与女，伊其相谑，赠之以芍药。

又曰：《渭阳》，康公念母也。康公之母，晋献公之女。文公遭骊姬之难，未返，而秦姬卒。穆公纳文公。康公时为太子，赠送文公于渭之阳，念母之不见也。“我见舅氏，如母存焉。我送舅氏，曰至渭阳。渭，水名。秦时都雍至渭阳者，盖东行送舅氏于咸阳之地。何以赠之？辂车乘黄。我送舅氏，悠悠我思。何以赠之？琼瑰玉佩。”

《礼记》曰：孔子之卫，遇旧馆人之丧，入而哭之哀。出，使子贡脱骖而赙之。子贡曰：“无乃已重乎？”夫子曰：“余向者入而哭之，遇于一哀而出涕；余恶夫涕之无从也，小子行之！”

《左传》曰：鄢陵之战，郤至三遇楚子之卒，必下，免胄而趋风。楚子使工尹襄问之以弓，曰：“方事之殷，有韎韦之跗注，君子也。适见不谷而趋，无乃伤乎？”郤至见客，免胄承命。

又曰：越围吴，赵孟使楚隆使于吴王曰：“黄池之役，君之先臣志父得承齐盟，曰好恶同之，今君在难，无恤不敢惮劳。非晋国之所能及也，使陪臣敢展布之。”王拜稽首曰：“寡人不佞，不能事越，以为大夫忧。拜命之辱。”与之一箪珠。

又曰：吴公子札聘于郑，见子产如旧相识，与之缟带，缟带，大带也。子产献纻衣焉。纻衣，禅衣。谓子产曰：“郑之执政侈，难将至矣。政必及子，子为政，慎之以礼，不然郑国将败。”又曰：叔鲋欲求货于卫，淫刍荛者。淫，放也。使欲卫患之而致货焉。卫人使屠伯馈叔向羹，与一箧锦，屠伯，卫大夫。曰：“诸侯事晋，未敢携贰，况卫在君之宇下，屋宇之下，喻近。而敢有异志？刍荛者异于它日，敢请之。”请正之意。叔向受羹反锦。受羹示不逆其意。且非货赂也。

《论语·乡党》曰：康子馈药，拜而受之。曰：“丘未达，不敢尝。”馈，遗也。拜受，敬也。曰：“丘未达”，言不服之意。药从中制外，故当慎也。

又《微子》曰：齐人馈女乐，季桓子受之，三日不朝，孔子行。

《汉书》曰：文帝赐赵它书，上褚五十衣、中褚三十衣遗王。上褚、下褚，谓之多少、厚薄，袷复之名。

范晔《后汉书》曰：李恂征拜谒者，领西域副校尉。西域殷富，多珍宝，诸国侍子及督使贾胡数遗恂奴婢、宛马、金银、香罽之属，一无所受。

《东观汉记》曰：陈遵为大司农护军，尝使匈奴，过辞于王丹。临诀，丹谓遵曰：“俱遭时反覆，唯我二人为天地所遗。今子当之绝域，无以相赠，赠子以不拜。”遂揖而别，遵甚悦。

《后列》曰：王丹，字仲回。资性清白，少修节义。时京师大豪陈遵朋友丧亲，遵为护丧事，赙缣数百匹。丹怀缣一匹至丧主前，出缣授之，谓曰：“如丹是缣，出自机杼。”遵有惭色。

又曰：闵仲叔，太原人。好黄老，清志洁行，不仕王莽之世，恬静养神，弗役于物。与周党相友，党过叔舍，共含菽饮水，无菜茹党。尝遗其生麻，叔叹曰：“我欲省烦耳。”受而不食。

《后列》曰：光禄勋杜林与马援乡里，亲厚。援南方还时，林马适死，援遣子将马一匹遗林曰：“朋友有车马之馈，可以备之。”居数月，林还之。

《后汉书》曰：或问第五伦曰：“公有私乎？”对曰：“昔人有与吾千里马者，虽不受，每三公有所选举，心不能忘而亦终不用也。吾兄子尝病，一夜十往，退而安寝。吾子有病，虽不省视而竟夕不眠。若是者，岂谓无私乎？”

又曰：张奂少立志节，常与士友言曰：“大丈夫处世，当为国家立功边境。”及为将帅，果有勋名。董卓慕之，使其兄遗缣百匹。奂恶卓为人，绝而不受。

《吴志》曰：太史慈，字子义。曹公闻其名，遗慈书，以箧封之，发省无所道，而但贮当归。

《蜀志》曰：宗预东聘吴，孙权捉预手，涕泣而别曰："君每衔命结二国之好。今君年长，孤亦衰老，恐不复相见！"遗预大珠一斛。

《宋书》曰：王弘之征为通直散骑常侍，不就。从兄敬弘常解貂裘与之，即着以采药。

又曰：王弘之隐居，性好钓。日夕载鱼入往上虞郭，经亲故门，各以一两头置门内而去。

又曰：《陶潜传》：颜延之为始安郡，经过，日日造潜，每往必酣饮致醉。临去，留二万钱与潜，潜悉送酒家，稍就取酒饮。

《宋书》曰：郭原平。高阳许谣之居在永兴，罢建安郡丞还家，以绵一斤遗原平，不受，送而复反者前后数十。瑶之乃自往曰："今岁过寒，而建安绵好，以此奉尊上耳。"平乃拜而受之。

《齐书》曰：庾易征辟不就，以文义自乐。安西长史袁彖钦其风，通书致遗。易以连理机竹翘书格报之。

又曰：张融，字思光，吴郡吴人也。祖袆，晋琅琊王国郎中令。父畅，宋会稽太守。融年弱冠，道士同郡陆修静以白鹭羽尾扇遗融，曰："此既异物，以奉异人。"

又曰：何点隐居不仕，豫章王命驾造门，点从后门逃去。竟陵王子良闻之，曰："豫章王尚不屈，非吾所议。"遗点嵇叔夜酒杯、徐景山酒枪以通意。

范享《燕书》曰：高祖少有大度，雄略杰出。晋安北将军张华镇蓟，总御诸部。高祖童冠往见，华甚异之，谓高祖曰："君必为命时之器，匡时济难者也。"脱所着帻簪以遗高祖，结殷勤而别。

崔鸿《后燕录》曰：王猛伐洛阳，将发，谓慕容垂曰："吾将遂清东夏，或为东山之别。见物思人，卿将何以为信？"垂以佩刀遗之。

崔鸿《前秦录》曰：慕容冲进逼长安，符坚遣使送锦袍一遗冲。

使者称有诏:“古人兵交,使在其间。卿远来草创,得无劳乎!今送一袍,以明本怀,朕于卿恩分如何?而于一朝忽为此变!”

《后魏书》曰:西域厌达、波斯诸国,各因公使并遗任城王澄骏马一匹,请付太仆,以充国闲。诏曰:“王廉贞之行,有过楚相,可敕付厩以成君子大哉之美。”

《陈书》:贺德基少游学于京邑,积年不归,衣资罄乏,又耻衣服故弊,盛冬止衣夹襦裤。尝于白马寺前逢一妇人,容服甚盛,呼德基入寺门,脱白纶巾以赠之。仍谓德基曰:“君方为重器,不久贫寒,故以此相遗耳。”德基问妪姓名,不答而去。

《唐书》曰:陆贽以博学宏词登科,授华州郑县尉。罢秩,东归省母,路由寿州,刺史张镒有时名,贽往谒之。镒初不甚知,留三日,再见与语,遂大称赏,请结忘年之契。及辞,遗贽钱百万,曰:“愿备太夫人一日之膳。”贽不纳,唯受新茶一串而已。曰:“敢不承君厚意。”

又曰:陆贽丁母忧,东归洛阳,寓居嵩山丰乐寺。藩镇赙赠乃别陈饷遗,一无所取;与韦皋布衣时相善,唯西川致遗,奏而受之。

《家语》曰:子路将行,辞于孔子。子曰:“赠汝以车乎,赠汝以言乎?”对曰:“请以言。”孔子曰:“不强不达,不劳无功,不忠无亲,不信无复,不恭失礼,慎此五者而已矣。”子路曰:“由请终身奉之。”

《战国策》曰:苏秦说李兑,抵掌而谈。李兑送苏秦以明月之珠,和氏之璧,黑狐之裘,黄金百镒。苏秦得以为用,西入于秦。

又曰:张仪为秦破从连横,说楚王遗车百乘,献骇鸡之犀、夜光之璧于秦王。

梁祚《魏国统》曰:初,太祖过故人吕伯奢也。遂行,日暮,道逢二人,容貌威武,太祖避之路。二人笑曰:“观君有奔惧之色,何也?”太祖始觉其异,乃悉告之。临别,太祖解佩刀与之曰:“以此表吾丹心,愿二贤慎勿言。”

刘向《说苑》曰:田子方使人遗子思狐白之裘,恐其不受,因谓之曰:“吾与之也,如弃之。”子思辞曰:“伋闻:妄与不如遗弃于沟壑。

伋虽贫，不忍以身为沟壑也。”

《说苑》曰：孔子之楚，有渔者献鱼，孔子不受。献鱼者曰：“天暑市远，卖之不售，思虑欲弃之，不若献之君子。”孔子再拜受，谓弟子曰：“扫除将祭之。”弟子曰：“夫人将弃之，今夫子将祭之，何也？”孔子曰：“吾闻之务施而不腐余财者，圣人也，今受圣人之赐，可无祭乎？”

刘向《列仙传》曰：安期先生者，时人皆言千岁公。秦始皇请与语，三日三夜，赐金璧数千万，出于阜乡亭，皆置去，留书，以赤玉舄一量为报。曰：“后千岁求我于蓬莱山下。”

《费祎别传》曰：孙权以手中尝所执宝刀赠祎，答曰：“臣不才，何以堪明令？然刀所以讨不庭，禁暴乱者也。但愿大王勉建功业，同奖汉室，臣虽暗弱，不负东顾。”

《蜀王本纪》曰：蜀王猎于褒谷，见秦王，以金一笥蜀王，报以礼物，尽化为土。秦王大怒。臣下拜贺曰：“土者，地也。”

葛洪《西京杂记》曰：朱买臣为会稽太守，怀章绶，至金亭，而国人未知也。所知钱勃，见其曝露，乃劳之曰：“得无罢乎？”遗以纨扇。买臣至郡，引为上客。

《杂记》曰：公孙弘为国士所推，上为贤良。国人邮长赠以生刍一束、素丝一繸、朴玉一枚。

孟仪《周载》曰：悼公时，晋智伯为政，强暴好侵伐，欲谋袭卫，乃遗卫君野马四、白璧一，以结好。

《韩子》曰：仲尼为政于鲁，齐景公患之。黎鉏谓景公遗哀公女乐。景公曰：“善！”乃以女乐二人遗哀公，哀公果怠于政。仲尼谏，不听，去而之齐。

又曰：晋献公欲伐虞虢，乃遗之屈产之乘、垂棘之璧、女乐二八，以荥其心，而乱其政。

《孔丛子》曰：子思居贫，其友有馈之粟者，受二车焉。或献樽酒束脩，子思弗为当。或曰：“子取人粟而辞吾酒，是辞少取多也。”子思曰：“伋不幸而贫于财，至乃困乏，将绝先人祀。夫所以受粟，为周乏也。酒脯则饮宴，方乏于食，而乃饮宴，非义也，吾岂以为介哉！”

又曰：孔子使宰予于楚，楚昭王以安车蒙饰，因宰予遗孔子焉。宰予曰：“夫子无以此为也。臣窃见其行不离道，动不违仁，贵义尚德，清素好俭，仕而有禄，不以为费，不合则去，退无吝心，妻不服彩，妾不衣帛，车器不雕，马不食粟，道行则乐其治，不行则乐其身，臣知夫子之不用此车也。”

古诗曰：客从远方来，赠我一端绮。文作双鸳鸯，裁为合欢被。

谢惠连诗曰：客从远方来，赠我鹤文绫。裁为亲身服，着以便寝兴。

古诗曰：客从远方来，赠我一端绮。相去万余里，故人心尚尔。

张衡《四愁诗》曰：美人赠我金错刀，何以报之英琼瑶。

又云：美人赠我翠琅玕，何以报之双玉盘。

又云：美人赠我锦绣缎，何以报之青玉案。

又云：美人赠我貂襜褕，何以报之明月珠。

傅玄《四愁诗》曰：美人赠我明月珠，何以报之比目鱼。

又云：美人赠我苏合香，何以报之翠鸳鸯。

张载《拟四愁诗》曰：美人遗我绿绮琴，何以赠之双南金。

《琴操》曰：许由无有杯器，手掬水。人见由无器，以瓠瓢遗之。由操饮，饮讫，挂于树枝，风吹树动，有历历声。由以为烦忧，取损之。

《楚辞》曰：折疏麻兮瑶华，疏麻，神麻也。瑶，玉华。将以遗兮离居。离居，隐者也。

皇甫规《与刘司空笺》曰：明公至德，佐国忧世，虽赠两梁冠及鲐鱼一双，服厚尊贶，荣施其弘。

《班固集》曰：窦宪饷身所服物：虎头绣盘囊一双，又遗身所服袜三具，错镂铁一。

魏武帝《与杨彪书》曰：今赠足下青毡床褥三具。

慕容晃《与顾和书》曰：今致绣鞋一两。

《张敞集·敞答朱登书》曰：登为东海相，遗敞蟹酱，敞答曰：蘧伯玉受孔子之赐必以及其乡人，敞谨分斯贶于三老尊行者，曷敢独享之。

太平御览卷第四百七十九 人事部一百二十

报恩

《毛诗》曰：投我以木瓜，报之以琼琚。匪报也，永以为好也。

又曰：无言不酬，无德不报。

《左传》曰：灵公将杀赵盾，伏甲而亨之。初，宣子田于首山，舍于翳桑，见灵辄饿，问其病。曰："不食三日矣。"食之，既而为公介，倒戟以御公徒，而免之。问何故？曰："翳桑之饿人也。"

又曰：晋大夫魏武子有宠妾，无子。武子疾，命其子颗曰："我死，必嫁之。"及其疾困，曰："以殉。"武子卒，颗嫁之，曰："疾困则乱，吾从其治也。"其后，及秦战于辅氏，大败秦师，获杜回。杜回，秦之力士。方战，见一老父结草以抗杜回，杜回踬而颠，故获之。夜梦一老人谓己曰："予，汝嫁妾之父也。尔用先人治命，故以是报。"

《战国策》曰：中山君享都大夫，司马子期在焉。羊羹不遍，子期怒而走于楚，说楚以伐中山，中山君亡走。有二人挈戈随其后者，君顾二子奚为，对曰："臣父尝饿且死，君下壶飧餔。臣父且死，言曰：中山有事，汝必死之。故来死为君也。"中山君慨然曰："吾以一杯羹亡国，以一壶飧得二人。"

《史记》曰：王稽载范雎入秦为相，雎乃入言之王曰："非王稽之忠，莫能内臣于函谷关；非大王之贤圣，莫能贵臣。今臣官至于相，爵在列侯，王稽之官尚止于谒者，非所以内臣之意也。"王召稽，拜以为河东太守。

又曰：袁盎自为吴相，时有从吏尝盗盎侍儿，文颖云：婢。盎知之，不泄，遇之如初。人有告从吏，言"君知尔与侍者通"，乃亡归。盎自追还，遂以侍者赐之。及袁盎使吴见守，从吏适为守盎校尉司马，乃悉以其赍装置二石醇醪，会天寒，士卒饥渴，饮酒醉，西南陬卒皆卧。

司马夜引袁盎起，曰：“君可以去矣，吴王期旦日斩君。”盎不信，曰：“公何为者？”司马曰：“臣故为从吏盗君侍儿者。”盎乃惊，谢之而去。

又曰：苏秦既贵，乃遍报诸所尝见德者。其从者有一人独未得报，乃前自言，苏秦曰：“我非忘子。子之至燕，再三欲去我易水上。方是时，我困，故望子深是以后子。子今亦得矣。”

又曰：项王使召韩信，信谢曰：“臣事项王，官不过郎中，位不过执戟，言不听，画不用，故去而归汉。汉王授我上将军印，与我数万众，解衣衣我，推食食我，言听计用，故吾得以至于此。夫人深亲信我，我背之不祥，虽死不易。”

《汉书》曰：高祖为亭长，送徒咸阳诸吏皆送钱三百，萧何独以五百。上定天下，益何封三千户，以答其二。

又曰：栾布、彭越尝与游，穷困，卖佣为酒家保。彭越赎布为梁大夫。使于齐，未反，汉召彭越责以反，夷三族，枭首雒阳，下诏有收视者辄捕之。布还，奏事彭头下，祠而哭之。

又曰：高祖夺韩信军，转为楚王，都下邳。信至国，召所从食漂母，赐千金。及其下乡亭长，钱百，曰：“公，小人，为德不竟。”《史记》云：为惠不终也。

又曰：张苍，阳武人。有罪当斩，解衣伏锧，身长大，肥白如瓠，时王陵见而怪其美士，乃言沛公，赦勿斩。以为常山相。苍德王陵，及贵，父事陵。陵死，苍为丞相，洗沐，常先朝，陵夫人上食，然后敢归。

《前列》曰：盖宽饶左迁为卫司马，未出殿门，断其单衣，令短离地，冠大冠，带长剑，躬按行士卒庐室，视饮食居处，有疾病者身自临问，加致医药，遇之甚有恩。及岁尽交代，上临飨罢卫卒，数十人皆叩头自请，愿复留更一年，以报宽饶厚德。宣帝嘉之，拜宽饶为太中大夫。

又曰：朱买臣为会稽太守，悉召见故人与饮食，诸尝有恩者皆报复焉。

又曰：宣帝在长安狱中，邴吉保护养视。上知吉有旧恩而终不言。时贤人诏曰：“御史大夫与朕有旧恩，厥德茂焉。《诗》不云乎？

‘无德不报。’其封吉为博阳侯，食邑千三百户。”

又曰：陈平既贵宠封侯，乃谓高祖曰：“臣不因魏无知，无以得见陛下，请分报。”

又曰：张贺幸于卫太子，太子败，贺下蚕室，后为掖庭令。而宣帝收养掖庭，贺拊循恩甚密。及宣帝即位，而贺已死，上追思德贺，一子早死，子孺小男彭祖指欲封之，先赐爵关内侯。

《东观汉记》曰：建武二十六年，上延集内戚宴会，诸夫人各前言为赵喜所济活帝甚嘉之，后征喜，入为太仆。引见，谓曰：“卿非但为英雄所保也，妇人亦怀卿之恩。”厚加赏赐。

袁弘《后汉书》曰：郑弘，字巨君。少事博士焦贶，贶门徒数百人，当举明经，其妻劝贶曰：“郑生有卿相才，应此举者也。”从父楚王英之谋反，遍诬天下知名者，贶以楚征，疾病道死，妻子闭诏狱，考掠连年。诸生故人皆易姓名以避其祸，弘独髡首负锁为贶讼罪。明帝感悟，乃免贶家属。

《魏志》曰：太祖平幽州，召孙礼为司空军谋掾。初荒乱时，礼与母相失，同郡马台求得礼母，礼推家财尽以与台。

又曰：杨沛，字孔梁。为新郑长，谓民益蓄桑椹、劳豆积浸得千余斛，后为郿令，赐其生口十人，绢百匹。

又曰：曹真，字子丹，沛郡人，本姓秦，养曹氏。或云其父伯南夙与太祖善。兴平末，袁术部党与太祖相攻劫，太祖出。为寇所追，走入秦氏，伯南开门受。寇问所在，答云：“我是。”寇遂害之。由此太祖思其功，遂变其姓。

又曰：郭援捕得贾逵，逵不肯拜，谓援曰：“王府君临郡积年，不知足下曷为者也？”援曰：“捉斩之。”诸将覆护，乃囚之，闭着土窟中，以车轮盖上，使人固守。方且杀之逵从窨中谓守者：“此间无健儿也，而当使义士死？”时祝公道，与达非故，而适闻其言，怜其守正，乃夜盗引出，折械遣去，不语其姓名。援破，后达知前出已者是祝公道，河南人。后坐它事当伏法，达救不能解，为之改服。

《吴录》曰：孙权既斩黄祖，作二函，欲以盛祖及都督苏飞首。甘宁之在祖军也，独飞厚之。宁为请叩头流血。主曰："为君置之，若走如何？"对曰："飞受更生之恩，岂图去？若有万一，宁头当代入函也。"乃舍之。

《蜀志》曰：法正为蜀郡太守、扬武将军，外统都督，内为谋主。一餐之德，睚眦之怨，无不报复。或谓诸葛亮曰："法蜀郡太纵横，将军宜启主公，抑其威福。"亮答曰："主公之在公安也，北畏曹操之强，东惮孙权之逼，近则惧孙夫人生变于肘腋之下；当斯之时，进退狼跋，法孝直为之辅翼，令翻苒不可复制，如何禁法正使不得行其意耶！"

《晋书》：顾荣与同僚宴饮，见执炙者，貌状不凡，有欲炙之色。荣割炙啖之。坐者问其故，荣曰："岂有终日执之而不知其味！"及伦败，荣被执将诛，而执炙者为督，救免之。

干宝《晋纪》曰：王濬在巴郡，兵民苦役，生男多不举。濬乃严其杀子之防而厚恤之，所育者数千人，于此能称兵矣。父母戒之曰："王府君生尔，必勉之，无爱死！"

《宋书》：王镇恶尝寄食渑池人李方家，方善遇之。谓方曰："若遭遇英雄主，要取万户侯，当厚相报。"方答曰："君丞相孙，人才如此，何患不富贵！"

《陈书》曰：阴铿释褐梁湘东王法曹参军。天寒，铿尝预宾友宴饮，见行觞者，因回酒炙以授之，众坐皆笑。铿曰："吾侪终日酣饮，而执爵者不知其味，非人情也。"及侯景之乱，铿尝为贼所擒，或救之获免，铿问其故，乃前所行觞者。

《唐书》曰：李晟尝有恩者，厚报之。初，谭元澄为岚州刺史，有恩于晟，后坐贬于岳州。比晟贵，上疏理之，诏赠元澄宁州刺史。元澄三子，晟抚待勤至，皆为成就宦学，人皆义之。

《吴越春秋》曰：吴师入郢，引军击郑。定公前既杀楚太子建，而困子胥，故怨郑。兵将入境，定公大惧，乃令于郑邦中曰："有能还吴军者，吾与之分邦而治。"渔者子闻而进之曰："臣能还之，不用兵戈升粮，得一桡行歌，道中，即还矣。”定公大悦，乃与一桡。子胥军将至，渔者子当路叩桡行歌辞曰：“芦中人，芦中人！”子胥闻之大惊，曰：“何等人者！”即请与语，曰：“吾是渔者子。吾国君怖惧，令于国中有能还吴军，吾与之分国而治。臣念先人与君相遭于途，今从君乞郑之罪也。”子胥曰：“吾蒙子先人之恩，自致于此。上天苍苍，岂敢忘子之功乎！”于是乃释郑不伐。

又曰：伍子胥伐楚，还溧阳濑水之上，长叹曰：“吾尝饥于此，乞食而杀一妇人，将欲报之金，不知其家。”遂投金濑水之中而去。有顷，一妪行哭而来。问曰：“妪何哭之悲也？”妪曰：“吾有女，守吾，年三十不嫁。往年击漂于此，遇人穷，饭之，而恐泄事，自投于濑水中而死。今闻伍君来，不得其家，自伤空乏而无为报者，故行哭之悲也。”人曰：“子胥欲报妪以百金，不知妪所在，投金水中而去。”妪乃取金以归也。

刘向《说苑》曰：吴赤布使于智氏，假道于卫。宁文子具纻絺三百制送之，将归吴。智伯命造舟为梁。赤布曰：“吾闻天子济于水，造舟为梁，诸侯方舟，大夫维舟，臣之职也。且敬大甚，必有故，使人视之，则用兵在后。赤布曰：“卫假吾道而厚赠我，我见难不告，是与为谋也。”称疾而留，使人告卫，卫人警戒，智伯乃止。

又曰：楚庄王赐群官酒，日暮，灯烛灭，有引妾衣者。妾得其冠缨，持之趋火来上视绝缨者。王曰：“赐人酒，使醉失礼，奈何欲显妇人节而辱士乎？”乃令曰：“夜饮不绝缨者不欢。”群臣百余人皆绝缨，乃大醉尽欣。居二十年，晋与楚战，有一臣常在前，五合五获甲首，却敌，卒胜。庄王怪而问之，对曰：“臣当死，往醉失礼，王隐不诛也，终不敢以阴蔽之德而不显报。常愿肝胆涂地，用颈血湔敌人矣。臣乃绝缨者也。”遂平晋军，楚得以强。

又曰：阳虎得罪于卫，北见简子曰：“自今以来，不复树人矣。”简子曰：“唯贤者为能报恩，不肖者不能。夫春树桃李者，夏得休息，秋得食焉；树蒺棃者，夏不得休息，秋得其刺焉。今所树者，蒺藜也。”

《异苑》曰：景平中，东阳大水。永康人蔡嘉夫避往南垄，夜有大鼠，形如狸，浮水而来，径伏嘉夫床角，奴愍而不犯，每食转以余饭与之。水势退，嘉夫得反居，鼠以前脚捧青纸裹三斤许珠，着奴前啾啾，状如欲语。从此，去来不绝也。

又曰：始兴，杨山县人，行田，忽遇一象，以鼻卷之，遥入深山。见一象，脚有巨刺，此人牵挽得出，病者即起，相与踊陆，状若欢喜。前象复载，就一污湿地，以鼻掘出数枝长牙，送还本处。彼境苗稷常为象所困，其象俗呼大客，因语云："我田稼在此，恒为大客所犯，若念我者，勿见侵。"便觉踯躅，如相训解。于是一家业田，绝无其患。

《三秦记》曰：白鹿原人，钓鱼于原，纶绝而去。梦于汉武求去其钩。明日，戏于池，见大白鱼衔索，帝曰："岂非昨所梦？"取而去之。间三日，帝复游池滨，得明珠一双，武帝曰："岂非昔鱼之报！"

桓冲之《述异纪》曰：陈留周氏婢，名兴进。入山取樵，梦见一女，语之曰："近在汝头前目中有刺，烦为拔之，当有厚报。"婢见一朽棺，头穿坏，髑髅堕地，草生目中。便为拔草，内着棺中以甓塞穿，即于髑髅处得一双金指环。

吴均《续齐谐记》曰：弘农杨宝，见一黄雀为鸱枭所搏，取之以归。置巾箱中，养之百余日，毛羽成，朝去暮还。后宝夕读书未卧，有黄衣童子向宝再拜曰："我王母使臣，昔使蓬莱，不慎为鸱枭所搏，蒙君仁爱救拯。今当受使南海，不得奉侍，以白环四枚与宝，令君子孙洁白，且位登三事，当如此环矣。"

东阳元凝《齐谐记》曰：富阳董昭之尝乘船过钱塘，江中央见一蚁着一短芦，甚迫遽，昭之曰："此畏死也。"便以绳系此芦着船头，蚁缘绳出。中夜梦一人乌衣从百许人来谢云："仆不慎堕江，惭君济活仆是蚁中王，君若危难之日，当见告。"后昭遇事系狱，蚁穴狱，昭遂得脱。

盛弘之《荆州记》曰：隋侯曾得大蛇，不杀而遣之。蛇后御明月珠以报随侯，一名随侯珠。

孔灵符《会稽记》曰：射的山南有白鹤山。此鹤为仙人取箭。汉太尉郑弘尝采薪，得一遗箭，顷有人觅，弘还之。问："何所欲？"弘曰："常患若耶溪载薪为难，愿旦南风，夕北风。"后果然。

刘义庆《幽明录》曰：项县人姚牛，年十余岁，父为乡人所杀，牛手刃之于众中。吏捕得，官长深矜孝节，为推迁其事，会赦得免。令后出猎，逐鹿入草中，有古深阱数处，马将趣之，忽见一公举杖击马，马惊避，不得及鹿。令怒，引弓将射之，公曰："此中有阱，恐君堕耳！"令曰："汝为何人？"翁跪曰："姚牛父也。感君活牛，故来谢恩。"遂灭不见。

又曰：符坚时，有射师经嵩山，望见松上有一双白鸟似鹄而大；至树下又见一蛇，长五丈许，上树取鸟。鸟欲飞，蛇张口翕之，鸟不去，缤纷一餐。顷射师彀弩，射三矢，蛇落，鸟得去树百余步山边整理毛羽。须臾，云雷发，射师慑，不得旋踵，见向鸟徘徊其上，毛落纷纷，似如相援。如此数阵，云息电灭，射师得免，鸟亦高飞。

《三辅决录》曰：高陵庞智伯，名勃，为郡小吏。东平衡农，字剽卿，为书生，穷乏，客锻于勃家。勃知其贤，礼待顾眷，常去，送十里，过舅家复贷钱赠之。农受之曰："为冯翊，乃相报。"别七八年，果为冯翊。勃为门下书佐，忘之矣，农召问乃寤，举孝廉，为尚书郎、左右丞、魏郡太守、河内太守。

又曰：赵歧避难于四方，江、海、岱、霍无所不到，自匿姓名，布衣巾絮，卖饼北海市。安丘孙嵩，年二十余，游市见赵归，微察，知非常人，驻车呼与共载曰："我北海孙宾硕，终不相负。"歧闻嵩，即以实告，遂与俱归。嵩先入，白母曰："今日出，得死友在外。"歧即匿嵩家，积年乃出。后说刘表。时北海孙嵩流离在刘表末座，不为表所识，歧遥识之，向表说嵩。表甚奇重之，因共表嵩为青州刺史。

干宝《搜神记》曰：哙参寓居河内，虔恭父母。忽有单鹤趣之，参抚视，箭创甚重。于是以膏药摩之，月余渐愈，放而飞去。数十日间，夜鹤雌雄二头，各衔一珠，吐之而去。

《搜神记》曰：羊公雍伯本以侩卖为业，性笃孝，父母终，葬南山，遂家焉。山高无水，公汲水作义浆于坂头，行者皆饮之。三年，有一人就饮，以一升石子与之，使至高平好地有石处种之，得五双白璧，名玉田。玉田起于此也。

《续搜神记》曰：晋咸康中，豫州刺史毛宝戍邾城，有一军人于武昌市见人卖一白龟子，长四五寸，色白可爱。其人买取持归，着瓮中养之，日渐大。近及尺许，其人怜之，持至江边放于水中，视其游去。后邾城遭石虎败，毛豫州既赴江，莫不沉溺。所养龟人于时被铠持刀，亦同自投入水中，觉如堕一石上，水裁至腰，须臾浮去中流视之，乃是先养白龟，甲已长六七尺，既送至东岸，出头视之，徐游而去中江，犹顾者数四焉。

陈寿《益部耆旧传》曰：王忳尝诣京师，于空舍中有一书生病，因愍而视之。书生谓忳曰："我当到洛阳而病，腰下有金十斤，愿以相赠，死后乞藏骸骨。"未及问姓名而绝。忳即鬻金营葬，余金悉置棺下。后数年，县署大度亭长。初到日，有马驰入亭而止。其日大风飘一绣被，复堕忳前。

《张氏家传》曰：禧字彦祥，除效穀令。尝有鹳负矢集禧庭，以甘草汤洗之，傅药留养十余日，疮愈飞去。月余，衔赤玉珠二枚，置禧厅事。

《晏子春秋》曰：北郭骚见晏子曰："窃说先生之义，愿乞以养母。"晏子使人分粟及金以遗之，辞金受粟。有间，晏子见疑于景公，乃出奔，北郭子曰："养及亲者，身更其难。"遂告公庭曰："晏子，天下之贤也。去齐，齐国必侵。不若先死！"乃自杀。公自追及郊而反，晏子曰："士以身明人者哉！"

《吕氏春秋》曰：秦缪公败，失右服马。公自往求，见野人方食之于歧山之阳。缪公笑曰："食骏肉不饮酒，余恐伤汝也！"遍饮而去。居一年，为韩原之战，晋人已环缪公之车，晋梁由靡已扣缪公。尝食马肉三百余人，疾斗车下，遂大克晋，反获晋惠公以归。

又曰：赵简子有两白骡，甚爱之。阳城胥渠处阳城，姓；胥渠，名。

处，犹病也。广门之官，夜款门而谒曰："主君之臣胥渠有疾。"医教曰："得白骡之肝则止，不得则死。"请入通。董安于御于侧，简子曰："杀白骡，取其肝以予阳城胥渠。"无几何，赵兴兵而攻翟，广之门官七百人皆先登而获甲首。

太平御览卷第四百八十 人事部一百二十一

盟誓

《说文》曰：誓，约束也。

《尚书·甘誓》曰：大战于甘，乃召六卿，王曰："嗟！六事之人，予誓告汝：有扈氏威侮五行，怠弃三正，天用剿绝其命。今予唯龚行天之罚。左弗攻于左，汝弗龚命。左军左之主射攻治之其职也。右弗攻于右，汝弗龚命。御非其马之正，汝弗龚命。三者有失皆不奉我命也。用命赏于祖。弗用命，戮于社；天子亲又载社主谓之社，土不用命则戮于社也。予则孥戮汝！"

又《泰誓》曰：王乃徇师而誓，曰："呜呼！西土有众，咸听朕言！予有乱臣十人，同心同德。虽有周亲，不如仁人。"

《周礼·司盟》曰：掌盟载之法。载盟辞也。凡邦有疑会同，则掌其盟约之载及其礼仪，北面诏明神，既盟，则贰之。贰之者，写副当以授六官之也。盟万民之犯命者，诅其不信者亦如之。

《左传》曰：陈五父如郑莅盟。歃如忘。薛伯曰："五父必不免，不赖盟矣。"

又曰：庄公许孟任以为夫人，割臂以盟。

又曰：子犯以璧授公子，曰："臣负羁绁从君巡于天下，臣之罪多矣。请由此亡。"公子曰："所不与舅氏同心者，有如白水。"子犯，重耳舅氏。言与舅氏同心之盟，如此白水也。投其璧于河。

又曰：王子虎盟诸侯于王庭，要言曰："皆奖王室，无相害也。有渝此盟，明神殛之，俾坠其师，无克祚国。"

又曰：宁武子与卫人盟于宛濮，曰："天祸卫国，君臣不协，以及此忧。今天诱其衷，使皆降心以相从也。不有居者，谁守社稷？不有行者，谁捍牧圉？有渝此盟，以相及也。明神先君，是纠是殛。"国人闻此盟也，而后不贰。

又曰：楚师将去宋，申犀稽首于王之马前，曰："无畏知死而不敢废王命。王弃言焉。"王不能答。申叔时仆，曰："筑室反耕者，宋必听命。"从之。宋人惧，使华元夜入楚师，登子反之床而起之曰："寡君使元以病告，曰：弊邑易子而食，析骸以爨。虽然，城下之盟，有以国弊，不能从也。去我三十里，唯命是听。"子反惧，与之盟而告王。退三十里。宋及楚平，华元为质。盟曰："我无尔诈，尔无我虞。"楚不诈宋，宋不备楚也。

又曰：晋士燮会楚公子罢、许偃，盟于宋西门之外，曰："凡晋楚无相加戎，好恶同之，同恤灾危，备救凶患。交贽往来，道路无壅，谋其不协，而讨不庭"也。

又曰：秋七月，盟于亳。范宣子曰："不慎，必失诸侯。"乃盟，载曰："凡我同盟，无蕴年，蕴积年谷而不分定。无壅利，无奸保，无留慝，救灾患，恤祸乱，同好恶，奖王室"也。

又曰：郑大夫盟于伯有氏。裨谌曰："是盟也，其与几何？"言其不能久也。裨谌，郑大夫也。《诗》曰："君子屡盟，乱是用长。"

又曰：小邾射以句绎来奔，曰："使季路要我，吾无盟矣。"以子路信诚，故得与相要誓而不须盟也。子路即季路。使子路，子路辞。季康子使冉有谓之曰："千乘之国，不信其盟，而信子之言，子何辱焉？"

《公羊传》曰：庄公会齐侯，盟于柯。曹子进曰："君之意何如？"庄公曰："寡人之生，则不若死。"曹子曰："然则君请当其君。臣请当其臣。"庄公曰："诺。"于是会桓公。庄公升坛，曹子手剑而从之。管子进曰："君何求？"曹子曰："城坏压境，齐数侵取鲁邑，以喻侵近。君不图欤？""愿请汶阳之田。"管仲顾曰："君其许诺。"桓公曰："诺已盟。"曹子剽剑而去之。要盟可犯，而桓公不欺；曹子可仇，而桓公不怨。桓公之信，著乎天下，自柯之盟始也。

《谷梁传·僖公》曰：葵丘之盟，陈牲而不杀，牍书加于牲上，曰："毋雍水，毋讫籴，讫，止。毋以妾为妻，毋使妇人与国事。"

又《成公》曰：溴梁之会，诸侯失政。诸侯会，而曰大夫盟，政在大夫也。诸侯在，而不曰诸侯之大夫，大夫不臣也。

《三礼图》曰：方盟，木方四尺，设六色；东青西白，南赤北黑，上玄下黄。设六玉：上珪下璧，南方璋，西方琥，北方璜，东方珪。方盟者，上下四方之神明，天之司盟。

《史记》曰：吴起东出卫郭门，与其母别，啮指而盟：起不为卿相，不复入卫也。

又曰：秦之围邯郸，赵使平原君求救于楚。门下有毛遂者，前自赞于平原君曰："遂愿备员而行。"平原君曰："夫贤士之处世也，若锥处囊中，其末立见。今先生处胜之门下三年于此矣，左右未有所称。"遂曰："臣乃今日请处囊中。尔使早处囊中，必颖脱而出，非特其末见而已。"平原君与楚合从，言其利害，日出而言，日中不决。遂按剑而前曰："从之利害，两言而决耳。今日出而言，日中不决，何也？"楚王叱曰："胡不下？"遂按剑而前曰："今十步之中，王不得恃楚国之众，王之命悬于遂。今楚地五千里，持戟百万，此霸王资。白起，小竖子耳，率数万之众，一战而举鄢、郢，再战而烧夷陵，三战而辱王之先人。此百世之怨也。"楚王曰："谨奉社稷以从。"遂奉铜盘北面跪进之，从定于殿上。遂招堂下十九人曰："公等碌碌，因人成事者也。"

《汉书》曰：王陵为右丞相。惠帝崩，高后欲立诸吕为王，问陵。陵曰："高皇帝刑白马而盟曰：非刘氏而王者，天下共击之。今王诸吕，非约也。"

《东观汉记》曰：隗嚣，字季孟，天水人也。以王莽篡逆，复汉之祚，乃立高祖，太宗之庙，称臣执事，史奉璧而告。祝毕，有司穿坎于庭，割牲而盟。

《魏志》曰：臧洪，字子原，广陵射阳人也。张邈起兵，请洪与计事。又致之于刘兖州公山、孔豫州公绪，乃设坛场，方共盟誓，诸州郡更相让，乃共推洪。洪乃升坛操盘歃血而盟。

《晋中兴书》曰：符洪第三子健，阴图关中，阳使其徒种麦，示无西意。有微知其计，不肯耕种者，健杀之。后十余日，师众西行，到孟津，作浮桥渡河。使弟雄步骑五千人入潼关，兄子青轵关入河东，誓曰："若事不捷，汝死河北，我死河南，为鬼无相见也。"

又曰：王羲之为会稽内史，慨然称疾去郡，于父母墓前自誓曰："维永和十一年二月九日，小子羲之敢昭告尊灵。羲之不天，夙遭闵凶，不遂过庭之训。母兄鞠育，得渐庶几，遂因人之力，蒙国宠荣。进无忠孝之节，退违圣贤量力之义。将忧及宗祠，岂在微身！是用寤寐永叹，若坠渊谷。"羲之既去官，与东士人士尽山水之游，弋钓为娱。与道士许玄度共修服食，采求药石，不远千里。朝廷以其誓苦，亦不复征。

又曰：祖逖说中宗以扫平中原，于是以逖为前锋都督、奋威将军、豫州刺史，给布三千匹。逖乃迳北渡江，中流誓曰："祖逖不清中原而复济者，如此江！"

萧子显《齐书》曰：王敬则为暨阳令。县有一部劫逃柴山中为民患，敬则遣人致意劫师，悉可出首，当先申论。治下庙神甚酷烈，百姓畏之，敬则引神为誓，必不相负。劫师既出，敬则于庙中设酒会，于坐收缚之，曰："吾先启神，若负誓，还神十牛。今不得违誓。"即杀十牛，并斩诸贼，百姓悦之。

《汉书春秋》曰：梁皇后崩，桓帝独呼小黄门唐衡至北户，如厕，问左右梁冀不相得者皆谁？衡对曰："单起、左悺前诣河南尹不疑，礼敬小简，不疑收其兄弟送雒阳狱。"于是，帝与入室定谋，啮超臂出血以为盟，乃诛梁冀。

《高士传》曰：胡昭。初，晋宣帝为布衣时，与昭有旧。昭同郡周士等谋害帝，昭闻而步险，邀士于济、渑之间，止士，士不肯。昭泣以示诚，士感义乃止。昭斫枣树共士盟而别，昭虽有阴德于帝，口终不言，时人莫知。

《华阳国志》曰：昭王时，有一虎伤害千余人，昭王乃募有能杀虎者赏。时巴夷廖仲作白竹之弩，乃射杀虎。昭王刻石盟，要曰："秦犯夷输黄龙一双，夷犯秦输清酒一钟。"夷人安之。

《晏子春秋》曰：崔杼杀庄公，盟于国者，戟钩其颈，剑承其心。晏子不与盟，而出，上车。其仆将驰，晏子抚其手曰："鹿生于山，命悬于厨，命有所悬矣。"成节而去。

《黄庭经》曰：黄庭为不死之道，受者斋九日，或七日，或三日，然后授之者为师。受者奉焉，结盟立誓，期以勿泄。古者，盟用玄云之锦九十尺，今简凤文之罗四十尺。

《竹林七贤论》曰：刘伶常病酒，渴求酒于其妻，妻捐酒毁器泣而谏曰："君酒过，非摄生之道也，必宜断之。"伶曰："善！吾不能自禁，唯酒当礼于鬼神，自誓以断之耳，便可具酒肉。"妻敬闻命，供酒肉于前，请伶祝誓。伶跪而祝曰："天生刘伶，以酒为名；一饮一斛，五斗解酲；妇人之言，慎不可听。"仍引酒御肉，隗然而已复醉矣。

《孙卿子》曰：盟诅不及五帝，誓诰不及三王，交质不及五伯。《谷梁》二傅：交质不及二伯。

《淮南子》曰：胡人弹骨，胡人之盟约，置酒人头骨中，饮以相咀也。越人锲臂，中国唼盟，所由名异，其于信一也。

质

《左传》曰：郑武公、庄公为平王卿士。贾逵曰：卿，士也。有事者六卿也。王贰于虢，郑伯怨王，王曰："无之。"故周、郑交质，王子狐为质于郑，郑公子忽为质于周。王子狐，周平王之子。郑子忽，郑庄公太子忽也。王崩，周人将畀虢公政。夏，郑祭仲帅师取温之麦。温，周地也，苏氏邑也。秋又取成周之禾。周、郑交恶。君子曰："信不由中，质无益也。"

又曰：楚子围郑。旬有七日，郑人卜行成，不吉。卜临于大宫，且巷出车，吉。贾逵曰：临哭也，巷出车陈于巷街，示虽困不降，必欲战也。国人大临，守陴者皆哭。陴，城堞也。楚子退师，郑人修城，进复围之，三月克之。入自皇门，至于逵路。皇门，郑城门也。郑伯肉袒牵羊以逆，曰："孤不天，不为天所佑也。不能事君，使君怀怒以及弊邑，孤之罪也。敢不唯命是听。其俘诸江南以实海滨，亦唯命。其翦以赐诸侯，使臣妾之，亦唯命。若不泯其社稷，使改事君，君之惠也，孤之愿也，非所敢望也。敢布腹心。”左右曰：“不可，得国无赦。”王曰：“其君能下人，必能信用其人矣，庸可冀乎？”退三十里而许之平。潘尫入盟，子良出质。潘尫，楚大夫师叔守也。子良，郑公子也。

《谷梁》曰：晋大夫败齐师于鞍。郄克曰：“与我纪侯之甗，甗，齐襄灭纪所得邑。且以萧同叔子为质。”

《史记》曰：越王勾践欲使范蠡治国政，蠡对曰：“兵甲之事，种不如蠡；镇抚国家，亲百姓，蠡不如种。”于是举政属种，而使蠡与大夫柘稽行成，为质于吴也。

又曰：蔡昭侯十年，朝楚昭王，持善裘二，献其一于昭王而自衣其一。楚相子常欲之，弗与。子常谗蔡侯，留之于楚三年。蔡侯知之，献其裘，子常受之，乃言归蔡侯。蔡侯归而之晋，请与晋伐楚。夏，晋灭沈，楚怒，攻蔡。昭侯使其子为质于吴，谋共伐楚。后与吴王阖闾，遂破楚入郢。

又曰：张仪说楚王曰：“大王诚能听臣，臣请使秦太子入质于楚，秦女为大王箕帚之妾，效万里之都以为汤沐之邑。”

《战国策》曰：濮阳人吕不韦贾于邯郸，见秦质子异人，谓其父曰：“耕田之利几倍？”曰：“十倍。”“珠玉之赢几倍？”曰：“百倍。”“立主定国赢几倍？”曰：“无数。”曰：“今力田疾作，不得暖衣余食。今建国立君，泽可以遗后。愿往事之。”太子异人质于赵，处于聊城，故往说之。

又曰：楚襄王太子之时为质。王崩，太子辞归，齐王曰：“与我东地五百里，则子得归。”太子入，致命曰：“敬献地五百里。”齐王归楚太子。太子归，即位为王。齐使车五十乘来取东地于楚，王朝群臣曰：“寡人之得来及主坟墓、复群臣、归社稷，以东地五百里许齐。齐今求地，为之奈何？”上柱国子良曰：“王不可不与也。王身出玉声，许强万乘之齐，而弗与，则不复信，不可以约结诸侯。”

又曰：楚王死，太子在齐质，苏秦谓薛公曰：“君不如留楚太子以市其下东国。”薛公曰：君不！我留太子，郢中立王。“苏秦曰：“不然！郢中立王，君因谓其新王曰：与我下东国，吾为王杀太子；不然，则吾将与三国共立之。然则下东国必可得矣。”

又曰：赵太后新用事，秦急攻之。赵氏求救于齐，齐曰：“必以长安君为质，兵乃出。”太后不肯，大臣强谏。太后谓左右言：“有复令长安君为质，老妇必唾其面！”左师触龙言曰：“今媪尊长安君之位，而封之以膏腴之地，与之重器，不令有功于国。若山陵崩，长安君何以自托于赵？老臣以媪为长安君计短也。”太后曰：“诺！”于是为长安君约车百乘质于齐，齐兵乃出也。

《东观汉记》曰：隗嚣负陇城之固，纳王元之说，虽遣子春卿入质，犹持两端。世祖于是稍黜其礼，正君臣之义。

《晋中兴书》曰：诸葛诞叛，遣子靓入质于吴。吴亡，入洛，自以父诞为太祖所斩，誓不见太祖。叔母琅琊武王妃，靓之姊也。帝后因靓在姊间，往就见焉。靓逃于厕，帝又逼之，靓流涕曰：“臣不能漆身吞炭，复睹圣颜！”

《燕丹子》曰：太子丹质于秦，秦王遇之无礼。不得意，欲归，秦王不听，谬言曰：“令乌白头、马生角，乃可。”丹仰天而叹，乌即白头，马为生角。秦王不得已，而造机发之桥，欲陷丹。丹过之，桥为不发也。

太平御览卷第四百八十一 人事部一百二十二

仇雠上

《周礼·地官·调人》曰：调人，掌司万民之难而谐和之。马融曰：难，谓相与为仇也。凡和难：父之仇，避诸海外；兄弟之仇，避诸千里之外；从父兄弟之仇，不同国；君之仇视父，师长之仇视兄弟；交友之仇视从父兄弟。

《礼记》曰：子夏问于孔子曰："居父母之仇，如之何？"夫子曰："寝苫，枕干，不仕，弗与共天下也。遇诸市朝，不反兵而斗。"曰："请问居昆弟之仇如之何？"曰："仕，弗与共国。衔君命而使，虽遇之不斗。"曰："请问居从父昆弟之仇，如之何？"曰："不为魁。主人能，则执兵而陪其后。"

《左传》曰：祁奚请老，晋侯问嗣焉。称解狐，其仇也，将立之而卒。事具"荐举"部。

又曰：齐高发帅师伐莒。莒不仕齐故也。莒子奔纪鄣。纪鄣，莒邑。使孙书孙书，陈无，宇子占也。伐之。初，莒有妇人，莒子杀其夫，已为嫠妇。及老，托于纪鄣，纺焉以度而去之，曰纺纑连所以度城而藏之。以待外攻者。及师至，则投诸外。投绳城外随之而出。或献诸子占。子占使师夜缒而登。缘绳登城也。登者六十人，缒绝，师鼓噪。城上之人亦噪。莒共公惧，启西门而出。齐入纪。《传》言：怨不在天。

又曰：吴伐越，越子勾践御之，阵于槜李灵姑浮以戈击阖庐，伤将指，取其一履。其大足指见斩遂失履，姑浮取之也。还，卒于陉，去槜李七里。夫差使人立于庭，苟出入，必谓己曰："夫差，而忘越王之杀汝父乎？"则对曰："唯，不敢忘！"三年乃报越也。

又曰：五年春，晋围柏人，士吉射奔齐。初，范氏之臣王生恶张柳朔，言诸昭子，使为柏人。令柳朔为柏人宰也。昭子，范吉射也。昭子曰："夫非而仇乎？"对曰："私仇不及公，好不废过，恶不去善，义之经也。臣敢违之。”及范氏出，柏人奔齐。张柳朔谓其子：“尔从主，勉之。我将止死，王生授我矣。”授我以死节也。

《公羊传》曰：齐哀公亨乎周，纪侯谮之。襄公将复仇乎纪。“远祖九世矣，九世犹可以复仇乎？”“虽百代可也。”“家亦可乎？”曰：“不可。”“国何以可？”“国君一体也，先君之耻犹今君之耻也。”

《战国策》曰：晋毕阳之孙豫让，始事范中行氏，不说，去而就知伯，知伯宠之。及三晋分知氏，赵襄子最怨知伯，而漆其头以为饮器。让遁逃山中，曰：“嗟乎！士为知己者死，女为悦己者容。吾其报知氏之仇矣！”乃变姓名，为刑人，入宫涂厕，欲以刺襄子。襄子如厕，心动，执问涂者。让刃其捍曰：“欲为知伯报仇！”左右欲杀之，襄子曰：“彼义士也！吾谨避之耳。知伯已死，无后，而其臣报仇，此天下之贤人也。”卒释之。让又漆身为癞，灭须去眉，自刑以变其容，为乞人而往乞。其妻不识，曰：“状貌不似吾夫，其音何类吾夫之甚也！”又吞炭为哑变其音。有谓之曰：“子之道甚难而无功。谓子有志，则然矣；谓子智，则否。以子之才而善事襄子，襄子必近子，子之得近而行所欲，此甚易而功必成。”让乃笑而应之曰：“是为先知报后知，为故君贼新君，大乱君臣之义者，无此矣！凡吾所谓此者，以明君臣之义，非从易也。且夫委质而事人，而求弑之，怀二心以事君也。吾所为难，亦将以愧天下后世人臣怀二心者。”顷之，襄子当出，让伏所当过桥下。襄子至桥而马惊。襄子曰：“此必豫让也！”使人问之，果让。于是襄子数让曰：“子不尝事范中行氏乎？知伯灭范中行氏，而子不为报仇，反委质事知伯。知伯已死，子独何为报之深也？”让曰：“臣事范中行氏，中行氏以众人遇我，我故众人报之；知伯以国士遇我，我故国士报之。”襄子乃喟然泣曰：“嗟乎豫子！豫子为知伯，名既成矣。寡人舍子，亦以足矣。子自为计。”使兵环之，让曰：“臣闻明主不掩人之义，忠臣以死为名。君前以宽舍臣，天下莫不称君之贤。今日之事，臣故伏诛，然愿请君之衣而击之，则死不恨。非所望也，敢布腹心！”于是，襄子义之，乃使使者持衣与让。让拔剑三跃，击之曰：“可以报知伯矣！”遂伏剑而死。死之日，赵国之士闻者皆为涕泣。

《史记》曰：秦昭王闻魏齐在平原君所，欲为范雎必报其仇，乃佯为好书遗平原君曰：“愿与君为布衣之交，十日饮也。”

又曰：项梁杀人，与项籍避仇吴中。吴中贤大夫皆出项梁下。

又曰：留侯张良者，其先韩人也。秦灭韩，良家僮三百人，弟死不葬，悉以家财求客刺秦王，为韩报仇，以大父五代相韩故。乃变姓名，之东海，得力士，以铁椎椎秦始皇，中其副车。

又曰：河东李文，故尝与张汤有隙，已而为御史中丞。汤有所爱史鲁谒居，知文与汤弗平，使人上飞变告文奸事，事下汤，汤治，论杀文。

袁山松《后汉书》曰：苏谦，字仲让，为郡督邮。李暠为美阳令，贪暴。谦案，得其赃。谦迁金城太守，治有异迹，延熙九年至京师。暠时为司隶，收谦诬陷之，死狱中。谦子不韦，字公先，变名姓，以家财求剑客，邀暠不得。暠之大司农，乃于司农府旁买舍，夜为地突入暠室中，暠适出，不值，破其卧具。暠大怖，棘屋，上以板，栈地而卧，一宿数徙。不韦乃至魏郡掘暠父冢，斩级以祭父墓。级，首。

又曰：乐府左延年《秦女休行》曰：“始出上西门，遥望秦氏家。秦氏有好女，自名曰女休。女休年十五，为宗行报仇。左执白阳刀，右据宛景矛。仇家东南僵，女休西上山。上山四五里，关吏不得休。女休前置辞：生为燕王妇，今为诏狱囚。刀矛未及下，拢幢击鼓赦书下。”

《东观汉记》曰：海曲有吕母者，子为县吏，犯小罪，宰论杀之。吕母怨宰，密聚客，规以报仇。母家素丰，资产数百万，乃益酿醇酒，买刀剑衣服。少年来沽者，皆贳与之，视其乏者，辄假衣裘，不问多少。少年欲相与偿之，吕母泣曰：“县宰枉杀吾子，欲为报怨耳，诸君宁肯哀之乎？”少年许诺，相聚得数十百人。因与吕母入海，自称将军，遂破海曲，执县宰杀之，以祭其子冢也。

又曰：赵喜，字伯阳，南宛人也。少有节操。从兄为人所杀，无子。喜十五，常思欲报之，乃挟兵结客，后遂往复仇。而仇家皆疾病，无相拒者。喜以因疾病杀，非仁者心，且释之而去，顾谓仇曰：“尔曹若健，远相避也。”后病愈，悉自缚诣喜，不与相见，后竟杀之。

又曰：周党，字伯况，太原人。至长安游学。初，乡佐尝众中辱党父，党怀之。后读《春秋》，闻复仇之义，更辍讲而还，与乡佐克日交刃。党为其所伤，困顿。乡佐服义，舆归养之，数月方苏，既悟而去。整身修志，州里称其高也。

又曰：申屠蟠同郡缑氏女玉为父报仇，杀夫氏之党，吏执玉以告外黄令梁配，欲论杀玉。蟠时年十五，为诸生，进谏曰：“玉之节义足以感无耻之孙，激忍辱之子。不遭明时，当表旌庐墓，况在清听，而不加哀矜！”配善其言，乃为谳得减死论。乡人称美之。

又曰：酒泉庞涓母者，赵氏之女，字娥。父为同县人所杀，而娥兄弟三人，俱疾物故。仇乃喜而自贺，以为莫己报也。娥阴怀感愤，乃潜备刀兵，常推车以候仇家，十余年不能得。后遇于都亭，刺杀之，因诣县自首，曰：“父仇已报，请就刑戮。”福富长尹喜义之，解印绶欲与俱亡。娥不肯去曰：“怨塞身死，妾之明分。结罪治狱，君之常理。何敢苟生，以枉公法！”后遇赦得免。州郡表其闾。太常张奂嘉叹，以束帛礼之。

又曰：彭宠故旧渤海赵宽妻子家属依托宠居，宽仇家赵伯有好奴，以赇宠。宠贪之，为尽杀宽家属。宠之悖德不仁贪狠如此！

又曰：郅恽友人董子张病，将终，恽候之。子张视恽，嘘欷不能言，恽曰：“吾知子不悲天命，痛仇不复也。”恽即起将客遮仇人，取其头以示子张，子张见而气绝。恽即诣县，以状自首。

《汉书》曰：原涉与新丰富人祈大伯友，大伯同母弟王游公素嫉涉，时为县门下掾，说尹公曰：“君以守令辱原涉如是，一旦真令到，君复单车归为府史，涉刺客如云，杀人皆不知主民，可为寒心。今为君计，莫若条奏其旧恶，君必得真令如此，涉亦不敢怨矣。”尹公如其计，王莽果以尹公为真令。涉由此怨王游公，遂杀游公父及子，断两头去。

谢承《后汉书》曰：桥玄迁齐国相。郡有孝子为父报仇，系临淄狱，玄愍其至孝，欲上谳减罪。县令路芝酷烈苛暴，因杀之，惧玄收录，佩印绶欲走。玄自以为深负孝子，捕得芝，束缚藉械以还，笞杀以谢孝子冤魂。

范晔《后汉书》曰：刘鲤，更始子也，得幸于刘辅。鲤怨刘盆子害其父，因辅结客，杀盆子兄故式侯恭，辅坐系诏狱，三日乃得释。

《魏志》曰：杨阿若，后名丰，字伯阳。少游侠，常以报仇解怨为事。至建安中，太守徐揖诛郡中强族黄氏。时黄昂得脱在外，乃募众得千余以攻揖。揖城守丰时在外，以昂为不义，乃捐妻子入南羌中，合众得千余骑。昂独走出羌，捕得之，丰遂杀之。

又曰：韩暨，字公至。同县豪右陈茂，谮暨父兄，几致大辟。暨阳不以为言，庸赁积资，阴结死士，遂追寻擒茂，以首祭父墓，由是显名。

又曰：典韦形貌魁梧，膂力过人，好节侠。襄邑刘氏与睢阳李礼为仇，韦为报之。礼故富春长，备怨甚谨。韦乘车载鸡酒，伪为候者，门开，怀匕首入杀礼，并杀其妻，徐出取车。

《吴志》曰：孙翊之妻徐氏甚美，贼妫览杀翊，悉取其嫔妾而复欲逼徐氏，恐违之见害。时月垂竟，乃使人谓览，乞至晦日设祭除服，览许之。徐氏遂潜使亲信者语翊旧所委任将孙高、傅婴二人具白逼己之状，欲征立计以求助焉。高、婴等闻之，涕泣言旧蒙翊恩，许之，乃密结翊平时所侍养二十余人，以徐氏之言语之，仍皆盟誓合谋。至晦日，徐氏遂设祭除服，薰衣沐浴，内施帷帐以候览焉。大小怪其如此，无不凄怆。览密遣侦之，无复疑虑。徐氏乃命高、婴辈罗住户外，使人报览，言已除凶毕，览遂盛饰而入，徐氏出拜户外。览才下拜，徐氏即呼："二君可起！"高、婴等齐出，即时杀览。徐氏却服縗绖，使持览首以祭墓。举军震骇，以为神。

韦昭《吴书》曰：凌统怨甘宁杀其父操。宁常避统，不与相见。孙权亦命统不得仇之。尝于吕蒙舍会，酒酣，统乃以刀舞。宁起曰："宁能双戟舞。"蒙曰："宁虽能，未若蒙之功也。"因操刀持楯，以身分之。

王隐《晋书》曰：赵诱为杜曾所害，诱子胤斩曾，食其肝肺。

又曰：桓温父被害之时，温年十五，枕戈泣血，密欲报仇。经年方知，乃提刀直进，手刃仇人，由是名重当时。

又曰：龚壮，字子伟。值惠怀末，天下大乱，李特为寇，壮父、叔并为特所害。壮欲报仇，会李寿镇汉中，寿时与李期有嫌，壮因说寿讨期。寿然之，遂帅众还讨。期，特孙也，故壮假以复仇。寿既捷，因欲官，壮誓不仕。

又曰：沈充败于吴兴。吴兴人吴儒，充之将也。充亡，失道，误入儒家，诱内充重壁，因笑谓充曰："三千户侯也。"充曰："封侯不足贪也。尔大义全我，我宗族必厚报；若必杀我，汝族灭矣。"儒遂杀之。充子劲，字世坚，即潜报仇，族灭吴氏。

沈约《宋书》曰：沈林子以仇仇未复，从高祖克京城，进平都邑。时年十八，身长七尺五寸。仇沈预虑林子为害，常被甲持戈。至是林子与兄田子还东报仇。五月夏节直入，斩预首，男女无长幼悉屠之，以预首祭父、祖墓。

孙严《宋书》曰：宋越为蛮所杀，其仇尝出郡，越白日于市口刺杀之。太守夏侯穆嘉之，擢为队主。

《后魏书》曰：淳于诞，字灵远。年十二，随父向扬州。父于路为盗所害。诞虽童稚，而哀感奋发，倾资结客，旬朔之内，遂得复仇，由是州里叹异之。

又曰：孙益德，其母为人所害。益德童幼为母复仇。还家，哭于殡以待县官。高祖、文明太后以其幼而孝决，又不逃罪，特免之。

《梁书》曰：张景仁，广平人也。父天监初，为同县韦法所杀。景仁时年八岁，及长，志在复仇。普通七年，遇法分田渚，手斩其首，以祭父墓。事竟，诣郡，自缚乞依刑法。太守蔡天起上言，乃下教褒美之，原其罪。下属长蠲其一户租调，以旌孝行。

《唐书》曰：绛州孝女卫氏，字无忌，夏县人也。初，其父为乡人卫长则所杀。无忌时年六岁，母又嫁，更无弟兄。及长，常思复仇。无忌从伯尝设宴为乐，长则时亦预坐，无忌以搏击杀之。既而诣吏，称："父仇既报，请就刑戮。"巡察大使黄门侍郎褚遂良以闻，太宗嘉其孝烈，特令免罪，给传乘徙于雍州，并给田宅，仍令州县以礼嫁之。

太平御览卷第四百八十二 人事部一百二十三

仇雠下

《太公六韬》云：武王伐殷，乘舟济河，兵车出坏船于河中。太公曰：“太子为父报仇，令死无生，所过津梁皆悉烧之。

《列子》曰：魏黑卵以昵嫌杀丘邴章，其子来丹谋复仇。丹气甚猛，形甚露，计粒而食之，顺风而趋。虽怒，不能称兵。耻假力于人，誓手剑以屠黑卵。黑卵悍志绝众，力抗百夫。筋骨皮肉非人类也。延颈承刃，披胸受矢，鋩锷摧屈，而体无痕。负材力，视来丹犹雏鷇也。来丹之友申抱曰：“子怨黑卵至矣。黑卵之易子过矣，将奚谋焉？”丹垂涕曰：“愿为我谋。”申抱曰：“吾闻卫孔周其祖得殷帝之宝剑，童子服之，却三军之众，奚不请焉？”以下具“剑”部。

《淮南子》曰：鲁人有为其父报仇于齐者，刳其腹而见其心，坐而拭冠，起而更衣，徐出门，上车而步，颜色不变。其御欲驱，抚而止之曰：“为父报仇以出死，非为生也。今事已成矣，有何去之？”追者曰：“此有节行之士，不可杀也。”解围而去之。

《琴操》曰：樗里牧恭为父报怨，而亡林岳之下。有马夜降，围其室而鸣。于是觉而闻走马声，以为吏追之，乃奔而亡。明视，天马迹也。乃曰：“吾以义杀人，而天马来降，以惊动吾处不安以告吾耶？”乃感惧入沂泽之中，作《走马引》。后果仇家候之不得也。

又曰：聂政父为韩王治剑，过期不成，王杀之。时政未生，及壮，问母知之。乃入山，遇仙人，学鼓琴，漆身吞炭。七年琴成，入韩，逢妻从买栉，对而笑，妻泣曰：“君似政齿。”政曰：“天下人齿尽相似耳。”乃入山援石击落其齿。以刀内琴中，刺韩王。

《国语》曰：吴败越于会稽，勾践说国人曰：“寡人不知其力之不足也，与大国报仇，以暴露百姓之骨于中原，此则寡人之罪也。亲为夫差洗马而归，乃致其众而誓之："寡人闻古之贤君，不患其众之不足也，而患其志行之少耻。今夫差衣水犀之甲者亿有三千人，水犀如牛，其甲有朱，凿以为甲士。不患其志行之少耻而患其众之不足也。"

《韩诗外传》曰：魏文侯问解狐曰："寡人将定西河之守，谁可用？"对曰："荆伯柳贤人，殆可。"文侯曰："是非子之仇也？"对曰："君问可，非问仇也。"于是将以伯柳为西河守，伯柳见解狐而谢之。解狐曰："言子者，公也；怨子者，私也。"

虞溥《江表传》曰：孙策杀许贡，贡客为贡报仇，射策中颊。

陆胤《广州先贤传》曰：尹牙，字猛德。太守南阳宠下车，牙以德进干任喉舌。宠虽当国厚禄，而怀愧戚，见于颜色。牙常用怪焉，曰："伏见明府四节悲叹，有惨瘁之思，何也？"宠谓牙曰："父为豪周张所害，重仇未报，并与戴天，非孝子；虽官尊禄重，而廛耻未判，是以长愧而无止也。"闻好马牙与校圉交通，遂充驺马之职。乃先醉张近侍，以夜解纵诸马，令之乱骇，知张必将惊起，伏侧阶下。张果出，问其故，牙因手刃张首而还。

《孝子传》曰：魏汤少失其母，独与父居邑养，蒸蒸尽于孝道。父有所服刀戟，市南少年欲得之，汤曰："此老父所爱，不敢相许。"于是少年殴挝汤父，汤叩头拜谢之不止。行路书生牵止之，仅而得免。后父寿终，汤乃杀少年，断其头以谢父墓焉。

师觉授《孝子传》曰：仲子崔者，仲由之子也。初，子路仕卫，赴蒯聩之乱。卫人狐黡，时守门，杀子路。子崔既长，告孔子，欲报父仇。夫子曰："行矣。"子崔即行。黡知之，于城西决战。其日，黡持蒲弓木戟与子崔战而死。

皇甫谧《列女后传》曰：卫义姬者，其夫有先人之仇。仇家来报，婿避之。仇家得义姬，问婿所在，乃积薪燎之，遂不言而烧死。

又曰：郃阳友娣者，郃阳邑任延寿之妻也，字季儿，有三子。季儿兄弟季宗与延寿争葬父之事，延寿与其友阴杀季宗，儿曰："杀夫不义，事兄之仇亦不义，何面目以生而戴天履地乎？"遂以绳自缢死。冯翊王让闻之，大其义，令县复其三子而表其墓也。

又曰：京师节女者，长安大昌里人之妻也。其夫有仇，仇家欲报夫而无道，闻其妻孝义，乃劫其妻父，使要其女为中间。父呼其女而告之计。念不听则杀父不孝，听之则杀夫不义，不孝不义，虽生不可以行于代。欲以身当之，且曰："诺。夜在楼上新沐头东首卧则是矣。妾请开户。"而夜半仇家果至，断头持去，明视之，乃其妻之头也。仇家痛以为义，遂释不杀其父。

《越统书》曰：伍子胥入吴，居三年，阖闾将为之报仇。子胥曰："不可。臣闻诸侯不为匹夫兴师。"于是止。其后荆将伐蔡，子胥言之阖闾，即使子胥救蔡而伐荆，十五战，十五胜。荆平王已死，子胥棰笞平王之墓而数之曰："昔者吾先人无罪而子杀之，今以此报子也。"

赵晔《吴越春秋》曰：越王念吴欲复怨，非一旦也。冬寒则抱冰，夏热则握火，愁心苦思，悬胆于户，出入尝之，不绝于口。乃中夜抱柱而哭，哭讫，复承之以啸。于是群臣闻之，咸曰："夫复仇谋敌，非君王之忧，自臣下之急务也。"二十一年兴师灭吴。

檀道鸾《续晋阳春秋》曰：王谈年十许岁，父为邻人窦度所杀。谈阴有复仇之志，年十八，密买市利插刃，阳若以耕耘者。度常乘船出入经一桥下，谈伺度行还于桥上，以插斩之，应手而死。既而归罪有司，太守孔岩义其孝勇，列上宥之。

《搜神记》曰：丁兰，河内野王人。年十五丧母，乃刻木作母事之，供养如生。邻人有所借木母，颜和则与，不和不与。后邻人忿兰，盗斫木母，应刀血出。兰乃殡殓报仇。汉宣帝嘉之，拜中大夫。

《幽明录》曰：项县民姚牛年十余，为乡人所杀。牛常卖衣物市刀戟，图欲报仇，后在县署前手刃之于众中。吏捕得，官长深矜孝节，为推迁其事，会赦得免。后令出猎，逐鹿入草，草有古深阱数处，马将趋之，忽见一公举杖击马，马惊避，不得及鹿。令怒，引弓将射之，曰："此中有阱，恐君堕耳。"令曰："汝为何人？"公为跪曰："民姚牛父也。感君活牛，故来谢恩。"因灭不见。令身感其事，在官数年，多惠于民。

《会稽典录》曰：魏朗，字少英，上虞人。少为县吏，兄为乡人所杀，朗白日操刀报仇于县中。遂亡命到陈国，从博士郄仲信学《春秋图纬》，又诣太学受五经，京师长者李膺之徒争从之。

《解系传》曰：张华、裴頠之被诛也，赵王伦、孙秀以宿仇收系兄弟，将杀之。梁王肜救之，伦等怒曰："我见水中蟹，尚欲杀之，况此人兄弟轻我也！"遂并戮其妻子。

崔鸿《前燕录》曰：吐谷浑子吐延年少有大志，身长七尺八寸，雄姿魁桀羌虏惮之，号曰项羽。性俶傥不群，慷慨谓群下曰："大丈夫生不在中国，当高皇光武之代，与韩、彭、吴、邓并驱中原，定天下决雌雄，使名垂竹帛。而潜窜穷山，隔闭殊俗，不闻圣教于上宗，不得策名于天府，生与麋鹿同群，死作毡裘之鬼。虽偷观日月，独不愧于心乎！"负其智勇，猜忍，不恤下，为帛城羌酋姜聪所刺杀。长子业，年十岁，常缚草人号曰"姜聪"，哭而射之，大号而泣，不中；瞋目大呼，要中乃止。其母谓之曰："姜聪诸将已屠脍之矣，汝何如此！"业泣曰："诚知射草人无益于先公，所以申罔极之心耳。"

《陈留志》曰：韩卓父尝为吏所辱，卓执兵伏道，欲候杀之，而长子暴病将死，卓乃叹曰："道家有言：报仇不欲过。今长子病，岂为是乎？"于是乃投刃援杖，复耻而止。

常璩《华阳国志》曰：陈网，字仲卿，少与同郡张宗受学南阳，以母丧归。宗为安众至元所杀，网终丧，往复之，自拘有司。会赦免。

应劭《风俗通》曰：汝南陈公思为五官掾，王子祐为兵曹行，会食下亭。子祐曾以县官事，考杀公思叔父斌。斌无子，公思欲为报仇，不能得，卒见子祐。不胜愤怒，便格杀之，还府归死。时太守太傅胡广以为公思追念叔父，仁勇愤发，手刃仇敌，自归司败，便原遣之。

梁祚《魏国统》曰：崔周平者，汉太尉烈之孙也。兄曰元平，为议郎，以忠直称。董卓之乱，烈为卓所害，元平常思有报复之心，会病卒。

魏文帝《杂诏》曰：丧乱以来，兵革从横，天下之人多相杀害。昔贾复、寇恂私相怨憾，至怀手剑之忿。光武召而和之，卒共同舆而载。

崔鸿《后燕录》曰：秦灭燕，慕容桓阻兵辽东，为秦所杀。子凤泣血不言，年十一，告其母曰："昔张良养士以击秦王，复君之仇也。先王之事，岂可一日忘之！"

虞预《会稽典录》曰：朱朗，字恭明。父为道士，淫祀不法，游在诸县，为乌伤长陈頵所杀。朗阴图报怨而未有便，会頵以病亡，朗乃刺杀頵子。事发，亡命奔魏，魏闻其孝勇，擢以为将。

又曰：董黯，字孝治。家贫，采薪供养，母甚肥悦。邻人家富，有子不孝，母甚瘦，不孝子疾黯母肥，尝苦之。黯不报，及母终，负土成坟，竟杀不孝子，置冢前以祭。诣狱自系，会赦免。

《广德神异录》曰：贾氏女，不知何许人，年十五，父为宗人所害。其弟强仁年幼，贾氏抚育之，及强仁长，乃共杀仇者，自列其罪，高祖嘉之。

又曰：王君操父，大业中为乡人李君则殴死。贞观初，君则以运代迁革，不惧宪网。又以君操孤微，谓无复仇之志，遂仕州府。操密袖白刃刺杀之，刳其心肝，咀食立尽，诣州自陈。刺史以其擅杀问之，曰："杀人当死，律有明文，何方自理，以求生路？"君操对曰："亡父被杀二十余载，闻诸典礼：父仇不可同天。早愿图之，久而未遂，常惧灭亡，不展冤情。今大耻既雪，甘从刑宪。"太宗特原之。

又曰：张琇，蒲州解县人。父审素，为嶲州都督。在边累载，有纠其军中赃罪，敕监察御史杨汪，驰传就军按之。汪在路，为审素党与所劫，对汪杀告事者，胁汪令审素无罪。俄而州人翻杀审素之党，汪始得还。至益州，奏称审素谋反，因深按审素，构成其罪，斩之，籍没其家。琇与兄瑝以年幼坐，徙岭外，寻各逃归，累年隐匿。汪后累迁殿中侍御史，改名万顷。是年，瑝、琇候万顷于东都城，挺刀杀之。瑝虽年长，其发意及手刃皆琇为之。既杀万顷，系表于斧刃，自言报仇之状。便逃奔就江外，杀万顷同谋构父罪者。行至汜水，为捕者所获。时都城士女皆矜琇等幼稚义烈，能复父仇，多言其合矜恕者。中书令张九龄又欲活之，裴耀卿、李林甫固言国法不可纵仇。上以为然，因谓九龄等曰："复仇虽礼法所许，杀人亦格律具存；孝子之情，义不顾命，国家设法焉得容斯杀人成复仇之志！赦之，亏格律之条。然道路喧议，故须告示。"乃下敕曰："张琇等兄弟同杀推问，拟承律有正条，须合至死。近闻士庶颇有喧词，矜其为父报仇，或言本罪冤滥。但国家设法，事存经久，盖以济人。期于止杀，各申为子之志，谁非徇孝之。夫展转相仇，杀伤何限。咎陶作士，法在必行；曾参杀人，亦不可恕。不能加以刑戮，肆诸市朝，宜付河南府决杀。"瑝、琇既死，士庶咸伤悯之，为作哀诔榜于衢路中。市人敛钱，于死所造义井，并葬瑝、琇于北邙。又恐万倾家人发之，并作疑冢数所。其为时人所伤如此。

《唐新语》曰：杜并父审言，善五言，尤攻书翰，恃才蹇傲，深为时辈所嫉，自洛阳丞贬吉州司户。又与群僚不叶，司马周季重与司户郭若讷共构之，审言系狱，将因事杀之。并年十三，伺季重等酣宴，密刃刺季仲而死，并亦见害。季重临死叹曰："吾不料审言有此孝子邪！若讷误我至此。"审言由是免官，归东都，自为祭文以祭并。士友咸并孝烈，苏颋为墓志，刘充济为祭文。则天召见审言，甚嘉叹之。

又曰：衢州人余长安，父与叔共二人为同郡衣金所杀。长安八岁，自誓十七乃复仇。大理断死。刺史元锡奏言："臣见余氏一家横遭死者，实二平人，蒙显戮者乃一孝子。"引《公羊传》"父不受诛子复仇"之义，请下百僚集议。时裴垍当国，李鄘为有司，事竟不行。老儒薛伯皋与锡书曰："大司寇是俗吏，执人柄老小生，余氏子宜其死矣。"

太平御览卷第四百八十三　人事部一百二十四

怒

《说文》曰：怒，恚也。

《易》曰：君子惩忿窒欲。

《尚书》曰：今商王受，弗敬上天，降灾下民，皇天震怒，命我文考，肃将天威。

《毛诗》曰：君子如怒，乱庶遄沮。

又曰：王赫斯怒，爰整其旅。

又曰：薄言往诉，逢彼之怒。

又曰：如震如怒，阚如虓虎。

《礼记》曰：父母怒，不悦，而挞之流血，不敢疾怨，起敬起孝。

《左传》曰：公孙阏与颍考叔争车，颍考叔挟辀以走，辀，车辕也。子都拔棘以逐之。子都，公孙阏也。及大逵弗及，子都怒。

又曰：齐侯游于姑棼，遂田于贝丘。枯棼、贝丘，皆齐地也。见大豕，从者曰："公子彭生也。"怒曰："彭生敢见！"射之，豕人立而啼。公惧，坠于车，伤足丧屦。

又曰：齐侯蔡姬乘舟于囿，荡公。公惧，变色。禁之，不可。公怒，归之，未之绝也。蔡人嫁之。齐侯以诸侯之师侵蔡，蔡溃。

又曰：先轸朝，问秦囚。公曰："夫人请之，吾舍之矣。"先轸怒曰："武夫力而拘诸原，妇人暂而免诸国。堕军实而长寇仇，亡无日矣。"不顾而唾。公使阳处父追之，及诸河，则在舟中矣。

又曰：楚子使申舟聘于齐，曰："无假道于宋。"及宋，华元曰："过我而不假道，鄙我也。鄙我，亡也。杀其使者必伐我，伐我必亡。亡一也。"乃杀之。楚子闻之，投袂而起，屦及于窒皇，剑及于寝门之外，车及于蒲胥之市。秋九月，楚子围宋。

又曰：众怒不可犯。

又曰：卫献公戒孙文子、宁惠子食，皆服而朝。日旰不召，而射鸿于囿。二子从之，不释皮冠而与之言。二子怒而逐献公。

又曰：邾庄公与夷射姑饮酒，私出。阍乞肉焉，夺之杖以敲之。公在门台，临庭。阍以瓶水沃庭。邾子望见之，怒。阍曰："夷射姑旋焉。"旋，小便也。命执之。弗得，滋怒，自投于床。

《论语》曰：哀公问："弟子孰为好学？"孔子对曰："有颜回者好学，不迁怒，不贰过，不幸短命死矣，今也则亡。"

《国语》曰：晋郄献子如齐聘，齐顷公使妇人观而笑之。献子怒，归，请伐齐。范武子退自朝，曰："郄子之怒甚矣，不逞于齐，必发诸晋国。不得政，何以逞怒？余将致政焉，以成其怒也。"

《史记》曰：孟尝君客于赵平原君。赵人闻孟尝贤，出观，皆笑曰："始以薛公为魁梧也，今视之，乃眇小丈夫耳。"孟尝闻之，怒。客与俱者下，斫击数百人，遂灭一县以去。

又曰：韩信使人言汉王曰："齐反覆之国，南边吴、楚，不为假王镇之，其势不定。"汉王大怒，骂曰："吾困于此，旦暮望若佐我，乃欲自立为王！"张良、陈平蹑汉王足，因附耳语曰："汉方不利，宁能禁信乎？不如因而立之。"汉王复骂曰："大丈夫定诸侯，即为真王，何以假为？"

又曰：赵使蔺相如赍璧西入秦。秦王坐章台见相如，相如奉璧。秦王大喜，傅璧以示美人及左右，左右皆呼万岁。相如视秦王无意偿赵城，乃前曰："璧有瑕，请指示王。"王授璧，相如因持璧却立，倚柱，怒发冲冠谓秦王曰："赵王斋戒五日，使臣奉璧拜送于庭。何者？严大国之威以修好也。今臣至，大王见臣列观，礼节甚倨；得璧，传之以示美人，以戏弄臣。臣观大王无偿城意，故臣复取璧。大王必急臣，臣头今与璧俱碎于柱矣！"持璧睨柱。秦王恐其破，乃辞谢，固请。

又曰：邹阳上书于梁王曰："苏秦相燕，燕人恶之于王，王按剑而怒，食以駃騠。"《汉书音义》曰：駃騠，马也，生七日而超其母。

《汉书》曰：项羽令壮士出挑战。汉有善骑射曰楼烦，应劭曰：楼烦，胡也。今有楼烦县。楚挑战，三合，楼烦辄射杀之。羽大怒，自被甲持戟挑战。楼烦欲射羽，羽瞋目叱之。楼烦目不能视，手不能发，走还壁中，不敢复出。

又曰：沛公从百余骑见项羽于鸿门。沛公起如厕，招樊哙出，独骑，哙与靳强，滕公、纪成步从间道赴军，纪成，晋灼曰：纪通父。使良留谢羽。羽问："沛公安在？"良曰："闻将军有意督过之，脱身去，至军矣，故使臣献璧。"羽受。又献斗于范增。范增怒，撞其斗，起曰："吾属今为沛公虏矣！"

又曰：黥布反，上自征，望布军置阵如项籍军。上恶之，与布相见，谓布"何苦而反？"曰："欲为帝耳。"上怒骂之，遂战，破布军。

又曰：文帝曰："吾独不得廉颇、李牧为将，岂忧匈奴哉！"冯唐曰："陛下虽得廉颇、李牧，不能用也。"上怒，起入禁中。

又曰：上猎上林中。车驾未行，先使韩嫣乘副车，从数百骑驰视兽。江都王望见，以为天子，辟从者，伏谒道旁。嫣驱而不见。既过，江都王怒，为皇太后泣，请得归国入宿卫，比韩嫣。太后比衔嫣。嫣侍，出入永巷不禁，以奸闻皇太后。太后怒，使使赐嫣死。上为谢，终不得，嫣遂死。

《东观汉记》曰：更始韩夫人尤嗜酒，每侍饮，见常侍奏事，辄怒曰："帝方对我用，此时持事来耶！"起，手抵破书案。

又曰：庞萌为平狄将军，与盖延共击董宪。诏书独下延，而不及萌，萌以为延谮己，自疑，遂反。上闻之，大怒，乃自将兵讨萌，与诸将书曰："吾常以庞萌为社稷臣，将军得无笑其言乎？"

又曰：邓晨，南阳人，与上起兵，新野吏乃烧晨先祖祠堂，污池室宅，焚其冢墓。宗族皆怒，曰："家自富足，何故随妇家入汤镬中？"晨终无恨色。

又曰：有诏会议灵台所，上谓桓谭曰："天下事吾欲谶决之，何如？"谭默然良久曰："臣不读谶。"上问其故，谭复极言谶之非经。上大怒，曰："桓谭非圣无法，将下斩之！"谭叩头流血，良久得解。出为六安郡丞。

又曰：戴凭为侍中，数进见，问得失。上谓凭曰："侍中当匡辅国政，勿有隐情。"凭曰："太尉西曹掾蒋遵，清亮忠孝，学通古今，陛下纳肤受之谮，遂禁锢，世以是为严。"上怒曰："子欲复党乎？"凭出，自系廷尉，诏出引见，凭谢曰："臣无謇谔之节，而有狂瞽之言。"上即敕尚书解遵禁锢。

又曰：韩歆，字翁君，南阳人。以从征伐有功，封扶阳侯。好直言，为司徒，尝因朝会帝读隗嚣、公孙述相与书，歆曰："亡国之君皆有才，桀纣亦有才。"上大怒，以为激发，免归田里。上犹不释，复诏就责，歆及子婴皆自杀。

又曰：窦宪恃宫掖声势，遂以贱直夺沁园公主，园田公主不敢诉。后肃宗驾出过园，指以问宪，宪阴呜不得对。发觉，帝大怒，召宪切责曰："今贵主尚见枉夺，何况小臣乎！"

又曰：杜根。和熹邓后临朝，根以安帝年长，宜亲政事，乃上书直谏。太后大怒，收根，囊盛扑杀之。执法者私语行事人，使不加力，既而载出城外，根诈死。三日，目中生蛆，因逃窜。及邓氏诛，根方归，征拜侍御史。

《魏志》曰：太祖讨张鲁东还。时有将军许游拥部曲不附，太祖大怒，先欲讨之。群臣多谏："可招怀游共讨强敌。"太祖横刀于膝，作色不听。缪袭欲谏，太祖逆谓之曰："吾计已定，卿勿复言。"袭曰："若殿下计是耶，臣方助殿下成之。若殿下计非耶，虽成宜败之。殿下逆令臣勿言，何待下之不阐闳乎？方今豺狼当路，而狐狸是先，人将谓殿下避强攻弱，进不为勇，退不为仁。臣闻千石之弩不为鼷鼠发机，万钧之钟不以莛撞起音。今区区之游，何足以劳神哉！"太祖曰："善！"遂厚抚游，游即归服。

又曰：夏侯惇从征吕布，为流矢所中，伤左目。时夏侯渊与惇俱为将军，军中号惇为盲，夏侯惇恶之。每览照，恚怒，辄扑照着地。

又曰：诸葛亮既屡遣使，交书于司马宣王，又致巾帼妇人之饰以怒宣王。将出战，辛毗伏节勒军，军吏以下乃止。

《吴志》曰：吕蒙，字子明。少依姊夫邓当，当为孙策将，数讨山越。蒙年十五六，窃随当击贼，当顾见，呵不能禁。归告其母，恚怒，欲罚之，蒙曰："贫贱难居，设有功，富贵可致。且不探虎穴，安得虎子？"母哀而舍之。

又曰：孙权为吴王欣宴之末，自起行酒。虞翻伏地佯醉，不持；权去，翻起坐。权大怒，手剑欲击之，侍坐者莫不惶遽，唯大农刘基起抱权谏曰："大王以三爵后杀善士，翻虽有罪，天下孰知之？"权曰："曹孟德杀孔文举，孤于虞翻何有哉！"

《蜀志》曰：姜维为邓艾所摧，还阴平。寻被后主敕命，乃投甲诣会于涪军，将士咸怒，拔刀斫石。

《晋书》曰：王导妻曹氏性妒，导惮之，乃密营别馆，以处众妾。曹氏知而将往焉。导恐妾被辱，遽令命驾，犹恐迟之，以所执麈尾柄驱牛而进。司徒蔡谟闻之，戏导曰："朝廷欲加公九锡。"导弗之觉，但谦退而已。谟曰："不闻余物，唯有短辕犊车，长柄麈尾。"导大怒，谓人曰："吾往与群贤共游洛邑日，何曾闻有蔡克儿！"

又曰：郗超实党桓氏，以父愔忠于王室，不令知之。将亡，出一箱书，付门生曰："本欲焚之，恐公年尊，必以伤愍为弊。我亡后，可呈此箱。不尔，便烧之。"愔后果哀悼成疾，门生依旨呈之，则悉与温往密计。愔于是大怒曰："小子死恨晚矣！"

又曰：周访为荆州，王敦以访名将，勋业隆重，有疑色。其从事中郎郭舒说敦曰："荆州虽遇寇难荒弊，实为用武之国。若以假人，将有尾大之患。公宜自领以为梁州足矣。"敦从之，访大怒。敦手书譬释并遗玉环、玉碗以申厚意。访投碗于地曰："吾岂贾竖可以宝悦乎！"

又曰：陶侃尝出游，见人持一把未熟稻，问："用此何为？"人云："行道所见，聊取之耳。"侃大怒曰："汝既不佃，而戏贼人稻！"执而鞭之。

《齐书》曰：袁彖性刚，尝以微言忤世祖，又与王晏不协。世祖在便殿，用金柄刀子治瓜，晏在侧曰："外闻有金刀之言，恐不宜用此物。"世祖愕然，穷问所以。晏曰："袁彖为臣说之。"上衔怒良久，彖到郡，坐逆用禄钱，免官。

崔鸿《后赵录》曰：冉闵为慕容恪所擒，慕容儁立问闵曰："汝奴仆下才，何自妄称天子？"闵曰："尔曹人面兽心，欲篡逆，我一时英雄，何为不作帝王耶！"儁怒鞭之三百。

《后魏书》曰：李彪之入京也，孤微寡援，而自立不群，以李冲好士，倾心宗附。冲亦重其器学，礼而纳焉，每言之于高祖，公私共相援益。及彪为中尉兼尚书，为高祖知待，便谓非复籍冲，而更相轻背，唯公坐敛袂而已。冲时震怒，数责彪前后愆悖，瞋目大呼，投折几案，詈辱肆口。冲素温柔，而一旦暴急，遂发病荒悸，言语乱错，犹扼腕叫詈，称李彪小人。然医药所不能疗，或谓肝藏伤裂。旬有余日而卒。

《列子》曰：宋有兰子，能以伎干宋元君。双杖属其胫，弄七剑而蹑之。元君立赐金帛。又有兰子能燕戏，闻之，复以干元君。元君大怒曰："昔有异伎，适值寡人有欣心，故赐金帛。彼必闻此，复望吾赐。"拘而戮之。

《庄子》曰：孔子往见盗跖，下车而前，谒者通之。盗跖闻之忿怒，目如明星，发上指冠。孔子趋而进，避席反走，再拜。盗跖大怒，而展其足，按剑瞋目，其声如吼虎。

《韩子》曰：孟孙猎得麑，使秦巴持之，其母随而呼，秦巴不忍，而与其母。孟孙适至，求麑不得，大怒，逐之。居三月，复召，使为子傅。

《燕丹子》曰：田光答太子曰："窃观太子客皆无可用者，夏扶血勇之人怒而面赤，宋意脉勇之人怒而色青，武阳骨勇之人怒而色白，荆轲神勇之人怒而色不变。"

《吴越春秋》曰：吴王伐齐，请公孙圣告之，圣谏："愿大王勿伐齐。"王大怒曰："吾天之所生，神之所助！"使力士石番击以铁槌，身绝为五。

《吴越春秋》曰：子胥谏吴王，王怒，赐以镯镂之剑，盛以鸱夷之器，投之于江。

《说苑》曰：秦王以五十里封鄢陵君，鄢陵君辞不受，使唐且谢秦王，秦王怒曰："尝见天子之怒乎？一怒伏尸百万，流血千里。"唐且曰："大王尝闻布衣韦带之士怒乎？伏尸二人，流血五步！"即按其匕首，起，视秦王曰："今将是矣。"王变色长跪曰："先生就坐，寡人喻矣。"

《列士传》曰：秦召魏公子无忌，无忌不行，使朱亥奉璧一双。秦王大怒，将朱亥著虎圈中，亥瞋目视虎，眥裂血出，溅虎，虎不敢动。

怨

《尚书》曰：商王受自绝于天，结怨于民，崇信奸回，放黜师保。

又曰：怨岂在明？不见是图。

《毛诗》曰：乱世之音怨以怒，其政乖。

又曰：《角弓》，父兄刺幽王也。不亲九族而好谗佞，骨肉相怨，故作是诗。

又曰：民之无良，相怨一方。

《左传》曰：宋华元将与楚战，杀羊食士，其御羊斟不与。及战，曰："畴昔之羊，子为政；今日之事，我为政。"入郑师，故败。君子谓："羊斟非人也，以其私怨，败国殄民。"

又曰：晋侯赏从亡者，介之推不言禄，禄亦弗及。其母曰："盍亦求之，以死谁怼？"对曰："尤而效之，罪又甚焉，且出怨言，不食其食。"

又曰：季、郈之鸡斗。季平子、郈昭伯。季氏介其鸡，郈氏为之金距。平子怒，益室于郈，且让之。故郈昭伯怨平子。

又曰：晋郄至献楚捷于周，与单襄公语，骤称其伐。单子语诸大夫曰："温季其亡乎！位于七人之下，而求掩其上，怨之所聚，乱之本也。多怨而阶乱，何以在位？"

又曰：吴公子札来聘，请观于周乐。为歌《周南》、《召南》，曰：

"美哉！始基之矣，犹未也。然勤而不怨矣。"为之歌《小雅》，曰："美哉！思而不贰，怨而不害，其周德之衰乎？"

又曰：子产曰："我闻忠恕以积怨，不闻作威以防怨。"

又曰：君子之言，信而有征，故怨远于其身；小人之言，僭而无征，故怨咎及之。

《论语》曰：放于利而行多怨。

又曰：贫而无怨难，富而无骄易。

《国语》曰：夫事君者，险而不怼，怨而不怒。

《战国策》曰：赵襄子怨智伯，漆其头为饮器。

《汉书》曰：汲黯列九卿，而公孙弘、张汤为小吏。及弘、汤稍与黯同位，而尊用过之，黯心褊，不能无怨，望见上言曰："陛下用群臣如积薪耳，后来者居上。"

《东观汉记》曰：长水校尉耿恭坐将兵不忧军事，肆心纵欲，飞鹰走狗，游戏道上，虏至不敢出。得诏书怨怼，征下狱。

《续汉书·祭祀志》曰：建武二十年二月，群臣上言："即位三十年宜封禅太山。"诏书曰："即位三十年，百姓怨气满腹，吾谁敢欺，欺天乎？"

《晋书》曰：赵王伦谄事贾后，裴頠甚恶之。伦数求官，頠与张华复固执不许，由是深为伦所怨。

王韶之《晋纪》曰：桓玄问众曰："朕其败乎？"曹靖之对曰："神怒民怨，臣实忧惧。"玄曰："民怨有之，神何为怒？"对曰："移晋宗庙，所以怒也。"

《管子》曰：凡祸乱之所生，各在于非理，故曰闲祸在除怨。

《晏子春秋》曰：景公籍重而狱多，拘者满圄，怨者满朝。

《文子》曰：人有三怨：爵高者人妒之，官大者王恶之，禄厚者怨处之。夫爵益高者意益下，官益大者心益小，禄益厚者意益薄。

《淮南子》曰：和氏之璧，夏氏之璜，揖让而进之则忻；暮夜以投人则为怨。时与不时也。

《楚辞》曰：怨灵修之浩兮，终察夫民心。众女妒余之娥眉兮，谮诼谓余善淫。谮，毁也。诼，谮也。

《琴操》曰：王昭君者，齐国襄王之女也。昭君年十七时，颜色皎洁，闻于国中。襄王见昭君端正闲丽，进于孝元帝。既不幸纳，备后宫积五六年，王昭君心有怨旷，不饰其形容。元帝每历后宫，疏略不过其处。后单于遣使者朝贺，玄帝陈设倡乐，仍令后宫妆出。昭君怨恚久，不得侍列，乃更修饰盛服，形容光辉。帝令后宫欲至单于者起，于是昭君喟然越席而前曰："妾幸得备在后宫，粗丑卑陋，不合陛下之心，诚愿往。"元帝见昭君，便惊悔不得复止，遂以与之。王昭君虽去汉至单于，心思不乐，乃作怨旷思唯歌曰："秋木萋萋，其叶萎黄。我独伊何，改往变常。翩翩之燕，远集西羌。高山峨峨，河水泱泱。父母妻子，道里悠长。呜呼哀哉，忧心恻伤！"

太平御览卷第四百八十四 人事部一百二十五

贫上

《说文》曰：贫，财分少也。

《尚书》：六极：四曰贫。

《毛诗》曰：出自北门，忧心殷殷。终窭且贫，莫知我艰。窭者，无礼也。贫者，困于财。

又曰：自我徂尔，三载食贫。

又曰：大东小东，杼轴其空。

《礼记》曰：君子虽贫，不鬻祭器；虽寒，不衣祭服。

又曰：子路曰："伤哉贫也！生无以为养，死无以礼。"子曰："啜菽饮水，尽其欢，斯之为孝。敛手足形，还葬而无椁，称其财，斯之谓礼。"还犹疾，谓不及其日月也。

又曰：君子辞贵不辞贱，辞富不辞贫。

又曰：儒有一亩之宫，环堵之室，荜门珪窦，蓬户瓮牖；易衣而出，并日而食；不陨获于贫贱，不充诎于富贵。

《左传》曰：室如悬罄。

《论语》曰：贫而无谄。

又曰：贫与贱是人之所恶也，不以其道得之不去也。

又曰：衣敝缊袍，与衣狐貉者立，而不耻者，其由也与？缊，絮也。

又曰：贤哉，回也！一箪食，一瓢饮，在陋巷，人不堪其忧，回也不改其乐。

又曰：邦有道，贫且贱焉，耻也。

又曰：君子忧道不忧贫。

《家语》曰：端木赐驷马连骑，以从原宪，居蓬蒿之中，并日而食。子贡曰："甚矣，子之病矣！"

《国语》曰：叔向见韩宣子，宣子忧贫，叔向贺之。宣子曰："吾有卿名，而无其实，无以从二三子，家贫则不及人也。吾是以忧。子贺我何故？"对曰："昔栾武子无一卒之田，武子，晋正卿栾书也。大夫一卒无者不及上大夫。其官不备其宗器，器，祭器也。宣其德行，慎其宪则，诸侯亲之，戎、翟怀之。今吾子有栾武子之贫，吾亦为能其德也，是以贺。若不忧德之不修而患货之不足，将吊不暇，何贺之有也？"

《史记》曰：叔孙敖知优孟之贤，病且死，谓其子曰："我死，汝必贫困。"其子无立锥之地。

又曰：宁戚，卫人也。欲仕齐，家贫无以自资，乃赁为人推车。至齐国，桓公出，戚望见车驾，乃于车下饭牛，扣牛角而歌。桓公闻之，抚手曰："异哉，此人乃非常人也！"命管仲迎之，以为上卿。

又曰：冯驩，齐人，贫乏不能自存，使人属齐相孟尝君，愿寄食门下。孟尝君曰："客何能也？"对曰："无能。"孟尝君笑而受之。左右皆知君贱之，食以草具。居有顷，驩倚柱弹其剑铗而歌曰："长铗归来乎！食无鱼。"左右以告孟尝君，食之乃比门下诸客。居有顷，复歌曰："长铗归来乎！出无车。"左右以告孟尝君，为之驾比门下客。后有顷，复歌曰："长铗归来乎，无以为家。""左右皆恶之，以其贪，不知足也。孟尝君问驩曰："公有亲乎？"对曰："有母。"孟尝君令人给其食用，无使乏。驩乃不复歌。后孟尝君出记事，问门下诸客："有能习计会，能为吾收债于薛乎？"驩独署曰："臣能。"孟尝君怪曰："此谁乎？"左右曰："歌夫长铗归来者也。"孟尝君笑曰："客果有能，吾负之，未之见也。"请而见之，谢曰："文倦于事，愦于忧，久开罪于先生。先生不羞，乃有意欲为收债乎？"驩对曰："愿之。"于是约车治装，载券契将行，驩问曰："收债毕，市何物而返也？"孟尝君曰："视吾家之寡有者。"驩遂驱而之薛，使吏召诸民当偿债者，悉来合券。券既合，驩乃矫君命以所债赐诸民，因烧其券。民皆呼万岁。驩遂长驱而还，见孟尝君。君怪其疾也，衣冠而见之，曰："债毕乎？"对曰："毕。何市而返？"对曰："臣窃计，宫中珍宝盈室，车马实于外厩，美人充下陈，君家所寡有者以义耳！窃为君市义。”孟尝君曰：“市义若何？”对曰：“今君有区区之薛，不附爱子其民，因而贾利之！臣窃矫君命，尽以赐之，而烧其券，民时称万岁。此臣为君市义也。”孟尝君不悦：“先生休矣！”于是，期年，人或毁孟尝君于湣王曰：“孟尝君将乱。”及王出畋，忽有劫王者，意甚疑之。孟尝君将出奔，其舍人魏子初为君收邑三返而不敢入，君问之，对曰：“有贤者窃为君教与之，以故无入。”至是，魏子所与贤者闻孟尝君出，上书言其不乱，请以身盟，遂自刎于宫门。湣王大惊，乃复召孟尝君。孟尝君谢病归老于薛，未至百里，民扶老携幼迎于道傍。孟尝君顾谓驩曰：“先生所为文市义者，今见之矣。”驩对曰：“狡兔有三窟。”仅得免于死矣，今君止有一窟，未得高枕而卧也。请为君复凿二窟。”孟尝君与车五十乘，金百斤，西游于梁，说魏王曰：“齐放其大臣孟尝君，诸侯先迎之者国富兵强。”于是魏昭王以其故相为上将军，而虚相位，遣谒者赍黄金千斤、车百乘往聘孟尝君。孟尝君固辞不往，魏使三返。湣王闻之，君臣恐惧，遣太傅赍黄金千金、文马二驷，以谢孟尝君，使返国。驩又请曰：“愿得先王祭器，立宗庙于薛。”庙既成，还报曰：“三窟以就，君可高会而乐矣。”孟尝君乃还为齐相。

又曰：颜无繇，字路，颜渊父也。回死，颜路贫，请孔子车以葬。孔安国曰：卖车以作椁也。孔子曰：“才不才，亦各言其子。鲤也死，有棺而无椁，吾不徒行以为之椁，以吾从大夫 之后。不可徒行也。”

又曰：魏悖少时，欲求见齐相曹参，家贫无以自通，乃常独早夜扫齐相舍人门外。舍人怪之，以为物，而伺之，独得勃。勃曰：“愿见相君，无因，故为子扫，欲以求见。”于是舍人见之，曹参因以为舍人。

又曰：东郭先生拜为郡都尉。先生久待诏公车，贫困饥寒，衣弊，履不完。行雪中，履有上无下，足尽践地。道人笑之。

又曰：甘茂亡秦奔齐，逢苏代。代为齐使于秦。茂曰：“臣得罪于秦，惧而逃，无所容迹。臣闻富人女会绩，贫人女曰：我无以置烛，而子之火光有余，子可分我余光，无损子明。今臣困，愿君以余光振之。”

《汉书》曰：司马相如，字长卿，成都人。家贫，尝于临邛市与人沽酒，佣为洒扫，身着犊鼻布裩于市中。然少好读书，学击剑，小名犬子。慕蔺相如之为人，更名曰相如。后游梁数年归。素与临邛令王吉善，临邛多富人，有卓王孙、程郑相谓曰："令有贵客，为具召之，并召令。"令既至，请长卿，长卿谢病不能临。临邛令不敢尝食，乃自起迎相如，相如不得已而强往，一坐尽欢。酒酣，令前奏琴曰："窃闻长卿好之，愿以自娱。"相如为鼓一弄。卓王孙有女文君新寡，好音，窃窥之。相如乃挑之。文君夜奔相如，相如与驰归成都。家徒四壁立。卓王孙大怒，曰："女不才，我不忍杀，一钱不分。"文君久之，与相如俱至临邛，买酒舍，乃令文君当垆。相如与佣保杂作于市，卓王孙耻之。昆弟诸公谓王孙曰："一女所不足者非财也。今文君既失身于相如，相如虽贫，其人才足依也，奈何相辱如此！"王孙不得已，分与僮仆百人，钱百万。文君与相如乃归成都。武帝立，蜀人杨德意为狗监，侍上。上读《子虚赋》而善之，曰："朕独不得与此人同时！"意曰："此臣之邑人司马相如为此赋。"上惊，乃召问相如。相如曰："然。此乃诸侯之事，未足可观。"乃作《上林赋》，赋成，奏之，帝大悦，以相如为郎，后拜中郎将。建节使至蜀，蜀太守郊迎，县令负弩先驱。于是乡闾故人及卓王孙诸公因门下献牛酒以交欢。王孙于是喟然叹曰："老人所恨，得使女事相如乃晚耳！"

又曰：晁错奏曰："古者税民，不过什一。秦则不然，用商鞅之法，改帝王之制，除井田，民得卖买，富者连阡陌，贫者亡立锥之地。故贫民常衣马牛之衣，而食犬彘之食。"

又曰：陈平，阳武户牖乡人。少时家贫，有田三十亩，与兄伯居。伯常耕田，纵平使游学。平为人长大美色，人或谓平："贫，何食而肥若是？"其嫂疾平之不亲家事，曰："食糠籺耳。有叔如此，不如无！"平好读诗书，家贫，居穷巷，以席为户，然门外多长者车辙。

又曰：郦食其，陈留高阳人。好读书，家贫落魄，无衣食业。为里监门吏，然县中贤豪不敢役，皆谓之狂生。

又曰：韩信，淮阴人。家贫无行，不得推择为吏，又不能治生为商贾，常从人寄食。其母死，无以葬，乃行营高燥地，令傍可置万家者。

又曰：倪宽，千乘人。治《尚书》，事欧阳生。贫无资用，带经而锄，休息辄诵读。

又曰：严助侍宴从容，上问所欲。对曰："家贫，为友婿富人所辱。愿为会稽太守。"于是拜之。

又曰：王章，字仲卿，太山钜平人。为诸生学长安，独与妻居。章疾病，无被，卧牛衣中，与妻决，涕泣。其妻呵怒曰："仲卿！京师尊贵在朝廷人谁逾仲卿者，今疾病困厄，不自激卬，乃反涕泣，何鄙也！"

又曰：朱买臣，字翁子，吴人也。家贫好书，不治产业，常刈薪樵，以自卖给食，担束薪，行且诵书。其妻亦负载相随，数止买臣无歌讴道中。买臣愈益疾歌，妻羞之，求去。买臣笑曰："我年五十当富贵，今四十余矣。汝苦日久，待我富贵报汝功力。"妻恚曰："如公等，终饿死沟中耳，何能富贵？"买臣不能留，即听去。

又曰：蔡义，河内温人。以明经给事大将军幕府。家贫，常步行，资礼不逮众门下，好事者相合为义买犊车，令乘之。

又曰：主父偃，齐国临淄人。学长短纵横术，晚乃学《易》、《春秋》、百家言。游齐诸子间。诸儒生相与排摈，不容于齐。家贫，假贷无所得，北游燕、赵、中山，皆莫能厚遇。

又曰：陈汤，字子公，山阳瑕丘人。少好学书，博达善属文。家贫，取贷无节，不为州里所称。

又曰：贡禹上书曰："臣禹年老贫穷，家资不满万钱，妻子糠豆不赡，短褐不完。有田百三十亩。"

又曰：扬雄以病免，复召为大夫。家素贫，嗜酒，人希至其门。下有好事者载肴从游学。

又曰：张竦居贫无宾客，时有好事者从之质疑问事、论道经书而已。

又曰：匡衡，字稚珪，东海承人。父世农夫，至衡好学，家贫，佣作以供资用，尤精力过人。

范晔《后汉书》曰：孙期，字仲式，济阴人也。少为诸生。家贫，事母至孝，牧豕于大泽中以奉焉。远人从其学者，皆执经垄畔以追之，里落化其仁让。

又曰：申屠蟠，字子龙，陈留外黄人也。家贫，佣为漆工，郭林宗见而奇之。

又曰：李充，字大逊，陈留人。家贫，兄弟六人同衣递食。妻窃为充曰："今贫若此，难以久留，妾有私财，愿思分异。"充伪许之曰："当醖酒会内外共议。"既而，致酒宴客，充前跪白母："此妇无状，教充离间母兄，今遣斥。"便叱去之。

谢承《后汉书》曰：王充，字仲任，上虞人。少孤，乡里称孝，到京师受业太学，博览而不守章句。家贫无书，常游洛阳市肆阅所卖书，目一见辄能诵忆，遂博通众流。

又曰：张楷，字公超，治《严氏春秋》《古文尚书》，门徒皆造问焉。车马填门，贵戚之家皆起舍巷，以候过客之利。楷疾其如此，辄徙避。家贫，无以为业，常乘驴车至县卖药足给食，辄还乡里。

《东观汉记》曰：符融妻亡，贫无殡敛，乡人欲为具棺服，融不肯受。曰："古之亡者弃之中野，唯妻子可以行志，但土埋藏而已。"

又曰：桓荣，字春卿，沛郡龙亢人也。少学长安，治《欧阳尚书》，事博士朱晋。贫窭无，常客佣以自给，精力不倦，十五年不窥家。

又曰：闵仲叔居安邑，老病，家贫不能买肉，日买一片猪肝，屠者或不肯为断。安邑令候之，问诸子何饭食，对曰："但食猪肝，屠或不肯与之。"令出敕市吏，后买辄得。仲叔怪问，其子道状，乃叹曰："闵仲叔岂以口腹累安邑耶！"遂去，之沛。

又曰：周纡为渤海太守，赦令诏书到门不出，夜遣吏到属县书决罪行刑。坐征诣廷尉，系狱数日，免归。家贫，无以自赈赡，身筑堑以给食。章帝知，怜之，后以为郎。

华峤《后汉书》曰：范式为荆州刺史。友人南阳孔嵩，家贫亲老，乃变名姓，佣为新野河里街卒。式行部到新野，而县选嵩为导驺迎式。式见而识之，呼嵩，把臂曰：“子非孔仲山耶？”对之叹息，语及平生。曰：“共与俱曳长裾，游集帝学，吾蒙国恩，致位牧伯，而子怀道隐身，处于卒伍，不亦惜乎！”嵩曰：“昔侯嬴长守于贱业，晨扫门肆志于抱关。子居九夷，不患其陋，贫者士之宜，岂为鄙哉！”式敕县代嵩，嵩以为先佣未竟，不肯去。

《续汉书》曰：范丹。桓帝时，以丹为莱芜长，不到官。后辟太尉府，自以狷急不能从俗，常佩韦于朝。徒行弊服，卖卜于市。遭党人禁锢，遂推鹿车，载妻子，捃拾自资，或依宿树荫。如此十余年，乃结草室内居焉。闾里歌曰：“甑中生尘范史云，釜里生鱼范莱芜。”

又曰：吴祐，年二十丧父，居无担石而不受赡遗，常牧豕于长垣泽中，行吟经书。遇父故人，谓之曰：“卿二千石子，而自业贱事，纵子无耻，奈先君何？”祐辞谢而已，守志如初也。

又曰：王苑，字仲安。贫贱，茅屋蓬户藜藿。

谢承《后汉书》曰：施延，字君子，沛人。家贫母老，常鬻力供养，种瓜自给，位至太尉。

又曰：永平五年，班超兄固被召诣校书。超与母随至洛阳，家贫常为佣书以供养，久佣，尝苦辍业，投笔叹曰：“大丈夫无它志略，独当效傅介子、张骞立功异域，以封取侯，安能久事笔砚乎！”

《魏略》曰：常林少单贫。虽贫，自非手力，不取之于人。性好学，汉末为诸生，带经耕锄。其妻自担饷馈之，林虽在田野，其相敬如宾。

又曰：黄初中，儒雅并进，而杨沛本以事服能见，遂以议郎冗散里巷。沛前后宰历城守，不以私计意，故身退之后，家无余积，治疾于家，荒田二顷，起蜗牛庐，居止其中也。

《典略》曰：程坚，字谋甫，南阳舞阴人。仁孝清洁，居贫无资，磨镜自给，不受人施。诸妪共漂，更相呼食，有或不食也，相谓曰：“非程谋甫，何为不食人食耶？”

又曰：刘陶，字子奇，川人。世祖十八年，徙六郡大族，陶曾祖自齐来。世以儒学安贫乐道，故仕不过孝廉。

又曰：裴潜每之官，不将妻子。妻子贫乏，织荆芘以自供；群弟之田庐，常步行。家人小大或并日而食。

《晋中兴书》曰：王猛，北海人。居魏土，少贫贱，鬻畚为业。尝至洛阳货畚，有一人于市贵买畚而无直，曰："可随我去取直。"猛随行，不觉远，忽至深山，语猛且住树下，当先启道君来。须臾，猛进见，一公踞胡床，头鬓悉白，从十许人。一人引猛，云："大司马公可进。"猛因拜公，公曰："王公何缘拜！"即十倍酬畚直，遣人送猛。猛出，顾视，乃嵩山。

又曰：刘实，字子真。平原高唐人。少贫，共糠饭，绳索作衣卖。手绳口诵。

又曰：淳于智，字叔平，济北人。上党鲍瑗家少丧疾贫苦，谓曰："淳于叔平神人也，何不试就卜。"瑗乃令智作卦，卦成曰："君谓宅东北有大桑树，君径至市，入门数十步，当有一人将新马鞭者，就请还买以悬此桑树，三年当暴得财也。"瑗承其言，诣市，果得马鞭，悬之正三年，后浚井，得钱千万，铜铁杂器复可二十余万，于是家业用展，病者亦愈。

太平御览卷第四百八十五 人事部一百二十六

贫下

《魏志》曰：崔林，字德清，河东武城人也。幼时宗族莫知，从兄琰异之。太祖定冀州，召除鄢长，贫无车马，单步之官。太祖征壶关，擢为冀州主簿。

又曰：华歆素清贫，禄以赈亲戚，故家无担石之储。

又曰：邓艾，字士载，义阳人。以口吃，不得作千佐。为稻田守草吏。同郡吏怜其贫，资给甚厚，艾初不稍谢。每见高山大泽，辄规度指画军营处所，时人多笑焉。

《吴志》曰：吕范，字子衡，汝南人。有容观姿貌。邑人刘氏，家富女美，范求之。母嫌，欲勿与。刘氏曰："吕子衡宁当久贫者？"遂与之婚。

又曰：潘璋，字文珪，东郡人。性嗜酒，其家甚贫，好赊贷，辄言豪富必相还。孙权甚奇之。魏将夏侯尚南郡作浮桥，渡百里洲，璋于上流伐苇作箪，欲顺风放火。箪成，尚使引退，璋遂为平北将军。

《晋书》阮咸，字仲容，陈留人。时俗七月七日晒衣裳，或宗族于庭罗列衣服，咸贫无物，乃脱犊鼻布裩以竹竿头挂之，人问故，答曰："不能免俗。"

《宋书》曰：武帝刘裕少时，其家大贫，与人佣赁。及登帝位，耕具犹存，并衲布袄，并令收掌以示子孙，令为规戒。

又曰：江湛家甚贫约，不营财利，饷馈盈门，一无所受，无兼衣余食。尝为上所召，值浣衣，称疾经日，衣成然后赴。牛饿，驭人求草，湛良久曰："可与饮。"

又曰：陶潜性嗜酒，而家贫不能恒得。亲旧知其如此，或置酒招之，造饮辄尽，期在必醉，既醉而退，曾不吝情去留。环堵萧然，不蔽风日，短褐穿结，箪瓢屡空，晏如也。

又曰：颜延之屏居里巷，不预人间者七载。中书令王球名公子，延之居常罄匮，球辄分财赡之。

《齐书》曰：王延之，清贫，居宇穿漏。褚渊往候之，见其如此，具启明帝，帝即敕材官为起三间斋屋。

又曰：虞玩之。太祖镇东府，朝野致敬，玩之犹蹑屐造席。太祖取屐视之，曰："卿此屐已几载？"玩之曰："着此屐已二十年，贫竟不办易。"太祖善之。

又曰：庾杲之，字景行，新野人。初为驾部郎。清贫自业，食餐唯有韭菹、生菜。任彦升尝戏曰："谁谓庾郎贫，食鲑常有二十七种菜。"王俭用为长史，安陆侯萧缅与俭书曰："盛府元僚实难其选，庾景行泛渌水，依芙蓉，何其丽也。"时人以俭府为莲花池，故缅书言之。官至御史中丞。

《梁书》曰：阮孝绪家贫无以爨，僮妾窃邻人樵以继火。孝绪知之乃不食，更令撤屋而炊，所居室唯有一林竹树环绕。

《后魏书》曰：胡叟居家蓬室草户，唯以酒自适。常谓人曰："我此生活，似胜焦先。"光不治产业，饥贫不以为耻。养子字螟蛉，以自给养。每至贵胜之门，恒乘一牸牛。作布囊，容三四升，饮啖醉饱，便盛余肉饼以付螟蛉。见车马荣华，视之蔑如也。

《隋书》曰：张仁诩，州县以其贫素，将加赈恤，辄辞不受。每闲居，从容长叹曰："老冉冉而将至，恐修名之不立！"以如意击几，皆有处所，时人方之闵子骞、原宪。

又曰：虞世基，陈灭归国，为通直郎，直内史省。贫无产业，每佣书养亲，怏怏不平。尝为五言以见意，情理凄切，世以为工，作者莫不吟咏。

又曰：房彦谦居官所得俸禄，皆以周恤亲友，家无余财，车服器用，务存素俭。自少及长，一言一行，未尝涉私，虽致屡空，怡然自得。尝从容独笑，顾谓其子玄龄曰："人皆因禄富，我独以官贫。所遗子孙，在于清白。"

又曰：许康佐擢进士第，以家贫母老，求为知院官，人或轻怪，笑而不答。及母亡，服除不就侯府之辟。君子知其不择禄养亲之志也，故名益重。

又曰：李建，字杓直。家素清贫，无旧业，与兄造逊于荆南，躬耕致养，嗜学力文。

《六韬》曰：武王问太公曰："贫富岂有命乎？"太公曰："为之不密，密而不富者，盗在其室。"武王曰："何谓盗也？"公曰："计之不熟，一盗也；收种不时，二盗也；取妇无能，三盗也；养女太多，四盗也；弃事就酒，五盗也；衣服过度，六盗也；封藏不谨，七盗也；井灶不利，八盗也；举息就礼，九盗也；无事燃灯，十盗也。取之安得富哉！"武王曰："善。"《说苑》同。

《列女传》曰：黔娄妻者，鲁黔娄先生之妻也。先生死，曾子与门人往吊之，见先生尸在牖下，覆以布被，手足不尽敛，覆头则足见，覆足则头见。曾子曰："衺其被则敛矣。"妻曰："衺之有余，不如正之不足；且先生以衺，故至于此。"

又曰：齐女徐吾者，在海上。贫妇人与邻妇人李吾之属合烛相从绩。徐吾最贫而烛数不属，李吾谓曰："徐吾烛数不属，请无与夜。"徐吾曰："是何言欤？今一室之中，益一人烛不为益明，去一人烛不为益暗，何爱东壁余光！贫妾不蒙见爱之恩，长为妾，不亦可乎？"莫之能应，遂复与夜。

《高士传》曰：老莱子，楚人，耕蒙山之阳。以藿葭为墙，蓬蒿为室，枝木为床，蓍艾为席。

《东方朔别传》曰：朔书与公孙弘借书，曰："朔当从甘泉，愿借外厩之后乘。木槿夕死而朝生者，士亦不必长贫也。"

《李郃别传》曰：公居贫而不好治产，有稻田三十亩，第宅一区。至京学问，常以赁书自给，为人沉深弘雅，有大度。

《郭林宗别传》曰："林宗家贫，初欲游学，无资，就姊夫贷五千钱。乃远至成皋从师受业，并日而食，衣不蔽形。常以盖幅自障出入，入则护前，出则掩后。

《邴原别传》曰：原字根矩，年十一丧父，家贫早孤。邻有书舍，原过其傍而泣。师问曰："童子何悲？"原曰："孤者易伤，贫者易感。夫书者必有其父兄，一则愿其不孤，二则羡其得学。心中恻然，而为涕零也。"师亦哀原之言，而为泣曰："欲书可书耳！"

《桓阶别传》曰：阶贫俭，文帝尝幸其第，见诸子无裈，文帝搏手笑曰："长者子无裈！"乃抱与同乘。是日拜二子为郎，使黄门赍衣三十囊，赐曰："卿儿能趋可以裈矣。"

《文士传》曰：刘梁，字曼山，一名岑，汉宗室子孙。少有清才，以文学见贵。梁贫，恒卖书以供衣食。

《汝南先贤行状》曰：胡定，字元安，颍川人。至行绝人，在丧，雉兔游其庭，雪覆其室，县令遣户曹掾排雪问定。定已绝谷，妻子皆卧在床。令遣以干糗就遗之，定乃受半。

《三辅决录》曰：第五颉，字子陵，伦小子。以清正为郡功曹，至州从事。公府辟举高第：侍御史、南顿令，皆称病免。洛阳无主人，乡里无田宅，寄止灵台中，或十日不炊。

又曰：孙晨，字允公。家贫不仕，居杜城中，织箕为业。明诗书，为郡功曹。冬月无被，有一束刍，暮卧中，旦烧之。

《华阳国志》曰：朱良，字云卿，什仿人。少受学于蜀郡张宁，食豆屑饮水以讽诵。同业怜其贫，给米肉，不受。家贫恒以步行，为郡功曹。

《世说》曰：李弘度常叹不被遇。殷杨州知其家贫，问："君能屈志百里不？"李答曰："《北门》之叹，久已上闻；穷猿奔林，岂暇择木？"遂作鄮县。

《俗说》曰：谢仆射太常诣吴领军，坐久，吴留客作食，日已中，方使婢卖狗供客。比得食，无气力可语。

又曰：刘真长，少时居丹徒，家至贫，织芒履以养母。

《说苑》曰：子思居于卫，缊袍无里，二旬九食。

《西京杂记》曰：司马相如初与卓文君至成都，文君贫，愁惫，以所服鹔鹴裘就市人杨昌贳酒，遂相与谋，还于成都卖酒。相如亲着犊鼻裈涤器，以耻王孙。

《墨子》曰：天下有义则富，无义则贫。

《列子》曰：管仲之相齐，君淫亦淫，君奢亦奢。志合言从，道行国霸。其后田氏相齐，君盈则己降，君敛则己施。民皆归之，因有齐国。若实名贫，伪名富也。

又曰：齐有贫者，常乞于城市。城市患其亟也，众莫之与。遂适田氏之厩，从马竖作役而假食。郭中人戏之曰："从马竖而食，不以辱乎？"乞儿曰："天下之辱莫过于乞。乞犹不辱，岂辱马竖哉！"

又曰：齐之国氏大富，宋之向氏大贫，自宋之齐，谋其术。国氏告之曰："吾善为盗。始吾为盗也，一年而给，二年而足，三年大穰。自此往，施及州闾。"向氏大喜。喻其为盗之言，而不喻其为盗之道，遂逾垣凿室，手目所及，亡不探也。未及时，以赃罪，没其先君之财。向氏以国氏之谬己也，往而怨之。国氏曰："嘻！若夫为盗之道，天有时，地有利，吾盗天地之利。云雨之润。吾陆盗禽兽，水盗龟鳖，亡非盗也。夫金玉珍宝，谷帛财货，人之所聚，岂天之所与？若盗之而获罪，孰怨哉？"

又曰：凡为名者必廉，廉斯贫；为名者必让，让斯贱。

《庄子》曰：原宪处鲁，居环堵之室，蓬户不完，桑木为枢，而瓮牖，上漏下湿，匡坐而弦歌。子贡乘大马，中绀而表素，轩车不容巷，往见原宪。原宪杖藜而应门。子贡曰："先生何病也？"原宪应之曰："宪闻，无财之谓贫，学道不能行之谓病。今宪贫也，非病也。"子贡逡巡而退，有愧色。

又曰：孔子谓颜渊曰："家贫居卑，胡不仕乎？"对曰："不愿仕。回有郭外之田五十亩，足以给饘粥；郭内之田五十亩，足以为丝麻；鼓琴，足以自娱；所学于夫子者，足以自乐也。回不愿仕。"孔子愀然变色曰："美哉！"

又曰：庄周家贫，故往贷粟于监河侯，曰："我将得邑，贷子三百金。"周忿然作色曰："周昨来，有中道而呼者，顾视车辙有鲋鱼焉。

问之曰：子何为者耶？对曰：曰：我，东海之波臣也。君岂有斗升之水而活我哉？周曰：诺，我将南游吴越之王，激西江之水而迎子，可乎？鲋鱼忿然作色曰：吾得斗升之水然活耳。君乃言此，曾不如早索我于枯鱼之肆。”

又曰：曾子居卫，捉衿而肘见，纳履而踵决。

又曰：河上有家贫恃纬萧而食者，其子没渊得千金珠。谓其子：“取石来锻之！夫千金之珠，必在九重之渊而骊龙之颔下。汝得之必遭其睡，若龙寤，子尚奚珠之有哉？”

《吕氏春秋》曰：世皆以珠玉为宝，宝愈多而民愈贫，失其所宝也。

《荀卿子》曰：仁义礼善于人，譬若货财粟米之于家也，多有之者富，少有之者贫，至无有者穷也。

又曰：子夏贫，衣若悬丝，人曰：“子何不仕？”曰：“诸侯骄我者，吾不为臣；丈夫之骄我者，吾不复见也。”

《抱朴子》曰：洪禀，体尫羸，兼之多疾。贫无车马，不堪徒行，荆棘丛于庭宇，蒿莠塞乎阶霤，披榛出门，排草入室。

《淮南子》曰：贫人夏则披褐带索，含菽饮水，以支暑热；冬则羊裘解札，短褐不掩形，而炀灶口焉。为裘如铠甲之札，言其破坏也。炀，炙也，向灶口之自温。炀读高尚之尚也。故其为编户齐民无以异；然贫富之相去也，犹人君之与仆虏，不足以喻之。喻，犹方也。

又曰：人有盗而富者未必富，盗有廉而贫者未必廉也。

《符子》曰：楚之交子，鲁之周子，齐之狂子，三子和与居乎太山之阳，处乎环堵之室，荜门不扇，盖茨不翳而弦歌不辍。

《鹖冠子》曰：家富疏族聚，居贫兄弟离。

汉·扬雄《逐贫赋》曰：扬子遁居，离俗独处。左邻崇山，右接旷野。邻垣乞儿，终贫且窭。礼薄义弊，相与群聚。惆怅失志，呼贫与语：汝在六极，投弃荒遐。好为庸卒，刑戮如是，匪唯幼稚，嬉戏土沙。居非近邻，接屋连家。恩轻毛羽，义薄轻罗，进不由人，退不受呵。久为滞客，其意谓何？人皆文绣，余褐不完；人皆稻粱，我独藜餐。贫无宝玩，何以接欢；宗室之宴，为乐不槃。徒行负赁，出处易衣。身服百役，手足胼胝。或耘或耔，沾体露肌；朋友道绝，进宦凌迟。厥咎安在？职汝为之。舍尔远窜，昆仑之颠，尔复我随，翰飞戾天。舍尔登山，岩穴隐藏；尔复我随，陟彼高岗。舍尔入海，泛彼柏舟；尔复我随，载沉载浮。我行尔动，我静尔休。岂无他人，从我何求？今汝去矣，勿复久留。贫曰唯唯，主人见逐。多言益嗤，心有所怀。愿得尽辞；昔我乃祖，宣其明德。克佐帝尧，誓为典则。土阶茅茨，匪雕匪饰。爰及季世，纵其昏忒。饕餮食群，贪富苟得。鄙我先人，乃傲乃骄。瑶台琼室，华屋嵩高。流酒为池，积肉为峭。是用鹄逝，不践其朝。三省吾身，谓予无愆。处君之家，福禄如山。忘我大德，思我小怨。堪寒能暑，少而习焉。寒暑不忒，等寿神仙。桀跖不顾，贪类不干。人皆重蔽，子独露居。人皆怵惕，子独无虞。言辞既罄，色厉目张。摄齐而兴，降阶下堂。誓将去女，适彼首阳。孤竹之子，与我连行。余乃避席，辞谢不直。请不贰过，闻义则服。长与尔居，终无厌极。贫遂不去，与我游息。

太平御览卷第四百八十六 人事部一百二十七

穷

《说文》曰：穷，极也。

《韩诗外传》曰：田子方出，见老马于道，曰："何马也？"御曰："公家畜，罢而不为用，故放之。"田子方曰："少尽其力，老弃其身，仁者不为也。"束帛赎之。穷士闻之，知所归心矣。

《论语》曰：君子固穷，小人穷斯滥矣。

《家语》曰：楚昭王聘孔子，孔子往拜礼焉，路出乎陈蔡，大夫相与谋曰："孔子贤圣，其所刺讥皆中诸侯之病，若用于楚，则陈蔡危矣。"遂使徒兵距孔子，孔子不得行，绝粮七日，无所通，藜羹不充，从者皆病。

《史记》曰：范雎说秦昭王曰："伍子胥托载而出昭关，夜行而昼伏，至于陵水，无以糊其口，膝行匍匐拜，稽首肉袒，鼓腹吹箫，乞于吴市，卒举吴国，阖庐为伯。使臣得进谋如子胥，加之以幽囚，终身不复见，是臣之说行也。"

又曰：管仲曰："吾尝为鲍叔谋事而更穷困，鲍叔不以我为愚，知时有利不利也。"

《汉书·苏武传》曰：单于弟于靬王弋射海上。武能结网缴，檠弓弩，于靬王爱之，给其衣食。三岁余，王病，赐武马畜服匿穹庐。穹庐，旃庐也。王死后，人众徙去。其冬，丁令盗武牛羊，武复大穷。

《汉献帝春秋》曰：王朗降孙策。孙策令使者诘朗曰："问逆贼王朗，朗受国恩，当云何报德？"朗对曰："身轻罪重，死有余辜。申脰就羁，蹴足入绊，叱咤听声，东西唯命。"

《魏氏春秋》曰：初，宣王使何晏治曹爽等狱。宣王曰凡有八族，晏疏丁、邓等七姓。宣王曰："未也。"晏穷急，乃曰："岂谓晏乎？"宣王曰："是也。"乃收晏。

《魏末传》曰：曹爽兄弟归家。敕洛阳县发民八百人使尉部围爽第，四角作高楼，令人在上望视爽兄弟举动。爽计穷愁闷，持弹到后园中，楼上人便唱："故大将军东行。"爽还厅事上。

《蜀志》曰：先主伐吴，先主败，引退，道隔，黄权不得还，降魏。魏文帝谓权曰："君舍逆归顺，欲追踪陈、韩耶？"权对曰："臣过受刘氏厚遇，降吴不可，还蜀无路，是以归命。败军之将，免死为幸，何古人之可慕。"文帝善之。

《蜀志》曰：许靖为许邵排摈，不得齿叙，以马磨自给。

王隐《晋书》曰：上攻张方，决千金堰，水碓不作，发王公家奴婢手舂给兵。男子自十三以上皆从役。于是公私穷踧，米石万钱。

《晋中兴书》曰：桓玄闻义军起，斩其二将。志虑窘塞，日与臧道士推算数厌胜之术。

皇甫士安《高士传》曰：陈仲，字子终，齐人。适楚，居于陵，自谓于陵子仲。穷不苟求，非义之食不食。

《吴越春秋》曰：越伐吴，吴王率其贤良投于胥山。越兵大至，围吴三重。大夫文种相拜，范蠡左手提鼓，右手操桴而鼓之。于是吴王书其弓矢而射种、蠡之军，其辞曰："臣闻狡兔已死良犬烹，敌国已灭谋臣亡。今吴已病也，子大夫何不虞之！"

《墨子》曰：孔子穷陈、蔡之间，藜羹不糁，子路烹豚，孔丘不问肉所从来而食之也。

《荀卿子》曰：鸟穷则啄，兽穷则攫，人穷则诈。

又曰：孔子适楚，游陈、蔡之间，七日不食。子路曰："由闻善者天报之福，不善者天报之祸，今夫子积德义，奚居之隐？"孔子曰："由！芳兰生于深林，非以无人而不芳，君子之学非为同也，居不隐者思不生，身不佚者志不广。"

《庄子》曰：泉涸，鱼相与处于陆，相煦以湿，相濡以沫，不若相忘乎江湖。

又曰：孔子穷于陈、蔡之间，七日不火食，藜羹不糁。颜回择菜，子路、子贡相与言曰："夫子载逐于鲁，削迹于卫，伐树于宋，穷于陈、蔡。君子之无耻也若此乎？"颜回无以应，入告孔子。孔子推琴，喟然而叹曰："由与赐，细人也。召而来，吾语之：今丘也抱仁义之道以遭世之暴，其何穷之为也！"

《尸子》曰：汤复于汤丘，文王幽于羑里，武王羁于王门，越王栖于会稽，秦缪公败于殽塞，齐桓公遇贼，晋文公出走，故三王资于辱而五伯得于困也。

《韩子》曰：鲁人身善织履，妻善织缟，而徙于越。或谓之曰："子必穷矣。履为人履之也，而越人乘舟；缟为人冠之也，而越人被发。欲无穷，可得乎？"

《燕丹子》曰：樊将军以穷归我，而丹卖之，心不忍也。

《淮南子》曰：今夫穷鄙之社也，穷巷之小社也。叩盆拊缶，相和而歌，自以为乐矣。尝试为之击建鼓，撞巨钟，乃始知其缶之足羞矣。

《新序》曰：宁戚欲干齐桓公，穷困无以自进，于是为商歌，宿于郭门之外，击牛角而歌。桓公闻之，曰："异哉之歌，非常人也！"

《杂道书》曰：地肺之山，其下生草，名曰："救穷，如竹，冬夏不枯。取而食之，可绝谷不食，令人长生；服之三十日，行及走马。

赵壹《穷鸟赋》曰：有一穷鸟，戢翼原野。罩网加上，机阱在下。前见苍隼，后逼驱者。缴弹张右，羿弓彀左。飞丸激矢，交集于我。思飞不得，欲鸣不可。举头畏触，摇足恐堕。内独怖急，乍冰乍火。

《琴操》曰：孔子使颜渊执辔，到匡郭外。孔子既似阳虎，以为今复来至，乃相率围孔子，数日不解，弟子皆有饥色。于是孔子仰天叹曰："君子固亦穷乎！"子路闻孔子之言悲感，勃然大怒，张目奋剑，声如钟鼓，顾谓二三子曰："使吾有此厄也。"

司马彪《与山巨源书》曰：根拔失据，托命此别。告求矜愍，许见赈恤。穷人易感，悲喜兼怀。承命 之后，情过挟纩。

孔舒玄《在穷记》曰：遣信与义阳太守孙仲开相闻，告其困乏，得绢二匹，坏车一乘。卖，得绢三匹；以粢，得米一石，橡三斛。食口三十五人，百日之中以此自活。人皆鹤节，无复血色。

冻

《左传·襄十八年》曰：楚师伐郑，涉于鱼齿之下，鱼齿山之下有水，故言涉也。甚雨，楚师多冻，役徒几尽。

《汉书》曰：韩王信降匈奴，上自将击之，连战，乘胜北至楼烦，会寒大雨，士卒饥冻。

又曰：王莽。天凤四年八月，莽亲之南郊，铸作威斗。威斗者，以五石铜为之，五色石铜合治为威斗也。若北斗，长二尺五寸，欲以厌胜众兵。既成，令司命负之，莽出则在前，入则御旁。铸斗日大寒，百官人马有冻死者。

《三辅决录》曰：鲍恢父为县吏，有罪，令欲杀之。恢年十三，常伏门外冻地，昼夜号泣，令感而赦之。

《晋元嘉起居注》曰：徐州刺史王仲德上言：下坯僮令殷道益，十一月冒寒出郡，履涉冰雪，主簿王黑等三人脚悉冻断。

《晏子春秋》曰：景公出游于塞途，睹死瘠者，默然不问。晏子曰："昔吾先君桓公出游，睹饥者与食，病者与财。今君游塞途，饥寒冻馁，死瘠相望，而君不问。失君道矣！"公于是敛死瘠，发粟赈贫，三月不出游。

《吕氏春秋》曰：戈夷违齐如鲁，天大寒而后门，与弟子宿于郭外，寒愈甚，谓弟子曰："子与我衣，我活；我与子衣，子活我国士也，为天下惜死；子不肖人，不足爱也。子与我衣。"弟子曰："夫不肖人，恶能与国士衣哉？"戈夷解衣与弟子，夜半而死，弟子遂活。

《琴操》曰：曾子幼少，慈仁质孝，耕于太山之下，遭天霖泽雨雪。寒，旬月不得归，乃作《忧思》之歌。

饿

《礼记·檀弓》曰：齐大饥，黔敖为食于路，以待饿者而食之。有饿者蒙袂戢屦，贸贸然来。黔敖左奉食，右执饮，曰："嗟！来食！"扬其目而视之，曰："予唯不食嗟来之食以致于斯也！"嗟来食，虽悯而呼之，非敬辞也。从而谢焉，终不食而死。

《左传·宣上》曰：晋侯饮赵盾酒，伏甲将攻之。初，宣子田于首山，舍于翳桑，田，猎也。翳桑，桑之多阴翳者也。见灵辄饿，问其病。灵辄，晋人。曰："不食三日矣。"食之，舍其半。问之，曰："宦三年矣，未知母之存否，今近焉，请以遗之。"使尽之，而为之箪食与肉，置诸橐以与之。既而辄为公介，灵辄为公甲士。倒戟以御公徒，而免之。问其何故，曰："翳桑之饿人也。"问其名居，不告而退。

《论语·季氏》曰：齐景公有马千驷，死之日，民无德而称焉。伯夷、叔齐饿于首阳之下，民到于今称之。

《史记》曰：赵主父游沙丘，公子章作乱。李兑起兵，败之，章往走主父，兑因围主父宫。令宫人"后出者夷"。主父不得出，探雀鷇而食之，三月遂饿死沙丘宫。

又曰：上使善相人相邓通，曰："当贫饿死。"文帝曰："能富通者在我，何谓贫！"于是赐邓通蜀严道铜山，得自铸钱。景帝立，有告邓通盗出徼外铸钱，下吏验问，颇有。遂案，尽没入，一簪不得着身，遂饿死。

又曰：条侯周亚夫为河内守，时许负相之，曰："后三岁而侯，侯八岁为将相，持国柄，贵矣，于人臣无两。其后九岁而君饿死。"负指其口："有从理入口，此饿死法也，三岁，其兄绛侯有罪，文帝择绛侯子贤者，皆推亚夫，乃封亚夫为条侯。卒饿死。

又曰：赵王友以诸吕女为后，弗爱。太后怒，召赵王置邸、弗与食。赵王饿，遂幽死。

《战国策》曰：楚伐中山，中山君亡走。有二人挈戈随其后，曰："臣父尝饿且死，君下壶飧餔臣父。臣父曰：中山有事，女必死之！故来死君也。”

《汉书》曰：朱买臣独行歌道中，负薪墓间。故妻与夫家俱上冢，见买臣饥寒，呼饭食之。

又曰：苏武，字子卿，杜陵人。使匈奴，匈奴必欲降之，乃出置大窖中，绝不与饮食。天雨雪，武啮雪与毡毛并咽之，数日不死，匈奴以为神，乃徙武北海上无人之处，使牧羝羊。粟食不至，掘野鼠草实而食之。

又曰：元帝即位，天下大水，关东郡十一尤甚。二年，齐地饥，谷石三十余万，民多饥死，琅琊郡人相食。

又曰：王莽末，赤眉遂烧长安宫室市里，害更始。民饥饿相食，死者数十万，长安为虚，虚中无行人。宗庙园林皆发掘，唯霸陵完。

《东观汉记》曰：王莽末，南方枯旱，民多饥饿。群盗入野泽，掘凫茨食之。

又曰：建武九年正月，隗嚣饿，出城餐糗，腹胀死。

又曰：朱勃上书理马援曰：“八年，车驾讨隗嚣，唯独狄道为国坚守。然民饥馑，啖弩煮履。寄命漏刻。”

又曰：上问第五伦曰：“闻卿为吏挝妻父，不过从兄饭，宁有之也？”伦对曰：“臣三娶妻皆无父。臣生遭饥扰攘，米石万钱，不敢妄过人饭。”

又曰：王郎起兵，上自蓟东南驰，晨夜草舍，至饶阳芜蒌亭。时天寒冽，众皆饥疲，冯异上豆粥。明旦，上谓诸将曰：“昨得公孙豆粥，饥寒俱解。”

又曰：邓禹与赤眉战，赤眉佯败，弃辎重走，车皆载土，以豆覆其上。兵士饥，争取之。赤眉引还击之，军溃乱。时百姓饥，人相食，黄金一斤易豆五升，道路断隔，委输不至，军士悉以果实为粮。

又曰：耿恭在疏勒城，救兵不至，数月食尽，穷困，乃煮铠弩，食其筋革。

谢承《后汉书》曰：天下乱，人相食。赵孝弟礼，为饿贼所得，孝闻之，即自缚诣贼曰："礼久饿，羸瘦，不如孝肥饱。"贼大惊，并放之。

袁山松《后汉书》曰：赤眉入长安掖庭中，有数百千人。自更始败，闭殿门不出，掘庭中芦菔根，捕池中鱼食之，死因埋宫中。有故祠甘泉乐人，尚共击鼓歌舞，衣服鲜明，见盆子叩头言饥。盆子使中黄门廪之粟数升。后盆子去，皆饿死。

范晔《后汉书》曰：邓禹威稍损，又乏食，归附者离散。而赤眉后还入长安，禹与战败，走至高陵，军士饥饿，皆食枣菜。

《汉献帝传》曰：车驾至洛阳。是时宫室烧尽，百官披荆棘依丘墙间，州郡各拥强兵，而委输不至。群僚饥乏，尚书郎以下自出采稆，或饿死墙壁间。

《吴志》曰：袁术在寿春，谷石百余万，载金钱之市求籴，市无米而弃钱去。百姓饥寒，以桑椹、蝗虫为干饭。

王隐《晋书》曰：永嘉五年，洛中大饥。五月，挚虞饿死。

又曰：刘琨与王丞相笺曰："不得进军者实困无食，残民鸟散，拥发徒跣，木弓一张，荆矢十发，编草盛粮，不盈二日，夏即桑椹，冬则营豆。视此哀叹，使人气索，恐吴孙、韩白犹或难之，况以琨怯弱凡才，而当率此以殄强寇。"

《晋中兴书》曰：王尼，字季孙。洛阳覆没，避乱江夏。王澄时为荆州刺史，见之欣喜，厚供给之。尼早丧妇，止有一息，不用居宅，唯畜露车牛一乘，每行辄使儿御，暮则宿车上，无定处。澄卒，荆州饿荒，尼杀牛坏车煮之，遂父子馁死。

《晏子春秋》曰：越石父冻饿，为人臣仆三年矣。晏子解左骖赎之。

《文子》曰：神农之法：丈夫丁壮不耕，天下有受其饿者。

《孟子》曰：陈仲居于陵，三日不食，耳目无闻，见井上有李，螬食实者过半矣，匍匐往将食之，三咽然后耳目有闻见。

《韩子》曰：秦大饿，应侯谓王曰："吾苑之草蔬橡果枣栗足以活民，请发之。"王曰："今发吾苑以活民，是使有功与无功争取也。人生而乱，不如死而治。"

贾谊《新书》曰：虢君骄恣，晋伐之，出走，逃于山中，遂饿死，为禽兽食之。

《风俗通》曰：俗说大饿不在一车饭，谓正得一车饭不复活也。

《符子》曰：惠子家穷，饿数日不举火，乃见梁王。王曰："夏麦方熟，请以割，子可乎？"惠子曰："施方来，遇群川之水长，有一人溺流而下，呼施救之。施应曰：'吾不善游，方将为子告急于东越之王，简其善游者以救子，可乎？'溺人曰：'我得一瓢之力则活矣。子方告急于东越之王，简其善游者以救我，是不如求我于重渊之下、鱼龙之腹矣。'"

《世说》曰：郗公遭永嘉丧乱，穷馁，乡人共食之。公常携兄子外甥二小儿往食，乡人曰："各自穷馁，以君之贤，共欲存君耳，恐不能兼食。"公于是独往食，讫辄含饭着颊，还，吐与二小儿。后并得存。

《幽明录》曰：乐安县故市经荒乱，人民饿死，枯骸填地。每至天阴将雨，辄闻吟啸呻叹，声聒于耳。

《古艳歌》曰：行不随道，经历山陂，马啖柏叶，人啖柏脂，不可当饱，聊可过饥。

《傅玄诗》曰：炎旱历三时，天运失其道。河中飞尘起，野田无生草。一餐重丘山，哀之以终老。君无半粒储，形影不相保。

太平御览卷第四百八十七 人事部一百二十八

哭

《礼记》曰：孔子哭子路于中庭。有人吊者，而夫子拜之。既哭，进使者而问故。使者曰："醢之矣！"遂命覆醢。

又曰：伯高死于卫，赴于孔子。孔子曰："吾恶乎哭诸？兄弟，吾哭诸庙。父之友，吾哭诸庙门之外。师，哭诸寝。朋友，吾哭诸寝门之外。所知，吾哭诸野。于野则已疏，于寝则已重。夫由赐也见我，吾哭诸赐氏。"遂命子贡为之主，曰："为尔哭也，来者拜之。"

又曰：子夏丧其子而丧其明。曾子吊之，曰："吾闻之也，朋友丧明则哭之。"

又曰：哭有二道，有爱而哭之，有畏而哭之。

又曰：孔子恶野哭者。谓其变众。

又曰：穆伯之丧，敬姜昼哭；文伯之丧，昼夜哭。孔子曰："知礼矣。"丧夫不夜哭，嫌思情性也。文伯之丧，敬姜据其床而不哭，曰："昔者，吾有斯子也，吾将以为贤人也。吾未尝以就公室。今及其死也，朋友诸臣未有出涕者，而内人皆行哭失声。斯子也，必多旷于礼矣夫！"

又曰：孔子过泰山侧。有妇人哭于墓者而哀，夫子式而听之。使子贡问之，曰："子之哭，一似重有忧者。"曰："然。昔吾舅死于虎，吾夫又死焉，今吾子又死焉。"夫子曰："何为不去？"曰："无苛政。"夫子曰："小子识之：苛政猛于虎！"

又曰：阳门之介夫死，司城子罕入而哭之哀。晋人之觇宋者，反报于晋侯曰："阳门之介夫死，子罕哭之哀，而民说，殆未可伐也。"孔子闻之曰："善哉，觇国者乎！"

又曰：朋友之墓有宿草而不哭焉。宿草，陈根也，谓期年。

又曰：曾申问于曾子曰："哭父母有常声乎？"曾子曰："中路婴儿

失其母焉，何常声之有！”言其若小儿亡母啼号，安得常声乎。

又曰：斩衰之哭，若往而不反；齐衰之哭，若往而反；大功之哭，三曲而偯；小功、缌麻，哀容可也。

《左传》曰：卫叔武将沐，闻君至，喜，捉发走出，前驱射而杀之。公知其无罪也，枕其股而哭之。

又曰：召孟明、西乞、白乙，使出师于东门之外。蹇叔哭之，曰：“孟子，吾见师之出而不见其入。”

又曰：秦伯素服郊次，向师而哭曰：“孤违蹇叔，以辱二三子，孤之罪也。”

又曰：子产归，未至，闻子皮卒，哭，且曰：“吾已，无为为善矣，唯夫子知我。”

又曰：昭二十一年七月，日蚀，大夫叔辄莅事而哭，昭子曰：“叔辄将死矣，非所哭也。”八月，叔辄卒。

又曰：申包胥如秦乞师，秦伯使辞焉，曰：“寡人闻命矣，子姑就馆，将图而告。”对曰：“寡君越在草莽，未获所伏。下臣何敢即安？”立，依于庭墙而哭，日夜不绝声，勺饮不入口七日。秦师乃出。

《论语》曰：颜渊死，子哭之恸。从者曰：“子恸矣！”曰：“有恸乎？非夫人之为恸而谁为？”

《家语》曰：公父文伯卒，其妻妾皆行哭失声，敬姜戒之曰：“吾闻好外者士死之，好内者女死之。今吾子早夭，吾恶其以好内闻也。”

《史记》曰：高祖夜经泽中，前有大蛇当径，拔剑斩蛇。后人来至蛇所，有一老妪夜哭。人问何哭，妪曰：“人杀吾子，吾子白帝子也，化为蛇，当道，今者赤帝子斩之，故哭。”人以妪为不诚，欲以苦之，因忽不见。

又曰：郑相子产卒，郑人皆哭泣，悲之如亡亲戚。孔子与子产如兄弟，及闻死，为泣曰：“古之遗爱也。”

《汉书》曰：何并，字子廉。为颍川太守，代陵阳严诩。官属祖道，诩据地哭，曰：“吾哀颍川士，身岂有忧哉！我以柔弱征，必选刚猛代。代到，将有僵仆者，故相吊耳。”并至，果大杀戮。

又曰：王莽末，兵起，莽忧，不知所出。崔发言：“《周礼》及《春秋左氏》，国有大灾，则哭以厌之。故《易》称先号咷而后笑，宜呼嗟告天。”莽自知败，及率群臣至南郊，陈符命本末，仰天抚心大哭。诸生小民会旦夕哭，为设飧粥，甚悲哀及能诵策文者除以为郎，至五千余人。

谢承《后汉书》曰：许庆，字子伯。家贫，为郡督邮，乘牛车，乡里号曰“轺车督邮”。庆尝与友人谈论汉无统嗣，幸臣专势，世俗衰薄，贤者放退，慨然据地悲哭。时称“许子伯哭世”。

华峤《后汉书》曰：赵一造河南尹羊陟，不得见。一以公卿中非陟无足与托名，日往其门寻陟，自强通陟，卧未起，一径上堂，临之，曰：“窃伏西州，抱高风旧矣，乃今方遇而便忽然，奈何命也！”因举声哭，堂下大惊。陟延与语，大奇之。明往诣一，柴车草屏，露宿其傍，左右皆惊愕。

《东观汉记》曰：逢萌素明阴阳，知莽将败，携家属于辽东，乃首戴盆盎，哭于市，言曰：“新乎新乎！”遂潜藏。

《汉名臣奏》曰：汉得阴山，匈奴长老过之，未尝不哭。

《魏志》曰：太祖击黄巾，济北相鲍信斗死，购求信丧不得，乃刻木如信形状，祭而哭焉。

又曰：初，苏则及临淄侯植闻魏氏代汉，皆发愤悲哭，文帝闻植如此，而不闻则也。帝在洛阳，尝从容曰：“吾应天受禅，而闻有哭者何也？”则谓为见问，鬓髯悉张，欲正论以对。侍中傅巽掐则曰：“不谓卿也。”乃止。

《吴志》曰：孙策薨，以事授权，权哭未及息，策长史张昭谓权曰：“孝廉，此宁哭时耶？”乃改易权服，扶令上马。

《晋书》曰：顾荣素好琴，及卒，家人常置琴于灵座。吴郡张翰哭之恸，既而上床鼓琴数曲，抚琴而叹曰：“顾彦先复能赏此不？”因又恸哭，不吊丧主而去。

又曰：顾恺之，桓温引为大司马参军，甚见亲昵。温薨后，恺之拜温墓，赋诗云："山崩溟海竭，鱼鸟将何依。"或问之曰："卿重桓公乃尔，哭状其可见乎？"答曰："声如振雷破山，泪如倾河注海。"

又曰：阮籍居丧骨立，几致灭性。裴楷往吊之，籍散发箕踞，醉而直视，楷吊哭毕便去。或问楷："凡吊者，主哭，客乃为礼。籍既不哭，君何为哭？"楷曰："阮方外之士，故不崇礼典。我俗中之士，故以轨仪自居。"

又曰：秦秀性忌谗佞，疾之如仇。素轻鄙贾充，及伐吴之役，闻其为大都督，谓所亲曰："充文案小才，乃居伐国大任，吾将哭以送师。"或止秀曰："昔蹇叔知秦军必败，故哭送其子耳。今吴君无道，国有自亡之形，郡卒践境，将不战而溃。子之哭也，既为不知，乃有不救之罪。于是乃止。"

又曰：魏舒子混，字延广，清慧有才行，为太子舍人。年二十七，先舒卒，朝野咸为舒悲。舒每哀恸，退而叹曰："吾不及庄生远矣，岂以无益自损乎？"遂不复哭。

又曰：王敦起，郭璞为记室参军。是时，颍川陈述为大将军椽，有美名，为郭所重。未几而没，璞哭之哀甚，呼曰："嗣祖嗣祖，焉知非福！"未几，而敦作难。

又曰：阮籍时率意独驾，不由径路，车迹所穷，辄恸哭而返。

又曰：卫玠卒，谢琨哭之恸，曰："栋梁折，不觉哀也。"

王隐《晋书》曰：愍怀太子为贾后所害，诏立臧为太孙、赵王行太傅。赵王与太孙俱之东宫，车服侍从皆愍怀之旧也，到铜驼街，宫人哭，侍从者皆哽咽，路人泣焉。

又曰：阮籍邻家处女有才色，女未嫁而死，籍不识其父兄，径往而哭之，尽哀而去。

《晋书·安帝纪》曰：广州刺史吴隐之，字处默。少有孝行，遭母忧，哀毁过礼。太常韩康伯邻居，康伯之母，扬州刺史殷浩之妹，聪明妇人也。隐之每哭，康母辄辍事流涕，悲不自胜。既而语康伯曰："汝后若居铨衡，当用如此辈人。”及康伯为吏部尚书，追隐之。

《晋中兴书》曰：征北大将军褚裒遣督护王堪迎流民，军次岱陂，为石遵所破，死伤过半。裒还京，闻哭声甚众，问：“何哭之多？”左右曰：“岱陂之役也。”裒耻恨，发疾而薨。

沈约《宋书》曰：刘慎，字德愿，为秦郡太守。德愿为性粗率，世祖所狎侮。上宠姬殷氏葬毕，至墓，谓德愿曰：“卿哭贵妃若悲者，当加厚赏。”德愿应声便号恸，抚膺擗踊，涕泗交横。上甚悦，以为豫州刺史。上又令医术人羊志哭殷氏，志亦呜咽。他日有问志者：“卿那得此副急泪？”志时新丧爱姬，答曰：“我尔日哭亡妾耳。”

崔鸿《前燕录》曰：高商，渤海人也。刚毅严重，好学有事干，为范阳太守。闻兄开战没，悲哭呕血，病不能起，扶杖乃行。慕容俊召见，商泣，谓左右曰：“自古友于之笃，未有如商者也。”拜昌黎太守。商泣曰：“臣兄亡于此郡，臣故不忍为之。”儁愍而授辽西。

《陈书》曰：张昭有至性，及父卒，兄弟并不衣锦帛，不食盐、醋，日唯食一升麦屑粥而已。每一感恸，必致呕血。邻里闻其哭声，皆为之涕泣。

《隋书》曰：周罗睺进授大将军。其年冬，帝幸雒阳。陈主卒，罗睺请一临哭，帝许之。缞绖送至墓所，葬还释服而后入朝。帝甚嘉尚，世论称其有礼。

《唐书》曰：有郑人唐衢者，应进士，久而不第。能为歌诗，意多感发。见人文章有所伤叹者，读讫必哭，涕泗不能已。每与人言论，既相别，发声一号，音词哀切，闻之者莫不凄然泣下。尝客游太原，属戎帅军宴，衢得预会。酒酣言事，抗音而哭，一席不乐，为之罢会，故世称唐衢善哭。其为名流称重如此。终不登一命而卒。

又曰：李光弼兼范阳长史、河北节度使，拔赵郡。自禄山反，常山为战场，死人蔽野，光弼酹其尸而哭之。

又曰：韦昭度知政事，与李磎并命。时宰相崔昭纬专政，恶李磎之为人，降制之日，令知制诰刘崇鲁哭麻以沮之。

《晏子春秋》曰：景公游临淄，闻晏子卒，公乘而驱之，自以为迟，下车而趋，知不若车之速，又乘。比至国，四下而趋。行哭至，伏尸号曰："今天降祸齐国，不加寡人，加于夫子，社稷危矣，百姓谁告？"

《文子》曰：九夷八狄之哭，异声而皆哀。

《列子》曰：李梁之死，杨朱望其门而不哭。尽生性之道，以至于亡故无所哀。随梧之死，杨朱抚其尸而哭。生不幸而死，故可哀也。

又曰：将阴梦火，将病梦食，饮酒者忧，歌舞者哭。

又曰：韩娥东之齐，过逆旅，旅人辱之。韩娥因曼声哭，一里老幼悲愁，垂涕相对。

《孟子》曰：华周、杞梁之妻善哭其夫而变国俗。

《韩子》曰：子产晨出，闻妇人哭，抚其御手而听之。有间，使执而问焉，则手杀其夫者。异日，御问夫子何以知之，曰："凡人之于其所亲爱也，始疾而忧，临死而惧，已死而哀。今夫已死，不哀而惧，是以知其奸也。"

《淮南子》曰：故哭之发于口，涕之出于鼻，此皆愤于中而形于外也。

又曰：杨子见衢而哭之，为其可以南，可以北。

《韩诗外传》曰：孔子行，闻哭声甚悲。孔子曰："驱之，前有贤者。"至则皋鱼也，被褐拥镰，哭于道旁。孔子避车而与之言曰："子非有丧，何哭悲也？"皋曰："吾失之三：少而好字，周流诸侯，以后吾亲，失之一也；高吾志，简吾事，不事庸君，失之二也；少择交游，寡于亲友，老而无托，失之三也。树欲静而风不止，子欲养而亲不待，往而不可追者年也，去而不可得见者亲也。吾请从此辞矣。"立槁而死。

又曰：孔子出游少原之野，有妇人中泽而哭，其音甚哀。孔子使弟子问焉。妇人曰："向者刈蓍薪，亡吾簪，吾是以哀。"弟子曰："刈蓍薪而亡簪，有何悲焉？"妇人曰："非悲伤亡簪也，哀其亡故。"

贾谊《新书》曰：邹穆公死，邹之百姓若失慈父，行吟三月。四境之邻于邹者，士民向方道而哭，沽家不售其酒，屠者罢刑而归，遨童不讴歌，舂者不相杵。

《博物志》曰：文王以周公为灌坛令。期年，风不鸣条，文王梦见一妇人甚美，当道哭曰："我东太山女，嫁为西海妇，而灌坛令当路，有道德，吾不敢以风雨过。"

《列女传》曰：齐人杞梁袭莒，战而死，其妻乃就夫尸于城下，哭之七日而城崩，妻遂投淄水而死。

车频《秦书》曰：苻登率万人直到姚苌营下，同声向哭，哀号动地。苌心恶之，与其众议，亦哭相应。

《说苑》曰：孔子晨立堂前，闻哭者声音甚悲。孔子援琴鼓之，其音同也。孔子出，颜回曰："今者有哭，其音甚悲，非独哭死，哭生离也。"孔子曰："何以知之？"回曰："以九山之鸟知之。"孔子使人问之，曰："今者父死，家贫，卖子以葬。"

又曰：季康子谓子游曰："仁人者，爱人乎？"曰："然。人亦爱之乎？"曰："然。"康子曰："子产死，郑人丈夫舍佩，妇人舍珠珥，夫妇巷哭之，三月不闻竽瑟。"

又曰：鲍叔死，管仲哭之，泣下如雨。从者曰："非君臣父子也？"管仲曰："生我者父母，知我者鲍子。士为知己者死，而况为之哀乎？"

刘向《说苑》曰：晋文公入国，至于河。令弃笾豆茵席；颜色犁黑、手足胼胝者在后。舅犯闻之，中夜而哭。文公曰："吾亡也十有九年矣，今将返国，夫子不喜而哭何？"对曰："笾豆茵席，所资者也，而弃之；颜色犁黑，手足胼胝，所以执劳苦者也，而皆后之。不胜其哀，故哭也。"文公曰："祸福利害，有不与舅氏共之者，有如河水。"

《魏文典论》曰：上洛都尉王琰，获高干以封侯，其妻哭于内，为琰富贵更取妾故也。

《语林》曰：王武子葬，孙子荆哭之甚悲，宾客莫不为垂涕。哭毕，向灵座曰："卿常好驴鸣，今为君作驴鸣。"既作声似真，宾客大笑，孙闻笑，顾谓曰："诸君不死，令王武子死乎？"宾客莫不皆怒，须臾之间，或悲或笑或怒。古诗曰："啼呼哭泣，如吹胡笳。"

太平御览卷第四百八十八 人事部一百二十九

泣

《说文》曰：泣，无声出涕也。

《易》曰：乘马班如，泣血涟如。

《诗》曰：瞻望弗及，伫立以泣。

又曰：不见复关，泣涕涟涟。

《礼记》曰：高子羔执亲之丧，泣血三年，未尝见齿，君子以为难。

又曰：弁人有其母死而孺子泣者。孔子曰："哀则哀矣，而难为继也。"

《左传》曰：楚令尹子玄欲蛊文夫人，为馆于其宫侧而振万焉。夫人闻之，泣曰："先君以是舞也，习戎备也。今令尹不寻诸仇雠，而置馆于未亡人之侧，不亦异乎！"

又曰：叔孙婼聘于宋。宋公与之宴，饮酒，乐。宋公使昭子右坐，相泣。乐祁佐，退而告人曰："今兹君与叔孙，其皆死乎？吾闻之，哀乐而乐哀，皆丧心也。何以能久？"

又曰：宋公子地有白马四。公嬖向魋。魋欲之。公取而朱其尾鬣以与之。地怒，使其徒夺之。魋惧，将走。公闭门而泣之，目尽肿。

《国语》曰：叔向见司马侯之子，抚之而泣曰："自其父死也。吾蔑与比而事君。昔者其父始之，我终之；我始之，夫子终之。"

《史记》曰：荆轲与高渐离饮于燕市。酒酣，渐离击筑，轲和而歌之于市中，相乐，已而相泣，傍若无人。

又曰：戚姬爱幸，生赵王如意，尝从高祖关东，日夜啼泣，欲立如意为太子。

又曰：窦皇后兄长君，弟曰窦广国，字少君。年五岁，时家贫，为人所略卖。之长安，闻皇后新立，广国上书自陈。后言之文帝，召见，具言其故。于是后持之而泣，泣涕交横下。侍御左右皆伏地泣，助皇后悲哀。

又曰：汉高帝欲自击陈豨，蒯成侯周緤泣曰："始灭秦，定天下，未尝自行。今上常自行，是为无人可使者乎？"

《汉书》曰：上朝东宫，赵谈参乘，袁盎伏车前曰："闻天子所共六尺舆，皆天下豪英，今汉虽乏人，陛下独奈何与刀锯之余载。"于是上遣下，谈泣下车。

又曰：李陵与苏武别，置酒起舞，歌曰："万里兮度沙漠，为君将兮奋匈奴。路穷绝兮矢刃摧，士众灭兮名已颓。老母已死，虽欲报恩将安归？"陵泣下数行，因与武诀。

又曰：高祖破黥布，军还过沛，置酒沛宫。酒酣，上慷慨伤怀，泣下数行。

《东观汉记》曰：更始害齐武王，光武饮食语笑如平常，独居辄不御酒肉，枕席有泣涕处。

又曰：来歙与盖延攻公孙述将王玄，破之。蜀人大惧，使刺歙，歙未死，驰告盖延。延见歙，伏悲不能仰视。歙叱曰："故呼卿，欲属以军事，而反效儿女子涕泣乎！"延收泪强起，受所诫。歙自书表，投笔抽刃而死。

又曰：章帝东巡狩，祠泰山，还，幸东平王宫，涕泣沾襟。

《楚汉春秋》曰：惠帝崩，吕太后欲为高坟，使从未央宫坐而见之，诸将谏，不许。东阳侯垂泣曰："陛下日夜见惠帝冢，悲哀流涕无已，是伤生也。臣窃哀之。"于是太后乃止。

《吴志》曰：孟宗为骠骑，朱据军吏将母在营，既不得志，又夜雨屋漏，因起涕泣以谢母，母曰："但当自勉之，何足泣也。"

《晋书》曰：羊祜卒，南州人罢市，哭声相接。吴守边将士，亦为之泣。

《隋书》曰：李穆从太祖击齐师于邙山，太祖临阵堕马，穆突围而进，以马策击太祖而詈之，授以从骑，溃围俱出。贼见其轻侮，谓太祖非贵人，遂缓之，以故免。既而与穆相对泣，顾谓左右曰："成我事者，其此人乎！"

又曰：李崇字永隆，英果有筹算，胆力过人。初以父贤勋，封回乐县侯。时年尚小，拜爵之日，亲族相贺，崇独泣。贤怪而问之，对曰："无勋于国，而幼少封侯，当报主恩，不得终于孝养，是以悲耳。"贤由此大奇之。

《孔丛子》曰：费子阳谓子思曰："吾念周室将灭，涕泣不可禁也。"子思曰："然。今以一人之身，忧世之不治，而涕泣不禁，是忧河水之浊而以泣清之也，其为无益莫大焉。"

又曰：子高曰："泣有二焉：大奸之人以泣自信，妇人懦夫以泣著爱。"

《尸子》曰：曾子每读《丧礼》，泣沾襟。

《吕氏春秋》曰：吴起治西河之外，王错谮于魏武侯，武侯使人召之。吴起至于岸门，岸门，邑名。止车而望西河，泣数行而下。其仆谓吴起曰："窃观公之意，释天下若释躧，今去西河而泣，何也？"吴起曰："今君听谗人之言，而不知我，西河之为秦取不久矣，魏国从此削乎？"起果去魏入楚。有间，西河入秦。

《说苑》曰：圣人于天下也，譬犹一堂之上，今满堂饮酒，有一人向隅而泣，则一堂之人皆不乐矣。

又曰：禹出见辜人问而泣之，左右问其故，禹曰："尧舜之民皆以尧舜之心为心，今吾为君，百姓皆以其心为心，是以痛之。"

又曰：蔡威公闭门而哭，三日泣尽，继以血。其邻窥墙问曰："何故哭悲？"答曰："吾国且亡。吾闻：病之将死，不可为良医；国之将亡，不可为计谋。吾数谏吾君不用，是知将亡。"

《续晋阳秋》曰：司马文王问刘禅曰："颇思蜀不？"禅曰："此间乐，不思蜀也。"郄正见禅，曰："若王后问，宜泣有以答。"会王复问，禅曰："先人坟墓远在陇、蜀，乃心西望，无日不思。"因闭眼。王曰："何乃似郄正语耶？"禅惊视曰："诚如尊命。"

《汝南先贤传》曰：蔡顺母畏雷，后卒，每有雷震，顺辄环冢泣曰："顺在此。"

王充《论衡》曰：昔周人有仕不遇，年老白首涕泣于途者，人或问：

“何为泣乎？”对曰：“吾仕数不遇，自伤年老失时，是以泣。”

又曰：苏秦、张仪学从横之术于鬼谷先生，先生曰：“能说我泣出，则能分人主之地矣。”秦说鬼谷先生，泣沾襟。

刘向《新序》曰：周舍事赵简子。居无几，舍死，简子与诸大夫饮酒酣，泣曰：“百羊之皮，不如一狐之腋；众人之唯唯，不如周舍之谔谔。自舍死，未尝闻吾过也，吾国几亡乎！是以垂泣也。”

《文士传》曰：张叔序，字彦真，遇党锢去官。道逢其友人，相与语天下云：“嫉害忠良，岂但道之不行，恐将不免。”二人相向而泣。有老人过，嗟曰：“二大夫何泣之悲哉！龙不隐鳞，凤不藏羽，罗网高悬，忧在机后，泣将何及？”二人欲与之语，不顾而去。

梁·较型《泣赋》曰：秋日之光，流子以伤。露离披而杀草，风清冷而绕堂。虑尺折而寸断，魂一逝而九伤。欷潺湲兮沫袖，泣呜咽兮染裳。寻夫景君齐山，荆公燕市，孟尝闻琴，马迁废史。少卿悼躬，夷甫伤子。皆泣绪如丝，讵能仰视！

后汉张奂《与张公超书》曰：下笔怆恨，泣先言流。

悲

《毛诗》曰：春日迟迟，采蘩祁祁，女心伤悲。

《家语》曰：闵子三年之丧毕，见孔子，孔子与之琴，抚弦切切而悲。

《史记》曰：项王军垓下，兵少食尽，汉四面皆楚歌，项王乃大惊曰：“汉已尽得楚矣。”乃悲歌慷慨。

范晔《后汉书》曰：明帝尝谒原陵，夜梦先帝太后如平生忻对。既寤，悲不能寐，明旦遂率百官上陵。帝徒步前，伏御床，视太后镜奁中物，感恸悲泣，左右皆泣，莫能仰视也。

《吴录》曰：张武父业为郡门下掾，还家，遇贼斗死。武时幼，不识父，每至节日，辄持父遗剑到亡处设祭，悲动路人。

《吴志》曰：顾雍为相十九年，年七十六卒。初疾微时，权令医赵泉视之，拜其少子济为骑都尉。雍闻，悲曰：“泉善别死生，吾必不起，故上欲及吾自见济拜也。”

《晋书》曰：羊祜乐山水，每因风景必造岘山，置酒言咏，终日不倦。尝慨然叹息，顾谓从事中郎邹湛等曰：“自有宇宙，便有此山。由来贤达胜士，登此远望，如我与卿者多矣！皆湮灭无闻，使人悲伤。如岁后有知。魂魄犹应登此也。”湛曰：“公德冠四海，道嗣前哲，令望必与此山俱传。至若湛辈，乃当如公言耳。”

《庄子》曰：宋桓侯筑苏宫，使蔡讴。为土唱也。观者数百倍，去之无有悲色。君乃赏蔡。

《吕氏春秋》曰：周有申喜，亡其母，闻乞人歌于门下而悲之，动于颜色，谓门者内乞人歌者，自见而问焉。与之语，是其母也。

《淮南子》曰：木叶落而长年悲。

《列女传》曰：鲁七室邑之女者，一邑七宫也。过时未适人。当穆公之时，君老太子幼，女倚柱而啸，傍人闻之，心莫不为之惨惨者。邻人妇谓曰：“何啸之悲，欲嫁乎？吾为子求偶。”七室女曰：“岂为嫁人故不乐而悲哉，吾忧鲁君老而太子少也。”

《秦州记》曰：陇西郡东一百六十里得陇山，山东人西役，升此而顾瞻者，莫不悲思。

《楚辞》曰：悲者秋之为气兮，草木摇落而变衰。

汉·李陵《与苏武书》曰：胡地玄冰，边土惨裂，但闻悲风萧条之声。胡笳互动，牧马悲鸣，吟啸成群，边声四起。晨坐听之，不觉泪下。嗟乎子卿，陵独何心，能不悲哉！

梁庾信《哀江南赋》序曰：“不无危苦之辞，唯以悲哀为主。”

啼

《尔雅》曰：猩猩小而好啼。郭璞云：声似小儿啼。

《左传》曰：齐襄公田于贝丘，见大豕。从者曰：“公子彭生也。”公怒曰：“彭生敢见！”射之，豕人立而啼。

《汉书》曰：王莽避火宣室前殿，火辄随之。宫人妇人啼呼曰：

“当奈何！”

《东观汉记》曰：刘盆子，字季。年十五，被发徒跣，卒见众拜，恐怖啼泣。

又曰：乐恢，字伯奇，父亲为县吏，有罪，令欲杀之。恢年十一，常伏寺东门外冻地，昼夜啼泣，令乃出亲。

《魏略》曰：张辽为孙权所围，辽溃围出，复入权众破走，由是威震江东。儿啼不肯止者，其父母以辽恐之。

《晋书》曰：桓温，字元子，宣城太守彝之子也。生未期而太原温峤见之曰：“此儿有奇骨，可试使啼。”及闻其声，曰：“真英物也。”

《蔡琰别传》曰：琰在胡中十三年，有二男舍之而归，作诗云：“家既迎兮当归宁，儿呼母兮啼失声，我掩耳兮不忍听。”

《风俗通》曰：桓帝玄嘉中，妇人作啼妆者，薄拭目下作啼处。起梁冀家，天下皆效之。天戒若曰：冀妇女将收啼也。

《语林》曰：董昭为魏武帝重臣，后失势文、明世，入为卫尉，昭乃厚加意于侏儒。正朝大会，侏儒作董卫尉啼，面言昔太祖时事，举坐大笑。明帝怅然不怡。月中为司徒。

又曰：胡广本姓黄，五月生，父母置诸瓮中，投之于江。胡翁见瓮流下，闻有小儿啼声，往取，因以为子，遂登三司。

涕

《说文》曰：涕，鼻液也。

《易》曰：赍咨涕洟，无咎。

《毛诗》曰：眷言顾之，潸焉出涕。

又曰：之子于归，远送于野。瞻望弗及，泣涕如雨。

《礼记》曰：孔子合葬于防，封之，崇四尺。雨甚至。孔子问门人曰：“尔来何迟？”曰：“防墓崩。”孔子泫然流涕，曰：“吾闻之，古者不修墓。”

又曰：孔子之卫，遇旧馆人之丧，入而哭之哀。出，使子贡说骖而赙之。子贡曰："无乃已重乎？"夫子曰："予向者哭之，遇于一哀而出涕；子恶夫涕之无从也，小子行之！"

又曰：将军文子既除丧，而复越人来吊。主人深衣练冠，待于庙，垂涕洟。

《公羊传》曰：西狩获麟，非中国兽。孔子曰："孰为来哉？"反袂拭面，涕沾袍也。

《国语》曰：公父文伯卒，其母戒其妾曰："无洵涕。"

《汉书》曰：李将军恂恂如鄙人，口不能出辞。及死之日，天下知与弗知皆为流涕，彼其心诚信于士大夫也。

又曰：扬雄怪屈原不容于世，作《离骚》，自投江而死，悲其文，读之未尝不流涕。

《吴志》曰：凌统病卒。时年二十九。权闻之。拊床而起，哀不能自止，数日减膳，言及流涕，使张承为作铭诔。

《晋书》曰：桓温自江陵北伐，经金城，见少为琅琊时所种柳，皆已十围。慨然曰："树犹如此，人何以堪！"攀枝执条，泫然流涕。

《春秋后语》曰：荆轲将行，太子及宾客知其事者二十余人，皆白衣冠以送之，至易水之上。既祖，取道，高渐离击筑，荆轲和歌为濮上声，士皆流涕。

《说苑》曰：雍门周以琴见孟尝君。孟尝君曰："先生鼓琴，亦能令文悲乎？"周曰："夫千秋万世 之后，高台既已坏，曲池既已毁，坟墓既已下，婴儿竖子樵采者踯躅其足，而歌其上。夫以孟尝君尊贵，乃若是乎？"于是孟尝君泫然涕流曰："令文立若破国亡邑之人。"

太平御览卷第四百八十九 人事部一百三十

别离

《毛诗》曰：出宿于济，饮饯于祢。

又曰：申伯言迈，王饯于郿。

又曰：挑兮挞兮，在城阙兮。一日不见，如三月兮。

又曰：燕燕于飞，差池其羽。之子于归，远送于野。瞻望弗及，泣涕如雨。

又曰：送子涉淇，至于顿丘。

又曰：我送舅氏，曰至渭阳。

又曰：出宿于浦，饮饯于祢。

又曰：显父饯之，清酒百壶。

又曰：有女仳离，慨其叹矣。

《礼记》曰：嫁女之家，三夜不息烛，思相离也。

《左传·昭公十六年》：郑六卿饯宣子于郊。宣子曰："二三子请赋诗，起亦以知郑志。"子齹赋《野有蔓草》，子产赋《羔裘》，子太叔赋《褰裳》，子游赋《风雨》，子旗赋《有女同车》，子柳赋《萚兮》。宣子喜曰："二三子以命贶起，赋不出郑志。二三君子皆数世之主也。"

《家语》曰：孔子去周，而老子送之曰："吾闻富贵送人以金，仁者送人以言，吾虽不能富贵，而窃仁者之号，请送子以言：凡当世之聪明深察而近于死者，好议人者也；博辩宏大而危其身者，好发人之恶者也。"孔子曰："敬奉教。"

又曰：孔子在卫，晨兴，颜渊侍，有哭者甚哀。回曰："此哭非独哀死，又悲生离也。"孔子曰："何以知之？"对曰："回闻恒山之鸟，生四子焉，羽翼既成将分离，悲鸣以相送，哀有类于此矣。"

《史记》曰：鲁人或恶吴起曰："起之为人，猜忍人也。其少时，家累千金，将仕不遂，遂破其家。乡党笑之，起杀其谤己者三十余人，而东出卫郭门外。与其母诀，啮臂而盟曰：起不为卿相，不复入卫。”

又曰：贰师将军李广利将兵击匈奴，丞相刘屈氂为祖道，送渭桥，与广利别。

又曰：疏广、疏受父子并为皇太子师傅，朝廷以为荣。在位岁久，广谓受曰：“吾闻知足不辱，知止不殆；功遂身退，天之道也。今仕宦至二千石，宦成名立如此，不去，惧有后悔。”即日，父子俱称病，乞骸骨。上以其年笃老，皆许之，加赐黄金二十斤，皇太子赐以五十斤。公卿大夫故人邑子为设祖道，供帐东都门外，苏林注曰：长安东郭门也。送者车数百辆，辞诀而去。及道路观者皆曰：“贤哉二大夫！”或叹息，为之下泣。

又曰：肃宗遣诸王归国。帝特留东平王苍，赐以秘书、列仙图、道术秘方。至八月饮酎毕，有司复奏遣苍，乃许之。手诏赐苍曰：“骨肉天性，诚不以远近亲疏，然数见颜色，情重昔时。中心恋恋，恻然不能言。”于是车驾祖送，流涕而诀。复赐乘舆服御，珍宝舆马，钱布以亿万计。

又曰：赤眉兵盛，乃拜邓禹前将军持节西征，自选可与俱者。于是凡将六将军，吏二万人。禹辞诀，上自从轻骑数百送至野。邓禹不能定赤眉，乃遣冯异代禹讨之。车驾送至河南，赐以乘舆七尺剑。敕异曰：“诸将非不能健斗，然好虏掠。卿本能御吏，念自修饬，无为郡县所苦。”异顿首受命。

又曰：东平王苍朝京师。月余，还国。帝临送归宫，凄然怀思，乃诏遣使诣国：“辞别之后，独坐不乐，因就车归，伏轼而吟。诵及《采菽》，以增叹息。”

又曰：第五伦年少诸家，唯令诣郡尹鲜于裒，裒见而异之，署为吏。后裒坐事征，临去，握伦臂诀曰：“恨相知之晚。”

又曰：申屠蟠为太尉黄琼所辟，不就。及琼卒，归葬江东，四方名豪会帐下六七千人，谈论莫有及蟠者。唯南郡一生与相酬对，既别，执蟠手曰："君非聘则征，如是相见于上京矣。"蟠勃然作色曰："始吾以子为可与言，何乃相教荣贵之徒耶？"因振手而去。

《魏志》曰：夏侯惇薨，以曹休为镇南将军，假节，都督诸军事。车驾临送，上乃下舆执手而别。

《吴志》曰：鲁肃代周瑜过吕蒙，酒酣，蒙问肃曰："君受重任，与关羽为邻，将何计略，以备不虞？"肃应曰："临时施宜。"蒙因为画五策。肃于是越席就之，拊其背曰："吕子明，吾不知卿才略所及至于此也。"遂拜蒙母，结友而别。

又曰：刘繇亡于豫章，孙策命太史慈往抚安之。左右皆曰："慈必北去不还。"策曰："子义舍我，尚复与谁？"饯送昌门，把腕别曰："何时能还？"答曰："不过六十日。"果如期而反。

《晋中兴书》曰：王澄尝之荆州，送者倾邑。所别处树上有鹊巢，澄便脱衣着犊鼻上树，探鹊鷇而弄之，傍若无人。

《晋中兴书》曰：卫玠兄璪，时为散骑侍郎，内侍怀帝。玠以天下将乱，移家南行。母曰："我不能舍仲宝而去也。玠启喻深至为门户大计，母涕泣从之。临别，玠谓璪曰："在三之义人之所重，今可谓致身命之日，兄其勉之。"乃扶将老母转至豫章，而洛城失守，璪没焉。

沈约《宋书》曰：王弘，字方平，家贫而性好山水。求为乌伤令，寻以病归。桓谦以为卫军参军。时殷仲文还姑熟，祖送倾朝，谦要弘之同行，答曰："凡祖离送别，必在有情，下官与殷风马不接，无纟彖陪从。"谦贵其言。

又曰：张敷音仪详缓，与人别，执手曰："念相闻。"

《后魏书》曰：南安王祯复封南安王，后为镇北大将军、相州刺史。帝饯祯于华林都亭，诏左右赋诗，不能者，并可听射，当使武士弯弓，文人下笔。帝送祯下阶，流涕而别。

《续齐谐记》曰：京兆田真三人分财，堂前有紫荆花，叶茂异，共议破为三分，明截之。尔夕，树即枯死，真见之，惊谓弟曰："花本同株，当分折枯悴，况人兄弟孔怀，而少离异，是不如树也。"兄弟相感更合。

《吴录》曰：朱桓还屯濡须，权祖之。桓奉觞曰："臣当远去，愿一捋陛下须，无所复恨。"权凭几前席，桓进持须曰："臣今日真可谓捋虎须者。"权大笑。

《吴越春秋》曰：越王勾践伐吴，将与大夫范蠡入臣于吴，群臣皆送浙江，大夫文种前为祝，其辞曰："皇天佑助，先沉后扬，祸为德根，忧为福堂。"

《许迈别传》曰：迈好养生，遣妾归家，东游采药于桐庐山。欲断谷，以山近人，不得专一，移入临安。自以无复返期，乃改名远游，书与妇别。

《管辂别传》曰：诸葛原与辂别，戒以二事，言："卿性乐酒，虽温克，然不可保，宁当节之；卿相有水镜之才，所见者妙，福如膏火，不可不慎；持节散才，游于云汉之间，不受富贵也。"辂言："酒不可极，才不可尽，吾欲持酒以礼，持才以愚，何患之有耶？"

《穆天子传》曰：天子觞西王母瑶池之上，王母谣曰："白云在天，山川间之。"

《荆州图》曰：襄阳县南陆道六里有林馆，是饯行送归之所。

《水经》曰：寿春县故城东为长濑津，津之侧有射堂北亭迎送之所。

《江表传》曰：刘备之自京还也，孙权乘飞云大船，与张昭、秦松、鲁肃十余人共送周瑜，大宴会叙别。昭、肃等皆出，权独与刘备留语，因言次，叹瑜曰："公瑾文武筹略，万人之英，顾其器量广大，恐不久为人臣耳！"

《李陵别传》曰：陵与苏武书曰："男儿生不成名，死必葬蛮夷中耳。谁复能屈伸稽颡还，向北阙使刀笔吏，弄其文墨耶！愿足下勿复望陵。嗟乎！子卿，知复何言！相去万里，人绝路殊，生为别离之人，死为异域之鬼。"

《文士传》曰：张翰到京师时，齐王冏擅权。翰谓同郡人顾荣曰："天下纷纷未已，夫有四海之名者求退难。吾本山林间人，无望于时，去矣。子善以明防前，以智虑后。”荣捉其手，怆然叹曰：“吾亦思汝采南山蕨，饮三江水耳！”翰遂称疾，径归府。以翰辄去，除吏名。

《世说》曰：杜预屯荆州，顿七星桥，朝士悉祖之。

又曰：阮籍嫂尝归家，籍相见与别。人或讥之，曰：“礼岂为我辈设耶？”

裴渊《广州记》曰：尉佗筑台以朔望升拜，号为朝台。即冈傍江，构起华馆，以送陆贾，因称朝亭。

《语林》曰：殷公北征，朝士出送之，军容甚盛，仪止可观。陈说经略攻取之宜，众皆谓必能平中原。将别，忽驰逞，才能盘马，遂堕地，士以是知其必败。

又曰：有人诣谢公。别，谢公流涕，人了不悲。既去，左右曰：“向客殊自密云。”谢公曰：“非徒密云，乃自旱雷。”

《吕氏春秋》曰：吴起行，魏武侯自送之西河，而与起辞。武侯曰：“先生将何以治西河？”对曰：“以忠，以信，以仁，以义。”武侯曰：“四者足矣。”

《郭子》曰：周叔治为晋陵，谟子叔治，光禄大夫、西平贞侯顗弟。周侯、仲智送之，周侯名顗，字伯仁。仲知，名嵩，次弟也。叔治将泣涕不止，仲智恚之曰：“困人及妇人别，唯知啼！”便舍去。周侯独留，与饮酒言语，临别流涕，抚其背曰：“阿拏自爱。”

《孔丛子》曰：子高游赵，平原君客有邹文、李节者，与相友善。及将还鲁，诸故人诀。既毕，文、节送行，三宿临别，文、节流涕交颐，子高徒握手而已。分背就路，其徒问：“先生与彼二子善，彼有恋恋之心，而先生厉声高揖，无乃非亲之谓乎！高曰：“始吾谓此二子丈夫耳，乃今知其妇人。人生其有四方之志，岂鹿豕哉，而常群聚乎！”其徒曰：“若此，二子泣非耶？”高答曰：“斯二子，良人也，有不忍之心。其于断，必不足矣。”

又曰：窦皇后弟广国曰：“姊去我西时，与我诀于傅舍中，沐我而去。”

又曰：成帝遣定陶王之国。王辞去，上与相对，涕泣而诀。

《琴操》曰：商陵牧子娶妻五年无子，父兄将欲与改娶。妻闻，中夜惊起，倚户悲啸。牧子闻，援琴鼓之，痛恩爱永离，叹别鹤以舒情，故曰《别鹤操》。

《古诗》曰：行行重行行，与君生别离。相去万余里，各在天一涯。道路阻且长，会面安可期？胡马嘶北风，越鸟巢南枝。相去日已远，衣带日已缓。弃捐勿复道，努力加餐饭。

《李陵赠苏武诗》曰：携手上河梁，游子暮何之？徘徊歧路间，恨恨不能辞。行人难久留，客言长相思。安知非日月，弦望自有时。努力崇明德，皓首以为期。仰视浮云驰，奄忽互相逾，风波一失路，各在天一涯。

又曰：昔为鸳与鸯，今为参与商。

又曰：二凫俱北飞，一凫独南翔。子当留斯土，我独归故乡。

苏武《赠李陵诗》云：黄鹄一远别，千里影徘徊。

《古诗》曰：客从远方来，遗我一书札。上有长相思，下言久离别。置书怀袖中，三岁字不灭。

江淹《别赋》曰：黯然消魂者，唯别而已矣。

《楚辞》序曰：离，别也。骚，愁也。经，径也。言已放逐离别，中心愁思，犹陈道径以讽谏君。

又曰：草木摇落而变衰，憭栗兮若在远行，登山临水送将归。

又曰：悲莫悲兮生别离。

太平御览卷第四百九十 人事部一百三十一

僭

《礼记·杂记》曰：孔子曰："管仲镂簋而朱纮，旅树而反坫，山节而藻棁，贤大夫也，而难为下也。君子上不僭上，下不逼下。"

又《郊特牲》曰：庭燎之有百也，由齐桓公始也。僭天子也。大夫之奏《肆夏》也，由赵文子始也。诸侯之宫悬，击玉磬，朱干设锡，冕而舞《大武》，乘大辂，诸侯之僭礼也。言此皆天子之礼也。台门旅树，反坫，绣黼丹朱中衣，大夫之僭礼也。言此皆诸侯之礼也。

《论语》曰：孔子谓："季氏八佾舞于庭，是可忍也，孰不可忍也？"

《汉书》曰：燕刺王旦招来郡国奸人，赋敛铜铁甲兵，数阅其车骑材官卒，建旌旗鼓车，旄头先驱，郎中侍从著貂羽，黄金附蝉，皆号侍中。

又曰：韩延寿在东郡，试骑士，治饰兵车，画龙虎朱爵。延寿衣黄纨方领，晋灼曰：以黄色纨作直领。驾四马，傅总，建幢棨，植羽葆，持幢傍毂，歌者先居射堂，望见延寿车，噭咷楚歌。又取官铜物，候月蚀铸作刀剑钩镡，放尚方，治饰车甲三百万已上。于是望之劾奏延寿上僭不道，弃市。

又曰：初，成都侯商尝病，欲避暑，从上僭明光宫。又穿长安城引内渭水，注第中大陂以行船，立羽盖。上闻之大怒，乃责问司隶校尉、京兆尹，知成都侯商擅穿帝城，曲阳侯根骄奢僭上，赤墀青锁。司隶、京兆尹皆为以纵不举奏正法，二人顿首省户下。

《梁冀别传》曰：梁冀奢僭，四方调发，岁时贡献，皆先输上第于冀，乘舆乃其次焉。又广开园囿，采土筑山，十里九坂，以象二崤，深林邃涧，有若自然，奇禽怪兽，飞走其间。妻共冀乘辇，张羽盖饰以金银，游第内。

《董卓别传》曰：卓遂僭拟车服，乘金华青盖车，画两轮。时号竿摩车，言其服饰近天子也。

骄慢

《左传·成公十七年》曰：晋范文子反自鄢陵，使其祝宗祈死，祈，请也。曰："君骄侈而克敌，是天益其疾也。难将作矣！爱我者唯祝我，使我速死，无及于难，范氏之福也。"

《汉书》曰：淮南王长，早失母，常附吕后、孝惠。孝文帝初即位，自以为最亲，骄蹇，数不奉法。上宽赦之。三年，入朝，甚横。上入苑猎，与同辇，常谓上为大兄。文帝赐玉帛，以赐吏卒劳苦者，长不欲受，慢曰："无劳苦者。"

又曰：上官安迁车骑将军，日以骄淫。受赐殿中，出对宾客，言："与我婿饮，大乐！"见其服饰，使人归，欲自烧物。子病死，仰而骂天。

王隐《晋书》曰：杨骏渐骄傲。石奋语之曰："卿恃女，更豪耶！与天家婚，未有不灭门者。"骏曰："卿女复不在天家耶！"奋曰："我女与卿女作婢耳，何能憎损？"

《后魏书》曰：宜都王穆寿与崔浩等辅政，人皆敬浩，寿独凌之。又自恃任位，以为人莫己及。谓其子师曰："但令吾儿及我，亦足胜人，不须苦教之。"遇诸父兄弟有如仆隶，夫妻并坐共食，而令诸父馂余。其自矜无礼如此，为时人所鄙笑。

萧子显《齐书》曰：司徒褚渊送湘州刺史王僧虔，阁道坏，坠水，仆射王常牛惊，跣下车谢。超宗拊掌笑戏曰："落水三公，坠车仆射。"

贾谊《新书》曰：虢君骄恣，伐之不守。出走，逃于山，遂饿死，为禽兽食。

《语林》曰：晋王武子与武帝围棋，孙皓看。王问孙归命何以好剥人面皮，皓曰："见无礼于君者，即剥其面皮。"乃举棋局，武子伸脚在局下。

怠惰

《礼记·玉藻》曰：垂緌五寸，惰游之士也。

《左传·僖上》曰：天王使召武公、内史过赐晋侯命。受王惰。过归，告王曰："晋侯其无后乎？王赐之命而惰于受瑞，先自弃也已，其何继之有？"

又《成下》曰：晋侯使郄锜来乞师，将事不敬。孟献子曰："郄氏其亡乎？礼，身之干也。敬，身之基也。郄子无基。且先君之嗣卿也，受命以求师，将社稷是卫，而惰，弃君命也。不亡何为？"

《蜀志》曰：杨戏性简惰省略，未尝以甘言加人，遇情接物，书苻指事，希有盈纸。

《孟子》曰：世俗所谓不孝者五：惰其四支，不顾父母之养，一不孝也。

蔡邕《劝学》曰：瞻彼顽薄，执性不固，心游目荡，意与手互。

《嵇康与山涛书》曰：吾每读尚子平、台孝威傳，慨然慕之，想其为人。少加孤露，母兄见骄。性复疏懒，筋驽内缓，头面常一月十五日不洗，非大闷痒，不能梳也。每当小便而忍不起，令胞中略转乃起耳。又纵逸来久，情志傲散，简与礼相背，懒与慢相成，而为侪类见宽，不攻其过。又读《老》、《庄》，重增其放。故使荣进之心曰颓，任实之情转笃。又人伦有礼，朝廷有法，自唯有不堪者七也。

迷忘

《说文》曰：迷，惑也。忘不识也。

《易·坤卦》曰：先迷，后得，君子有攸往。

又《复卦》曰：迷复之凶，反君道也。

《国语》曰：仲尼谓桓子曰："丘闻之，木石怪夔魍魉。"魍魉，山精，好呼，迷惑人也。

《史记》曰：汉败楚于垓下，项王乃上马，麾下壮士骑从八百余人，夜溃围南出，驰走。平明，汉军乃觉之，令将灌婴以五千骑追之。项王渡淮，骑能属者百余人耳。项王至阴陵，迷失道，问一田父，田父绐曰“左”，乃陷大泽中。以故，汉追及之。

《汉书》曰：元帝为太子，体不安，忽忽善忘，不乐。诏使王褒等皆之太子宫娱侍太子，朝夕诵读奇文及所自造作，疾复乃归。太子喜褒所为《甘泉》及《洞箫颂》，令后宫贵人左右皆诵之。

又曰：李广随大将军击匈奴，语其麾下曰：“广结发与匈奴大小七十余战，今幸从大将军，又迷失道，岂非天哉！”遂自刎。

《魏略》曰：夏侯霸闻曹爽被诛，而征西将军夏侯玄又征，以为祸必将转相及，心既内恐；又霸先与雍州刺史郭淮不和，而淮代玄为征西，霸尤不安，故遂奔蜀。南趋阴平而失道，入穷谷中，粮尽，杀马步行，足破，卧岩石下，使人求道，未知所之。蜀闻之，乃使人迎霸。

《晋中兴征祥说》曰：海西公即位，忘设豹尾。夫豹尾，仪服之主，大人所以豹变也。而海西公非可，宜忘之。天若曰：海西凡庸，不可以主社稷，故忘其豹尾，示不能终也。

《山海经》曰：招摇之山有木焉，其状如谷而黑理，谷，楮也，皮中作帋也。其华四照，名曰迷谷，佩之不迷。

又曰：历小之山，其山多榴。是木也，方茎圆叶，黄华而毛，其实如楝，亦木名，子如指头白而粘，可浣衣，音楝也。服之不忘

《搜神记》曰：蜀中西南高山之上，有物与猴相类，长七尺，能作人行，善走，名“猳”，一名“马化”，或曰：“玃猿”。伺行道人有后者，辄盗取以去，人不得知。此物能别男女气臭，故取女，而男不知也。取去而共为家室，其无子者，终身不得还。十年之后，形皆类之，意亦迷惑，不复思归。产子者，辄抱送还其家。产子皆如人，有不养者，母辄死也。

《广州记》曰：庐山有山桃，大如槟榔，形亦似之，色黑而味甘酢。人时登山采拾，止得于上饱啖，不得持下，持下辄迷不得返。

《述异记》曰：南康南野有东望山，民三人上山，顶有湖清深，又有果林，周四里许。众果毕植，间无杂木，行列整齐，如人功也。甘子正熟，三人共食致饱。讫怀三枚，欲以示外人。回旋迷，不能得路，即闻空中语云："速放双甘，乃听汝去。"投所怀甘于地，转盼即见归途。

《新序》曰：晋文公出田，逐兽，入大泽，迷不知所出。有渔者，文公谓曰：我。若君也，出我且厚赐。"于是遂出。渔者曰："臣愿有献。"文公曰："子之所欲教寡人者，何等也？"渔者曰："鸿鹄保河海之中，厌而从之小泽，必有丸矰之忧；龟鱼保于渊，厌而出之浅渚，则必有罗网之忧。今君逐兽至此，何行之大远也。"文公曰："善哉！"

《鬻子》曰：文王问曰："人有大忘乎？"对曰："大忘知其身之恶而不改也，以贼其身乃丧其躯，有行如此，之谓大忘。"

《列子》曰：禹治水土也，迷而失坠，谬之一国。当国之中有山，山名壶岭，顶有口，名"滋穴"。有水涌出，名曰神瀵，山顶之泉曰瀵。臭过兰椒，味过醪醴。其人性婉而从物，不竞不争。柔心而弱骨，不骄不妄；长幼侪居，不君不民；男女杂游，不媒不娉；缘水而居，不耕不稼；土气温适，不织不衣；百年而死，不夭不病。

又曰：宋阳里华子中年病忘，朝取而夕忘，夕与而朝忘。在途则忘行，在室则忘坐。

又曰：秦人逢氏有子，少而慧，及壮而有迷罔之疾。闻歌以为哭，视白以为黑，飨香以为臭，尝甘以为苦，行非以为是。杨氏告其父曰："鲁之君子多术艺，汝奚不访焉？"其父之鲁，遇老聃，因告其子之证。老聃曰："汝庸知汝子之迷乎？今天下之人皆惑，莫有觉者。且一身之迷不足倾一家，一家之迷不足倾一乡，一乡之迷不足倾一国，一国之迷不足倾天下。天下尽迷，孰正之哉？向使天下之人其心尽如汝子，汝则反迷矣。哀乐、声色、臭味、是非，孰能正之？且吾之此言未必非迷，况鲁之君子迷之邮者，焉能解人之迷哉？"

《庄子》曰：颜渊曰："回益矣。"仲尼曰："何谓也？"曰："回忘仁义矣！"曰："可矣，犹未也。"他日复见，曰："回坐忘矣。"仲尼蹴然曰：

"何谓坐忘?"曰:"隳支体,黜聪明,离形去智,同于大道,此谓坐忘。"

又曰:黄帝将见大隗于具茨之山,具茨山,在荥阳县,今名大隗山。方明为御,昌宇骖乘,张若、謵朋前马,前马,言二人先道马。昆阍、滑稽后车。言二人从后车也。至于襄城之野,七圣皆迷,无所问途。适遇牧马小童而问途焉。

《尸子》曰:鲁哀公问孔子曰:"鲁有大忘,徙而忘其妻,有诸?"孔子曰:"此忘之小者也。昔商纣有臣曰:'王子须务为谄,使其君乐。'须臾之乐而忘终身之忧。"

《韩子》曰:管仲、隰朋从桓公伐孤竹,春往而冬返,为失惑道。管仲曰:"老马之智可用也。"乃放老马,遂得道。

《楚辞》曰:入溆浦予邅回兮,迷不知其所如。

刘谧之《迷赋》曰:宠郎居山中,稀行出朝市。蹔来到豫章,因便造人士。东西二城门,赫奕正相似。向风径东征,直去不转耳。

痴

《周书》曰:太公望忽然曰:"不痴不狂,其名不彰;不狂不痴,大事不成。"

《左传·成下》曰:晋周子有兄而无惠,不能辨菽麦。

《魏志》曰:许褚,字仲康,长八尺余,大十围,勇力绝人。褚后事太祖,以褚力如虎而痴,号曰:"痴虎"。

又曰:明悼毛皇后父嘉,本典虞车工,卒暴富贵,帝令朝臣会其家饮宴,其容止举动甚蚩騃,语辄自谓"侯身",时人以为笑。

《后魏书》曰:太祖谓尚书崔玄伯曰:"蠕蠕之民,昔来号为顽嚚。每来抄掠,驾牸牛奔遁,驱犍牛随之。牸牛不能前,异部人教其以犍牛易之者。蠕蠕曰:其母尚不能行,而况其子!终于不易,遂为敌所虏。"

《北史》曰:齐皇甫亮所居宅污下,标榜卖之。将买者或问其故,亮每答云:"为宅下水淹不泄,雨即流入床下。"由是宅终不售,其淳实如此。

《隋书》曰：杨玄感，司徒素之子也。体貌雄伟，美须髯。少时晚成，人多谓之痴，其父每谓所亲曰："此儿不痴也。"及长，好读书，便骑射。以父军功，位至柱国。

《唐书》曰：窦威家世勋贵，诸昆弟并尚武艺，而威躭玩文史，介然自守。诸兄哂之，谓为"书痴"。

又曰：杂端御史最为雄剧，食坐之南设一横榻，谓之"南床"，殿中监察不得坐。注云：亦谓之痴床。言处其上者，皆骄傲自得，使人如痴，故谓之"痴床"也。

又曰：李益与李贺齐名，然少有痴病而多猜忌。防闲妻妾过为苛酷，而有散灰扃户之谭，时谓"妒痴"。

《风俗通》曰：夜粜，俗说市买者，当清旦而行，日中交易所有，夕时便罢。今乃夜粜，明其痴騃不足也。

《郭子》曰：王长史求东阳，王蒙，字仲祖。抚军不肯用。晋太宗简文帝，先为抚军大将军。王后疾笃，临终，抚军哀叹曰："吾将负仲祖于此。"乃命用之。长史人言会稽王痴。会稽王，简文先封也。

又曰：王汝南少无婚处，自求郝普女。郝氏，襄城人，父匡，字仲时，一名普，洛阳太守。司空以为痴，司空，昶也。会无往婚对其音乐便许之。

《世说》曰：任育，字长年，少甚有令名，自过江，便失志。下饮，问人云："此为茶？为茗？"觉有怪色，乃自申明云："问饮为热？为冷？"尝行从棺邸下度，流涕而悲。王丞相闻之曰："此是有情痴。"

《语林》曰：王蓝田，少有痴称。丞相以地辟之，既见，无他问。问来时东米几价，蓝田不答，直张目睨王。公曰："王掾不痴，何以云痴？"

应璩《新诗》曰：汉末桓帝时，郎有马子侯。自谓识音律，请客鸣笙竽。为作《陌上桑》，反言《凤将雏》。左右伪称善，亦复自摇头。马子侯为人颇痴，自谓晓音律，黄门乐人更往嗤诮。子侯不知名《陌上桑》，反言《凤将雏》，辄摇头欣喜，多赐左右钱帛，无复惭也。

《虞翻书》曰：此中小儿，年四岁矣，似欲聪哲。虽虾不生鲤子，此子似人欲为求妇，不知所向，君为访之，物怪老痴，誉此儿也。

太平御览卷第四百九十一　人事部一百三十二

惭愧

《尚书·仲虺之诰》曰：咸汤放桀于南巢，唯有惭德。

又《五子之歌》曰：万姓仇予，予将畴依？郁陶乎予心，颜厚有忸怩。郁陶，言哀思也。颜厚，色愧。忸怩，心惭也。惭愧于仁人贤士也。

《左传》曰：吴公子札请观周乐，见舞《韶濩》者，曰："圣人之弘也，而犹有惭色，圣人之难也。"

《家语》曰：孔子适卫，颜刻、卫灵公与夫人南子同车出，而令宦者雍渠骖乘，使孔子次，车游过市，孔子耻之。颜刻曰："夫子何耻？"子曰："《诗》云：'觏尔新婚，以慰我心。'乃叹曰："吾未见好德如好色者也。"

《汉书》曰：项羽至乌江，亭长舣船待羽，应劭曰：舣，止也。孟康曰：舣，音蚁，附船著岸。如淳曰：南方谓整船向岸曰舣。谓羽曰："江东虽小，地方千里，众数十万，亦足王也。愿大王急渡。今独臣有船，汉军至，亡以渡。"羽叹曰："乃天亡我，何渡为！且籍与江东子弟八千人渡江而西，今亡一人还，纵江东父兄怜而王我，我何面目见之哉？纵彼不言，籍独不愧于心乎！"

又曰：文帝尝病痈，邓通为上嗽吮之。上不乐，从容问曰："天下谁最爱我者乎？"通曰："莫若太子。"太子入问疾，上使太子齰痈而难之。已而，闻通尝为上齰之，太子惭，由是心恨通。

又曰：直不疑，南阳人也。为郎，事文帝。其同舍有告归，误持其同舍郎金去。已而同舍郎觉亡金，意不疑，不疑曰："有之。"买金偿。后告归者至而归金，亡金郎大惭。

又曰：朱买臣，字翁子，会稽人。家贫，好读书，不治产业，常刈薪樵。其妻亦负戴相随，数止买臣无歌讴道中。买臣逾益疾歌。妻羞之，求去。

又曰：建始三年秋，京师民无故相惊，言大水至，百姓奔走相蹂躏，韦昭曰：柔践蹦轹也。老弱号呼，长安中大乱。天子亲御前殿，召公卿议。大将军王凤以为太后与上及后宫可御舟船，令吏民上长安城以避水。群臣皆从凤议。左将军王商独曰："自古无道之国，水犹不冒城郭。今政治和平，世无兵革，上下相安，何因当有大水一日暴至？此必讹言也，不宜令上城，重惊百姓。"上乃止。有顷，长安中稍定，问之，果讹言。上于是美壮商之固守，数称其议。而凤大惭，自恨失言。

《东观汉记》曰：王郎起，上在蓟，郎移檄购上。上令王霸至市中募人，将以击郎。市人皆大笑，举手耶揄之，霸惭而去。

又曰：汝南薛苞，字孟尝，丧母，以至孝闻。父娶后妻而憎苞，分出，日夜号泣，不能去，至被殴杖。不得已，庐于舍外，旦入而洒扫。父怒，又逐之。乃庐于里门，晨昏不废。积岁余，父母惭而还之。

又曰：王丹，字仲固，京兆人也。时河南太守同郡陈遵，关西之大侠也。其友人丧亲，遵为护丧事，赙助甚厚。丹乃怀缣一匹，陈之于主人前，曰："如丹此缣，出自机杼。"遵闻而有惭色。

又曰：樊重，外孙何氏兄弟争财，重耻之。以田二顷解其忿讼，县中称美，推为三老。年八十余，临终，其素所假贷人间数百万，遗令焚削文契。债家闻者皆惭，争往偿之，诸子从敕，竟不肯受。

又曰：魏霸，字乔卿，仕为光禄大夫。霸妻死，长兄更为霸取妻。送至官舍，霸笑曰："年老，儿子备具矣。何空养他家老为？"即自入辞其妻，奉案前，因跪曰："夫人视老夫复何中，而遂失计，义不敢相屈。"即拜而出。妻惭求去。

又曰：卓茂为丞相史，尝出，道中人有认茂马者。茂问："亡马几时乎？"曰："月余矣。"茂自知畜马数年，解马与之，挽车而去。后日，马主自得其马，惭愧诣府，叩头谢归焉。

又曰：淳于恭，字孟孙，北海人。以谦俭雅让为节。家有山田橡树，有盗取之，恭助为收拾。载之归，乃知其所盗，载橡还之，恭不受。人有盗刘恭禾者，恭见之，念其愧，自伏草中，至去乃起。

谢承《后汉书》曰：梁冀奏诛李固，固临命，与胡广、赵戒书曰："梁氏迷谬，公等曲从，以吉为凶，成事为败，汉家衰微，从此始矣。公等受主厚禄，颠而不扶，倾覆大事，后之良史，岂有所私？固身已矣，于义得矣，夫复何言！"广、戒得书悲惭，皆长叹。

袁山松《后汉书》曰：皇甫嵩，字义真，安定朝那人。善用兵，饮食舍止，必先将士，然后乃安。兵曹有受赂者，嵩曰："公素廉清，必资用乏。"乃出钱赐之，吏羞惭而自杀。由是，众皆乐为致死。

《魏志》曰：曹仁讨关羽于樊，于禁助仁。秋，大霖雨，汉水溢，禁等七军没。禁遂降吴。文帝践祚，权遣禁还。帝引见禁，须皓白，形容憔悴。欲遣使吴，先令谒高陵。帝豫于陵图画禁降服之状。禁见，惭恚发病薨。

又曰：陈矫为尚书令。明帝即位，车驾常卒至尚书省门，矫跪问曰："陛下欲何之？"帝曰："欲案行文书耳。"矫曰："此自臣职分，非陛下所宜临也。若臣不称其职，则请就黜退，陛下宜还。"帝惭，回车而返。

《晋书》曰：朱冲，字巨容，南安人也。少有志行，闲静寡欲，好学而贫，常以耕艺为事。邻人失犊，乃认冲犊以归，后得犊于冰下，大惭，以犊还冲。

又《王羲之传》曰：时刘琰之为丹阳尹，许询常就琰之宿，床帷新丽，饮食丰甘。询曰："若此保全，殊胜东山。"刘曰："卿若知吉凶由人，吾安得保此。"羲之在坐，曰："令巢许遇稷契，当必无此言。"二人并有愧色。

又曰：嵇绍尝诣齐王冏咨事，遇冏燕会，召董艾、葛旟等共论时政。艾言于冏曰："嵇侍中善于丝竹，公可令操之。"左右进琴，绍推不受。冏曰："今日为欢，卿何吝此耶！"绍对曰："公匡复社稷，当轨物作则，垂之于后。绍虚鄙，忝备常伯，腰绂冠冕，鸣玉殿省，岂有操执丝竹，以为伶人之事！若释公服从私宴，所不敢辞也。"冏大惭。

又曰：《庾亮传》：初，亮所乘马有的颅，殷浩以为不利于主，劝亮卖之。亮曰："曷有己之不安而移之于人！"浩惭而退。

又曰：《王羲之传》：素与王述不协。先是，王羲之常谓宾友曰："怀祖正当作尚书耳，投老可得仆射。更求会稽，便自邈然。”及述蒙显授，羲之耻为其下，遣使诣朝廷，求分会稽为越州。行人失辞，大为时贤所笑。既而内怀愧叹，谓其诸子曰：“吾不减怀祖，而位遇悬邈，当由汝等不及坦之故邪！”

《晋中兴书》曰：王恭尝宴于司马道子室，尚书令谢石为吴歌，恭曰：“居端右之重，集宰相之座，而放妖俗之音乎！”并有惭色。

又曰：荧惑守南斗经旬，王导谓陶回曰：“南斗，扬州分，而荧惑守之，吾当逊位以厌此谪。”回答曰：“公以明德作相，辅弼圣主，宜亲忠贞，远邪佞，而与桓景造膝，荧惑何由退舍！”导深愧之。

《宋书》曰：王惠，陈郡谢瞻才辩有风气，尝与兄弟群从造惠，谈论锋起，文史间发，惠时相酬应，言清理远，瞻等惭而退。

又曰：谢晦为荆州都督，甚有自矜之色，将之镇，诣从叔光禄大夫瞻别。问晦年，答曰：“三十五。”瞻笑曰：“昔荀中郎年二十七为北府都督，卿比之，已为老矣。”晦有惭色。

又曰：何尚之在家常着鹿皮帽，及拜开府，天子临轩，百僚陪位，沈庆之于殿廷戏之曰：“今何不着鹿皮冠？”庆之累辞爵命，朝廷敦劝甚切，尚之谓曰：“主上虚怀侧席，讵宜固辞。”庆之曰：“沈公不效何公，去而复还也。”尚之有愧色。

又曰：顾凯之为尚书吏部郎。尝于太祖坐论江左人，言及顾荣，袁淑谓凯之曰：“卿南人，性怯懦，岂作贼？”凯之正色曰：“卿反以忠义笑人！”淑有惭色。

《唐书·娄师德》：初，狄仁杰未为宰相时，师德尝荐之，及为宰相，不知师德荐己，数排师德，令充外使。则天尝出师德书表示之，仁杰大惭。谓人曰：“吾为娄公所含如此，方知不逮娄公远矣。”

《晏子春秋》曰：景公置酒太山之阳。酒酣，公四面望，喟然叹泣数行曰：“寡人将去此堂堂国死耶！”左右泣者三人曰：“吾细人也，犹将难死，而况公乎！”晏子搏髀，仰天而大笑曰：“乐哉，今日之饮也！”公怒曰：“子何笑也？”对曰：“怯君一，谀臣三，是以大笑。”公惭而更辞。

《吴越春秋》曰：季札去徐而归，行于道，逢男子五月被裘，采薪于道傍。有委金一器，季札见之，忽不入意，顾为薪者曰："来取此金！"薪者曰："君举止何高，视何下也！五月被裘采薪，宁是拾金者乎？"札惭于斯言，下车礼之，曰："何子衣之鄙而言之雅也！子姓为何？"薪者曰："君皮相之士，何足以告姓字乎？"季札有惭色。

又曰：吴师入郢，阖闾既妻昭王夫人，又及于伯嬴。伯嬴，秦康公之女，平王之夫人，昭王之母也。伯嬴操刃曰："妾闻天子，天下之表也；公侯，一国之仪也。天子失制则天下乱，诸侯失节则国危。今夫妇之道，固人伦之始，王教之端也。今吴去仪表之行，从乱亡之欲，犯诛绝之事，何以行训民乎？妾闻生以辱者，不如死以荣者，使吴王弃仪表则无以生存，一举而两仪，辱妾以死守之，不敢命也。且凡欲近妾者，为乐也；近妾而死，何乐之有！先杀妾又何益于君王？"于是吴王惭耻，遂退还舍。

《博物志》曰：宋国有田夫，谓其妻曰："负日之暄，人莫知者，以献吾君，将有重赏。"里之富室告之曰："昔人有美戎菽、甘枲茎芹子者，对乡豪称之，乡豪取而尝之，涩于口，惨于腹，众哂而怨之。"其人大惭而止。

《列女传》曰：河南羊子妻，不知何氏女。羊子尝行路，得遗金一饼，还以与妻，妻曰："妾闻志士不饮盗泉之水，廉者不受嗟来之食，况拾遗求利以污其行乎？"羊子大惭。

《郑玄传》曰：玄在袁绍坐，汝南应邵因自赞曰："故太山太守应仲远，北面称弟子何如？"玄笑曰："仲尼之门，考以四科，回、赐之徒不称官阀。"邵有惭色。

《江表传》曰：孙权既即尊位，请会百官，归功周瑜。张昭举笏，欲褒赞功德，未及言，权曰："如公计，今以乞食矣。"昭大惭，伏地流汗。

《会稽典录》曰：邵员，字德方，馀姚人。与同县虞俊邻居，员先不知俊。十余年，俊至吴，与张温、朱据等会，清谈干云，温等敬服，于是吴中盛为俊谈。员闻而愧曰："吾与仲明游居此屋，曾不能甄其英秀，播其风烈，而令他邦称我之杰。"

又曰：郑弘守阳羡郡，乡民有弟用兄钱者，为嫂所责。未还之，嫂诣弘，弘为叔还钱，兄闻之惭愧，自系于狱。遂遣其妇赍钱还引，弘不受也。

又曰：沈勋身自耕耘，以供衣食。人有盗获其禾，勋见而避之。明日，更收拾送致其盗者，愧惧，赍还不受。

又曰：陈嚣与民纪伯为邻，伯夜窃蕃嚣地自益。嚣见之，伺伯去后，密拔其蕃一丈以益伯。伯觉之，惭惧，既还所侵，又却一丈。

桓子《新论》曰：昔宣帝时，公卿大夫朝会庭中，丞相语次言："闻枭生子，子长，食其母乃能飞，宁然耶？"有德贤者应曰："但闻乌子反哺耳！"丞相、大尉自悔其言之非也。群士皆少丞相，而多彼贤人之言有益于德化。是故君子掩恶扬善，鸟兽尚为之讳，而况于人乎！

《风俗通》曰：陈国有张伯阶，弟仲妇炊于灶下，至井上谓伯阶："我今日妆宁好不？"曰："我伯阶。"妇大惭愧。其夕，时伯阶到更衣，妇复逐牵其背曰："今且大误，谓伯阶为卿。"答曰："故伯阶。"

《语林》曰：明帝函封与王公，开诏，末云："勿使冶城。"公知既视，表答曰："伏读明诏，似不在臣。臣开臣闭，无有见者。"明帝甚愧，数月不欲见王公。

《孔丛子》曰：陈胜既立为王，其妻之父兄往焉，胜以众宾待之，长揖不拜，无加礼。其妻之父怒曰："怙乱僭号，而傲长者，不能久矣。"不辞而去。陈王跪送，不顾，王心惭焉。

《吴王春秋》曰：管仲病，桓公问："恶乎属国？"管仲曰："使隰朋可尽逐易牙、竖刁等。"管仲死，尽逐之，而食不甘，官不治，朝不肃。三年，公皆召而返之。公病，常之巫，从中出曰："公将以某日薨。"易牙、竖刁相与作乱，塞宫门，筑高墙，不通人，有妇人逾垣入而至公所，公曰："我欲食。"妇人曰："吾无所得。"曰："何？"对曰："常之巫相与作乱，塞宫门，筑高墙，不通人，故无所得。"公慨然出涕曰："嗟乎，圣人所见，岂不远哉！死者有知，我将何面目见仲父乎？"蒙衣袂而绝乎寿宫。

太平御览卷第四百九十二 人事部一百三十三

贪

《释名》曰：贪，探也，探取他人分也。

《说文》曰：贪，欲物也。

《毛诗》曰：《硕鼠》，国人刺其君重敛，蚕食于民，不修其政，贪而畏人，若大鼠也。

又曰：《伐檀》，刺贪也。在位贪鄙，无功而受禄，君子不得进仕。

又曰：大风有隧，贪人败类。

《礼》曰：用人之仁，去其贪。

《左传》曰：楚庄王欲纳夏姬，巫臣曰："不可！君召诸侯以讨罪，今纳夏姬，贪其色也。贪色为淫，淫为大罚。"

又曰：穆叔见孟孝伯，语之曰："赵孟将死矣。其语偷，大夫多贪，求欲无厌，齐、楚不足与也。"

又曰：楚子在申，召蔡灵侯。灵侯将往，蔡大夫曰："贪而无信，唯蔡是憾，今币重而言甘，诱我也。不如无往"

又曰：楚文王谓申侯曰："贪利而无厌，予取予求，不汝疵瑕。"

又曰：昔有仍氏，生女甚美。乐正后夔取之，生伯封，实有豕心，贪婪无厌，忿纇无期，谓之封豕。

《论语》曰：季氏富于周公，求也为之聚敛而附益之。子曰："非吾徒也。小子鸣鼓而攻之可也。"

《周书》曰：清明之日，田鼠化为鴽，不化国贪残。

又曰：今尔执政小子，唯以贪谀事王，不勤德以备难。

《史记》曰：宋义令于军中曰："很如羊，贪如狼，强不可使者皆斩之。"

又曰：范增说项羽曰："沛公居山东，贪于财货，好美姬。今入关，无所取，志大不在小也。”

又曰：魏文侯问吴起何如人，李克曰：“吴起贪而好色。然用兵，司马穰苴弗能过也。”

《东观汉记》曰：马援平交趾，上言太守苏定张眼视钱，䁥目计贼，怯于战功，宜加切敕。后定果下狱。

《续汉书》曰：侯参为益州刺史，有丰富者辄诬以大逆，皆诛灭之，没于财物。太尉衷奏参，槛车征于道，自杀。京兆尹袁逢于旅舍阅参辎重三万余斤两，皆金银珍玩，不可胜数。

又曰：阳仁，字文义，关中人。后辟司徒。桓虞府掾有宋章者，贪而不法，仁终不与交言同席，时人畏其节。

《魏略》曰：丁斐，字文侯。初随太祖，太祖以斐乡里，特饶爱之。斐性好货，数犯法，辄得原宥。为典军校尉，太祖征吴，斐随行，以家牛羸私易官牛。太祖谓左右曰：“我非不知，譬如人家有盗狗而善捕鼠，盗狗虽有小损，而鼠不切我囊贮。”遂复斐官。

《晋书》曰：琅琊内史孙无终，贪横忍虐。妓妾有忤意者，辄弹其面。

《晋中兴书》曰：谢万，安石之弟也。为尚书令，薨，博士议谥，曰：“万无他才望，直以宰相弟，遂居清显，妄自夸拟，曾无惭德。案谥法，因事有功曰襄，贪以败官曰墨，宜谥曰襄墨公。”朝议直曰襄公。

又曰：广州北界有一水，名曰贪水，父老云：“饮此水者，皆使廉士变贪。”

《吴书》曰：薛综上疏曰：“交州刺史朱苻多以乡人虞褱、刘彦之徒分作长史，侵虐百姓，强赋于民，黄鱼一头，收稻一秤，百姓怨叛，山贼并起。”

《燕书》曰：章该，字宣恒，为左长史。太祖会群僚，以该性贪，故赐布百余匹，负而归，重不能胜，乃至僵顿，以愧辱之。

《后魏书》曰：元修义为吏部尚书，唯事货贿，官之大小皆有定价，中散大夫高居呼为京师白劫。

又曰：元诞为齐州刺史。在州贪暴，大为民患，马牛无不逼夺。有沙门为诞采药还，诞曰："师从外来，有何得？"对曰："唯闻王贪，愿王早代。"诞曰："齐州七万家，吾每家未得三升钱，何得言贪？"

《隋书》曰：张威在青州，颇治产业，遣家奴于民间鬻芦菔根，其奴缘此侵扰百姓。上深加谴责，坐废于家。后从上祠太山，至洛阳，上谓威曰："自朕之有天下，每委公以重镇，可谓推赤心矣。何乃不修名行，唯利是视？岂直孤负朕心，亦且累卿名德。"因问威曰："公所执笏今安在？"威顿首曰："臣负罪亏宪，无颜复执，谨藏于家。"上曰："可持来。"威明日奉笏以见，上曰："公虽不遵法度，功效实多，朕不忘之。今还公笏。"于是复拜洛州刺史。

又曰：宇文述贪鄙，知人有珍异之物，必求取之。富商大贾及陇右诸胡子弟，述皆恩接，呼之为儿。由是争馈金宝。

《晏子春秋》曰：景公与晏子登路，寝而望国，公愀然而叹曰："使后嗣代代有此，岂不可哉！"晏子曰："服牛死，夫妇共哭，非骨肉之亲也，为其利之大也。今公之酒醴酸酢不胜饮也，菽粟郁积不胜食也，又厚籍敛于百姓而不以分喂人也，欲代之延，不亦难乎？"

《庄子》曰：专知擅事，侵人自用，谓之贪。

《孔丛子》曰：卫人有钓于河，得鳏鱼，其大盈车。子思问之："鳏难得，子如何得之？"对曰："吾下钓，垂鲂之饵，过而不视之，更以豚之半体则吞之。"子思喟然曰："鳏虽难得，贪以死饵；士虽怀道，贪以死禄。"

《孙卿子》曰：勇而不见惮者，贪也；信而不见敬者，好专行也。此小人之所务，而君子之所不为。

《淮南子》曰：琬琰之玉在污泥之中，虽廉者不释也。弊箄甑瓾在旃茵之上，虽贪者不拤也。甑瓾，带也。美之所在虽污辱，世不能贱；恶之所在虽高隆，世不能贵。

谯子《法训》曰：贪者难为惠，苛烦者难为恭，君子以礼而已矣。

《郭子》曰：王夷甫雅尚玄远，又疾其妇贪浊，口未尝言钱。妇欲试之，夜令婢以钱绕床，不得行。夷甫晨起见钱阅之，令婢举阿堵物。

妇，郭太宁女，才拙性刚，聚敛无厌，夷甫患之。

又曰：王含为庐江，含字处恒，征东将军敦之兄。贪浊狼籍。王敦欲护其兄，故于众中称：家兄在郡庐江，人咸称之。时何充为主簿，在坐，正色曰："充庐江人，所闻异于此。"敦默然，傍人为之反侧，充晏然，神意自若。

《鲁国先贤志》：东门奂，历吴郡、济阴太守，所在贪浊，谣曰："东门奂，取吴半；吴不足，济阴续。"

《华阳国志》曰：李盛为太守，贪财重赋，国人詈之曰："卢鹊何喧喧，有吏来在门。披衣出门应，府县欲得钱。语穷乞请期，吏怒反见尤。"

《南州异物志》曰：俚人不爱骨肉，而贪宝货，见贾人财物、牛犊，便以子易之。

《襄阳耆旧记》曰：罗尚贪而不断，付任失所，故遂至大败。蜀人不堪其征求，数万人共连名诣太傅东海王，言之曰："尚之所爱，非邪则佞；尚之所憎，非忠则直。富拟鲁卫，家成市鄽。贪如虎狼，无复已极。"

又曰：黄穆，字伯开，博学，养门徒。为山阳太守，有德政，致甘露、白兔、神雀、白鸠之瑞。弟奂，字仲开，为武陵太守，贪秽无行，武陵歌曰："天有冬夏，人有两黄。"言不同也。

桓谭《新论》曰：鄙人有得脡音羶，生肉酱也。酱，而美之，及饮，恶。与人共食，即小唾。其中而共者，因涕其酱，遂弃而俱不得食焉。彼王公，利欲取天下，时乃乐与人分之。及已得，而重爱不肯予，是皆唾脡之类。

《竹林七贤论》曰：鬲令袁毅，为政贪浊，馈遗朝廷，以营虚誉。尝遗山涛丝百斤，涛不欲异众，受之，命悬之梁。后毅事露，案验，众官吏至涛，于梁上得丝，已数年，尘埃封印如初。

《会稽典录》曰：周规，字公图，太守唐凤命为功曹。凤，中常侍衡之从兄，恃中官专行贪暴。规谏曰："明府以负薪之才，受剖苻之任，所谓力弱载重，不唯颠蹶。方今圣治在上，不容纰政。明府以教人之职，行桀纣之暴。”凤怒，缚规，槌于阁中。凤后果以槛车征。

虐

《释名》曰：虐焅也。凡疾或寒或热，先寒后热，两疾似焅，虐也。

《说文》曰：虐，残也。

《尚书》曰：无若丹朱，傲虐是作。

又曰：今商王受弗恭上天，降灾下民，沈湎冒色，敢行暴虐。

《毛诗》：《北风》，刺虐也。卫国并为威虐，百姓不亲，莫不相携持而去焉。

《左传》曰：隐公问于众仲曰："卫州吁其济乎？"对曰："臣闻以德和民，不闻以乱。夫州吁弑其君而虐用其民，不务令德，而欲以乱成，必不免矣！"

又曰：莒犁比公生去疾及展舆，既立展舆，又废之。犁比公虐，国人患之。十一月，展舆因国人以攻莒子，杀之，乃自立。

又曰：楚公子围杀大司马蒍掩，而取其室。申无宇曰："王子必不免。善人，国之主也。王子相楚国，将善是封植，而虐之，是祸国也。"

又曰：莒子展舆虐而好剑，苟铸剑必试诸人。

又曰：楚使椒举如晋，求诸侯。晋侯欲勿许。司马侯曰："不可。楚王方侈，天其或者欲盈其心，以厚其毒而降之罚，未可知也。其使能终，亦未可知也。若归于德，吾犹将事之，况诸侯乎？若适淫虐，楚将弃之，吾又谁与争？"

《论语》曰：慢令致期谓之虐。

《战国策》曰：宋康王为无头之冠以示勇。剖伛者之背，钻朝涉之胫，国人大骇，齐闻而伐之。

《史记》曰：白起一日坑赵降卒四十二万。

又曰：吕后断戚夫人手足，居厕中，命曰"人彘"。召惠帝观之。孝惠问，乃知，大呼哭，因病，岁余不能起。使人谓太后曰："此非人所为。臣为太后子，终不能治天下。"以此日饮为淫乐，不听政。

又曰：怀王诸老将皆曰："项羽为人僄悍祸虐，尝攻襄城，襄城无噍类，如淳曰：噍，音作笑反。所过无不残灭。

《汉书》曰：江都王建游章台宫，人乘小船，建以足蹈覆船，四人溺，三人死。后游雷陂，大风，建使郎二人乘小船入陂，船覆，两郎溺，攀船，乍见乍没，建临观大笑。宫人有过，辄令倮击鼓，居树上，久者三十日乃衣。或髡钳以铅杵舂，不中程，辄纵狼啮杀之。专为淫虐。

又曰：周由，武帝即位，吏治尚修谨，然由居二千石中，最为暴虐骄恣。所爱者挠法活之，所憎者曲法灭之。

又曰：翟义起兵，王莽发义父方进及先祖冢，烧其棺椁，夷灭三族，诛及种嗣，至皆同坑，以棘五毒并葬之。

又曰：翟义党王孙庆至，莽使太医尚方与巧屠共刳剥之，量度五脏，以竹筳导脉，知所终始。云可治病。

《魏略》曰：高祖刘类，历位宰守，苛虐尤甚。为弘农太守，吏二百余人不与休假，专使为不急事，过无轻重，辄捽其头，乱杖挝之，牵出复入也。

《吴志》曰：孙皓爱妾，或使人至市贱夺百姓财物。司市中郎将陈声，素皓幸臣也，恃皓宠遇，绳之以法。妾以诉之，皓大怒，假它事烧锯断声头，投身于四望山。

又曰：初，孙皓每宴会群臣，无不咸令沉醉。置黄门郎十人侍立，为司过之吏。宴罢，奏其阙失，大者即加刑，小者辑为罪。激水入宫，宫人不合意者，辄杀流之。或剥人之面，或凿人之眼。

《江表传》曰：孙皓用巫史之言，谓建业宫不利，乃西巡武昌，乃有迁都之意。恐群臣不从，乃大会将吏，问王蕃："'射不主皮为力不同科'，其义云何？"蕃思唯未答，即于殿上斩蕃。出登袁山，使亲近将蕃首作虎跳狼争咋啮之，头皆碎坏，欲以示威，使众不敢犯。

王隐《晋书》曰：荀晞，字道将，领兖州牧，暴虐杀人流血，号曰屠伯。人皆怖疏，流入他州。其弟纯，领青州，刑杀尤甚于晞，百姓号"小荀酷于大荀"也。

又曰：刘渊残虐。所在城邑，无不倾败，流离死散，殆无孑遗。

《汉晋春秋》曰：初，甄后之诛，由郭后之宠。及殡，令被发覆面，以糠塞口。遂立郭后，使养明帝。帝知之，心常怀念，数泣，问甄后死状。郭后曰："先帝自杀，何以请问我？且汝为人子，可追仇死父，为前母枉杀后儿耶？"明帝怒，遂逼杀之，敕殡者如甄后故事。

《晋中兴书》曰：苻健凶淫暴虐，露刃张弓，椎钳锯凿，杀人之具备左右。

又曰：石虎有所平克，不复料其善恶，或尽坑斩，使无孑遗。

《宋书》曰：竟陵王诞据广陵反，及城陷，士庶皆裸身鞭面，然后加刑。聚所杀人首于石头南岸，谓之髑髅山。

又曰：宋越御众严酷，好行刑诛，睚眦之间，动用军法。时王玄谟御下亦少恩，将士为之语曰："宁作五年徒，不逐王玄谟；玄谟尚可，宋越杀我。"

又曰：奚显度者，东海郯人也。官至员外散骑郎，世祖常使主领人而苛虐无道，动加捶扑，暑雨雪寒，不听暂休，人不堪命。或有自经死者，人役间配，显度加就刑戮。

又曰：《文帝元嘉起居注》曰：汝阳太守王道标下县，作木人二枚，高八尺，竖着郡门。有犯事者，使拳击木人令倒，倒者免罪，力弱者手拳伤剥。

《齐书》曰：江谧，字令和，济阳考城人也。为长沙内史，行湘州事，政治苛刻。僧道人与谧情款，随莅郡，犯小事，饿系狱，裂二衣食之。

《后魏书》曰：汝南王悦，孝昌中除司州牧，为大剉碓置于州门，盗者斩其手，奸偷畏之，暂息。

《隋书》：鱼赞性暴虐，令部下炙肉，少不中意，以签盲其目，有温酒不适者断其舌。

又曰：崔恒度，性严酷。时有屈突盖，为武侯骠骑，亦严刻。长安为之语曰："宁饮三升醋，不见崔恒度；宁茹三升艾，不逢屈突盖。"

《唐书》曰：索玄礼为游击将军。寻以酷毒转甚，则天收人望而杀之。天下之人谓之来、索，言酷毒之极。

又曰：韩滉在浙右也，政令明察，末年伤于严急，巡内有犯令，诛及邻伍，死者数百人。又俾推覆官分察，情涉疑似，必置极法。虽令行禁止，而冤滥相寻。议者以滉幼立贞廉，晚途苛惨，身未达则饰情以进，得其志则本质遂彰。

又曰：窦轨每临戎对寇，经旬月，身不解甲。其部众无贵贱少长，不恭命即立斩。鞭吏士，流血满庭。初入蜀，将其甥以为心腹，常夜出，呼之不以时至，怒而斩之。诫家僮不得出，尝遣奴就官厨取浆而悔之，谓奴曰："我诚使汝，借汝头以明法耳！"遣收奴斩之。奴称冤，监刑者犹豫未决，轨怒，俱斩之。

《梁冀别传》曰：冀为河南尹，居职恣暴，多为非法。辽东太守侯猛初拜不谒，冀托以它事，乃腰斩之。郎中汝南袁著年十九，见冀凶纵，不胜其愤，乃诣阙上书，冀闻而密遣掩捕得笞杀之。

《董卓别传》曰：卓知所为不得远近，意欲以力服之，遣兵到阳城。时适二月，社民皆各在其社下祈祀，悉就断头，驾其家车牛，载其妇女财物，以断头系车辕，云大获贼

《文子》曰：今采万民之力，反为残贼，是为虎翼，何为不除？

《孙卿子》曰：不教而责成功，虐也。

《韩子》曰：梁车为邺令，其姊往见之，暮而门闭，因逾郭而入，车刖其足。赵成侯以为不慈，夺之玺，而免令。

《会稽典录》曰：吴王使王孙雄谓范蠡曰："子先人有言曰：无助天为虐，助天虐者不祥。今吾稻蟹无遗种，子将助天为虐，不忘其不祥乎？"

《吴越春秋》曰：子胥谏吴王，怒，子胥伏剑而死。王乃取子胥尸，盛以鸱夷，投之于江。断其头置百尺之上，谓曰："日月炙汝肉，熛风飘汝眼，炎火烧汝骨，尽成灰土，何有所见？"

《凉州记》曰：郭麐奴昆切略地之际，王孙八人年幼，悉随乳母。先在东苑，麐遂尽投王孙于锋刃之上，或枝分节解，饮血盟众。睹者

无不掩目寒心，而麘意气翛然。

《赵书》曰：汲桑，清洒贝丘人。六月盛暑，而桑重裘累茵，使十余人扇之，悉不清凉，斩扇者。时军中为之谣曰："士为将军何可羞，六月重茵被狐裘，不识寒暑断人头。"

《邓析书》曰：粟陆氏杀东里子，宿沙君戮箕文，桀诛龙逢，纣刳比干。此四者，常弯弓露刃以见朝臣，钳锤锯凿所可为害之具，备置左右。即位未几，后公卿已下至于仆隶，杀五百余人。

崔鸿《前秦录》曰：左光禄大夫强平谏苻生曰："玄正盛旦，日有蚀之，正阳神昏，风灾水旱，于时未息，此皆由陛下不勉强于政治，乖和气所致也。"生怒，以为妖言，凿其顶而杀之。

崔鸿《夏录》曰：赫连勃勃征隐士京兆韦思，思至而恭，惧，逭祸，勃怒曰："吾以国士征汝，汝奈何以非类处吾？汝昔不拜姚兴，何独拜我？我今未死，汝犹不以我为帝王，吾死之后，汝辈弄笔，当置我何处！"遂杀之。

又曰：赫连勃勃凶残好杀，常居城上，置矛剑于侧，有所嫌忿，手自戮之。群臣忤，视者毁目，笑者决唇，谏者截其舌而斩之。

太平御览卷第四百九十三 人事部一百三十四

奢

《说文》曰：奢，张也。反俭曰奢。从大者，言夸大于人也。

《毛诗》：《曹风·蜉蝣》，刺奢也。昭公国小而迫，好奢而任小人，将无所依焉。“蜉蝣之羽，衣裳楚楚。蜉蝣之翼，采采衣服。”

《左传》曰：丹桓宫之楹，刻其桷，皆非礼也。御孙谏曰：“臣闻之，俭，德之恭也；侈，恶之大也。先君有恭德而君纳诸大恶，无乃不可乎？”

又曰：襄公二十七年，齐庆封来聘，其车美，叔孙曰：“豹闻之，服美不称，必以恶终，美车何为？”

又曰：吴师在陈，楚大夫皆惧，子西曰：“今闻夫差次有台榭陂池焉，宿有妃嫱嫔御焉。一日之行，所欲必成，玩好必从。珍异是聚，观乐是务，视民如雠，而用之日新。夫差先自败也已，安能败我？”

《礼记》曰：管仲镂簋而朱弦，旅树而反坫，山节而藻棁，贤大夫，而难为上也。得天子之礼。

《论语》曰：孔子谓季氏，“八佾舞于庭，是可忍也，孰不可忍也？”

又曰：子曰：“相维辟公，天子穆穆，奚取于三家之堂？”子曰：“人而不仁，如礼何？人而不仁，如乐何？”

又曰：邦君树塞门，管氏亦树塞门。邦君为两君之好，有反坫，管氏亦有反坫。管氏而知礼，孰不知礼？

又曰：臧文仲，山节藻棁，何如其智也？鲁大夫臧孙辰。

又曰：孔子曰：“奢则不逊，俭则固，与其不逊也宁固。”

《史记》曰：赵平原君使人于春申君。赵使欲夸楚，为瑇瑁簪，刀剑悉以珠玉饰之。春申君客三千余人，上客皆蹑珠履以见，赵使大惭。

又曰：尹吉甫仕至上卿，其家大富，食口数百人。时岁大饥，曾鼎镬作粥啜之，声闻数里。食讫，失三十人，觅之，乃在镬中龁取焦粥而已。

《汉书》曰：鲍宣上书："奈何独私养外亲与幸臣董贤，贤使奴从实客浆酒藿肉，视酒如浆，视肉如藿。苍头庐儿皆用致富，非天意也。"汉名奴苍头，非锐黑，以别良人。诸给殿中者所居巷头侍从也。

又曰：陈咸为治仿严延年，其廉不如。所居调发属县所出食物以自奉养，奢侈玉食。

又曰：陈遵为公府掾。公府掾中率皆羸车小马，不上鲜明，而遵独极舆马衣服之好，门外车骑交错。又日出醉归，曹事数废。西曹白请斥遵，大司徒马宫大儒优士，谓西曹："此人大度士，奈何以小文责之？"

又曰：王凤为大将军，郡国守相刺史皆出其门。又以太仆王音为御史大夫，群弟争为奢侈，赂遗珍宝，四面而至，后庭姬妾各千人，僮奴以千百数。

又曰：张禹为人谨厚，内殖货财，家以田为业。及富贵，多买田至四百顷，泾、渭溉灌，极膏腴上价。他财称是。禹性习知音声，内奢淫，身居大第，后堂作理丝竹管弦。

又曰：自王吉至崇，世名清廉，然材器名称稍不能及父，而禄位弥隆。皆好车马衣服，其自奉养极鲜明，而亡金银锦绣之物。及迁徙去处，所载不过囊衣，不畜余财。家居亦布衣疏食。天下服其廉而怪其奢，故傅"能作黄金"。

又曰：哀帝幸舍人董贤，宠之，累迁为太尉。前后所赐，不可胜计。哀帝崩，群臣白太后，收贤斩之，时年二十二。其家奢侈过于国耳。于是乃收董氏财物，估价凡四十二亿万贯，皆帝所赐之物。

《后汉书》曰：梁冀为大司马行大将军事，害太尉李固及内外忠臣，皆冀为之。于是权震中外。四方调发，岁计先输于冀，然后入国。吏人输金怀璧、求官请罪者，道路相望。冀又遣客出塞外国，大壮栋宇，加以丹漆，图以云气仙灵，台榭交通相望。骇鸡犀、夜光璧充实帑藏，鸣驼、龙马秣于内厩。冀将妻孙氏乘辇青盖车。张羽葆。饰以金玉琥珀。每游观池亭及第内，多从倡优，鸣钟鼓吹竽，酣乐竟路，日夜相继。及桓帝诛冀，收其资产，以实国库，诏减天下一岁租税之半。

又曰：桓帝时，诛梁冀，封单超、徐璜、具瑗、左悺、唐衡五人。超薨后，四侯转横，天下为之语曰："左回天，具独坐，徐卧虎，唐两堕。"皆竞起第宅，楼观壮丽，穷极技巧。金银罽毦，施于犬马。取良民美女以为妃妾，皆珍饰华侈，拟则宫人。其仆从皆乘车而从列骑。

《东观汉记》曰：马融才高博洽，为通儒，教养诸生，常有千数。涿郡卢植、北海郑玄，皆其徒也。善鼓瑟，好吹笛，达生任性，不拘儒者之节。居宇器服，多存侈饰。常坐高堂，施绛纱帐，前授生徒，后列女乐，弟子以次相傅，鲜有入其室者。

《吴志》曰：甘宁好游侠，水行则连轩，侍打；文锦绣，常以缯帛维舟，去或割弃之，以示奢侈也。

又曰：将军贺齐，性奢，好军事，所乘船雕刻丹镂，青盖绛襜，蒙冲斗舰，望之若山。

《蜀志》曰：先主定益州，以刘琰为涪陵太守。后主立，封都乡侯，服御、饮食侈靡，侍婢数十人，皆能为声乐，又悉教读诵《鲁灵光殿赋》。

又曰：糜竺，字子真，东海人。世殖货财，僮仆万人，资产巨亿。徐州牧陶谦辟为别驾从事。谦卒，竺奉谦命迎先主牧之。及吕布袭破先主，虏其妻子，竺于是进妹为夫人，乃以二千人，金帛货币以助军实。先主赖竺之资，复振军威。先主后定益州，即帝位，拜竺为安汉将军。弟芳为南郡太守，携贰，迎孙权，败关羽。于是竺乃请罪，先主以兄弟罪不相及，待之如初。

《晋书》曰：何曾，字颖孝，阳夏人。其家大富。魏明帝时，为文学。武帝践祚，累迁为太傅。性甚奢豪，每赴宴，不食太官所设，帝命取其食。蒸饼上不拆作十字不食。日食万钱，犹云无下箸之处。人以小纸书者，敕记室勿报。

又曰：石崇，字季伦，累迁荆州刺史。崇好侠无赖，遣吏劫远使商客，致家大富。有别馆在河阳之金谷。财产盈积，室宇弘丽。后房百数，皆曳绮纨，丝竹之妙，皆尽一时之选，与贵戚惠帝舅王恺奢靡相尚。恺以饴澳釜，崇以蜡代薪。恺作紫丝步障四十里，崇作锦步障五十里。恺以赤石脂涂屋，崇以椒涂之。武帝助恺珊瑚树一株，高二尺；恺以示崇，崇以铁如意击破，恺不悦，崇曰："无恨。"令取六七株还之。惠帝知富无以夸之。时外国进火浣布，天下更无，帝为衫来幸崇家，崇奴仆五十人皆衣火浣布衫袛承，帝大惭。崇厕屋内置侍婢，衣以纨素，并以香囊锦袋。崇大会宾客，侍中刘实往厕，见厕内灿烂，便出，谓崇曰："几误入公室矣。"崇曰："厕也。"实更往，见侍婢所逼，便回。后赵王伦诛崇，兄弟妻子无少长悉皆遇害。初，崇家稻米属地，化为螺人，以为族灭之应也。

又曰：和峤，字长舆，汝南西平人。中郎将庾凯见峤叹曰："森森若千丈松，虽磥砢多节目，施之大厦，有栋梁之用。"武帝重之，为黄门侍郎。峤家产丰富，拟于王者，杜预对帝，以为和峤有钱癖。

又曰：王济性豪侈，丽服玉食。时洛京地甚贵，济买地为马埒，编钱满之，时人谓金埒。

又曰：任恺。初，何劭以公子奢侈，每食必尽四方珍馔，恺乃逾之，一食万钱，犹云无可下箸处。

又曰：石崇财产丰积，室宇弘丽。后房百数，皆曳纨绣，珥金翠。丝竹尽当时之选，庖厨穷水陆之珍。

又曰：何劭骄奢简贵，亦有父风。衣裘服玩，新故巨积，食必尽四方珍异，一日之供以钱二万为限。时论以为太官御膳，无以加之。

又曰：羊稚舒冬月酿，令人抱瓮，须臾复易人，酒速成而味好。

又曰：任恺失政，遂纵酒，极滋味。初，何邵一身一日之供必钱二万为限，及恺，有逾于邵。

《宋书》曰：徐湛之，善于尺牍，音辞流畅。贵戚豪家，产业甚厚。室宇园池，贵游莫及。伎乐之妙，冠绝一时。门生千余人，皆三吴富人之子，姿质端妍，衣服鲜丽。每出入行游，途巷盈满，泥雨日，悉以后车载之。太祖嫌其侈纵，每以为言。

又曰：谢灵运性奢豪，车服鲜丽，衣裳器物，多改旧制。世共宗之，咸称“谢康乐”也。

又曰：刘穆之，性奢豪，食必方丈，旦辄为十人馔。穆之既好宾客，未尝独餐，每至食时，客止十人以还者，帐下依常下食，以为常。尝白高祖曰：“穆之家本贫贱，赡生有阙。自叨忝以来，虽每存约损，而朝夕所须，微为过丰。自此以外，一毫不以负公。

又曰：阮佃夫，通货贿，凡事非赂不行。宅舍园池，诸王邸第莫及。女伎数十，艺色冠绝当时，金玉锦绣之饰，宫掖不逮也。每制一衣，造一物，京邑莫不法效焉。于宅内开渎，东出十许里，塘岸整洁，泛轻舟，奏女乐。

《齐书》曰：刘悛既藉旧恩，尤能悦附人主，承迎权贵。宾客闺房，供费奢广。罢广、司二州，悉倾资献，家无留储。在蜀作金浴盆，余金物称是。

又曰：刘拗，彭城人。其祖彦之，父仲度，俱仕。明帝时为户部郎中、太子洗马。其家豪富，资财宅宇山池，妓妾姿艺，皆穷上品。有爱妓陈玉珠，明帝遣求，不与，逼夺之，捴有怨词。帝令有司诬奏，将杀之。入狱数宿，鬓毛皆白。免死，为司徒长史。明帝射雉郊野，渴倦，捴得青早瓜进帝，帝对割，甚嘉之。入齐三迁为御史中丞，五为兵部尚书。

《后魏书》曰：夏侯道迁，谯国人，封濮阳侯。除兖州大中正，不拜。好奢侈宴饮，京师珍羞，罔不毕备。尝于京城西水次，大起园池，植列花果，延招俊彦，日往游适，妓妾十余人，常自娱兴。国秩俸岁入三千匹，专供酒馔，不营家产。每诵孔融诗曰：“‘座上客恒满，樽中酒不空。’余非吾之事也。”识者多之。道迁不娉正室。唯有庶子数人。

又曰：郢州刺史韩务献七宝床，象牙席。诏曰：“昔晋武帝焚雉头裘，朕常嘉之。今务所献，亦此之流也。奇丽之物，有乖素风，可付其家。”

《隋书》曰：裴矩为给事郎。炀帝至东都，矩以蛮夷朝贡者多，讽帝令都下大戏。征四方奇异，陈于端门街，衣锦、珥金翠，店肆悉设帷帐，盛酒食，遣蛮夷。见者叹其中国，以为神仙。

《唐书》曰：元载于城中开南北二甲弟，室宇弘丽，冠绝当时。又于近郊起亭榭，所至之处，帷帐什器，皆如宿设，储不改供。城南膏腴别墅，连疆接畛，凡数十所，婢仆曳罗绮亦百余人，恣为不法，侈僭无度。

又曰：裴冕为宰相，性本侈靡，好尚车服及营珍馔，名马在枥，直数百金者常十数。每会宾友，滋味品数，坐客有昧于名者。自创巾子，其状新奇，市肆因而效之，呼为"仆射样"。

《汉武帝故事》曰：又起建章宫，为千门万户。其东凤阙高二十丈，其北太液池，池中渐台高二十丈。池中又为三山，以象蓬莱、方丈、瀛洲，削金石为鱼龙禽兽之属。其南有玉台，玉堂基与中央前殿等去地十二门，阶陛皆用玉璧。又作神明台，井干楼，高五十余丈，皆悬阁辇道相属焉。其后又为酒池肉林，聚天下四方奇异鸟兽于其中，鸟兽能言能歌舞，或奇形异态，不可称载。傍别造华殿，四夷珍宝充之，琉璃珠玉、火浣布、切玉刀不可称数。巨象、大雀、狮子、骏马充塞苑厩。自古已来，所未见者必备。

《三辅故事》曰：秦时奢汰，有天下以来不复是过。渭水贯都，以像天河；横桥南渡，以像牵牛；中外殿观百四十五；后宫列女万有余人。

《盐铁论》曰：今民文杯画案，婢妾衣罗纨履丝，所以乱治。汉末一笔之押，雕以黄金，饰以和璧，缀以隋珠，发以翡翠。此笔非文犀之桢，必象齿之管，丰狐之柱，秋兔之翰。用之者必被珠绣之衣，践雕玉之履矣。

《晋朝杂记》曰：洛下少林木炭，正如粟状。羊琇骄豪，乃捣小炭为屑，以物和之，作兽形。后何石之徒共集，乃以温酒，火势既猛，兽皆开口向人，赫赫然，诸豪相矜，皆服而效之。

《管子》曰：昔者桀之时，女乐三万人，晨噪于端门，乐闻于三衢，无不服文绣衣裳者。

《晏子春秋》曰：寸之管无当天下不能足之粟。今齐国丈夫耕，女子织，夜以接日，不足以奉上，而君侧雕文刻镂之观比无当之管也。

又曰：古者圣人制衣服，冬轻而暖，夏轻而清。今金玉之履，重不可节，是过任也。

《列子》曰：卫端木叔者，子贡之世父也。藉其先资，家累万金。意所欲者，无不为；奉养之余，先散之宗族，次散之邑里及一国。行年六十，气干将衰，弃其家事，散其库藏、珍宝、车服、妾媵，一年之中尽焉。及其病也。无药石储；及其死也，无瘗埋之实。一国之受其施者，相与赋而藏之。禽屈厘闻之，曰："端木叔，狂人也，辱其祖矣。"段干木闻之，曰："端木叔，达人也，德过其祖矣。"

《韩子》曰：禹作祭器，黑漆其外，朱画其内，觞酌有竿，樽俎有饰，此弥侈矣，而国之不服者三十二。殷作大辂，建九旒辂，食器雕琢，觞酌刻镂，此弥侈矣，而国之不服者五十三。

《淮南子》曰：夏屋绵联，雕琢刻镂，其剞劂然未能赡人主之欲也。

太平御览卷第四百九十四 人事部一百三十五

诡诈

《说文》曰：诡，责也。又横射物，为诡诈，欺也。

《诗》曰：无纵诡随，以谨无良。

《礼》曰：用人之智，去其诈。

《论语》曰：古之愚也直，今之愚也诈。

《战国策》曰：楚怀王拘张仪，将杀之。靳尚为请王之幸夫人郑袖曰："子亦自知且贱于王乎？"郑袖曰："何？"尚曰："张仪者，秦王之忠信有功臣也，今楚拘之，秦王欲出之。秦王有爱女美，又简择宫中佳丽习音者以从之，资以金玉宝器，以上庸六县为汤沐邑，欲因张仪内之，楚王必受之而忘子，子疏必矣。"郑袖遽说楚王出张子。

又曰：张丑为质于燕，燕王欲杀之。走，且出境，境吏得之。丑曰："燕王所为将杀我者，人有言我有宝珠也，王欲得之。今我已亡矣，而燕王不我信。令子致我，我且言子之夺我珠而吞之，燕王必且杀子，刳子之腹，君不可说。"吏恐而赦之。

《史记》曰：赵武灵王立吴姬子何为惠文王，自号为主父。令何主治国，而自胡服，将士大夫西北略胡地，而欲从云中、九原直南袭秦，于是诈自为使者入秦。秦昭王不知，而怪其状甚伟，非人臣之量，使人逐之，而主父驰已脱门矣。秦人大惊。主父所以入秦者，欲自略地，因观秦王之为人也。

又曰：张仪说楚王曰："大王诚能听臣，闭关绝约于齐，臣请献商于之地六百里，使秦女得为大王箕帚之妾。"楚王大悦而许之，遂闭关绝约于齐，使一将军随仪。仪至秦，阳失绥堕车，不朝三日。楚王闻，曰："以寡人绝齐未甚邪？"乃使勇士至宋，借宋之苻，北骂齐王。齐王大怒，折节下秦。秦齐之交合，仪乃朝，谓楚使曰："臣有奉邑六里，愿献大王左右。”使者曰：“臣受命于王，以商于之地六百里，不闻六里。”还报楚王，楚王大怒。

又曰：新垣平使人持玉杯，上书阙下，云：“有宝玉气来者，臣已视之。”果有献玉杯者，刻曰“人主延寿”。平又言“臣候日再中”。于是始更以十七年为元年，令天下大酺。平言曰：“臣望汾阴有金宝气，意周鼎其出乎？其见不迎则不至。”于是上使治庙汾阴南，临河，欲祠出周鼎。人有上书告新垣平所言皆诈也。

《汉书》曰：陈胜、吴广起兵，乃丹书帛曰：“大楚兴，陈胜王。”置人所罾鱼腹中。卒买鱼烹食，得而怪之。又令广隐社作狐鸣曰：“陈胜王，吴广相。”

又曰：韩信与家臣谋，欲发兵攻吕后。其舍人得罪于信，囚欲杀之。舍人弟上书，告信欲反状于吕后。后乃与萧何谋，诈令人从上所来，言陈豨已死，群臣皆贺。相国绐信曰：“虽病，强入贺。”吕后使武士缚信，斩之长乐钟室。信方斩，曰：“吾悔不用蒯通之计，反为女子所诈，岂非天哉！”

又曰：孝惠张皇后，宣平侯敖女也。吕太后欲为重亲，以公主女配帝，欲其生子。时方无子，乃使佯为有身，取后宫美人子名之，杀其母，立所名子为太子。

又曰：人不患其不知，患其为诈也。

又曰：宣帝始元五年，有男子来乘黄犊车，衣黄襜褕，着黄帽，诣北阙，自称卫太子。京兆尹俊不疑收缚之，廷尉验治，卒得奸诈。

又曰：傅介子与士卒俱赍金币，扬言以赐外国为名。至楼兰，王意不信，介子佯引去，至其西界，使译谓曰：“汉使者持黄金锦绣行赐诸国，王不来受，我去之西国矣。”即出金币以示译。译报王，王贪汉物，来见使者。介子与坐饮，陈物示之。饮酒皆醉，介子谓王曰：“天子使私报王。”王起，随介子入帐中，屏语，壮士二人从后刺之，刃交胸，立死。

又曰：李广以卫尉为将军，出雁门击匈奴。匈奴兵多，破广军。单于素闻广贤，令曰："得李广必生致之。"胡骑得广，佯死得脱。匈奴骑数百追之，广行取弓射杀追骑。

又曰：梓潼人哀章，学问长安，素无行。见王莽居摄，即位作铜匮，为两检，书言王莽为行天子。即日昏时，衣黄衣，持匮至高庙。莽至庙，拜受金匮。

又曰：匈奴寇边甚，王莽乃大募天下有奇伎术可以攻匈奴者，将待以不次之位。言便宜者以万数；或言能渡水不用舟揖；或云不持升粮，服食药物，三军不饥；或言能飞，一日千里，可窥匈奴。辄试之，取大鸟翮为两翼，头与身皆着毛，通引环纽，飞百步堕。莽知其不可用，苟欲获其名，皆拜为将军，赐以车马。

范晔《后汉书》曰：王郎起，北州扰惑，吴汉素闻世祖长者，独欲归心。乃说太守彭宠。出，止外亭，念所以谲众，未知所出。望见道中有一人似儒生者，汉使人召入，为具食，问以所闻。生因言刘公所过，为郡县所归；邯郸举尊号者，实非刘氏。汉大喜，即诈为世祖书，移檄汉阳，使生赍以诣宠，令具以所闻说之，汉复随后入。宠甚然之，于是遣汉将兵击王郎。

又曰：王莽时尚书缺，诏将大夫六百石以上试对政事，天文、道术，以高第者补之。翟酺自恃能高，而忌太史令孙懿，恐其先用，乃往候懿。既坐，言无所及，唯涕泣流连。懿怪而问之，酺曰："图书有汉孙登，以才智为中官所害。观君表相，似当应之。酺受恩接，怆君之祸耳！"懿忧惧，移病不试。由是酺对第一，拜尚书。

又曰：灵帝时，宦官得志，并起第，拟则宫室。帝尝登永安候台，宦官恐其望见居处，乃使中大夫尚坦谏曰："天子不当登高，登高则百姓虚散。"自是不敢升高。

《东观汉记》曰：和熹邓后临朝，权在外戚。杜根以安帝年长，宜亲政事，乃与同时郎上书直谏。太后大怒，收报根等，令盛以缣囊，于殿上扑杀之。执法者以根知名，语行事人使不加力，既而载出城外，根得苏。太后使人检视，遂诈死。三日，目中生蛆，因得逃窜也。

又曰：隗嚣败，公孙述惧，欲安其众。成都郭外有秦时旧仓，改名白帝仓，自王莽以来常空。述诈使人言白帝仓出谷如山陵，百姓空市里往观之。述乃大会群臣，问曰："白帝仓出谷乎？"皆对言"无"。述曰："讹言不可信，道隗王破者复如此矣。"

又曰：臧宫将兵至中卢，屯骆越。是时公孙述将田戎、任满与征南大将军岑彭相拒于荆门，彭等战，数不利，越人谋叛从蜀。宫兵少，力不能制。会属县送委输车数百，宫夜使锯断城门限，令车周转出入，隆隆至旦。越人候伺者闻车声不绝，而门限断，相告以汉兵大至，其帅乃奉牛酒以劳军。

《魏志》曰：司马宣王称病，因李胜出为荆州刺史。曹爽等令胜辞宣王。宣王见胜，自陈无它功效，横蒙时恩，当为本州。宣王令两婢侍边，持衣，衣落；复上指口，言渴，主饮，婢进粥，宣王持杯饮粥，皆流出沾胸。胜愍然，为之涕泣曰："今主上尚幼，天下赖明公。然众情谓公旧风病发，何意尊体乃尔！"宣王徐更言："年老沉疾，死在旦夕。君当屈为并州，并州近胡，好善为之，恐不复相见，如何！"胜曰："当忝本州，非并州。"宣王仍复阳为昏谬，曰："君方到并州，努力自爱！"错乱其辞，状如荒语。胜复曰："当忝荆州，非并州也。"宣王乃若微悟者，谓胜曰："懿年老，意荒，不解君言。今当与君别，自顾气力转微，后必不更会，同欲自力，设薄主人，生死共别。令师、昭兄弟结君为友。"不可相舍去，副懿区区之心。因流涕哽咽。胜亦长叹。

《吴志》曰：孙峻谋置酒诛诸葛恪。恪将见，驻车宫门，峻已伏兵于帷中，恐恪不时入，事泄，自出见恪曰："使君若尊体不安，自可须后，复当具白主上。"欲以尝知恪意。恪答曰："当自力入。"散骑常侍张约、朱思密书与恪曰："今日张设非常，疑有佗故。"恪省书而去。未出门，逢太常滕胤，恪曰："卒腹痛，不任入。"胤不知峻计，谓恪曰："君自行旋未见，今上置酒请君，已至门，宜当力进。"恪踟蹰而还，剑履上殿，谢亮，还坐。设酒，恪疑、未饮峻因曰："使君疾未善平，当有常服药酒，自可取之。"恪意乃安，则饮所赍酒。酒数行，亮还入内。峻起如厕，着短服出曰：“诏收诸葛恪！”恪惊起，杖剑未得，而峻刃交下。

《晋书》曰：谢玄等既破苻坚，有驿书至谢安，安方对客围棋，看书既竟，便摄放床上，了无喜色，棋如故。客问之，徐答云：“小儿辈遂已破贼。”既罢，还内，过户限，心喜甚，不觉屐齿之折，其矫情镇物如此。

又曰：桓玄以历代咸有肥遁之士，而己世独无，乃征皇甫谧六世孙希之为著作，并给其资用，皆令让而不受，号曰高士，时人名为“充隐”。

又曰：纪瞻为会稽内史。时有诈作大将军府苻收诸暨令，令已受拘，瞻觉其诈，便破槛出之，讯问使者，果伏诈妄。

又曰：崔洪口不言货财，手不执珠玉。汝南王亮尝宴公卿，以琉璃钟行酒。酒及洪，洪不执。亮问其故，对曰：“虑有执玉不趋之义故尔。”然实乖其常性，故为诡也。

《晋中兴书》曰：晋玄帝叔父东安王繇为成都王颖所害，惧祸及，谋出奔。其夜月明，禁卫甚严，不能得去。有顷，天暴风雨，晦冥，邀者散，帝乘间得脱。至河阳，为津吏所止。从者宋典后至，以马鞭拂之，谓曰：“舍长！官禁贵人，而汝被驻耶！”因大笑，由是被释。

又曰：温峤知王敦不可复谏，乃潜谋灭之。先夙夜综其府事，而附其欲。钱凤，敦所信也。峤谓人曰：“钱世仪精神满腹。”峤素有知人之称，凤闻而悦之，深结好于峤。会丹阳尹缺，峤说敦曰：“京尹辇毂喉舌，宜得文武兼之，公宜自选其才。”敦然之，问峤谁可作者。峤曰：“愚谓钱凤可用。然裁之在公。”敦思维良久，曰：“无复胜君。”峤即苦辞，敦不从，表补丹阳尹。犹惧钱凤为之奸，因敦置酒，与峤别，峤曰：“违离宇下，情恋不已，愿自起行酒以展歧路之心。”行酒至凤，未及饮，峤因伪醉，以手板击凤帻，为之坠，作色曰：“钱凤何人，温太真行酒而敢不饮！”凤不悦，敦以为醉，两释之。明日，凤曰：“峤与朝廷甚密，必未可信，或怀反噬，宜更思之。”敦曰：“太真昨醉，小加声色，岂得以此相谗贰。”由是凤谋不行，而峤得还都。

又曰：王允之年在总角，敦深知之，谓为似己，入则共寝。敦尝夜饮辞，允之辞曰：醉，先眠。敦将钱凤计逆，允之悉闻，虑敦或疑，于眠处大吐。凤既出，敦果照视，见眠吐中，不复疑之。

《唐书》曰：李义府擢拜中书侍郎，同中书门下三品，监修国史，赐爵广平县男。义府貌状温恭，与人语必嬉怡微笑，而褊忌阴贼。既处权要，欲人附己，微忤意者，辄加倾陷。故时人言义府笑中有刀，又以其柔而害物，亦谓之"李猫"。

《尹文子》曰：虎求百兽食之，得狐。狐曰："子无食我也，天帝令我长百兽，今子食我，是逆天帝命也。子以我言不信，吾为子先行，子随我后，观百兽之见我不走乎！"虎以为然，故遂与行，兽见之皆走。虎不知兽之畏己而走，以为畏狐也。

《韩子》曰：司城子罕谓宋君曰："庆赏赐予者，民之所好也，君自行之。诛罚杀戮者，民之所恶也，臣请当之。"于是戮细民而诛大臣。君曰："与子罕议之。"居期年，民知死生，命制于子罕，故一国归焉。子罕亲劫夺宋之政。

《淮南子》曰：夫狐之搏雉也，卑体弭毛以待其来也。雉见而信之，故可得而禽也。使狐瞋目，见其必杀之势，雉亦知惮惊，远飞以避其怒矣。夫人伪诈以相欺，非直禽兽诈也。

《吴越春秋》曰：要离为王杀庆忌，曰："请以罪出走，杀臣之妻子，焚之吴市，飞扬其灰，购臣千金与百里之邑，诈往，庆忌必信臣也。"王曰："诺！"要离以罪出走，王杀其妻子，焚之吴市，飞扬其灰，购之千金与百里之邑。

《吕氏春秋》曰：赵简子病，召太子告曰："我则死，已葬，上夏屋之山以望。"简子死，已葬，襄子上夏屋以望代，曰："先君必以此杀之也。"反归，虑所以取代，乃先善之。代君好色，请以其弟妻之。襄子谓代君而请觞之，先令舞者置兵羽中数百人，又先具大金斗。代君至，酒酣，举斗而击之，脑涂地。舞者操兵以斗，尽杀其从者。

陆贾《新语》曰：秦二世之时，赵高驾鹿而从行，王曰："丞相何为驾鹿？”高曰：“马也。”王曰：“丞相误耶，以鹿为马也。”高曰：“乃焉也。”陛下以臣之言为不然，愿问群臣。于是乃问群臣，群臣半言马半言鹿。当此之时，秦王不敢信其目而从邪臣之言，鹿与马之异形，乃众人之所知也，然不能别其是非，况于暗昧之事乎？

王苻《潜夫论》曰：昔纣好色，九侯闻之，乃献厥女，纣则大喜，以为天下之丽莫若此也。以问妲己，妲己惧进御而夺己爱也。乃为俯而泣曰：“君王年既老耶，明既衰耶，何貌恶之若此而覆谓之好也。”纣于是渝，而以为恶。妲己恐天下之愈进美女，因曰：“九侯之无道也，乃欲以此惑君王也，而弗诛，何以革后？”纣则大怒，遂脯淑女而烹九侯。

《论衡》曰：儒书称武王伐纣，太公阴谋，食小儿以丹，令身绝赤长大，教言商亡。商民见身赤，以为天神，及言商亡，皆谓商灭。

《世说》曰：锺会密白邓艾有反状，会善效人书，于剑阁要艾章表白事，皆易其言，令辞指倨傲，多自矜伐。

《葛仙公别传》曰：时有一老人颇能治病，从中国来，其人言年已数百岁，后他坐，仙公欲知此公定年。俄一人从天下，举坐瞻目，良久集地，着朱衣、进贤冠，即问此公曰：“天遣我来，问君定年几何？故欺诈民人，速以实对！。”公大怖，下地长跪，言曰：“无状，实九十三。”仙公因抚手大笑。忽然失朱衣人所在。

太平御览卷第四百九十五 人事部一百三十六

谚上

《说文》曰：谚，傅言也。俗言曰谚。

《礼记·大学》曰：故谚有之："人莫知其子之恶，莫知其苗之硕。"此谓身不修不可以齐其家。

《左传·隐公十一年》曰：滕侯、薛侯来朝，争长。公使羽父请于薛侯曰："周谚有之：山有木，工则度之；宾有礼，主则择之。周之宗盟，异姓为后。寡人若朝于薛，不敢与诸任齿。"

又曰：虞叔有玉，虞公求旃。弗献，既而悔之。曰："周谚有之，匹夫无罪，怀璧其罪。吾焉用此，其以贾祸也。"乃献之。

又曰：楚子为陈夏氏乱故，伐陈，杀夏徵舒，灭陈为县。申叔时使于齐，复命不贺，王使让之。对曰："人有言曰：牵牛以蹊人之田，而夺之牛。牵牛以蹊者，信有罪矣；而夺之牛，罚已重矣。"

又曰：公孙归父会楚子于宋。宋人使乐婴齐告急于晋。晋侯欲救之。伯宗曰："不可！古人有言曰：虽鞭之长，不及马腹。天方授楚，未可与争。虽晋之强，能违天乎？谚曰：高下在心，高下，犹屈申也。川泽纳污，山薮藏疾，瑾瑜匿瑕。国君含垢，含，忍也。垢，耻也。天之道也。君其待之。

又曰：韩厥曰："古人有言曰：杀老牛莫之敢尸。而况君乎？"

又曰：梗阳人有狱，魏戊不能断，以狱上。其大宗赂以女乐。魏子将受之。阎没、女宽退朝，待于庭。馈入，召之。比置，三叹。魏子曰："吾闻诸谚曰：唯食忘忧。吾子置食之间三叹，何也？"同辞而对曰："食毕，愿以小人之腹而为君子之心，属厌而已。"

又曰：晋侯假道于虞以伐虢，宫之奇谏曰："虢，虞之表也。虢亡，虞必从之，谚所谓辅车相依，唇亡齿寒者，其虞虢之谓乎！"

《论语》曰：孔子曰："周任有言曰：陈力就列，不能者止。"

《家语》：孔子曰："里语云：相马以车，相士以君。弗可废也。"

《国语》曰：晋重耳过郑，郑文公无礼。叔詹曰："若不礼，则杀之。谚曰：黍稷无成，不能为荣。黍不能蕃芜，稷不能蕃殖。所生不疑，维德之基。"公不听。

又曰：景王将铸无射，之大林。无射，钟名也，其律中林钟也。钟成，伶人告和。景王谓泠州鸠曰："钟果和矣。"对曰："未可知也。谚曰：众心成城，众口铄金。"

《战国策》曰：昔者莱莒好谋，陈蔡好诈，莒恃越而灭蔡，信晋而亡。语曰："骐骥之衰也，驽马先之；孟贲之倦也，女子胜之。"

又曰：庄辛谓楚王曰："鄙谚云，见兔而顾犬，未为晚也；亡羊而补牢，未为迟也。"

《史记》曰：鄙谚曰："宁为鸡口，无为牛后。"

又曰：李将军悛悛如鄙人，口不能道辞，及死，知与不知，皆为尽哀。彼其忠实心诚信于士大夫也？谚曰"桃李不言，下自成蹊"，此言虽小，可以谕大。

又曰：谚曰："千金之子，不死于市"，非空言也。

又曰：樗里子，滑稽多智，号曰"智囊"。秦人谚云："力则任鄙，知则樗里。"

又曰：司马相如谏武帝："故鄙谚曰：家累千金者，坐不垂堂。此言虽小，可以喻大。"

《汉书》曰：季布为任侠有名。楚人谚曰："得黄金百斤，不如季布一诺。"

又曰：韦贤少子玄成，复以明经历位至丞相，故邹鲁谚曰："遗子黄金满籯，不如一经。"

又曰：于定国决疑平法，罪疑从轻，加审慎之心。朝廷称之曰："张释之为廷尉，天下无冤人；于定国为廷尉，人自以不冤。"

又曰：王莽篡立，后复上苻命者，莽尽诛之。时扬雄校书天禄阁，使者欲收雄。雄恐，乃从阁自投，几死。京师为之语曰："唯寂唯寞，自投于阁；爰清爰静，无作苻命。”

又曰：范增往说项梁曰：“夫秦灭六国，楚最无罪。自怀王入秦不反，楚人怜之至今，故南公称：楚虽三户，亡秦必楚。”

又曰：楼护，字君卿，与谷永俱为五侯上客，长安号之曰：“谷子云笔札，楼君卿唇舌。”

又曰：成帝时，王吉子骏为京兆尹，试以政事。先是，京兆有赵广汉、张敞、王尊、王章，至骏皆有能名，故京师称曰：“前有张、赵，后有三王。”

又曰：匡衡好学，诸儒为之语曰：“无说《诗》，匡鼎来；匡说《诗》解人颐。”

又曰：少府五鹿充宗贵幸，为《梁丘易》。元帝好之，欲考其异同，令与诸《易》家论。充宗辩口，诸儒莫能抗。有荐朱云者，召入，摄斋登堂，抗首而请，音动左右。故诸儒为之语曰：“五鹿岳岳，朱云折其角。”

又曰：文帝从霸陵，欲驰下峻阪，袁盎揽辔。上曰：“将军怯耶？”盎曰：“臣闻千金子不垂堂，百金子不倚衡。”服虔曰：惜身不倚衡也。如淳曰：衡，楼殿边棚楯。

又曰：杜钦，字子夏，少好经书，家富而目偏盲，故不好为吏。茂陵杜业与钦同姓字，俱以才能称于京师，故衣冠谓钦为“盲杜子夏”以相别。钦恶以疾见诋，为小冠，高广材二寸，由是京师更谓钦为“小冠杜子夏”，而业为“大冠杜子夏”。

又曰：刘辅谏成帝立赵后，曰：“里语云：腐木不以为柱，卑人不可以为主。”

又曰：萧育少与陈咸、朱博为友，著闻当世。往者有王阳、贡公，故长安语云：“萧、朱结绶，王、贡弹冠”，言其相荐达也。育与博后有隙，不能终，世以友为难。

又曰：成帝为太子，及即位，以张禹《论语》为师，以上难数对己问经，为《论语章句》献之。诸儒为之语曰：“欲为《论》，念张文。”由是学者多从张氏，余家浸微。

又曰：诸葛丰，元帝擢为司棣校尉，刺举无所避，京师语曰："间何阔，逢诸葛。"

又曰：王吉少时居长安，其东家有枣树临吉庭中，吉妇取以啖之，吉知而去妇。东家闻而欲伐树，邻里止之，因请吉还妇，为之语曰："东家有树，王阳妇去；东家枣完，去妇复还。"

《东观汉记》曰：陈忠上疏称：语曰："迎新千里，送故不出门。"

又曰：更始在长安中，为之语曰："灶下养，中郎将；烂羊胄，骑都尉；烂羊头，关内侯。"

又曰：杨震少好学，受《欧阳尚书》于太常桓郁，经明博览，无不穷究。诸儒为之语曰："关西孔子杨伯起"。

又曰：明德马后，时上欲封诸舅，外间白太后，曰："吾自念亲属皆无柱石之功，俗语曰：时无赭，浇黄土。"

又曰：黄香，字文疆。京师号曰："天下无双，江夏黄童。"

又曰：戴冯为侍中，京师语曰："说不穷，戴侍中。"

《续汉书》曰：皇甫规归，安定，乡人有以货买雁门太守者，亦还家，书刺谒规，规卧不迎。有顷曰："王苻在门。"规惊遽而起，屣履出迎。时人为之语曰："徒见二千石，不如一缝掖。"

又曰：荀爽，字慈明，幼而好学，耽思经书，庆吊不行，征命不应。颍川为之语曰："荀氏八龙，慈明无双。"

又曰：陈蕃，字仲举。谏桓帝曰：鄙谚言"盗不过五女门"，以女贫家也。今后宫之女，岂不贫国乎！"

又曰：杨政，字子行，少好学。京师语曰："说经铿铿杨子行。"

范晔《后汉书》曰：井丹，字太春。通五经，善谈论，京师语曰："五经纷纶井太春。"

又曰：李固遗黄琼书曰："自生人以来，平代少而乱俗多，必待尧、舜之君，此为治终无时矣。常闻语曰：峣峣者易缺，皎皎者易污。《阳春》之曲，和者必寡。"

谢承《后汉书》曰：宋弘宴见，上令主坐屏风后。上谓弘曰："谚言贵易交，富易妻，人情乎？”弘曰：“贫贱之知不可忘，糟糠之妻不下堂。”上顾谓主曰：“事不谐矣。”

又曰：许慎，字叔重。性淳笃，少博学经籍，马融常推敬之。时人为之语曰“五经无双许叔重”。

又曰：马后履行节俭，事从简约。马廖虑以美业难终，上疏长乐宫，以劝成德政，长安语曰：“城中好高髻，四方且一尺；城中好广眉，四方画半额；城中好大袖，四方全匹帛。”斯言如戏，有切事实。

又曰：胡广，字伯始。一为司空。再作司徒。三在太尉。京师谚曰：“万事不理，诣胡伯始。”

袁山松《后汉书》曰：桓帝时，京师称曰：“李元礼岩岩如玉山，陈仲举轩轩如千里骥。”

又曰：桓帝时，南阳语曰：“朱公叔肃肃如松柏下风。”

又曰：公沙穆有六子，时人号曰：“公沙六龙，天下无双。”

《蜀志》曰：马良，字季常，襄阳宜城人。兄弟五人，并有才名，乡里为之谚曰：“马氏五常，白眉最良。”良眉中有白毛，故以称之。

《晋书》曰：欧阳建，字坚石，世为冀方硕族。雅有理思，才藻美赡，擅名北州。人为之语曰：“渤海赫赫，欧阳坚石。”

又曰：王珉，字季琰。少有才艺，善行书，名出其兄。时人为之语曰：“法护非不佳，僧珍难为兄。”僧珍，珉小字也。

又曰：石苞，字仲容，渤海南皮人也。雅旷有智局，容仪伟丽，不修小节。故时人为之语曰：“石仲容，姣无双。”

又曰：卫玠。琅琊王澄有高名，少所推服，每闻玠言，辄叹息绝倒。故时人为之语曰：“卫玠谈道，平子绝倒。”

又曰：阮瞻见司徒王戎，戎问曰：“圣人贵名教，老、庄明自然，其旨同异？”瞻曰：“将无同。”戎咨嗟良久，即命辟之。时人谓之“三语掾”。

又曰：刘惔，字真长，沛国相人也。祖弘，字终嘏，光禄勋。宏兄粹，字纯嘏，侍中。弟潢，字冲嘏，吏部尚书，并有名中朝。时人语曰：“洛中雅雅有三嘏。”

又曰：刘与，字庆孙。俊朗有才局，与琨并尚书郭奕之甥，名著当时。京师为之语曰：“洛中奕奕，庆孙、越石。”

又曰：裴秀，少好学，有风操。时人语曰：“后进领袖有裴秀。”

又曰：荀闿，字道明，亦有名称。京都为之语曰：“洛中英英荀道明。”

又《羊祜传》曰：王衍尝诣祜陈事，辞甚俊辩。祜不然之，衍拂衣而起。祜顾谓宾客曰：“王夷甫方以盛名处大位，然败俗伤化，必此人也。”步阐之役，祜以军法将斩王戎，故戎、衍并憾之，每言论多毁祜。时人为之语曰：“二王当国，羊公无德。”

又《赵王伦传》云：张林等诸党皆登卿将，并列大封。其余同谋者咸超阶越次，不可胜纪，至于奴卒厮役亦加以爵位。每朝会，貂蝉盈坐，时人为之谚曰：“貂不足，狗尾续。”

又曰：王坦之，字文度。弱冠与郗超俱有重名，时人为之语曰：“盛德绝伦郗嘉宾，江东独步王文度。”嘉宾，超小字也。

《魏书》曰：夏侯渊为将，赴急疾，常出敌不意。故军中语曰：“典军校尉夏侯渊，三日五百六十千。”

《魏略》曰：韩暨、韩宣为大鸿胪，称职。语曰：“大鸿胪，小鸿胪，前后履行相曷如。”

又曰：贾洪，字叔业。好学有才，特精于《春秋左传》，与冯翊、敬危才学最高。故众人为之语曰：“州中晔晔贾叔业，辩论汹汹敬文通。”

又曰：成都王颍伐长沙王乂，募免奴为军，自称四部司马。市郭人素谬语奴为尚，故里语曰：“三部司马阶下兵，四部司马尚长明，欲知太平须石鳖鸣。”

又曰：太祖使卢洪、赵达抚军，主刺举，军中语曰：“不畏曹公，但畏卢洪；曹公尚可，赵达杀我。”

《晋中兴书》曰：褚齐，字季野。桓彝目之季野“皮里阳秋”。

又曰：薛兼、纪瞻、闵鸿、顾荣、贺循，同志友善，号曰“五俊”。

又曰：中宗渡江，王导群从，同心翼戴。时人语曰：“王与马，共天下。”

又曰：杜预在内七年，损益不可胜数，朝野称之，号曰：“杜武库”，言无所不有。

《宋书》曰：颜竣，字士逊，为吏部尚书。留心选举，自强不息，任贤既隆，秦无不可。其后谢左代峻领选，意多不行。竣容貌严毅，庄风姿甚美宾客喧诉，常欢笑答之。时人为之语曰：“颜竣瞋而与人官，谢庄笑而不与人官。”

又曰：高祖壮士丁旿，有气力。时人语曰：“勿跋扈，付丁旿。”

又曰：王玄谟御下少恩，将士为之语曰：“宁作年徒，不逐玄谟。”

《齐书》曰：长沙威王晃，代兄映为宁朔将军、淮南宣成二郡太守。初，沈攸之事起，晃便弓马，多从武客，熏赫都街，时人为之语曰：“焕焕萧四伞。”

崔鸿《前秦录》曰：梁谠，字伯言，博学有俊才，与弟熙俱以文藻清丽，见重一时。时人为之语曰：“关东堂堂，二申两房；未若二梁，瑰文绮章。”

崔鸿《前凉录》曰：辛攀，字怀远，陇西狄道人。父奭，尚书郎；兄鉴旷、弟宝迅，皆以才识知名。秦雄为之语曰：“五龙一门，金友玉昆。”

《后魏书》曰：济南王元彧与从兄安丰王、中山王齐名。时人为之语曰：“三王楚楚尽琳琅，未若济南备圆方。”

又曰：灵太后幸左藏，赐诸臣。仪同、陈留公李崇，章武王融并以所负多，颠仆于地，崇乃伤腰，融至损脚。时人为之语曰：“陈留、章武，伤腰折股。贪人败类，秽我明主矣。”

又曰：初，广平人李波为逋逃之薮，公私咸患。百姓为之语曰：“李波小妹字雍容，褰裙逐马如卷蓬，左射右射必叠双。妇女尚如此，男子那可逢！”刺史李安世设方略诱波及诸子侄三十余人，斩于邺市。

又曰：祖莹与陈郡袁翻齐名秀出，时人为之语曰：“京师楚楚袁与祖，洛中翩翩祖与袁。”

又曰：李谧，字永和。初师事小学博士孔璠。数年之后，璠还就谧请业。同门生为之语曰：“青青成蓝，蓝谢青，师何常，在明经。”

《陈书》：张种少恬静，居处雅正，不妄交游，傍无造请，时人为之语曰："宋称敷、演，梁则卷、充。清处学尚，种有其风。"

《隋书》：崔儦与屯顿丘李若俱见称重，时人为之语曰："京师灼灼，崔儦、李若。"齐亡，归乡里，仕郡为功曹。

又曰：何妥少聪明，时兰陵萧眘亦俊才，住青阳巷，妥住白杨头。时人为之语曰："世有两俊，白杨何妥，青阳萧眘。"其见美如此。

太平御览卷第四百九十六 人事部一百三十七

谚下

《汉晋春秋》曰：诸葛亮卒，杨仪整军而出，宣王不敢逼，百姓谚曰："死诸葛走生仲达。"

梁祚《魏国统》曰：王昶，字文舒。戒兄子云：谚曰："救寒无若重裘，止谤莫若自修。"斯言信矣。

张勃《吴录》曰：陆稠，字伯羸。为广陵太守，奸吏敛手。广陵谚曰："解结理烦，我国陆君。"

《韩诗外传》曰：夫知恶往古之所以危亡，而不知积其所以安存，则无以异乎却行而求逮于前人也。鄙语曰："不知为吏，视已成事。"或曰："前车覆，后车戒。"

《江表传》曰：诸葛亮表都护李严：严少为郡职吏，用性深克，苟利其身。乡里为严谚曰："难可狎，李鳞甲。"

又曰：典韦容貌魁杰，名冠三军，其所持手戟，长几一寻。军中为之语曰："帐下壮士有典君，手提双戟八十斤。"

又曰：郭典，字君业，为钜鹿太守。与中郎将董卓攻黄巾贼张宝于曲阳。典作围堑，卓不肯，典独于西当贼之冲，昼夜进攻，宝由是城守不敢出。时人为语曰："郭君围堑，董将不许。几令狐狸，化为豺虎。赖我郭君，不畏强御；转机之间，敌为穷虏。猗猗惠君，保完疆土。"

又曰：柳琮，字伯骞。所拔进，皆为时所称，致位牧守。乡里为谚曰："得黄金一笥，不如为柳伯骞所识。"

皇甫谧《达士传》曰：缪斐，字文雅。代修儒学，继踵六博士，以经行修明，学士称之。故时人谓之语曰："素车白马缪文雅。"

《王祥别传》曰：晋受禅。时廊庙之士。莫不欢容，而祥色不加怡。时人为之语曰："王公悢悢，有送故之情也。"

张方贤《楚国先贤传》曰：谚曰："黄尚为司隶，奸慝自弭；左雄为尚书令，天下慎选举。"

《荀氏家传》曰：荀邃夫人有至行。时岁荒，每来籴者，夫人恒叩其斛，籴者归量，辄过其本，时人号曰"掾斛夫人"。

《陈留风俗传》曰：许晏字伟君，授《鲁诗》于琅琊。王改学曰："许氏章句，列在儒林。"故谚曰："殿上成群许伟君。"

《曹操别传》曰：吕布枭勇，且有骏马。时人为之语曰："人中有吕布，马中有赤兔。"

《文士传》曰：江应元，时人谚曰：嶷然希言江应元。

又曰：留侯七世孙张赞，字子卿，初居吴县相人里，时人谚曰："相里张，多贤良，积善应，子孙昌。"

习凿齿《襄阳记》曰：黄承彦谓诸葛亮曰："身有丑女，才堪相配。"即载送之，乡里语曰："孔明择妇，正得外丑也。"

和苞《汉赵记》曰：陈安奋刀，左右俱发。陇上语曰："陇上壮士有陈安，丈八蛇矛左右盘。"

《西京杂记》曰：韩嫣好弹，以金为丸，一日所失者十余。长安为之语曰："若饥寒，逐弹丸。"京师儿童每闻嫣出弹，辄随之，望丸所落，便拾取焉。

《英雄记》曰：袁绍父成，字文开，贵盛，自梁冀以下，皆为交言，无不从。京师谚曰："事不谐，诣文开。"

《三辅决录》曰：冯豹，字仲文，后母遇之甚酷，豹事之愈谨。时人为之语曰："道德彬彬冯仲文。"

又曰：五门子孙，凡民之伍门。今在河南西四十里，涧谷洛三水之交。傅闻马氏兄弟五人共居此地，作五门客舍，因以为名。主养猪卖豚。故民为之语曰："苑中三公，馆下二卿。五门嚾嚾，但闻豚声。"

又曰：贾彪兄弟三人并有高名，彪最优，故天下称曰："贾氏三虎，伟节最怒。"

又曰：游殷，字幼齐，为胡轸所害。月余，轸得病，但言伏伏游幼齐将鬼来，于是遽死。关中谚曰：“生有知人之明，死有贵神之灵。”

《临海异物志》曰：安家夷皆好啖猴头羹。谚言人宁负人千石之粟，不愿负人猴头羹臛。

又曰：䱜鱼肥，炙食甚美，谚曰：“宁去累世田宅，不去䱜鱼额。”

《风俗通》曰：赵王好大眉，人间半额；楚王好广领，国人没项；齐王好细腰，后宫有饿死者。

又曰：延嘉中，中常侍单超、左琯、徐璜、具瑗、唐衡在帝左右，纵其奸逸。时人为之语曰：“左回天，徐转日，具独坐，唐应声。”言信用甚于转圆也。

又曰：里语曰：“县官漫漫，怨死者半。”

《六韬》曰：天下攘攘，皆为利往；天下熙熙，皆为利来。

《列子》曰：周谚曰：“田父可坐杀。”晨出夜入，自以性之恒；啜菽茹藿，自以味之极；一朝处以软毛绨，荐以粱肉兰味，心痟体烦，内热生病矣。

又曰：杨朱曰：“古语有之，生相怜，死相捐，此语至矣。”

又曰：赵子文曰：“国谚有言，察见渊鱼者不祥，智料隐逸者殃。且君欲无盗，莫若举贤而任之。”

《孟子》曰：齐人有言：“虽有智慧，不如乘势；虽有鎡基，不如待时。”齐人之谚语也。乘势，居富贵之势也。鎡基，田器耒耜之属也。

《孔丛子》曰：平原君与子高饮，强子高酒曰：“昔有遗谚：尧舜千钟，孔子百觚。子路嗑嗑，尚饮百榼。古之贤圣，无不能饮也。吾子何辞焉？”

《韩子》曰：鄙谚曰：“长袖善舞，多钱善贾。”此言多资之易为工。

又曰：古有谚曰：“为政犹沐也。”虽有弃发之废，而有长发之利也。

慎子曰：谚云：“不聪不明，不能为王；不瞽不聋，不能为公。”

蒋子《万机论》曰：学者如牛毛，成者如麟角。

又曰：猛虎不处卑势，劲鹰不立垂枝。

《抱朴子》曰：桓灵曰：举秀才，不知书；察孝廉，父别居。寒素清白浊如泥，高第良将怯如蝇。

又曰：古人欲达勤诵经，今世图官勉治生。

《商君书》曰：公孙鞅谓秦孝公曰：臣闻之，疑行无名，疑事无功。君亟定变法之虑，殆犹天下之议。语曰："愚者暗于成事，智者见于未萌。"

邯郸氏《笑林》曰：桓帝时有人辟公府掾者，倩人作奏记文，人不能为作，因语曰："梁国葛龚者，先善为记文，自可写用，不烦更作。"遂从人言，写记文，不去龚名姓。府公大惊，不答而罢归。故时人语曰："作奏虽工，宜去葛龚。"

贾谊《新书》曰：鄙谚曰："欲投鼠而忌器。"此善喻也。鼠近于器，尚惮而弗投，恐伤器也。况贵大之臣近于主帝乎？

桓子《新论》曰：关东谚语曰："人闻长安乐，则出门而西向笑，知肉味美，则对屠门而大嚼。"又谚曰："侏儒见一节而长短可知，孔子言举一隅足以三隅反。"观吾小时二赋，亦足以揆其能否。

崔寔《政论》曰：每诏书所欲禁绝，虽重恳恻骂詈极，笔由复废舍，终无悛意。故里语曰："州郡记，如霹雳；得诏书，但挂壁。"

又曰：一岁再赦，奴儿噫嗜。况不轨之民，孰不肆意？

应劭《汉官仪》曰：里语云："仕宦不止车生耳。"

蔡邕《独断》曰：古帻无巾，王莽头秃，乃始施巾，故语曰："莽头秃，帻如屋。"

王朗《贫窭语》曰：谚曰："鲁班虽巧，不能为乞丐者颜。"

魏武《选令》曰：谚曰："失晨之鸡，思补更鸣。"昔季阐在白马，有受金取婢之罪，弃而弗问，后以为济北相，以其能故。

曹植令曰：谚云："相门有相，将门有将。"夫相者文德昭，将者武功烈。

斗争

《左传·隐公》曰：郑伯将伐许，授兵于太宫，公孙阏与颍考叔争车，颍考叔挟辀以走，辀，车辕也。子都拔戟以逐之。

又《襄五年》曰：秦伯之弟针如晋修成，叔向命召行人子员。欲使答秦。行人子朱曰："朱也当御。"御，进也。言当次行。三云，叔向不应，子朱怒曰："班爵同，同为大夫。何以黜朱于朝？"抚剑从之。叔向曰："秦晋不和久矣！今日之事幸而集，晋国赖之。不集，三军暴骨。子员道二国之言无私，子常易之。奸以事君者，吾所能御也。"拂衣从之。人救之。平公曰："晋其庶乎！庶几于治。吾臣之所争者大。"师旷曰："公室惧卑，臣不心竞而力争，不务德而争善，私欲已侈，能无卑乎？"

又《襄二十六年》曰：楚伐郑，至于城麇。郑皇颉戍之。出，与楚师战，败。穿封戌囚皇颉，公子围与之争之。正于伯州犁，正曲直也。伯州犁曰："请问于囚。"乃立囚。伯州犁曰："所争，君子也，其何不知？"上其手，曰："夫子为王子围，寡君之贵介弟也。"下其手，曰："此子为穿封戌，方城外之县尹也。谁获子？"上下手以道囚意。囚曰："颉遇王子，弱焉。"弱，败也，言为王子所得。戌怒，抽戈逐王子围。

《史记》曰：蔺相如功大，拜为上卿，位在廉颇右。颇曰："我为赵将，有攻城野战之功，相如徒以口舌为劳，位居我上。吾不忍为之下，必辱之。"相如闻之，不肯与会。每朝，常称病，不欲与颇争列。于是，舍人请辞去。相如曰："强秦不敢加兵于赵者，徒以吾两人在也。今两虎共斗，势不俱生。吾所以为此者，先国家之急而后私仇也。"

又曰：彭越，字仲。常渔钜野中为群盗。陈胜、项梁起，少年或谓越曰："豪杰相立叛秦，仲可以来，亦效之。"越曰："两龙方斗，且待之。"

又曰：娄敬说上曰："夫与人斗，不扼其亢，张晏曰：亢，喉咙。拊其背，未能全其胜也。今陛下入关而都，案秦之故地。此亦扼天下之亢而拊其背也。"

又曰：孔子去陈，过蒲，会公叔氏以蒲叛，蒲人止孔子。弟子公良孺者，有勇力，谓曰："昔从夫子遇难于匡，今遇难于此，命也。吾宁斗而死。"斗甚疾。蒲人惧，谓曰："无适卫，吾出子也。"

《汉书》曰：项羽谓汉王曰："天下匈匈，徒以吾两人，愿与王挑战决雌雄。”汉王笑曰:“吾宁斗知,不能斗力也。”

又曰:大将军霍光秉政,诸霍在平阳奴客持刀兵入市,吏不能禁。及尹翁归为市吏,莫敢犯者。

又曰:邴吉常出,逢群斗者,死伤横道。吉过之不问,掾史独怪之。吉曰:“民斗相杀伤,长安令京兆尹职所当禁也。宰相不亲小事。”

又曰:原涉遣奴至市买肉,奴乘涉气与屠者争言,斫伤屠者。

又《汉书·张耳赞》曰:张耳、陈余,世所称贤,始居约时,相然信死,岂顾问哉!及据国争权,卒相灭亡,势利之交,古人羞之。

《续汉书》曰:孝灵皇帝于后宫,人为列肆贩卖,使相偷盗争斗,上临视之以为乐

《东观汉记》曰:执金吾贾复在汝南,部将杀人颍川,捕得,寇恂乃戮之于市。复以为耻,过颍川,谓左右曰:“吾今见恂,必手剑之。”恂知其谋,不欲与相见。恂曰:“昔蔺相如屈于廉颇者,为国也。”乃敕属县盛供具,一人皆兼二人之馔。恂乃出迎于道,称疾还。贾复勒兵欲追之,而吏士皆醉,遂过去。恂以状闻,上乃征恂。恂至引见,时复先在座,欲起相避。上曰:“天下未定,两虎安得私斗?”

又曰:周党,字伯况,太原人。乡佐发党徭道,于人中辱之。党学《春秋》长安,闻复仇之义,辍讲下辞归,到,与乡佐相闻,期斗日。乡佐多从兵往,使乡佐先拔刀,然后与相击。乡佐服其义勇。

袁山松《后汉书》曰:刘盆子居长乐宫,赤眉诸将日会论功名,自言欲为某王,欲得某官。争言号呼,拔剑相击。

《英雄记》曰:吕布,字奉先。刘备屯小沛,袁术遣将纪灵步士三万攻备。备求救于布,布率骑千余驰赴之,遣人招备并请灵等响,因谓灵曰:“布性不喜合斗,但喜解斗耳。”

《蜀志》曰:刘封与孟达分争不和,封夺达鼓吹,达遂降魏。

《山海经》曰:刑天与帝争神,帝断其首,葬之常羊之山。

《神异经》曰:东北荒中有兽焉,其状如羊,一角,毛青,四足似熊。性忠而直,见人斗则触不直,闻人论咋不正。名曰獬豸,一名任

法，今御史用法冠，俗曰："獬豸冠"也。

《续搜神记》曰：晋太原中，北地人陈良与沛郡民李焉共为贾，后大得利焉。杀良取物，死十许日，良忽苏活，得归家，说死时见周旋人刘舒。舒久已亡，谓良曰："去年春社日祠祀，家中斗争，吾实忿之，作一兕于庭前。"良故往报舒家，其怪亦绝。

皇甫士安《逸士传》曰：高凤邻里有争财斗者，兵刃相加。凤脱衣巾为叩头曰："仁义逊让不可废也。"争财者投兵谢之而罢。《东观汉记》又载。

又曰：管宁所居屯落，会有汲者，或男女杂错，或争井斗阋。宁患之，乃买器分置井傍，汲以待之，各自相责，不复斗也。

《会稽典录》曰：夏香，字曼卿。门侧有大井，上有瓦盆，里中儿童各竞饮牛，争水共斗。香豫为汲，多置盆器，由是无争。

《费祎别传》曰：魏延与杨仪并坐争论，延或举刃拟仪，仪涕泣横集。祎常入坐其间，谏喻分别。

《石勒别传》曰：勒微时居与邑人李阳相近，阳性刚愎，每轻勒，与争沤麻池，共相打楪，互有胜负。

《吴越春秋》曰：伍子胥始吴时，遇专诸于途。专诸方与人斗，将就之，适其怒，有万人之气。其妻一呼即还，子胥怪而问其状。专诸曰："夫屈一人之下，必伸万人之上。"

《列子》曰：昔共工与颛顼争为帝，怒触不周之山，折天柱，绝地维。

《胡非子》曰：胡非子修墨子教，有屈将子恃勇，闻墨者非斗，带剑危冠往见胡非子。劫而问之曰："将闻先生非斗而好勇，有说则可，无说则死。"胡非子为言五勇，屈将子悦服。

《尸子》曰：鲁人有孝者三为母北，鲁人称之。彼其斗则害亲，不斗则辱羸矣，不若两降之。

《韩子》曰：郑人有相与争年者。一人曰："吾与尧同年。"一人曰："吾与黄帝兄同年。"讼此不决，以后息为胜。

《吕氏春秋》曰：楚之边邑名曰卑梁，其处女争桑于境上，戏而伤卑梁之女。卑梁人以让吴人，吴人应之不恭，怒而杀之。吴人往报之，尽屠其家。于是吴楚大争。

《淮南子》曰：佐祭者得尝救，斗者得伤。

又曰：三人同舍，二人相与争，争者各自以为直，不能相听。一人虽愚，必从而决之，非以智也，以不争也。

《说苑》曰：秦始皇太后不谨，幸郎嫪毐，封为长信侯，专国事，与侍中左右贵臣俱博，饮酒醉，争言而斗，瞋目大呼。

桓子《新论》曰：余前为典乐大夫，有鸟鸣于庭树上，而府中门下皆为忧惧。后余与典乐谢侯争斗，俱坐免去。

《风俗通》曰：临淮有一人持一匹缣到市卖之，道遇雨，披戴。后人求共庇荫，授与一头。雨霁当别，因共争，各云我缣，诣府自言。丞相薛宣呼骑吏中断缣，各与半。后人滥受，因前撮之，缣主称怨。宣然后知，责之具服。

又曰：俗说：二人共澡手，令人争斗，良无异器，当共澡者。其祝曰："人相爱，狗相啮。"言狗斗时，洒之以水，便自解也。

又曰：坐不移樽。俗说，移樽令人斗争。

《典论》曰：汝南许劭与族兄靖俱避地江东，保吴郡，争论于太守许贡座，至于手足相及。

郭璞《易洞林》曰：殷鸿乔令吾作卦，得《大壮》之《夬》，语之云："慎勿与许姓者共事田作也，必斗相伤。"殷还宣城，遂与许姓共田，田熟有所争。此人举杖欲撞之，乔退思中间之戒，辞谢，仅乃得休。

《梦书》曰：鹁鸏为斗。梦见鹁鸏，忧闲斗也。

嵇康《太师箴》曰：若会酒坐见人争语，其形势似欲转盛，便当舍去。此斗之兆也。

太平御览卷第四百九十七 人事部一百三十八

酣醉

《说文》曰：酣，乐酒也。

又曰：酒卒曰醉。各卒其度量，不至于乱也。一曰渎也。

《易·未济》曰：有孚于饮酒，无咎；濡其首，有孚，失是。饮酒有思信而无保言尤，濡其首，有孚，失是。况酒无节，至濡首，虽有饮酒之信，失是不醉之节。明饮酒不节濡首，不可不戒也。《象》曰："饮酒濡首，亦不知节也。"

《毛诗》曰：《既醉》，告太平也。既醉以酒，既饱以德。

又曰：幽王荒废，亵近小人，饮酒无度，沉湎淫泆，是曰："既醉不知其尤。"醉而既出，并受其福；醉而不出，是谓伐德。

《左传》曰：重耳及齐，齐桓公妻之，公子安之。姜曰："行也。"公子不可。姜与子犯谋，醉而遣之。醒，以戈逐子犯。

《史记》曰：范睢事魏，中大夫须贾使齐，睢从。齐襄王闻睢辩，乃使人赐睢牛酒。须贾以为睢持军事告齐，故得此馈。还以告魏相，魏齐大怒，使舍人笞睢，拆胁拉齿。睢佯死。即卷箦，置厕中。宾客饮酒醉，更溺睢。睢从箦中谓守者曰："既出我，我厚谢公。"守者乃请弃箦中死人。齐醉，曰："可矣。"

又曰：齐威王置酒后宫，召淳于髡赐酒，问曰："先生能饮几许而醉？"髡曰："饮一斗醉，饮一石亦醉。"王曰："先生饮一斗而醉，乃能饮一石哉？"髡曰："赐酒大王之前，执法在傍，御史在后，髡恐惧俯伏而饮，一斗径醉。若州闾之会，男女杂坐，前有堕珥，后有遗簪，髡窃乐此，饮可八斗。堂上烛灭，主人留髡而出送客，罗襦衿解，微闻香泽。当此之时，髡心最欣，能饮一石。"

又曰：曹参为汉相国，无所变更，一遵萧何。日饮醇酒。卿大夫以下皆欲言，来者，参辄饮酒，醉而后去，终莫得开说。

又曰：景帝召程姬，姬有所避，而饰侍者唐儿使夜进。上醉不知，以为程姬，而幸之，遂有娠。及生子，命曰“发”，为长沙王。

《汉书》曰：汉高祖为泗上亭长，亭中吏无所不狎侮，好酒及色。常从王媪、武负贳饮酒，醉卧，武负、王媪见其上常有龙怪。此两家常折券弃债。

又曰：高祖被酒，夜经泽中，令一人前。前者还报曰：“前有大蛇当径。”高祖醉，曰：“壮士何畏！”乃前，拔剑斩蛇，分为两。道开，行数里，醉，因卧。

又曰：万石君徙居陵里。内史庆醉归，入外门不下车。万石君闻之，不食。庆恐，肉袒请罪，不许。举宗及兄建肉袒，万石君让曰：“内史贵人，入闾里，里中长老皆走匿，而内史坐车中如故！”乃谢罢庆。庆及诸子入里门，趋至家。

又曰：卫青伐匈奴，匈奴右贤王当青等，以为汉兵不能至，饮醉。汉兵夜至，围右贤王，惊而夜逃。

又曰：李广当斩，赎为庶人。与故颍阴侯屏居蓝田南山射猎。尝夜从一骑出，从人田间饮。还至亭，灞陵尉醉，呵止广，广骑曰：“故李将军。”尉曰：“今将军尚不得夜行，何故也！”宿广亭下。

又曰：陈遵为京兆尹，嗜酒，每大饮，宾客满堂，辄闭门，取车辖投井中，虽有急，终不得去。有部刺史奏事，过遵，值其方饮，刺史候遵宿醉时，突入见遵母，乃叩头白当对尚书有期会，乃令从后阁出去。遵虽尝醉，然事亦不废。

又曰：邴吉始于官属掾史，务掩过扬善。吉驭吏嗜酒，数逋荡，尝从吉出，醉呕丞相车下茵。西曹主吏白欲斥之，吉曰：“以醉饱之失去士，使此人将复何所容？西曹忍之，此不过污丞相车茵耳。”遂不去也。

《东观汉记》曰：更始纳赵萌女为夫人，有宠，遂委政于萌，日夜与妇人饮宴后庭。群臣欲遂言事，辄醉不能见。乃令侍中坐帐内与语，诸将识非更始声，出皆怨。

谢承《后汉书》曰：刘宽为太尉，尝朝见，宽被酒沉醉，伏地睡。诏问："太尉醉耶？"宽仰对曰："臣不敢醉。但任重责大，忧心如醉。"

《魏志》曰：徐邈，字景山。魏国初建，为尚书郎。时科禁酒，而邈私饮沉醉。校事赵达问以曹事，邈曰："中圣人。"达白太祖，太祖甚怒。渡辽将军鲜于辅平曰："醉客谓清酒为圣人，浊酒为贤者，邈性修慎，偶醉言耳。"后文帝践祚，问邈曰："颇复中圣人不？"对曰："宿瘤以丑见知，微臣以醉见识。"帝大笑，顾左右曰："名不虚也。"

又曰：曹仁为关羽所围，太祖以曹植行征虏将军，欲令救仁，植醉不能受命，于是罢之。

《蜀志》曰：蒋琬，字公琰，除广都长。先主尝因游观奄至广都，见琬众事不理，时又沉醉，先主大怒，将加罪戮。诸葛亮请曰："蒋琬，社稷之器，非百里之才也。愿主公重加察之。"乃不加罪。

《吴志》曰：孙权为吴王，游宴 之后，起自行酒。虞翻伏地阳醉，不持；权去，翻起坐。权于是大怒，欲手击之，大司农刘基起抱权谏曰："大王以三爵后杀善士，虽翻有罪，天下孰知之？"权曰："曹孟德尚杀孔文举，孤于虞翻何有哉！"基曰："孟德轻害名士，天下非之。今大王躬行仁德，欲与尧舜比隆，何得自喻于彼乎？"由是得免。权因敕左右："自今酒后言杀，皆悉不得杀也。"

又曰：孙皓大会群臣，王蕃沉醉顿伏，皓疑而不悦。蕃舆出，以顷之请还，酒亦小解。蕃性有威严，行止自若。皓大怒，呵左右于殿下斩之。

《魏典略》曰：董卓虽亲爱吕布，然时醉酒则骂之，以刀剑击之，不中。布恐终被害，乃先畜死士以戟刺卓，卓曰："布何在？"布曰："有诏！"遂杀之。

又曰：时苗，字德胄，出为寿春令。杨州治在其县，时蒋济为治中，苗以初至，往欲谒济。济素嗜酒，适会其醉，不能见。恚恨还，刻木为人，署曰"酒徒蒋济"，竖之于墙下，旦夕射之。

又曰：丁冲为司隶校尉，后数岁过诸将饮酒，美不能止，醉，烂肠死也。

《晋书》曰：羊昙者，太山人，知名士也。少为谢安所爱重。安薨后，辍乐弥年，行不由西路州，尝因石头大醉，扶路唱乐，不觉至州门也。左右白曰："此西州门。"昙悲感不已，以马策扣扉，诵曹子诗曰："生存华屋处，零落归山丘。"因恸哭而去。

又《王恭传》：会稽王道子置酒于东府，尚书令谢石因醉为委巷之歌，恭正色曰："居端右之重，集藩王之第，而肆淫声，欲令群下何所取则！"石深衔之。

又曰：王蕴素嗜酒，末年尤甚。及在会稽，略少醒日，然犹以和简为百姓所悦。

又曰：《顾荣传》：齐王冏召为大司马主簿。冏擅权骄恣，荣惧及祸，终日昏酣，不综府事，以情告友人长乐冯熊。熊谓冏长史葛旟曰："以顾荣为主簿，所以甄拔才望，委以事机，不复计南北亲疏，欲平海内之心也。今府大事殷，非酒客之政。"旟曰："荣江南望士，且居职日浅，不宜轻代易之。"熊曰："可转为中书侍郎，荣不失清显，而府更收实才。"旟然之，白冏，以为中书侍郎。在职不复饮酒。人或问之曰："何前醉而后醒耶？"荣惧，乃复更饮。

《晋中兴书》：毕卓，字茂世，为吏部郎。比舍郎酿熟，卓因醉夜至其瓮间取酒饮之，掌酒者缚卓。郎往视之，释缚，宴于瓮侧，取醉而去。

又曰：周顗代戴渊为护军，尚书纪瞻置酒请顗及王导等二十人，顗荒醉失仪，复为有司所奏。

檀道鸾《晋书》曰：桓玄诣会稽王道子，道子已醉，对玄张目，瞩四座云："桓温作贼。"玄见此醉势难测，伏地流汗。

《宋书》曰：荆州刺史王忱，范太外弟也。忱嗜酒，醉辄累旬，及醒则俨然端肃。太谓忱曰："酒虽会性，亦所以伤生也。"

又曰：孔顗使酒仗气，每醉辄弥日不醒，僚类之间，多所凌忽，尤不能曲意权幸，莫不畏而疾之。

又曰：陶潜，尝九月九日无酒，出宅边菊丛中坐，久之，值王弘送酒至，便酌，大醉而归。

崔鸿《后赵录》曰：石勒制法甚严，兼讳胡，尤峻。有醉胡乘马突入止车，勒大怒，谓宫门小执法冯翥曰："夫人君为令，将使下之无犯。吾尚望威行天下，况于宫阁之间！向驰马入门，为是何人，而不弹白，纵之耶？"翥惶惧，忘讳，对曰："向醉胡乘马驰入，甚呵，卫之而不可与语，所谓互乡难与言，小人所不能制。"勒笑曰："胡正自难与言。"恕而不罪。

崔鸿《前秦录》曰：建武十四年，坚宴群臣于钓台，以秘书监朱肜为酒正，坚曰："今日之饮，当以落池为限。"

《史典论》曰：荆州牧刘表跨有南土，子弟骄贵，并好酒。为三爵：大曰伯雅，次曰仲雅，小曰季雅。伯受七升，仲受六升，季受五升。又设大针于坐端，客有醉酒寝地，辄以劖音谗刺，验其醒醉。是丑于赵敬侯以筒酒灌人也。大驾都许，使光禄大夫刘松北镇袁绍军，与绍子弟宴饮，松常以盛夏三伏之际，昼夜酣饮。二方化之，故南荆有三雅之爵，河朔有避暑之饮。

又曰：中常侍张让子奉为太医令，与人饮酒，辄掣引衣裳，发露形体，以为戏乐。将罢，又乱其履舄，使小大差跨，无不倾倒僵仆，踒跌手足，因随而笑之。

《襄阳耆旧记》曰：襄阳城南有池，山季伦每临此池，未曾不大醉而还。恒曰："此我高阳池也。"襄阳城中儿歌之曰："山公出何许，往至高阳池。日夕倒戴归，酩酊无所知。时时能骑马，到著白接离。举鞭问葛强，何如并州儿。"

《韩诗外传》曰：赵简子与诸大夫饮于洪波之台，酒酣。简子涕，诸大夫皆出走，曰："臣有罪而不自知也。"简子曰："大夫无罪。昔友周舍有言曰：千牛之皮，不若一狐之腋；众人之唯唯，不若直士之谔谔。"

《费祎别传》曰：孙权每别置好酒以酌祎，视其已醉，然后问以国事，并论世务，辞难累至。祎辄辞以醉，退而撰次所问，事条答，无所遗矣。

《吕氏春秋》曰：秦缪公之时，西戎强大，缪公遗女乐。戎王大喜，以其故，数饮食，日夜不休。左右有言秦寇之至，因按弓而射之。秦寇果至，戎王醉而卧于樽下，卒生缚而擒之。

《博物志》曰：人中酒醉不解，浴之以汤，自渍则愈。汤亦作酒气味。

又曰：昔有人名玄石，从中山酒家酤酒。酒家与之千日酒，不语其节度，至家而醉，家以为死，而葬之。酒家计满千日，乃忆之，往索玄石。玄石家云："亡来三年，服已阕矣。"乃至冢，掘而问之，玄石起于棺中。

《说苑》曰：楚庄王赐群臣酒，日暮烛灭，有引美人衣者，美人援绝其冠缨。告王，王曰："赐人酒，使醉失礼，奈何欲显妇人之节而辱士乎？"乃命左右曰："与寡人饮，不绝冠缨者不欢。"群臣皆绝其冠缨，乃止。

《世说》曰：周伯仁有德量，深达危乱。过江积年，恒大饮酒。尝经三日醒，时人谓"三日仆射"。

又曰：张礦既贵，有少时知识来候之。华屏官事，与共饮，九酝酒，为酣畅，其夜醉眠。张华尝饮此酒，醉眠辄使左右转侧，至觉，左右依常为张公转侧，其友无转侧者。至明起，友人犹不寤。张公曰："咄，此必死矣！"使就视之，酒果穿腹流，床下滂沱。

又曰：山公曰：嵇叔夜之为人也，岩然若孤松之独立。及其醉也。嵬峨若玉山之将颓。

又曰：杜预为荆州刺史，镇襄阳。时有宴集，大醉，闭斋独眠，或见一大蛇垂头床边吐。

《语林》曰：周伯仁过江恒醉止，有姊丧三日醒，姑丧三日醒也。

又曰：周伯仁在中朝，能饮一斛酒。过江，虽日醉，然未尝饮一斛，以无其对也。后有旧对忽从北来，相得欣然，乃出二斛酒共饮之。既醉，伯仁得眠，眠觉，问共饮者何在？曰："西厢。"问："得转不。"答："不得转。"伯仁曰："异事。"使视之，胁腐而死。

《十洲记》曰：瀛洲者，玉膏如酒味，名曰玉酒，饮数升辄醉，令人长生。

《俗记》曰：宋祎死后，葬在金城南山，对琅琊郡门，袁崧为琅琊太守，每醉辄乘舆上宋祎冢，作《行路难》歌。

《列子》曰：子产相郑，有兄曰公孙朝，好酒。朝之室聚酒千钟，积麹成封，糟糠之气逆于人鼻。方其荒醉，不知世道之安危。

《鲁连子》曰：楚王成章华台，酌诸侯酒。鲁君先至，悦之，故醉，与之大曲之弓、不琢之璧，已而悔之。鲁君惧，乃归之。

《庄子》曰：醉者之坠车也，希死，形体与人同，其悟物与人异，则其神者全也。

《尸子》曰：赤县洲者，实为昆仑之虚，其东则卤水岛。山左右蓬莱，玉红之草生焉。食其一实，醉卧三百岁而寤。

《韩子》曰：楚共王与晋厉公战于鄢陵，楚师败绩。共王伤目，司马子反渴而求饮，谷阳树操觞而进子反。王欲复战，召子反议，子反醉，乃辞以疾。王入其幕，酒臭，旋师而斩。

《韩子》曰：绍绩昧醉而忘其裘，梁君曰："醉足以亡裘乎？"答曰："纣以酒亡天下，而况裘亡乎？"

又曰：纣为长夜饮而失日，问于左右，尽弗知日。使人问箕子，谓其从曰："为天下王，而一国皆失日，天下其危矣。一国皆不知，而我独知之，我其危矣。"辞以醉而不知也。

又曰：齐桓公饮酒醉，遗其冠，耻之，三日不朝。管仲曰："此非有国者之耻也，公胡不雪之以政？"公曰："善。"因发囷仓，赐贫穷；论囹圄，出薄罪。处三日，而民歌之曰："公乎，不复遗其冠乎！"

《淮南子》曰：夫醉者，俯入城门，以为七尺之闺；超江、淮，以为寻常之沟。酒浊其神也。

陶渊明诗序曰：余偶有名酒，无日不饮，顾影独尽，忽焉复醉。

《诸葛亮集》曰：亮戒子曰："夫酒之设，合礼致情，适体归性，礼终而退，此和之至也。主意未殚，宾有余倦，可以至醉，无致迷乱。"

太平御览卷第四百九十八 人事部一百三十九

简傲

《诗》曰：兕觵其觩，旨酒思柔。彼交匪傲，万福来求。

《礼》曰：傲不可长，欲不可纵，乐不可极。

《春秋》曰：卫侯享苦成叔，宁惠子相苦成叔，傲宁子曰："苦成家其亡乎？古之为享食也。以观威仪，省祸福也。"

《论语》曰：居简而行简，无乃太简乎？

《韩诗外传》曰：田子方之魏，魏太子从车百乘，迎之于郊。太子再拜谒，子方不下车，太子不悦，曰："敢问何如则可以骄人矣？"子方曰："吾闻以天下骄人而亡者有矣，以一国骄人而亡者有矣。由此观之，则贫贱可骄人矣，士志不得则授履而之秦楚耳，安往而不得贫贱乎？"于是，太子再拜而后退，子方遂不下车。

《孔丛子》曰：子思居卫，曾子谓子思曰："昔吾从夫子巡于诸侯，未尝失其人臣之礼，而犹圣道不行。今吾观子有傲世之心，无乃不容乎？"子思曰："时移势异，各有宜也。当吾先君，周制虽毁，君臣固位，上下相持，欲行其道，不劳以求之，则不能入也。今天下诸侯方欲力争，竞招英雄以自辅翼。此得士则昌、失士则亡之秋也。不自高，人将下吾；不自贵，人将贱吾。舜禹揖让，汤武用师，非故相诡，乃时也耳。

华峤《后汉书》曰：赵壹，字元淑，恃才倨傲，为乡里所摈。

《东观汉记》曰：博士范升奏曰："伏见太原周党解履升华轂，陛下见帝庭，偃蹇傲慢，逡巡进退，臣愿与并论灵台之下。"

《魏略》曰：丁谧少不肯交游，但博观书傅。为人亢毅，颇有才略。太和中，常于邺借人空屋，居其中，而诸王亦欲借之，不知谧已得，直开门入。谧望见王，交脚卧不起，而呼其奴客曰："此何等人？促呵使去。"王怒其无礼，还具上闻之。明帝收系邺狱，以其功臣子原之。

《蜀志》：简雍，字宪和，涿郡人。与先主有旧。性简傲跌荡，在先主座席，犹箕据倾倚，威仪不肃，自从适。诸葛亮已下则独擅一榻，倾枕卧语，无所为屈。

《蜀志》曰：彭羕，字永年，广汉人。身长八尺，容貌甚伟。姿性骄傲，多所轻忽，唯敬同郡秦子整。

王隐《晋书》曰：魏末，阮籍有才，而嗜酒荒放，露头散发，裸袒箕踞。作二千石，不治官事，日与铃下共饮酒歌呼。时人或以籍生在魏之交，欲佯狂避时，不知籍本性自然也。

干宝《晋记》曰：吕安友嵇康，相思则命驾千里从之，或遇其行。康兄喜，位至方伯，拭席而待，弗之顾也，独宿车中。康母设酒求康儿共戏，则去。

邓粲《晋记》曰：刘伶常着袒服而乘鹿车。客有诣伶，值其裸袒，责伶，伶笑曰："吾以天为屋，以屋为裤，诸君不当入中，又何怨乎？"其自任若此。

又曰：胡毋辅之过河南，门下将饮酒。河南卒王子博倨坐其傍，辅之叱使取火。子博曰："我卒也，唯不乏吾事，安能为人使！"辅之与语，叹曰："吾弗及也！"因言河南尹，以为功曹。

习凿齿《汉晋阳春秋》曰：陈骞兄丕，有名于世，与夏侯玄亲交，玄拜其母。骞时为中领军。闻玄会于其家，悦而归。既入户，玄曰："相与未至于此。"骞当户立，良久曰："如君言。"乃趋而出，意气自若。玄大以此知之。

《后魏书》曰：李栗，雁门人也。性简慢，矜宠，不率礼度，每在太祖前舒放倨傲，不自祗肃，笑唾任情。太祖积其宿过，天三年遂诛之。于是威严始厉，制勒群下尽卑谦之礼，自栗始也。

《后魏书》曰：元顺，字子和，起家为给事中。时尚书令高肇帝舅，权重天下，人士望尘拜伏。顺曾怀刺诣肇门，门者以其年少，答云"在座大有宾客"，不肯为通。顺叱之曰："任城王儿，可是贱也！"及见，直往登床，捧手抗礼，王公先达莫不怪惧，而顺辞吐傲然，若无所睹。肇谓众曰："此儿豪气尚尔，况其父耶！"澄闻之，大怒，杖之数十。

《晋中兴书》曰：蔡谟让司徒，孝宗临轩，遣侍中纪璩、黄门郎丁纂征谟。谟陈疾笃，使主簿谢攸对，自平旦至日中，使者十余反，而谟不至。孝宗时年八岁，甚怪之，亟问左右曰："所召何人，何以至今不来？轩临何当竟？"会稽王曰："蔡公傲违上命，无人臣之礼。若人主卑屈于上，大义不行于下，亦不知复所以为治。"于是奏送谟廷尉以正刑书。谟惧，率子弟素服诣阙稽颡，到廷尉待罪。皇太后诏："可依旧制，免为庶人。"

沈约《宋书》曰：会稽太守孟顗事佛精恳，而为谢灵运所轻。尝谓顗曰："得道应须慧业丈人，生天当在灵运前，成佛必在灵运后。"顗深恨此言。

《祢衡传》曰：衡字正平，建安初自荆州北游许都，恃才傲逸，臧否过差，见不如己者，不肯与言语。人皆以是憎之。

《文士传》曰：阮籍从容曰："平生曾游东平县，乐其土风，愿得为东平太守。"文帝大悦，即从之。籍便骑驴径到郡，至皆坏壁障，内外相望，教令清当。十余日，便骑驴归。

《淮南子》曰：宾有见人于季子者，宾出，季子曰："子之宾独有三过：望我而笑是慢也，谈语而不称师是叛也，交浅而言深是乱也。"宾曰："望君而笑是公也，谈语不称师是通也，交浅而言深是忠也。"故季之宾客一体也。或以为小人，或以为君子，视之异也。

《物理论》曰：今有吕子义，清贤仕，为率更令，有人就之宿，非其度数之内。子义燃烛危坐，通晓，目不转睛，膝不移处。

《会稽典录》曰：严光一名遵，帝引入，论故旧累日。因共卧，光以足加帝腹上。明日，太史奏客星犯帝，坐甚急。帝曰："朕故人严子陵共卧耳。"

《语林》曰：罗含在宣武，坐人介与他人相识，含正容曰："所识已多，不烦复尔。"

《世说》曰：王子猷作桓温车骑参军，桓谓王曰："卿在府久，当相继理。”王初不答，直高视，手板拄颊云：“西山朝来，致有爽气。”

应璩《与崔元书》曰：岂有乱首抗巾以入都城，衣不在体而以适人乎？昔戴叔鸾箕坐见边文祖，此皆衰世之慢行也。

《晋书》曰：何绥性既轻物，翰札简傲。城阳王尼见绥书疏，谓人曰：“伯蔚居乱而矜豪乃尔，岂其免乎！”

《晋书》曰：谢奕与桓温善。温辟为安西司马，犹推布衣好。在温座，岸帻啸咏，无异常日。温指曰：“我方外司马。”

又曰：王献之尝经吴郡，闻顾辟强有名园，先不相识，乘平肩舆迳入。时辟强方集宾友，而献之游历既毕，傍若无人。辟强勃然数之曰：“傲主人，非礼也。以贵骄士，非道也。失是二者，不足齿之伧耳。”便驱出门。

又曰：王导子恬，性傲诞，不拘礼法。谢万尝造恬，既坐，少顷，恬便入内。万以为必厚待己，殊有喜色。恬久之乃沐头发而出，据胡床于庭中晒发，神气傲迈，竟无宾主之意。万怅然而还。

又曰：王徽之，字子猷。性卓荦不羁，为大司马桓温参军，蓬首散带，不综府事。又为车骑桓冲骑兵，问：“卿署何曹？”对曰：“似是马曹。”又问：“管几马？”曰：“不知由马，何由知数！”又问：“马比死多少？”曰：“未知生，焉知死！”尝从冲行，值暴雨，徽之因下马排入车中，谓曰：“公岂得独擅一车！”

又曰：刘伶常着袒服乘车，客有诣伶，值其裸袒，责伶，伶曰：“吾以天为屋，以屋为裈，诸君不当入中。”

又曰：谢万既受任北征，矜豪傲物，常以啸咏自高，未尝抚众。兄安深忧之，自队主将师已下，安无不慰勉。谓万曰：“汝为玄帅，诸将宜数接对，以悦其心，岂有傲诞若斯而能济事也！”万乃召集诸将，都无所说，直以如意指四座云：“诸将皆劲卒。”诸将益恨之。

又曰：周顗，王导甚重之，尝枕顗膝而指其腹曰：“卿此中何所有也？”答曰：“此中空洞无物，然足容卿辈数百人。”导亦不以为忤。又于导座傲然啸咏，导云：“卿欲希嵇、阮耶？”顗曰：“何敢近舍明公，远希嵇、阮!”

又曰:王澄为荆州刺史。澄将之镇,送者倾朝。澄见树上鹊巢,便脱衣上树,探鷇而弄之,神气萧然,傍若无人。刘琨谓澄曰:“卿形虽散朗,而内实动侠,以此处世,难得其死。”澄默然不答。

《宋书》曰:张敷迁中书舍人,与狄当、周赳并管要务,以敷同省名家,欲诣之。赳曰:“彼若不相容,便不如不往。讵可轻往耶?”当曰:“吾等并已员外郎,何忧不得共坐。”敷先设二床,去壁三四尺,二客就席,酬接甚欢,既而呼左右曰:“移我远客。”赳等失色而去。

又曰:陶潜有造之者设酒,潜若先醉,便语客曰:“我醉欲眠,卿可去。”

《宋书》曰:张敷,永初初迁秘书郎。尝在省直,中书令傅亮贵宿权要,闻其好学,过候之,敷卧不即起,亮怪而去。

《齐书》曰:张欣泰领羽林监。欣泰通涉雅俗,交结多是名素。下直辄游园池,着鹿皮冠,衲衣锡杖,挟素琴。有以启世祖者,世祖曰:“将家儿,何敢作此举止!”

《齐书》曰:丘灵鞠,好饮酒,臧否人物,在沈渊座见王俭诗,渊曰:“王令文章大进。”灵鞠曰:“何如我未进?”此言达俭。灵鞠宋世文名甚盛,入齐颇减。蓬发弛纵,无形仪,不治家业。王俭谓人曰:“丘公仕宦不进,才亦退矣。”

《梁书》曰:何点虽不入城府,而遨游人世,不簪不带,或驾柴车,蹑草屩,恣心所适,致醉而归。士大夫多慕从之,时人号为“通隐”。

《隋书》曰:崔儦每以读书为务,负恃才地,忽略世人。大署其户曰:“不读五千卷书者,无得入此室。”数年之间,遂博览群言,多所通涉。

《唐书》曰:郑仁表,洎之子也。文章尤称俊拔,然恃才傲物,人士薄之。自谓门地、人物、文章具美,尝曰:“天瑞有五色云,人瑞有郑仁表。”刘邺少时投文于洎,仁表兄弟嗤鄙之。咸通末,邺为宰相,仁表竟贬死南荒。

又曰:崔元翰入朝为太常博士、礼部员外郎。窦参辅政,用为知制诰，诏令温雅，合于典谟。然性太刚褊简傲，不能取容于时，每发言论，略无阿徇，忤执政旨，故掌诰二年而官不迁。

又曰：李白尝醉，令高力士脱靴，由是斥去。乃浪迹江湖，终日饮沉。时侍御史崔宗之谪官金陵，与白诗酒唱和。尝月夜乘舟，自采石达金陵，白衣宫锦袍，于舟中顾瞻啸傲，傍若无人。初贺知章见白，赏之曰："此天上谪仙人也。"

耶歈

《说文》曰：人相笑，相耶歈也。

《东观汉记》曰：光武令王霸至蓟市中募人，将以击王郎。市人皆大笑，举手耶歈之，霸惭遽而返。

《续晋阳秋》曰：襄阳罗友，家贫，嗜酒，伺人祠祀往乞余。在桓温府，屡以贫乞禄，温以其诞肆，许而不用。同府人有得郡者，温为坐别，友亦被命至，尤晚，温问之，答曰：友钦道嗜味，昨奉教乃守，旦出门于中路遇一鬼，大见耶歈，曰：见汝送人作郡，不见人送汝作郡。友始怖终惭，不觉淹缓。温笑，用之为郡也。

太平御览卷第四百九十九 人事部一百四十

真愚

《毛诗·鸿雁》曰：唯彼愚人，谓我宣骄。

《韩诗外传》曰：唯盘石千里，不为有地；愚人不为有民。

《论语》曰：上智下愚不移。

又曰：柴也愚，参也鲁。

又曰：孔子谓仲由曰："汝闻六言六蔽矣乎？"对曰："未也。""居！吾语汝。好仁不好学，其蔽也愚。"

《家语》曰：孔子曰："勇而好同必胜，知而好谋必成，愚者反是。是以非其人。告之弗听；非其地，树之弗生。得其人如聚沙而雨之，非其人如会聋而鼓之。处重擅宠，专事如贤，愚者之情也。

《东观汉记》曰：上破贼，入渔阳，诸将上尊号，上不许。议曹掾，张祉言："俗以为燕人愚，方定大事，反与愚人相守，非计也。"上大笑。

《汉晋阳秋》曰：司马文王问刘禅曰："颇思蜀不？"禅曰："此间乐，不思蜀也。"郤正闻之，求见禅曰："若王后问，宜泣而后答。"会王复问，禅曰："先人坟墓远在陇蜀，乃心西望，无日不思。"因闭其眼。王曰："何以似郤正语耶？"禅惊视曰："如尊命。"左右皆大笑。

王隐《晋书》曰：谶书有虾蟆当贵。惠帝在宫时，出问左右："此鸣是官虾蟆为私乎？"贾胤对曰："在官地中为官虾蟆，在私地中为私虾蟆。"于是，世间遂傅此语。

《后魏书》曰：宋弁族弟鸿贵，为定州北平府参军，送戍兵于荆州。坐取兵绢四百匹，兵欲告之，乃斩兵十人。又疏凡不达律令，见律有枭首之罪，乃生断其手，以水浇之，然后斩决。寻坐优法。时人哀兵之苦，笑鸿贵之愚。

《续晋阳秋》曰：顾恺之，夜于月下长咏，自云得先贤风制，谢瞻遥称赞之。恺之得此，弥自力忘倦。瞻将眠，语捶脚人令代焉，恺之不觉其异，遂几旦而后止。

沈约《宋书》曰：刘义綦封营道县侯，凡鄙无识知，每为始兴王浚兄弟所戏。浚常谓义綦曰："陆士衡诗曰：营道无烈心。其何意苦阿父如此？"义基曰："下官初不识士衡，何忽见苦。"

《广陵列士传》曰：吴武，字季济，笃学好古，师事陈仲考。子升，性顽愚。考曰："父子情重，不忍戮之，卿为吾教也。"

《赵书》曰：石肇，前石之昆弟也。前石既贵，肇在军中不能自达，人送诣前石，前石哀之，拜建威将军。以肇无才力，每高选参佐辅之。为聘广川刘典兄女，肇甚惧之。拜长乐太守，治官，每入门，动称"阿刘"，教可尔不可尔，时人以为嗤谣。

《鬻子》曰：愚者不自谓愚，而愚见于言；愚者虽自谓知，人皆谓之愚也。

《列子》曰：宋人有于道得人遗契者，归而藏之。密数其齿，告邻人曰："吾富可得矣。"

又曰：杞国有人忧天崩地坠，身无所寄，废寝与食。又有忧彼所忧，往晓之曰："天，积气耳！"其人曰："天果积气，日月星宿，不当堕耶？"对曰："日月星宿，亦积气中之有光耀者；只使堕，亦不能中伤。"其人曰："奈地坏何？"对曰："地积块耳，充塞四虚，何忧其坏？"其人大喜。

《荀卿子》曰：宋之愚人得燕石于梧台之东，归而藏之，以为大宝。周客观之，掩口而笑曰："此燕石也，其与瓦甓不差"主人大怒曰："商贾之言，医匠之口。"藏之愈固，守之弥谨。

《庄子》曰：人有畏影恶迹而去之走者，举足愈数而迹愈多，走愈疾而影不离，自以为尚迟，疾走不休，绝力而死。

《韩子》曰：燕李季，好远出，其妻有士。李季至，士在内中，妻患之，乃令士裸而解发直出门，曰："吾属阳不见也。"于是士从其计，疾走出门。季曰："是何人也？"家室皆曰："无有。"季曰："吾见鬼也。"

季妇曰："为之奈何，然取五牲之矢浴之？"季曰："诺！"乃浴矢。

又曰：郑有人身买履者，先自度其足而买之，及至市得履，乃曰："吾忘度。"乃归取之。顷返，市罢，遂不得履。人曰："何不试以足？"曰："宁信度数，无自信也。"

又曰：宋人有耕者，田中有株，兔走松株，折颈而死。因释耕而守株，为宋国笑。今欲以先王之政，治当世民，皆守株之心也。

《吕氏春秋》曰：范氏之亡也，百姓有得其钟者，欲负之，则钟大不可负。以椎毁之，恐人闻而夺己也，遽掩其耳，恶人闻也。

又曰：楚人有涉江者，其剑自舟中坠于水，遽刻其舟曰："是吾剑之所从坠处。"舟止，从其所刻入水求之。

《淮南子》曰：楚人有东家母死，其子哭而不悲，西家子见之，归谓其母曰："社何忧，速死，吾必悲哭社。"淮南间谓母为社。

又曰：故圣人同死生，愚人亦同死生。圣人同死生，通于分理也；愚人之同死生，不知利害之所在也。

《苻子》曰：郑人有逃暑于孤林之下者，日流影移而徙衽以从阴。及至暮，反席于树下，及月流影移，复徙衽以从阴，而患露之濡于身，其阴逾去而其身逾湿。是巧于用昼而拙于用夕，奚不处曜而辞阴，反林息露？此亦愚之至也。

《笑林》曰：汉司徒崔烈辟上党鲍坚为掾，将谒见，自虑不过问先到者。仪适有答曰："随典仪口喝。"既谒，赞曰："可拜"，坚亦曰："可拜"；赞者曰："就位"，坚亦曰："就位"。因复着履上座，将离席，不知履所在，赞者曰："履着脚"，坚亦曰："履着脚"也。

又曰：平原陶丘氏，取渤海墨台氏女，女色甚美，才甚令。复相敬，已生一男而归。母丁氏，年老，进见女婿，女婿既归而遣妇。妇临去请罪，夫曰："曩见夫人年德已衰，非昔日比，亦恐新妇老后必复如此，是以遣，实无他故。"

《崔骃与窦宪笺》曰：交浅而言深者愚也，在贱而望贵者惑也。

如愚

《论语·为政》曰：吾与回言终日，不违，如愚。退而省其私，亦足以发，回也不愚。

又《公冶长》曰：宁武子，邦有道，则智；邦无道，则愚。其知可及，其愚不可及也。

《华阳国志》曰：王长文，字德俊，天姿聪警，察孝廉不就，遂阳愚。尝着绛衣帽，牵猪过市中，乞人与语，伪不闻。常骑牛周游。

《说苑》曰：齐桓公猎，逐鹿入谷中，见一老公，问："是为何谷？"对曰："为愚公之谷，以臣名之。臣故畜牸牛生子，大卖之而买马。少年曰："牛不能生马。遂持驹去家。邻以臣为愚，故名愚公之谷。"

愚怯

《释名》曰：怯，胁也，见敌恐胁也。

焦赣《易林》曰：任将力薄，驽孱思怯，如猬见鹊，不敢拒格。

《韩诗外传》曰：崔杼杀庄公，陈不占东观渔者，闻君有难，将往死之，餐则失哺，上车失轼。仆曰："敌在数百里外，今食则失哺，上车失轼，虽往，其有益乎？"陈不占曰："死君，义也；无勇，私也。"遂驱车。比至门，闻钟鼓之音、斗战之声，遂骇而死。君子闻之曰："陈不占可谓志士矣，无勇而能行义，天下鲜矣。"

《东观汉记》曰：杜笃仕郡文学掾，以目疾，二十余年不窥京师。笃外高祖破羌将军辛武贤，以武略称。笃常叹曰："杜氏文明善政，而笃不任为吏。辛氏秉义经武，而笃又怯于事。外内五世，至笃衰矣！"

沈约《宋书》曰：周朗兄峤为吴兴太守。贼劭弑立，随王诞举义于会稽，劭加峤冠军将军，诞檄又至。峤素恇怯，回惑不知所从，为府司马丘珍孙所杀。

又曰：刘彦节少以宗室清谨见知。齐高帝辅政，彦节知运祚将迁，密怀异图。及沈攸之举兵，齐高帝入屯朝堂，袁粲镇石头，潜与彦节反诸大将黄回等谋，夜会石头，诘旦乃发。彦节素怯，骚扰不自安，再晡后便自丹杨郡车载妇女尽室奔石头。临去，妇萧氏强劝令食，彦节歠羹，写胸中，手振不自禁。事败被杀。

《赵书》曰：石勒屯葛陂，值天雨不息。勒长史刁应劝勒降晋，勒啾然而啸。张宾劝勒还北，勒欣然曰："宾计是也。应宜斩，明其性怯，可退为将军。"

《孙卿子》曰：夏首之南有人曰涓浊梁，其为人愚善，畏明月而霄行。俯见其影，以为伏鬼；仰见其发，以为伏魅，匍蹖而走。比至其家，失气而死。

《慎子》曰：有勇不以怒，反与怯均也。

《吕氏春秋》曰：夫民无常怯，有义则实，实则勇；无气则虚，虚则怯。怯勇虚实，其所由甚微，不可不知。

《淮南子》曰：怯者，夜见立表以为鬼，见寝石以为兕，惧掩其气也。

《抱朴子》曰：拙人得工输之斤斧，不能以成云梯；怯者得冯妇之刀戟，不能以格兕虎也。

智怯

《韩诗外传》曰：楚白公之难，有杜之善者，辞其母将死君。其母曰："死君可乎？"杜之善曰："闻事君者，内其禄而外其身。今所养母者，君之禄也。请往死之。"比至朝，三废车中。其仆曰："子惧，何不返也。"杜之善曰："惧吾私也，死君公也。吾闻君子不以私害公。"遂往死也。

《家语》曰：或问孔子曰："颜渊何人？"曰："仁人也，丘弗如也。""子贡何人？"曰："辩人也，丘弗如也。""子路何人？"曰："勇人也，丘弗如也。"客曰："三子者皆贤于夫子，而服役何也？"孔子曰："丘能仁且忍，辩且讷，勇且怯。以三子之能，易丘之道弗如也。"

《史记》曰：管仲曰："吾尝三战三走，鲍叔不以我为怯，知我有老母也。"

又曰：淮阴屠中少年有侮韩信者，曰："若虽长大，好带剑，中情怯耳？"众辱之，曰："能死，刺我；不能，出我跨下。"信视之，俯出跨下，匍匐。一市人皆笑信，以为怯也。

《尸子》曰：圣人畜仁而不主仁，畜智而不主知，畜勇而不主勇。昔齐桓公胁于鲁君而献地，勾践胁于会稽而身宫之，赵襄子胁于智伯而以颜为愧。其卒，桓公臣鲁君，勾践灭吴，襄子以智伯为戮，此谓勇而能怯者也。

盗窃

《易》系辞曰：慢藏诲盗，冶容诲淫。

又曰：负且乘，致寇至，盗之招也。

《礼记·月令》曰：季秋行冬令，则国多盗贼。

《左传·僖中》曰：介之推曰："窃人之财犹谓之盗，况贪天之功以为己力乎？"

又《昭五年》曰：郑子产有疾，谓子太叔曰："我死，子必为政。唯有德者能以宽服民，其次莫如猛。"太叔为政，不忍猛而宽。郑国多盗，取人于萑蒲之泽。太叔悔之曰："吾早从夫子之言，不及于此。"兴徒兵以攻萑蒲之盗，尽杀之。盗少止。

《论语·颜渊》曰：季康子患盗，问于孔子，孔子对曰："苟子之不欲，虽赏之不窃。"

《家语》曰：子贡为信阳宰，将行，辞于孔子，孔子曰："勤之、慎之，奉天之时，无夺、无伐、无暴、无盗。"子贡曰："赐也少事君子，岂以盗为累哉！"孔子曰："尔未之详。夫以贤代不贤，是之谓夺；以不肖代贤，是之谓伐；缓令急诛，是之谓暴；取善自与，是之谓盗，非窃财之谓也。"

《史记》曰：秦昭王囚孟尝君，谋欲杀之。孟尝使人抵昭王幸姬求解，姬曰："妾愿得君狐白裘。"此时孟尝君有一狐白裘，值千金，天下无双，入献昭王，无他裘。孟尝患之，遍问客，莫能对。最下座为狗盗者，曰："臣能得。"乃夜为狗以入秦宫藏中，取所献狐白裘至，以献秦王幸姬。幸姬为言昭王，释孟尝君。

又曰：有盗高庙座前玉环，捕得，文帝怒下廷尉治之。张释之案律盗宗庙服御物者，奏当弃市耳。

《汉书》曰：彭越，字仲，昌邑人，常渔钜野泽中为盗。

又曰：龚遂，字少卿，山阳人。恭帝时渤海左郡岁饥，盗贼并起，二千石不能擒制。上选能治者，御史举遂可用，上以为渤海太守。问曰："渤海废乱，君欲何以息盗贼？"对曰："海滨遐远，不沾圣化，其民困于饥寒而吏不恤，故使弄陛下之兵于潢池中耳。今欲使臣胜之耶，将安之也？""臣闻理乱民如理乱绳，唯缓之而后可。"

《吴志》曰：孙坚与父之钱塘，会海贼胡玉等取贾人财物岸上分之。坚追斩一级。

《晋书》曰：蔡裔有勇气。尝二盗入室，裔不知，拊床一呼，二盗俱殒。

又曰：王献之夜卧斋中而有偷入其室盗物，献之徐曰："偷儿青毡，我家旧物，可特置之。"群偷惊走。

崔鸿《十六国春秋·后赵录》曰：徐龛勇果薄行，旧为劫盗者，无不归之，公行掠抄，迅如风云。

《北齐书》曰：宋世良，字玄友，为清河太守。郡东南有曲堤，成公一姓阻而居之，群盗多萃于此。人为之语曰："宁使东吴、会稽，不历成公曲堤。"世良施八条以制盗，盗奔他境。人又谣曰："曲堤之险贼何益，但有宋公自屏迹。"

《吕氏春秋》曰：秦缪公乘马，车败，右服失而野人取之。缪公自往求马，见野人方将食之于歧山之阳。缪公笑曰："食骏马之肉不饮酒，余恐共伤汝也。"遍饮而去。处一年，韩原之战，晋人已环缪公之车矣，尝食马肉三百余人毕力为缪公疾斗，大克晋军，反获惠公以归。

《庄子》曰：将为胠箧探囊发匮之盗为守备，则必摄缄縢，固扃鐍，此世俗所谓智也。然而巨盗至，则负匮揭箧担囊而趋，唯恐缄縢，扃鐍之不固。然向所谓智者，不乃为大盗积者乎？

又曰：绝圣弃智，大盗乃止；摘玉毁珠，小盗不起也。

《列子》曰：晋国苦盗。有郗雍者，能视盗之貌，察其眉睫之间而得其情。晋侯使视，千里无遗一焉。晋侯大喜，告赵文子曰："吾得一人，而一国盗为之尽矣。"文子曰："君司察而得盗，盗不尽矣，且郗雍必不得其死。"俄群盗谋曰："吾所以穷者，郗雍也。"遂戕之。晋侯闻大骇。召文子曰："果如子言，然取盗何方？"文子曰："君欲无盗，举贤而任之。"遂取随会为政，而君盗奔秦焉。

又曰：牛缺者，上地之大儒，之邯郸，遇盗于耦沙之中，尽取其衣车牛，步而去，视之欣然无忧怯之色，盗追而问其故。曰："君子不以所养害其所以养。"盗曰："嘻！贤夫矣，彼往见赵君，以我为事，必困。"乃相与追而杀之。

又曰：东方有人曰爰旌目，将有所适而饿于道。狐父之盗曰丘，见而下壶餐以餔之。爰旌目三餔而后能视，曰："子能何为者也。"曰："我狐父之人丘也。"爰旌目曰："嘻！女非盗耶？胡为而食我？吾义不食子之食也。"两手据地而欧之，不出，喀喀然而死。

《淮南子》曰：楚将子发好求伎道之士。有善为偷者，往见曰："闻君求伎道之士。臣，楚市偷也，愿以伎修一卒。"子发见而礼之。无几何，齐兴师伐楚，子发将师以当之。兵三却。于是市偷请曰："臣有薄伎，愿为君行之。"子发曰："诺！"偷则夜出，解齐将军之绸帐而献之。子发使归之。明夕复往取其枕，又使归之。明夕复往取其簪，又使归之。于是，齐师大骇，将军与军吏谋曰："今夕不去，楚军恐取吾首。"即还。

《秦子》曰：孔文举为北海相，有母病差者思食新麦，家无，乃盗邻熟麦而进之。文举闻之，特赏盗而不罪。

《抱朴子》曰：夷吾夺田，不可以薄；萧何窃妻，不可以废也。

《郭子》曰：王安期为东海太守，小吏盗池中鱼，纲纪推之。王曰："与众共之，鱼何足吝。"

皇甫士安《高士传》曰：孔嵩，字仲山。辟公府，之京师，道宿下亭，盗共窃其马。寻问，知是嵩也。乃相责让曰："孔仲山善士，岂宜侵盗乎?”于是，遂以马还之。

《先贤行状》曰：王烈，字彦考，通识达道。时国中有盗牛者，牛主得之。盗曰：“邂逅迷惑，从今已后将改过。子既已赦宥，幸勿使王烈知之。”

《海内先贤传》曰：姜肱，字伯淮。尝与弟季江遇盗，将夺其衣。人问不言。盗闻，扣头谢罪，还肱衣，肱不受。

《陈实别传》曰：有盗夜入其室，止于梁上。实阴见之，乃起呼命子孙，正色训之曰：“夫人不可不勉。不善之人未必本恶，习与性成，遂至于此，如梁上君子是矣。”盗大惊，自投于地，稽颡归罪。实徐譬之曰：“视君状貌不是恶人，宜深克己反善，当由困贫，今遗绢二匹。”自是，一县无复盗窃。

刘欣期《交州记》曰：赵妪者，乳长数尺，不嫁，入山聚群盗。遂北郡常着金蹋踶，战退辄张帷幕，与少男通，数十侍侧。刺史陆胤平之。

太平御览卷第五百 人事部一百四十一

佣保

《史记》曰：荆轲死，高渐离乃变名姓为人佣保，作于宋子。徐广曰：宋子，县名也，今属钜鹿。久之，作苦，闻其家堂上客击筑，彷徨不能去。每出言曰："彼有善有不善。"从者以告其主，曰："彼佣乃知音。"召使击筑。一座称善。

又曰：栾布始与彭越为家人。时穷困，卖佣于齐，为人酒保。

《后汉书》曰：公沙穆来游太学，无资粮，乃变服客佣，为吴祐赁舂。祐与语，大惊，遂共定交于杵臼之间。

又曰：杜根，字伯坚。永初元年举孝廉，为郎中。时和熹邓后临朝，权在外戚。根以帝年长，宜亲政事，乃与同时郎上书直谏。太后大怒，收执根等，令盛以缣囊，于殿上扑杀之。执法者以根知名，私语行事人使不加力，既而载出城外，根得苏。因得逃窜，为宜城山中酒家保。保，使也。言为人佣力保任而使也。积十五年，酒家知其贤，厚敬待之。

《神仙传》曰：仙人李八伯者，欲授唐公房仙术。乃为作佣客，身作恶疮，脓溃臭恶。使公房夫人舐之。疮愈，乃授以《丹经》一卷。

奴婢

《说文》曰：奴、婢，皆古之罪人也。

《方言》曰：荆淮海岱杂齐之间，俗，不纯为杂。骂奴曰臧、骂婢曰获。齐之北鄙，燕之北郊，凡民男而婿婢，谓之臧女，而妇奴谓之获，亡奴谓之臧，亡婢谓之获，皆异方骂奴婢之丑称也。

《周礼·天官上·酒人职》曰：女酒三十人，奚三百人。女酒，女故晓酒者。古者徒男女没入县官曰奴，其少才智者以为奚，今之侍史官奴是也。

又《秋官上·司厉职》曰：其奴，男子入于罪隶，女子入于舂、槁。郑司农云：谓坐为盗贼而为奴者，输于罪隶舂人、槁人之官也。由是观之，今之奴婢，古之为罪人也。凡有爵者与七十者与未龀者，皆不为奴。有爵，谓命士以上也。龀，毁也。男年八岁、女七岁而毁齿。

《左传·襄四年》曰：斐豹，隶也，著于丹书。隶，罪隶。斐豹有罪，没官为奴。丹书，罪约也。

《论语·微子》曰：殷有三仁焉。微子去之，箕子为之奴，比干谏而死。

《史记》曰：季布者，楚人也。项籍使将兵，数窘汉王。及项羽灭，季布匿濮阳周氏。周氏曰："汉求将军急，且至臣家，能听臣，敢进计。"季布许之。乃髡钳季布，卖之朱家。朱家心知是季布，乃买置之，因诫其子曰："田事听此奴，必与同食。"

又曰：栾布为人所略，卖为奴于燕。燕将臧荼举以为都尉。

又曰：卫青为侯家人，少时归其父，使牧羊。先母之子皆奴畜之，不以为兄弟。有钳徒相青官至封侯。青笑曰："人奴之生，得无笞骂，即足矣，安得封侯？"

又曰：汉武帝时，东置沧海郡，人徒之费，府库并虚，募民能入奴婢，得以终身为郎，增秩。

又曰：霍光爱幸监奴冯子都，常与计事。

《汉书》曰：薛宣奏张放骄纵奴者，并乘势为暴，至求吏妻不得，杀其夫。

又曰：原涉遣奴至市买肉，奴秉涉气与屠争言，斫伤屠者，亡。是时，茂陵令尹翁归新视事。知涉名豪，欲以厉俗，遣两使胁守涉。至日中，奴不出，吏欲杀涉。涉肉袒自缚，箭贯耳诣廷尉门谢罪。

又曰：张安世家僮七百人，皆有手技。

又曰：齐俗贱奴虏，而刀间独爱贵之。桀黠，奴人之所患，唯刀间收取，使之，终得其力。

又曰：王凤群弟争为骄侈，奴僮以千数。

又曰：孝宣皇帝诏曰："夫褒有德，赏元功，古今通义也。大司马大将军霍光宿卫忠正，宣德明恩，守节秉义，以安宗庙。”赏赐前后奴婢百七十人。

又曰：王丹尽得父财，家累千金，奴僮数百。

又曰：傅太后使谒者置诸官婢贱取之，复取执金吾官婢八人。

《东观汉记》曰：彭宠奴子密等三人共谋劫宠，宠时斋，独在便坐室中，昼卧。子密等三奴缚宠着床板，告外吏：“大王解斋，吏皆便休。”又用宠声呼其妻入室，见宠。宠曰：“趋为诸将军辨装。”两奴将妻入取宠物，一奴守宠。宠谓奴曰：“若小儿，我素所爱，今解我缚，当以女珠妻若。”小奴见子密听其语，遂不得解。子密收金玉衣物，使宠妻缝两缣囊。夜解宠手，令作记告城门将军云：“今遣子密等诣兰卿子后所，其开门出，勿稽留。”书成，即断宠及妻头，置缣囊中，西入上告。

又曰：刘宽尝有客，遣苍头市酒，迂久，大醉而还。骂曰：“畜生。”遣人视奴，疑必自杀。宽尝朝会，庄严已讫，妻使婢奉羹，翻污朝衣。婢遽收之，宽徐曰：“羹烂汝手？”

又曰：司隶校尉梁松奏特进马防兄廖。廖子孙三家，奴婢千人。

又曰：邓弘，字叔纪。奴醉，击长寿亭长，亭长将诣第白之。弘即见亭长，赏钱五千。异日，奴复与宫中卫士忿争，卫士殴捶奴，弘闻，复赏五千。

又曰：朱晖为郡督邮，太守阮况当嫁女，欲买晖婢，不与。及况卒，晖送金三斤。人问其故，晖曰：“前不与婢者，恐以财货污府君耳。今重送者，以明己心也。”

又曰：祝良为洛阳令，常侍樊丰妻杀侍婢置井中，良收其妻杀之。

又曰：韩卓，腊日奴窃食祭其母，卓义其心，即日勉之。

《魏志》曰：晋室践阼，下诏曰：“故司空王基著德立勋，不营产业，其以官奴二人赐其家。”

又曰：陈泰护匈奴中郎。京邑贵人多奇宝货，因泰市奴婢，泰皆挂之于壁，不发其封，及征为尚书，悉以还之。

《蜀志》曰：刘琰侈靡，侍婢能为声乐，又教诵《灵光殿赋》。

又曰：初，孙权以妹妻先主。妹才捷刚猛，有诸兄风，侍婢百余人执刀立。先主每入，心常懔懔。

《晋书》曰：石崇有苍头八百余。又崇有婢"绿珠"，美而艳，善吹笛。孙秀使人求之。崇时在金谷别馆，方登凉台，临清流，妇人侍侧。使者以告。崇尽出婢妾数十人以示之，皆蕴兰麝，被罗縠，曰："在所择。"使者曰："君侯服御丽矣，然本受命止索绿珠，不识孰是？"崇勃然曰："绿珠吾所爱，不可得也。"秀遂诛崇。

又曰：郭璞爱主人婢，无由而得，乃取小豆三斗，绕主人宅散之。主人晨起见赤衣人数千围其家，就视则灭，甚恶之，请璞为卦。璞曰："君家不宜畜此婢，可于东南二十里卖之，慎勿争价，则此祓可除也。"主人从之。璞阴令人贱买此婢。复为苻投井中，数千赤衣人皆反缚，一一自投于井，主人大悦。璞携婢去。

又曰：祖纳少孤贫，自炊爨以养母。平北将军王敦闻之，遗其二婢，辟为从事中郎。有戏之曰："奴价倍婢。"纳曰："百里奚何必轻于五羖皮？"

又曰：刘惔，姓简贵，与王羲之雅相友善。郄愔有伧奴善知文章，羲之爱之，每称奴于惔。惔问："何如方回耶？"羲之曰："小人耳，何比郄公！"惔曰："若不如方回，故常奴耳！"

又曰：桓温自以雄姿风气是宣帝、刘琨之俦，有以比王敦者，意甚不平。及是征还，于北方得一巧作老婢，访之，乃琨妓女也。一见温，便潸然而泣。温问其故，答曰："公甚似刘司空。"温大悦，出外整理衣冠，又呼婢问之。婢云："唇甚似，恨薄；眼甚似，恨小；鬓甚似，恨赤；形甚似，恨短；声甚似，恨雌。"温于是褫冠解带，昏然而睡，不怡者数日。

又曰：幸灵周旋江州间，谓其士人曰："天地之于人物一也，咸欲不失其性，奈何制服人以为奴婢乎！诸君若欲享多福，以保姓命，可悉免遣之。"

又曰：干宝父先有所宠侍婢，母甚妒忌，及父亡，母乃生推婢于墓中。宝兄弟年小，不之审也。后十余年，母丧，开墓，而婢伏棺如生，载还，经日乃苏。言其父常取余食与之。息情如生，家中吉凶辄语之，考校悉验，地中亦不觉为恶。既而嫁，又生子。

又《桓伊传》：晋孝武帝召伊饮，帝命伊吹笛。伊即吹为一弄，乃放笛云："臣于筝分乃不及笛，然自足以韵合歌管，请以筝歌，并请一吹笛人。"帝善其调达，乃敕御妓奏笛。伊又云："御府人于臣自不合，臣有一奴，善相便串。"帝弥赏其放率，乃许召之。奴既吹笛，伊便抚筝而歌。

《晋中兴书》曰：祖约为丞相从事中郎，于府内为婢所伤，司直刘隗奏约患生婢仆，身被刑伤。约甚惭耻，遂解职还家。

《齐书》曰：虞悰治家富殖，奴婢无游手，虽在南土，而会稽海味无不毕致焉。

又曰：陆澄弟鲜。扬州主簿顾测以两奴就鲜质钱，鲜死，子晫诬为买券，澄为中丞，测与书相往反，后又笺与太守萧缅云："澄欲成子弟之非，未近义方之训，此趋贩所不为，况搢绅领袖儒宗胜达乎？"

崔鸿《十六国春秋·前秦录》曰：慕容冲进逼长安，坚登城观之，叹曰："此虏何从出也，其强若斯！"大言责冲曰："尔辈群奴，正可牧牛羊，何为送死？"冲曰："奴则奴矣。既厌奴苦，复欲取尔见代。"

《唐书》曰：哥舒翰有家奴曰"左车"，年十五六，亦有膂力。翰善使枪，追贼及之，以枪答其肩而喝之，贼惊顾，翰从而刺其喉，皆剔高三丈而堕，无不死者。左车辄下马斩首，率以为常。

又曰：德宗初即位，诏曰："邕府岁贡奴婢，使其离父母之乡，绝骨肉之恋，非仁也，罢之。"

又曰：罗让累迁至福建观察使兼御史中丞，甚著仁惠。有以女奴遗让者，让访其所自，曰："本某寺家人，兄姊九人皆为官所鬻，其留者唯老母耳！"让惨然，焚其丹书，以归其母。

又曰：李玄道，累迁给事中，封姑臧县男。时王君廓为幽州都督，朝廷以其武将不习时事，拜玄道幽州长史，以维持府事。廓在郡屡为非法，玄道数正议裁之。尝又遗玄道一婢，玄道问婢所由，云本良家子，为君廓所掠。玄道因放遣之。

《管子》曰：齐桓公使管仲求宁戚，应之曰："浩浩乎，管仲不能知！"婢子问之，仲曰："非婢子所知也。"婢子曰："《诗》有之：浩浩之水，游游之鱼。未有室家，我将安居？宁子其欲室乎？"仲以言告桓公。

《风俗通》曰：南阳庞俭，少失其父。后居闾里，凿井得钱千余万。行求老苍头，使主牛马耕种，值钱二万。有宾婚大会，奴在灶下，窃言："堂上母，我妇也。"缇即白其母，母使验问，曰："是我公也。"因下堂抱其颈啼泣，遂为夫妇。俭及子历二千石，刺史七八人。时人为之语曰："庐里庞公，凿井得铜，买奴得公。"

又曰：将作大匠陈国公孙志节有苍头地余，年十七，情性聪惠，仪状端正，工书疏。志节为户曹史，令地余归取资用，因持车马亡去。到丹阳，自云姓王名斌，字文高，遂留为诸曹史。志节拜扬州刺史，郡选曹史，衣冠子弟皆出斌下，乃用之。斌乞屏左右，叩头涕洟曰："斌即明使君地余也。"斌后为苍梧太守。

《三辅决录》曰：平陵孟他尽以家财赂张让监奴，奴惭问所欲，他曰："欲得卿曹拜。"时宾客求见让者，车常数百乘，累日不得通。他后至，诸奴迎拜，径将他车独入。众谓他与让善，争以物赂他，他得以赂让。

《魏武遗令》：吾婢皆勤苦，使著铜雀台，善待之。

《石虎邺中记》曰：石勒，字世龙，上党郭季子奴也。勒未生之前，襄国有谶曰："古在左，月在右，让言退，或入口。"襄国字也，遂治襄国。

《新序》曰：昌邑王治侧铸冠十枚，以冠赐之师及儒者，后以冠冠奴。龚遂免冠归之曰："王赐儒者冠，下至臣，今以余冠冠奴，是大王奴虏畜臣也。"

《郭子》曰：贾公闾女悦韩寿，问婢识否，一婢云："是其故主。"女内怀存想，婢后往寿家说如此。寿乃令婢通己意，女大喜，遂与通。

《世说》曰：郑玄家奴婢皆读书。玄尝使一婢，不称旨，将挞之。方自陈说，玄怒，使人曳著泥中。须臾，复一婢来，问曰："胡为乎泥中？"答曰："薄言往诉，逢彼之怒。"

《语林》曰：裴秀年十八，有令望。母是婢，而嫡母妒，犹令秀母亲役。后大集客，秀母下食，众宾见，并起拜之。答曰："微贱岂宜如此，当为小儿故耳！"于是大母乃不敢复使之。

又曰：石崇厕有十余婢侍列，莫不毕备，又与新衣出。客多羞不能如厕。王敦大将军往，脱故衣，着新衣，意傲然。群婢谓曰："此客必能作贼。"

又曰：宗岱为青州刺史，禁淫祠，著《无鬼论》，甚精，莫能屈。后有书生诣岱，岱与谈论，书生乃振衣而去，曰："绝我辈血食二十余年，君有青牛髯奴，所以未得相困耳。奴已叛，牛已死，今日得相制矣。"言绝而失，明日而岱亡。

《搜神记》曰：诸葛恪已被杀，其妻在室问婢曰："汝何故血臭？"婢蹙然起跃至于栋，攘臂切齿而言曰："诸葛恪公乃为孙峻所杀！"

又曰：晋杜世嘏家葬，而婢误不得出，十余年开墓而婢尚生。云其始如眠，有顷渐觉，自谓一再宿。初，婢之埋年十五六，及开冢更生犹十五六也。嫁之有子。

《续搜神记》曰：勾章张然，滞役在都，有少妇遂与奴通。然养一狗，甚快。后还，奴欲谋杀然，张弓拔刀当户。然大唤曰："乌龙狗！"遂咋奴头，然因取刀杀奴，以妇付官。

《梁冀别传》曰：梁冀爱监奴秦宫，官至太仓令，得出入妻所，每见辄屏御者，托以言事，因通焉。宫内外兼宠，刺史、二千石皆谒拜之。扶风人士孙奋居富，冀从贷钱五千万，奋以三千万与之，冀大怒，乃告郡县，认奋母为守臧婢，云盗白珠十斛、紫磨金千斤以叛，遂收考奋兄弟，死于狱中，悉没货财。

《顾谭别传》曰：谭为太常，录尚书事，从交州家无私积，奴婢不满十人。

《杜兰香传》曰：晋太康中，兰香降张硕为诗赠硕云：“纵辔代摩奴，须臾就尹喜。”摩奴是香御车奴，曾忤其旨，是以自御。硕说如此。

《异录传》曰：庐陵欧明商，行经彭泽湖，每以物投湖中为礼。后见湖中有吏着单衣乘马云：“青洪君使要。”明过至一府舍，吏曰：“青洪感君以礼，必有重送者，皆勿取，但求如愿。”明从之。青洪君不得已，呼如愿送明去。如愿者，神婢也，所愿辄得，数年大富。

《列女传》曰：周室大夫仕于周，妻淫于邻人，恐主父还觉之，为毒药使媵婢进之。婢恐进之则杀主父，言之则杀主母，因僵仆覆酒。主父怒而笞之。妻恐婢言之，因他过欲杀婢，婢就杖将死而不言。主父之弟闻之，具以告。主人杀其妻，将纳婢以为妻。婢辞，欲自杀。主父乃厚币嫁之。

《列女后传》曰：会稽翟素者，翟氏之女，受娉未及配，适遭贼，欲犯之，临以刃曰：“不从者，今即死矣。”素曰：“我可得而杀，不可得而辱。”素婢名青，青乞代素，贼遂杀素。复欲犯青。青曰：“向欲代素者，恐被耻获害耳，今素已死，我岂有欲哉！”贼复杀之。

汉王褒《僮约》曰：蜀郡王褒以事止。寡妇杨惠舍，有一奴名便，倩行酤酒。便曰：“大夫买便时，但要守家，不约为他家男子酤酒也。”褒大怒曰：“宁欲卖耶！”奴复曰：“欲使便，皆当上券。不上券，便不能为也。”褒乃为券曰：“奴百役不得有二言：晨起早扫，饮食洗涤，居当守臼缚帚，裁盂凿斗。出入不得骑马载车，踑坐大呶，下床振头，垂钓刈刍，织履作粗，黏雀张乌，结网捕鱼，缴雁弹凫，登山射鹿，入水捕龟，后园纵鱼。雁鹜百余，驱逐鸱乌，持梢牧猪，种姜养羊，长育豚驹，粪除堂庑，饮马食牛。鼓四起坐，夜半益刍。舍中有客，提壶行酤，汲水作餔，涤杯整案。奴但当饭豆饮水，不得嗜酒。欲饮美酒，唯得染唇口，不得倾盂覆斗。不得晨出夜入，交关伴偶。多取蒲茅，益作绳索。雨堕无所为，当编蒋织。植种桃李梨柿柘桑，三丈一树，八尺为行。果类相从，纵横相当。果熟收敛，不得吮尝。犬吠当起，惊告邻里，枪门柱户，上楼击柝，持楯曳矛，还落三周，勤心疾作，不得遨游。奴老力索，种莞织席。事讫欲休，当舂一石，夜半无事，浣衣当白。若有私钱，主给宾客。奴不得有奸私，事当闻白，奴不听教，当笞一百。”读券文讫，辞穷咋索，仡仡叩头，两手自缚，目泪下落，鼻涕长尺。审如王大夫言，不如早归黄土，陌丘蚓钻额早知当尔，为王大夫酤酒，真不敢作恶。

太平御览卷第五百一　逸民部一

叙逸民一

《易》曰：上九，不事王侯，高尚其事。最处事上而不累于位，不事王侯，高尚其事也。《象》曰：不事王侯，志可则也。蛊卦。

又曰：六五，贲于丘园，束帛戋戋。施饰丘园，盛莫大焉。故贲于束帛，丘园乃落；贲于丘园，帛乃戋戋。

又曰：天下有山，遁。君子以远小人，不恶而严。九四，好遁，君子吉，小人否。马融曰：好遁君子吉。言虽身在外，乃心在王室，此之谓也。小人则不然，身在外，心必怨也。九五，嘉遁贞吉。《象》曰：嘉遁贞吉，以正志也。

《诗》曰：《考盘》，刺庄公也。不能修先公之业，使贤者退而穷处也。"考盘在涧，硕人之宽，独寐寤言，永矢弗谖。"考，成；盘，乐也。笺云：有穷处成，乐在此涧者。

又曰：《白驹》，大夫刺宣王也。刺其不能留贤也。"皎皎白驹，食我场苗，絷之维之，以永今朝。"宣王之末，不能用贤，贤者乘白驹而去者。乘白驹而来，食我场中苗，我绊之絷之也。

《礼》曰：季春之月，聘名士，礼贤者。

又曰：儒有上不臣天子，下不事诸侯，慎静而尚宽，强毅以与人，博学以知服近，文章砥砺廉隅，虽分国如锱铢，不臣不仕，其规为有如此者。

《论语》曰：子曰："贤者避世，其次避地，其次避色，其次避言。"子曰："作者七人矣。"七人谓长沮、桀溺、丈人、石门、荷蒉、仪封人、楚狂接舆。

又曰：子路曰："不仕无义。长幼之节，不可废也，君臣之义，如之何其废之？欲洁其身，而乱大伦。君子之仕也，行其义也。道之不行，已知之矣。"逸民：伯夷、叔齐、虞仲、夷逸、朱张、柳下惠、少连。子曰："不降其志，不辱其身，伯夷、叔齐与？"谓"柳下惠、少连，降志辱身矣。言中伦，行中虑，其斯而已矣。谓虞仲、夷逸，隐居放言，身中清，废中权。我则异于是，无可无不可。"

《汉书》曰：薛方，字子容。王莽以安车迎方，因使者辞谢曰："尧舜在上，下有巢许。今明主方崇唐虞之德，亦犹小臣欲便箕山之节也。"使者以闻，莽说方言，不强致也。

《后汉书》曰：或问汝南范滂曰："郭林宗何如人？"滂曰："隐不违亲，贞不绝俗，天子不得臣，诸侯不得友，吾不知其他。"

又曰：隗嚣素闻杜林志节，深相敬待，以为治书。后因疾告去，嚣复欲留，强起，遂称疾笃。嚣意虽相望，且欲复容之，乃出命曰："杜伯山，伯山，林字也。天子所不能臣，诸侯所不能友。盖伯夷、叔齐不食周粟，令且从师友之位。"林虽拘于嚣，终不屈节。

又曰：赵岐初名嘉。年四十有重疾，卧褥七年，虑奄然，乃遗令敕兄子曰："大丈夫遁无箕山之操，仕无伊尹之勋，天不我与，复何言哉！可立一圆石于吾墓侧前，刻之曰：'汉有逸人，姓赵名嘉，有志无时，命也奈何！'"

又曰：樊晔字子融，有俊才，好黄老，不肯为吏。

又曰：逄萌字子廉，北海都昌人也。家贫，给事县为亭长。时尉行过亭，萌侯迎拜谒，既而掷盾叹曰："大丈夫安能为人役哉！"遂去，之长安，学通《春秋》。时王莽杀其子宇，萌谓友人曰："三纲绝矣，不去，祸将及人。"即解冠挂东都城门，归将家属浮海，客于辽东。萌素明阴阳，知莽将败。有顷，乃首戴瓦盆，哭于市曰："新乎新乎！"因遂潜藏。及光武即位，乃之琅琊劳山，养志修道，人皆化其德。北海太守素闻其高，遣吏奉谒致礼，萌不答。后诏书征，萌托以老耄，迷路东西，语使者云："朝廷所以征我者，以其有益于政，尚不知方面所在，安能济时乎？即便驾归。"连征不起，以寿终。

又曰：井丹字大春，扶风郿人也。少受业太学，通五经，善谈论，故京师为之语曰："五经纷纷井太春。"性清高，未尝修刺候人。建武末，沛王辅等五王居北宫，皆好宾客，更遣请丹，不能致。信阳侯阴就，光烈皇后弟也，以外戚贵盛，乃诡说五王，求钱千万，约能致丹，而别使人要劫之。丹不得已，既至，就故为设麦饭葱叶之食。丹推去之，曰："以君侯能供甘旨，故来相过，何其薄乎？"更置盛馔，乃食。及就起左右进辇，丹笑曰："吾闻桀驾人车，岂此耶？"坐中皆失色。就不得已，而令去辇。自是隐闭，不关人事，以寿终。

又曰：高凤字文通，南阳叶人也。少为书生，家以农亩为业，而专精诵读，昼夜不息。妻尝之田，曝麦于庭，令凤护鸡。时天暴雨，而凤持竿诵经，不觉潦水流麦。妻还怪问，凤方悟之。其后遂为名儒。邻里有争财者，持其兵而斗，凤往解之，不已，乃脱巾叩头固请曰："仁义逊让，奈何弃之？"于是争者怀感，投兵谢罪。凤年老，执志不倦，名声著闻。太守连召请，恐不得免，自言本巫家，不应为吏。又诈与寡嫂讼田，遂不仕。

又曰：台佟音同，字孝威，魏郡邺人也。隐于武安山，凿穴为居，采药。自建业初，中州辟不就。刺史行部乃使从事致谒，佟病，往谢。刺史曰："孝威居身如是甚苦，如何？"佟曰："佟幸得保终性命，存神养和，如明使君奉宣诏书，夕惕庶事，反不苦耶？"遂去，隐逸终不见。

又曰：韩康字伯林，京兆霸陵人。常采药名山，卖于长安市，口不二价，三十余年。时有女子从康买药，守药价不移。女子怒曰："公是韩伯林耶？乃不二价乎？"康叹曰："我本欲避名，今女子皆知有我。"遂遁入霸陵山中。博士公车连征不至，桓帝乃备玄纁之礼，以安车聘之。使者奉诏造康。康不得已，乃许诺，辞安车，自乘柴车，冒晨先使者发。至亭，亭长以韩征君当过，方发人牛修道桥，及见康柴车幅巾，以为田叟也，使夺其牛。康即释驾与之。有顷，使者至，夺牛翁乃征君也。使者欲奏杀亭长，康曰："此自老子与之，亭长何罪？"康因中道逃遁，以寿终。

又曰："矫慎字仲彦，扶风茂陵人也。少好黄老，隐遁山谷，因穴为屋，仰慕松乔导引之术。汝南吴苍甚重之，遗书以观其志。慎不答。

年七十余，竟不肯娶。后忽归家，自言死日，及期果卒。

又曰：马瑶，矫慎同郡人也。隐于汧山，以兔罝为事，所居俗化。百姓美之，号马牧先生。

又曰：陈留老父，不知何许人也。桓帝代，党锢事起，守外黄令。陈留张升去官归乡里，道逢友人，共班荆而言。升曰：“吾闻赵杀鸣犊，仲尼临河而返；覆巢竭渊，龙凤逝而不至。今宦竖日乱，陷害忠良，贤人君子，其去朝乎？夫德之不建，人之无援，将性命之不免，奈何？”因相抱而泣。老父趋而过之，植其杖太息而言曰：“吁！二丈夫何泣之悲也！龙不隐鳞，凤不藏羽，网罗高悬，去将安所，虽泣，何及乎？”二人欲与之语，不顾而去，莫知所终。

又曰：庞公者，南郡襄阳人也。居岘山之南，未常入城府，夫妻相敬如宾。荆州刘表数延请，不能屈，乃就候之，谓曰：“夫保全一身，孰若保全天下乎？”公笑曰：“鸿鹄巢于高林之上，暮而得所栖；鼋鼍穴于深渊之下，夕而得所宿。夫趋舍行止，亦人之巢穴也，且各得其栖宿而已，天下非所保也。”因释耕于垅上，而妻子耘于前。表指而问曰：“先生苦居畎亩，而不肯官禄后代，何以遗子孙乎？”公曰：“伐人皆遗之以危，今独遗之以安，虽所遗不同，未为无所遗也。”表叹息而去。后携其妻子而登鹿门山，因采药不返。

又曰：向长字子平，《高士传》向字作尚。河内朝歌人也。隐居不仕，性尚中和，好通《易》、《老》。贫无资食，好事者更馈焉。受之，取足而返其余。王莽大司空王邑辟之，连年乃至。欲荐于莽，固辞，乃止。遂求退。读《易》至于《损》、《益》卦，喟然叹曰：“吾已知富不如贫，贵不如贱，未知死何如生耳。建武中，男女嫁娶既毕，敕断家事，勿相关，当如我死也。”于是遂肆意与同好北海禽庆俱游五岳名山，不知所终。

又曰：王霸字孺仲，太原人。少有清节，及王莽篡位，弃冠带，绝交宦。建武中，征到尚书，拜，称名不称臣。有司问其故，霸曰：“天子有所不臣，诸侯有所不友。”司徒侯霸让位于霸，阎阳毁之，遂止。以病归，隐居守志，连征不至。

又曰：闵叔仲，代称节士，虽周党之洁清，自以弗及也。党见其含菽饮水，遗之以生蒜，受而不食。建武中，应司徒侯霸之辟，既而投劾而去。复征博士，不至。客居安邑，老病家贫，不能得肉，日买猪肝一斤，屠者或不肯与。安邑令闻，敕市吏常给焉。叔仲怪而问之，知乃叹曰："闵叔仲岂以口腹累安邑乎？"遂去。客沛，以寿卒。

又曰：野王二老，不知何许人也。初，世祖贰于更始，会关中扰乱，遣邓禹西征，送之于道。既反，因于野王猎，路见二老者即禽。世祖问曰："禽何向？"举手西指言："此中多虎，臣每即禽，虎亦即臣，请大王勿往也。"世祖曰："苟有其备，虎亦何患？"二老曰："何大王之谬耶？昔汤即桀于鸣条而大城于亳，武王即纣于牧野而大城于郏鄏。彼二王者，备非不深也。是以即人者人亦即之，虽有其备，庸可忽乎？"世祖悟其旨，谓左右曰："此隐者也。"将用之，辞去，莫知所在。

又曰：严光字子陵，会稽馀姚人。少有高名，与世祖同游学。及世祖即位，光乃变姓名，隐身不见。帝思其贤，乃令以物色访之。后齐国上言，有一男子披羊裘钓泽中。乃备安车玄纁聘之，三反而后至。车驾即幸其馆，至光卧所，抚光腹曰："咄咄，子陵何不出相助为治耶？"光曰："昔唐虞著德，巢父洗耳。士故有志，何至相逼？"后引光入，共偃卧，光以足加帝腹上。明日，太史奏客星犯御座，帝笑曰："朕故人严子陵耳。"除谏议，不屈，耕富春山。后名其钓处为严陵濑。

范晔

《后汉书·逸民传序》曰：《易》称遁之时，义大矣哉。是以尧称则天，不屈颍阳之高，武尽美矣，终全孤竹之洁。自兹以降，风流弥繁，长往之轨未殊，而感致之数匪一。或隐居以求其志，或回避以全其道，或静己以镇其操，或去危以图其安，或垢俗以动其概，或疵物以激其清。然观其甘心畎亩之中，憔悴江海之上，岂必亲鱼鸟乐林草哉？亦云性分所至而已！

京房《易飞候》曰：以知贤人隐，视四方常有火云，五色具而不雨，其下贤人隐。

《庄子》曰：古之所谓隐士者，非伏其身而弗见也，非闭其言而不出也，非藏其智而不发也，时命大谬也。

又曰：刻意尚行，离世异俗，此山谷之士，诽世之人也。就薮泽，处闲旷，钓鱼闲处，无为而已矣，此江海之士，避世之人，闲暇者之所好也。

皇甫士安《高士传序》曰：孔子称举逸民，天下之人归心焉。是以鸿崖先生创高于上皇之世，许由善卷不降于唐虞之朝。自三代秦汉达乎魏兴，受命中贤之主未尝不聘岩穴之隐，追遁世之民。是以《易》著束帛之义，《礼》有玄纁之制，诗人发《白驹》之歌，《春秋》显子臧之节。故《明堂》、《月令》以季春之月聘名士，礼贤者。然则高让之士，王政所先。

太平御览卷第五百二 逸民部二

逸民二

《后汉书》曰：王符字节信，安定临泾人。好学有志，隐居著书。度辽将军皇甫规官归安定，乡人有以货得雁门太守者，还家谒规。规卧不迎。既入而问："卿前在郡食雁美乎？"有顷，王符在门。规素闻符名，乃惊遽而起，衣不及带，屣履出迎，援符手而还，与同坐，极欢。时人为之语曰："徒见二千石，不如一逢掖。"言书生道义之为贵也。

又曰：向栩字辅兴，河内朝歌人。常读《老子》，状如学道。常坐灶北板床上，积久，板乃有膝踝足指之处。时宾客就之，辄伏不起，时人莫能测。后征拜侍中，侃然正色，百官惮之。

又曰：梁鸿字伯鸾，扶风平陵人。同县孟氏有女，状肥丑，甚黑，力举石臼，择对不嫁，至年三十。父母问其故，女曰："欲得贤如梁鸿者。"鸿闻娉之。入门七日，而鸿不答。妻乃跪床下请曰："窃闻夫子高义，简斥数妇。妾偃蹇数夫，今而见择，敢不请罪！"鸿曰："吾欲裘褐之人，可以俱隐。今乃衣绮缟，傅粉墨，岂鸿所愿哉？"妻曰："以观夫子之志耳。妾自有隐居之服。"乃为椎髻布衣，操作具而前。鸿大喜曰："此真梁鸿妻也。"字曰："德曜"名"孟光"。因共入霸陵山。后至吴，为人赁舂，每归，妻为具餐，举案齐眉。

又曰：戴良字叔鸾，汝南慎阳人。母卒，兄伯鸾居庐啜粥，非礼不行。良独食肉饮酒，哀至乃哭。二人俱有毁容。或问良曰："子之居丧，礼乎？"对曰："然。礼所以制情佚也。情苟不佚，何礼之所论哉！若食旨不甘，故致毁容之实，若味不存，口食之可也。"

又曰：法真字高卿，扶风郿人。博通内外图典，为关西大儒，弟子自远方至者数百人。性恬静寡欲，不交人间事。太守见之曰："欲以功曹相屈，光赞本朝，如何？”真曰：“以明府见待有礼，故敢自同宾来。若欲吏之，真将在北山之北、南山之南矣。”太守矍然不敢复言。

又曰：汉宾老父，不知何许人也。桓帝幸竟陵，过云梦，临沔水，百姓莫不观者。有老父独耕不辍。尚书郎张温异之，使问曰：“人皆观，老父独不观，何也？”父曰：“我野人耳，不达斯语。请问天下乱而立天子耶？治而立天子耶？立天子以父天下耶？役天下以奉天子耶？昔圣王宰世，茅茨采椽而万民以宁。今子之君劳民自纵，逸游无忌，吾为子羞之，又何忍与人观之乎？”温大惭，问其姓名，不告而去。

谢沈《后汉书》曰：龙丘苌，吴郡人，笃志好学。王莽篡位，隐居太山，以耕稼为业，公车征不应。更始时，任延年十九，为郡东部尉，折节下士。锺离意为主簿，自请苌为门下祭酒。延教曰：“龙丘先生清过夷、齐，志慕原宪，都尉洒扫其门，犹惧辱之，何召之有？”

又曰：郑敬字次卿，汝南人，闲居不修人伦。都尉逼为功曹厅事。前树时有清汁，以为甘露。敬曰：“明府政未能致甘露，此木汁耳。”辞病去，隐处精学。同郡邓敬公为督邮，过存敬。敬方钓鱼于大泽，因折芰为坐，以荷荐肉，瓠瓢盈酒，言谈弥日。蓬庐荜门，琴书自娱。世祖公车征，不行。

又曰：杨后字仲桓，广汉人。潜身薮泽，耦耕诵经。司徒杨震表荐其高操，公车特征，不就。益州刺史焦参行部致谒，后恶其苛暴，时耕于大泽，即委锄疾逝。参志恚之，收其妻子，录系，欲以致后。遂不知后所在，乃出其妻子。

又曰：张奉字公先，弟表字公仪，河内人。兄弟少有高节，立精舍教授，恶衣粗食。太傅袁隗以女妻，奉送女奢丽，奴婢百人皆被罗縠，辎軿光路。妇入门数年，奉住精舍，有如路人。其妻待奉入朝，乃径前跪曰：“家公年老，不以妾顽陋，使待君巾栉，自知不副雅操。君如欲执梁鸿之高节，妾欲怀孟光之征志。”奉无以答。妻悉彻玩饰、被服、奴婢，着缦帛，执纺绩具，奉然后纳之。诸公连征，不就。谓之张氏两贤。

又曰：符融字伟明，少为都官郎，耻之，委去。私事少府李膺。膺常贵融。融幅巾褐衣，振袖清谈。膺捧手高听，叹息不暇。郭林宗始入京师，诣融。融一见与定至交，海内服融高识。公府连征，不就。

《魏志》曰：张臶在句切。字子明，少游太学，后遁常山。并州牧高干辟，不至。表除安乐令，不就。后迁居任县。广平太守卢毓到官二日，纲纪白承前致版谒臶。毓教曰："张先生所谓上不事天子，下不友诸侯，岂此版谒所可光饰哉！"但遣主簿奉书致羊酒之礼。

王隐《晋书》曰：魏末有孙登字公和，汲郡人，无家属，时人于汲郡北山为土窟中，得之。夏则编草为裳，冬则披发覆面，对人无言，好读《易》鼓琴。初，宜阳山中作炭者，忽见有人不语，精神不似常人。帝使阮籍往视与语，亦不应。籍因大啸，野人乃笑曰："尔复作向声。"籍又为啸。籍将求出，野人不听而去。登山并啸，如箫韶笙簧之音，声震山谷而还。问炭人，曰："故是向人耳。"寻知求，不知所止。推问久之，乃知姓名。孙登别传又载。

又曰：庾衮字叔褒，颍川人。与弟子治藩，必跪而授条麦。孰获者虽毕，而多捃者。衮退待间，乃方自捃，不曲行旁掇，跪而把之。每饥，率其邑人入于山林拾橡。为郡功曹，举清白异行，皆不就。值乱，携妻子入林，虑民归之，葆于大头山而田其下，有终焉之心。咳发，柱杖将起，杖跌坠岸而死。

又曰：董京字威辇，不知何郡人。太始初，值魏禅晋，遂披发佯狂，常宿白社中。时乞于市，得残碎缯絮，结以自覆，全帛佳绵则不肯受。著作郎孙楚就社中与语，遂载与归，终不肯坐。后数年去，莫知其所。其寝处得一石子及诗，曰："末世流奔，以文代质，逝将抱此玄虚，归我寂寞之室。"

又曰：夏统字仲御，会稽人。常学戏船。其母疾，市药于洛阳。贾充闻而访之，问曰："卿居海滨，作何戏习？"仲御曰："能戏船耳。"充因命焉。仲御即登舟鼓枻，为鯆音甫鲟音浮之歌，学鯆鲟之状。俄然，云雾杳冥，白鱼跳入其船。充甚异之，因就与语，仲御不对。充整服谢之，仲御引棹而去，弗之见也。充乃叹曰："可谓木人石心哉。"初，仲御在乡也，人或说之使仕，仲御勃然作色，谓之曰："我安能随俗低眉下意乎？闻君之言，不觉寒毛竞竖，白汗四匝，颜如渥丹，心如火炙，舌不住齿，口不能张，两耳闭塞，双眸俱瞑也。"遂竟不仕。

又曰：董养字仲道。惠帝时，迁杨后于金墉，有侍婢十余人，贾后夺之，然后绝膳八日而崩。仲道喟然叹曰："天人既灭，大乱将至，倾危宗庙，在其日矣。"顾谓谢鲲、阮千里等曰："时既如斯，难可保也，不如深居岩洞耳。"乃自荷担，妻子推鹿车，入于蜀山，莫知所止。

又曰：郭文字文举，河内人，隐居不仕。常居临安及吴兴馀杭，依山结庐，临清涧，植谷种麻，以供衣食。常着葛巾，披鹿皮。其山多虎豹，文独无藩篱格障，然虎豹并不至。太兴中，杨州刺史王导闻其名，乃自迎与相见，寻而逃去，莫知所在。

又曰：郭瑀字元瑜，敦煌人也，避世不仕。凉州牧张天锡遣使者孟公明备礼征瑀，乃指翔鸿以示之曰："此鸟也，飞青云之外，翔深谷之中，自东自西，安可笼也？"遂逃入山。公明乃拘其门人。瑀叹曰："吾入山逃禄避罪，岂谓隐其行义，翻乃害平人乎？"乃出就征，及至姑臧，值天锡母卒，括发入吊，三踊而出，还入其山。天锡弗能强之。后莫知所在。

又曰：霍原字休明，燕国广阳人也。少有志力，叔父坐法当死，原入狱讼之，楚毒备加，终免叔父。年十八，观太学行礼，因留。贵游子弟闻而重之。元康末，原以贤良，征累下，州郡以礼遣，皆不到也。

又曰：郭琦音奇字公伟，太原晋阳人也。少方直，有雅量，博学。武帝欲以琦为著作郎，问琦族人尚书郎郭彰。彰素疾琦，答云：不识。帝曰："若如卿言，即堪郎矣。"遂决意用之。及赵王伦篡位，又欲用琦。琦曰："我已为武帝吏，不容复为今世吏。"终身处于家。

又曰：鲁褒字元道，南阳人也。好学多闻，以贫素自立。元康之后，纲纪大坏，褒伤时之贪鄙，乃隐姓名而著《钱神论》以刺之。褒不仕，莫知所终。

又曰：任旭字次龙，临海章安人也。幼孤弱，儿童时勤于学，及长，立操清修，不染流俗，乡曲推而爱之。永康初，惠帝博求清节俊异之士，太守仇馥荐旭清贞洁素，学识通博。诏下，以礼发遣。旭以朝廷多故，志尚隐遁，辞疾不行。元帝初镇江东，闻其名，辟为祭酒，并不就。咸和二年卒。

《魏氏春秋》曰：阮籍少时常游苏门山，山有隐者，莫知其姓，有竹实数斛臼杵而已。籍从之，与谈太古无为之道，五帝三王之义，萧然曾不经听。乃对之长啸，其音响亮。苏门生逌尔而笑。籍既降，苏门生亦啸，若鸾凤之音焉。

太平御览卷第五百三　逸民部三

逸民三

王隐《晋书》曰：龚壮字子伟，巴西人也。洁己自守，与乡人谯秀齐名。父叔为李特所害，壮积年不除丧，力弱不能复仇。及李寿戍汉中，与李期有嫌。期，特孙也，壮欲假寿以报，乃说寿曰："节下若能并有西土，称藩于晋，人必乐从。且舍小就大，以危易安，莫大之策也。"寿然之。遂率众讨期，果克之。寿犹袭伪号，欲官之。壮誓不仕，赂遗一无所受。壮上书说寿以归顺，允天心，应人望，永为国藩，福流子孙。寿不纳。壮谓曰：百行之本，莫大忠孝。既假寿杀期，私仇已雪，又欲使其归朝，以明臣节。寿既不从，壮遂称耳聋。又云：手不制物，终身不复，至成都下帷研考经典，覃思文章。至李势时卒。

又曰：韩绩字兴齐，广陵人也。先避世居于吴之嘉兴。父建仕吴，至大鸿胪。绩少好文学，以潜退为操，布衣蔬食，不交当世，由是东土并宗敬焉。司徒王导闻其名，辟以为掾，不就。咸康末，会稽内史孔愉上疏荐之，诏以安车束帛征之，称老。病卒于家。

又曰：谯秀字元彦，巴西人也。少而静默，不交于世。知天下将乱，预绝人事，虽内外宗亲不相见。郡察孝廉，州举秀才，皆不就。及李雄据巴蜀，慕秀名，具束帛安车征，皆不应。常冠皮弁弊衣，躬耕山薮。后避难宕渠，乡里宗族依凭之者以百数。秀年出八十，众人欲代之负担。秀曰："各有老弱，当先营护。吾气力犹足自堪，岂以垂朽之年累诸君也？"年九十余卒。

又曰：辛谧字叔重，陇西狄道人也。少有志尚，博学善属文。性恬静，不妄交游。召拜太子舍人，诸王文学，累征不起。永嘉末，没于刘聪，拜太中大夫，固辞不受。又历石季龙之世，并不应辟命。虽处死乱之中，颓然高迈，视荣利蔑如也。及冉闵僭乱，复备礼，征为太常。谧遗闵书，因不食而卒。

又曰：索袭字伟祖，敦煌人也。虚静好学，不应州郡之命，举孝廉贤良方正，皆以疾辞。游思于阴阳之术，著天文地理十余篇，多所启发。不与当世交通，或独语独笑，长叹涕泣，或请问不言。敦煌太守阴澹奇而造焉，经日忘返，出而叹曰："索先生硕德名儒，真可以咨大义。"澹欲行乡射之礼，请为三老。会病卒，时年七十九。

又曰：杨轲，天水人也。少好《易》，长而不娶，学业精微，养徒数百，常食粗饭，饮水，衣短褐。人不堪其忧，而轲悠然自得。疏宾异客，音旨未尝交也。虽受业门徒，非入室弟子莫得亲言。欲所论授入室弟子，令相与宣授。刘曜僭号，征拜太常，轲固辞不起，曜亦敬而不逼。遂隐于陇山。及曜为石勒所擒，秦人东徙，轲留长安。石季龙嗣位，备玄纁束帛安车征之。轲以疾辞，迫之乃发。既见季龙，不拜；与语，不言。有司以轲倨傲，请从大不敬论。季龙弗从，下诏任轲所尚。常卧土床，覆以布被，裸寝其中，下无茵褥。颍川荀铺，好奇之士也，造而谈经，轲瞑目不答。铺发轲被，露其形，大笑之。轲神体颓然，无惊怒之状。于时咸以为焦先之徒，未有能量其深浅也。后上疏陈乡思求还。季龙送以安车蒲轮。自归秦州，仍教授不绝。

又曰：公孙凤字子鸾，上谷人也。隐于昌黎之九城山，冬衣单布，寝土床，弹琴吟咏，陶然自得。人咸异之，莫能测也。慕容暐以安车征至邺。及见暐，不言不拜，衣食举动如在九城。宾客造请，鲜得与言。数年病卒。

又曰：公孙永字子阳，襄平人也。少而好学，恬虚，隐于平郭南山，不娶妻妾，非所垦植则不衣不食。吟咏岩间，忻然自得，年逾九十，操尚不亏。与公孙凤俱被慕容暐征至邺，王公已下造之，不与言。虽经隆寒盛暑，端然自若。一岁余，诈狂，暐送之平郭。后苻坚又将备礼征之，难其年耆路远，乃遣使致问，未至，卒。坚深悼之。

又曰：张忠字巨和，中山人也。永嘉之难，隐于太山，恬静寡欲，清虚服气，餐芝饵石，修导养之法。冬无缊袍，夏则带索，端拱尸居。

无琴书之适，不修经典劝教，但以至道虚无为宗。其居依崇岩幽谷，凿地为窟居。弟子亦以窟居，去忠六十余步，五日一朝。其教以形不以言，弟子授业，观形而退。立道坛于窟上，每旦朝拜之。食用瓦器，凿石为釜，左右居人馈之衣食，一无所受。年在期颐，而视听无爽。苻坚遣使征之，乃至长安。坚赐以衣冠，辞曰："年朽发落，不堪衣冠，请以野服入谒。"从之。后坚安车送之，行达华山，叹曰："我东岳道士，殁于西岳，命也，奈何！"行五十里，及关而死。坚谥安道先生。

又曰：石垣字洪孙，自云北海剧人。居无定处，不娶妻妾，不营产业，食不求美，衣必粗弊。或有遗其衣服，受而施人。人有丧葬，辄杖策吊之，路无远近，时有寒暑，必在其中。或同日共时，咸皆见焉。姚苌之乱，莫知所终。

又曰：郭荷字承休，洛阳人也。六世祖整，汉安顺之世，公府八辟，公车五征，皆不就。自整及荷，世以经学。荷明究群籍，特善史书，不应州郡之命。张祚遣使者以束帛安车征为博士祭酒。后上疏乞还，祚以安车蒲轮送还张掖东山。年八十卒，谥曰玄德先生。

又曰：祁嘉字孔宾，酒泉人也。少清贫好学，年二十余，夜忽窗中有声呼曰："祁孔宾，隐去来修饰，人间甚苦不可谐，所得未毛铢，所丧如山崖。"旦而逃去，西至敦煌，依学官诵书。贫无衣食，为儒生都养以自给。遂博通经传，精究大义，而教授门生百余人。张重华征为儒林祭酒，常谓为先生而不名之。以寿终。

又曰：瞿硎先生者，不得姓名，亦不知何许人也。泰和末，常居宣城。郡界山中有瞿硎，因以名焉。大司马桓温常往造之。既至，见先生被鹿裘，坐于石室，神无忤色。温及僚佐数十人皆莫测之，乃命伏滔为之铭赞，竟卒于山中。

又曰：宋纤字令文，敦煌人也。少有远操，沉静不与世交，隐于酒泉南山。酒泉太守马岌，高尚之士也，具威仪，鸣钟鼓，造焉。纤高楼重阁，拒而不见。岌叹曰："名可闻而身不可见，德可仰而形不可观。吾乃今而后知先生人中之龙也。"题诗于石壁曰："丹崖百丈，青壁万寻；奇木蓊郁，蔚若邓林；其人如玉，维国之琛；室迩人遐，实劳我心。”纤注《论语》及为诗颂数万言。年八十，笃学不倦。张祚复遣使者备礼征为太子友，逼喻甚切。纤喟然叹曰：“德非庄生，才非干木，何敢稽停明命。”遂至姑藏。祚遣其太子太和以执友礼造纤，称疾不见，赠遗一皆不受。后卒，谥曰玄虚先生。

又曰：邓粲，长沙人也。少以高洁著名，与南阳刘驎之、南郡刘尚公同志友善，并不应州郡辟命。荆州刺史桓公卑辞厚礼，请粲为别驾。粲嘉其好贤，乃起应召。驎之、尚公谓粲曰：“卿道学深，众所推怀，忽然改节，诚失所望。”粲答曰：“足下可谓有志于隐而未知隐。夫隐之为道，朝亦可隐，市亦可隐。隐初在我，不在于物。公等无以难之。”

又曰：汜腾字无忌，敦煌人。举孝廉，除郎中。天下兵乱，去官还家。太守张閟造之，闭门不见，礼遗一无所受。叹曰：“吾闻乱世贵而能贫，乃可以免。”散家财五十万以施宗族，柴门灌园，琴书自适。刺史张轨征之为府司马，腾曰：“门一杜其可开乎！”固辞。病卒。

又曰：王长文字德郁，广汉人。少以才学知名，放荡不羁。州郡辟为别驾，乃微服窃出，举州莫知所之。后于成都市中，蹲踞而坐，啮胡饼食之。刺史知其不出，乃礼遣之。于是闭门自守，不交人事。著《通玄经》四卷，文言卦象，可用以为卜筮。

《晋中兴书》曰：虞喜字仲宁，好学博古。中宗初镇江左，上疏荐喜，公车征，不至。司空贺循每一诣喜，辄经信宿，云不能测也。康帝以为散骑常侍，又不起。永和初，将禘太庙，应有递毁，尚书郎徐禅诣喜咨焉。喜所著数十万言。

又曰：高阳许询，字玄度；丹阳许玄，字远游，并治高不仕。询有才藻，能清言。玄山居服食，志求仙道，游会稽，临海山，誓不归家，乃与妇书，令改适。后入剡深山，莫知所止。或以为升仙。

又曰：翟汤字长渊，寻阳人。耕而后食，凡有馈赠，一无所受。庾亮荐汤以国子博士，征不起。汤子庄，字祖休，遵汤之操，雅好弋钓。及长，不复猎。人或问庄曰：“同是害生之事，而先生止去其一，何也？”庄曰：“猎自我，钓自物，故先节其甚者。且贪饵吞钓，岂我哉？”时人以为知言。晚节亦不复钓，端坐荜门，啜菽饮水，征辟皆不就。庄子矫，矫子法赐，并征不至，世有隐行。

又曰：郭翻，字长翔。不交世事，家于临川，唯以鱼猎为娱。常以车猎，道逢病人，以车送之，徒步而返。庾亮荐，公车征，不就。乘小船归武昌，庾翼躬往造之，以翻船狭小，欲引入大船。翻曰：“使君不以民鄙贱而辱临之，此固野人之舟也。”遂不肯。翼便俯屈入其船中，终日而去。

又曰：孙略字文度，吴人。少佃于野，人有刈其稻者，略避之。既而刈一担，自送与之，乡人感愧。终日屡空，怡然自足，辟命皆不就。妻虞预女也，少禀伯喜风，共安俭约。

又曰：何琦音奇字万伦。养志衡门，不交人事，丰约与邻乡共之，频征不起。桓温登琦县界山，喟然叹曰：“此山南有人焉，何某真正是也！”

又曰：陶淡字处静，太尉侃之孙也。雅好仙道，年十五六，便服食于山中，立小草屋，设小床独坐。旧故入山候者，辄移渡涧，莫得近。本州举秀才，淡闻，遂逃罗县山中，终身不返，莫知所终。

又曰：范宣少尚隐遁，博综众书，征辟并不应。虽闲居屡空，常研讲为业，讽诵之声有若齐鲁。

太平御览卷第五百四　逸民部四

逸民四

《晋中兴书》曰：孟陋字少孤。少而贞洁，清操绝伦，口不言世事。时或渔弋，虽家人亦不知所之。太宗辅政，以为参军，不起，桓温躬往造焉。或谓温宜引在府，温叹曰："会稽王不能屈，非敢拟议也。"陋闻之曰："亿兆之人，无官者十居其九，岂皆高士哉？我病疾，不堪恭相王之命，非敢为高也。"

又曰：刘驎之字子骥，一字道民。好游于山泽，志在存道。常采药至名山，深入忘返。见有一涧，水南有二石囷，一颙开，一囷闭。或说囷中皆仙方秘药，驎之欲便寻索，终不能知。桓冲请为长史，固辞。居于阳岐，人士往来无不投之。驎之躬自供给，人人丰足。凡人致赠，一无所受。

又曰：龚玄之字道玄。潜处陋巷，未尝出入公门，人有致饷，一无所受。武陵太守孙放荐玄之，诏以为散骑常侍。郡县逼，苦辞不行。前后四征，一皆不降。

又曰：戴逵字安道。少博学，能鼓琴。总角时以鸡子汁溲瓦屑，作郑玄碑，又为碑文；文既绮藻，器亦妙绝。武陵王晞闻其善琴，使人召之，逵于使者前打破琴曰："戴安道不能为王门伶人。"累征散骑常侍，郡县逼，乃逃去。吴国内史王珣有别馆在虎邱山，乃潜住珣山中。谢玄、王珣并表逵，烈宗备礼征，不至。

沈约《宋书》曰：陶潜字渊明，或云渊明字元亮。曾祖侃，晋大司马。潜少有高趣，尝著《五柳先生传》以自况，曰："先生不知何许人，不详姓字。宅边有五柳树，因以为号焉。闲静少言，不慕荣利。好读书，不求甚解。性嗜酒，而家贫不能恒得。亲旧知其如此，或置酒招之，造饮辄尽，期在必醉。常著文自娱，颇示以志。忘怀得失，以此自终。”其自序如此，时人谓之实录。

又曰：孔淳之字彦深，鲁郡鲁人。茅室蓬户，庭草芜径，唯床上有数帙书。元嘉初，征为散骑侍郎，乃逃于上虞县界，家人莫知所之。

又曰：周续之字道祖，雁门广武人也。终身不娶妻，布衣蔬食。常以嵇康《高士传》得出处之美，因为之注。高祖北讨，世子居守，迎续之，馆于安乐寺，延入讲礼，月余复还山。

又曰：朱百年，会稽山阴人。以伐樵采箬为业，每以樵箬置道头，辄为行人所取，明旦亦复如此。人稍怪之。积久，方知是朱隐士所卖。须臾行者随其所堪多少，留钱取樵而去。

又曰：王素字休业，琅琊人也。少有志行，乃往东阳隐居不仕，屡被征辟，声誉甚高。山中有蚿虫，声清长而形丑。素乃为《蚿赋》以自况。

又曰：戴颙字仲若，谯郡铚人也。父逵兄勃并隐遁，有高名。颙年六十，遭父忧，几于毁灭。因此长抱羸患，以父不仕，复修其业。父善琴书，颙并传之，凡诸音律，皆能挥手。会稽剡县多名山，故世居剡下。颙及兄勃并受琴于父，父没，所传之声不忍复奏，各造新弄。桐庐县又多名山，兄弟复共游之，因留居止。以桐庐僻远，难以养疾，乃出居吴下。吴下士人共为筑室，乃述庄周大旨，著《逍遥论》。太祖元嘉初，征散骑常侍，并不就。太祖每欲见之，尝谓黄门侍郎张敷曰：“吾东巡之日，当宴戴公山也。”以其好音长给《正声伎》一部。卒年六十四。后景阳山成，上叹曰：“恨不使戴颙观之。”

又曰：宗炳字少文，南阳人。高祖领荆州，辟为主簿，不起。问其故，答曰：“栖丘饮谷三十余年，岂可于王门折腰，为趍走吏乎？”高祖善其对。妙善琴书，精于言理，每游山水，往辄忘归。征西长史王弘每从之游，未尝不弥日也。乃下入庐山，就释惠远考寻文义。兄臧为南平太守，逼与俱还，乃于江陵三湖立宅，闲居无事。高祖召为太尉参军，不就。二兄早卒，孤累甚多，家贫无以相赡，颇营稼穑。高祖数致饩赉。宋受禅，征为太子舍人。元嘉初，又数征庶子，并不应。衡阳王在荆州，亲至炳室，与之欢宴，命为谘议，不起。好山水，爱远游，西陟荆巫，南登衡岳。因而结宇衡山，欲怀尚平之志。有疾，还江陵，叹曰："老疾俱至，名山恐难遍睹，唯当澄怀观道，卧以游理。"凡所游履皆图之于室，谓人曰："抚琴操，欲令众山皆响。"古有金石弄，唯炳传焉。太祖遣乐师就炳受之。元嘉二十年，炳卒。

又曰：王弘之字方平，琅邪临沂人，家贫而性好山水。桓玄辅晋，桓谦以为卫军参军。时殷仲文还姑孰，祖送倾朝，谦要弘之同行。答曰："凡祖离送别，必在有情。下官与殷风马不接，无缘扈从。"谦贵其言。随兄敬弘之安成都，弘之解职同行。家在会稽上，虞敬弘常解貂裘与之，即着以采药。性好钓，上虞江有一处，名三石头，弘之常垂纶于此，经过者不识之。或问："渔师，得鱼卖否？"弘之曰："亦自不得，得亦不卖。"日夕载鱼入至上虞郭，经亲故门，各以一两头置门内而去。始宁沈州有佳山水，弘之又依岩筑室，谢灵运、颜延之并相钦重。

又曰：刘凝之字志安，小名长年。慕老莱、严子陵为人，推家财与弟及兄子，立屋于野外，非其力不食。州里重其仁德，礼辟，并不受。妻，梁州刺史郭铨女也，遣送丰丽。凝之悉散之亲族。妻亦能弃荣华，共安俭苦。征为秘书郎，不就。荆州年饥，衡阳王虑凝之馁毙，饷钱十万。凝之大喜，将钱至市门，观有饥色者，悉分与之。性好山水，一旦携妻子泛江湖，隐居衡山之阳，登高山，绝人迹，为小屋居之，采药服食，妻子皆从其志。

又曰：龚祈字道孟，武陵汉寿人也。父黎民及祈并不应征辟。祈风姿端雅，容止可观，中书郎范述见而叹曰："此荆楚仙人也。"时或赋诗，言不及世事。

又曰：翟法赐。寻阳柴桑人。祖汤，汤子庄，庄子矫，并高尚不仕，逃避征辟。矫生法赐。少守家业，立屋于庐山顶，居后便不复还家。不食五谷，以兽皮结草为衣。辟蓍作郎，不就。后家人至石室寻求，因复远徙，违避征聘，遁迹幽深。后卒于岩石之间。

又曰：沈道虔，吴兴武康人。少仁爱，好《老》《易》。居县北石山下，为精庐，与诸孤兄子共釜庾之，资困不改节。受琴于戴逵，避府凡十二命，皆不就。太祖闻之，遣使存问，赐钱。累世事佛，推父祖旧宅为寺。至四月八日，每请像。请像之日，辄举家感动焉。道虔年老菜食，恒无经日之资，而琴书为乐，孜孜不倦。

又曰：雷次宗字仲伦，南昌人也。少入庐山，事沙门释惠远，笃志好学，尤明《三礼》、《毛诗》，隐退不交世务。以散骑侍郎征，并不就。元嘉十五年，征至京师，开馆于鸡笼山，聚徒教授，置生百余人。车驾数幸次宗学馆，资给甚厚。又除给事中，不就。还庐山，公卿已下并设祖道。后征诣京邑，为筑室于钟山西岩下，谓之招隐馆，使为皇太子、诸王讲丧服经。次宗不入公门，乃使自华林东门入延览堂就业。后卒于钟山。

又曰：关康之字伯愉，河东杨人。世居京口，寓居南昌。少而笃学算，妙尽其能。元嘉中，太祖闻康之有学义，诏征之，不起。弃人事，守志闲居。弟双之病卒，迎丧，因得虚劳病，寝顿二十余年。时有间日，辄卧论文义。升平初卒。

《后魏书》曰：冯亮字灵通，南阳人。博览诸书，笃好佛理。世宗尝召以为羽林监，领中书舍人，将令侍讲十地诸经。固辞不拜。父使衣帻入见，亮求以幅巾就朝，遂不就强逼。还山数年，与僧徒礼诵为业，有终焉之志。既雅爱山水，兼有巧思，结架岩林，甚得游放之适，颇以此闻。世宗给其工力，令与沙门统僧暹、河南尹甄琛等周视嵩山形胜之处，制闲居寺。亮卒，诏赠帛二百匹，以供凶事。遗戒兄子综，殓以衣帢，左手持板，右手执《孝经》，置尸盘石上。积十余日，乃焚于山，以灰烬处起佛塔。初，亮以冬月亡，时连骤雪，穷山荒涧，鸟兽饥窘，僵尸山野，无所防护。时有寿春道人惠需，每旦往看其尸，拂去尘霰。禽虫之迹，交横左右，而初无侵毁，衣服如本，唯风吹帢落耳。惠需又以大栗十枚，开亮手置把中，经宿乃为虫鸟盗食，皮壳在地，亦不伤肌体。焚燎之日，有素雾蓊郁回绕其旁，自地属天，弥朝不绝。山中道俗营助者百余人，莫不异焉。

又曰：李谧字永和，赵郡人。少而好学，博通诸经，周览百氏。初师事小学博士孔璠，数年之后，璠还就谧业。同门生为之语曰：“青成蓝，蓝谢青；师何常，在明经。”谧不饮酒，好音律，爱乐山水，高尚之情长而弥固。一遇其赏，悠尔忘归，乃作《神士赋》。

又曰：睦夸一名昶，赵郡高邑人。年二十遭父丧，须鬓致白。每悲哭，闻者为之流涕。高尚不仕，寄情丘壑。少与崔浩为莫逆之交，及浩为司徒，奏征夸为其中郎，辞疾不起。州郡逼遣，不得已。及入都与浩相见，经留数日，唯饮酒叙平生，不及世利。浩每欲论屈之，竟不能发言，其见敬惮如此。浩后遂投诏书于夸怀，夸曰：“桃简，卿已为司徒，何足以此劳国士也。”桃简，浩小名。浩虑夸即还，夸时乘一骡，更无兼骑。浩乃以骡内之厩中，冀相维絷。夸遂托乡人输租者谬为御车，乃得出关。浩知而叹恨曰：“睦夸独行之士，本不应以小职辱之，又使其人杖策复路，吾当何辞以谢也？”及浩诛后，夸为之素服，受乡人吊唁，乃叹曰：“崔公既死，谁能更容睦夸？”年七十五卒。及葬之日，赴会者如市。

《续晋阳秋》曰：谢惠隐居会稽。初月犯少微，一名处士星。时戴逵名重于敷，时人忧之。俄而敷死，故会稽士人嘲曰：“吴中高士，求死不得死。”

太平御览卷第五百五　逸民部五

逸民五

萧子显《齐书》曰：褚伯玉字元璩，吴郡钱塘人也。年十八，父为之婚，妇入前门，伯玉从后门出。遂往剡，居瀑布山，时人比之王仲都。在山三十余年，隔绝人物。王僧达为吴郡，苦礼致之，伯玉不得已，停郡信宿，才交数言而退。宁朔将军丘珍孙与僧达书曰："闻褚先生出居贵馆，此子灭影云栖，不事王侯，抗高木食，有年载矣。自非折节好士，何以致之？望其还策之日，暂纡清尘，亦愿助为譬说。"答曰："褚先生从白云游旧矣。此子索然，唯朋松石。介于孤峰绝岭者，积数十载。近故要其来此，冀慰日夜。比谈讨芝桂，借访荔萝。若已窥烟波临沧洲矣，知君欲见之，当为申譬。"太祖即位，手诏吴、会二郡以礼迎遣，又辞疾，上不欲违其志，敕于剡白石山立太平馆居之。

又曰：明僧绍字承烈，平原鬲人也。隐长广郡崂山，诏征为正员外郎，称疾不就。其后与崔思祖书曰："不食周粟而食周薇，古犹发议，在今宁得息谈耶？"僧绍弟庆符为青州刺史，罢任，僧绍随归住江乘摄山。太祖谓庆符曰："卿兄高尚其事，亦尧之外臣，朕虽不相接，有时通梦。"乃遗僧竹根如意。

《南史》曰：郭希林，武昌人也。曾祖翻，晋世高尚不仕。希林少守家业，征召一无所就。卒，子蒙亦隐居不仕。

又曰：辛普明字文达，少就关康之受业，至性过人。居贫，与兄共处一帐。兄亡，仍帐施灵，蚊甚多，通夕不得寝，而终不道侵螫。侨居会稽，会稽士子高其行，当葬兄，皆送金为赠。后至者不复肯受，人问其故，答曰："本以兄墓不周，故不逆亲友之意。今实以足，岂可利亡者余赠耶？"

又曰：杜京产字景齐，吴郡钱塘人也。父道鞠州从事，善弹棋。京产少恬静，闲意荣宦，颇涉文义，专修黄老。会稽孔觊清刚有峻节，一见而为交。郡命主簿，州辟从事，皆称疾去。与同郡顾欢同契，始宁东山，开舍受学。齐建元中，武陵王晔为会稽，齐高帝遣儒士刘瓛入东为晔讲，瓛故往与之游，曰："杜生，当今之台尚也。"永明十年，孔珪、陆澄、沈约表荐京产，征为奉朝请，不至，于会稽聚徒教授。建武初，征员外散骑常侍郎。京产曰："庄生持钓，岂为白璧所回？"辞疾不就。

又曰：孔道徽，会稽山阴人。守志业不仕，与杜京产友善。道徽父祐，至行通神，隐于四明山谷中，有数百斛钱，视之如瓦石。太守王僧虔与张绪书曰："孔祐，敬康曾孙也，行动幽祇，德标松桂，引为主簿，遂不可屈，此古之遗德也。"道徽少厉高行，能世其家风，隐居南山，终身不窥都邑。豫章王嶷为扬州，辟西曹书佐，不至，乡里宗慕之。

又曰：臧荣绪，京莞莒人也。少孤，躬自灌园，以供祭祀。母丧，扫洒堂宇，置筵席，朔望辄拜荐焉。甘珍未尝先食。纯笃好学，括东西晋为一纪、录、志、传一百一十卷，隐居京口教授。齐高帝为扬州刺史，征荣绪为主簿，不到。建元中，司徒褚彦回启高帝，称述其美，以置秘阁。荣绪谓人曰："昔吕尚奉丹书，武王致斋，降位李、释教诫，并有礼敬之仪。"因甄明至道，乃著《拜五经序论》，常以宣尼庚子日生，其日陈五经拜之，自号披褐先生。又以饮酒乱德，言常为诫。永明六年卒。初，荣绪与关康之俱隐在京口，时号为二隐。

又曰：吴苞字天盖，濮阳鄄城人也。儒学，善《三礼》及《老》《庄》。宋泰始中，过江聚徒教学。冠黄葛巾，蔬食二十余年。与刘瓛俱于褚彦回宅讲授。齐隆昌元年，征为太学博士，不就。始安王遥光及江祐、徐孝嗣共为立馆于钟山下教授，朝士多到门焉。当时称儒者，自刘瓛以后，聚徒讲授，唯苞一人而已。以寿终。

又曰：楼惠明字智远，立性贞固，有道术。居金华山，旧多毒害，自惠明居之，无复辛螫之苦。藏名匿迹，人莫之知。宋明帝召，不至；齐高帝征，又不至。文惠太子在宫，苦延方至，仍又辞归。俄自金华轻棹西下，及就路回之丰安。旬日，闻俄贼起，唯丰安独全。时人以为有先觉，齐武帝敕为立馆。

又曰：渔父者，不知姓名，亦不知何许人也。太康孙缅为寻阳太守，落日逍遥渚际，见一轻舟，凌波隐显。俄而渔父至，神韵萧洒，垂纶长啸。缅甚异之，乃问："有鱼卖乎？"渔父笑而答曰："其钓非钓，宁卖鱼者耶？"缅益怪焉，遂褰裳涉水，谓曰："窃观先生有道者也，终朝鼓枻，良足劳止。吾闻黄金白璧，重利也；驷马高盖，荣劳也。方今王道文明，守在海外，隐鳞之士，靡然向风。子胡不赞缉熙之美，何晦其用若是也。"渔父曰："仆山海狂人，不达世务，未辩贵贱，无论荣贵。"乃歌曰："竹竿籊籊，河水悠悠；相忘为乐，贪饵吞钩；非夷非惠，聊以忘忧。"于是悠然鼓棹而去。

又曰：顾欢字景怡，吴兴盐官人也。家世寒贱，父祖并为农。欢独好学，年六七岁，知推六甲。家贫，父使田中驱雀，欢作《黄雀赋》而归。雀食稻过半，父怒，欲挞之，见赋乃止。乡中有学舍，欢贫，无以受业，于舍壁后倚听，无遗忘者。夕则燃松节读书，或燃糠自照。及长，笃志不倦。闻吴兴东迁，邵玄之能传五经文。旬假为书，师从之受业。同郡顾恺之临县，见而异之，遣诸子与游。从豫章雷次宗谘玄儒诸义。母亡，水浆不入口，庐于墓次，遂隐不仕。于剡天台山开馆，聚徒受业，诸生常近百人。欢早孤，读诗至"哀哀父母，生我劬劳"，辄执书恸哭。由是受学者废《蓼莪》篇，不复讲焉。

又曰：蔡荟字休明，陈留人。清玩不与俗人交。李抝谓江敩曰："古人称安贫清白曰夷，涅而不缁曰白。至如蔡休明者，可不谓之夷白乎？"

又曰：徐伯珍字文楚，东阳太末人也。少孤，贫无纸，常以竹叶、箭若、甘蔗及地上学书。山水暴出，漂溺宅舍，村邻皆奔走，伯珍累床而坐，诵书不辍。叔父璠之与颜延之友善，还祛蒙山，立精舍讲授。伯珍往从学，积十年，究寻经史，游学者多依之。太守琅琊王昙生、吴郡张淹并加礼，辟伯珍，应召便退。如此者凡十二焉。好释氏老庄，兼明道术。岁尝旱，伯珍筮之，如期而雨。举动有礼，过曲木之下，趋而避之。早丧妻，晚不复重娶，自比曾参。宅南九里有山，伯珍移居之。阶户之间，木生皆连理；门前梓树，一年便合抱；白雀一双，栖其户牖，论者以为隐德之感也。

又曰：沈麟士字云祯，吴兴武康人也。父虔之，为乐安令。麟士幼而俊敏，年七岁，听叔父岳言玄，宾散，言无所遗失。岳抚其肩曰："若斯文不绝，其尔乎？"及长，博通经史，有高尚之志。亲亡，居丧尽礼，服阕忌日，辄涕泣弥旬。居贫，织帘诵书，口手不息，乡里号为织帘先生。尝行路，邻人认其所着屐。麟士曰："是乡屐耶？"即跣而返。邻人得屐，送前者还之。麟士笑而受之。宋文帝令何尚之抄撰五经，访举学士，县以麟士应选。不得已，至都，尚之深相接。及去，尚之谓子偃曰："山薮固多奇士。沈麟士，黄叔度之流也。汝师之。"麟士常苦无书，因游都下，历观四部，毕乃叹曰："古人亦何人哉！"少时，称疾归乡，不与人物通。或劝之仕，答曰："鱼悬兽槛，天下一契；圣人玄悟，所以每履吉先。吾诚未能景行坐忘，何为不希企日损？"乃作《玄散赋》以绝世。隐居吴差山讲经，从学之士数百人，各营屋宇，依止其侧。时为之语曰："吴差山中有贤士，开门教授居成市。"

又曰：诸葛璩字幼玟，琅邪人也。世居京口。璩幼事征士关康之，博涉经史。复师征士臧荣绪。荣绪著《晋书》，称璩有发擿之功，方之灵壶。齐建武初，江祀荐璩于明帝，言璩安贫守道，阅礼敦诗，如其简退，可扬清激浊，辟为议曹从事。帝许之。璩辞不赴。陈郡谢朓为东海太守，下教扬其风概，饷谷百斛。梁天监中举秀才，不就。璩性勤于诲诱，后生就学者日至。居宅狭陋，无以容之，太守张仄为起讲舍。璩处身清正，妻子不见喜愠之色，旦夕孜孜，讲诵不辍，时人益以此宗之。

又曰：刘慧斐字宣文，彭城人也。少博学，能属文，起家梁安成王法曹行参军。尝还都，途经寻阳，游于匡山，遇处士张秀，相得甚欢，遂有终焉之志。因不仕，居东林寺。又于山北构园一所，号曰"离垢园"。时人因谓离垢先生，远近钦慕之。简文遗以机杖。论者云：自远法师殁后，将二百年，始有张、刘之盛矣。

又曰：范元琰字伯珪。居父忧时，童孺哀慕尽礼，亲党异之。及长好学，博通经史，兼精佛义。祖母患瘫，常自含吮。与人言，常恐伤物。居家不出城市，虽独居如对宾客，见者莫不改容惮之。家贫，唯以园蔬为业。尝出行，见人盗其菘，元琰遽退走。母问其故，具以实答。问盗者为谁，答曰："向所退，畏其愧耻。今启其名，愿不泄也。"于是母子秘之。或有涉沟盗其笋者，元琰因伐林为桥以度之。自是盗者大惭，一乡无复草窃。齐建武初，为曹虎平西参军，不至。于是始安王遥光为扬州，谓徐孝嗣曰："曹虎参军，岂是礼贤之职？"欲以西曹书佐聘之。会遥光败，不果，时人以为恨。

《梁书》曰：阮孝绪字士宗，尉氏人。父彦之诫曰："宜思自勗，以遮尔躬。"答曰："愿追赤松子于沧海，逐许由于穹谷耳。"自是屏居一室，非晨昏定省，未尝出户外。兄王宴贵显，绪度必颠覆，闻笳声至门，孝绪乃穿篱逃迸。及晏诛，竟获免。时中丞任昉欲往见之，不肯。乃叹曰："其室虽迩，其人何远！"自是饮风者莫不敛衽，望尘而息也。

又曰：陶弘景字通明，丹阳人。生十岁，读葛洪《神仙传》曰："仰青云，睹白日，不觉为远矣。"齐高祖作相，引为侍读。永明初，脱朝服挂神武门，上表辞禄，诏乃许之。居句容曲句山，自号华阳隐居。武帝即位，有吉凶征讨大事，皆使咨问，时人号为山中宰相。预知梁祚覆没，乃制诗曰："夷甫任散诞，平叔坐论空，岂悟昭阳殿，遂作单于宫。"及侯景倾陷篡位，果在昭阳殿，皆如其言。大同初卒，年八十五。颜色不变，屋中有异香气，累日氤氲，谥贞白先生。有《肘后方》、《枕中术》及《本草》。

又曰：沈顗，吴兴人也。性有至介，常慕黄叔度、徐孺子之为人，每独处一室，罕见其面。从叔勃贵显，当朝每还，吴宾客迎送填咽，顗送迎不出域。勃乃叹曰："吾乃今知贵不如贱也。"

又曰：何点字士哲，庐江人也。点虽不出入城府，而遨游于外，不簪不带，驾柴车，蹑草履，恣心所适，致醉而归。士大夫多慕从之，时人谓之通隐。

《后周书》曰：韦夐字敬远，孝宽之兄也。志尚夷简，淡于荣利。太祖经略王业，仄席求贤，备礼辟之，终不能起，弥加敬重。世宗即位，礼遇逾厚，敕有司日给河东酒一斗，号曰逍遥公。年七十而卒。

《陈书》曰：马枢字要理，扶风人。初为梁邵陵王纶学士。纶举兵援台城，留书二万卷寄枢，枢肆意寻览将遍，乃喟然叹曰："吾闻贵爵位者以巢由为桎梏，爱山林者以伊吕为管库。今乃稽诸史典，笃论其义，亦各从其所好。"乃隐于茆山，曰精洞。

太平御览卷第五百六 逸民部六

逸民六

《隋书·隐逸传》曰：李士谦字子约，赵郡平棘人也。髫龀丧父，事母以孝。闻母曾呕吐，疑为中毒，因跪而尝之。伯父玚深所嗟尚，每称曰："此儿，吾家之颜子也。"后丁母忧，居丧，骨立服阕，舍宅为伽蓝，脱身而出。诣学请业，精研不倦。遂博览群籍，兼善天文术数。隋有天下，毕志不仕。自以少孤，未尝饮酒食肉，口无杀害之言。至于亲宾来萃，辄陈樽俎，对之危坐，终日不倦。李氏宗党豪盛，每至春秋二社，必高会极欢，无不沉醉喧乱。尝集士谦所，盛馔盈前，而先为设黍，谓群从曰："孔子称黍为五谷之长，荀卿亦云食先黍稷。古人所尚，容可违乎？"少长肃然，不敢弛惰。退而相谓曰："既见君子，方觉吾徒之不德也。"士谦闻而自责曰："何乃为人所疏，顿至于此！"家富于财，躬处节俭，每以赈施为务。开皇八年，终于家。

又曰：崔廓字士玄，博陵安平人也。少孤贫而母贱，由是不为邦族所齿。初，为里佐，屡逢屈辱。于是感激，逃入山中。遂博览书籍，多所通涉，山东学者皆宗之。既还乡里，不应辟命，与赵郡李士谦为忘言之友，每相往来，时称崔李。及士谦死，廓哭之恸，为之作传，输之秘府。士谦妻庐士寡居，每有家事，辄令人咨廓取定。廓尝著论，言刑名之理，其义甚精。大业中，终于家，时年八十。

又曰：徐则，东海郯人也。幼沉静，寡嗜欲。受业于周弘正，善三玄，精论议。怀栖隐之操，杖策入缙云山。后学数百人，苦请教授，则谢而遣之。不娶妻，常服巾褐。陈太建时，应召来，憩于至真观，期月，又辞入天台山，因绝谷养性，所资唯松水而已。虽隆冬冱寒，不服绵絮。初在缙云山，太极真人徐君降之曰："汝年出八十，当为王者师，然后得道也。"晋王讳镇知其名，手书召之，遂诣扬州。其后夕中，命侍者取香火，如平常朝礼之仪，至五更而卒，支体柔弱如生。

又曰：张文诩，河东人也。父琚，开皇中为洹水令，以清正闻。有书千卷，教训子侄，皆以明经自达。文诩博览文史，特精三礼。高祖引致天下名儒硕学之士。文诩时游于太学，学内翕然，咸共宗仰。其门生多诣文诩，请质疑滞文。诩辄博引证据，辨说无穷，唯其所择。右仆射苏威闻其名而召之，与语，大悦，劝令从官。文诩意不在仕，固辞焉。仁寿末，学废，文诩策杖而归，灌园为业，州郡频举，皆不应命。事母以孝闻。每以德化乡党，颇移风俗。尝有人夜中窃刈其麦者，见而避之。盗因感悟，弃麦而谢。文诩慰谕之，自誓不言，固令持去。经数年，盗者向乡人论之，始为远近所悉。州县以其贫素，将加赈恤，辄辞不受。每闲居无事，从容长叹曰："老冉冉而将至，恐修名之不立。"以如意击几，皆有处所，时人方之闵子骞、原宪。终于家，年四十。乡人为立碑颂，号曰张先生。

《唐书·隐逸传》曰：王绩字无功，绛州龙门人也。少与李播、吕才为莫逆之交。隋大业中，应孝悌廉洁，举扬州六合县丞。非其所好，弃官还乡里。绩河渚中，先有田十数顷。邻渚有隐士仲长子先，服食养性，绩重其真，素愿与相近。乃结庐河渚，以琴酒自乐。尝游北山，因为《北山赋》以见志。绩又尝躬耕于东皋，故时人号东皋子。或经过酒肆，动经数日，往往题壁作诗，多为好事者咏讽。贞观十八年卒。临终自克，死日遗命薄葬，兼预自为墓志。

又曰：田游岩，京兆三原人也。初补太学生，后罢归，游于太白山。每遇林泉会意，辄留连不能去。其母及妻子并有方外之志，与游岩同游山水二十余年。后入箕山，就许由庙，东筑室而居，自称许由东邻。调露中，高宗幸嵩山，遣中书侍郎薛元超就问其母，游岩山衣田冠，出拜。帝令左右扶止之，谓曰："先生养道山中，比得佳否？"游岩曰："臣泉石膏肓，烟霞痼疾。既逢圣代，幸得逍遥。"帝曰："朕今得卿，何异汉获四皓乎？"因将游岩就行宫，授崇文学士，令与太子少傅刘仁轨谈论。帝后将营奉天宫于嵩山，游岩旧宅先在宫侧，特令不毁，仍亲书题额悬其门曰："隐士田游岩宅。"

又曰：史德义，苏州昆山人也。咸亨初，隐居武丘山，以琴书自适。或骑牛带瓢，出入郊郭东，市号为逸人。高宗闻其名，征赴洛阳，寻称疾东归，公卿已下皆赋诗饯别。德义亦以诗留赠，其文甚美。天授初，江南道宣劳使周兴表荐，则天征赴都，诏曰："苏州隐士史德义，志尚虚玄，素履贞确，谦冲彰于里闬，孝友表于闺庭；固辞征辟，长往严陵之濑；多谢簪裾，高蹈愚公之谷。朕承天革命，建极开阶，寤寐星云，物色林壑，顺祯期而捐薜带，应休运而解荷裳，粤自海隅，来游魏阙，行藏之理斯得，去就之节无违，风操可知，启沃攸伫，特宜优奖，委以谏曹，授谏议大夫。"后放归丘壑。

又曰：王友贞，怀州河内人也。弱冠时，母病笃，医言唯啖人肉乃差。友贞独念无可求理，乃割股肉以饴亲，母疾寻差。则天闻之，令就其家验问，特加旌表。友贞素好学，读九经皆百遍，训诲子弟，如严君焉。口不言人过，尤好释典，屏绝膻味，出言未曾负诺。时论以为真君子。中宗在春宫，召为司议郎，不就。神龙初，又拜太子中舍人，仍令所司以礼征赴。及至，固以疾辞。玄宗在东宫，又表请礼征之，以年老，竟辞不赴。年九十余，开元四年卒。特下制赠银青光禄大夫。

又曰：卢鸿一字浩然，本范阳人也，徙家洛阳。少有学业，颇善籀篆楷隶，隐于嵩山。开元初，遣币礼再征，不至。五年，下诏征之。至东都，谒见不拜。宰相遣人问其故，奏言："臣闻老君言，礼者忠信之薄，不足可依。山臣鸿一敢以忠信奉见。"上别召升内殿，赐之酒食，诏曰："卢鸿一应辟而至，访之政道，有会淳风，爰举逸人，用劝天下。特宜授谏议大夫，放之还山。"

又曰：王希夷，徐州滕人也。孤贫好道。父母终，为人牧羊，取佣以供葬。葬毕，隐于嵩山，师道士黄赜向四十年，尽能传其闭气道养之术。赜卒，更居兖州徂徕山中，与道士刘玄博为栖遁之友。好《易》及《老子》，尝饵松柏叶及杂花散。景龙中。年七十余，气益壮。刺史卢齐卿就谒致礼，因访以字人之术。希夷曰："孔子称：己所不欲，勿施于人。可以终身行之矣。”及玄宗东巡，敕州县以礼征召。至驾前，年已九十六。上令中书令说访以道义。宦官扶入宫中，与说，甚悦。诏授朝散大夫，守国子博士，听致仕还山。

又曰：卫大经者，笃学善《易》，口无二言。则天降诏征之，辞疾不赴。与魏州人夏侯乾童有旧，闻乾童母卒，徒步往吊之。乡人止之曰：“当夏溽暑，岂可涉千里？致书可也。”大经曰：“尺书安能尽意！”遂行至魏州。会乾童出行，大经造门设席，行吊礼，不讯其家人而还。开元初，毕勾为刺史，谓解令孔慎言曰：“卫生德厚，宜有旌异。古人式干木之闾，礼贤故也。”慎言造门就谒。时大经已年老，辞疾不见。尝预筮死日，先凿墓，自为志文。如筮而终。

又曰：李元凯者，博学，善天文律历。然性恭慎，口未尝言之。乡人宋璟，年少时师事之。及璟作相，使人遗元凯束帛，将荐举之，皆拒而不答。景龙中，元行冲为洺州刺史，邀元凯至州，问以经义，因遗之衣服。元凯辞曰：“微躯不宜服新丽，但恐不能胜其美，以速咎也。”行冲乃以泥涂污而与之，不获已而受。及还，乃以己之所蚕素丝五两，以酬行冲曰：“义不受无妄之财。”年八十余终。

又曰：徐仁纪者，圣历中征拜左拾遗，三上书论得失，不纳，谓人曰：“三谏不听，可去矣。”遂移病归乡里。神龙初，宣慰使举仁纪之行可以激俗，又征拜左补阙，三上书，又不省，乃诣执政，求出授灵昌令。妻子不之官，廨舍唯衣履及书疏而已，余无所蓄。

又曰：孙处玄，长安中征为左拾遗，颇善属文，常恨天下无书以广所闻。神龙初，桓彦范等用事，处玄遗彦范书，论时事得失。彦范竟不用其言。乃去官还乡里，以病卒。

又曰：白履忠，陈留凌仪人也。博涉文史，尝隐居于古大梁城，时人号为梁丘子。景云中，征拜校书郎，寻弃官而归。开元十年，刑部尚书王志愔表荐履忠隐居读书，贞苦守操，有古人之风，堪代褚无量、马怀素入阁侍读。乃征赴京师。及至，辞以老病，不任职事。诏授朝散大夫，停留数月而归。履忠乡人左庶子吴竞谓履忠曰：“吾子家室屡空，竟不沾斗米匹帛，虽得五品，何益于实也？”履忠欣然。寻以寿终。

又曰：崔觐，梁州城固人也。为儒不乐仕进，以耕稼为业。老而无子，乃以田宅家财分给奴婢，令各为生业。觐夫妻遂隐于城固南山，家事一不问约。奴婢递过其舍，至则供给酒食而已。夫妇林泉相对，以啸咏自娱。山南节度使郑余庆高其行，辟为节度参谋，累邀，方至府第。为吏无方略，若不达人事，余庆以长者优容之。太和八年，左补阙王直方荐觐有高行，诏以起居郎征之，觐辞疾不起，卒于山。

皇甫士安《高士传》曰：王倪者，尧时贤人也，师被衣。啮缺又学于王倪，问道焉。啮缺曰：“子不知厉害，则至人固不知利乎？”王倪曰：“至人神矣。大泽焚而不能热，河汉沍而不能寒，疾雷破山，暴风振海而不能惊。若然者，乘云雨，骑日月，而游天地之外，死生无变于己，而况利害之间乎？”

又曰：“善卷者，古之贤人也。尧闻其得道之士，乃北面师之，而问道焉。及舜受终之后，又以天下让卷。卷曰：“昔唐氏之有天下，不教而民从之，不赏而民劝之。天下均平，百姓安静，民不知怨，不知喜。今子盛为衣裳之服，以观民目；调五音之声，以乱民耳，作皇韶之乐，以愚民心。耳目益荣，天下之乱从此始矣。吾虽为之，其何益乎！予立宇宙之中，冬衣皮毛，夏衣絺葛，春耕种形足以劳，秋收敛身足以休。日出而作，日入而息，逍遥于天地之间，而心意自得。何以天下为哉？”遂不受，去。入深山，莫知所终矣。

又曰：啮缺，尧时人。许由师事啮缺，尧又师由。问曰：“啮缺可以配天乎？”既而啮缺遇由，由曰：“子将何之？”曰：“将逃尧。”曰：“何谓也？”曰：“夫尧知贤人之利天下，而不知其贼天下。”遂逃不见。

又曰：“巢父，尧时隐人。年老，以树为巢而寝其上，故时人号曰巢父。尧之让许由也，由以告巢父。巢父曰：“汝何不隐汝形，藏汝光？若非吾友也。”击其膺而下之。由怅然不自得，乃过清冷之水洗其耳，拭其目，曰：“向者闻言，负吾矣。”遂去，终身不相见。

又曰：许由字武仲，隐乎沛泽之中。尧闻，乃致天下而让焉。由乃退而耕于中岳颍水之阳，箕山之下。《史记》又载。

又曰：壤父者，尧时人。年五十而击壤于道中。观者曰："大哉，帝之德也！"壤父曰："吾日出而作，日入而息，凿井而饮，耕田而食。帝何德于我哉？"

又曰：蒲衣者，舜时贤人也。年八岁而舜师之，遂让以天下。蒲衣不受而去，莫知所终。

又曰：老莱子者，楚公室乱，逃世，耕于蒙山之阳。蓬蒿为室，枝杖于床，饮水食菽，垦山播种。人或言于楚王，王于是驾至莱子之门。莱子方织畚，王曰："守国之政，孤愿烦先生。"老莱子曰："诺。"王去，其妻樵还，曰："子许之乎？"老莱子曰："然。"妻曰："妾闻之，可食以酒肉者，可随而鞭棰；夫可拟以官禄者，可随而鈇钺。妾不能为人所制者！"妻投其畚而去。老莱子亦随其妻，至于河南。以莱子为老子，人莫知其所终也。

又曰：颜回字子渊，贫而乐道，退居陋巷，曲肱而寝。孔子曰："尔家贫，居卑，何不仕？"回曰："回有郭外田六十亩，足以供饘粥；有郭内圃六十亩，足以供丝麻；鼓宫商之音，足以自乐；习所闻于夫子，足以自娱。回何仕焉？"

又曰：弦高者，郑人也。郑穆公时，高见郑为秦晋所逼，乃隐不仕，为商人。及晋文公之返国也，与秦穆公伐郑，围其都。郑人私与秦盟，而晋师退。秦又使大夫杞子等三人戍郑。居三年，晋文公卒。襄公初立，秦穆公方强，使百里、西乞、白乙率师袭郑，过周及滑，郑人不知。时高将市于周，遇之，谓其友蹇他曰："师行数千里，又数经诸侯之地，其势必袭郑。凡袭国者，以无备也。示以知其情，必不敢进矣。"于是乃矫郑伯之命，以十二牛犒秦师，且使人告郑为备。杞子亡奔齐。孟明等返至淆，晋人要击，大破秦师。郑于是赖高而在。郑穆公以存国之赏赏高，而高辞曰：许而得赏，则郑国之信废矣；为国而无信，是败俗也。赏一人而败国俗，智者不为也。"遂以其属徙东夷，终身不返。

太平御览卷第五百七　逸民部七

逸民七

皇甫士安《高士传》曰：荷蒉者，卫人也。避乱不仕，自匿姓名。孔子击磬于卫，乃荷蒉而过孔氏之门，曰："有心哉，击磬乎？"既而曰："硁硁乎莫已知，期已而已矣。深则厉，浅则揭。"孔子闻之，曰："果哉，蔑之难矣！"

又曰：石门守者，鲁人也。亦避世不仕，自隐。又名为鲁守石门，主晨夜开闭之。子路从孔子入石门而宿，问之路曰："奚自？"子路曰："自孔氏。"遂讥孔子曰："是知其不可而为之者与？"时人贤焉。

又曰：东郭顺子者，魏人也。修道守真。田子方师事之，而为魏文侯师友。侍坐于文侯，数称溪工。文侯曰："溪工子师耶？"子方曰："非也，无择之里人也。称道数当，无择称之。"文侯曰："然则子无师耶？"子方曰："有。"文侯曰："子师谁？"子方曰："东郭顺子也。"文侯曰："然则夫子何故未尝称之？"子方曰："其为人也，直情而容物。物无道，则正容以悟之，使人意也消。无择何也以称之！"子方出，文侯曰："远哉，全德之君子！始吾以圣智之言、仁义之行为至矣。吾闻子方之师，形解而不敢动，口钳而不知言语，所学真士梗耳。夫魏，真为居累矣。"

又曰：壶丘子林者，郑人也。道德甚优，列御寇师事之。

又曰：列御寇者，郑人也，隐居不仕。郑穆公时，子阳为相，专任刑。列御寇乃绝迹穷巷，面有饥色。或告子阳曰："列御寇盖有道之士也，居君之国而穷，君无乃不好士乎？"子阳闻而悟，使官载粟数十乘以与之。御寇出见使，再拜而辞之。入见其妻，妻抚心而怒曰："闻为有道者，妻子皆得乐。今子之妻子有饥色，君遗先生食，先生不受，岂非命也哉？"御寇笑曰："君非自知而遗我也，以人之言而遗我。至于其罪我也，又必且以人之言。此吾所以不受也。”居一年，郑人杀子阳，其党皆死，御寇安然独全。终身不仕。著书八篇，言道家之意，号曰《列子》。

又曰：段干木者，晋人也。少贫目贱，心志不遂，乃怡清节，游西河，师事卜子夏。与田子方、李克、翟璜、吴起等居于魏，皆为将，唯干木守道不仕。魏文侯就造其门，段干木逾墙而避之。文侯尊以客礼，出过其庐而轼。其仆问曰：“干木布衣也，君轼其庐，不以甚乎？”文侯曰：“段干木不趋势利，隐处乎穷巷，声驰千里，敢不轼乎？”文侯以名过齐桓公者，盖能尊段干木、敬卜子夏、友田子方故也。

又曰：公仪潜，鲁人。与子思为友。穆公因子思而致命，欲以为相。子思曰：“公仪子逾所以不至也，君若饥渴待贤，纳用其谋，虽蔬食饮水，伋亦愿在下风。如以高官厚禄为钓饵，而无信用之心，公仪子智若鱼者可也。不尔，则不逾君之庭。且臣不佞，又不能为君操竿下钓，以伤守节之士。”潜竟终身不屈。

又曰：王斗，齐人也。修道不仕，与颜歜并时。曾造齐宣王门，欲见宣王。宣王使谒者延斗入，斗曰：“趋见王为好势，趋见斗为好士，于王何如？”谒者还报。王曰：“先生徐之，寡人请从。”王趋而迎之于门，曰：“寡人奉先君之宗庙社稷，愿闻先生直言正谏。”斗曰：“王之忧国爱民，不若王之爱尺之縠。”王曰：“何谓？”斗曰：“王使为冠，不使左右便辟，而使工者，何也？为能之也。今王治齐国，非左右便辟则无使也。臣故曰不如爱尺之縠也。”王乃谢曰：“寡人有罪于国家矣。”于是举士五人，任之以官。齐国大治，王斗之力也。

又曰：黔娄先生者，齐人也。修身清节，不求进诸侯。鲁恭公闻其贤，遣使致礼，赐粟三千钟，欲以为相。辞不受。齐王又礼之，以黄金百斤聘以为卿，又不就。著书四篇，言道家之务，号曰《黔娄子》。终身不屈，以寿终。

又曰：原宪居环堵之室，瓮牖桑枢，上漏下湿，缊衣无表，手足胼胝，三日不举火，十年不制衣，坐而弹琴。子贡相卫，结驷连骑，排藜藿，入穷闾，巷不容轩，来见宪。宪韦冠杖藜而出，应门正冠则缨绝，敛衽则肘见，纳履则踵决。子贡曰："嘻！先生何病也？"宪笑曰："宪闻之，无财谓之贫，学道而不能行者谓之病。若宪，贫也，非病也。若夫仁义之慝，车马之饰，宪不忍为。"子贡逡巡，面有惭色，终身耻其言之过也。

又曰：曾参字子羽。鲁哀公致邑焉，参辞不受，曰："吾闻受人者常畏人，与人者常骄人。纵君不我骄，我岂无畏乎？"

又曰：陈仲子，齐人。其兄戴为齐卿，食禄万钟。仲子以为不义，将妻子适楚，居于于陵，自谓于陵子。仲穷，不苟求不义之食。遭岁饥，乏粮三日，乃匍匐而食井上李实之虫者，三咽而食视。身自织屦，妻擘纑以易衣食。楚王闻其贤，欲以为相，遣持金百镒至於陵，聘仲子。仲子入谓妻曰："楚王欲以我为相，今日为相，明日结驷连骑，食方丈于前，意可乎？"妻曰："夫子左琴右书，乐在其中矣。结驷连骑，所安不过一肉，而怀楚国之忧，竟可乎？"于是谢使者。遂相与逃，而为人灌园。

又曰：披裘公者，吴人。延陵季子出游，见道中有遗金，顾而睹公曰："取彼金。"公投镰，瞋目，拂手而言曰："何子处之高而视之卑？五月披裘而负薪，岂取金者哉！"季子大惊，既谢而问姓名。公曰："子皮相之士，何足语姓名哉！"

又曰：江上丈人者，楚人也。楚平王以费无忌之谗杀伍奢，奢子员士将奔吴，至江上，欲渡无舟，而楚人购员甚急。自恐不脱，见丈人得渡，因解所佩剑以与丈人，曰："此千金之剑也，愿献之。"丈人不受，曰："楚国之法，得伍胥者，爵执珪，金千镒，吾尚不取，何用剑为？"不受而别，莫知其谁。员至吴为相，求丈人不能得，每食辄祭之，曰："名可得闻而不可得见，其唯江上丈人乎？"

又曰：渔父者，楚人也。见楚乱，乃匿名隐钓于江滨。楚顷襄王时，屈原为三闾大夫，名显于诸侯。为上官靳尚所谮，王怒，迁之江滨，被发行吟于泽畔。渔父见而问之曰："子非三闾大夫欤？何故至于斯？"原曰："举世混浊而我独清，众人皆醉而我独醒，是以见放。"

渔父曰:“夫圣人不凝滞于万物,故能与世推移。举世混浊,何不随其流,扬其波,汩其泥?众人皆醉,何不餔其糟,歠其醨?何故怀瑾握瑜,自令放焉?”乃歌曰:“沧浪之水清,可以濯吾缨;沧浪之水浊,可以濯吾足。”遂去,深自闭匿,人莫知焉。

又曰:河上丈人者,不知何国人也。明老子之术,自匿姓名,居河之湄,著《老子章句》,故世号曰河上丈人。当战国之末,诸侯交争,驰说之士咸以权势相倾,唯丈人隐身修道,老而不亏,专业于安期先生,为道家之宗焉。

又曰:乐臣公者,宋人也。其先宋公族,其后别从赵。其族乐毅显名于诸侯,而臣公独好黄老,恬静不仕。及赵为秦昭王灭,臣公东之齐,以《老子》显名,齐人尊之,号称贤师。赵人田叔等皆师事之。

又曰:盖公者,齐之胶西人也。明《老子》,师事乐臣公。楚汉之起,齐人争往于世主,唯盖公独遁居不仕。及汉定天下,曹参为齐相,延问诸儒数百人,何以治齐。人人各殊,参不知所从。盖公善黄老,乃使人厚币聘之。公为言治道贵清净则民定,遂推此为类,为参言之。参悦,乃避正堂舍之,师事焉。齐果大治。及参入相汉,导盖公之道,故天下歌之。盖公虽为参师,然未尝仕,以终寿。

又曰:四皓者,皆河内轵人也。或在汲。一曰东园公,二曰角里先生,三曰绮里季,四曰夏黄公。皆修道洁已,非义不动。秦始皇时,见秦政虐,乃退入蓝田山而作歌曰:“莫莫高山,深谷逶迤;晔晔紫芝,可以疗饥;唐虞世远,吾将何归?驷马高盖,其忧甚大。富贵之畏人,不如贫贱之肆志。”乃共入商洛,隐地肺山,以待天下定。及秦败,汉高闻之,征之不至。深自匿终南山,不能屈也。

又曰:黄石公者,下邳人也。遭秦乱,自隐姓名,时人莫能知者。初,张良易姓为张,自匿下邳,步游沂水圯上,与黄石公相遇,衣褐衣,而老坠履圯下,顾谓良曰:“孺子取履!”良素不知,乍愕然,欲殴之。为其老也,强忍下取履,因跪进焉。公笑以足受而去。良殊惊。公行里许,还,谓良曰:“孺子可教也。后五日平明,与我期此。”良愈怪之，复跪曰："诺。"五日平旦，良往，公怒曰："与老人期，何后也？后五日早会！"良鸡鸣往，公又先在，怒曰："何后？复五日早会！"良夜半往，有顷，公至，喜曰："当如是。"乃出一篇书与良，曰："读是，则为王者师。后十年，孺子见济北谷城山下黄石即我。"遂去不见。良旦视其书，乃是《太公兵法》。良异之，因讲习以说他人，莫能用。后与沛公遇于陈留，沛公用其言，辄有功。后十三年，从高祖过济北谷城山下，得黄石公，良乃宝祠之。及良死，与石并葬焉。

又曰：鲁二征士者，皆鲁人也。高祖定天下，即皇帝位，博士叔孙通白征鲁诸儒三十余人，欲定汉仪礼。二士独不肯，骂通曰："天下初定，死伤者未起，而欲起礼乐。礼乐所由起，百年之德而后可举。吾不忍为公所为也。公所为不合古，吾不行也。公往矣，无污我！"通不敢致而去。

又曰：安期先生者，琅琊人。受学河上丈人，卖药海边，老而不仕。时人谓之千岁公。秦始皇东游，请与语三夜，赐金璧，值数千万。出，置阜乡亭而去，赤玉舄为报，留书与始皇曰："后数十年，求我于蓬莱山下。"及秦败，安期先生与其友蒯通同往见项羽。羽欲封之，卒不肯受。见《列仙传》。

又曰：东郭先生者，与其友梁石君俱修道，隐居不仕。曹参为齐相，尊礼士。范阳人蒯通为参客，入见参曰："妇人有夫死三日嫁者，有幽居守寡不出门者，足下即欲求妇，何取？"参曰："取不嫁者。"通曰："然则求臣亦由是也。彼东郭先生、梁石君，齐之隽士也。今隐，未尝卑节下意以求仕，愿足下礼之。"遂致礼聘，二人终不仕。齐人美焉。

又曰：田何字子庄，齐人也。自孔子授《易》，世传至何。及秦焚学，以《易》为卜筮之书，独不焚。故何传之不绝。汉兴，何以齐诸田徙社，故号曰社田生。以《易》受弟子东武王仲、洛阳周王孙丁宽、齐服生、梁项生等，皆显当世。惠帝时，何年老家贫，守道不仕，帝亲幸其庐。以受业。终为《易》者宗。

又曰：王生者，汉文景时人也。善为黄老，退居不仕，与南阳张释之交。当时释之为公车令，太子与梁王共入朝，不下司马门。释之劾奏太子不敬。文帝善之，迁至廷尉，及文帝崩，太子代立为帝，是谓景帝。释之惧，称病欲去。用王生计，乃见上谢之，景帝不过也。王生平常与释之及公卿会庭中立，生袜解，顾谓释之，前跪而系之。既退，或让生曰："独奈何辱张廷尉，使跪系袜乎？"生曰："吾年老，老且贱矣。自度终无益张廷尉。廷尉方为天下名臣，吾岂敢耻廷尉使系袜乎？欲重之。"诸公闻之，皆贤王生而重张廷尉。

太平御览卷第五百八 逸民部八

逸民八

皇甫士安《高士传》曰：挚峻字伯陵，京兆长安人。少治清节，与太史令司马迁交好。峻独退修修德，隐于阝开山。迁既亲贵，乃以书劝峻进曰："迁闻君子所贵乎道者三：太上立德，其次立言，其次立功。伏唯伯陵材能绝人，高尚其志，以善厥身，冰清玉洁，不以细行累其名。固已贵矣，然未尽太上之所由也。愿先生少致意焉。"峻报书曰："峻闻古之君子，料能而行，度德而处。故悔吝去于身，利不可以虚受，名不可以苟得。汉兴以来，帝王之道于斯始显，能者见利，不肖者自屏，亦其时也。《周易》大君有命，小人勿用，徒欲偃仰从容，以送余齿耳。"峻之守节不移如此。迁居太史官，为李陵游说，下腐刑，果以悔吝被辱。峻遂高尚不仕，卒于阧。阧人立祠号曰阝开君。

又曰：韩福者，涿人也。以行义修洁著名。昭帝时，将军霍光秉政，表显义士。郡国条奏行状，天子得福等五人行义最高，以德行征至京兆，病不得进。元凤元年，诏策曰："朕悯劳福以官职之事，赐帛五十匹，遣归。其务修孝悌，以教乡里。"福归，终身不仕，卒于家。

又曰：安丘望之，京兆长陵人也。少治《老子经》。恬静不求进官，号曰安丘丈人。成帝闻，欲见之。望之辞不肯见。上以其道德深重，常宗师焉。望之不以见敬为高，愈自损退。为巫医于民间，著《老子章句》，故老氏有安丘之学。扶风耿况、王伋等皆师事之，从受《老子》。终身不仕，道家宗焉。

又曰：丘䜣字季春，扶风人也。少有大材，傲世不能与俗人为群。郡召始见，曰："明府欲臣䜣耶？友䜣耶？师䜣耶？明府所以尊宠人者极于功曹，所以荣禄人者已于孝廉，一极一已，皆䜣所不用也。"府君异之，遂不敢屈。《三辅决录》曰：丘䜣傲俗，自谓无伍。

又曰：荀靖字叔慈。父淑有名绩。靖兄弟八人，号曰八龙。靖至孝，阖门悌睦，隐身修道。弟爽字慈明，亦有材学。汝南许章称二人皆玉也。慈明外朗，叔慈内润。太尉辟，不就。及终，颍阳令丘祯号靖曰玄行先生。颍川太守王怀亦谥曰昭定先生。

又曰：任棠字季卿。以《春秋》教授，隐身不仕。庞参为汉阳太守，就家候棠，以薤一本、水一盆置户屏前，自抱孙儿伏户下。参曰："棠是欲谕太守也；水欲太守清也；拔一本薤，欲太守击强宗也；抱孙儿当户者，欲太守开门恤孤也。"终参去，不言诏。征不至，及卒，乡人图画其形，至今称任征君也。

又曰：张仲蔚，平陵人。与同郡魏景卿俱修道德，隐身不仕。明天官博物，善属诗赋，所处蓬蒿没人。闭门养性，不治荣名。时人莫识，唯刘龚知之。

又曰：高恢字伯远，少治《老子经》，恬虚不营世务。与梁鸿善，隐于华阴山。

又曰：姜肱字伯淮，彭城广戚人也。家世名族，肱兄弟三人皆孝行著。肱年最长，与二弟仲海、季江同被卧，甚相亲友。及长各娶，兄弟相爱不能相离。习学五经，兼明星纬，弟子自远方至者三千余人，声重于时。凡一举孝廉，十辟公府，九举有道，至孝贤良，公车三征皆不就。仲季亦不应征辟。建宁三年，灵帝诏征为犍为太守。肱得诏，乃告其友曰："吾以为虚获实遂籍声价。盛明之世尚不委质，况今政在私门哉！"乃隐遁命，乘船浮海，使者迫之不及。再以玄纁聘，不就；即拜太中大夫，又逃不受诏。名振天下，年七十卒于家。

又曰：徐稚字孺子，豫章南昌人也。少以经行高于南州。桓帝时，汝南陈蕃为豫章太守，因惟荐稚于朝廷。由是三举孝廉贤良，皆不就；连辟公府，不诣，未尝答命。公薨，辄身自赴吊。太守黄琼亦尝辟稚，至琼薨，归葬江夏，稚既闻，即负笈徒行豫章三十余里，夏琼墓前，致酹而哭之。后公车三征。不就，以寿终。

又曰：夏馥字子治，陈留圉人也。少为诸生，质直不苟，动必依道。同县高俭及蔡氏凡二家豪富，郡人畏事之，唯馥闭门不与高、蔡通。桓帝即位。灾异数发，诏百司举直言之士各一人。太尉赵戒举馥，不诣，遂隐身。久之，灵帝即位，中常侍曹节等专朝，禁锢善士，谓之党人。馥虽不交官，然声名为节等所惮，遂与汝南范滂、山阳张俭等数百人并为节所诬，悉在党中。诏下郡县，各捕以为党魁，馥于是顿足而叹曰："孽自己作，空污良善，一人逃死，祸及百家，何以生为！"乃剪须变服，易形改姓，入相虑山中，为冶工客作，形貌毁悴。积佣三年，而无知者。后诏悉放，俭等皆出，馥独叹曰："以为人所弃，不宜复齿乡里矣！"留赁作不归，家人求，不知所处。其后人有识其声者，以告同郡上党太守濮阳潜。潜使人以车迎馥，馥自匿不肯见。潜车三返，乃得馥。

又曰：申屠蟠字子龙，陈留外黄人也。少有名节，同县大女虽玉为父报仇，外黄令梁丑欲论杀玉。蟠时年十五，为书生，进谏曰："玉之节义，足以感无耻之孙，激忍辱之子，不遭明时，尚当追旌庐表，况在清听而不加哀矜？"丑善其言，乃为谳减死论，人称之。及父母卒，蟠思慕，不饮酒食肉十余年。遂隐居，学治《京氏易》、《严氏春秋》、《小戴礼》。三业先通，因博贯五经，兼明图纬，学无常师。始与济阴王子君在太学，子居病困，以身托蟠。蟠即步负其丧，至济阴，遇司隶从事于河巩之间。从事义之，为符传护送蟠，蟠不肯，投传于地而去。事毕还学，前后凡一察，蒲车特征，皆不就。年七十四，以寿终。

又曰：郭泰字林宗，太原人也。少事父母，以孝闻。身长八尺余，家贫，郡县欲以为吏，叹曰："丈夫何能执鞭斗筲哉！"乃辞母，与同郡宗仲至京师，从屈伯彦学《春秋》，博洽无不通。又审于人物。由是名著于陈梁之间。步行遇雨，巾一角蛰，众人慕之，皆折巾角。士争往从之，载策盈车。凡泰知之，于无名之中六十余人，皆先言后验。以母丧归，徐稚来吊，以生刍一束顿泰庐前而去。泰曰："南州高士徐孺子也。诗曰：'生刍一束，其人如玉'，吾不堪此喻。"后辟司徒府有道，征皆不就。

又曰：袁闳字夏甫，汝南人也。筑室于庭中，闭门不见客。旦于室中向母拜，虽子往不得见也。子亦向户拜而去。首不着巾，身无单衣，足着木履。母死，不列服位。公车再征，不诣。范滂美而称之曰："隐不违亲，身不绝俗，可谓至贤也。"

又曰：牛牢字君直。世祖为布衣时，与牢游，夜讲讫，共言谶"刘秀当为天子"。世祖曰："安知非我万一？各言尔志。"牢独默然。世祖问之，牢曰："丈夫立义，不与帝友。"众大笑。及世祖即位，征牢，称疾不至。诏曰："朕幼交牛君，直清高士也。"恒有疾，州郡之官者，常先到家致意焉。刺史郡守是以每辄奉诏，就家存问。牢恒被发称疾，不答诏命。

又曰：成公者，成帝时自隐姓名。尝诵经，不交世利，时人号曰成公。成帝时出游问之，成公不屈节。上曰："朕能富贵人，能杀人，子何逆朕哉？"成公曰："陛下能贵人，臣能不受陛下之官；陛下能富人，臣能不受陛下之禄；陛下能杀人，臣能不犯陛下之法。"上不能折，使郎二人就受政事十二篇。

又曰：彭城老父者，楚之隐人也。见汉室衰，乃自隐修道，不治名利，至年九十余。王莽时，征故光禄大夫龚胜，欲为太子师友祭酒。耻事二姓。莽迫之，胜遂不食而死。莽使者及郡守以下会敛者数百人。先生痛胜以名致祸，乃独入哭胜，甚悲。既而曰："嗟乎！薰以香自烧，膏以明自煎。龚先生夭天年，非吾徒也。"哭毕而起，出，众莫知其谁。

又曰：宋胜之字即子，南阳安众人也。少孤，年十五失父母，家于谷城隟中，孝慕甚笃，隟中化之，少长有礼。胜之每行，见老人担负，辄以身代之；猎得禽兽，尝分肉与有亲者。贫，依姊居数岁，乃至长安受《易》通明，以信义见称。从兄裒为东平内史，遣吏召之，胜之曰："众人所乐者，非胜之愿也。"乃去游太原，从郇越牧羊，以琴书自娱。丞相孔光闻而就太原辟之，不至。元始三年，病卒于太原。

又曰：东海隐者，汉故司直王良友人。建武中，良以清节征用，历位至一年，复征还，见友不肯。见而让之曰："不有忠信奇谋而取大位，自知无德，曷为致此而复遽去？何往来屑屑不惮烦也？”遂距良，终不纳。论者高之。

又曰：韩顺字子良，天水成纪人也。以经行清白辟州宰，不就。王莽末，隐于南山。地黄四年，汉兵起于南阳，顺同县隗嚣等起兵，自称上将军。西州大震。唯顺修道山居，执操不回。嚣以道术深远，使人赍璧帛车辞厚礼聘顺，欲以为师。顺因使谢嚣曰：“礼有来学，义无往教，即欲相师，但入深山来。”嚣闻矍然，不敢强屈。其后嚣等诸姓皆灭，唯顺山栖安然，以贫洁自终焉。

又曰：挚恂字季直，伯陵之十二世孙也。明《礼》、《易》，遂治五经，博通百家之言。又善属文，词论清美。渭滨弟子、扶风马融、沛国桓驎等，自远方至者十余人。既通古今，而性温敏，不耻下问，故学者宗之。常慕其先人之高，遂隐于南山之阴。初，马融始从恂受业，恂爱其才，因以女妻之。融后果为大儒，文冠当世，以是服恂之知人。永和中，和帝博求名儒，公卿荐恂行侔曾、闵，学拟仲舒，文参长卿，才同贾谊，实瑚琏器也，宜在宗庙，为国真辅。由是公车征，不诣。大将军窦宪举贤良，不就。清名显于世，以寿终。三辅称焉。

又曰：姜岐字子平，汉阳上郡人也。少失父，独与母兄居，治《书》《易》《春秋》，恬居守道，名重西州。延熹中，沛国桥玄为汉阳太守，召岐，欲以为功曹。岐称疾不就。玄怒，敕督邮尹益收岐，若实不起者，欲嫁其母，而后杀岐。益争之。玄怒，益挝之。益得杖且谏曰：“岐少修学孝义，栖迟衡庐，乡里归仁，名宣州里，实无罪杖。益敢以死守之。”玄心乃止。岐于是高名逾广。及母死，丧礼毕尽，让平水田与兄岑，遂隐。以畜蜂豕为事，教授者满于天下，营业者三百余人。辟州从事，不诣。民从而居之者数千家。后举贤良，公府辟以为茂才，为蒲坂令，皆不就。以寿终于家。

太平御览卷第五百九 逸民部九

逸民九

皇甫士安《高士传》曰：严遵字君平，蜀人。常卖卜成都市，日得百钱以自给。卜讫，则闭肆下帘，以著书为事。扬雄少，从之游，数称其德。李强为益州牧，喜曰："吾得君平为从事足矣。"雄曰："君可备礼与相见，其人不可屈也。"王凤请交，不许，叹曰："益我货者损我神，生我名者杀我身。"故不仕，时人服之。

又曰：郑朴字子真，修道静默，世服其清高。大将军王凤以礼聘之，遂不屈。扬雄《法言》盛称其德，曰：谷口郑子真，耕于岩石之下，名振京师。冯翊人刊石祠之，至今不绝。

又曰：李弘字仲元，蜀人。居成都之珪里，里中化之，班白不负担，男女不错行。弘尝为县令，乡人共送之。元无心就行，因共酣饮，月余不去。刺史使人喻之，仲元曰："本不之官。"唯扬雄重之，曰："不夷不惠，居于可否之间。"

又曰：郑玄字康成，北海高密人也。学《孝经》《论语》，兼通《京氏易》《公羊春秋》《三统历》《九章算术》《周官》《礼记》《左氏春秋》。大将军何进辟玄，州郡迫胁，不得已而诣进，设机杖之礼以待玄。玄以幅巾见进，一宿而逃去。公府前后十余辟，并不就。

又曰：任安字定祖。少好学隐山，不营名利，时人号安曰任孔子，连辟不就。建安中，读《史记·鲁连传》，叹曰："性以洁白为治，情以得志为乐，性洽情得体道而不忧，彼弃我取，与时而无争。"遂终身不仕，号曰任征君。

又曰：管宁字幼安。灵帝末，以中国方乱，乃与其友邴原涉海，依辽东太守公孙度，度虚馆礼之。其后中国少安，人多南归，唯宁不还。黄初中，华歆荐宁。宁知公孙渊必乱，乃因征辞还。以为太中大夫，固辞不就。宁凡征命十至，舆服四赐。常坐一木榻上，积五十年，未尝箕踞榻上，当膝皆穿。常着布裙貉裘，唯祠先人乃着旧布单衣，加首絮巾。辽东郡图其形于府殿，号为贤者。

又曰：胡昭字孔明，弃妻子，不应袁绍之命。武帝亦辟昭，昭自陈本志。帝曰："人各有志，出处不同，勉卒高尚，义不相屈。"昭乃隐陆浑山中。

又曰：焦先字孝然，世莫知其所出。或言生汉末。及魏受禅，常结草为庐于河之湄，独止其中。冬夏袒不着衣，卧不设席；又无草蓐，以身亲土；其体垢污，皆如泥滓。不行人间，或数日一食，行不由邪径，目不与女子迕视。口未尝言，虽有惊急，不与人语。后野火烧其庐，先因露寝。遭冬雪大至，先袒卧不移。人以为死，就视如故，后百余岁卒。

嵇康《高士传》曰：子州友父者，尧、舜各以天下让友父。友父曰："我适有劳忧之病，方治之，未暇在天下也。"

又曰：石户之农，不知何许人，与舜为友。舜以天下让之，石户夫负妻戴，携子以入海，终身不反。

又曰：伯成子高，不知何许人也。唐虞时为诸侯，至禹复去而耕。禹往趋而问曰："昔尧治天下，吾子立为诸侯；尧授舜，舜授予。吾子去而耕，敢问其故何耶？"子高曰："昔尧治天下，至公无私，不赏而民劝，不罚而民畏。今子赏而不劝，罚而不畏，德自此衰，刑自此作。夫子盍行，无留吾事！"侃侃然遂复耕而不顾。

又曰：卞随、务光者，不知何许人。汤将伐桀，因卞随而谋，曰："非吾事也。"汤遂伐桀，以天下让随，随曰："后之伐桀，谋于我，必以我为贼也；而又让我，必以我为贪也。吾不忍闻。"乃自投桐水。又让务光，光曰："废上非义，杀民非仁，无道之世，不践其土，况于尊我哉？"乃抱石而沉庐水。

又曰：小臣稷者，齐人。抗厉希古，桓公三往而不得见。公曰："吾闻士不轻爵禄，无以易万乘之主。万乘之主不好仁义，无以下布衣之士。"于是五往，乃得见焉。

又曰：亥唐，晋人也。高恪寡素，晋国惮之。虽蔬食菜羹，平公每为之欣饱。公与亥唐坐有间，亥唐出，叔向入。平公伸一足曰："吾向时与亥子坐，腓痛足痹，不敢伸。"叔向悖然作色，不悦。公曰："子欲贵乎？吾爵子；子欲富乎？吾禄子。夫亥先生乃无欲也，吾非正坐无以养之，子何不悦哉？"

又曰：涓子，齐人。饵术接食，甚精。至三百年后，钓于河泽，得鲤鱼。中符后，隐于岩石山，能致风雨，告伯阳九仙法。淮南王少得其文，不能解其旨。

又曰：商容，不知何许人也，有疾。老子曰："先生无遗教以告弟子乎？"容曰："将语子，过故乡而下车，知之乎？"老子曰："非谓不忘故耶？"容曰："过乔木而趋，知之乎？"老子曰："非谓其敬老耶？"容张口曰："吾舌存乎？"曰"存。"曰："吾齿存乎？"曰："亡。""知之乎？"老子曰："非谓其刚亡而弱存乎？"容曰："嘻，天下事尽矣。"

又曰：关令尹喜，周大夫也。善内学星辰服食。老子西游，喜先见气，物色遮之，果得老子。老子为著书。因与老子俱之流沙西，服巨胜实，莫知所终。

又曰：康市子者，圣人之无欲者也。见人争财而讼，推千金之璧于其旁，而讼者息。

又曰：狂接舆，楚人也。耕而食。楚王闻其贤，使使者持金百镒聘之，曰："愿先生治江南。"接舆笑而不应。使者去，妻从市来，曰："门外车马迹何深也？"接舆具告之。妻曰："许之乎？"接舆曰："富贵人之所欲，子何恶之？"妻曰："吾闻至人乐道，不以贫易操，不为富改行。受人爵禄，何以待之？"接舆曰："吾不许也。"妻曰："诚然，不如去之。"夫负釜甑，妻戴衽器，变姓名，莫知所之。尝见仲尼，歌而过之曰："凤兮凤兮，何德之衰？往者不可谏，来者犹可追！"后更名陆通，好养性，在蜀峨眉山上，世世见之。皇甫士安《高士传》曰：陆通字接舆。楚昭王政乱，乃阳狂不仕，故曰接舆也。

又曰：荣启期者，不知何许人也。披裘带索，鼓琴而歌。孔子曰：

“先生何乐也？”对曰：“天生万物，唯人为贵。吾得为人，是一乐也；以男为贵，吾得为男，二乐也；人生有不免于襁褓，吾行年九十五矣，是三乐也；贫者士之常，死者民之终，居常以待终，何不乐也？”

又曰：长沮、桀溺者，不知何许人也。耦而耕，孔子遇之，使子路问津焉。长沮曰：“夫执舆者为谁？”子路曰：“是孔子。”“是鲁孔丘欤？”曰：“是也。”曰：“是知津矣。”问于桀溺，桀溺曰：“子为谁？”曰：“仲由。”“孔丘之徒欤？”对曰：“然。”曰：“与其从避人之士，岂若从避世之士哉？”櫌而不辍。子路以告孔子。孔子怃然曰：“鸟兽不可与同群，吾非斯人之徒欤。”

又曰：荷篠丈人，不知何许人也。子路从而后，问曰：“子见夫子乎？”丈人曰：“四体不勤，五谷不分，孰为夫子？”植其杖而耘。子路行以告，子曰：“隐者也。”使子路反见之，至则行矣。

又曰：颜阖者，鲁人也。鲁君闻其贤，以币聘焉。阖方服布衣，自饮牛。使者问曰：“此颜阖家耶？”曰：“然。”使者致币。阖曰：“恐听误，而遗使者羞。”使者至，复来求之。阖乃凿坯而遁。

又曰：市南宜僚，楚人也，姓熊。白公为乱，使石乞告之。不从，承之以剑，而僚弄丸不辍。鲁侯问曰：“吾学先生之道，勤而行之，然不免于忧患，何也？”僚曰：“君今能刳形洒心，而游无人之野，则无忧也。”

又曰：太公任者，陈人。孔子围陈，七日不火食。太公往吊之，曰：“子几死乎？夫直木先伐，甘井先竭，子其饰智以警愚，修身以明污，昭昭如揭日月而行，故汝不免于患也。孰能削迹捐势，不为功名者哉？无责于人，人亦无责焉。”孔子曰：“善。”辞其交游，巡于大泽，入兽不乱群，而况人也。

又曰：汉阴丈人者，楚人也。子贡适楚，见丈人为圃，入井抱甕而灌，用力甚多。子贡曰：“有机于此，后重前轻，名曰桔槔，用力寡而见功多。”丈人作色曰：“闻之吾师，有机事者，必有机心；机心存于胸，则纯白不备。”子贡愕然，惭不对。有间，丈人曰：“子奚为？”曰：“孔丘之徒也。”丈人曰：“子非博学以疑圣智，独弦歌以买声名于天下者乎？方且亡汝神气，堕汝形体，何暇治天下乎？子往矣，勿妨吾事！”

又曰：延陵季子名札，吴王之子，最少而贤。使上国还，会阖闾使专诸刺杀王僚，致国于札，札不受去之。延陵终身不入吴国。初适鲁，听乐论众国之风。及过徐，徐君欲其剑，札心许之。及还，徐君已死，即解剑带树而去。

又曰：范蠡者，徐人也。相越灭吴，去之齐，号鸱夷子。治产数千万，去；止陶，为朱公，复累巨万。一日蠡事周师太公，服桂饮水，去越入海，百余年乃见于陶，一旦弃资财，卖药于兰陵，世世见之。

又曰：屠羊说者，楚人也。隐于屠肆。昭王失国，说往从王。王反国，欲将赏说，说曰：“大王失国，说失屠羊；大王反国，说亦得屠羊。臣之爵禄已复矣，又何赏之有。”王使司马子綦延之以三珪之位，说曰：“愿长反屠羊之肆耳。”遂不受。

又曰：闾丘先生，齐人也。宣王猎于社山，社山父老十三人相与劳王，王赐父老不租，父老皆谢，先生独不拜。王曰：“少也？”复赐无徭役。先生复独不拜。王曰：“父老幸劳之故，答以二赐。先生独不拜，何也？”闾丘曰：“闻王之来，望得寿得富得贵于大王也。”王曰：“死生有命，非寡人也；仓廪备灾，无以富先生；大官无阙，无以贵先生。”闾丘曰：“非所敢望，愿选良吏，平法度，臣得寿矣；赈乏以时，臣得富矣；令少敬长，臣得贵矣。”

太平御览卷第五百十　逸民部十

逸民十

嵇康《高士传》曰：周丰，鲁人也。潜居自贵。哀公执贽请见之，丰辞。使人问曰："有虞氏未施信于民而民信；夏后氏未施敬于民而民敬。何施而得斯于民也？"对曰："墟墓之间，未施哀于民而民哀；宗庙社稷之中，未施敬于民而民敬。殷人作誓，而民始叛；周人作会，而民始疑。苟无礼义忠信诚悫之心以莅之，虽固乘结之，民其两不解乎？"

又曰：颜斶者，齐人也。宣王见之，王曰："斶前。"斶曰："王前。"王不悦。斶曰："夫斶前为慕势，王前为趋士。"王作色曰："贵乎？"斶曰："昔秦攻齐，令曰：'敢近柳下惠垄樵者，罪死不赦。有能得齐王头者，封万户。'由是观之，生王之头不如死士之垄。"齐王曰："愿先生与寡人游，食太牢，乘安车。"斶曰："愿得蔬食以当肉，安事以当舆，无步以当贵，清净以自娱。"遂辞而去。

又曰：鲁连者，齐人，好奇伟倜傥。尝游赵，秦围邯郸，连却秦军。平原君欲封连，连不受。平原君乃置酒，以千金为寿。连笑曰："所贵于天下之士者，为人排患释难而无取也。即有取，是商贩之事，不忍为也。"遂隐居海上，莫知所在。

又曰：河上公，不知何许人也。谓之丈人隐德，无言无德而称焉。安丘先生等从之，修其黄老业。

又曰：郑仲虞，不知何许人也。汉章帝自往，终不肯起，曰："愿陛下何惜不为太上君，令臣得为偃息之民。"天子以尚书禄终其身，世号之白衣尚书。

又曰：司马季主者，楚人也。卜于长安。汉文帝时，宋忠、贾谊为太中大夫。谊曰："吾闻圣人不居朝廷，必在巫医。"试观卜数中，见季主闲坐，弟子侍而论阴阳之纪。二人曰："观先生之状，听先生之辞，世未尝见也。尊官高位，贤者所处。何业之卑，何行之污？”季主笑曰：“观大夫类有道术，何言之陋？夫相引以势，相导以利，所谓贤者，乃可为羞耳。夫内无饥寒之累，外无劫夺之忧，处上而有敬，居下而无害，君子道也。卜之为业，所谓上德也。凤凰不与燕雀为群，公等喁喁，何知长者？”二人忽忽，不觉自失。后遂不知季主所在。《史记》又载。

又曰：班嗣，楼烦人也。世在京师，家有赐书，内足于财，好老庄之道，不屑荣官。桓君山从借《庄子》，报曰：“若庄子者，绝圣弃智，修性保身，清虚淡泊，归之自然。钓鱼于一壑，则万物不干其志；栖迟于一丘，则天下不易其乐。今吾子伏孔氏之轨迹，驰颜、闵之极艺，既系挛于世教矣，何用大道为自炫耀也！昔有学步邯郸者，失其故步，匍匐而归。恐似此类，故不进也。其行已。”持论如此，遂终于家。

又曰：蒋诩字元卿，杜陵人，为兖州刺史。王莽为宰衡，诩奏事到灞上，称病不进。归杜陵，荆棘塞门，舍中三径，终身不出。时人谚曰：“楚国二龚，不如杜陵蒋翁。”

又曰：王真字叔平，杜陵人；李邵公，上郡人。真世二千石，王莽辟，不至。尝为杜陵门下掾，终身不窥长安城，但闭门读书，未尝问政，不过农田之事。邵公王莽时辟地河西，建武中，窦融欲荐之，固辞乃止。家累百金，优游自乐。

又曰：薛方，齐人，养德不仕。王莽安居迎方，因谢曰：“尧、舜在上，下有巢、许，今明王方欲隆唐虞之德，亦由小臣欲守箕山之志。”莽悦其言，遂终于家。

又曰：龚胜，楚人。王莽时遣使征聘，义不事二姓，遂不食而死。有老父来吊，甚哀。既而曰：“嗟乎！薰以香自烧，膏以明自消。龚先生竟夭天年，非吾徒也。”趍而出，终莫知其谁也。

张显《逸民传》曰：曹子臧者，曹宣公之子也。宣公卒，负刍杀太子留而自立，是为曹成公。其后晋执成公，将见子臧于周而立之。子臧辞曰：“前志有之：圣达节，次守节，不失节。为君，非吾节也。”遂亡命奔宋。晋侯请子臧反国而归成公，子臧以国致成公为君。见《左传》。

又曰：周党字伯况。整身清约，非法不行。建武中，征为义郎，以病去。诏曰："昔夷齐不食周粟，太原周党不食朕禄。"后终隐居娱志，不营于世。

虞般佑《高士传》曰：皇甫士安少执冲素，以耕稼为业，专心好学。每改服以行，兼日而食，得风痹。或多劝修名，士安答曰："居畎亩之中，亦可以乐尧、舜之道，何必崇势利而后名乎？"诏以为太子中庶子、著作郎，并不应也。

又曰：朱冲字臣容，南安人。少有德行，闲静寡欲，好学而贫。邻牛犯种，担刍送牛。牛主人大惭，乃不复暴。晋咸宁二年，诏曰："处士朱冲，履行高洁，经学修明，征为博士及太子中庶子。"冲每闻征书至，辄逃入深山以免。居近夷俗，羌戎奉事若君也。

又曰：刘兆字延世，公府五辟三征皆不就。安贫慕道，潜志述作数十年，不出门。凡事述十余万言。

又曰：伍朝字世明，好学该博，显命屡加，不就。镇南将军刘弘上请补零陵太守，主者以非选，竟不听。尚书郎胡济言朝守静衡门，志道日新，诚江南之良才，丘园之逸老也。且白衣为郡，前汉有旧贲于家食，近代所崇，事可行也。朝竟不就。后卒于家。王隐《晋书》亦同也。

又曰：郭文举，河内轵县人。年十三，有怀隐志。每行山林，旬日忘归。父母丧终，辞家不娶。入陆浑嵩山少室，乃隐华阴之崖，以观石室之石函。洛下将没，步担入吴兴馀杭大辟山穷谷无人之地，倚木于树，苫覆其上，亦无壁障。时多虎暴，而文独宿积十余年，恒着鹿皮裘葛巾。司徒王公迎置果园中，众人问文曰："饥而思食，壮而思室，自然之性。先生安独无情乎？"文曰："情由意生，意息则无情。"又问："先生独处穷山，若疾病遭命，终则为乌鸟所食，顾不酷乎？"文曰："藏埋者，亦为蝼蚁所食，复何异哉？"又曰："狼虎害人，先生独不畏乎？"文曰："人无害兽之心，兽亦不害人耳。"居园七年，逃归馀杭。

袁淑《真隐传》曰：苏门先生尝行，见采薪于阜者，先生叹曰："汝将以是终乎？哀哉！"薪者曰："以是终者，我也；不以是终者，我也。

且圣人无怀，何其为哀？圣人以道德为心，不以富贵为志。”因歌二章，莫知所终。

又曰：鬼谷先生，不知何许人也。隐居鬼谷山，因以为称。苏秦、张仪师之，遂立功名。先生遗书勉之曰：“二君岂不见河边之树乎？仆御折其枝，风浪荡其根。此木岂与天地有仇怨？所居然也。子见嵩岱之松柏乎？上枝干于青云，下根通于三泉，千秋万岁不逢斧斤之患。此木岂与天地有骨肉？所居然也。”

又曰：郑长者，隐德无名，著书一篇，言道家事，韩非称之。世传是长者之辞，因以为名。

又曰：南公者，楚人。埋名藏用，世莫能识。居国南鄙，因以为号，著书言阴阳事。

又曰：野老，六国时人。游秦楚间，年老隐居，掌劝为务。著书言农家事，因以为号。

又曰：鹖冠子，或曰楚人。隐居幽山，衣弊履穿，以鹖为冠，莫测其名，因服成号。著书言道家事，马暖常师事之。暖后显于赵，鹖冠子惧其荐己也，乃与暖绝。

又曰：楚人有献鱼于楚王，曰：“今日渔获，食之不尽，卖之不售，弃之又可惜，是故来献。”左右曰：“鄙哉，辞也！”楚王曰：“渔者仁人，将以诲我也。”乃恤鳏寡而存孤独，出仓粟，发币帛，去后宫，楚国大治。

又曰：河上丈人，家贫，编萧自给。其子没泉，得千金之珠。丈人曰：“取石来锻之！夫千金之珠，必在九重之泉，骊龙颔下。子能得其珠者，遇其睡也。使龙而寤，子其齑粉矣。”

又曰：孙叔敖遇狐丘先生，曰：“仆闻人有三利，必有三患，子知之乎？夫爵高者人妒之，官大者主恶之，禄厚者怨处之。”叔敖曰：“不然。吾爵高而志益下，官大而志益小，禄厚而施益溥。”丈人曰：“善哉，言乎！尧、舜其犹病诸。”又见《列子》。

又曰：客有候孔子者，颜渊问曰：“客何人也？”孔子曰：“窅兮泛兮，吾不测也。夫良玉径尺，虽有十仞之土，不能掩其光；明珠度寸，虽有函丈之石，不能戢其曜。苟蕴美自厚，容止可知矣。”

《说苑》曰：卫有丈夫负缶入井灌韭，终一日一区。邓析下车教之，为机后重前轻，命曰槁，终日灌韭百区不倦。卫丈夫曰：“吾师言有机智之心，我非不知，不欲为也。”

《杂记事》曰：徐稚忽荣禄，陈蕃钦其高行，以礼招请，署为功曹。及师友祭酒，又特为设东面之坐，重席佩巾几以候之。稚辞疾不到。

王僧虔《吴地记》曰：处士陆著，字文伯。汉桓灵之间，州府交辟，并不就，唯事栖遁。临卒，诫诸子弟云：“吾少未尝官，勿苟仕浊世。”子弟遵训，遂二代不仕，并有盛名。

又曰：桐庐县东有大溪，九里注庐溪口，南通新安，东出富阳，青山绿波，连霄亘壑。昔征士散骑常侍戴勃游此，自言山水之致极也。勃字长云，谯国铚人。父散骑常侍逵，字安道。弟子常侍国子祭酒颙，并高蹈俗外，三叶肥遁，为海内所称。梁典曰：戴颙字仲若，与逵并隐遁有高名。颙以父不仕，复循其业，辟皆不就。

梁萧绎《孝德传》曰：缪斐字文雅，东海兰陵人。世乱，将家避地海滨。不以遁世为闷，不以穷居为伤，浣衣濯冠，以俟绝气。

《道学传》曰：乐钜公者，宋人。独好黄老，恬静不慕荣贵，号曰：安丘丈人。

又曰：孔总，会稽山阴人，逸操不群，唯有一奴自随。奴善吹笙，总为《洛生咏》，与之相对而已。

《世说》曰：郗超每闻欲高尚隐退者，辄为辨百万资，并为造立居室。在剡为戴公起宅甚精，戴始往居，与所亲书曰：“近至剡，如入官舍。”

又曰：支道林因人就深公买印山，深公曰：“未闻巢、由买山而隐。”

陆机《招隐诗》曰：明发心不怡，投袂聊踯躅。踯躅欲安之？幽人在浚谷。朝采南涧藻，夕宿西山足。轻条像云构，密叶成翠幄。

左思《招隐诗》曰：杖策招隐士，荒途横古今。岩穴无结构，丘中有鸣琴。

陆云《逸民赋》曰：古之逸民，轻天下，轻万物，而欲专一丘之析，擅一壑之美。天地不易其乐，万物不干其志，然后可以妙有生之极，因无疆之休。乃为赋曰："相荒土以为居，度山阿而考室；层幽翳荟，穹谷重深；岩木振颖，葛藟垂阴；潜鱼潦沚，嘤鸟来吟；顾蔬圃于滋薄，即兰堂于芳林；靡飞飘以赴节，挥天籁以兴音；抱回流之别沼，食秋华于高岑；濛三泉以濯流，浚金谷以投簪；遵渚龙见，在林凤戢；遁绵野而宅心，望岩穴而凯入。

太平御览卷第五百一十一 宗亲部一

祖父母

《释名》曰：祖，祚也；祚，先也。

《礼记·曲礼》曰：逮事父母，则讳王父母；不逮事父母，则不讳王父母。

《毛诗·商颂》曰：无念尔祖，聿修厥德。

《汉书》曰：路温舒字长君，从祖父受历数、天文也。

《后汉书》曰：虞诩，陈国人。祖父为郡县狱吏，务在宽恕。尝称曰："东海于公高其里门，定国卒至丞相。吾治狱六十年，虽不及于公，子孙何得不为九卿？"故字诩曰升卿。后迁仆射尚书令。

《晋书》曰：何曾侍武帝宴，退告其子遵曰："国家应天受命，创业垂统。吾每侍宴，未尝闻经国远图，唯说平生常事，非贻厥孙谋之兆也，后嗣其殆乎？此吾子孙之忧。汝等犹可没。"指孙曰："此辈必遇乱亡。"及遵之子绥死，兄嵩哭之曰："吾祖其殆圣乎？"

又曰：李密字令伯。父早亡，母改醮。祖母刘抚养密，奉事以孝谨闻，有暇则讲学忘疲。师事谯周，门人方之游、夏。大始初，征为太子洗马。密以祖母老，上表云："臣无祖母，难无以至于今日，祖母无臣，无以终余年。母孙二人，更相为命。臣密今年四十四，祖母年九十六，是臣尽节于陛下之日长，而恭事于刘之日短。"刘终后，复为太子洗马。

又曰：王爽字季明。强正有志，历侍中。尝与会稽王道子饮，道子醉，呼爽为小子。爽曰："亡祖长史与简文帝为布衣之交，亡姑亡姊伉俪二宫，何小子之有？"

又曰：苻生字长生，健第三子。幼而无赖，祖洪甚恶之。生无一目，为儿童时，洪戏之曰："吾闻瞎儿一泪，信乎？"生怒，引佩刀自刺出血，曰："此亦一泪。"洪大惊，鞭之。生曰："性耐刀槊，不堪鞭棰。”洪曰：“吾将以尔为奴。”生曰：“可不如石勒也。”洪惧，跣而掩其口。

《陈留志》曰：范乔字伯山。年二岁，祖父馨临终执其手曰：“恨不见汝成人。”因以所用砚与之。至五岁，祖母以告乔，乔便执砚流涕。

《江虨别传》曰：虨年十一，始樗蒲。祖母费为说往事，有博弈破业废身。于是弃五木，终身不以为戏。

父母

《尔雅》曰：父为考，母为妣。

《毛诗·陟岵》曰：孝子行役，思念父母也。陟彼岵兮，瞻望父兮；陟彼屺兮，瞻望母兮。

又《蓼莪》曰：蓼蓼者莪，匪莪伊蒿。哀哀父母，生我劬劳。蓼蓼者莪，匪莪伊蔚。哀哀父母，生我劳瘁。无父何怙？无母何恃？出则衔恤，入则靡至。父兮生我，母兮鞠我。抚我畜我，长我育我。顾我复我，出入腹我。欲报之德，昊天罔极。

《礼记·曲礼》曰：生曰父，曰母；死曰妣，曰考。

《左传·隐公》曰：郑庄公母弟共叔段，以母之宠，请邑，居之京。段遂以京叛。公伐京，段出奔，遂置母姜氏于城颍，而誓之曰：“不及黄泉，无相见也。”既而悔之。颍考叔曰：“若阙地及泉，隧而相见，其谁曰不然。”公从之。遂为母子如初。

又《庄公》曰：宋南宫长万作乱，奔陈，以乘车辇其母，一日而至。

又《成上》曰：晋败齐师于鞍，齐请平晋。人曰：“必以萧同叔子为质。”对曰：“萧同叔子非他，寡君之母也。若以匹敌，则亦晋君之母也。吾子布大命于诸侯，而曰必质其母以为信，其若王命何？且是以不孝令也。”

又《襄三》曰：晋叔向之母妒，叔虎之母美，而不使视寝。其子皆谏其母，母曰：“深山大泽，实生龙蛇；彼美，余惧其生龙蛇以祸汝。汝敝族也，余何爱焉？”使往视寝，生叔虎，美而有勇，栾盈嬖之。故羊舌氏之族及于难。

《公羊传》曰：惠公者何？隐之考也。仲子者何？桓之母也。

《史记》曰：赵括，奢之子。赵孝成王欲以括为将，母曰："不可使也。"王曰："母何以知之？"对曰："妾事其父时，其父为将，王之所赏赐尽散与军吏士大夫；受命之日，不问家事。今括一朝为将，军吏不敢仰视，王之所赐，悉藏于家，而视利便田宅。父子异心，愿王勿遣。"王曰："母致之，吾已决矣。"母曰："王必遣，忽有不称，妾乞不坐。"王许之。后果败，为白起所坑。

《汉书》曰：王陵，沛人，以兵属汉王。项羽得陵母，置于军中，以招陵。后汉使至，陵母谓使者曰："为老妾语陵，汉王长者，必有天下，善事之，毋以老妾故持二心。"遂伏剑而死。羽怒烹之。

又曰：陆贾使南越，赵他赐陆生，橐中装直千金，他送亦千金。吕后时病免。归家，有五男，乃出所使越橐中装，卖千金，分与其子，各二百金，令为生产。贾常乘安车驷马，从歌舞鼓吹琴瑟。侍者十人，宝剑直百金。谓其子曰："与汝约：过汝，给吾人马酒食，极欢、十日而更所；死家，得宝剑及车骑从者。"

又曰：金日磾字翁叔，休屠王太子也。父以降汉见杀，与母阏氏弟俱没入官。后拜光禄大夫。既亲近，未尝有过，武帝甚信爱之。日磾母教诲两子甚有法度，上嘉之；及死，诏图形于甘泉宫，曰休屠王阏氏也。日磾每见画，常拜泣不止。

又曰：霍去病父仲孺，河东人。以县吏给事平阳侯家，与侯侍者卫少儿私通，生去病。仲孺吏毕归家，娶妇生子，不相闻。久之，去病为骠骑将军，击匈奴，道出河东，至平阳传舍，遣迎仲孺。趋入拜谒。将军迎拜，因跪曰："去病不早知为大人之遗体也。"仲孺扶服叩头，曰："老臣得托命将军，此天力也。"去病大买田宅奴婢而去。

又曰：严延平字次卿，东海下邳人。为河南太守，冬日行属县，行戮囚徒，流血数里，河南号屠伯。母见责之曰："汝宣化千里，不闻仁爱，而杀人立威名，岂为人父母哉？天道神明，人不可独杀。我不意老见壮子被刑戮也。行矣，去东归扫墓地耳！”岁余，果败。延年兄弟五人，皆有吏才，并至大官，东海号为万石严妪。

又曰：隽不疑为京兆尹，每行县，录囚徒还，其母辄问，有所平反，活几人。即不疑多有平反，母喜而为之食；或无所出，母怒而不食。故不疑为吏，严而不残。

《后汉书》曰：窦武字游平，扶风人。初，武母产武，并产一蛇，送之林中。后母卒，葬，有一大蛇自榛草出，击柩流血，若哀泣之容。时人以为窦氏之祥。

又曰：杨彪为太尉，子修为曹操所杀。操见彪问曰："君何瘦之甚也？"彪曰："愧无日磾先见之明，犹怀老牛舐犊之爱。"操为改容。

又曰：范滂字孟博，汝南征羌人也。建宁二年，大诛党人，滂母就与之诀。滂白母曰："仲博孝敬，足以供养。仲博，滂弟也。滂从龙舒君归之黄泉，存亡各得其所。唯大人割不可忍之恩，勿增感戚。"母曰："汝今得与李、杜齐名，死何恨。"滂跪受教，再拜而辞，顾谓其子曰："吾欲使汝为恶，则恶不可为；使汝为善，则我不为恶。"行路闻之，莫不流涕。

又曰：黄宪字叔度，汝南人。世贫贱，父为牛医。袁阆母谓阆曰："汝从牛医儿来耶？"对曰："阆不见叔度，自以为及；既睹其人，则瞻之在前，忽然在后，固难测矣。"

又曰：庐江蔡宗，字孟承。兢廉严正，其子未尝见面。子为二千石，求谒宗。宗下帷，不许。子伏于庭，其母穿壁，使其子窥之，乃识仪貌。

又曰：崔发仕王莽，位至大司空。母师氏通百家之言，莽以殊礼之，号义成夫人。金印紫绶，乘文轩丹毂。

又曰：张甫字孟侯，汝南人。为太尉，虽在公位，父常居田里。每有迁职，辄一诣京师。公卿罢朝，俱诣甫府，奉酒上寿，时人荣之。

《吴志》曰：蒋钦母疏帐缥被，妻妾布裙。孙权叹其在位能守约俭，敕御府为母作被及帏帐。

《晋书》曰：刘惔字真长，沛人。少清远有奇才，与母任氏寓居京口。家贫，织芒屩以为养，虽篳门陋巷，晏如也。

又曰：伏滔字玄度，平昌人。甚有才学知名，拜著作郎。孝武会西堂，滔预坐。还，下车，先呼子系曰："百人高会，天子先问伏滔在座不。此固未易得，为人作父如此，如何？"

又曰：汜毓字稚春，济北卢人。奕世儒素，敦睦九族。时人号之"儿无常父，衣无常主。"

又曰：荀羡字令则，清和有准。才年七岁，遇苏峻难，随父在石头。峻甚爱之，惜置羡于膝上。羡乃阴白其母曰："得一利刀，子足以杀贼。"母掩其口。

又曰：虞谭母孙氏，训子以节义，朝廷嘉之，拜昌武太守，丞相已下皆拜之。年九十五，谭立养堂于家。

又曰：郄诜，济阳人。对策高第，拜议郎。母忧去职。母在日，苦病车。及亡，不欲车载，家贫无以市马，乃于住堂北壁外假葬，朝夕拜哭。养鸡种蒜，竭其方术。丧过三年，得马八匹，舆棺至家，负土成坟。

又曰：韩康伯，颍川长社人。母殷氏，高明有行，家恒贫。伯年数岁，大寒，母为作布襦，令伯捉熨斗而谓之曰："且着布襦，寻复作裤。"伯曰："不须。"母问故，曰："火在斗中，柄热；今上着襦，下亦当暖矣。"

又曰：羊耽妻辛氏，陇西人，侍中毗之女。聪明有才鉴。锺会为镇西，请其子琇为参军。母曰："他日吾为国忧，今日难至吾家。行矣，戒之！军旅之间，可以济者，惟仁恕乎？古之君子，入则致孝于亲，出则尽忠于国；在职思其所司，在义思其所立，无贻父母忧患而已。后会至蜀，果反，琇竟以道全身。

又曰：桑虞字子深，魏郡黎阳人。五代义居，闺门雍睦。青州刺史苻朗甚重之，尝诣虞家，升堂拜母。时以为荣。

又曰：周顗母李氏字洛秀，汝南人。中兴时，顗等并列显位。常冬至置酒，洛秀举酒赐三子曰："吾本渡江托足，无所不谓。尔等并居贵位、在吾目前，吾身后何忧？"嵩起曰："恐不如尊旨。伯仁志大而才短，名重而识暗，好乘人之弊，此非自全之道。嵩性抗直，亦不容于世。唯阿奴碌碌，在阿母前耳。”阿奴，谟小字也。

又曰：刘琨为并州刺史，母谓之曰：“汝能弘济经略，驱驾豪杰，专欲除胜己以自安，当何以济？祸必及我也。”后父母并为刘聪所害。

又曰：朱序字次伦，义阳人。镇襄阳，苻坚令苻丕围序。序母韩氏自登城履行，谓西北角必先破受弊，遂领百余婢及城中女同丁筑城三十余丈。后贼果从西北角攻，众溃城破。遂固新筑。丕用引退，得免城破。襄阳人谓此城为夫人城。

《宋书》曰：张兴世字文德，竟陵人。以平江陵功转右将军。父仲字子由。兴世致位给事中，欲往襄阳，父爱恋乡里，不肯去。尝谓兴世曰：“虽田舍翁，乐闻鼓角，汝可送一部与吾，行田时吹之。”兴世素俭谨畏法，白父曰：“此乃天子鼓角，非田舍翁所吹。”乃止。兴世欲拜墓，仲子曰：“汝卫从甚多，恐先人惊怖。”兴世减撤而行。

又曰：朱修之，义阳人。加建武将军，留戍滑台，为索虏所攻。母悲忧。一旦，乳汁惊出，因号恸，告家人曰：“我老，非有乳汁之时。今忽如此，我儿必殁矣。”后数日，凶问至，修之果以此日陷殁。

《梁书》曰：王僧孺幼贫，其母鬻纱布以自业。尝携孺于市，道途中逢中丞卤簿驱迫，落沟中。及孺拜中丞日，引孺清道，悲不自胜。

刘璠《梁典》曰：张充字延符，吴人。父绪特进，有重名。充少不拘细行，肆意畋放。时绪请假还吴，始入西郭，值充正猎，左手臂鹰，右手牵犬。遥望见父，乃脱韝放鹰绁犬，向舟而拜。绪曰：“一身两役，无亦劳乎？”充跪对曰：“充闻三十而立，今二十九年矣，请至来岁，终身折节。”绪曰：“若过而能改，乃颜子矣。”及明年，乃一朝易操，寻师就学，博览今古，郁为名士。

萧方等《三十国春秋》曰：苏峻作逆，领军卞壶，以王师败绩，遂单骑赴难，二子眕盱随之俱殁。母裴氏抚尸而哭之：“父为忠臣，子为孝子，夫何恨乎！”征士翟阳闻之，叹曰：“父死于前，子殁于后，忠孝之道萃于一门，可谓贤矣。”

又曰：吴司徒孟宗，少从南阳李肃学。母为作厚褥大被。或问其故，曰："小儿无德可容，而学者多贫，故为广被，可得气类相接也。"

《列女传》曰：邹氏，孟轲之母。见孟子少而学归，母方织，问之曰："子之废学，若吾断织。"孟子惧，因更勤不息，遂为大儒。

《世说》曰：华歆遇子弟甚整，虽暗室之内，俨然若朝典也。

又曰：陈元方遭父忧，哭泣哀恸，容体骨立。其母悯之，窃以锦被蒙之，郭林宗吊而见之，谓曰："卿海内之俊，四方是则，如何当丧以锦被焉？孔子曰：衣夫锦，食夫稻，于汝安乎？吾不取也！"因奋衣而去。自后宾客绝数百日。

继母

《仪礼》子夏传曰：继母如母。何以如母？继母之配父，与因母同，故孝子不敢殊也。

《东观汉记》曰：应慎字仲华，为东平相。事后母至孝，精诚感应，梓树生厅前屋上，徙置府庭，繁茂长大。

《后汉书》曰：鲍永字君长，上党人，事后母至孝。妻于母前叱狗，永遂去之。

《晋书》曰：凉武昭王李玄盛后尹氏，初适扶风马元。元卒，为玄继室。以再醮之故，三年不言，抚前妻子如己所生。

又曰：王祥字休征，琅琊人，至孝。继母朱氏不慈，由是失爱于父，令扫除牛下。祥愈恭谨。父母有疾，衣不解带。母令守丹柰实。每风雨，则抱而泣。母常思黄雀炙，忽有黄雀数十飞入幕，遂以供母。

《三十国春秋》曰：王延九岁，丧母，行孝有闻。后母卜氏御之无道，延恭事弥谨。卜常取蒲蘱败麻与之贮衣，延知而不言。卜冬月杖之，流血，令求生鱼。延扣冰恸哭而得，与之。卜乃心悟，抚之如所生也。

又曰：晋安帝时，郭逸妻以大竹杖打逸前妻之子。子死，妻因弃市，如常刑。

《家语》曰：曾参，武城人，志存孝道。后母遇之无恩，其妻藜蒸不熟，出之。人曰："此非七出也。"答曰："藜蒸小物，不用吾命，况大事？"遂遣之，终身不娶。其子请焉。告之曰："高宗以后妇出孝已，尹吉甫以后妻嫉伯奇，容知其得免非乎？"

《琴操》曰：尹吉甫，周卿也。子伯奇母早亡，吉甫更娶后妻，妻乃谮之于吉甫曰："伯奇见妾美，欲有邪心。"吉甫曰："伯奇慈仁，岂有此也。"妻曰："置妾空房中，君登楼察之。"妻乃取毒蜂缀衣领，令伯奇掇之。于是吉甫大怒，放伯奇于野。宣王出游，吉甫从之，伯奇作歌以感之。宣王闻之，曰："此放子之辞也。"吉甫乃求伯奇而感悟，遂射杀其妻。

《搜神记》曰：衡农字翾卿，东平人。少孤，事继母至孝。常宿于他舍，值雷雨，频梦虎啮其足。农呼妻相与出于庭，叩头三下。屋忽然而坏，压死者三十余人，唯农夫妻获免。

太平御览卷第五百一十二　宗亲部二

伯叔

《释名》曰：伯，把也，把持家政也。父弟为仲；仲，中也，位在中也。仲父之弟曰叔父；叔，少也。叔父之弟曰季；季，癸也。甲乙之次，癸在下也。

《说文》曰：伯，长也。

《尔雅》曰：父之昆弟，先生为世父，后生为叔父。

《礼记·檀弓》曰：滕伯文为孟虎齐衰，其叔父也；为孟皮齐衰，其叔父也。伯文，殷时滕君也。爵为伯名文。

《家语》曰：孔子兄子有孔蔑者，与宓子贱偕仕。孔子往过孔蔑而问焉。曰："自汝之仕，何得何亡？"对曰："未有所得，而亡者三：王事若聋，聋宜为袭，前后相积袭也。学焉得习，言不得习学者。是学不得明也；俸禄少，饘粥不及亲戚，是骨肉益疏也；公事多急，不得吊死问疾，是朋友道阙也。其所亡者三，即此谓矣。"孔子不悦，往过子贱，问如孔蔑。对曰："自来仕者，无亡而得者三：始诵之，今得而行之，是学益明也；俸禄所供，被及亲戚，是骨肉益亲也；虽也有公事，而兼以吊死问疾，是朋友信笃也。"孔子喟然，谓子贱曰："君子哉，若人！鲁无君子者斯焉？取斯也！"

《汉书》曰：初，高祖微时，尝避事，时与宾客过其丘嫂食。应劭曰：丘氏女也。孟康曰：西方谓亡女胥为丘胥。丘，空也。兄亡，空有嫂也。晋灼曰：丘，大也。大嫂为家嫂也。嫂厌叔与客来，阳为羹尽轹釜，客以故去。而已，视釜中有羹，由是怨嫂。及立齐代王，而伯子独不得侯。太上皇为言，高祖曰："某非敢忘封之也，为其母不长者。"封其子信为颉羹侯。

又曰：疏广字仲翁，东海兰陵人也。宣帝时为太子太傅。兄子受字公子，为少傅。太子每朝，因进见，太傅在前，少傅在后。叔侄并为师傅，朝廷以为荣。

又曰：王莽字巨君，孝元皇后之弟子。父及兄弟皆以元成世封侯，辅政凡九侯、五大司马，唯莽父曼早死，不侯。五侯子争侈靡，莽独孤贫，折节为俭；受《礼经》，勤身博学，事母及寡嫂，养孤兄子，行甚整；又外交英俊，内事诸父。世父凤病，莽侍疾，乱发垢面。凤且死，以托太后。及帝，拜黄门侍郎。

《东观汉记》曰：郑均好义笃实，事寡嫂，收儿，恩礼甚至。

又曰：魏谭有一孤兄子，年一二岁，常自养视。遭饥馑，分升合以相生活。谭时有一女，生裁数月，念无谷食，终不能两全，弃其女，养活兄子。州郡高其义。

又曰：桓荣卒，子郁当袭爵，让于兄子。显宗不许，不得已，受封而悉以租入与之。

又曰：淳于恭养兄崇孤儿，教训学问。时不如意，辄平责数，以捶自击其胫，欲以感之。儿惭负，不敢复有过。《袁子》又载。

又曰：郅恽友董子张叔父及为乡里民所害，子张病，恽往候之，气绝良久，复视恽，歔欷不能言。恽曰："知子不悲天命，痛仇不复也。"恽即起，将客取仇人头以示。子张见之，悲喜，因绝。

《后汉书》曰：刘平字公子，楚郡彭城人也。更始时，天下乱，平弟仲为贼所杀。其后，贼复忽然而至，平扶侍其母奔走逃难。仲遗腹女始一岁，平抱仲女而弃其子。母欲还取之，平不听，曰："力不能两活，仲不可以绝类。"遂去不顾。

谢承《后汉书》曰：魏霸字峤卿，济阳人。为钜鹿太守，与兄子同苦乐，不得自异。

又曰：许荆兄子世尝报仇杀人，怨家会众操兵至荆家，欲杀世。荆始从府休归，与相遇，因出门，解剑长跪曰："前无状相犯，咎皆在荆不能相教。既兄早殁，一子为嗣，如令死者，伤其灭绝。今愿杀身代世塞咎。虽死以往，犹谓更生。"怨家扶起荆曰："许掾，郡中称为贤，吾何敢相侵。"因遂委去。

华峤《后汉书》曰：薛苞弟子求出，苞不敢止，乃中分其财，奴婢引其老者，曰："与我共事久，若不能使也。"田庐取其荒颓，曰："吾少时所治，意所恋也。"器物取其朽败，曰："我服食久，身口所安也。"

袁山松《后汉书》曰：范丹为莱芜长，去官于市卖卜，妻纺绩以自给。丹弟子恺见丹藩不完，载柴将客藩之。时丹适行，还，怒敕子拔柴，载以还之。

《后汉书》曰：马援字文渊，扶风茂陵人也。援兄子严敦，并喜讥议，而通轻侠客。援前在交趾，还书诫之曰："吾欲闻汝曹闻人过失，如闻父母之名耳，可得闻而口不可得言也；好论议人长短，妄是非正法，此吾所大恶，宁死不愿闻子孙有此行也。汝曹知吾恶之甚矣，所以复言者，施襟结褵，申父母之戒，欲使汝曹不忘之耳。龙伯高敦厚周慎，口无择言，谦约节俭，廉公有威，吾爱之重之，愿汝曹效之；杜季良豪侠好义，忧人之忧，乐人之乐，清浊无所失，父丧致客，数郡毕至，吾爱而重之，不愿汝曹效之。效伯高不得，犹为谨敕之士，所谓刻鹄不成尚类鹜也；效季良不得，陷为天下轻薄子，所谓画虎不成反类狗者也。讫今季良尚未可知，郡将下车，辄切齿。州郡以为言，吾常寒心，是以不愿子孙效也。"

又曰：范迁字子庐，沛国人也，为司徒。及在公，公辅有宅数亩，田不过一顷，复推与兄子。其妻谓曰："君有四子，而无立锥之地，可余俸禄，以为后世。"迁曰："吾备位大臣而蓄财求利，何以示后！"在位四年，薨，家无担石焉。

又曰：张堪字君游，南阳宛人也。堪早孤，让先父余财数百万与兄子。

又曰：第五伦字伯鱼，京兆长陵人。或问伦曰："公有私乎？"对曰："吾兄子尝疾，一夜十往，退而安寝；吾子有疾，虽不省视，竟夕不眠，若是者岂可谓无私乎？"

又曰：张属字伯达。父歆为淮阳相，终于汲令。属性笃节俭，父卒，汲吏人赙送前后百万，悉无所受；又以田宅推与伯父，自身寄止。

又曰：中常侍赵忠言于省内曰："袁本初坐作声价，好养死士，不知此儿终欲作何？”叔父太傅隗闻而呼绍，以忠言责之。绍终不改。

又曰：戴封遭伯父丧，去官。

又曰：沮授为曹操所执，授曰：“叔父母弟悬命袁氏，若蒙公灵，速死为福。”操叹曰：“孤早相得，天下不足虑也”。遂赦而厚遇焉。

又曰：刘矩字叔方。少有高节，以叔父辽未得仕进，遂绝州郡之命。

又曰：伏恭字叔齐，司徒湛之兄子。湛弟黯位至光禄勋，无子，以恭为后。

《魏书》曰：荀攸字公达，祖父昙。攸少孤，及昙卒，故吏张推求守昙墓。攸年十三，疑之，谓叔父衢曰：“此吏有非常之色，殆将奸乱。”衢悟，乃推问，果杀人亡命。因是异之。

又曰：卢毓字子家，涿郡人也。父植有名于世。毓十岁而孤，遇本州乱，二兄死难。当袁绍，公孙瓒交兵，幽冀饥荒，养寡嫂孤兄子，以学行见称。

又曰：王昶字文舒，太原人。其为兄子及子作名字，皆一依谦实，以见其意。故兄子默字处静，沉字处道，其子浑字玄冲，深字道冲。遂书戒之曰：“夫为人子之道，莫大于宝身全行，以显父母。”

又曰：毛玠居显位，常布衣蔬食，抚育兄孤子甚笃。

又曰：张范子陵及弟子戬为山贼所得，范直诣贼，请二子。贼以陵还范，范谢曰：“诸君相还儿，厚矣。夫人情虽爱其子，然吾怜戬之小，请以陵易之。”贼义其志，悉以还范。

又曰：王基字伯与，东莱曲城人也。少孤，与叔父翁居，抚养甚笃，亦以孝称。

又曰：高慎字孝甫，敦厚少华，有沉深之量。抚育孤兄子五人，恩义甚笃。琅琊相何英嘉其履行，以女妻焉。

《蜀志》曰：诸葛亮初未有子，求兄子乔为嗣。瑾启孙权遣乔来西，亮以乔为嫡子，故易其字焉。拜为驸马都尉。

王隐《晋书》曰：庾衮孤兄女曰芳，将嫁，美服具矣，衮刈荆苕为箕帚焉，召诸子集之于堂，男女以班而命芳曰：“汝芳少孤，今汝适人，将事舅姑，洒扫庭内，妇人之道也。故赐汝以此，匪器之美，欲汝之温恭，朝夕虽休，勿休也。”

又曰：魏舒容貌质朴，少号迟钝，人莫之知。唯叔父衡知其奇，每有宾客造己，常劝使过舒，言吾兄子非常人也。

臧荣绪《晋书》曰：阮籍随叔父至东，兖州刺史王昶闻籍奇伟，请与相见。乃叹息，以不能测也。

又曰：王湛字处冲，司徒浑之弟也。兄子济轻之，尝诣湛，见床头有《周易》，问曰：“叔父何用此为？”湛曰：“体中不佳，时脱复看耳。”济请言之。湛因剖析玄微，妙有奇趣，皆所未闻也。济才气抗迈于湛，略无子侄之敬。既闻其言，不觉慄然，心形俱肃，遂留连弥日，累夜自视缺然。乃叹曰：“家有名士，三十年而不知，济之罪也。”济有从马绝难乘，济问湛曰：“叔颇好骑否？”湛曰：“亦好之。”因骑此马，姿形既妙，回策如素，善骑者无以过之。又济所乘马，湛爱之。湛曰：“此马虽快，然力薄不堪苦行。近见督邮马当胜，但刍秣不至耳。”济试养之，而与己马等。湛又曰：“此马虽快，任方知之，平路无以别也。”于是当蚁封内试之。济马果蹶，而邮马如常。济益叹异，还白其父曰：“济始得一叔，乃济以上人也。”武帝亦以湛为痴，每见济，辄调之曰：“卿家痴叔死未？”济常无以答。及是，帝又问如初。济曰：“臣叔殊不痴。”因称其美。帝曰：“谁比？”济曰：“上比山涛不足，下比魏舒有余。”湛闻曰：“欲处我季孟间乎？”

又曰：殷浩字深源，陈郡长平人也。叔父融，俱好《老》《易》。融与浩口谭论词屈，著篇则融胜浩。由是为风流谈论者所宗。

又曰：邓攸逃奔，石勒，以牛马负其妻子，而主担其儿及其弟子绥，度不能两全，遂弃其己子，卒以无嗣。绥服攸丧三年。

又曰：谢安字安石，于山东营墅楼馆，林竹甚盛。每携中外子侄，往来游集，肴馔亦屡费百金。世颇以此讥焉，安殊不以屑意。

又曰：徐苗字叔胄，高密淳于人也。其兄弟皆早亡，抚养孤遗，慈闻州里。田宅奴婢，尽推与之。

又曰：谢玄字幼度，以勋封康乐县公。陈以先封东兴侯，赐兄子玩。诏听之，更封玩豫宁伯。

又曰：罗宪兄子尚，字敬之。少孤，依叔父宪。

又曰：刘曜逼长安，凉州刺史张寔叔父、西海太守肃请为先锋击曜，曰："孤死首丘，心不忘本。锺仪在晋，楚弁南音。肃受晋宠，割符列位。羯逆滔天，朝廷倾覆，宴安方裔，难至不奋，何以为人臣？"寔曰："门户受重恩，自当阖宗效死。但叔父春秋已高，气力衰竭，军旅之事，非耆耄所堪。"乃止。既而闻京师陷没，肃悲愤而卒。

又曰：慕容超字祖明，德之兄北海王纳之子也。苻坚破邺，以纳为广武太守。数岁去官，家于张掖。德之南征，留金刀而去。及垂起兵山东，苻昌收德诸子，皆诛之。纳母公孙氏以耄获免。纳妻段氏方娠，未决，囚之于郡。狱掾呼延评，德故吏也，尝有死罪，德免之。至是，将公孙及段氏逃于羌中而生超焉。年十岁，而公孙卒。临终，授超以金刀，曰："若天下太平，汝得东归，可以此刀还汝叔也。"

何法盛《晋中兴书》曰：何充字次道。道年在童龀，伯父邃谓之曰："我为小儿时，亡伯车骑。"谓我："汝后当与伯父争名。汝令器宇深弘，亦当出我右。"

又曰：时氐贼强，侵寇无已，朝议求文武良将可以镇遏北方者。卫将军谢安曰："唯有兄子玄可堪此任。"中书郎郄超闻而叹曰："安违众举亲，明也。玄必不负举，才也。"于是征还，拜建武将军、兖州刺史，领广陵相，监江北诸军事。

又曰：陆纳字祖言，为吴兴太守。卫将军谢安尝欲诣纳，纳兄子俶怪纳无供办，复不敢问，乃密作数十人供安。至纳，设茶果而已。俶下精饮食，客罢，纳大怒，杖俶四十，云："既不能光益父叔，乃复秽我素业。"

《三十国春秋》曰：羊祜都督荆州，镇襄阳。时祜有平吴之志，方树基址，擢王浚为巴郡太守，将委以巴峡之任。祜兄子暨谓祜曰："观浚为人，志大者侈，不可专任。"祜曰："有大才，必可用也。"识者谓祜可谓能举善矣，知人则哲，叔子之谓乎？

又曰：安帝时，以刘镇之为散骑常侍、光禄大夫，不受。镇之，毅季父也。义熙初，谓毅蕃曰："汝辈才力势运，足以得志，当身争耳。我不就汝求位求财，又不受汝罪累。"每见毅等道从吏卒，到门，辄骂诟之。毅甚敬畏，每未至宅数百步止，与白衣数人而进，仪卫悉不自随。及至毅败，天下服其先见，而刘裕甚敬遇之。

又曰：燕金紫光禄大夫高平公平歆。初，歆伯父左光禄大夫熙拊歆首而告之曰："汝仪容伟茂，志节果当，有佐命之功，显吾门者必汝也。"

孙岩《宋书》曰：许昭先，义兴人也。诸父肇坐事，系狱七年，不判。子侄三十余人，昭先家最贫薄，专独断诉，无日在家，饷馈肇，莫非珍新。家产既尽，卖宅以充之。肇诸子倦怠，唯昭先无有懈息。如是七岁。尚书沈演之嘉其操行，肇事由此得释。

沈休文《宋书》曰：宗悫字元干，征士柄兄子也。年少时，炳问悫所志，答曰："愿乘长风破万里浪。"炳曰："汝若不富贵，必破我门户。"

又曰：何承天叔肸为益阳令，随肸之官。隆安四年，南蛮校尉桓伟命为参军。时殷仲堪、桓玄等互举兵以向朝廷，承天惧祸难未已，解职还益阳。

又曰：刘凝之字志安，小名长年，南郡人也。推家财与弟及兄子，立屋于野外，非其力不食。

《典略》曰：郑均字仲虞，任城人也。好黄老，兄亡后，养嫂、兄子恩，礼甚笃。及居并门，尽推财产与之，由是名称。

《风俗通》云：周玘字孟玉，为右将军掾。弟子使客杀人，被罪。玘诸府，与太守盛亮相见，了不论弟子之命，遂俱尽于狱。弟妇不哭其子，但哭孟玉。孟玉由此为高。

《曹瞒传》曰：太祖一名吉利，字阿瞒。少飞鹰走狗，游荡无度。其叔父数言之于嵩，操患之。后逢叔父于路，乃阳败面喎口。叔父怪而问其故，太祖曰："卒中恶风。"叔父以告嵩。嵩惊愕呼操，操口貌如故。嵩曰："叔父言汝中风，已差乎？"操曰："初不中风，但失爱于叔父，故见罔耳。”嵩乃疑焉。后叔父有所告，嵩终不复信。操于是益得肆意。

《陈留耆旧传》曰：高慎字孝甫。敦厚少文华，有沉深之量，抚育孤兄子五人，恩受甚笃。琅琊相何英嘉其行，以女妻焉。

又曰：爰弥字伯仁。年十岁，叔父兰部济阴从事，与御卒俱猎。县送酒肉，弥不肯尝。问其故，答曰：“闻之于诸侯，夫临其事，不食其食。”兰然其言，还而不受。贞洁之质，由是以彰也。

《海内先贤传》曰：故南郡太守南阳程坚，体履仁孝，秉志清洁。少让财兄子，仕郡县。居贫无资，摩镜自给。

《襄阳记》曰：庞统字士元，德公从子也。少未有识者，唯德公重之。年十八，使往见司马德操，与谈，既而叹曰：“德公诚知人，此实盛德也。”

张方贤《楚国先贤传》曰：阴嵩字文王，南阳新野人，卫尉兴从祖兄也。少丧父母，与叔父居，恭谦婉顺，温良节俭。王莽末，义兵初起，乃与叔父避世苍梧。后征拜谒者，以叔父忧，弃官。

张莹《汉南记》曰：北海靖王兴，性敦笃仁厚，长有明略。兄弟少为光武所抚育，恩爱如子。

刘彦明《敦煌实录》曰：汜固字孔完，大将军掾纯之孙也。推家财百万与寡弟妇，二百万与孤兄子。于是三府竞辟，皆不就。

张骘《文士传》曰：桓驎字元凤，伯父焉知名，官至太尉。精察好学，年十三四，在焉坐，有宿年客，焉告之曰：“吾此弟子，颇有异才，今已涉猎《书》、《传》，殊能作诗赋，君试为口赋试与之。”客乃为诗曰：“甘罗十二，杨乌九龄。昔有二子，今则桓生。参差等踪，异世齐名。”驎即答曰：“邈矣甘罗，超等绝伦。卓彼杨乌，命世称贤。嗟予惷弱，殊才侔年。仰惭二子，俯愧过言。”

《傅子》曰：傅燮字南容。奉寡嫂甚谨，食孤侄如赤子。

《世说》曰：郄鉴遭永嘉丧乱，穷馁，乡人共饴之。公常携兄子、外甥周翼二小儿往食，乡人曰：“各自穷馁，以君之贤，共欲存君耳，恐不能兼饴。”公于是独往，食辄含饭着两颊，还吐与二儿。后鉴亡，巽时为鄮莫候切县，解职归，席苫于公灵，心丧三年。

又曰：谢太傅寒雪日内集，与儿女讲论文义。俄而雪骤，公欣然曰：“白雪纷纷何所似？”兄子胡儿曰：“散盐空中差可拟。”兄女曰：“未若柳絮因风起。”公大笑乐。即公大兄弈之女，左将军王凝之之妇也。

太平御览卷第五百一十三 宗亲部三

伯叔母

《尔雅》曰：父之兄妻为世母，父之弟妻为叔母。

《礼记》曰：曾子问曰："婚礼吉，既纳币，有吉日，女之父母死，则如之何？"孔子曰："婿使人吊。如婿之父母死，则女之家亦使人吊。父丧称母，父母不在，则称伯父之世母。"

又《杂记》曰：孔子曰："伯母、叔母疏衰，踊不绝地；姑、姊妹之大功，踊绝于地。如知此者，由文矣哉。"

《家语》曰：孔子之旧人曰原壤，其叔母死，夫子将助之以木。子路曰："由也昔闻诸夫子，毋友不如己者，过则勿惮改。姑已如何？"姑，且；已，止。孔子曰："凡人有丧，匍匐救之。况旧故非友，同志为友，故友非旧友。吾其往。"及之为椁，原壤登木曰："久矣，予之不托于音也！"遂歌曰："狸首之班然，执女手之卷然。"夫子为之隐，阳不闻以过之。子路曰："夫子屈节而极于此，失其举矣。岂未可以已乎？"孔子曰："吾闻之，亲者未失其为亲也，故者未失其为故也。"《礼记》亦载，称原壤之母也。

《蜀志》曰：许靖字文休，汝南平舆人也。靖与曹公书曰："世路戚夷，祸乱遂尔。驽怯偷生，自窜蛮貊。成阔十年，吉凶礼废。涉南海，循岸渚，五千余里。复遇疫疾，伯母殒命，并及群从，自诸妻子，一时略尽。复相扶持，前到此郡。追计为兵害及病亡者，十遗一二，生民之艰，辛苦之甚。"

《晋书》曰：罗含字君章，桂阳人也。含幼孤，为叔母朱氏所养，少有志尚。昼卧梦一鸟，文彩异常，飞入口中。因惊起，说之。朱氏曰："鸟有文彩，汝后必有才章。"自后藻思日新。

又曰：馀杭妇人经年荒，卖其子以活夫之兄子，吴兴太守孔褒荐之。

又曰：皇甫谧字士安，幼名静安，定朝那人，汉太尉嵩之曾孙也。出后叔父徙居新安，年二十不好学，游荡无度。尝得瓜果，辄进叔母任氏。任氏曰："《孝经》云：三牲之养，犹为不孝。汝今年余二十，目不存教，心不入道，无以慰我。"因叹曰："昔孟母三徙以成仁，曾父烹豕以存教。岂我居不择邻，教有所阙，何尔鲁钝之甚也？修身笃学，自汝得之，于我何有？"因对泣涕。谧乃感激，就乡人席坦受书，勤力不殆。居贫，躬自稼穑，带经而农，遂博综典籍、百家之言，自号玄晏先生。

又曰：羊耽妻辛氏，字宪英，陇西人，锺会为镇西将军，宪英谓耽从子祜曰："锺士季何故西出？"祜曰："将为灭蜀也。"宪英曰："会所在纵恣，非持久处下之道。吾畏其他志也。"会果反。祜尝送锦被，宪英嫌其华，反而覆之。

又曰：杜有道妻严氏，字宪，京兆人。贞淑有识量，生子植。植从兄预为秦州刺史，被诬，征还。宪与预书戒之曰："谚曰：忍辱至三公。卿今可谓辱矣。能忍之，三公是卿座。"预后果为仪同三司。

《三十国春秋》：羊祜年十五而孤，事伯母蔡氏，以孝闻。蔡氏每叹曰："羊叔子可谓能养□□也。其诸葛孔明之亚乎！"

《宋书》曰：谢瞻字宣远，陈郡阳夏人。卫将军晦第三兄也。幼孤，叔母刘氏抚育有恩，同于至亲。

从伯叔

《尔雅》曰：父之从父、昆弟为从祖父。

《吴志》曰：朱异字季文，为阳武将军。孙权与论攻战，问对称意。权谓异从父骠骑将军据曰："本知季文侩乌外切定见之，复过所闻。"

臧荣绪《晋书》曰：王沉字处道，少孤，为从叔司空昶所养。沉事昶如父。

虞预《晋书》曰：王浑从子浚，字彭祖，司空王沉贱孽也。少时不为亲党所知，浑谓弟深等曰："卿等莫轻彭祖。此儿平世不减方州牧伯，乱世可为都督三公。"怀悯之世，果为幽冀都督，位至鼎辅，如浑所说。

《晋书》曰：王彪之字叔虎。从伯导曰："选曹欲以汝为尚书郎，汝幸可作诸王佐耶？"彪曰："多少既不足计，自当任之于时。至于超迁，是所不愿。"

又曰：王羲之字逸少，司徒导之从子也，深为伯敦、导所器重。

又曰：魏舒字阳元，任城人也。身长八尺二寸，姿望秀伟，饮酒石余。而迟钝质朴，不为乡亲所重。从叔父吏部衡有名当世，亦不之知，使守水碓。每叹曰："舒堪数百户长，愿毕矣。"舒亦不介意。后迁至司徒、剧阳子。

又曰：檀凭之字庆子，高平人。少有志力，闺门邕肃，为世所称。孤从兄子歆兄弟五人，皆稚弱。凭之抚养，若己所生。

又曰：荀崧从弟馗早亡，二息序、廞许金切年各数岁。崧迎与共居，恩同其子。太尉临淮公荀颛国胤废绝，朝廷以崧属近，欲以崧子袭封。崧哀序孤微，乃让封于序。论者称焉。

《宋书》曰：谢景仁，陈郡阳夏人也。卫将军晦从叔父也。祖据太傅安弟，父兄宣城内史。景仁博闻强识，玄每与之言，不倦也。

又曰：王诞字茂世，琅琊临沂人也。少有才藻。晋孝武崩，从叔尚书令珣为哀策，文久而未就，谓诞曰："犹少序节物一句。"因出本示诞。诞揽笔便益之，接其"冬秋代变"后，云："霜繁广除，风回高殿。"珣嗟叹清拔，因而用之。拜秘书郎。

《宋齐语录》曰：梁特进沈约撰史，王希聃尝问约曰："从叔太常，何故无传？"约戏之曰："贤从叔者，何可载？"答曰："从叔唯忠与孝，君当不以忠孝为美？"约有惭色。

《博物志》曰：蔡邕有书近万卷，末年载数车与王粲。粲亡后，粲子预魏讽反被诛。邕所与粲书悉入粲从子景，字长绪。

崔鸿《前凉录》曰：范绩字弘基。绩幼有名称，族叔上洛太守毗拊其首曰："汝，吾宗千里驹也。"历仕三朝，士友服其清亮。举秀才，为郎中，迁中都谒者。

族父

《尔雅·释亲》曰：父之从祖昆弟为族父。

《后汉书》曰：侯霸字君房，河南密人。族父渊以官宦有才辨任职。元帝世佐石显等领中书，号曰太常侍。

《蜀志》曰：费祎字文伟，江下鄳人也。鄳音盲。少孤，依族父伯仁。姑，益州牧刘璋母也。

《晋书》曰：顾和字君孝，侍中众族子也。曾祖容，吴荆州刺史。祖相，临海太守。和二岁丧父，总角便有志操。族叔荣雅重之，曰："此吾家骐骥，兴吾宗者必此子也。"时宗人球亦有令问，为州别驾。荣谓之曰："卿速步，君孝超卿矣。"

《陈留志》曰：阮武字文业，魏末为清河太守。族子籍方总角，未知名。武见而伟之，以为胜已。明于知人，皆此类也。

姑

《释名》父之姊妹曰姑。姑，故也，言于已为久故之人也。

《广雅》曰：姑谓之威。威，故也。

《说文》曰：威，姑也。

《尔雅》曰：父之姊妹为姑；王父之姊妹为王姑；曾祖王父之姊妹为曾祖王姑；高祖王父之姊妹为高祖王姑；父之从父姊妹为从祖姑；父之从祖姊妹为族祖姑。

《毛诗》曰：《泉水》，卫女思归也。问我诸姑，遂及伯姊。父之姊妹称姑，先生曰姊。笺云：宁则又问姑及姊，亲其类也。先姑后姊，尊姑也。

《礼记·曲礼》曰：姑姊妹，女子。子已嫁而返，兄弟不与同席而坐，不与同器而食。

又《檀弓》曰：姑姊妹之薄也，盖有受我而厚之者也。

《左传·僖上》曰：初，晋献公筮嫁伯姬于秦，遇《归妹》之《睽》。史苏占之，曰："不吉。归妹睽孤，寇张之弧。侄其从姑，六年其逋，逃归其国而弃其家。明年其死于高梁之墟。"震为木，离为火，火从木生离为震。妹于火为姑。谓我侄者吾谓之姑，谓子圉质于秦也。

《汉书》曰：成帝班婕妤，彪之姑也。

《后汉书》曰：桓晔字文林，姑为杨赐夫人。父鸾卒，姑赴哀。将至，止于传舍，整饰从者而后入。晔心非之。及姑劳问，终无所言，号哭而已。赐遣吏祠，因县发取祠具，晔拒不受。后每至京师，未尝舍杨氏。

《晋书》曰：阮孚母，祖姑家胡婢也。父咸通之，生孚。咸遗姑书曰："不意今日遂生胡儿。"姑答曰："《灵光殿赋》云：'胡人遥集于上楹'，便可以遥集为字。"咸从之。

《列女传》曰：鲁义姑者，鲁野人之妇也。齐攻鲁至郊，遥见一人携一儿，抱一儿。及军至，乃弃抱者而抱携者。将欲射之，遂止而问曰："所抱者谁之子？"对曰："兄之子。""所弃者谁之子？"曰："己子也。妾见大军至，不能两全，遂弃所生之子。"军曰："子之于母，甚痛于心，何弃所生而抱兄子？"对曰："子之于母，私爱也；侄之于姑，公义也。夫背公而向私者，妾不为也。"于是齐军遂止，曰："鲁郊有妇人犹持节行，况于朝廷乎！"遂回军不伐。鲁君闻之，赐束帛，号曰义姑。

又曰：梁宣节姑者，梁之妇人也。其室失火，兄子与己子三人在内，入取兄子，辄得其子。及火盛，不复得入。妇人将赴火，其友曰："本取兄子，卒误得己子，至于中心，亦已足矣。何至赴火？"妇曰："梁国岂可以户告人晓也？被不义之名，何面见弟兄？吾欲复投吾子，又失母子之情，誓不生！"遂赴火而死。君子曰：可谓节姑也。

《先贤行状》曰：蔡伯喈母，袁曜卿之姑也。

又曰：锺元皓妻，李膺之姑也。生子觐，与膺齐名。

太平御览卷第五百一十四 宗亲部四

兄弟上

《释名》曰：兄，荒也；荒，大也。故青、徐人谓兄曰荒。弟曰弟也，相次第而生也。

《说文》曰：兄，长也。

《周易》曰：《家人》卦曰：父父，子子，兄兄，弟弟，夫夫，妇妇，而家道正。正家而天下定矣。

《尚书·五子之歌》曰：太康尸位，以逸豫，灭厥德，黎民咸贰。乃盘游无度，畋于有洛之表，十旬不反。有穷后羿，因民弗忍，距于河。厥弟五人，御其母以从徯于洛之汭。五子咸怨，述大禹之戒以作歌。

又《君陈》：王若曰：君陈，唯尔令德孝恭。唯孝友于兄弟，克施有政。

又《康诰》曰：王若曰：孟侯，朕其弟，小子封。孔安国曰：封康叔，名称小子，明当受教训。唯乃丕显考文王，克明德慎罚，不敢侮鳏寡，庸庸祗祗，威威显民。

《尔雅》曰：男子先生为兄，后生为弟。

又曰：张仲孝友，善父母为孝，善兄弟为友。

《毛诗·常棣》曰：《棠棣》，燕兄弟也。闵管蔡之失道，故作《棠棣》焉。棠棣之华，萼不韡韡。凡今之人，莫如兄弟。死丧之威，兄弟孔怀。原隰褎矣，兄弟求矣。鹡鸰在原，兄弟急难。每有良朋，况也永叹。兄弟阋于墙，外御其侮。每有良朋，蒸也无戎。丧乱既平，既安且宁。虽有兄弟，不如友生。傧尔笾豆，饮酒之饫。兄弟既具，和乐且孺。

又《何人斯》曰：伯氏吹埙，仲氏吹篪。土曰埙，竹曰篪。云伯仲，喻兄弟也。

又《頍弁》曰：尔酒既旨，尔肴既嘉。笺云：旨，嘉皆美也。汝酒已美也，汝肴已美矣，何己不同与族人燕也。言其知能具具礼而弗为之也。岂伊异人，兄弟匪他。

又《氓》曰：兄弟不知，咥其笑矣。静言思之，躬自悼矣。

又《葛藟》曰：绵绵葛藟，在河之漘。终远兄弟，谓他人昆。谓他人昆，亦莫我闻。

又曰：《杕杜》，刺时也。君不能亲其宗族，骨肉离散，独居而无兄弟，将为沃所并尔。有杕之杜，其叶湑湑，独行踽踽，岂无他人？不如我同父。嗟行之人，胡不比焉？人无兄弟，胡不佽焉？有杕之杜，其叶菁菁。独行睘睘，岂无他人？不如我同姓。嗟行之人，胡不比焉？人无兄弟，胡不佽焉？

又《六月》曰：《四牡》废，则君臣缺矣。《皇皇者华》废，则忠信缺矣。《棠棣》废，则兄弟缺矣。

又《陟岵》曰：陟彼冈兮，瞻望兄兮。兄曰嗟予，弟行役，夙夜必偕。上慎旃哉，犹来无死。

又《沔水》曰：嗟我兄弟，邦人诸友，莫肯念乱，谁无父母！

又曰：《黄鸟》，刺宣王也。刺其以阴礼教亲而不至，联兄弟之不固。黄鸟黄鸟，无集于桑，无啄我梁。此邦之人，不可与明。言旋言归，复我诸兄。

又《斯干》曰：兄及弟矣，式相好矣。无相犹矣，似续妣祖。

又《行苇》曰：戚戚兄弟，莫远具尔。或肆之筵，或授之几。

又《角弓》曰：《角弓》，父兄刺幽王也。不亲九族而信谗佞，骨肉相怨，故作是诗也。骍骍角弓，翩其反矣。兄弟婚姻，无胥远矣。此令兄弟，绰绰有裕。不令兄弟，交相为瘉。

又《将仲子》曰：《将仲子》，刺庄公也。不胜其母以害其弟，弟叔失道而公弗制，祭仲谏而公弗听，小不忍以致大乱焉。将仲子兮，无逾我墙，无折我树桑。岂敢爱之，畏我诸兄。仲可怀也，诸兄之言，亦可畏也。

又《扬之水》曰：扬之水，不流束楚。终鲜兄弟，维予与汝。无信人之言，人实迋女。扬之水，不流束薪，终鲜兄弟，维予二人，无信人之言，人莫不信。

又《皇矣》曰：维此王季，因心则友。则友其兄，则笃其庆，载锡之光。

又《蓼萧》曰：蓼彼萧斯，零露泥泥。既见君子，孔燕恺悌。宜兄宜弟，令德寿考。为兄亦宜，为弟亦宜。

《礼记·王制》曰：兄之齿雁行，朋友不相逾。

又《檀弓》曰：子柳之母死，子硕请具。子柳曰："何以哉？"子硕曰："请粥庶弟之母。"子柳曰："如之何其粥人之母，以葬其母也？不可。"既葬，子硕欲以赙布之余具祭器。子柳曰："不可。吾闻之也，君子不家于丧，请班诸兄弟之贫者。"

《周礼·春官》曰：大宗伯之职，以脤膰之礼，亲兄弟之国。脤膰，祭社稷宗庙之肉也。赐以同姓之国，同福禄也。兄弟有共先王者也。鲁定公十四年，天王使石尚来归脤也。

《仪礼》醮辞曰：旨酒既清，嘉荐亶时。亶，诚也。古文亶为瘅。始加元服，兄弟俱来。孝友时格，永乃保之。

《左传·桓公》曰：宋穆公疾，召大司马孔父而属殇公焉，曰："先君舍与夷而立寡人，寡人不敢忘。若以大夫之灵，得保首领以殁，先君若问与夷，其将何辞以对？请子奉之，以主社稷，寡人虽死，亦无悔焉。"对曰："群臣愿奉冯也。"公曰："不可。先君以寡人为贤，使主社稷。若弃德不让，是废先君之举也，岂曰能贤？光昭先君之令德，可不务乎！吾子其无废先君之功。"使公子冯出居于郑。杜预曰：公子冯，穆公子也。穆公卒，殇公即位。

又《襄公》曰：宋向戌来聘，且寻盟。见孟献子尤其室，曰："子有令闻而美其室，非所望也。"对曰："我在晋，吾兄为之毁之，重劳且不敢间。"杜预曰：传言献子友于兄，且不隐，其实也。

又《文上》曰：穆伯如莒莅盟，且为襄仲逆。及鄢，登城，见之美，鄢城，莒邑。自为娶之。仲请攻之，文公将许之，叔仲惠伯谏，惠伯，叔子孙也。曰："臣闻之，兵作于内为乱，于外为寇。寇犹及人，乱自及也。

今臣作乱而君不禁，以启寇仇，若之何？”公止之。惠伯成之，平。仁子也。使仲舍之，公孙敖反之。还莒女也。复为兄弟如初。

又《文下》曰：“齐人归公孙敖之丧”，为孟氏，且国故也。葬视共仲声已，不视帷堂而哭。襄仲欲勿哭，惠伯曰：“丧，亲之终也。惠伯叔彭生也。虽不能始善，终可也。史佚有言曰：‘兄弟致美，救乏、贺善，吊灾、祭敬、丧哀，情虽不同，毋绝其爱，亲之道也。’子无失道。何怨于人？”襄仲说，帅兄弟以哭之。

又《昭元》曰：秦后子有宠于桓，如二君于景。后子，秦桓公子，景公母弟鍼也。其权宠如两君也。其母曰：“弗去，惧选。”鍼适晋，其车千乘。书曰“秦伯之弟鍼出奔晋。”罪秦伯也。后子享晋侯，造舟于河，十里舍车，自雍及绛，归取酬币，终事八反。司马侯问，曰：“子之车尽于此而已乎？”对曰：“此之谓多矣。若能少此，吾何以得见焉？”

又《隐公》曰：郑庄公弟共叔段，居京，谓之京城太叔。祭仲谏曰：“都城过百雉，国之害也。无使滋蔓，蔓难图也。蔓草犹不可除，况君之宠弟乎？”

又《襄十四》曰：吴诸樊既除丧，将立季札。杜预曰：札，诸樊弟也。辞曰：“曹宣公之卒也，诸侯与曹人不义曹君。将立子臧。子臧去之，遂弗为也，以成曹君。君子曰：‘能守节’。君，义嗣也，诸樊适子，故曰义嗣。谁敢干君？有国，非吾节也。札虽不才，愿附于子臧，以无失节。”固立之，弃其室而耕。乃舍之。传言季札之让，且明吴兄弟相传。

《谷梁传·隐公元年》曰：兄弟天伦。兄先弟后，天之伦次。

《论语》曰：周有八士：伯达、伯适、仲突、仲忽、叔夜、叔夏、季随、季騧。包氏曰：周时仲乳生八子，皆为显士，故记之也。

又曰：子路问曰：“何如斯可谓之士矣？”子曰：“切切偲偲，怡怡如也，可谓士矣。朋友切切偲偲，兄弟怡怡。”马融曰：切切偲偲，切责之貌也。怡怡，和顺之貌也。

又《为政》曰：或谓孔子曰：“子奚不为政？”子曰：“《书》云：‘孝乎唯孝，友于兄弟，施于有政。’是亦为政，奚其为为政？”

又《颜渊》曰：司马牛忧曰："人皆有兄弟，郑玄曰：牛兄桓魋行恶，死丧无日，我为无兄弟。我独亡。"子夏曰："商闻之矣，死生有命，富贵在天。君子敬而无失，与人恭而有礼，四海之内皆兄弟也。君子何患乎无兄弟也？"包氏曰：君子疏恶而友贤，九州之人皆可以礼亲之。

《史记》曰：伯夷、叔齐，孤竹君之二子也。父欲立叔齐，及卒，叔齐让伯夷。伯夷曰："父命也。"遂逃去。叔齐亦不肯立，而追之。国人立其中子。于是伯夷、叔齐闻西伯昌养老，往归焉。

又曰：信陵君无忌谓魏王曰："秦与戎翟同俗，有虎狼之心，不顾亲戚兄弟，禽兽耳。故太后，母也，而以忧死；穰侯、舅也，功莫大焉，而竟逐之；两弟无罪，而再夺之国。此于亲戚若此，而况于仇雠之国乎？"

又曰：汉五年，汉王与项羽相距京索之间，数使使劳苦丞相萧何。鲍生谓丞相曰："王暴衣露盖，数使劳苦君者，有疑君心焉。为君计，遣君子孙昆弟能胜兵者，悉诣君所，上必益信君。"于是何从其计。汉王大说。

又曰：卜式者，河南人也。以田畜为事。亲死，式有少弟。弟壮，式脱身出，独取畜羊百余，田宅财物尽与弟。式入山牧十余岁，羊致千余，头买田宅。而弟尽破其产。式辄复风给弟者数矣。

又曰：周公旦，武王弟也。及武王即位，旦常辅翼武王，用事居多。

又曰：朱公居于陶中，男杀人，囚于楚。朱公告其少子生往视之，乃装黄金千镒，置褐器中，载于一牛车，且遣。其少子朱公长男请欲行，不听。长男曰："家有长子曰家督。今弟有罪，大人不遣，乃遣少弟，是吾不肖。"欲自杀。其母为言，公从之。长男竟持其弟丧归。至，其母及邑人尽哀之。唯朱公独笑曰："吾固知必杀其弟也。彼非不爱其弟也，顾有所不能忘者也。是少与我俱见苦，为生难，故重弃财。至如少弟者，生而见我富，乘坚驱良逐狡兔，岂知财所从来，故轻弃之。前日吾所以为欲遣少子，固为其能弃财。而长者不能，故卒以杀其弟。事之理也，无足悲者。吾固日已望其丧之来也。"

又曰：蒙恬弟毅仕至上卿，出则参乘，入则御前。蒙恬任外事，而毅常为内谋，名为忠信。故虽诸将相，莫敢与之争焉。

又曰：汉王灭项籍，立为皇帝。田横惧诛，与其徒属五百余人入海，居岛中。高帝闻之，以为田横兄弟本定齐，齐人贤者多附焉，乃使赦田横罪而召之。田横与其客二人乘传诣洛阳，谓其客曰："横始与汉王俱南面称孤，今汉王为天子，而横乃为亡虏，北面事之，其耻固已甚矣。且吾烹人之兄，与弟并肩而事主。纵彼畏天子诏，不敢动我，独不愧于心乎？"遂自刭，令客奉其头从使者驰奏之。高帝曰："嗟乎，有以也！匹夫起布衣，兄弟三人更王，岂不贤哉！"为之流涕。

又曰：季布弟季心气盖关中，遇人恭谨，为任侠，方数千里士皆争为之死。当是时，季布以诺、心以勇著闻。

又曰：卫青为侯家人，少时归其父。父使牧羊，先母之子皆奴畜之，不以为兄弟数。青常至甘泉居室，有一钳徒，相青曰："贵人也，官至封侯。"青笑曰："人奴之，生得无笞骂即幸矣，何得封侯。"

《汉书》曰：陈平，阳武户牖人也。少时家贫，好读书，有田三十里，与兄伯居。伯常耕田，纵平游学。

又曰：何武字君公，蜀郡郫人。武兄弟五人，皆为郡吏。郡县敬惮之。

又曰：田蚡封武安侯，为丞相，召客饮。坐其兄盖侯北乡，自坐东乡。以为汉相尊，不可以兄故私挠。由此滋骄。

又曰：丞相韦贤封扶阳侯，长子方山早终，次子弘，少子玄成。初，弘为太常丞，职奉宗庙，典诸陵邑，烦剧多罪过。父贤以弘当为嗣，故敕令自免。弘怀嫌，不去官。及贤病笃，弘竟坐宗庙事，系狱，罪未决。室家问贤当为后者，贤恚，不肯言。于是贤门生博士等与宗室计议，共矫贤令，以玄成为后。贤薨，玄成在官，闻丧，又言当为嗣。玄成深知其非贤雅意，即阳为病，狂妄笑语。士大夫多疑其欲让爵逊兄者。丞相御史劾奏之，不得已，受侯爵。

又曰：左冯翊韩延寿行县，至高陵，有昆仲相讼曰。延寿耻不能明教化，因入传舍，闭阁思过。于是讼者自髡，肉袒谢罪。

又曰：严延年兄弟五人，有吏才，至大官。东海号其母曰万石严妪。

又曰：金日磾两子赏、建俱为侍中，与昭帝略同年，共卧起。赏为奉车，建驸马都尉。及赏赐佩两绶，上谓霍将军曰："金氏兄弟两人，不可使俱两绶耶？"霍光对曰："赏自嗣父为侯耳。"上笑曰："侯不在我与将军乎？"光曰："先帝之约，有功乃得封侯。"

又曰：张延寿已历位九卿，既嗣，侯国在陈留，别邑在魏郡，租入岁千余万。延寿自以身无功德，何以能久堪先人大国，数上书让减户邑。又因弟阳都侯彭祖口陈至诚，天子以为有让，乃徙封平原，并一国，户口如故，而租税减半。

又曰：王商字子威，涿郡蠡吾人。商少为太子中庶子，以肃敬敦厚称。父薨，商嗣为侯，推财以分异母诸弟，身无所受，居丧哀戚。于是大臣荐商，行可以励群臣，义足以厚风俗，宜备近臣。繇是擢为诸曹侍郎中郎将。

范晔《后汉书》曰：光武郭后讳圣通，真定槁人也，为郡著姓。父昌，让田宅财产数万与母弟，国人义之。

又曰：马援字文渊，扶风茂陵人也。援三兄况、余、员并有才能。援年十二而孤，少有大志，诸兄奇之。尝受《齐诗》，意不能守章句，乃辞况，欲就边郡田牧。况曰："汝大才，当晚成。良工不示人以朴，直从所好。"会况卒，援行服，朞岁不离墓所。

太平御览卷第五百一十五　宗亲部五

兄弟中

《后汉书》曰：徐防卒，子衡当嗣，让封于其弟崇。数岁，不得已，乃出就爵。

又曰：封观者，有志节。当举孝廉，以兄名位未显，耻先受之，遂称风疾，喑不能言。火起，徐出避之，忍而不告。后数年，兄得举，观乃稍损而仕州郡。

又曰：锺皓字秀明，颍川长社人。皓少以笃行称，公府连辟。为二兄未仕，迁隐密山，以诗律教授，门徒千余人。

又曰：袁谭欲更攻，弟尚问王脩曰："计安出？"曰："兄弟者，左右手也。譬人将斗而断其右手，曰：'我必胜。'若如是者可乎？夫弃兄弟而不亲，天下其谁亲之？"

又曰：许荆字少长，会稽人也。祖父武，太守第五伦举为孝廉。武以二弟晏、普未显，欲令成名，乃谓之曰："礼有分异之义，家有别居之道。"于是共割财产以为三分，武自取肥田广宅，弟所得并悉劣少。乡人皆称弟克让，而鄙武贪婪。晏等以此并得选举。武乃会宗亲泣曰："吾为兄不肖，盗声窃位，二弟年长，未预荣禄，所以求得分财，自取大讥。今理产所增三倍于前，悉以推二弟，一无所留。"于是郡中翕然。

又曰：童恢弟翊，字汉文。名高于恢，宰府先辟之，翊阳喑不肯仕。及恢被命，乃就孝廉。

又曰：缪肜字预公。少孤，兄弟四人皆同财业。及各娶妻，诸弟遂求分异，又数有计争之言。肜乃掩户自挝曰："缪肜，汝修身谨行，学圣人之法，将以齐整风俗，奈何不能正其家乎？"弟及诸妇闻之，悉叩头谢罪，遂为敦睦之行。

又曰：李充字大逊。家贫，兄弟六人同衣递食。妻窃谓充曰："今贫居如此，难以久安，愿思分异。”充伪酬之，曰：“当酝酒具会。”请呼乡里内外，充于坐中前跪白母曰：“此妇无状，而教充离间母兄，罪合遣斥。”便呵叱其妇，逐令出门。妇衔涕而去。

又曰：王莽以崔篆为建新大尹，篆不得已，乃叹曰：“吾生无妄之世，值浇五交切羿之君，上有老母，下有兄弟，安得独洁已而危所生哉！”

又曰：班固以父彪所续前史未详，乃潜精研思，欲就其业。既而有人上书显宗，告固私改作国史者。有诏下郡，收固系京兆狱，尽取其家书。固弟超恐固为郡所覆考，不能自明，乃驰诣阙。上书，得召见，具言固所著述意，而郡亦上其书。显宗甚奇之，召指校书郎，除兰台令史。

又曰：显宗问班固：“卿弟安在？”固对：“为官写书受直，以养老母。”帝乃除超为兰台令史。

《东观汉记》曰：丁鸿父綝从征伐，鸿独与弟盛居，怜盛幼少而共寒苦。及綝卒，鸿当袭封，上书让国于盛，书不报。既葬，乃挂衰绖于家庐而去，留书于盛曰：“鸿贪经书，不顾恩义，弱而随师，生不供养，死不饭晗。皇天祖祢，并不祐助，身被大病，不任茅土。前上疾状，愿辞爵，章不报。迫于当封，谨自放弃。”

又曰：赵孝字长平。建武初，谷食尚少，孝得谷炊将熟，令弟礼夫妻出。比还，孝夫妻共蔬食。礼夫妻归，辄独饭之。积久，礼心怪之，疑，后掩伺，见之，亦不肯食。遂共蔬食。兄弟怡怡，乡里归德。

又曰：刘恺字伯豫。以当袭父爵，让与其弟宪，遁逃避封。久之，章和中，有司奏请绝国。上美其义，特优加之。

又曰：孔奋笃于骨肉，弟奇在洛阳为诸生分禄，供给其器用，四时送衣，下至脂烛。每有所食，甘美辄分减以遗奇。

又曰：邓彪字伯智，南阳人也。父邯，世祖中兴，从征伐，以功封鄳侯。彪少修孝行，厉志清高，与同郡宗武伯、翟敬伯、陈绥伯、张弟伯同志好齐名，称南阳五伯。彪以嫡长为世子，邯薨，彪当嗣爵，让国与异母弟凤明。帝高其节，诏书听许凤袭爵，彪仕州郡。

又曰：朱勃字叔阳，年十二，能诵诗书。常候马援兄况，勃衣方领，能行步，辞言闲雅。援裁知书，见之自失。况知其意，酌酒慰援曰："朱勃小器速成，智尽此耳，卒当从汝禀学，勿畏也。"勃未二十，右扶风请试守渭城宰。及援为将军，封侯，而勃位不过县令。援后虽贵，常恃以旧恩而卑侮之。勃愈自亲。及援遇谗，唯勃能终焉。

又曰：梁商字伯夏，安定乌氏人。常曰："多藏厚亡，为子孙累。"每租奉到，及两宫赏赐，便置中门外，未尝入藏，悉分与昆弟中外。

又曰：吴汉尝出征，妻子在后买田业。汉还，让之曰："军师在外，吏士不足，何多买田宅乎？"遂以分与昆弟外家。

又曰：刘敞曾祖节侯买，以长沙定王子封于陵道之舂陵侯。敞父仁嗣侯，以舂陵地势下湿，有山林毒气，上书求减邑内徙。元帝初平四年，徙南阳之白水乡，犹以舂陵为国名。仁卒，敞谦俭好义，推父时金宝财产与昆弟。荆州刺史上其义行，拜庐江都尉。

又曰：郭况为城门校尉。况，皇后弟，贵重，宾客辐凑。而况恭俭谦逊，遵奉法度，不敢骄奢。

又曰：郑均字仲虞，任城人也。治《尚书》，好黄老，澹泊无欲，清静自守，不慕游宦。兄仲为县游徼，颇受礼遗。均数谏止，不听。即脱身出，岁余，得数万钱，归以与兄，曰："钱尽可复得，为坐吏赃，终身捐弃。"兄感其语，遂为廉洁，称清白吏。

又曰：鲁恭字仲康，扶风人。父为武陵太守，卒官。时恭年十二，弟丕年七岁，昼夜号踊不绝声，郡中赙赠无所受。及归服丧，礼过成人。恭怜丕小，欲先就其名，托疾不仕。郡数以礼请，谢不肯应。母强之，恭不得已而行，因留新丰教授。丕举秀才，恭乃始为郡吏。

又曰：邓悝字叔昭。安帝即位，拜悝城门校尉。自延平之初，以国新遭大忧，故悝兄弟率常在中供养两宫。比上疏自陈"愚暗粪朽，幸得遭值明盛，兄弟充列显位，并侍帷幄，预闻政事，无拾遗一言之助。以补万分，而久在禁省，日月益长，罪责日深，唯陛下哀怜。"

又曰：魏霸字乔卿，为钜鹿太守，妻子不列官舍，常念兄嫂在家勤苦，己独专乐，故常服粗粝，不食鱼肉之味。妇亲蚕桑，服机杼，子躬耕农，与兄弟子同苦乐，不得有异。乡里慕其行化。

又曰：马防兄弟二人，皆各六千户。

又曰：张纯封武始侯，有子根奋。及纯病，敕家丞翕曰："无功于国，猥蒙大恩，爵不当及于后嗣。"纯薨，大行移书问嗣，翕上奋。中元二年，诏书封奋。奋上书曰："不病，哀臣小，称疾，今翕立后。臣时在河南冢庐，臣见纯前告翕语，自以兄弟不当蒙袭爵之恩，愿下有司。"诏不听。奋既嗣爵，谦俭节约，闺门和平。

《续汉书》曰：张堪字君游，南阳宛人，为郡族姓。堪早孤，让先父余财数百万与兄弟。

又曰：姜肱字伯淮。兄弟三人皆以孝行著。肱年长，与二弟仲海、季江同被卧，甚相亲友。及长，各娶妻。兄弟相恋，不能相离。以继嗣当立，乃更往就室。学皆通五经，兼明星纬。

谢承《后汉书》曰：郭贺字惠公，颍川阳翟人也。父镇廷尉，以功封定颍侯。薨，贺当袭爵，上书让与弟。时诏书不听，遂窜逃匿三年。孝顺皇帝下大鸿胪，切责州郡求贺，强使就封国。

《魏志》曰：袁述与绍有隙，又与刘表不平，而北连公孙瓒。绍与瓒不和，而南连刘表。其兄弟携贰，舍近交远如此。

《魏略》曰：夏侯楙尚太祖女清河公主。楙在西征时，多蓄众妾，公主由此与楙不和。其后群弟不遵礼度，楙数切责，弟惧见治，乃共构楙，令公主奏之。有诏收楙，意欲杀之。以问长水校尉京兆段默。默以为"诽谤之言，不与实相应，此清河公主与楙不睦，出于谮构，冀不待实耳。且伏波与先帝有定天下功，宜加三思。"帝意解，曰："吾亦以为然。"乃发诏问本，为公主作表者，果其群弟子臧子佐欲构疏楙，使不见信。

又曰：太傅司马宣王久病，曹爽摄政。李丰依违，时有谤书曰："曹爽之势热如汤，太傅父子冷如浆，李丰兄弟如游光。"

《吴志》曰：诸葛瑾字子瑜，琅琊阳郡人也，为孙权长史。建安二十年，权遣瑾使蜀，与其弟亮但公会相见，退无私面。

又曰：虞翻字仲翔，会稽馀姚人也。翻少好学，有高气。年十二，客有候其兄者不过翻。翻追书与曰："仆闻琥珀不取腐芥，磁石不受曲针，不亦宜乎？"客得书奇之，由是见称。

《蜀志》曰：糜竺弟芳为南郡太守，与关羽共事，而私好携贰，叛迎孙权。羽用覆败，竺面缚请罪。先主慰喻，以兄弟罪不相及，崇宠如初。

《晋书》曰：卫瓘有六男，无爵，悉让二弟，远近称之。

又曰：刘寔字子真，平原高唐人也。弟知字子房，贞洁有兄风，为颍川太守。平原管辂尝谓人曰："吾与刘颍川兄弟语，使人神思清发，昏不假寐。自此之外，殆白日欲寤矣。"

又曰：何淮字幼道，穆章皇后父也。高尚寡欲，弱冠知名，州府交辟，并不就。兄充为骠骑，劝其令仕。淮曰："第五之名，何减骠骑？"淮兄弟中第五，故有此言。

又曰：周顗字伯仁，性宽裕而友爱过人。弟嵩尝饮酒，瞋目谓顗曰："君才不及弟，何横得重名？"以所燃蜡烛投之。顗神色无忤，徐曰："阿奴火攻，固出下策耳。"

又曰：戴遁字安丘，处士逵之弟。逵励操东山，而遁以武勇显。谢安尝谓遁曰："卿兄弟志业何殊？"遁曰："下官不堪其忧，家兄不改其乐也。"

又曰：王献之尝与兄徽之、操之俱诣谢安。二兄多言俗事，献之寒温而已。既出，客问安，王氏兄弟优劣。安曰："小者佳。"客问其故。安曰："吉人之辞寡，察其言，故知之。"尝与徽之共在一室，忽然火发，徽之遽走，不遑取履。献之神色恬然，徐呼左右扶出。

又曰：散骑常侍祖纳，初与弟约不睦，中宗甚任约疏纳。纳乃言于中宗曰："约为人，外有国士之形，内怀凌上之性，抑而使之可也。若假其权，必为乱阶。"中宗弗纳。纳遂以兄弟相谤免官。及后，约为逆，论者始知纳忠诚。

又曰：颜含少有操行，兄畿停丧在殡。忽梦云复活，一门咸梦，经时不已。含时尚少，乃慨然曰："今灵异至此，岂可孤抑？开棺之痛孰与不开？"乃共发棺，果有生验，然气息甚微，存亡不别。含于是绝弃人事，蓬首屏气以就唅养。于时人士皆叹其至行，并馈饷之，含谢而不受。经十三年，竟不起疾。

太平御览卷第五百一十六 宗亲部六

兄弟下

《晋书》曰：王览字玄通。母朱氏遇前妻子祥无道。览年数岁，见祥被楚挞，辄涕泣抱持。至于成童，每谏其母，母少止凶虐。祥渐有誉。时朱氏密使鸩祥，览知之，径起取酒。祥疑其有毒，争而不与。朱氏遽夺反之。自后朱氏赐祥馔，览辄先尝。

又曰：庾冰字季坚。兄亮以名德流训，冰以雅素垂风，诸弟相率，莫不好礼，为世论所重。亮常以为庾氏之宝。

又曰：荀组字大章。于时天下已乱，组兄弟贵盛，惧不容于世，虽居大官，并讽议而已。

又曰：谢安弟万为西中郎将，总藩任之重。安虽处衡门，其名犹出万之右，自然有公辅之望。

又曰：华恒字道弘。少失父，事母至孝。年十三，值年饥谷贵，恒蔬食而母甘肥不绝。又抚育孤弟，友爱甚至，称为慈兄。由是少有声誉。

又曰：魏徐州刺史任城吕虔有佩刀，工相之，以为必三公可服此刀。虔谓别驾王祥曰："苟非其人，刀或为害。卿有公辅之量，故以相与。"祥始辞之，因强，乃受。及祥死之日，以刀授弟览曰："吾儿，凡汝后必兴，足称此刀，故以相与。"览则导之祖。

王隐《晋书》曰：祖逖字士雅，范阳人。与弟约，将母诣洛，交结人流。逖舅程玄良，良弟卫，卫弟收，并台郎，有势于洛，更共扶赞两甥。故命并阶清途。逖初为司州主簿，举秀才，为大司马齐王掾，有将帅之风。

《宋书》曰：谢弘微少孤，事兄如父。兄弟友睦之行，世莫能及。口不言人长短，兄曜好臧否人物，每言论，常以他语乱之。

又曰：蔡廓奉兄轨如父，家事小大，皆咨而后行；公禄赏赐，一皆入轨。有所资须，悉就典者请焉。从高祖在彭城，妻郗氏书求夏服，廓答书曰："知须夏服，计给事自应相供，无容别寄。"轨时为给事中。

又曰：谢景仁爱其弟甝胡甘切而憎弟述。尝设馔请高祖，命甝预坐，而高祖召述。述知景仁夙意，又虑非高祖命之，请急，不从。高祖驰遣呼述，须至，乃欢。及景仁有疾，述尽心视汤药，饮食必尝而后进，不解带、不盥栉者累旬。景仁深怀惭愧也。

又曰：张畅弟收为猘音冀犬所伤，医言食蛤蟆鲙即愈。收甚难之。畅含笑先尝，收因啖得差。

又曰：庾登之字元龙，颍川鄢陵人也。少以强济自立，为吴郡太守，坐事免官。弟炳之为临川内史，登之随弟之郡，优游自适。

又曰：江夷字茂远，济阳考城人也。夷少自操厉，为吴郡太守，以兄疾去官。后迁右仆射。

又曰：陶潜与弟子书，以言其志，并为训戒曰："汝辈稚小，家贫无役，柴水之劳，何时可免？念之在心，若何可言？然虽不同生，当思四海皆兄弟之义。鲍叔敬仲分财无猜，归生伍举，班荆道旧，遂能以败为成，因丧立功。他人尚尔，况共父之人哉！颍川韩元长，汉末名士，身处卿佐，八十而终。兄弟同居，至于没齿。济北氾稚春，晋时操行人也。七世同财，家无怨色。《诗》曰：'高山仰止，景行行止。'汝其慎哉！"

又曰：孔觊字思远，不尚娇饰，服用粗败，终不改易。时吴郡顾觊之亦尚俭素，衣裘器服，皆择其陋者。宋世清约，称此二人。觊弟道存，从弟微，颇营业。二弟请假东还，辎重十余舫，皆是绢纸席之属。觊见之，命上置岸侧，命左右取火烧之尽，乃去。道存代觊为江夏内史，时都邑米贵，道存虑觊甚乏，遣吏载伍百斛米饷之。觊呼吏载米还，彼吏曰："都下米贵，乞于此货之。"不听。吏乃载米而去。

又曰：蔡廓罢豫章郡，还起二宅，先成东宅与弟轨。

又曰：徐湛之年数岁时，与弟淳之共车行，牛奔车坏，左右驰来赴之。湛之先令取弟，众咸叹其幼而有识。

又曰：谢弘微宽重有雅量，不以喜愠改色。有蔡湛之者，及见太傅兄弟，谓人曰："弘微貌类中郎，而性似文靖。"

《齐书》曰：衡阳元王道度，太祖长兄也。与太祖俱受学雷次宗。宣帝问二儿学业，次宗答曰："其兄外朗，其弟内润，皆良璞也。"

又曰：刘琎兄瓛，夜隔壁呼琎共语。琎不答，方下床着衣立，然后应。瓛问其久，琎曰："向束带未竟。"其操如此。

又曰：张岱少与兄太子中舍人寅、新安太守镜、征北将军弟永、广州刺史辨俱知名，谓之张氏五龙。

《隋书》曰：卢昌衡小字龙子，风神澹雅，容止可法，博涉经史，工草行书。从弟思道小字释奴，宗中俱称英妙。故幽州为之语曰："卢家千里，释奴龙子。"

《唐书》曰：温大雅历迁黄门侍郎，弟彦博为中书侍郎，对居近侍，议者荣之。高祖从容谓曰："我起义晋阳，为卿一门耳"。大雅将改葬其祖父，筮者曰："葬于此地，害兄而福弟。"大雅曰："若得家弟永康，我将含笑入地。"葬讫，岁余而卒。

又曰：张嘉贞为并州长史，为政严肃，甚为人吏所畏。开元初，因奏事至京师。上闻其善政，数赏慰，嘉贞因奏曰："臣少孤，兄弟相依，以至今日。臣弟嘉祐今授鄯州别驾，与臣各在一方，同心离居，魂绝万里，乞移就臣侧近，臣兄弟尽力报国，死无所恨。"上嘉其友爱，特改嘉祐为忻州刺史。

又曰：韦述弟迪，学业亦亚于述，尤精《三礼》，与述对为学士，迪同为礼官。时人荣之。

又曰：张道源族孙楚金，少有志行，事亲以孝闻。初与兄越石同预乡贡进士。州司将罢越石而荐楚金，楚金辞曰："以顺则越石长，以才则楚金不如。"固请，俱退。时李勣为都督，叹曰："贡士本求才行，相推如此，何嫌双举也。"乃俱荐擢第。

又曰：李逊幼孤，寓居江陵，与其弟建皆安贫苦，易衣并食，讲习不倦。逊兄造知二弟贤，日为营丐，成其志业。建先逊一年卒。兄弟同致休显。士君子多之。

又曰：杨汝士为剑南东川节度使，时宗人嗣复镇西川，兄弟对居节制。时人荣之。

又曰：薛膺友悌。弟齐为李绛山东西道从事。绛遇害，齐中飞矢，坠于城下。膺时为左补阙，闻难，不及请，驰马以赴齐殁。膺与兄弟褒、庠处丧过礼，朝之卿大夫暨缙绅者往吊继路。闻其哀号，吊者悲不能自持。膺去左补阙，庠去河南县尉直弘文馆，与褒皆屏居外野，布巾终丧。蹈名教者推之。

《续晋阳秋》曰：王岷有俊才，与兄珣并有名，而声出珣右。时人为之语曰："法护非不佳，阿弥难为兄。"

韦昭《吴书》曰：刘繇长子基遭家多难，婴丁困苦，潜处味道，不以为戚。与群弟居，常夜卧早起，妻妾稀见其面。诸弟敬惮，事之犹父，不妄交游，门无杂宾。

《三十国春秋》曰：裴楷尝新为别宅，宅甚美丽，楷兄欲之，楷便让之。为性有大度，皆斯类也。

《世说》曰：诸葛瑾弟亮及从弟诞并有盛名，各在一国。于时以为蜀得其龙，吴得其虎，魏得其狗。诞在魏，与夏侯玄齐名；瑾仕吴，吴朝服其弘雅。

又曰：谢弈作剡令，有一老翁犯法，谢以醇酒罚之，乃至醉而犹未已。太傅时年七八岁，着青衣裤，在兄膝边坐。谏曰："阿兄，老翁可奈何，故取作此？"谢于是改容曰："阿奴欲放去耶！"即遣之。

《会稽典录》曰：谢渊字休德，山阴人。其先钜鹿太守，夷吾之后也。世渐微替，仕进不继。至渊兄弟，一时俱兴。兄谘字休度，少以质行自立，干局见称，官至海昌都尉。渊起于衰末，兄弟修德，贫无戚容，历位建威将军。

又曰：锺牧字子干。牧兄骃计吏，少与同郡谢赞、吴郡顾谭齐名。牧童龀时号为迟讷。尝谓人曰："牧必胜我，不可轻也。"时人皆以为不然。

《三辅决录》曰：张宇，穆之第二子也。以父功当封，自言两目失明，天子信之，乃封弟恭。其小弟好戏无度，放散家财，宇悉以所得千万与之。天子闻而嘉之，又知其让封，征拜议郎。

《说苑》曰：宋襄公兹父。为桓公太子。桓公有后妻子，曰公子目夷，公爱之。兹父为公爱之也，欲立之，请于公，曰："请使目夷立，臣为之相，以佐之。"公曰："何故也？"对曰："臣自知不足以处目夷之上。"公不许，强以许。公许之。将立公子目夷，目夷辞曰："兄立而弟在下，是其义也。今弟立而兄在下，不义，而使目夷为之，目夷将逃。"之卫，兹父从之。三年，桓公有疾，使人召兹父曰："若不来，是使我以忧死也。"兹父乃反。公复立之以为太子，然后目夷召兹父归。

《楚国先贤传》曰：阴兴字君陵，南阳新野人也。拜卫尉，薨。时封兴长子庆为嗣阳侯，次子傅为瀌强侯，傅弟员、丹皆为郎。庆少修儒术，推所居第宅、奴婢、财物悉分与员、丹，但佩印绶而已。当世称之。上以庆闺门孝悌，行义敦密，褒显朝廷，以励亲戚，擢为羽林右监。

刘向《列女传》曰：广汉汝妇者，汝敦之妻也。居世殷富，兄弟早孤，而嫂贪吝。敦以所受田宅、奴婢三百着万悉让与兄，裁留园地数十亩，起舍耕作。土中得金一器，敦以示妻，妻曰："本言让先祖所有也，此独非其有耶？"敦曰："固吾意也。"乃俱担金与兄嫂。嫂初谓叔穷乏，来欲假贷，有不悦之色，见金而喜。兄乃恻然感悟，弃妻还金。

《海内先贤传》曰：范丹字史云，让财千万与三弟。

《风俗通》曰：陈留太守泰山吴文章，少与兄伯武相失。二十年后相会下邳市中，争计共斗，伯武殴之。文章欲报，心凄怅，手不能兴。观者笑之。更相借问，乃亲兄也，相持啼泣。观者复曰："兄得校弟，不得报兄。向者所笑，乃其义也。"

《典论》曰：刘表疾病，其子琦还省疾。琦性慈孝，其弟恐琦见表，父子相感，更有托后之意，谓曰："将军命君抚临江夏，为国东藩，其任至重。今释众而归，必见谴怒伤叹以增其疾，非孝敬也。"遂遏于户外，使不得见，琦流涕而去。

江微《陈留志》曰：李铨字玄机，平丘人也。少聪惠，有志行。铨兄全，前母子，后母甚不爱也，而衣食皆使下铨。铨始年五岁，觉己衣胜兄，即脱不着，湏兄得与己同，然后服之。其母遂不得有偏。及长，铨内匡其母，外奉其兄，故闺门雍睦，为邦族所称。

《晋诸公赞》曰：高柔长子儁，大将军掾。次诞，历三州刺史，放率不伦，决烈过人。次光字宣茂，少习家业，明练法治，晋武帝世为廷尉。兄诞与光异操，谓光小节，常轻侮之。光事诞愈谨。

又曰：和峤为少保散骑常侍，性至俭吝。峤同母弟郁素无名称，峤轻侮之。以此为损一。

太平御览卷第五百一十七　宗亲部七

姊妹

《尔雅》曰：女子先生为姊，后生为妹。

《毛诗·泉水》曰：问我诸姑，遂及伯姊。

《礼记·檀弓》曰：孔子与门人立，拱而尚右，二三子亦尚右。孔子曰："二三子之嗜学也，我则有姊之丧故也。"二三子皆尚左。

《左传·成上》曰：潞子婴儿之夫人，晋景公之姊也。酆舒为政而杀之，又伤潞子之目。晋侯欲伐之，诸大夫皆曰："不可。酆舒有三隽才，不如待后之人。"伯宗曰："必伐之。狄有五罪，隽才虽多，其何补焉？"遂灭潞。酆舒奔卫，卫人归请晋，晋人杀之。

又《昭元》曰：郑徐吴犯之妹美，公孙楚聘之矣，公孙黑又使强委禽焉。犯惧，告子产。子产曰："是国无政，非子之患也，唯所欲与。"犯请于二子，使女择焉。子皙盛饰而入，布币而出。皙，公孙黑。子南戎服而入，左右射，超乘而出。女自房观之，曰："子皙信美矣，抑子南夫也。子南，公孙楚字。夫夫妇妇，所谓顺也。"适子南氏焉。

又《定上》曰：吴伐楚，楚昭王取其妹以出，涉濉水，锺建负之，以从。复国。王将嫁季芈，季芈辞曰："所以为女子，远丈夫也。锺建负我矣。"王遂使妻锺建，以为乐尹。

《春秋感精符》曰：人主含天地，据玑衡，齐七政，秉八极，父天母地，兄日姊月。

《史记》曰：聂政为严仲子杀韩相，侠累因自披面抉眼，出肠以死。韩取政尸，暴于市，购之曰："有能言杀侠累者，与千金。"政姊嫈闻之，乃伏尸哭曰："是轵深井里聂政也，妾奈何畏殁身之诛，灭贤人之名？"乃大呼天者三，遂死于政旁也。

又曰：万石君石奋，高祖问曰："君有何人？"对曰："有姊，善鼓琴。”高祖乃召为美人。

又曰：张敬叔姊善鼓琴，高祖召为宫人，徙其家就戚里。戚里在长安，与亲戚别居，故曰戚里。

《汉书》曰：李延年妹绝美。延年侍上，酒酣，歌曰：“北方有佳人，绝世而独立。一顾倾人城，再顾倾人国。不惜倾城倾国，佳人难再得。”武帝闻之，乃召入宫。

又曰：秦彭字伯平，为山阳太守。民江伯欲嫁寡姊，姊乃引镰自割。伯因前救姊，触镰伤姊，遂亡。县正论法，彭曰：“救无恶志。”乃轻罪之。

谢承《后汉书》曰：范冉姊病，往看之。姊为设饭，冉留钱一百文。姊使人追还之，冉竟不受。

又曰：曹寿妻，班超之妹也。超字仲叔，扶风人，为都护，在绝域。年老思入关，妹乃上书曰：“妾兄超延命沙漠三十余年，骨肉生离，不复相识。”书奏，帝乃征还。

又曰：宋弘字仲子，为司空。帝姊胡阳公主新寡，帝与论朝臣美恶，以观其意。主曰：“宋弘容德莫及。”帝曰：“方图之。”后引弘入，令主坐屏风后，因谓弘曰：“贵易交，富易妻，人情乎？”弘曰：“贫贱之交不可忘，糟糠之妻不下堂。”帝谓主曰：“事不谐矣。”

又曰：汝南袁隗妻，马融之女。少有才辨。融家世丰豪，装遣甚盛。及初成礼，隗谓之曰：“妇奉箕帚而已，何乃过珍丽？”对曰：“慈亲垂爱，不敢逆命。君欲鲍宣、梁鸿之行者，妾亦请从少绍、孟光之事。”又问曰：“弟先兄，举世以为笑，今处姊未适人，而君先行，可乎？”对曰：“妾姊高行殊邈，未遇良匹，不如鄙薄，苟然而已。”又问：“南郡学穷道奥，文为辞宗。而所在之识，辄以资财为损，何耶？”对曰：“孔子大圣，不免武叔之毁；子路至贤，犹有伯寮之诉。家君固其宜也。”

《蜀志》曰：初，孙权以妹妻蜀先主。孙氏性才捷刚猛，有诸兄之风。侍婢百余人，皆执刀剑而侍立，先主心常凛凛然也。

《晋书》曰：郭奕字大业，太原人。迁雍州刺史，有寡姊随其之官。姊下僮仆多有奸犯而为人所纠，弈按省毕，曰："丈夫岂当以老姊求名！"遣而不问。

又曰：桑虞字子深，卫人。年十四丧父，哀毁过礼，以米百粒糁藜藿。其姊喻之曰："灭性非孝子。"对曰："藜藿杂米，足以胜哀。"

又曰：凉州刺史羊欣姊丧，未经旬，车骑长史韩预强聘其女为妻。张酺为御史中丞，贬预以清风俗。论者称之。

又曰：陈统字元方，弟纮字伟方，俱清秀知名。姊妹四人，并有美才。姊适东莞徐氏，生邈。及二姊适同郡刘氏，文章最盛。

又曰：慕容垂妻段氏字元妃，光禄大夫段仪女，婉惠有志操，常谓妹季妃曰："我终不作凡人妻。"季妃曰："我亦不作庸夫妇。"邻人闻笑之。后燕王纳元妃为室，范阳王德聘季妃，并如其言。

又曰：王凝之妻谢氏名道蕴，安西将军弈之女也，聪明有才辨。同郡张玄妹亦有才质，适顾氏。谢玄每以之敌道韫。有济尼者，游于二家。或问之，答曰："谢夫人神情散朗，故有林下之风；顾家妇清心玉映，自是闺房之秀。"

《宋书》：新野庾彦达为益州刺史，携姊之官，资给中分禄秩。西土称之。

《齐书》曰：永兴中，有王氏女，年五岁，得毒病，两目皆盲。性至孝。年二十，父亡。盲女临尸一叫，眼皆血出。小妹娥舐之，其左眼即开愈。时人皆以为孝感所致也。

《梁典》曰：长广桥者，宋武帝姊。昔卖纱籴米，还，桥小，不敢过，无船得渡。日晚，宋武帝大饥，久，方见姊负米还，乃谓姊曰："若异日富贵，当长广此桥。"遂为名也。

《新子》曰：梁车新为邺令，其姊往见之。值暮，郭门闭，遂逾郭而入。梁车新因刖其足。赵成侯以为不慈，遂夺玺免官。

应劭《风俗通》曰：郝廉，太原人，饥寒不受人衣食。曾过姊家饭，留五十文置席下而去。

《世说》曰：郗嘉宾死，妇弟欲迎其姊还，姊终不肯归，曰："生纵不得与郗郎同室，死宁不同穴也？"

又曰：袁彦道有二姊，一适殷源，一适谢祖。尝语桓宣武，切恨不更有一人配卿也。

《王子年拾遗》曰：贾逵年六岁，其姊闻邻家读书，日日抱逵就篱听之。逵年十岁，乃暗诵六经。父曰："吾未尝教尔，安得《三坟》《五典》诵之乎？"对曰："姊尝抱于篱边，听邻家读书，因记得而诵之。"

萧韶《太清记》曰：刘孝仪诸妹，文彩艳质，甚于神人也。

《荆州图南北岸》曰：屈原之乡里，原既流放，忽然归，乡人喜悦，因名南岸曰归乡岸。原有姊闻原还，亦来归，责其矫世。乡人又名其北岸曰姊归岸。

舅姑

《释名》曰：夫之父曰舅，舅言久也，父老之称也。夫之母曰姑，姑言故也。

《尔雅》曰：妇称夫之父曰舅，称夫之母曰姑；姑舅在则曰君舅君姑，殁则曰先舅先姑。

《礼记·檀弓》曰：妇人不饰，不敢见舅姑。

又《内则》曰：妇事舅姑，如事父母。鸡初鸣，咸盥漱。栉，縰，笄，总，衣绅。左佩纷帨、刀、砺、小觿、金燧，右佩箴、管、线、纩、施縏袠，大觿、木燧，衿缨、綦屦，以适舅姑之所。及所，下气怡声，问衣燠寒；疾痛苛痒，而敬抑搔之。

又曰：妇将有事，大小必请于舅姑。不敢专行也。

《仪礼·婚礼》曰：舅飨送者以一献礼，酬以束锦；姑飨妇人送者，酬亦如之。

《左传·襄元》曰：鲁齐姜薨。初，穆姜使择美槚以自为榇与颂琴，季文子取以葬。君子曰："非礼也。礼无所逆，妇养姑者也，亏姑以成妇，逆莫大焉。"穆姜，成公母。姜，成公妇也。

《列女传》曰：邹孟轲既娶，将入室，其妇袒而内。孟子不悦，遂去不入。妇辞孟母，求去，曰："妾闻夫妇之道，私室不与焉。今妾窃惰在室，而夫子见妾，悖然不悦，是客妾也。妇人之义盖不客宿，请归于父母。"姑召轲而谓之曰："夫礼，将上堂，声必扬，所以戒人也。将入户，视必下，恐见人过。今子不察于礼而责于妻，不亦远乎？"孟子遂留其妇，谢之。君子谓孟母知礼而明姑妇之道。

叔嫂

《释名》曰：嫂，叟也，老称也。叟，缩也，人及物老皆小缩于旧也。叔，少也，幼者称也。叔亦俶也，见嫂俶然却退也。

《尔雅》曰：女子谓兄之妻为嫂，弟之妻为妇。

《礼记·曲礼》曰：嫂叔不通问。

又《檀弓》曰：子思之哭嫂也为位，妇人倡踊。

又曰：嫂叔之无服也，盖推之远之也。

又《杂记》曰：嫂不抚叔，叔不抚嫂。

《史记》曰：苏秦，洛阳人。从鬼谷归，大困穷困。兄嫂姊妹妻皆笑之，不为下机。秦乃闭室不出，读《周书阴符》。后合六国，从约并力，相六国。北报赵，过洛阳，车骑辎重拟于王者，乃归。昆弟嫂侧目不敢仰视。秦谓嫂曰："何前踞而后恭？"嫂匍匐以面伏地，谢曰："见季子位高金多也。"

《汉书》曰：高祖长兄伯妻，高祖微时尝避事，时与宾友过其丘嫂。丘，空也。无婿曰丘，乃寡嫂也。嫂厌叔引客来食，佯为羹尽轑釜。客去，高祖视釜，尚有羹，由是怨之。后定天下，而伯子独不得封。太上皇为言之，高祖曰："非敢忘也，但其母不长者耳。"后七年，封为羹颉侯。

又曰：陈平兄伯常耕田，纵平游学，嫂疾之不亲家事。或问平："食何物而肥？"对曰："食糠籺耳。"嫂曰："有叔如此不如无。"伯闻而逐其妻。

《晋书》曰：郑休妻石氏为九族所重。休前妻女既幼，又休父布临终生庶子沈。休命弃之，石氏曰："奈何使舅之胤不存乎？"遂养沈及前妻女，力不兼举。九年之间，三不举子。

又曰：王浑妻锺氏字琰，生子济。浑尝共琰坐，济趋庭而过。浑欣然曰："生子如此，足慰人心！"琰曰："若新妇得配参军，为浑弟沦也。生子固不啻如此耳。"

又曰：王澄字平子，衍季弟也。衍妻郭氏性贪鄙，令婢于路担粪。澄年十四，谏郭。郭大怒，谓澄曰："昔先人临终之日，以小郎嘱新妇，不以新妇嘱小郎。"因捉其衣裾，欲杖之。澄惧，逾窗而走得脱。

又曰：王凝之妻谢氏，字道韫，弈之女也，聪识有才辨。凝之弟献之尝与宾客谈议，词理将屈，道韫使婢白献之曰："新妇欲与小郎解围。"乃以青绫步障自蔽，申献酬之义。客遂不能屈也。

又曰：晋中书令王珉与嫂婢私通，嫂挞甚苦。婢素善歌，而珉好执白团扇，故制《白团扇歌》。

又曰：颜含字弘都，嫂老而失明。含奉养如亲，束带躬侍。嫂病困，须蚺蛇胆，求之不获，忧叹盈怀。方独坐愁苦，忽有一童子持一青囊授含，含闻之，乃蚺蛇胆也。童子出户，化为青鸟飞去。含得药成，嫂病遂愈。

《齐书》曰：吴达之，义兴人。嫂亡，无以具葬，乃自卖为十夫，佣以营葬。

《三十国春秋》曰：晋吏部郎魏衡谓侄舒曰："汝后得为小县长。"舒曰："堪八百户长。将老，便入官舍，即斯愿毕矣。"

《孟子》曰：淳于髡曰："男女授受不亲，礼与？"孟子曰："礼也。"曰："嫂溺，则援之以手乎？"曰："嫂溺不援，是豺狼也。男女授受不亲者，礼也；嫂溺援之以手者，权也。"

《逸士传》曰：高凤为太守所召，恐不得免，自言不应为吏，乃与寡嫂伪争田，遂免仕。

《世说》曰：阮籍嫂尝还家，籍见嫂，与之别。或讥之。籍曰："礼岂为我辈设也？”

常璩《华阳国志》曰：汝敦兄弟共居，有父母时财物，嫂心欲得之。敦妻劝敦尽让田宅奴婢与兄弟，出别居。敦后耕田，得金器，妻劝送与兄。夫妻共往。嫂性啬，见金器，踊跃欲留之。兄因感悟，即去妻，悉让财物还弟。弟又不受，相让积年。

《邺洛鼎峙记》曰：卢道虔后妻元氏升堂讲老子《道德经》，虔弟元明隔纱帷以听之。

娣姒

《尔雅》曰：女子同出，谓先生为姒，后生为娣。同出为俱嫁事一夫。长姊谓稚妇为娣妇，娣妇谓长姊为姒妇也。

《左传·成下》曰：鲁声伯之母不聘。不聘，无妇礼。穆姜曰：“吾不以妾为姒。”昆弟之妻相谓为姒。

又《昭七》曰：晋叔向欲娶于申公巫臣氏，其母不许。平公强使取之，生伯石。伯石始生，子容之母走谒诸姑，子容母，叔向嫂，伯华妻也。姑视之。及堂，闻其声而还曰：“是豺狼之声也。狼子野心，非是莫丧羊舌氏矣。”

《晋书》曰：王浑妻锺氏，名琰，太尉之孙也。浑弟湛妻郝氏有德行，琰虽贵门，不陵郝；郝亦不下琰。时称锺夫人之礼，郝夫人之法。

太平御览卷第五百一十八 宗亲部八

子

《易·蛊卦》曰：干父之蛊，有子，考无咎，厉终吉。

又《家人卦》曰：家人嗃嗃，悔厉吉；父子嘻嘻，终吝。

《仪礼》曰：父为长子。服三年，何也？正礼乎上，又所重也。

《礼记·内则》曰：由命士以上，父子皆异宫。

又《祭义》曰：身也者，父母之遗体也。行父母之遗体，敢不敬乎！

《左传·隐公》曰：卫庄公之子州吁有宠而好兵，公弗禁。石碏谏曰："臣闻爱子教之以义方，不纳于邪。"

又《宣上》曰：楚司马子良生子越椒，子文曰："必杀之。是子也，熊虎之状而豺狼之声，不杀，必灭若敖氏矣。"

《论语》曰：陈亢问于伯鱼曰："子亦有异闻乎？"对曰："未也。"尝独立，鲤趋而过庭，曰："学诗乎？"对曰："未也。"曰："不学诗，无以言。"他日，又独立，鲤趋而过庭，曰："学礼乎？"对曰："未也。""不学礼，无以立。"鲤退而学礼。陈亢退而喜曰："问一得三，闻诗闻礼，又闻君子之远其子也。"

《孝经》曰：父子之道，天性也。

《周书》曰：周公三挞，伯禽往见商子。商子曰："南山有桥，父道也；北山有梓，子道也。盍往观之？"而伯禽往视桥梓。明日，朝，伯禽俯而趋。周公迎而抚之曰："汝安见君子哉？"

《史记》曰：吴起，卫人，好用兵。尝学于曾子，事鲁君。出卫郭门，与其母决，啮臂而盟曰："起不为卿相，不复入卫也。"

又曰：司马谈为太史，天子建汉家之封，而太史公留滞周南，不得从事，发愤而卒。子迁适见父于河洛之间，太史公执迁手下泣曰："其先即周之太史，后世中衰，绝于余乎？汝后为太史，则续吾祖矣。"

《汉书》曰：张汤，杜陵人。父为长安丞。父出，汤为儿守舍，遭鼠盗肉。父还，怒之，笞汤。汤掘地熏鼠，得鼠及余肉，劾鼠，掠治讯鞫。鞫论报取鼠磔堂下。父忽视其文辞，如老吏，大惊异，遂使书狱焉。

又曰：王遵字子贡，涿人。迁益州刺史。先是，王阳为益州，至邛崃九折坂，叹曰："奉先人遗体，奈何数乘此险？"后以疾去。及遵至此坂，问吏曰："此非王阳所畏道耶？"吏曰："是。"遵叱其驭，曰："驱之！王阳为孝子，王遵为忠臣。"

又曰：曹参代萧何为相国，日夜饮酒。子窋为中大夫，惠帝怪之，令窋言曰："无以请事，何以忧天下？"窋洗沐归，具言。参怒之，乃笞二百，曰："趣入侍！天下事，非汝所当言。"

又曰：路温舒字长君，钜鹿人。父为里门监使。温舒牧羊，因取泽中蒲截为牒，编之写书。

又曰：扬雄，蜀人。自扬季至雄，五代一子也。

又曰：韦贤字长孺，鲁人。质朴少欲，笃志于学，通《诗》《书》《易》，以教受，号邹鲁大儒。为丞相，薨。少子玄成，字少翁，以明经历位丞相。故邹鲁谚曰："遗子黄金满籝，不如教之一经。"

又曰：张禹字子文，河内轵人。父徙家莲勺，禹为小儿，数至市。卜相者奇其面貌，谓禹父曰："此儿多智，可令经学矣！"

又曰：疏广字仲翁，东海兰陵人也。明《春秋》，为太子太傅。知止足，与兄子受上疏乞骸骨。上赐黄金二十斤，太子赠五十斤。归乡里，请故旧宾客为乐。岁余，子孙窃谓昆弟老人，劝说买田宅，广曰："吾岂不念子孙哉！顾有田庐，足供衣食，今更增益，以为盈余，教子孙怠惰耳。贤而多财损其志，愚而多财，益以为其过。富者，众之怨也。吾既无教化于子孙，不欲益生于怨也。"

又曰：朱邑字仲卿，庐江人。少时为桐乡啬夫，病且死，嘱其子曰："我为桐乡吏，其民爱我，死必葬之。后世子孙奉祀我，不如桐乡死且葬之。"民为起冢祠。

又曰：石奋从高祖，至景帝时为九卿，子等四人官至二千石。景帝尊宠，号为万石君，以上大夫禄归老于家。子孙有过，不诮让，为便坐，对桉不食。

《后汉书》曰：冯勤字伟伯，魏郡人。曾祖杨，宣帝时为弘农太守。有子八人，皆为二千石，魏赵间号为万石君。

又曰：周华字宣光，汝南人。子勰字巨胜。自曾祖杨至勰孙恂，六代一子，皆知名。

又曰：吴祐字季英，陈留人。父恢为南海太守，祐年十二，随父到官。恢欲杀青简竹以写书，祐谏曰："今大人逾越五岭，远在海滨，其俗诚陋，旧多珍怪，上为国家所疑，下为权威所望。此书若成，即载之而归。昔马援以薏苡兴谤，王阳以衣囊徼名。嫌疑之间，先贤所慎。"恢奇之，乃抚其首曰："吴氏世不乏季子矣。"

又曰：崔烈，涿郡人。灵帝开鸿都门榜卖官爵，烈入钱五百万，得为司徒。及拜日，天子临轩，百僚毕会，帝欣谓亲幸曰："悔不至三公。"后声誉日灭，烈不自安，问子钧曰："吾为三公，于议何如？"钧曰："嫌大人铜臭。"烈举杖击之。钧时为虎贲中郎，服虎弁载鹖尾，狼狈而走。烈骂曰："死卒，父挝而走，岂孝乎？"钧曰："舜之事父也，小杖受，大杖走。此恐陷父于不义，非不孝也。"烈惭而让官。

《魏志》曰：张广字嗣宗，鲁第二子也。鲁雅为魏武所宠，诸子未胜缨，并遣中使，拜授官爵。南郑城碑曰："位尊上将，体极人臣。五子十室，荣并爵均。童年婴稚，抱拜王人。命婚帝族，或尚或嫔。"

又曰：胡威字伯庸。父质操厉清白，为荆州太守。威至荆州省之，十余日归，质赐绢一匹。威跪问曰："大人清高，何得此物？"质曰："俸禄之余耳。"武帝问威曰："卿清何如父清？"威曰："臣不如父远矣。"帝曰："何？"对曰："父清畏人知，臣清畏人不知，是以不如也。"

又曰：贾充字公闾。父逵晚生充，言充后当有充闾之度，故名充字公闾。

又曰：羊祜字叔子。年数岁，令乳母取所弃金环，乳母曰："汝先无此物。"祜即指邻人李氏东垣桑树中，探得之。主人惊曰："此吾亡儿所失物也。”时人谓祜前身为李氏之子。

又曰：华峤字叔骏。才学深博，为秘书监。性嗜酒，率常沉醉。撰《汉纪》九十七卷，其十典未成而终。秘书监何邵奏峤子彻为佐著作，续成之，亦未竟而卒。

又曰：王隐字处叔，陈人。世寒素，父铨历阳令，有著述志。每私录晋事及功臣行状，未就而卒。隐儒素自守，不交权贵，博学多闻，受遗业为著作郎令，撰《晋史》。

又曰：孙盛字安国。次子放字齐庄，幼称令惠。年七八岁，在荆州与父俱从庾亮出猎，亮谓曰：“君亦来耶？”放应声答曰：“无小无大，从公于迈。”亮曰：“欲齐何庄？”放曰：“齐庄周。”亮曰：“不慕仲尼耶？”放曰：“仲尼生而知之者，非所企及。”亮大奇之，曰：“王辅嗣不过也。”

又曰：庾翼字稚恭，孙盛字安国。翼子爰客，常候孙盛。盛不在，见盛子放，谓之曰：“安国何在？”放曰：“往痍稚恭家。”爰客曰：“孙氏大盛，有儿如此。”放曰：“不如诸庾之翼翼。”既而语人曰：“我固得重呼奴公字。”

又曰：袁宏为《东征赋》，并列过江诸名德，独不载桓彝，其子温怒焉。宏一时之文宗，为文不欲令人显问。时并游青山，饮归，温命宏同载，因问曰：“君作《东征赋》，何独不及家君？”宏对曰：“尊公称谓，非下官敢专。既未遑启，不敢显之。”温疑其不实，乃曰：“欲谓何？”宏曰：“风鉴散朗，或搜或引；身虽可亡，道则不殒；宣城之节，信而为允也。”温泫然而止。又不及陶侃，子胡奴尝于曲室抽刀，逼问宏曰：“家君勋绩如此，云何相忘？”宏急答曰：“精明百炼，在割能断。功以济时，职以静乱。长沙之勋，为史所赞。”胡奴乃止。

又曰：谢尚字祖仁，豫章太守鲲之子也。八岁，神晤夙成，鲲尝携之。或曰：“此儿一座颜回也。”尚应声曰：“座无尼父，谁识颜回？”一席之宾莫不惊异。

又曰：王述字怀祖。迁尚书仆射。述每受职，不为虚让。其子坦之谏曰：“故事应让。”述曰：“汝为，我不堪也。”坦之曰：“非也，克让自美耳。”述曰：“既云堪，何为复让也？”坦之为桓温府长史，温子欲求婚于王，因坦之言其父。坦之乃还家省父。而述爱坦之，虽长大犹抱之于膝上。坦之乃言婚事于述，大怒，遽推坦之于膝下曰：“汝竟痴也！讵可视面女妻兵。”乃止。

又曰：阮籍谓王浑曰：“浚仲清赏，非卿伦也。共卿言不如共阿戎谈。”及戎子迈有美名，少而肥大。戎日令食糠，转益肥也。

又曰：王祥二子烈、芬并知名，为祥所重爱。同时而病，将亡遗嘱，烈欲还葬旧土，芬欲留葬京邑。祥涕泣曰：“不忘乡，仁也；不恋本，达也。唯仁与达，二子有焉。”

又曰：王衍丧幼子，山简吊之，衍悲不自胜。简曰：“孩抱中物，何至于此？”衍曰：“圣人忘情，最下不及于情。然则情之所钟，正在吾辈也。”简服其言，更为之恸。

又曰：魏舒字阳元，为司徒。子混字延广，有才行，为太子舍人，年二十七卒，朝野咸为舒惜。舒每哀恸，退而叹曰：“吾不及庄生远矣，岂以无益自损！”更不复哭。

又曰：胡毋辅之字彦国，嗜酒。子谦之字子光，才学不及父而傲纵过之，至酣醉时，尝自呼其父字。辅之不以介意，世以为狂。

又曰：石崇字季伦，渤海南皮人，苞之少子也。生于青州，故小名齐奴。少敏惠，勇而有谋。父苞临终分财与诸子，独不及伦。其母为言之，苞曰：“此儿虽小，后自能致。”

又曰：郄超字景兴，一字嘉宾。父愔为司徒。愔事道，超奉佛。愔又好聚积，钱数千万，尝开库任超所取。超性好施，一日之中，散与亲故，都尽。桓温辟为征西大将军掾。温怀不轨，超为之谋，转司徒左长史而卒。初虽党桓氏，以愔忠于王室，不轨之事不令愔知。将亡，出一箱书付门生曰：“本欲焚之，恐公年老，老必伤悯为弊。我亡后，若大损寝食，可呈此箱，不尔即便焚之。”愔后果哀悼成病，门生依旨呈之，则悉与温往反密计悉见。愔于是大怒曰：“小子死恨晚矣！”更不复哭。

又曰：庾冰字季坚。都督江荆七郡军事。子袭常贷官绢一匹，冰怒捶之，市绢十匹还官。

又曰：王濛字仲祖。父讷字文开，为淦令。美容姿，尝览镜自照，称其父字曰："王文开生如此儿！"

又曰：王导字茂弘。子悦字长豫，弱冠有高名。事亲色养，导甚爱之，常与悦奕棋争道。导笑曰："想与有瓜葛，那得尔耶？"导性俭，帐下甘果烂败，令弃之，云勿使大郎知。悦为中书郎，先导卒。导先梦人以百万钱买悦，潜为祈祷者备矣。寻掘地得钱百万，意甚恶之，一一皆藏闭。及悦疾笃，导忧念，时至不食。积日，忽见一人，形状甚伟，被甲持刀。导问是何人，曰："仆蒋侯也。公儿不佳，欲为请命，故来耳。"导因求之，食至数斗。食毕，谓导曰："中书命尽，非可救也。"言讫不见。悦亦殒绝。

又曰：刘殷字长盛，新兴人。有子七人，五人各授一经，其一子授《太史公记》，一子授《汉书》。一门之内七业俱兴，北州之学，殷最为盛门。

又曰：索靖子琳，字巨秀。少有逸群之才。靖每曰："琳，宗庙之器，非简札之用，州县之任不足污吾儿也！"

又曰：戴若思，广陵人。父昌，会稽太守。若思往武陵，时郡人潘京素有理筌识鉴。父遣若思与语，潘称若思有公辅之才。

又曰：王献之字子敬，羲之子也。谢安甚钦之，请为长史，因问献之曰："君书何如家君？"答曰："固不同。"安曰："外论不尔。"对曰："人那得知。"献之尝书，羲之自后掣其笔不得，叹曰："此儿当有大名。"又以扫帚沾泥书大字，方一丈，甚以为工。

《宋书》曰：戴颙字仲若，淮南人。父逵喜琴，颙及兄勃并受琴于父。父殁，所传之声不忍复奏，各造新弄五部。颙又制长弄一部，并传于世。

《齐书》曰：世祖常问王俭："当今谁能作五言诗？"对曰："谢朏

得父之膏腴。”

《梁书》曰：谢朏祖弘微，宋太常卿。父庄，齐光禄。朏十岁能属文。庄多游山水赋诗，使朏命篇，览笔便就。王京文谓庄曰：“贤子足称神童。”庄笑曰：“真吾家千金。”

又曰：王僧孺父延年，加为常侍。孺五岁，父友馈延年柰者，先与僧孺。孺曰：“大人未见，不敢先尝。”不受之。

又曰：柳恽字文畅。父世隆善弹琴，为士流第一。恽每奏其声，尝感伤忧思。后因之变体写古曲。

《家语》曰：吴延陵季子聘于上国，其长子死，葬于嬴博之间，敛以时服。其坎深不至泉，其高可隐。孔子曰：“延陵季子之合于礼者也。”

《列子》曰：魏人有东门吴者，年四十，有一子，丧之而不忧。其相室曰：“公之爱子也，天下无有。今子死不忧，何也？”东门吴曰：“吾尝无子之时不忧，今子死，乃与向无子同，又奚忧焉。”

《吕氏春秋》曰：晋平公问祁黄羊曰：“国无尉，其谁可？”乃云其子年。君子闻之，曰：“祁黄羊可谓至公矣。”

《三辅要录》曰：韦康字元将，京兆人。孔融与康父端书曰：“前见元将来，渊才亮茂，雅度弘毅，伟世之器也。昨日又见仲将来，懿性贞实，文敏志笃，诚保家之主也。不意双珠出于老蚌。”

《郭子》曰：杨修字德祖。九岁聪惠。孔文举诣其父，父不在，乃呼修。修为设果，果有杨梅，融指示儿曰：“此君之家果耶？”修应声曰：“未闻孔雀是夫子之家禽兽。”

《姓氏英贤录》曰：宋颜竣字士逊，少有令名。太祖问其父延之曰：“诸子谁有卿风？”延之曰：“峻得臣笔，测得臣文，夐得臣义，濯得臣酒。”

《世说》曰：豫章太守顾邵，雍之子也，在郡卒。雍时盛集宾客，自与客棋，而信至，无儿书。虽神色不变，而心了其故，以爪掐掌，流血沾襟。客散，方叹已无延陵之高，岂有丧明之痛。于是豁然神气自若。

又曰：客有问陈季方曰：“足下家君有何功德而荷天下重名？”季

方曰："吾家君譬如桂树，生于太山之阿，上有万仞之高，下有不测之渊，上为甘露所沾，下有渊泉所润。当此之时，焉知太山之高，渊泉之深，不知有功德与无也。

太平御览卷第五百一十九 宗亲部九

孙

《尔雅》曰：子之子为孙，孙之子为曾孙，曾孙之子为玄孙，玄孙之子为来孙，言有往来之亲。来孙之子为昆孙，昆，后也。昆孙之子为仍孙，仍，重也。仍孙之子为云孙。言轻远若浮云。

《毛诗·文王有声》曰：贻厥孙谋，以燕翼子。

《礼记·曲礼》曰：君子抱孙不抱子，此言孙可以为王父尸，以孙与祖昭穆同。子不可以为王父尸。

又《杂记》曰：祭称孝子孝孙，丧称哀子哀孙。

《史记》曰：张苍父不满五尺，苍长八尺，苍子复长八尺，余孙类长六尺。

《后汉书》曰：庞参字仲连，缑氏人。拜汉阳太守。郡民任棠有奇节隐教。参到，先候之。棠不与言，但拔薤一大本，水一盆，致于屏前，自抱孙儿伏于户下。见《逸民部》。

又曰：虞诩字升卿，陈国人。孝养祖母，县举为顺孙。

又曰：冯氏兄弟形皆伟壮，唯冯勤祖父偃长不满七尺，常耻短陋，恐子孙似之，乃为子伉娶长妻。生勤，勤长八尺三寸。

《魏志》曰：王粲字仲宣，山阳人。蔡邕见而奇之。时邕显贵，车马填门。粲在门，邕倒屣迎之。粲年幼，貌弱短小，一座皆惊。邕曰："此王公之孙，有异才，吾不如也。吾家所有书籍，当悉与之。"

《晋书》曰：张凭字长宗。祖镇，苍梧太守。凭年数岁，镇谓其父曰："我不如汝，汝有佳儿。"凭曰："阿翁讵宜以子戏父乎？"

又曰：李密字令伯。父早亡，母改醮。祖母刘氏躬抚养，密奉事，以孝谨闻。有暇即讲学，忘疲。师事谯周，周门人方之游夏。太始初，征为洗马，密以祖母年老，上表自陈曰："母孙二人，更相为命。"已具祖门中。

又曰：李胤字伯祖，敏为公孙度所迫，浮海莫知所终。子娶妻生胤，遂绝房室，以忧卒。胤以祖不知所亡，设木主以事之，由是显名。

《宋齐语录》曰：虞愿字士恭，会稽人，祖为给事中。中庭有橘树，冬熟，子孙争取，愿独不取，祖及家人并异之。

又曰：张元字孝始。祖丧明。三年，元每忧涕，读佛书以求福祐。后见药师经云盲者得视，遂请七僧燃灯，七日七夜，转药师经行道，每自责曰："为孙不孝，使祖丧明。今以灯施普照法界，愿祖目见明，元求代暗。"其夜，梦一老人以金篦治其祖目，谓之曰："勿悲，三日之后必差。"元于梦中喜跃惊觉，乃遍告家人。居三日，祖目果渐见明，从此遂差。

《后周书》曰：薛登字景猷，汾阴人。早丧父，家贫，以养祖母，暇则览文籍，躬耕，以孝见称。

《列子》曰：北山愚公者，年且九十，面山而居。惩山北之塞，出入之迂也，遂率子孙荷担，叩石垦壤，箕畚运于北海之尾。河曲智叟笑而止之。愚公长息曰："虽我之死，有子在焉，子又生孙，孙又生子，子又生孙，孙孙子子，无穷匮也。而山不加增，何苦而不平？"河曲智叟无以应之。

又曰：舜问乎丞曰："道可得而有乎？"曰："汝身非有也，汝何得有夫道？性命非汝有也，是天地之委顺也；子孙非汝有也，是天地之委蜕也。"

《陈留志》曰：范乔字伯孙。年二岁，祖父馨临终执其手曰："恨不见汝成人。"因以所用砚留与之。后家人告乔，乔执其砚涕泣。

《孝子传》曰：原谷者，不知何许人。祖年老，父母厌患之，意欲弃之。谷年十五，涕泣苦谏。父母不从，乃作舆舁弃之。谷乃随收舆归。父谓之曰："尔焉用此凶具？"谷云："后父老不能更作得，是以取之耳。"父感悟愧惧，乃载祖归侍养，克己自责，更成纯孝，谷为纯孙。

又曰：吴郡陆元者，晋太尉玩曾孙。自玩至仲，四世为侍郎，时人方之全张二族。

《幽明录》曰：许逊少孤，不识祖墓，倾心所感，忽见祖语曰："我死三十余年，于今得正葬，是汝孝悌之至。"因举标榜曰："可以此下求我。"于是迎丧。葬者曰："此墓中当出一侯及小县长。"

女

《礼记·内则》曰：女子出门，必拥蔽其面，夜行以烛，无烛则止。

又曰：女子十年不出，恒居内也。姆教婉娩听从，婉谓言语也。言语婉之，言媚也。媚谓容貌也。执麻枲，治丝茧，织纴组紃，学女事，以共衣服。观于祭祀，纳酒浆、笾豆、菹醢，醴相助奠。当乃女时而知。十有五年而笄，二十而嫁。凡女拜，上右手。右，阴也。

《左传·襄五》曰：初，宋芮司徒生女子，赤而毛，弃诸堤下。恭姬之妾取以入，长而美，名之曰弃。

《谷梁传》曰：礼，送女，父不下堂，母不出门。父诫之曰："谨慎从汝舅之言。"母诫之曰："谨慎从汝姑之言。"诸母輂绅诫之曰："谨慎从汝父母之言，无违宫事。"

《史记》曰：齐太仓令淳于公有罪，当刑，诏徒系长安狱。公无男，有女五人，将行，骂曰："生子不生男，缓急非有益。"小女缇萦随父至长安，上书曰："妾父为吏，齐中皆称其廉平。今坐法当刑，妾愿入官没为婢，赎父之罪。"书奏，天子悲怜其意，遂为除肉刑。

《汉书》曰：王章为京兆尹，为大将军王凤所陷，下廷尉狱，妻子皆收。章小女年十二，夜起号哭，曰："每旦狱上呼囚，常至九。今八而止，我家君素刚烈，先死者必我君也。"及明问之，果章死矣。

《东观汉记》曰：孝女郁字叔异，五岁，母不能食，郁亦不肯食，故字曰异也。

《后汉书》曰：孔融被诛，女年七岁，幼弱，遂得全。寄住佗舍王。人有遗肉汁，男饮之，女曰："今日之祸，岂得久活，何赖知肉味乎？"或有言于曹操，收之将杀。女谓兄曰："若死而有知，得见父母，岂非志愿？”乃延颈就刑。

《晋书》曰：周顗母李氏名络秀，汝南人。少时在室，顗父俊为安东将军，时尝出猎，遇雨，至络秀之家。会秀父兄不在，络秀见周俊至，与一婢于内宰猪羊，具数十人馔甚精，而不闻人声。俊怪使觇之，独见一女甚美，因求为妾。其父兄不许。络秀曰：“门户殄瘁，何惜一女？若连姻贵族，将来庶有大益。”父兄遂许之。遂生顗、嵩、谟。而顗等既长，络秀谓之曰：“我屈节为汝家作妾，门户计耳。汝不与我家为亲者，吾亦何惜余年！”顗等从命。由此李氏遂得为方雅之族。

又曰：胡奋字玄威，安定人，为护军。太始末，武帝怠于政事而耽于颜色，大采公卿女以充六宫，奋女选为贵人。唯有一男为南阳王友，早亡。及闻女为贵人，哭曰：“老奴不死，唯有二子，男入九地之下，女升九天之上。”尝谓后父杨骏曰：“卿恃女更豪耶？见前代与帝家婚，未有不灭门者。见君所措，益速祸耳。”骏曰：“卿女不在天子家乎？”奋曰：“我女与卿女作婢耳。”

又曰：羊耽妻辛氏字宪英，魏侍中辛毗之女也，聪明有才鉴。初，文帝为太子，抱毗项曰：“知我喜否？”毗以告宪英，英曰：“太子代君主社稷者也。代君不可以不戚，主国不可以不惧。今宜戚而反喜，何以能久？魏其不昌乎？”

又曰：愍怀太子妃，太尉王衍之女，字惠风。太子废，衍请绝婚而归，惠风号泣，行路流涕。后刘曜陷洛阳，以惠风赐其下，将妻之。惠风拔剑拒曰：“吾太尉之女，太子之妃，誓不为逆胡所辱。”遂害之。

又曰：韦逞母宗氏，家世儒学。母早丧，父躬养之。及长，授以《周官音义》，谓曰：“世传儒业，无男可传，汝宜授之，勿令绝世。”

又曰：吴隐之字处默，濮阳人。谢石请为将军主簿。隐之将嫁女，石知其俭素，令移厨帐就其家经营。使者至，方见卖犬，此外萧然无办。

又曰：靳康女者不知何许人也。美姿容，有志操。刘曜诛靳氏讫，将纳其女为妾。女曰：“陛下既诛其父母，焉用妾为？妾闻逆人之诛也，尚污宫伐树，况其子女乎？”号泣请死。曜惭，乃固免之。

《晏子春秋》曰：齐景公有所爱槐树，令吏守之，犯槐者刑，伤槐者死。有不闻令而犯之者，吏收之。将加罪，犯者之女说晏子曰："妾闻明君不为禽兽以杀人。今吾君以树木之故杀妾父，孤妾身，恐害明君之政，损明君之义。"晏子早朝而复其言于君，公乃令吏罢守槐之役，出犯槐之囚。

《华阳国志》曰：荀崧小女灌，幼有奇节。崧为襄城太守，为杜曾所围，力弱食尽，欲投于故吏平南将军石览，计无所出。灌时年十三，乃率勇士数十人逾城突围。夜出，贼追甚急，灌督厉将士，且战且前，后得入曾阳山获免，得向览乞师。又为崧书，与南中郎将周访仍结弟兄。访即遣子抚率三千人会石览，俱救崧。贼闻兵至，散走，灌之力也。

又曰：王广女美姿容，性慷慨，有丈夫之节。广仕刘聪，为西扬州刺史。蛮梅芳攻陷扬州，广被杀。王年十五，芳纳之，于暗室中击芳，不中。芳曰："何故反？"王曰："蛮畜！我诛父贼。吾闻之，父仇不同天，母仇不同地。汝逆害人父母，复以无礼陵人，吾所以不死者，欲诛汝尔。所恨不得枭汝首于通达，以塞大耻。"乃自杀。

又曰：杨姬生自寒素，父坐狱，杨涣为尚书郎，告归。姬乃邀道扣涣马，讼父罪，言词慷慨，涕泣推感。涣悯之，语郡县，令为出其父。因奇其才，为子文方以礼聘之。

《汝南先贤传》曰：戴良字叔鸾。嫁五女，皆布裙无缘。

《蔡琰别传》曰：琰，邕之女，年六岁。邕夜中鼓琴，弦绝，琰曰："第二弦。"邕乃故绝一弦。琰曰："第四弦。"邕曰："汝偶得中之。"琰曰："昔吴季札观乐，知国之兴亡；师旷吹律，识南风之不竞。由此言之，何得不知？"邕奇之。

《异苑》曰：顺阳南乡杨丰为虎所噬，女香年十四，手无寸刃，直扼虎头，父遂得免。

子婿

《尔雅》曰：子之夫为婿，婿之父为姻，两婿相谓为亚。

《仪礼》曰：婿，女子之夫。

《传》曰：何以服缌？布之也。

《左传·桓公》曰：祭仲专使，其婿雍纠杀之。雍姬知之，谓其母曰："父与夫孰亲？"其母曰："人尽夫也，父一而已，胡可比焉？"遂告祭仲曰："雍氏舍其室，而将享子于郊。吾惑之，以告。"祭仲杀雍纠，尸诸周氏之汪。公载以出，曰："谋及妇人，宜其死也。"

又《文下》曰：赵穿，晋君之婿也。

《论语》曰：子谓公冶长可妻也，虽在缧绁之中，非其罪也。以其子妻之。南容三复白珪，孔子以其兄之子妻之。

《史记》曰：陈余者，大梁人。好儒术，数游赵。富人公乘氏以其女妻之，知余非庸人。

《汉书》曰：京房字君明，东郡人。习《易》，淮阳宪王舅张博从京房受学，以女妻房，房与相亲。

《后汉书》曰：马融，扶风人。为人美辞貌，有俊才。初，京兆挚恂以儒术教授，隐于南山，不应征聘。从其游学，通经籍。恂遂奇融才，以女妻之。

《晋书》曰：韩谧字长深。母贾氏，贾充少女也。父寿字德真，南阳人，美貌，充辟为司空掾。充宴宾僚，女从青琐中窥见寿，悦焉，感想发于寤寐。有婢往寿家，说其光彩艳逸。寿闻动心，令通殷勤。寿劲捷过人，至夕逾垣而入，家人莫知，唯充觉。女悦畅异于常日。时西域有贡香，每着人衣，一月不歇，帝甚贵之，唯以赐充。女密盗以遗寿。僚佐与充宴，闻香芬馥。自此充意女与寿通，乃夜半佯有盗，惊起行之，唯东北角有狐狸行处。充考问女左右，知之。充遂因妻焉。

又曰：郗鉴使门生求女婿于王导，导令自东厢遍观诸子门生。归，谓鉴曰："王氏诸少年并佳，然闻信至，咸自矜持。唯一人在东床，坦腹食，独若不闻。"鉴曰："此正佳婿也。"访之，乃羲之也。

《宋书》曰：刘秀十余岁时，与诸兄戏。忽有一大蛇，来势甚猛，莫不惊怖。秀知独不动，众共异焉。东海何承天雅相知器，以女妻之。

《齐书》曰：谢朓为王敬则婿，曾告敬则，其女常怀刀，欲报朓，朓不敢相见。及当拜吏部，谦挹尤甚。尚书郎范缜嘲曰：“卿人才无惭小选，但恨不可‘刑于寡妻’。”朓有愧色。及临诛，叹曰：“天道其不可昧乎？我不杀王公，王公因我而死。”

《三十国春秋》曰：前赵殷州刺史杜广，初为刘景厩卒，以马肥良，引为直士。侍立通夜，未曾休倦。景因问之，广流涕申曲，有章条。景执其手曰：“吾罪人也，久负贤者。”谓妻曰：“为女求夫三年，不觉厩中有麒麟。”于是妻之。

《搜神记》曰：阳公字雍伯，洛阳人，至情笃孝。父母终殁，葬无终山阳。公常为人补履，终不取价。无终山上无水，阳公乃行车汲水，作义浆。居三年，有一人就阳公饮，出一升石子与之，使向有平好地有石处种之，玉当生其中，并得好妇。阳公后种其石，数年，时往看，玉子生焉。北平徐氏有女，甚有名行，人多求，不许。阳公有佚气，试求焉。徐氏以为狂，乃戏媒人曰：“雍伯能得白璧一双来，当听为婚。”致命，雍伯于种石中，索得五双白璧以至。徐氏大惊，遂以女妻之。

太平御览卷第五百二十　宗亲部十

夫妻

《释名》曰：夫妻，匹敌之义也。

又曰：士庶人曰妻，妻，齐也；夫贱不足以尊称，故齐等言也。

《易·家人卦》曰：夫夫妇妇，而家道正。

又《序卦》曰：有天地然后有万物，有万物然后有男女，有男女然后有夫妇。夫妇之道不可以不久也，故受之以《恒》。恒者，久也。

《毛诗·衡门》曰：岂其食鱼，必河之鲂；岂其娶妻，必齐之姜；岂其食鱼，必河之鲤；岂其取妻，必宋之子。何必大国之女然后可妻，亦取贞顺而已。

又《草虫》，大夫妻能以礼自防也。喓喓草虫，趯趯阜螽。兴也。喓喓，声也。草虫，常羊也。趯趯，跃也。阜螽，蠜也。卿大夫之妻待礼而行，随从君子。未见君子，忧心忡忡。忡忡犹冲冲也。妇人虽适人，有归宗之义。亦既见止，亦既觏止，我心则降。

又《采蘋》曰：《采蘋》，大夫妻能循法度也。能循法度，则可以承先祖、共祭祀矣。女子十年不出，姆教婉娩听从，执麻枲，治丝茧，织纴组紃，学女事，以共衣服。观于祭祀，纳酒浆笾豆、菹醢，礼相助奠。十有五而笄，二十而嫁。此言能循法度者，今既嫁为大夫妻，能循其为女人时所学之事以为法度也。于以采蘋？南涧之滨。于以采藻？于彼行潦。于以奠之？宗室牖下。谁其尸之？有齐季女。尸，主也。齐，敬也。季，少也。

又《硕人》曰：硕人其颀，衣锦褧衣，齐侯之子，卫侯之妻。

又《氓》曰：女也不爽，士贰其行。士也罔极，二三其德。三岁为妇，靡室劳矣。夙兴夜寐，靡有朝矣。

又《棠棣》曰：妻子好合，如鼓瑟琴；好合，志意合也。合者如琴瑟之声相应和也。兄弟既翕，和乐且湛；宜尔室家，乐尔妻帑；是究是图，亶其然乎？

又《南山》曰：艺麻如之何？横纵其亩。取妻如之何？必告父母。娶妻之礼议于生者，卜于死者，此之谓名。析薪如之何？匪斧不克。取妻如之何？匪媒不得。此言娶妻必待媒乃得也。

又《韩弈》曰：韩侯取妻，汾王之甥，蹶父之子。韩侯迎止，于蹶之里。百两彭彭，八鸾锵锵，不显其光。诸娣从之，祁祁如云。韩侯顾之，烂其盈门。如云，言众多也。诸侯一娶九女，三国媵女。诸娣，众妾也。顾之，曲顾道义也。

又《思齐》曰：刑于寡妻，至于兄弟，以御于家邦。言文王以礼法接待其妻，至于宗族。又能为政治于家邦也。

《礼记》曰：天子之妃曰后，诸侯曰夫人，大夫曰孺人，士曰妇人，妇之言服也。庶人曰妻。妻之言齐也。

又《内则》曰：子甚宜其妻，父母不说，出。宜犹善也。子不宜其妻，父母曰："是善事我，子行夫妇之礼焉，没身不衰。"

又曰：女子二十而嫁，有故二十三而嫁。故谓父母丧。聘则为妻，聘，问也。妻之言齐。以礼见问，则得与夫敌耻。奔则为妾。

又《坊记》曰：取妻不取同姓，为其近禽兽也。所以附远厚别也。

《左传·隐公》曰：郑公子忽如陈，逆妇妫。辛亥，以妫氏归。甲寅，入于郑。陈鍼子送女，先配而后祖。鍼子曰："是不为夫妇，诬其祖矣。非礼也，何以能育？"礼，逆妇必先告祖庙而后行。郑忽逆妇而后告庙，故曰："先配而后祖"。

又曰：《桓公》曰：郑祭仲专，郑伯患之，使其婿雍纠杀之，将享诸郊。雍姬知之，谓其母曰："父与夫孰亲？"其母曰："人尽夫也，父一而已，胡可比焉？"妇人在室则天父，出则天夫。女以为疑，故母以所出为本解之。遂告祭仲曰："雍氏舍其室而将享子于郊，吾惑之，以告。"祭仲杀雍纠，尸诸周氏之汪。公载以出，曰："谋及妇人，宜其死也。"

又《庄公》曰：初，懿氏卜妻敬仲，其妻占之曰："吉。是谓凤凰于飞，和鸣锵锵；有妫之后，将育于姜；五世其昌，并为正卿；八世之后，莫之与京。”

又《僖中》曰：狄人伐廧咎如，赤狄之别种。获其二女叔隗、季隗，纳诸晋公子。公子以叔隗妻赵衰，生盾。文公取季隗，生伯儵。后以妻赵衰，生原同、屏括、楼婴。原、屏、楼，三子之邑也。赵姬逆盾与其母，赵姬，文公女也。盾，狄女叔隗之子也。子馀辞，子馀，赵衰字也。姬曰：“得宠而忘旧，何以使人？必逆之！”固请，许之来。以盾为才，固请于公，以为嫡子，而使其三子下之；以叔隗为内子，而己下之。卿之嫡妻为内子。

又《昭元》曰：郑徐吾犯之妹美，公孙楚聘之矣，楚，子南，穆公孙也。公孙黑又强使委禽焉。禽，雁也。纳采用雁。犯惧，告子产。子产曰：“是国无政，非子之患也。唯所欲与。”犯请于二子，请使女择焉。皆许之。子皙盛饰而入，布币而出；子皙，公孙黑也。子南戎服而入，左右射，超乘而出。女自房观之，曰：“子皙信美矣，抑子南，夫也。夫夫妇妇，所谓顺也。”适子南氏。

又《庄公》曰：宋华父督见孔父之妻于路，目逆而送之，曰：“美而艳。”

又曰：楚子灭息，以息妫归生堵敖及成王焉。未言，未与王言。楚子问之，对曰：“吾一妇人而事二夫，纵不能死，其又奚言？”

又《成下》曰：晋三郤害伯宗，谮而杀之。初，伯宗每朝，其妻必戒之曰：“盗憎主人，民恶其上，子好直言，必及于难。”

又《襄四》曰：齐棠公之妻，东郭偃之姊也。东郭偃臣崔武子。棠公死，偃御武子以吊焉，见棠姜而美之，美其色也。使偃取之。为己取也。偃曰：“男女辨姓，今君出自丁，臣出自桓，不可。”武子筮之，遇《困》之《大过》。以示陈文子，文子曰：“夫从风，风陨妻，不可娶也。且其《繇》曰：‘困于石，据于蒺藜，入于其宫，不见其妻，凶。’崔子曰：“嫠也，何害？先夫当之矣。”遂取之。

又《僖下》曰：初，臼季使过冀，见冀缺耨，其妻馌之敬，相待如宾。与之归，言诸文公曰：“敬，德之聚也。能敬必有德，德以治民，请君用之。”文公以为下军大夫。

又《昭七》曰：晋叔向适郑，鬷蔑恶，欲观叔向，从使之收器者而往，立于堂下，一言而善。叔向闻之曰："必鬷明也。"下执其手以上曰："昔贾大夫恶，取妻而美，三年不言，御以如皋，射雉获之。其妻始笑而言。贾大夫曰：'才之不可以已也。我不能射，汝遂不言不笑也？'今夫子少不扬，子若不言，吾几失子矣。"

又《哀上》曰：齐侯伐晋，夷仪弊无存之。父将室之，辞，以与其弟，无存，齐人也。室之，为取妇也。曰："此役也不死，反必娶于高、国。"高氏、国氏，齐贵族也。无存欲必有功，还取卿相之女也。

又《成上》曰：齐晋战于鞍，齐师败绩。齐侯见保者曰："勉之！齐师败矣！"避女子，女子曰："君免乎？"曰："免矣。"曰："锐司徒免乎？"曰："免矣。"曰："苟君与吾父免矣，可若何？"乃奔。齐侯以为有礼。既而问之，辟司徒之妻也，予之石窌。

又《成下》曰：鲁声伯之母不聘穆姜，曰："吾不以妾为姒。"生声伯而出之，嫁于齐管于奚。生二子而寡，以归声伯。声伯以其外弟为大夫，而嫁其外妹于施孝叔。郄犨来聘，求妇于声伯。声伯夺施氏妇以与之。妇人曰："鸟兽犹不失伉俪，子将若何？"曰："吾不能死，亡妇人。"遂行，生二子于郄氏。郄氏亡，晋人归之，施氏逆诸河，沈其二子。妇人怒曰："己不能庇其伉俪而亡之，又不能字人之孤而杀之，将何以终？"

《春秋汉含孳》曰：水火交感，阴阳以设，夫妇象也。水火则阴阳也，阴阳则夫妇也。

又曰：妻象太阴，臣法金位。金，阴中之刚，故喻臣位。水能纯柔。纯柔，妻象也。

《战国策》曰：邹忌长八尺有余，身体逸丽。朝服衣冠，窥镜，谓其妻曰："我孰与城北徐公？"徐公，齐国之美丽者也。妻曰："愈。"窥镜而自视，不如远矣。暮寝而思之。"吾妻之美我，私我也。"

《史记》曰：晋重耳谓其妻曰："待我二十五年不来，乃嫁。"其妻笑曰："犁二十五年，吾冢上柏大矣。虽然，妾待子。"

又曰：《易》基《乾》《坤》，《诗》始《关雎》，夫妇之际，人道大伦也。礼之用，唯婚姻为竞竞。

又曰：张仪已学而游说诸侯，尝从楚相饮，已而楚相亡璧，门下意仪，曰："仪贫无行资，必此人盗相璧。"共执仪，掠笞数百。不服，释之。其妻曰："嘻！子无读书游说，安得此辱乎？"张仪谓妻曰："视吾舌尚在不？"其妻笑曰："舌在也。"仪曰："足矣。"乃遂入秦，秦王以为客卿。

又曰：吴起好用兵，事鲁君。齐人攻鲁，欲将起，以起取齐女为妻而疑之。起欲就名，遂杀其妻，以明不与齐。鲁卒以为将，攻齐，大破之。

又曰：外黄富人女甚美，嫁庸奴，其夫云徐广曰：一云其夫亡。抵父客。如淳曰：父时故宾客。父客素知张耳，乃卒为请决，嫁之张耳。张耳是时脱身游，女家厚奉给张耳，以故致千里客，乃官魏，为外黄令，名由此益贤。

《汉书》曰：杨恽报段会宗云："家本秦也，能为秦声。妇赵女也，雅善鼓瑟。"

又曰：京兆尹张敞为妇画眉，长安中传京兆眉妩，有司以奏敞。宣帝问之，对曰："臣闻闺房之内，夫妇之私有过画眉者。"

范晔《后汉书》曰：鲍宣妻者，桓氏之女也，字少君。宣帝就少君父，奇其清苦，故以女妻之。装送甚盛，宣不悦，谓妻曰："少君富骄而吾贫，不敢当。"妻曰："大人以先生守约，故使妾侍巾栉，既承君子，唯命是从。"乃悉归御服，更衣短布裳，与宣共挽鹿车，归乡里。拜姑毕，提瓮出汲。

《后汉书》曰：班昭作《女诫》，马融善之，令妻女习焉。

又曰：沛周郁妻者字阿，闲于妇道，而郁骄淫轻躁，多行无礼。郁父伟谓阿曰："新妇贤者，女当以道正夫。郁之不改，新妇过也。"阿拜而受命，退谓左右曰："我无樊、卫二姬之行，故君以责我。我言而不用，君必谓我不奉教令，则罪在我矣。若言而见用，是为子违父而从妇，则罪在彼矣。"乃自杀。

又曰：冯良有志行，与妻子相遇如君臣。

又曰：曹操攻吕布，布欲降，而陈宫等自以负罪于操，深沮其计，谓布曰："曹公远来，势不能久，将军若以步骑出屯于外，宫将余众闭守于内。若向将军，宫引兵而攻其背；若但攻城，则将军救于外，可破也。"布然之，布妻曰："昔曹氏待公台如赤子，犹舍而归我。今将军厚公台不过于曹，而欲委全城，捐妻子，孤军远出乎？若一旦有变，妾岂得为将军妻哉！"布乃止。

又曰：郦炎风病恍惚，性至孝，遭母忧，疾甚发动。妻始产而惊死，妻家讼之，收系狱。炎病不能治对，遂死狱中。尚书卢植为之诔赞，以昭其懿。

又曰：公孙述连征，任永、冯信并托清盲，以避世难。永妻婬于前，匿情无言；见子入井，忍而不救。信侍婢亦对信奸通。及闻述诛，皆盥洗更视曰："世适平，目即清。"婬者皆自杀。

又曰：周泽为太守，尝卧疾斋宫。其妻哀泽老病，窥问所苦。泽大怒，以妻干犯斋禁，遂收送诏狱谢罪。世疑其诡激，时人为之语曰："生世不谐作太常妻，一岁三百六十日，三百五十九日斋，一日不斋醉如泥。"

又曰：戴封字平仲。年十五，诣太常，师事东海申君。申君卒，送丧到东海边。尝经其家，父母以封当还，豫为娶妻。封暂过拜亲，不宿而去。

又曰：河南尹王调、洛阳令李阜与窦宪厚善，纵舍自由。尚书仆射乐恢劾奏调、阜，并及司隶校尉。诸所刺举，无所回避，贵戚恶之。妻每谏恢曰："昔人有容身避害，何必以言取怨？"恢叹曰："吾忍素餐立人之朝乎？"

又曰：更始尚书谢躬，初，其妻知世祖不平常，戒躬曰："君与刘公积不相能，而信其虚谈，不为之备，终受制矣。"躬不纳，竟为世祖所擒。

又曰：河南乐羊子之妻者，不知何氏之女也。羊子尝行路，得遗金一鉼，还以与妻。妻曰："妾闻志士不饮盗泉之水，廉者不受嗟来之食，况拾遗求利，以污其行乎！"羊子大惭，乃捐金于野而远寻师，学一年来归。妻跪问其故，羊子曰："久行怀思，无他异也。"妻乃引刀趋机而言："此织生自蚕茧，成于机杼，一丝而累，以至于寸；累寸不已，遂成丈匹。今若断斯织也，则损失成功，稽废时月。夫子积学，当日知所忘以就懿德。若中道而归，何异断斯织乎？"羊子感其言，复还终业，遂七年不反。

又曰：魏朗字仲英。入为尚书，举动皆有礼序。室家相待如宾，与子孙如严君焉。

又曰：曹世叔妻，班彪之姑，名昭字惠。召入宫，号曰"大家"。每有贡献，遣大家作赋颂，注《列女传》，著《女诫》及诗，并行于时。

《魏志》曰：初，司马宣王勒兵从阙下趣武库，当曹爽门人逼车住。爽妻刘氏怖，出至厅事，谓帐下守督曰："公在外，今兵起，何如？"督曰："夫人勿忧。"乃上门楼，引弩注箭，欲发。将孙谦在后，牵止之曰："天下事未可知。"如此者一二，宣王遂过。

又曰：郭淮字伯济，太原河曲人。拜车骑将军，封曲阳侯。淮妻王陵之妹，当从坐，侍御史往收，羌胡渠师数千人叩头请淮表留妻，淮不从。妻之道，莫不流涕，人人扼腕，欲劫留之。淮五子叩头流血，请淮。淮不忍视，乃遣妻还。淮以书白司马宣王曰："五子哀母，不惜其身；若无其母，是无五子，亦无淮也。"书至，宣王亦宥之。

《魏氏春秋》曰：许允为吏部郎，选郡守。明帝疑其所用非次，旨召入，将加罪。允妻阮氏跣出谓曰："明主可以理夺，难以情求。"允之入，帝怒诘之。对曰："某郡太守虽满，文字先至，年限在后，日限在前。"帝取事视，乃释遣出，望其衣败，曰："清吏也。"赐之衣。允之出为镇北也，喜谓其妻曰："吾知免矣。"妻曰："祸见于此，何免之有？"

鱼豢《魏略》曰：桓范字元则，沛郡人也。使持节督青徐诸军，镇下邳。与徐州刺史邹岐争屋，引节欲斩岐，为岐所奏，不直，坐免。当转为冀州刺史统属。镇北将军吕昭为其妻仲长曰："我宁作诸卿，向公长跪耳，不能为吕子展屈也。"其妻曰："君前在东坐，欲擅斩徐州，众人谓君难为作下。今羞为吕屈，是复难为作上。"范怒触其首，乃以刀环撞其腹，妻时怀孕，遂伤胎死。

又曰：常林字伯槐，河内人也。少好学，为诸生，带经锄。其妻常自饷馈，虽在田野，相敬如宾。

《晋书》曰：元康中，梁国女子许嫁，已受礼聘，寻而其夫戍长安，经年不归，女家更以适人。女不乐行，其母逼强，不得已而去。寻复病亡。后其夫还，迳至女墓，不胜哀情，便发冢开棺，女遂活，因与俱归。后婿闻知，诣官争之，所在不能决。秘书郎王导议曰："此是非常事，不得以常理断之。宜还前夫。"朝廷从其议。

又曰：谢安妻，刘琰妹也。既见家门富贵，而安独静退，乃谓曰："丈夫不如此也。"安掩鼻曰："恐不免耳。"《世说》又载。

又曰：吴隐之为晋陵太守，妻负薪，冬月无被。欲浣衣，即披絮纺绩，以供朝夕。

又曰：王凝之妻谢氏，字道韫，奕之女也。初适凝之，还，甚不乐。其叔安曰："王郎，逸少子，不恶，汝何恨也。？"答曰："一门叔父，则有阿大中郎；群从兄弟，则有胡封羯末。不意天壤之中，乃有王郎。"

又曰：王导为丞相，妻曹氏性妒，导甚惮之。乃密营别馆，以处众妾。曹氏知而将往焉。导恐妾被辱，遽命驾，犹迟之，以所执麈尾柄驱牛而进。司徒蔡谟闻之，戏导曰："朝廷欲加公九卿之命。"弗之觉，但谦退而已。谟曰："不闻余物，唯有短辕犊车，长柄麈尾。"导大怒，谓人曰："往与群贤共游洛中，何曾闻有蔡克儿也？"

崔鸿《前秦录》曰：秦州刺史窦滔妻，彭城令苏道之女。有才学，织锦制回文诗，以赎夫罪。

刘向《列女传》曰：鲁有秋胡子，既纳妻五日，而官于陈，五年乃归。未至其家，见路傍有美妇人，方采桑叶。秋胡子悦之，下车谓曰："苦暴独采桑，吾行道远，愿托桑荫下一餐。"于是下赍休焉。妇人采桑不辍。秋胡子谓曰："力田不如逢年，力桑不如见郎。今吾有金，愿以与夫人。"妇人曰："嘻，夫采力作纺绩，织纴以供衣食，奉二亲、养夫子而已矣。吾不愿人之金，所愿，愿卿事上无有外意，妾事夫家亦无淫佚之志。子去矣，收子之赍与子筥金。”秋胡子遂去。归至家，奉金遗其母，母使人呼其妇至，乃向采桑者也。秋胡子见之而惭。妇曰：“子束发修身，辞亲往仕，五年乃还，当欢喜，乍驰乍骤，扬尘疾至，思见亲。今者乃说路旁妇人，而下子之装以金予之，是忘母也；忘母不孝。好色淫佚，是污行不义。夫事亲不孝，则事君不忠；处家不义，则治官不理。孝义并亡于身，心不遂。妾不忍见不孝不义之人，子改娶矣，妾亦不嫁。”遂去东而走，自投于河而死。

又曰：晋宗伯妻者，晋大夫伯宗之妻也。谓伯宗曰：“子之性固不可易也。且国家多贰，其危可立而待也。子何不豫结贤大夫以托州黎焉？”伯宗子也。伯宗曰：“诺。”乃得毕羊而友之。及栾不忌之难，三郄害伯宗，谮而杀之。毕羊乃送州黎于荆，遂得免焉。

太平御览卷第五百二十一 宗亲部十一

慈母、保母

《礼记·内则》曰：子生，异为孺子，室于宫，特扫一室以处之。择于诸母与可者，必求其宽裕、慈惠、温良、恭敬、慎而寡言者，使为子师，其次为慈母，其次为保母，皆居子室。此人君养子之礼也。诸母，众妾也。可者，传御之属也。子师，教示以善道者。慈母，知其嗜欲者。保母，安其居处者。士妻食乳之而已。

又《曾子问》曰：子游曰："丧慈母，如母礼与？"孔子曰："非礼也。古者男子外有傅，内有慈母。君命所使，教子也，何服之有？言无服也。昔者鲁昭公少丧其母，有慈母良。及其死也，公弗忍也，欲丧之。有司以闻曰：'古之礼，慈母无服。今也君为之服，是逆古之礼而乱国法也。若终行之，则有司将书之以遗后世，无乃不可乎？'公曰：'古者天子练冠以燕居，吾弗忍也。'遂练冠以丧慈母。丧慈母，自鲁昭公始也。"

《左传·襄六》曰：宋大灾，宋伯姬卒，待姆也。姆，女师也。

乳母

《史记》曰：武帝时有所幸倡郭舍人者，发言陈辞，虽不合道，然令人主和悦。武帝少时，东武侯母尝养帝，帝壮，时号曰大乳母。率一月再朝，朝奏入，有诏使幸臣马游卿以帛五十匹赐乳母。有诏得令乳母乘车行驰道中。当此之时，公卿大臣皆敬重乳母，乳母家子孙奴从者横暴长安中，当道掣顿人车马，夺人衣服。闻于中，不忍致之法。有司请徙乳母家室，处之于边，奏可。乳母当入，至前面见辞。乳母先见郭舍人，为下泣。舍人曰："即入见，辞去，勿疾步，数还顾。"乳母如其言，谢去。郭舍人疾言骂之曰："咄，老女子！何不疾行？陛下已壮矣，宁尚须汝乳而活耶？”于是武帝怜之，乃下诏止无徙乳母。

《后汉书》曰：安帝时，邓太后临朝，帝不亲政事。小黄门李闰与帝乳母王圣尝共谮太后兄执金吾邓悝等，言欲废帝，立平原王德。帝每忿惧，及太后崩，遂诛邓氏。而王圣女伯荣扇动内外，竞为侈虐。明年，帝崩，立北乡侯为天子，王圣及党与皆见徙。

王隐《晋书》曰：贾充子黎民，三岁，乳母抱向阁。充入，黎民喜踊，充呜之。充夫人郭槐遥望，疑充，即鞭杀乳母。儿思母，病死。槐又生男，向岁，乳母抱中庭，充过拈儿颊，郭又疑之，复鞭杀乳母。儿又死。充遂无嗣。

《谭薮》曰：宋何承天为著作郎，时新著作多贵游少年。或戏承天，谓为奶母。承天曰：“凤凰将九子，奶母何言耶？”

妾

《礼记·曲礼》曰：买妾不知其姓，则卜之。

又《内则》曰：聘则为妻，奔则为妾。妾之言接也。闻有礼，走而往焉，以得接见于君子。

又曰：妾虽年老，未满五十，必与五日之御。虽婢妾，衣服饮食必后长者。妻不在，妾御莫敢当夕。辟女君之御日也。妾将生子，及月辰，夫使人日一问之。

《左传·成上》曰：鲁声伯之母不聘，不聘，无媒礼。穆姜曰：“吾不以妾为姒。”昆弟之妻相谓为姒。生声伯而出之。

又《昭五》曰：晏子对齐景公曰：“内宠之妾，肆夺于市；外宠之臣，僭令于鄙。”

又《哀下》曰：鲁公子荆之母嬖，荆，哀公庶子。将以为夫人。使宗人衅夏献其礼。宗人，礼官。对曰：“无之。”公怒曰：“女为宗司，立夫人，国之大礼也，何故无之？”对曰：“周公及武公娶于薛，孝惠娶于商，自桓以下娶于齐，此礼也则有；若以妾为夫人，则固无其礼也。”

出妇

《礼记·檀弓》曰：子上之母死而不丧，子上，孔子曾孙，子思伋之子，名白，其母出。门人问诸子思曰："昔者子之先君子丧出母乎？"曰："然。"礼为出母期，父卒，为父后者不服耳。"子之不使白也，丧之，何也？"子思曰："昔者吾先君子无所失道，道隆则从而隆，道污则从而污。污犹杀也。有隆有杀，进退有礼。伋则安能自予不能及。为伋也？妻者是为白也，母不为伋也。妻者是不为白也。"母故，孔氏之不丧，出母，自子思始也。

又《内则》曰：子甚宜其妻，父母不说，出。宜犹善也。

《汉书》曰：王吉少时，学问居长安。其东家有大枣树垂庭中，吉妇取枣以啖吉。吉后知之，乃去妇。东家闻而伐其树，邻里共止之。因固请吉，令还妇。里中为之语曰："东家有树，王阳去妇；东家枣完，去妇复还。"

又曰：王禁先元后，元后母魏郡李氏女也。后以妒去，更嫁为河内荀宾妻。

《后汉书》曰：冯衍娶北地女任氏为妻，悍忌，不得畜媵妾。儿女常自操井臼，老竟逐之。

又曰：黄允济，阴人也，以隽才知名。郭林宗见而谓曰："卿有绝人之才，足成伟器。然恐守道不笃，将失之矣。"后司徒袁隗欲为从女求姻，见允而叹曰："得婿如是足矣。"允闻而黜遣其妻。夏侯氏妇请姑曰："今当见弃，方与黄氏长辞。乞一会宗属，以展离诀之情。"于是大集宾客二百余人，妇中坐，攘袂数允隐慝秽恶十五事。言毕，登车而去。允以此废于时。

又曰：李充字大逊，家贫，兄弟六人同衣递食。妻窃谓充曰："今贫居如此，难以久安，愿思分异。"充伪许之，曰："当酝酒具会，请呼乡里内外。"充于坐中前跪白母曰："此妇无状，而教充离间母兄，罪合遣斥。"便呵叱其妇，遂令出门。妇衔涕而去。

《齐书》曰：刘瓛母孔氏，瓛娶王氏，缘壁挂履，土落孔氏床上。

孔氏不悦，瓛即出其妻。

《梁书》曰：孔谦从兄灵庆尝病，寄于谦。谦出行，还问起居，灵庆曰："向饮冷热不调，即时犹渴。"谦退，遣其妻。

《家语》曰：妇有七出、三不去。七出者，不顺父母，无子，淫僻，嫉妒，恶疾，多口舌，窃盗。不顺父母者，为其逆德也；无子者，为其绝世也；淫僻者，为其乱族也；嫉妒者，为其乱家也；恶疾者，为其不可供粢盛也；多口舌者，为其离亲也；窃盗者，为其反义也。三不去者，谓有所取无所归也，与其经三年之丧也，先贫贱后富贵也。凡此皆圣人所以慎男女之际，重婚姻之始也。

又曰：曾子妻以炊藜蒸不熟，出之。

《古乐府诗》曰：上山采蘼芜，下山逢故夫。回首问故夫，新人复如何？

舅、舅母

《释名》曰：舅，久也。

《尔雅》曰：母之昆弟为舅。

《毛诗·秦风》曰：渭阳康公念母也，康公之母。晋献公之女。文公遭丽姬之难，未反，而秦姬卒。穆公纳文公，康公时为太子，赠送文公于渭之阳，念母之不见也，我见舅氏，如母存焉。及其即位，思之而作是诗也。我送舅氏，曰至渭阳。何以赠之？路车乘黄。我送舅氏，悠悠我思。何以赠之？琼瑰玉佩。

《仪礼》曰：舅，母之昆弟也。

《传》曰：何以服缌？从服也。言从母服也。

《礼记·檀弓》曰：从母之夫，舅之妻，二夫人相为服，君子未之言也。

《左传·僖中》曰：秦伯纳晋公子重耳，及河，子犯以璧授公子曰："臣负羁绁以从君，巡于天下，臣之过多矣。臣犹知之，而况君乎？请由此亡。"公子曰："所不与舅氏同心者，有如白水。"投其璧于河。

又曰：庾怿尝以毒酒饷江州刺史王允之。允之觉其有毒，饮犬，犬毙。乃密奏之。帝曰："大舅已乱天下，小舅复欲尔邪？"恽闻，饮鸩而卒。

又曰：刘玙字庆孙。玙弟琨，字越石。并为尚书郎郭奕之甥也，名著当时。京师为之语曰："洛中弈弈，庆孙越石。"

又曰：荀勖，颍川人。少孤贫，依于舅氏，幼而岐嶷，早成。十岁能属文。锺繇曰："此儿当及曾祖爽耳。"

又曰：殷浩坐徙东阳信安县，外甥韩康伯，浩素赏爱之，随至徙所。经岁还都，浩送至渚侧，咏曹颜远诗曰："富贵他人合，贫贱新戚离。"因而下泣。

又曰：卫玠字叔宝。骠骑将军王济，玠之舅也。隽爽风姿，每见玠，辄叹曰："珠玉在傍，觉我形秽。"

又曰：郄愔字方回。与姊夫王羲之有迈世之风。献之兄弟愔子尝蹑履修甥舅之礼。及超死，见愔怠慢，履而候之，命席便坐。愔慨然曰："嘉宾不死，鼠子敢尔？"

又曰：武帝杨后讳艳，字琼芝，弘农人。母天水赵氏早卒，依舅家。舅母仁爱，亲乳之，使他人乳己子。

《世说》曰：卫展字道舒。为江州，有旧投之，都不祇待，唯饷王不留行一斤。此人便命驾。李弘范闻之曰："家舅刻薄，乃役使卉木也。"

又曰：魏明帝为外祖筑馆，既成，谓左右曰："当何名之？"侍中缪袭曰："陛下圣恩齐于哲王，罔极过于曾闵。此馆之兴，情钟舅氏，宜以渭阳名焉。"上从之。

《妒记》曰：谢太傅刘夫人，不令太傅有别房宠。公既深好声色，不能全节，遂颇欲立妓妾。兄子及外甥等微达其旨，乃共谏刘夫人，方便称《关雎》《螽斯》有不妒忌之德。夫人知讽己，乃问谁撰诗，答曰："周公夫人。"曰："周公是男子，乃相为耳。若使周姥传，应无此语也。"

蔡邕进表曰：平丘程末年十四时父叔没，末抱尸号泣悲哀。舅哀其羸劣，嚼枣肉以哺之。末见食，歔欷不能吞咽。

外甥

《释名》曰：姊妹之子曰甥，出配他男而生也。

《尔雅》曰：男子谓姊妹之子为出。谓我舅者，吾谓之甥也。

《仪礼》子夏传曰：甥，何以缌？报之也。

《左传·庄公》曰：楚文王伐申，过邓。邓祁侯曰："吾甥也。"止而享之。骓甥、聃甥、养甥请杀楚子，邓侯不许。三甥曰："亡邓国者，必此人也。若不早图，后君噬脐，其及图之乎？"

《史记》曰：汲黯字长孺，濮阳人。司马安是其姊子，与黯同为太子洗马。

《汉书》曰：霍去病，卫青姊少儿子也。

又曰：颜安字翁孙，鲁人眭孟姊子也。

《东观汉记》曰：黄香字文强。年十二，家业虚贫，衣食不赡。舅龙乡侯为作衣被，不受。

《晋书》曰：魏舒少为舅宁氏所养。宁氏营宅，相者云当出贵甥。舒时尚幼，自言曰："当为外氏成此宅相。"

又曰：石崇字季伦。其甥欧阳建与赵王伦有隙。伦为诏收崇及建，建作临终诗。

又曰：谢重字景重。子约字宣暎，曾于公座戏嘲无礼于其舅袁湛。湛谓曰："汝父昔已轻舅，今汝复来加我，可谓两世无渭阳之情。"约父重即王敬之外孙，与舅有不胁之论，湛故有此云。

又曰：范汪少孤，年六岁，过江依外家庾氏。荆州刺史王澄见之曰："兴范族者，必此子也。"十三丧母，居丧尽礼。及长，好学博识多通，善谈名理。

又曰：韩康伯清和有思，舅殷浩曰："康伯能自标置居，然是出群器也。"

又曰：何无忌，东海郯人，少有大志。镇北将军刘牢之即其舅也，时镇京口，每有大事，皆参议之。桓玄之篡，与刘裕、刘毅共兴义兵。桓玄闻之，甚惧。其党曰："乌合之众，势必无成。"玄曰："刘裕勇冠三军，刘毅家无担石之储，摴蒲一掷百万，何无忌？刘牢之甥，酷似其舅，共举大事，何为无成？”

又曰：姚兴太史令高鲁遣其甥王蒙晖随刘藻，送玉玺一钮，并图谶秘文于慕容德。

吴均《齐春秋》曰：刘瓛字珪，沛人。五岁，闻舅孔昭先读《管宁传》，欣然请更读，因听受，曰：“可及此耳。”

《三辅决录》曰：吉闳幼有美名，九岁明《尚书》。舅何邈死，家贫子幼，闳自造坟茔，殡葬之。

《卫玠别传》曰：玠，王武子甥也。武子常与乘白羊车入市，举市曰：“谁家璧人？”曰：“武子甥也。”武子常与同游，语曰：“昨与外甥玠并出，冏若明珠在侧，朗然来照人。”

姨

《尔雅》曰：母之姊妹为从母。从母，母之姊妹。

《仪礼·子夏传》曰：从母，丈夫妇人报。从母，母之姊妹。

《传》曰：何以小功也？以名加也。外亲之服皆缌之。外亲异姓，正服不过缌。

《晋书》曰：何充字次道，庐江人，王导妻姊之子，故少与王导善。早为显官，尝诣舍，导以麈尾指床呼充共座，曰：“此是君座也。”

《宋书》曰：初，高祖产而皇妣殂，考皇贫薄，议欲不举。高祖。从母生怀敬，未期，乃断乳而养。高祖以旧恩之故怀敬，累至会稽太守。

《三辅决录》曰：周季贞，班固姊之子也。善属文。丧妇，作《问神》，其姨曹大家难之。

太平御览卷第五百二十二　礼仪部一

叙礼上

《尚书·舜典》曰：咨！四岳，有能典朕三礼？三礼，天神、地祇、人鬼之礼也。

《毛诗·国风》曰：《相鼠》，刺无礼也。卫文公能正其群臣，而刺在位承先君之化无礼仪也。相鼠有皮，人而无仪。相视无礼仪者，虽居尊位，犹为暗昧之行。笺云：仪，威仪也。视鼠有皮，虽处高显之处，偷食苟得，不知廉耻，亦与人无威仪者同。人而无仪，不死何为？笺云：人以有威仪为贵，今反无之，伤化败俗，不知其死无所害也。相鼠有齿，人而无止。止，所止息。笺云：止，容止。《孝经》云："容止可观。"人而无止，不死何俟？俟，待也。相鼠有体，人而无礼。人而无礼，胡不遄死？遄，速也。

《毛诗·秦风》曰：《蒹葭》，刺襄公也。未能用周礼，将无以固其国焉。秦处周之旧土，其人披周之德教日久矣。今襄公亲为诸侯，未习周之礼法，故国人未服焉。蒹葭苍苍，白露为霜。兴也。蒹葭，芦也。苍苍，盛也。白露凝戾为霜，然后岁事成，国家待礼然后兴。笺云：蒹葭在众草之中苍苍然疆，至白露疑戾为霜则成而黄。兴者喻众民之不从襄公政令者，得周礼以教之则服。所谓伊人，在水一方。

《周礼·天官》曰：太宰之职，掌建邦之六典。三曰礼典，以和邦国，以统百官，以谐万民。

《周礼·地官·司徒》曰：司徒之职，掌施十有二教焉。一曰以祀礼教敬，则民不苟；二曰以阳礼教让，则民不争；三曰以阴礼教亲，则民不怨；四曰以礼乐教和，则民不乖；五曰以仪辨等，则民不越；六曰以俗教安，则民不愉；七曰以刑教中，则民不暴；八曰以誓教恤，则民不怠；九曰以度教节，则民知足；十曰以世事教能，则民不失职；十有一曰以贤制爵，则民慎德；十有二曰以庸制禄，则民兴功。

《周礼·地官》曰：大司徒以五礼防万民之伪，而教之中。礼所以节止民之侈伪，使其行得中。郑司农云：五礼谓吉凶宾军嘉。

《周礼·春官·宗伯》曰：以嘉礼亲万民，嘉，善也。所以固人心所善者，而为之制嘉礼之别有云。以饮食之礼亲宗族兄弟，亲者，使之相亲。人君有食宗族饮酒之礼，所以亲之也。《文王世子》曰：族食世降一等。《大传》曰：系之以姓而弗别，缀之以食而弗殊，百世而婚姻不通者，周道然也。以昏冠之礼亲成男女，亲其思，成其性。以宾射之礼亲故旧朋友，《射礼》：虽王亦立宾主也。王者故旧朋友，为世子时共在学者。天子时有友诸侯之义。武王誓曰："我有邦冢君"是也。司寇职有议故之辟，议宾之辟。以飨燕之礼亲四方之宾客，宾客谓朝聘者。以脤膰之礼亲兄弟之国，脤膰，社稷宗庙之肉，以赐同姓之国，同福禄也。兄弟有共先王者，鲁定公十四年天王使石来归脤。以贺庆之礼亲异姓之国。异姓，王婚姻甥舅。

《礼记·曲礼》曰：夫礼者，所以定亲疏、决嫌疑、别同异、明是非也。道德仁义，非礼不成；教训正俗，非礼不备；分争辨讼，非礼不决；君臣上下，父子兄弟，非礼不定；宦学事师，非礼不亲；班朝治军，莅官行法，非礼威严不行；祷祠祭祀，供给鬼神，非礼不诚不庄。是以君子恭敬、樽节、樽犹趋也。退让以明礼。

《曲礼》曰：人有礼则安，无礼则危。故曰礼者不可不学也。夫礼者，自卑而尊，人虽负贩者，必有尊也，而况富贵乎？负贩者尤轻佻，志利宜，若无礼然。富贵而知好礼，则不骄不淫；贫贱而知好礼，则志不慑。慑犹怯惑。

又《曲礼下》曰：君子行礼，不求变俗。求犹务也。

又《礼运》曰：孔子曰："夫礼，先王以承天之道，以治人之情。故失之者死，得之者生。"《诗》曰："相鼠有体，人而无礼。人而无礼，胡不遄死？"相，视也。遄，疾。言鼠之有身体如人而无礼者矣。人之无礼可憎贱如鼠，不如疾死之愈。是故，夫礼必本于天，殽于地，列于鬼神，圣人则大之明，因地之利，取法度于鬼神，以制礼下教令也。既又礼之，尽其敬也，教民严上也。鬼者，精魂所归；神者，引物而出，谓祖庙山川五祀之属也。达于丧祭、射御、冠昏、朝聘。民知严上，则此礼达于下。故圣人以礼示之，故天下国家可得而正也。

又《礼运》曰：礼者，君之大柄也。所以别嫌明微、傧鬼神、考制度、别仁义，所以治政安君也。疾今失礼如此，为言礼之大义也。柄所操以治事。

又《礼运》曰：是故，夫礼必本于太一，分而为天地，转而为阴阳，变而为四时，列而为鬼神。

又《礼运》曰：故圣人之所以治人七情，修十义，讲信修睦，尚辞让，去争夺，舍礼何以治之？唯礼可耳。饮食男女，人之大欲存焉。死亡贫苦，人之大恶存焉。故欲恶者，心之大端也。人藏其心，不可测度也。美恶皆在其心，不见其色也。欲一以穷之，舍礼何以哉？言人情之难知，明礼之重。

又《礼运》曰：故礼行于郊，而百神受职焉；礼行于社，而百货可极焉；礼行于祖庙，而孝慈服焉；礼行于五祀，而正法则焉。言信得其礼，则神物与人皆应之。百神，列宿也。百货，金玉之属。

又《礼运》曰：故礼义也者，人之大端也。所以讲信修睦，而固人之肌肤之会，筋骸之束也。所以养生送死，事鬼神之大端也。所以达天道、顺人情之大窦也。窦，孔穴也。故唯圣人为知礼之不可以已也；故坏国丧家亡人必先去其礼；言愚者之反圣人也。故礼之于人也，犹酒之有蘖也。君子以厚，小人以薄。皆得以为美味，性善者醇耳。

又《礼器》曰：礼器，是故大备。大备，盛德也。礼器，言礼使人成器如耒耜之为用也。情以为田，修礼以耕之，此是也。大备，自耕至于食之而肥。礼，释回，增美质，措则正，施则行。释犹去也。回，邪辟也。质犹性也。措，置也。其在人也，如竹箭之有筠也，如松柏之有心也。二者居天下之大端矣，故贯四时而不改柯易叶，君子有礼，则外谐而内无怨。故物无不怀仁，鬼神飨德。先王之立礼也，有本有文。忠信，礼之本也；义理，礼之文也。无本不立，无文不行。

又《礼器》曰：礼也者，犹体也。若人身体。体不备，君子谓之不成人。设之不当，犹不备也。礼有大有小，有显有微。大者不可损，小者不可益，显者不可掩，微者不可大也。故经礼三百，曲礼三千，其致一也。致之言至也。一谓诚也。经礼谓《周礼》也。《周礼》六篇，其官有三百六十。曲犹事也。事礼谓今礼。今礼篇多亡，本数未闻，其中事仪三千。未有入室而不由户者。

又《礼器》曰：君子曰：甘受和，白受采，忠信之人可以学礼。苟无忠信之人，则礼不虚道。是以得其人之为贵也。

又《乐记》曰：是故先王有大事，必有礼以哀之；有大福，必有礼以乐之。哀乐之分，皆以礼终。大事谓死丧也。

又《经解》曰：礼之于正国也，犹衡之于轻重也，绳墨之于曲直也，规矩之于方圆也。故衡诚县，不可欺以轻重；绳墨诚陈，不可欺以曲直；规矩诚设，不可欺以方圆。君子审礼，不可诬以奸诈。衡，秤也。县谓重也。陈设谓弹画也。诚犹审也。是故隆礼由礼，谓之有方之士；不隆礼不由礼，谓之无方之民。敬让之道也。

又《经解》曰：故朝觐之礼，所以明君臣之义也。聘问之礼，所以使诸侯相尊敬也。丧祭之礼，所以明臣子之恩也。乡饮酒之礼，所以明长幼之序也。婚姻之礼，所以明男女之别也。夫礼，禁乱之所由生，犹坊止水之所自来也。故以旧坊为无所用而坏之者，必有水败。以旧礼无所用而去之者，必有乱患。春见曰朝。小聘曰问。婚姻谓嫁娶也。婿曰婚，妻曰姻。自以由也。故婚姻之礼废，则夫妇之道苦，而淫辟之罪多矣。乡饮酒之礼废，则长幼之序失，而争斗之狱繁矣。丧祭之礼废，则臣子之恩薄，而倍死忘生者众矣。聘觐之礼废，则君臣之位失，诸侯之行恶，而倍畔侵陵之欺起矣。若谓不至不答之属。故礼之教化也微，其止邪也于未形，使人日徙善远罪而不自知也。是以先王隆之。

又《哀公问》曰：哀公问于孔子曰："大礼何如？君子之言礼何其尊也。"孔子曰："丘也小人，不足以知礼。"谦不答曰。君曰："否。吾子言之也。"孔子曰："丘闻之，民之所由生，礼为大。非礼无以节事天地之神也；非礼无以辨君臣上下长幼之位也；非礼无以别男女父子兄弟之亲、昏姻疏数之交也。君子以此之为尊敬然。"言君子以此，故尊礼。

又曰：仲尼燕居，子张、子贡、言游侍，纵言至于礼。言游，言偃子游也。纵言，泛说事。子曰："居，女三人者。吾语女礼，使女以礼周流无不偏也。"居女三人者，女三人且坐也。使之坐。凡与尊者言，更端则起也。子贡越席而对曰："敢问何如？"对，应也。子曰："敬而不中礼谓之野，恭而不中礼谓之给，勇而不中礼谓之逆。"言游进曰："敢问礼也者，领恶而全好者与？"子曰："然。"领犹治也。好，善也。"然则何如？"子曰："郊社之义，所以仁鬼神也；尝禘之礼，所以仁昭穆也；馈奠之礼，所以仁死丧也；射乡之礼，所以仁乡党也；食享之礼，所以仁宾客也。"仁犹存也。凡存此者，所以全善之道。郊社尝禘馈奠，存死之善者也。射乡食享，存生之善者也。郊有后稷，社有句龙。子曰："明乎郊社之义、尝禘之礼，治国其如指诸掌而已乎。是故，以之居处有礼，故长幼辨也；以之闺门之内有礼，故三族和也；以之朝廷有礼，故官爵序也；以之田猎有礼，故戎事闲也；以之军旅有礼，故武功成也。"

又《仲尼燕居》曰：子曰："礼者何也？即事之治也。君子有其事，必有其治。治国而无礼，譬犹瞽之无相与，伥伥乎其何之？譬如终夜有求于幽室之中，非烛何以见？若无礼，则手足无所错耳，目无所加，进退揖让无所制。"

又《坊记》曰：子云："夫礼者，所以章疑别微，以为民坊者也。故贵贱有等，衣服有别，朝廷有位，则民有所让。"位，朝位也。

又《中庸》曰：子曰："吾说夏礼，杞不足征也；吾学殷礼，有宋存焉；吾学周礼，今用之。吾从周。"征犹明也。吾能说夏礼，顾杞之君不足与明故也。吾从周，行今之道。

《礼含文嘉》曰：礼者，履也。

《礼稽命征》曰：得礼之制，泽谷之中，有赤乌、白玉、赤蛇、赤龙、赤木。白泉生出，饮酌之，使寿长。

《礼稽命征》曰：礼之动摇也，与天地同气，四时合信，阴阳为符，日月为明，上下和洽，则物兽如其性命。

太平御览卷第五百二十三　礼仪部二

叙礼下

《礼记外传》曰：吉、凶、宾、军、嘉，即五礼之目也。吉礼者，祭祀郊庙宗社之事是也；起自神农氏，始教民种谷。礼始于饮食，吹苇龠，击土鼓，以迎田祖，致敬鬼神，皆用乐。此伊耆氏即神农别号。凶礼者，丧纪之说、年谷不登、大夫去国之事也；黄帝始养生送死也。宾礼者，贡献朝聘之事是也；军礼者，始黄帝与蚩尤战于涿鹿之野；嘉礼者，好会之事，起自伏羲以俪皮为币，始制嫁娶，享通者，嘉会之事也。其后有冠、冠者，代父之事也。婚有继世之道，物有代谢之期，悲发于衷，乃非纯吉，故为喜慰之事也。乡饮酒、乡射、食耆老、王燕族人之事是也。四者亦嘉会也。但前代象天，其礼质而略；后代法地，其事烦而文。唐虞之际，五礼明备，周公所制文物极矣。

《左传·文下》曰：齐侯侵我西鄙，遂伐曹，入其郛，讨其来朝也。季文子曰："齐侯其不免乎？已则无礼，执王使而伐其罪。而讨于有礼者，曰女何故行礼？礼以顺天，天之道也。已则反天，而又以讨人，难以免矣。"

又《文公》曰：先大夫臧文仲教行父事君之礼，行父奉以周旋，弗敢失坠，曰："见有礼于其君者，事之，如孝子之养父母也。见无礼于其君者，诛之，如鹰鹯之逐鸟雀也。"

又《宣十六年》曰：晋侯使士会平王室，定王享之。原襄公相礼。原襄公，周大夫。相，佐也。殽烝。烝，外也。升殽于俎。武子私问其故。享当体荐而殽蒸，故怪问之。武，士会谥。季，其字。王闻之，召武子曰："季氏，而弗闻乎？王享有体荐，享则半解其体而荐之，所以示其俭。宴有折俎。体解节折，外之于俎，物皆可食，所以示慈惠也。公当享，卿当宴，王室之礼也。"公谓诸侯。武子归而讲求典礼，以修晋国之法。

又《昭二年》曰：晋侯使韩宣子来聘，公即位故。且告为政而来见，礼也。代赵武为政，虽盟主而修好同盟，故曰礼。观书于太史氏，见《易·象》与《鲁春秋》，曰："周礼尽在鲁矣，《易·象》，上下经之象辞。《鲁春秋》，史记之策书。《春秋》遵周公之典以序事，故曰："周礼尽在鲁"也。吾乃今知周公之德与周之所以王也。"《易·象》《春秋》，文王周公之制。当此时儒道废，诸国多缺，唯鲁备，故宣子适鲁而说之也。

又《昭四》曰：楚灵王使问礼于左师与子产，左师曰："小国习之，大国用之，敢不荐闻？"言所闻，谦示所未行。献公合诸侯之礼六。其礼，六仪也。宋爵公，故献公礼。子产曰："小国共职，敢不荐守？"献伯、子、男会公之礼六。郑，伯爵，故献伯、子、男会公之礼。

又《昭五》曰：公如晋，自郊劳至于赠贿，往有郊劳，去有赠贿。无失礼。揖让之礼。晋侯谓女叔齐曰："鲁侯不亦善于礼乎？"对曰："鲁侯焉知礼！"公曰："何为？自郊劳至于赠贿，礼无违者，何故不知？"对曰："是仪也，不可谓礼。礼，所以守其国，行其政令，无失其民者也。"

又《昭七》曰：孟僖子病不能相礼，不能相仪答郊劳，以此为已疾。乃讲学之，讲习也。苟能礼者从之。及其将死也。二十四年孟僖子卒，传终言之。召其大夫，曰："礼，人之干也。无礼，无以立。吾闻将有达者曰孔丘，僖子卒时，孔丘年三十五。圣人之后也。我若获没，得以寿终。必属说与何忌于夫子，使事之说南宫敬、叔何忌、孟懿子，皆僖子之子也。而学礼焉，以定其位。"知礼则位安。

又《昭二十五》曰：郑子太叔见赵简子，简子问揖让、周旋之礼焉。对曰："是仪也，非礼也。"简子曰："敢问何谓礼？"对曰："吉也闻诸先大夫子产曰：'夫礼，天之经也，经者，道之常。地之义也，义者，利之宜也。民之行也。'行者，人所履。天地之经，而民实则之。"简子曰："甚哉，礼之大也。"对曰："礼，上下之纪，天地之经纬也，纬经错居以相成者。民之所以生也。是以先王尚之。"

又《昭二十六》曰：齐景公曰："善哉，吾今而后知礼之可以为国也。"对曰："礼之可以为国也久矣，与天地并。有天地则礼义兴。君令臣共，父慈子孝，兄爱弟敬，夫和妻柔，姑慈妇听，礼也。君令而不违，臣共而不贰；父慈而教，子孝而箴；箴，谏也。兄爱而友，弟敬而顺；夫和而义，妻柔而正；姑慈而从，从，不自专。妇听而婉：婉，顺也。礼之善物也。”

又《定下》曰：公会齐侯于祝其，实夹谷。夹谷即祝其地。孔丘相，相，会仪也。犁弥言于齐侯曰：“孔丘知礼而无勇，若使莱人以兵劫鲁侯，必得志焉。”

又《定下》曰：邾隐公来朝，朱子益也。子贡观焉。邾子执玉高，其容仰；公受玉卑，其容俯。王朝者之贽。子贡曰：“以礼观之，二君者皆有死亡焉。夫礼，死生存亡之礼也。将左右、周旋，进退、俯仰，于是乎取之；朝、祀、丧、戎，于是乎观之。今正月相朝而皆不度，不合法度。心已亡矣。”

又《哀上》曰：太宰嚭召季康子，嚭，吴大夫。康子使子贡辞。太宰嚭曰：“国君道长大，言君长于道路。而大夫不出门，此何礼也？”对曰：“岂以为礼畏大国也？畏大国，不敢虚国尽行。大国不以礼命于诸侯，苟不以礼，岂可量也？寡君既共命焉，其老，岂敢弃其国？太伯端委，以治周礼，仲雍嗣之，断发文身，裸以为饰，岂礼也哉？”

《春秋说题辞》曰：礼者，所以设容，明天地之体也。

《论语》曰：有子曰：“礼之用和为贵，先王之道斯为美，小大由之。有所不行，知和而和，不以礼节之，亦不可行也。”

又曰：子曰：“导之以政，齐之以刑，民免而无耻。导之以德，齐之以礼，有耻且格。”

又曰：子曰：“夏礼，吾能言之，杞不足征也；殷礼，吾能言之，宋不足征也。”征，成也。杞宋二国，夏殷之后。夏殷之礼，吾能说之，杞宋之君不足以成也。

又曰：子张问：“十世可知也？”世谓易姓之世也。问其制度变易为何。子曰：“殷因于夏礼，所损益可知也。周因于殷礼，所损益可知也。所损益可知也者，据时篇目皆在可校数。其或继周者，虽百世可知也。”自周之后，以为交易损益之极，极于三王，亦不是过也。

又曰：颜渊问仁，子曰："克己复礼为仁。一日克己复礼，天下归仁焉。为仁由己，而由人乎哉？"颜渊曰："请问其目。"子曰："非礼勿视，非礼勿听，非礼勿言，非礼勿动。"颜渊曰："回虽不敏，请事斯语矣。"

又曰：子曰："礼云礼云，玉帛云乎哉？"言礼非但崇此玉帛而已，所贵者乃贵其安上治民。

《汉书》曰：汉王已并天下，诸侯共尊为皇帝于定陶。叔孙通就其仪号，高帝悉去秦仪法，为简易。群臣饮，争功，醉或妄呼，拔剑击柱，上患之。通知上益厌之，说上曰："夫儒者，难与进取，可与守成。臣愿征鲁诸生，与臣弟子共起朝仪。"上曰："可试为之，令易知，度吾所能行为之。"七年，长乐宫成，诸侯群臣朝十月。大行设九宾胪句传。上传语告下为胪，下告上为句。于是皇帝辇出房，百官执戟传警，引诸侯王以下至吏六百石以次奉贺。自诸侯王以下，莫不震恐肃敬。至礼毕，尽伏，置法酒，文颖曰：作酒令法也。苏林曰：常会须天子中起更衣，然后入置酒。诸侍坐殿上，皆伏抑首，如淳曰：抑，屈。以尊卑次起上寿。觞九行，谒者言罢酒。御史执法，举不如仪者，辄引去。竟朝置酒，无敢喧哗失礼者。于是高帝曰："吾乃今日知为皇帝之贵也。"拜通为太常，赐金五百斤。通出，皆以五百金赐诸生。诸生乃喜曰："叔孙生圣人，知当世务也。"

又曰：王者必因前王之礼，而顺时施宜，有所损益，节人之心，稍稍制作。

又曰：宣帝时，谏议大夫王吉上疏，愿述旧礼，明王制，驱一代之人，跻之仁寿之域。

范晔《后汉书·曹褒传》曰：诏召玄武司马班固，问改定礼制之宜。固曰："京师诸儒多能说礼，宜广招集，共议失得。"帝曰："谚言作舍道边，三年不成。会礼之家，名为聚讼。互生疑异，笔不得下。昔尧作大章，一夔足矣。"章和元年正月，乃召褒诣嘉德门，令小黄门持班固所上叔孙通《汉仪》十二篇敕褒曰："此制散略，多不合经。今宜依礼条正，使可施行于南宫东观，尽心集作。"

《典略》曰：孔子过宋，与弟子集礼于大树下。宋司马桓魋使拔其树。去适郑。

《六韬》曰：太公对文王曰："礼者，治之粉泽也。"

《管子》曰：礼者，因人之情，缘义之理，为之节文者也。

《孟子》曰：恻隐之心，仁之端也；辞让之心，礼之端也。

《孙卿子》曰：礼者，人主以为群臣尺寸寻丈检式也。礼有三本：天地，生之本；先祖，类之本；君师，治之本。国之本在礼也。

又曰：人生有欲，欲则求，求则争，争则乱，乱则穷。先王恶其乱也，故制礼义以养之。礼者，养也。稻粱五味，所以养口也；椒兰芬馨，所以养鼻也；雕琢刻镂，黼黻文章，所以养目也；疏房越席，沐浴机筵，所以养体也。

《庄子》曰：三王五帝之礼仪法度，不矜于同而矜于治，故譬三王五帝之礼仪法度，其犹楂梨橘柚果瓜之属耶？其味反而皆可于口。

《文子》曰：老子云：为礼者，雕琢人性，矫拂其情。目虽欲之，禁以法；心虽乐之，节以礼。趋翔周旋，屈节异仪。肉凝而弗食，酒败而不饮。外束其形，中愁其意，汨阴阳之和而迫生命之情。

《慎子》曰：礼从俗政，上国有贵贱之礼，无贤不肖之礼；有长幼之礼，无勇怯之礼；有亲疏之礼，无爱恶之礼也。

《淮南子》曰：礼者，体情而制文者也。

又曰：夫水积则生相食之虫；言大鱼食小鱼。土积则生食肉之兽；礼饰则生伪慝之儒。伪，诈。慝，奸。夫吹灰而欲无眯，涉水而欲无濡，不可得也。

《说苑》曰：齐景公登酎，晏子修食礼以待。公曰："礼，寡人餍之矣。吾欲得天下勇士，与之图国。"晏子对曰："君子无礼，是庶人也；庶人无礼，是禽兽也。礼而治国，所以御民也；辔者，所以驭马也。无礼而治国家者，婴未尝闻也。"景公曰："善。"乃饰酎更席，以为上客。

《尸子》曰：秋为礼，西方为秋。秋，肃也。万物莫不肃敬，礼之至也。

《韩诗外传》曰：晏子聘鲁，下堂则趋，授立则跪。子贡怪之，问孔子。孔子问晏子，晏子对曰："夫上堂之礼，君行一，臣行二也。今君之受币也毕，臣敢不跪乎。"孔子曰："善。礼中又有礼。"

《董生书》曰：礼者，天所为也；文者，人所为谓之礼。礼者，因人情为节，文以救其乱也。夫堤者，水之防也；礼者，人之防也。刑防其末，礼防其本也。

《白虎通》曰：夫礼者，阴阳之际也，百事之会也。所以尊天地、宾鬼神、序上下之道也。

《袁淮书》曰：礼者，缘人情而为之节度者也。严父，爱亲之情也；尊亲，敬长之义耳。

《物理论》云：礼者，履也，律也。义同而名异。

孙卿《礼赋》曰：爰有大物，非丝非帛，文理成章；非日非月；为天下明；生者以寿，死者以葬；城郭以固，三军以强。粹而王，驳而霸，无一焉而亡也。

太平御览卷第五百二十四 礼仪部三

祭礼上

《毛诗·召南》曰：《采蘋》，大夫妻能循法度也。能循法度，则可以承先祖、供祭祀也。于以采蘋？南涧之滨。于以采藻？于彼行潦。蘋，大蘋也。涧，崖也。藻，聚藻也。行潦，流潦也。

又《小雅·天保》曰：吉蠲为饎，是用孝享；吉，善；蠲，洁也。饎，酒食也。享，献也。笺云：谓将祭祀也。禴祠烝尝，于公先王。春曰祠，夏曰禴，秋曰尝，冬曰烝。公，事也。笺云：公谓后稷也。君曰卜尔，万寿无疆。君，先君也。尸所以象神卜子也。笺云：君曰卜尔者，尸嘏主人传神辞也。

又《小雅·吉日》曰：吉日维戊，既伯既祷。维戊，顺类乘壮也。伯，马祖也。重物慎微，将用马力，必先为之祷其祖。祷，获也。笺云：戊，刚日也，故乘壮为顺类也。

又《小雅·大田》曰：来方禋祀，以其骍黑。与其黍稷，以享以祀，以介景福。骍，牛也。黑，羊豕也。笺云：成王之来，则又礼祀四方之神祈报焉。阳祀用骍牲，阴祀用黑牲。

又《小雅·楚茨》曰：济济跄跄，洁尔牛羊。以往烝尝，或剥或亨，或肆或将。济济跄跄，言有容也。烹，饪之也。肆，陈；将，齐也。或陈于皮，或齐其肉。笺云：有容言威仪敬慎也。冬祭曰烝，秋祭曰尝。祀之礼各有其事，有解剥其皮者，有煮熟之者，有肆其骨体于俎者，或奉持而进之者。祝祭于祊，祀事孔明。祊，门内也。笺云：孔，甚也。明，秋备也，契也。孝子不知神之所在，故使祝博求之平生门内之旁，待宾客之处，祀礼于是甚明。

又《小雅·信南山》曰：祭以清酒，从以骍牡。享于祖考，咸尚赤曰骍。笺云：清谓玄酒也。酒、郁鬯五齐三酒也。祭之礼，先以郁鬯降神，然后迎牲，享于祖考纳享时。执其鸾刀，以启其毛，取其血膋。鸾刀，刀有鸾者。言割中节也。笺云：毛以告纯也。膋，脂膏也。血以告杀，膋以升臭。合之黍稷，实之于萧，合馨香也。是烝是享，苾苾芬芬，祀事孔明。

又《生民》曰：《生民》，尊祖也。后稷生于姜嫄，文武之功起于后稷，故推以配天焉。厥初生民，时维姜嫄。生民如何？克禋克祀，以拂无子。克，能也。弗之言祓也。姜嫄之生后稷为何乎？乃禋祀上帝于郊禖，以祓除其无子之疾而得其福也。履帝武敏歆，攸介攸止，载震载夙，载生载育。祀郊禖之时，有大神之迹，姜嫄履其拇指，生子而养之，长，名曰弃也。

又《清庙》曰：《清庙》，祀文王也。周公既成洛邑，朝诸侯，率以祀文王焉。清庙者，祭有清明之起德音之宫也。谓祭文王。

又《清庙·烈文》曰：《烈文》，成王即政，诸侯助祭也。新王即政，必以朝享之礼祭于祖考，告嗣位也。烈文辟公，锡兹祉福。惠我无疆，子孙保之。烈，光也。文王赐之也。

又《臣工》曰：《振鹭》，二王之后来助祭也。二王，殷夏也。其后，杞也，宋也。振鹭于飞，于彼西雍。我客戾止，亦有斯容。笺云：白马于西雍之泽，言所集得其处也。兴者喻杞宋之君有洁白之德，来助祭周之庙，得礼之宜。

又《臣工·潜》曰：《潜》，季冬荐鱼，春献鲔也。猗与漆沮，潜有多鱼。有鳣有鲔，鲦鲿鰋鲤。猗与，钦美之言。漆沮，岐周之二水也。潜，掺也。以享以祀，以介景福。介，助也。景，大也。

《尚书·舜典》曰：望于山川，遍于群神。孔安国传曰：谓在远者望祭之也。群神，丘陵坟衍之属。

又《说命》曰：黩于祭祀，时谓弗钦。孔安国传曰：祭不欲数，数则黩，黩则不敬也。

又《洛诰》曰：祀于新邑，咸秩无文。孔安国传曰：以祀典祀于新邑，皆次秩不在礼文者而礼之。

又《多士》曰：罔弗明德恤祀。孔安国传曰：自帝乙以上无不显用有德，忧念齐敬，奉其祭祀。言能保宗庙社稷也。

《尚书大传·周传》曰：祭之为言察也；察者，至也；至者，人事也。人事至然后祭。祭者，荐也，荐之为言在也。在也者，在其道也。《礼志》曰：君子生则敬养，死则敬飨也。

又《五行传》曰：简宗庙，不祷祠，废祭祀，逆天时，则水不润下。君行此四者为逆天。此宫之政，北为水，故源流竭绝，是水不润下也。

又《五行传》曰：六弥之礼，散斋七日，致斋三日。新器洁祀，用赤黍，三日之朝于中庭，祀四方，从东方始，卒于北方。《礼志》：致斋三日。《周礼》：凡祭祀前期十日。宗伯帅执事十日，是为斋一旬乃祀也。今此致斋即祀者，欲得容三十也。答：盖八日为致斋，明九日朗而初祀，亦一旬有一日事乃毕也。其祀礼，曰格祀，篇云今亡。曰某也，方祀。曰播国，率相行祀。其祝也，曰：若尔神灵，洪范六弥是合，神灵谓木精灵威仰，火精赤熛怒，土精含枢细，金精白招距，水精汁光纪及木帝太皋，炎帝火帝，土帝黄帝，金帝少昊，水帝颛顼，木官句芒，火官祝融，土官后土，金官蓐收，水官玄冥皆是也。古者生能其事，死在祀礼，配其神而食。合犹为也。六弥是神灵所为也。无差无倾，无有不正。若民有不敬事，则会批之于六弥言民广及天下有过者也。事，六事也。会，合也。批，推也。言天下之有过，神灵亦合推内于六弥。天子以下为任者也。六事之机，以县示我，我民人无敢不敬事上下王祀。

《周礼·天官·冢宰》曰：以八则治都鄙，一曰祭祀，以驭其神；祭祀其先君社稷五祀。以九式均节财用，一曰祭祀之式。式谓财用之节度。

又《天官上·内饔》曰：凡宗庙之祭祀，掌割亨之事。凡燕饮食亦如之。

又《天官上·兽人》曰：凡祭祀、丧纪、宾客，共其死兽生兽。共其完者。凡兽入于腊人，当干之也。皮毛筋角入于玉府。给作器物。

又《天官上·亨人》曰：祭祀共大羹、铏羹，宾客亦如之。大羹，肉湆也。郑司农云：大羹不致五味也，铏羹加盐菜也。

又《地官上·牧人》曰：牧人宰牧六牲而阜蕃其物，以供祭祀之牲牷。六牲谓牛、马、羊、豕、犬、鸡。凡阳祀用骍牲毛之，阴祀用黝牲毛之，望祀各以其方之色牲毛之，毛，纯也。阴祀祭六郊地及社稷也。郑司农云：阳祀春夏也。黝读为幽。幽，黑也。凡时祀必用牷物。时祀，四时所常祀，谓山川以下至四方百物也。凡外祭毁事，用尨可也。尨谓杂色不纯，毁谓副辜毁除殃咎之属也。凡祭祀共其牺牲，以授充人系之。牺牲，毛羽完具也。授充人者，当殊养之。凡牲不系者，共奉之。谓非时而祭祀者。

又《地官上》曰：牛人，掌养国之公牛，以待国之政令。凡祭祀，供其享牛、求牛，以授职人而刍之。郑司农云：享牛，前祭一日之牛。求牛，祷于鬼神祈福之牛也。玄谓献神之牛，谓所以祭者也。凡祭祀供其牛牲之牙与其盆簝以待事。互谓福衡之属。盆簝皆器名。

又《地官下·闾师》曰：凡庶民不畜者，祭无牲；不耕者，祭无盛矣。

又《春官上·大宗伯》曰：大宗伯之职，掌建邦之天神、人鬼、地祇之礼，以佐王建保邦国。建，立也。立天神、人神、地祇之礼者，谓祀之、祭之、享之。礼，吉礼是也。目吉礼于上承以立安邦国者，互相成。明尊鬼神，重人事。以禋祀祀昊天上帝，以实柴祀日月星辰，以槱燎祀司中、司命、风师、雨师，禋之言烟也。周人尚臭，烟气之臭闻者槱积也。《诗》曰："芃芃棫朴，薪之槱之。"三祀皆积柴实牲体焉。或有玉帛燔柴而外堙，所以报阳也。以血祭祭社稷、五祀、五岳，以埋沉祭山林川泽，以疈辜祭四方百物。不言祭地，此皆地祇，祭地可知也。阴祀自血起，贵气臭也。社稷，土谷之神也，有德者配食。凡祀大神，享大鬼，享祭大祇，帅执事而卜日宿，视涤濯，莅玉鬯，省牲镬，奉玉齐，诏大号，治其大礼，诏相王之大礼。执事，诸有事于祭者也。宿，申式也。涤濯，溉祭器也。若王不与祭祀，则摄位。王有故，代行其祭事。凡大祭祠，王后不与，则摄而荐豆笾，彻。荐彻豆笾，后之事。国有大故，则旅上帝及四望。王大封，则先告后土，乃颁祀于邦国、都家、乡邑。颁读为班。班其所当祀及其礼也。都家乡邑谓王子弟及公卿大夫所食采地也。

又《春官下·太祝》曰：太祝掌六祝之辞。太师宜于社，造于祖，《马融传》曰：《尔雅》曰："起大事，动大众，必先有事于社也。"设军社，类上帝。社者，社主也。类者，以事类告祀上帝。国将有事于四望，将，行也。四望，日月星辰也。及军归献于社，则前祝。献于社主。

又《春官》曰：家宗人，掌家祭祀之礼。凡祭祀致福。大夫采地之所祀与都同，若先王之子孙亦有祖庙。

《礼记·月令》曰：孟春之月，其祖户，祭先脾。春，阳气出，祀之于户，内阳也。祀之先祭脾者，为春阳中于藏直，脾为尊也。仲春之月，天子献羔开冰，先荐寝庙。献羔谓献司寒也。祭司寒而出冰，荐于宗庙，乃后赋之。上丁，命乐正习舞释菜，将舞，必释菜于先师以礼之。天子乃率三公、九卿、诸侯、大夫亲往视之。顺时达物。中丁，又命乐正入学习乐。是月也，祠不用牺牲，用珪璧更皮币。

又《月令》曰：孟夏之月，其祀灶，祭先肺。夏，阳气盛，热于外，祀之于灶，从热类也。祀之先肺者，阳位在上，肺亦在上，肺为尊也。

又《月令·仲夏》祀皇地祇于方丘。夏至之日，祀皇地祇于方丘，以高祖神尧皇帝配坐，以岳渎等神从祀。

又《月令·仲夏》曰：命有司祭先牧。谓仲夏祭先牧于大泽，用刚日。

又《月令·季夏》曰：其祀中溜，祭先心。中溜犹中室也。祭中溜之礼，为俎先进心。是月也，祀黄帝于南郊。谓季夏土德王日则祀黄帝，合枢纽于南郊，以轩辕配坐，以后土镇星从祀也。

又《月令》曰：孟秋其祀门，祭先肝。秋，阴气出，祀之于门，外阴也。祭先肝者，秋为阴中于藏直肝。凡祀门为俎，先进肝也。

又《月令》曰：孟冬，其祀行，祭先肾。冬阴气盛，寒于外，祀之于行，从辟除之类。行谓道也。祭先肾者，阴位在下，肾亦在下。凡祀行为俎，先进肾。

又《月令·孟冬》曰：祀神州地祇于北郊。谓立冬日祭神州地祇于北郊。太宗文武圣皇帝配坐。是月也，命有司祭司寒。谓孟冬祭司寒于北郊。是月也，命有司祭司中、司命、司人、司禄。谓立冬后亥日祀司禄等于国域西北。

又《月令·仲冬》曰：命有司祈祀四海、大川、名源、渊泽、井泉。顺其盛德之时祭也。

又《曲礼上》曰：临祭不惰，祭服弊则焚之，祭器弊则埋之。

又《曲礼下》曰：无田禄者，不设祭器；有田禄者，先为祭服。君子虽贫，不鬻祭器；虽寒，不衣祭服。去国，祭器不逾境，大夫寓祭器于大夫，士寓祭器于士。

又《曲礼下》曰：天子祭天地，祭四方，祭山川，祭五祀，岁遍。诸侯方祀，祭山川，祭五祀，岁遍。大夫祭五祀，岁遍。士祭其先。祭四方谓祭五官之神于四郊也。勾芒在东，祝融后土在南，蓐收在西，玄冥在北。《诗》云

"耒方禋祀"，方祀者，各祭其方之官而已。五祀谓户灶中溜门行也。此盖殷时制也。《祭法》曰："天子立七祀，诸侯立五祀，大夫立三祀，士立二祀。"谓周制也。凡祭，有其废之，莫敢举也；有其举之，莫敢废也。为其渎神也。废举谓若殷废农祀弃，后不可复废弃祀农也。非所祭而祭之，名曰淫祀。淫祀无福。支子不祭，祭必告于宗子。不敢自专。凡祭宗庙之礼，牛曰一元大武，豕曰刚鬣，豚曰肥腯，羊曰柔毛，鸡曰翰音，犬曰羹献，雉曰疏趾，兔曰明视，脯曰尹祭，槁鱼曰商祭，鲜鱼曰脡祭，水曰清涤，酒曰清酌，黍曰芗合，粱曰芗萁，稷曰明粢，稻曰嘉蔬，韭曰丰本，盐曰鹹醝，玉曰嘉玉，币曰量币。号牲物者，异于人用也。元，头也。武，迹也。腯，肥也。《春秋传》作腯，腯，充貌也。尹，正也。商犹量也。脡，直也。萁，辞也。嘉，善也。稻，菰蔬之属也。丰，茂也。大咸曰醝。今河东云币帛也。

又《曲礼》曰：大飨不问卜，祭五帝于明堂，莫适卜也。不饶富。富之言备也，备而已，勿多于礼。

又《檀弓下》曰：仲遂卒于垂，壬午犹绎，万入去籥。仲遂，鲁公子。先日辛巳有事太庙而仲遂卒，明日而绎非也。万，干舞也。籥，籥舞也。仲尼曰："非礼也。卿卒不绎。"

又《王制》曰：祭，丰年不奢，凶年不俭。

又《王制》曰：天子祭天地，诸侯祭社稷，大夫祭五祀。五祀谓司命、中溜、门、行、厉也。此祭谓大夫有地者，其无地祭三耳。天子祭天下名山大川，五岳视三公，四渎视诸侯。视，视其牲器之数。诸侯祭名山大川之在其地者。鲁人祭泰山，晋人祭河是也。天子诸侯，祭因国之在其地而无主后者。

又《礼器》曰：晏平仲祀其先人，豚肩不掩豆，浣衣濯冠以朝，君子以为厄也。厄犹狭厄。孔子曰："臧文仲安知礼！夏父弗綦音忌，逆祀，而弗止也，燔柴于奥。文仲，鲁公子区之曾孙臧孙辰也。庄文之间为大夫，于是为贤，是以非之不正礼也。文二年八月丁卯，大事于太庙，跻，僖公始逆祀。是夏父弗綦为宗人之为也。奥当为爨字之误。夫奥者，老妇之祭也，盛于瓮，尊于瓶。"

又曰：季氏祭，逮暗而祭；日不足，继之以烛。虽有强力之容，肃敬之心，皆倦怠矣。有司跛倚以临祭，其为不敬大矣。他日祭，子路与，室事交乎户，堂事交乎阶。质明而始行事，晏朝而退。孔子闻之，曰："谁谓由也不知礼乎？"

又《大传》曰：牧之野，武王之事也。既事而退，柴于帝，祈于社，设奠于牧室。柴，尊告天地及先祖也。遂率天下诸侯，执豆笾，骏奔走。

又《祭法》曰：燔柴于泰坛，祭天也；瘗埋于泰折，祭地也，用骍犊。坛，析封土为祭处也。坛之言坦也。坦，明貌也。析，照晢也。必为照明之名，尊神也。地祇用黝牲，与天俱用犊，连言耳。埋少牢于泰昭，祭时也；相近于坎坛，祭寒暑也，王宫，祭日也；夜明，祭月也；幽宗，祭星也；雩宗，祭水旱也；四坎坛，祭四方也。山林、川谷、丘陵能出云，为风雨，见怪物，皆曰神。有天下者祭百神。诸侯在其地则祭之，亡其地则不祭。昭，明也，亦谓坛也。时，四时也，亦谓阴阳之神也。埋之者，阴阳出入于地中也。凡此以下皆祭用少牢也。

又《祭法》曰：夫圣王之制祭祀也，法施于民则祀之，以死勤事则祀之，以劳定国则祀之，能御大灾则祀之，能捍大患则祀之。是故厉山氏之有天下也，其子曰农，能植百谷。夏之衰也，周弃继之，故祀以为稷。共工氏之霸九州也，其子曰后土，能平九州，故祀以为社。帝喾能序星辰以著众，尧能赏均刑法以义终，舜勤众事而野死，鲧鄣洪水而殛死，禹能修鲧之功，黄帝正名百物，以明民共财，颛顼能修之，契为司徒而民成，冥勤其官而水死，汤以宽治民而除其虐，文王以文治，武王以武功，去民之灾，此皆有功烈于民者也。及夫日月星辰，民所瞻仰也；山林川谷丘陵，民所取材用也。非此族也，不在祀典。

太平御览卷第五百二十五 礼仪部四

祭礼中

又《祭义》曰：祭不欲数，数则烦，烦则不敬。祭不欲疏，疏则怠，怠则忘。是故君子合诸天道，春禘秋尝。霜露既降，君子履之，必有凄怆之心，非其寒之谓也。春，雨露既濡，君子履之，必有怵惕之心，如将见之。

又《祭义》曰：文王之祭也，事死者如事生。祭之明日，明发不寐，飨而致之，又从而思之。祭之日，乐与哀半，飨之必乐，已至必哀。

又《祭义》曰：郊之祭，大报天而主日，配以月。夏后氏祭其暗，殷人祭其阳。周人祭日，以朝及暗。祭日于坛，祭月于坎，以别幽明，以制上下；祭日于东，祭月于西，以别内外，以端其位。日出于东，月生于西，阴阳长短，终始相巡，以致天下之和。

又《祭义》曰：祭之日，入室，僾然必有见乎其位。周还出户，肃然必有闻乎其容声。出户而听，忾然必有闻乎其叹息之声。周还出户谓荐设时也。无户者阖户，若食间，则有出户而听之。

又《祭义》曰：孝子将祭，虑事不可以不豫。比时具物，不可以不备。虚中以治之。比时犹先时也。虚中言不兼念余事。宫室既修，墙屋既设，百物既备，夫妇斋戒，沐浴盛服，奉承而进之，洞洞乎，属属乎，如弗胜，如将失之，其孝敬之心至也与！修设谓扫除及黝垩。荐其荐俎，序其礼乐，备其百官，奉承而进之。百官助主人进之。于是谕其志意，以其慌惚以与神明交，庶或飨之，庶或飨之，孝子之志也。

又《祭统》曰：凡治人之道，莫急于礼。礼有五经，莫重于祭。礼有五经。谓吉礼、凶礼、宾礼、军礼、嘉礼也。莫重于祭谓以吉礼为首也。夫祭者，非物自外至者也，自中出，生于心也。心怵而奉之以礼，是故唯贤者能尽祭之义。怵，感念亲之貌。贤者之祭也，必受其福，非世所谓福也，福者，备也。备者，百顺之名也，无所不顺者之谓备。言内尽于己，而外顺于道也。忠臣以事其君，孝子以事于亲，其本一也。

又《祭统》曰：祭者，所以追养继孝也。孝者，畜也。顺于道，不逆于伦，是之谓畜。畜谓顺于德教。是故孝子之事亲也。有三道焉：生则养，殁则丧，丧毕则祭；养则观其顺也，丧则观其哀也，祭则观其敬而时也。尽此三道者，孝子之行也。殁，终也。

又《祭统》曰：夫祭有十伦焉：见事鬼神之道焉，见君臣之义焉，见父子之伦焉，见贵贱之等焉，见亲疏之杀焉，见爵赏之施焉，见夫妇之别焉，见政事之均焉，见长幼之序焉，见上下之际焉。此之谓十伦。伦犹义也。

又《祭统》曰：凡祭有四时：春祭曰礿，夏祭曰禘，秋祭曰尝，冬祭曰烝。谓夏殷时礼也。礿、禘，阳义也；尝、烝、阴义也。禘者，阳之盛也；尝者，阴之盛也，故曰莫重于禘、尝。夏者尊卑著而秋万物成。

又《祭统》曰：周公旦有勋劳于天下，成王而欲尊鲁，故赐之以重祭。外祭则郊社是也，内祭则大尝禘是也。言此者，善周公功也。

又《表记》曰：祭极敬，不继之以乐；朝极辨，不继之以倦。极犹尽也。辨，分别政事也。《祭义》曰："祭之日，乐与哀半。飨之必乐，已至必哀。"

又《表记》曰：子曰："后稷之祀易富也，其辞恭，其欲俭，其禄及子孙。"富之言备也。以传世之禄恭俭者之祭易备也。

《礼稽命征》曰：天子祭天地、宗庙、六宗、五岳，得其宜则五谷丰，雷雨时至，四夷贡物，青白黄马，黄龙翔，黄雀集。坤为地，得宜则五谷丰矣。土精上为轩辕，主雷雨得宜，故语瘝时至也。四渎四辅，故四夷各贡方色之马也。精为马，不言赤黑，义足通也。黄龙、黄雀皆土精也。

《周易·豫·象》曰：雷出地奋，豫；先王以作乐崇德；殷荐之上帝，以配祖考。

又《困·九五》曰：利用祭祀。祭祀所以受福也。《象》曰：利用祭祀，受福也。

又《既济》曰：九五，东邻杀牛，不如西邻之禴祭，实受其福。牛，祭之盛者也。禴，祭之薄者也。居既济之时而处尊位，物皆济矣。将何为焉？其所务者，祭祀而已。祭祀之盛，莫盛修德，故沼沚之毛，蘋蘩之菜，可羞于鬼神；故黍稷非馨，明德唯馨。是以东邻杀牛，不如西邻之禴祭，实受其福也。

又曰：观盥而不荐，有孚颙若。王道之可观者，莫盛于宗庙；宗庙之可观者，莫盛于盥也。至荐则简略，不足复观。

又《萃》曰：萃亨，王假有庙。假，至也。王以聚至有庙也。《彖》曰：王假有庙，至孝享也。全聚乃得致孝之享也。

《左传·桓公》曰：凡祀，启蛰而郊，言凡祀通下三句天地宗庙之事。启蛰，夏正建寅之月，祀天南郊。龙见而雩，龙见建巳之月。苍龙宿之体，昏见东方，万物始盛，时雨而大，故祭天远为百谷祈膏雨。始杀而尝，建酉之月，阴气始杀，嘉谷始熟，故荐尝于宗庙。闭蛰而烝。建亥之月，昆虫闭户，万物皆成，可荐者众，故烝祭宗庙。

又《僖上》曰：五年，晋人执虞公而修虞祀，归其职贡于王。虞所命也。

又《僖中》曰：初，平王东迁也，辛有适伊川，辛有，周大夫也。见被发而祭于野者，曰："不及百年，此其戎乎？其礼先亡矣。"秋，晋秦迁陆浑之戎于伊川。

又《僖下》曰：夏，四月，四卜郊，不从，乃免牲，非礼也。犹三望，亦非礼也。礼不卜常祀，而卜其牲日，牛卜日曰牲。牲成而卜郊，上怠慢也。望，郊之细也。不郊，亦无望可也。

又《僖下》曰：卫成公梦康叔曰："相夺予享。"相，夏后启之孙也。居帝丘享祭也。公命祀相，宁武子曰："不可。鬼神非其族类，不歆其祀。杞、鄫何事？相之不享于此矣，卫之罪也，不可以间成王、周公之命祀，请改祀命。"改祀相之命也。

又《文上》曰：大事于太庙，跻僖公，逆祀也。僖是闵公兄，不得为父；子尝为臣，位应在下；今令居闵上，故曰逆祀也。于是夏父弗忌为宗伯，宗伯掌宗庙昭穆之礼也。尊僖公，且明见曰："吾见新鬼大，故鬼小，新鬼，僖公既为兄，死时年又长也，故鬼。闵公死时年小，弗忌，明言其所见也。先大后小，顺也。跻圣贤，明也。明、顺，礼也。"君子以为失礼。礼无不顺。祀，国之大事也，而逆之，可谓礼乎？子虽齐圣，不先父食久矣。故禹不先鲧，汤不先契，鲧，禹父。契，汤十二世祖。文、武不先不窋。不窋，后稷子也。宋祖帝乙，郑祖厉王，犹上祖也。仲尼曰："臧文仲，其不智者三：作虚器，谓居蔡山节藻棁也。纵逆祀，听夏父跻僖公。祀爰居，三不智也。"海鸟曰爰居，止于鲁东门外，文仲以为神，命国人祀之。

又《昭七》曰：郑子产聘于晋，韩宣子曰："寡君寝疾，今梦黄熊入寝门，其何厉鬼也？"对曰："昔尧殛鲧于羽山，其神化为黄熊，以入于羽渊，实为夏郊，三代祀之。晋为盟主，其或未之祀乎？"韩宣子祀夏郊，晋侯有间。

又曰：晋侯问于史赵曰："陈其遂亡乎？"对曰："陈，颛顼之后也，舜重之以明德，至胡公不淫，故周赐之姓，使祀虞帝。臣闻盛德必百世祀，虞之世数未也。"

《公羊传·僖公》曰：曷为或言三卜，或言四卜？三卜，礼也；四卜，非礼也。礼，天子不卜郊。三卜何以礼？求吉之道三。禘、尝不卜，郊何以卜？卜郊向礼也？卜郊何以非礼？鲁郊非礼也。以鲁郊非礼，故卜耳。昔武王既没，成王幼小，周公居摄行天子事，制礼作乐，致太平，有王功。周公梦成王以王礼葬之，命鲁使郊，以彰周公之德，非正，故卜三吉则用之，不吉则免牲也。鲁郊何以非礼？天子祭天，诸侯祭土；土谓社。天子有方望之事，方望谓郊时所望，祭四方群神、日、月、星、辰、风伯、雨师、五岳、四渎及余山川三十六所也。无所不通；诸侯山川有不在其封内者，则不祭也。曷为或言免牲，或言免牛？免牲，礼也；免牛，非礼也。免牛何以非礼？伤者曰牛。三望者何？望祭也。然则曷祭？祭泰山、河海。山川有能润千百里者，天子秩而祭之。此皆助天宣气布功，故祭天及之。触石而出，肤寸而合，不崇朝而遍雨乎天下者，唯泰山尔。河海润于千里。

《谷梁传》曰：宫室不设，不可以祭。祭者，荐其时也，荐其敬也，荐其义也，非享味也。

又《僖公》曰：夏，四月，不郊。四卜，非礼也。免牲者，为之缁衣纁裳。有司玄端奉送，至于南郊，免牛亦然。乃者，亡乎人之辞也；犹者，可以已之辞也。

《国语·楚语》曰：屈到嗜芰，有疾，召其宗老而属之屈到，楚卿屈荡之子也。芰，菱也。宗老，宗臣。属，托也。曰："祭我必以芰。"及祥，宗老将荐芰，屈建命去之。建，屈到之子子木也。宗老曰："夫子属之。"子木曰："不祭，祭典有之曰：国君有牛享，大夫有羊馈，士有豚犬之奠，庶人有鱼炙之荐。不羞珍异，不陈庶侈，夫子不以其私欲干国之典。"遂不用。

又《楚语》曰：子期祀平王，祭以牛俎于王。子期，楚平王之子结也。牛俎，致俎于王也。王问于观射父曰："祀牲何及？"对曰："祀加于举，举，人君朔望之盛馔也。天子举以太牢，祀以会，太牢，牛羊豕也。会亦太牢。举，四方之贡。诸侯举以特牛，祀以太牢；卿举以少牢，礼以特羊；大夫举以特牲，祀以少牢；特牲，豕也。士食鱼炙，祀以特牲；庶人食菜，祀以鱼。上下有序，则民不慢。"王曰："其小大何如？"对曰："禘郊不过茧栗，烝尝不过握把。"王曰："何其小也？"对曰："天神以精明临下民，故求备物，不求丰大。是故先王之祀也，以一纯、二精、三牲、四时、五色、六律、七事、八种、九祭、十日、十二辰以致之，纯，心纯一也。二精，玉帛也。三牲，牛羊豕也。四时，春秋冬夏也。五色，五采服也。六律，黄钟，太簇、姑洗、蕤宾、夷则、无射也。七事，天、地、人、四时之物也。八种，八音异种也。九祭，九州之助祭也。十日，甲至癸也。十二辰，子至亥也。百姓、千品、万官、亿丑、兆民经入畡数以奉之，百姓，百官受民姓也。千品，姓有彻品十为千品，五物之官陪属万为万官，官有十丑为亿丑。天子之田九畡，以养兆民，王取经入以食万官也。明德以昭之，和声以听之，以告遍至，遍至，光被四表格于上下也。明无不受休。天子禘郊之事，必自射其牲，王后必自亲舂其粢；诸侯宗庙之事，必自射牛羊系豕，夫人必自舂其盛。况其下之人，其谁敢不战兢以事百神？"

《春秋繁露》曰：大雩者何？旱祭也。难者曰："大旱乃雩祭而请雨，大水鸣鼓而攻社，天地之所为，阴阳之所起也，或请焉，或怒焉，何也？"曰："大旱者，阳灭阴也。阳灭阴者，尊压卑也。固其义也，虽大甚，拜请之而已，无敢有加也。大水者，阴灭阳也。阴灭阳者，卑胜尊也。故鸣鼓攻之，朱丝而胁之。”

又曰：古者岁四祭，因四时所生熟而祭先祖父母也。春曰祠；祠者，以正月始食韭也。夏曰禴；禴者，以四月煮面饼也。秋曰尝；尝者，以七月尝黍稷。冬曰烝；烝者，以十月进初稻也。

《论语·季氏》曰：季氏旅于泰山。子谓冉有曰：“汝不能救与？”旅，祭名也。诸侯祭山川在其邦内者。今陪臣祭泰山，非礼也。对曰：“不能。”子曰：“呜呼！曾谓泰山不如林放乎？孔子意云泰山之神知礼过林放之贤远。祭如在，祭神如神在。”子曰：“吾不与祭，如不祭。”

《孝经》云：春秋祭祠，以时思之。郑玄注曰：四时变易，物有成熟，将欲食之，先荐先祖，念之若生，不忘亲也。

《尔雅》曰：春祭曰祀，祠之言食也。夏祭曰礿，新菜可也。秋祭曰尝，尝新谷也。冬祭曰烝。进品物也。祭天曰燔柴，既祭，积薪烧之。祭地曰瘗埋，既祭埋藏也。祭山曰庪悬，或庪或悬，置之于山川。《海经》曰，悬以告王是也。祭川曰浮沉。投祭水中，或沉或浮也。祭星曰布，布，散祭于地也。祭风曰磔。今俗当大道中磔狗云止风，此其象也。是类是祃，师祭也；师出征伐，类于上帝，祃于所征之地。既伯既祷，马祭也。伯，祭马祖也。将用马力，必先祭其先祖也。禘，大祭也；五年一祭也。绎，又祭也。祭之明日，寻绎复祭。周曰绎，《春秋经》曰：“壬午楢绎。”商曰肜，《融音书》曰：“高宗肜日。”夏曰复胙。未见义所出也。

《五经异义》曰：夏至，天子亲祀方泽，侍中骑都尉贾逵说：“鲁无圜丘方泽之祭者，周兼用六代礼乐；鲁下周，用四代，其祭天之礼亦宜损于周。故二至之日，不祭天地也。”

又曰：今《易》京说，臣动养君，其义理也。必望利下，弗养道厥，妖国有被发于野祭者。

又曰：古《尚书》说，非时祭天谓之类，言以事类告也。肆类于上帝，时舜告摄，非常祭。

又曰：古《周礼》说，大宗伯凡礼大神、享大鬼、祭大祇，率执事而卜日。大鬼谓先王也。

《史记》曰：亳人缪忌奏祠太一方，曰："天神贵者太一，太一佐曰五帝。古者天子以春秋祭太一东南郊，曰一太牢具，七日为坛，开八通之鬼道。"于是天子令太祝立其祠长安城东南郊，常奉祀如忌方。其后，人上书言："古者天子三年一用太牢祠三一：天一、地一、太一。"天子许之，令太祝领祠之于忌太一坛上，如其方。后人复有上书，言："古者天子常以春解祠，祠黄帝用一枭破镜；孟康曰：枭，鸟名也，食母。破镜，兽名，食父。黄帝欲绝其类，使百物祠皆用之。破镜如貙而虎眼。如淳曰：汉使东郡送枭，五月五日作枭羹以赐百官。以其恶鸟，故食之。冥羊用羊，祠服虔曰：神名也。马行用一青壮马；太一泽山，山君地长，用牛；武夷君用干鱼；阴阳使者以一牛。"孟康曰：阴阳之神也。令祠官领之而祠于忌太一坛旁。

《汉书》曰：高祖沛公祠黄帝、祭蚩尤于沛庭，而衅鼓旗帜皆赤。

又曰：高祖微时，闻魏公子贤。及即位，每过大梁，常祀公子。高祖十二年从击黥布，还，为公子置守冢，岁四时奉祀公子矣。

又曰：张子房从高帝过济北，果得谷城山下黄石，取而葆祠之。及留侯死，并葬黄石冢，伏腊祠黄石留侯。

又《郊祠志》曰：文帝下诏曰："有异物之神见于成纪，无害于民，岁以有年。朕亲郊祀上帝诸神，礼官议无讳以朕劳。"有司礼官曰："古者天子，夏祠上帝于郊，故曰郊。"于是天子始幸雍郊见五帝，以孟夏四日答礼焉。

又曰：宣帝八月饮酎行祠孝昭庙，先驱旄头剑挺，堕坠，首插泥中，刃向乘舆，车马惊。公孙贺筮之，有兵谋，不吉，卜还，使有司侍祠。是时，霍氏外孙代郡太守任宣坐谋反诛。宣子章为公车丞，亡在渭城界。中夜入庙，居郎间，执戟立庙门，待上至，欲为逆，发觉，伏诛。故事帝夜入庙，其后待明而入，自此始也。

又曰：孔光父霸为关内侯食邑。霸上书求奉孔子祭祀，元帝下诏曰："其令师褒成君关内侯霸以所食邑户八百祀孔子焉。"故霸遣长子福数于鲁，奉夫子祠。

又曰：初，朱邑且死，属其子曰："我故为桐乡啬夫，其吏民爱我，必葬桐乡。后世子孙奉尚我，不如桐乡民。"及死，其子葬之桐乡西郭外，民果共立祠。岁时祀祭，至今不绝。

太平御览卷第五百二十六 礼仪部五

祭礼下

《汉书·郊祀志》曰：《洪范》八政，三曰祀。祀者，所以昭孝事祖，通神明也。旁及四夷，莫不修之。下至禽兽，豺獭有祭。应劭曰：今孟春獭祭鱼，季秋豺祭兽。是以圣王为之典礼焉。秦襄公攻戎救周，列为诸侯而居西，自以为主少昊之神，作西畤，祠白帝，其牲用駵驹、黄牛、羝羊各一云。其后十四年，秦文公东猎汧渭之间，卜居之而告。文公梦黄蛇自天下属地，其口止于鄜畤。李奇曰：鄜音孚。文公问于史淳，淳曰："此上帝之征，君其祠之。"于是作鄜畤，用三牲，郊祭白帝焉。自未作鄜畤，而雍旁故有吴阳武畤，李奇曰：于旁田有吴阳地。雍东有好畤，皆废无祀。或曰：自古以雍州积高，神明之隩，故立畤郊上帝，诸神祠皆聚云。盖黄帝时常用事，虽殷周亦郊焉。其语不经见，搢绅者弗道。

又《郊祀》曰：始皇东游海上，行礼祠名山大川及八神，求仙人羡门之属。八神将自古而有之。或曰太公以来作之。齐所以为齐，以天齐也，苏林曰：当天中央齐。其祀绝，莫知起时。

又《郊祀志》曰：文帝始幸雍郊，见五畤，祠衣皆上赤。赵人新垣平以望气见上，言长安东北有神气，成五采，若人冠冕焉。或曰：东北，神明之舍；西方，神明之墓也。张晏曰：神明，日也。日出东壮。舍谓阳谷，日没于西也，故曰墓。天瑞下，宜立祠上帝，以合符应。于是作渭阳五帝庙，同宇，韦昭曰：宇谓上同下异，礼所谓复庙同屋也。帝一殿，面五门，各如其帝色。祠所用及仪，亦如雍五畤。明年，夏，四月，文帝亲拜霸渭之会，以郊见渭阳五帝。五帝庙临渭，其北穿蒲地沟水。爟火举而祠，若光辉然属天焉。于是贵平，至上大夫，赐累千金，而使博士诸生删六经中作王制，谋议巡狩封禅事。文帝出长门，若见五人于道北，遂因其直，立五帝坛，孟康曰：直，植也。直其立处以位坛。祠以五牢。

《东观汉记》曰：建武三年，上幸舂陵祠园庙，大置酒，与舂陵父老故人为乐。

又曰：桓谭字君山，沛人。章帝元和中，行巡狩至沛，令使者祠谭冢，乡里以为荣。

又曰：李通上大司空印绶，以特进奉朝请。及有司奏请封诸皇子，帝感通首创大谋，即日封通少子雄为邵陵侯。每幸南阳，常遣使者以牢祀通父冢。

又曰：显宗拜马严持兵长史，将北军五校士、羽林兵三千人，屯西河美稷，卫护南单于，听置司马、从事。牧守谒敬，同之将军。敕严过武库，祭蚩尤，帝亲御阿阁，观其士众，时人荣之。

又曰：永平中，诏京兆右扶风，以中牢祠萧何。霍光出郡钱谷给萧何子孙，在三百里内悉令侍祠。

又曰：桓帝初，立黄老祠北宫，濯龙中，以文罽为坛，饰淳金扣器，采色眩曜，祠用三牲，太官设珍馔，作倡乐以求福祥。

《汉皇德传》云：章帝诏使者，奉太牢，致祠唐尧于成阳云台。

袁山松《后汉书》曰：韩卓字子助，陈留人。腊日，奴窃食祭其母，卓义其心，即日免之。

《汉旧仪》曰：宗庙八月饮酎，用九大牢。元年祭天，二年祭地，三年祭五帝于五畤。三岁一辩，皇帝自行他祠，不出。祭天，紫坛幄帷，高帝配天，居室下，西向，绀幄席。

又曰：宗庙三年一大祫祭之，子孙诸帝以昭穆坐于高庙。神皆合食，设左右坐。高祖南面，绣幄帐，堂上，西北隅曲。凡黄金扣器，每太牢中分之。右辩上帝，左辩上后，俎余委肉积于前殿千斤，名曰堆俎。子为昭，孙为穆，昭西曲屏风，穆东面皆曲。凡如高祖馔陈其右，各配其左，坐如祖妣之座法。

又曰：原庙一岁十二祠，有闰加，皆用太牢。

又曰：唯八月饮酎，驾夕牲车，以绣衣之。皇帝暮视牲，以鉴燧取水于月，以阳燧取火于日，为明水火。左袒以水泼牛右肩，手执鸾刀，以切牛毛血荐之，而即更衣。

又曰：五仪元年，儒术奏施行，董仲舒请雨事，始令丞相以下求雨。雪曝城南，舞童女祷天神五帝。五年，始令诸官止雨。朱绳萦社，击鼓攻之。

又曰：祭五岳，祠用三正色牲。十月涸冻，二月解冻，皆祭。祝乘传车，称使者。祭四渎，用三正色牲，况珪有马祭人先于陇西西县，人先山皆有土人，山下有畤埒，如种菜畦。畦中各王封祭参辰星辰于池阳谷，曰：夹道左右为坛营，覆地各周三十六里。

又云：祭西王母于石室，皆在所二千石、令长奉祠。汉五年，修复周室旧祀，祀后稷于东南。常以八月祭一太牢，舞者七十二人，冠者五六三十人，童子六七四十二人，为民祈农报功。

又曰：凡圣王之法，追祭天地，日月星辰，山川万神，皆古之人。能纪天地五行气，奉其功以成人者也。故其祭祀皆以人事之礼，食之所食也，非祭食天与土地金木水火石也。又祭三皇五帝、九皇六十四民，皆古帝王凡八十一姓。

《汉末英雄记》曰：公孙瓒，字伯珪，举上计吏。郡太守刘其以事犯法，槛车征。伯珪褠衣平帻，御车到洛阳。其当徙日南，伯珪具豚米于墓上祭，先举觞醊祝曰："昔为人子，今为人臣，当诣日南。日南多瘴气，恐或不还，与先人辞于此。"再拜，慷慨而起。其时州里人在京师者，送行见之，及观者莫不歔欷。

《魏志》曰：管宁恒着布襦袴、布裙，随时单复，出入闺庭，能自柱杖，不须扶侍。四时祠祭，辄自力强，改加衣服，着絮巾，故在辽东所有白布单衣，亲荐馔馈，跪拜成礼。宁少丧母，不识形象，常特触如法，泫然流涕。

又曰：秽南国常用十月祭，氏昼夜饮酒歌舞，名之为舞天。又祭虎以为神。

《吴志》曰：赤乌年，有两乌衔鹊堕东馆，丞相朱据燎鹊以祭。

干宝《晋纪》曰：帝配飨魏太祖庙。有奏诸功臣从飨者，更以官为次，在荀郭之上。

《后魏书》曰：胡处少孤，言及父母，则若孺子之号。燉煌汜潜家善酿酒，每节常送一壶，以给祭事也。

沈约《宋书》曰：羊玄保自少至老，谨于祭奠，四时珍新，未得祠者，口不妄尝。

《齐书》曰：张冲，永明八年为假节监青冀二州，行刺史事。冲父初卒，遗命曰："祭我必以乡土所产，无用牲物。"冲在镇西时，还吴国取果菜。每至蒸尝，辄流涕荐焉。

《家语》曰：鲁公索氏将祭而亡其下牲。孔子闻之曰："公索氏不及二年必亡矣。"后一年而亡。

《孔丛子》曰：元和二年春，帝东巡狩，还过鲁，幸阙里，以太牢祠孔子及七十二子，作六代之乐，大会孔氏男子二十已上者六十三人，命儒者讲论。

《尸子》曰：先王之祠，礼也。天子祭四极，诸侯祭山川，大夫祭五祀，士祭其亲也。

《白虎通》曰：王者祭宗庙，亲自取禽者，尊重先祖，必欲自射加功力。

又曰：《王制》曰：春荐韭，夏荐麦，秋荐黍，冬荐稻。韭以卵，麦以鱼，黍以豚，稻以雁。春曰祠者，物微，故祠名之；夏曰礿者，麦熟进之；秋曰尝者，新谷熟；冬曰蒸，蒸者为众，冬之时，物成者众。

《益都耆旧传》曰：蜀郡张宽，字叔文，汉武帝时为侍中。从祀甘泉，至渭桥，有女子浴于渭水，乳长七尺。上怪其异，遣问之。女曰："帝后第七车知我所来。"时宽在第七车，对曰："天星主祭祀者，斋戒不严，则女人星见。"

《汝南先贤传》曰：薛苞归先人冢侧坊中，种稻以祭祀，芋以充饥。耽诗悦礼，玄虚无为，举孝廉贤良方正，皆不就。

王歆之《神境记》曰：九疑山既出林，过溪望见舜庙，在郡山之下。而插构水际，杳若灵居矣。余亲负劲策，致祠灵堂，乃躬就斋洁奉奠。其宵，水月如镜焉。涧微响，乃闻庙里若有弦歌者，声调如近，察复缅邈。此其五弦之音，南风之响乎？

解道虎《齐记》曰：临淄城南十五里，天齐渊五泉并出，有异于常，故庙屋以同。瓦有天齐字，在齐八祠，祠天于此，故名云。

《越绝书》曰：越王既得平吴，春祭三江，秋祭五湖。因以其时为之立祠，垂之来世，传之万载。邻邦乐德，皆来取之。

《吴越春秋》曰：夫差帅诸群臣出国东，祠子胥江水滨，诸臣并在。夫差乃言曰："寡人蒙先王之遗恩，为千乘之王，昔不听相国之言，乃用谗佞之辞，至令相国远没江海。自亡已来，濛濛惑惑，如雾蔽日，莫谁与言！"泣下沾衿，哀不自胜。左右群僚，莫不悲伤。

《十二洲记》曰：昔禹治洪水，既毕，乃乘桥车到钟山，祠上帝于北河，归大功于九河也。

《襄阳记》曰：诸葛亮初亡，所在各求为立庙。朝议以不合，百姓遂因时节私祭之于道陌也。

挚虞《杂祀议》曰：故事，祀皋陶于廷尉寺，祭先圣于大学也。

桓子《新论》曰：昔楚灵王骄逸轻下，简贤务鬼，信巫祝之道，斋戒洁鲜以祀上帝，礼群神，躬执羽绂，起舞坛前。吴人来攻，其国人告急，而灵王鼓舞自若，顾应之曰："寡人方祭上帝，乐明神，当蒙福佑焉。不敢赴救。"而吴兵遂至，俘获其太子及后姬以下。甚可伤。

《论衡》曰：鲁文公逆祀，去者三人；定公顺祀，叛者五人。贯于俗者，谓则礼为非；晓礼者寡，则知是者稀。

又曰：凡祭祀之义有二：一曰报功，二曰循先。报功以勉力，循先以崇恩也。

黄帝问玄女兵法曰：六甲将及夫人姓名服色。曰：其将皆着赤帻小冠带，白绶绞，夫人足皆各像其禽兽足。凡欲治致神，当于帛上书诸神名，如法祭荫。齐事六，曰见形六，十日一祭，合诸神祭之。祭法：脯长一九，广三寸，白茅为籍，编以青丝。籍长二尺四寸，广六寸，饼枣栗并脯置籍上。柸皆黑，中以丹沙九两，盛米囊九枚，置北斗座上，中为九星。六甲坐外，四面十二座，座前一柸。受道者坛东北祭，南向再拜祝。

《军令》曰：金鼓幢麾隆衡皆以立秋日祠。先时，一曰主者请祠。其主者奉祠，若出征有所克获，还亦祠。向敌祠，血于钟鼓。秋祠及有所克获，还但祠，不血钟鼓。祝文某官使主者，某敢告隆衡金鼓幢麾。夫军，武之器者，所以正不义，为民除害也。谨以立秋之日，洁牲黍稷，旨酒而敬荐之。

又曰：常以己丑日祠牛、马，先祝文曰：某月己丑，某甲敢告马牛先。马者，兵之道。牛者，军农之用。谨洁牲黍稷旨酒，敬而荐之。

又曰：军行济河，主者常先白沉璧文曰：某王使者某甲敢告于河，贱臣某甲作乱，天子使某帅众济河，征讨丑类，故以璧沉，唯尔有神裁之。

曹植《求祭先王表》：臣虽比拜表，自计违远已来，已逾旬日垂竟，夏节方到，臣悲感有心。念先王公以夏至日终，是以家俗不以夏日祭。至于先王，自可以令辰告祠。臣虽卑鄙，实禀体于先王。自臣虽贫窭，蒙陛下厚赐，足供太牢之具。臣欲祭先王于北河之上，羊猪牛臣自能办。否者，臣县自有。先王喜鳆，臣前以表，得徐州臧霸上鳆百枚，足自供事，请水瓜五枚。计先王崩来，未能半岁。臣实欲告敬，且欲复尽哀。博士鹿优、韩盖等以为礼。公子不得祢先君，公子之子不得祖诸侯，谓不得立其庙而祭之也。《礼》又曰：庶子不得祭宗。诏曰：“得月二十八日表，知侯推情，欲祭先王于河上。览省，上下，悲伤感切，将欲遣礼，以纾侯恭敬之意。会博士鹿优等奏礼如此，故写以下。‘开国承家，顾迫礼制，唯侯存心，与吾同之。’”

殷允《祭徐孺子文》曰：唯太元六年，龙集荒洛。冬十月哉生魄，试守豫章太守殷君，谨遣左右某甲奉清酎芗合一簋单羞，再拜奠故聘士豫章徐先生。

周祗《祭梁鸿文》曰：晋隆和四年十一月，陈郡周颖文以蕴藻行潦祠梁先生。

殷阐《祭王东亭文》曰：公以少牢之奠，敬荐东亭王侯之灵，盖闻朗鉴不尘，精金能照。

伯玉《祭孙叔敖文》曰：谨以丰羞祭楚令尹孙君之灵，眇眇千载，悠悠舒荆。理无不通，事隔者形。尚想清尘，承风效诚。

谢惠连《祭古冢文》曰：东府掘城北堑入一丈余，得古冢。上无封域，不用砖瓦，以木为椁。中有二棺，正方两头，无和明器之属。材瓦铜漆，有数十种。刻木为人，长三尺可，有二十余载，开见悉识。是人形，以物枨拨之，应手灰灭。棺上有五铢钱百余枚，水中有甘蔗节及梅李核，皆浮出而不甚烂坏。铭志不存，世代不可得而知之。公命城者改埋于东岗，祭以豚酒。既不知其名字近远，故假为之号曰冥寞君云尔。

杨泉请辞曰：古不墓祭，葬于中原而庙在大门里，不敢外其亲。平明出葬，日中反虞，不敢一日使神无依也。周衰礼废，立寝于庙墓。汉因而不改，以先帝衣冠四时上盥水，进果实而禘祫，祭祀皆于宗庙。及其末，因寝之，在墓咸往祭焉。盖由京师、三辅酋豪，大姓力强、财富，妇女赡侈，车两相追，宿止墓下，连日厌饫，遂以成俗，迄乎今日。夫死者骨肉归乎土，神而有灵，岂其守夫败壤而系乎草莽哉！

《唐书》曰：王义方初为太子校书，魏征、张亮皆厚礼之。亮诛，坐与交游，贬授儋州吉安丞。行至南海，舟人将以酒脯致祭，义方曰："黍稷非馨，义在明德。"乃酌水而祭。

太平御览卷第五百二十七　礼仪部六

郊丘

《尚书·召诰》曰：翼日乙卯，周公朝至于洛，则达观于新邑营，越三日丁巳，用牲于郊，牛二。

《周书·作雒》曰：乃设兆于南郊，祀以上帝，配以后稷。日月星辰先王皆与食。

《毛诗·清庙·昊天有成命》曰：《昊天有成命》，郊祀天地也。昊天有成命，二后受之。成王不敢康，夙夜基命宥密。昊天，天大号也。有成命者，言周自后稷之生而已有王命也。文王、武王受其业，施行道德，成此王功。

《周礼·春官上·大宗伯》曰：以禋祀祀昊天上帝，禋之言烟，烟者，周人尚臭，烟气之臭闻也。昊天上帝，冬至于圜丘所祀天皇太帝也。以实柴祀日月星辰，星，五纬也。辰，日月所会十二次。以槱燎祀司中、司命、风师、雨师。槱，积也。司中，文昌宫中星也。风师，箕星也。雨师，毕星也。郑云：司中、司命，文昌第四第五星也。

又《春官上·大宗伯》曰：苍璧礼天，礼天以冬至，谓天皇大帝在北极者。礼神必以其类，璧圜像天。黄琮礼地。礼地以夏至，谓神在昆仑，方像地也。

又《春官上·典瑞》曰：四珪有邸，以祀天、旅上帝；郑众云：于中央为璧，珪著其四面，一玉俱成，故曰四珪，珪末四出。或说四珪有邸，有四角也。上帝，玄天也。郑玄云：祀天，夏正郊天也。上帝，五帝所郊，亦犹五帝殊言天者尊异之也。两珪有邸，以祀地、旅四望。两珪者，像地数二也。谓所祀于北郊神州之神。

又《春官下·大司乐》曰：大司乐乃奏黄钟，歌大吕，舞《云门》，以祀天神。天神谓五帝及日月星辰也。王者各以夏正月祀其受命之帝于南郊，尊之也。奏太簇，歌应钟，舞《咸池》，以祭地祇。地祇祭于北郊，谓神州之神及社稷也。雷鼓雷鼗，孤竹之管，云和之琴瑟，《云门》之舞。冬至日，于地上之圜丘奏之，若乐六变，则天神皆降，可得礼矣。此禘大祭也。天神主北神。灵鼓灵鼗，孤竹之管，乐空桑之琴瑟，《咸池》之舞。夏至日，于泽中之方丘奏之，若乐八变，而地祇皆出，可得而礼矣。地祇主昆仑。

《礼记·礼运》曰：孔子曰："鲁之郊禘，非礼也，周公其衰矣。杞之郊也，禹也；宋之郊也，契也；是天子之事守也。先祖法度，子孙所当守。故天子祭天地，诸侯祭社稷，祝嘏莫敢易其常古，是谓大嘏。"嘏亦大也。不敢改其常古之法度，是谓大也。

又《礼运》曰：祭帝于郊，所以定天位也；礼社于国，所以列地利也。

又《郊特牲》曰：郊之祭也，迎长日之至，大报天而主日也。兆于南郊，就阳位也。扫地而祭，于其质也；器用陶匏，以象天地之性也。于郊，故谓之郊。牲用骍，尚赤也；用犊，贵诚也。尚赤者，周也。郊之用辛也，自周之始，郊日以至。言日以周郊天之月，而日至阳气新用事，顺之而用辛日。三王之郊，一用夏正。鲁以无冬至祭天圜丘之事是以建子月郊天，示先有事也。用辛日者，凡为人君，当斋戒自新耳。卜郊，受命于祖庙，作龟于祢宫，尊祖亲考之义也。郊所以明天道也。万物本乎天，人本乎祖，此所以配上帝也。郊之祭也，大报本反始也。

又《明堂位》曰：成王封周公于鲁，命鲁公世世祀周公以天子之礼乐。是以，鲁君孟春乘大辂，载弧韣，旂十有二旒，日月之章，祀帝于郊，配以后稷，天子之礼也。

又《大传》曰：礼，不王不禘。王者禘其祖之所自出，以其祖配之。凡大祭曰禘。自，由也，祭其先祖所由生，谓郊祭天。王者之先祖皆感太微五帝之精，苍则灵威仰，赤则赤熛怒，黄则含枢纽，白则白招拒，黑则三十光纪，皆正岁之正郊祭之。盖特尊焉。《孝经》曰：郊祀后稷以配天，配灵威仰也。宗祀文王于明堂，以配上帝，泛配五帝也。

又《祭法》曰：有虞氏禘黄帝而郊喾，祖颛顼而宗尧；夏后氏亦禘黄帝而郊鲧，祖颛顼而宗禹；殷人禘喾而郊冥，祖契而宗汤；周人亦禘喾而郊契，祖文王而宗武王。禘郊祖宗，谓祭祀以配食也。此禘谓祭昊天于圜丘。

又《祭义》曰：郊之祭，大报天而主日，配以月。夏后氏祭其暗，殷人祭其阳。周人祭日，以朝及暗。祭日于坛，祭月于坎，以别幽明，以制上下。祭日于东，祭月于西，以别内外，以端其位。日出于东，月生于西，阴阳长短，终始相巡，以致天下之和。天下之礼，致反始也，致鬼神也，致和用也，致义也，致让也。

《礼含文嘉》曰：五祀：南郊，北郊，西郊，东郊，中郊，兆正谋。东郊去都城八里，南郊九里，北郊六里，中郊西南去城五里。兆者，作封畔兆域也。谋者方欲迎气，斋戒自端正，谋虑其事也。五者，天子、公、侯、伯、子、男、卿大夫、士所以承天也。

《礼记外传》曰：王者冬至之日，祭昊天上帝于圆丘。冬至一阳生，非人力所为谓之丘，自然高大也。天体圆。诸侯不祭天。鲁无圆丘之祭，及二王之后，和祭其感生帝于南郊。王肃云："天雄一帝。"郑玄以天有六帝，据《周礼》祀昊天，又旅五帝，是六。星辰之位列于坛下，正祭之时，天尸在坛上也。扫地而祭，以下为贵。燔牲玉于坛上。又曰：夏至日祭皇地祇于方泽，配以后土；地，礼方也。谓祭昆仑山之神也。地之正祭，岁有二，此一祭也。立冬之日，祭神州地祇于北郊，配以后稷。此周制也。神州即王者所居，在昆仑东南五千里，封域之内，土地之神州。此即吉土，可以享帝于郊也。

《左传·襄上》曰：三卜郊不从，乃免牲。孟献子曰："吾乃今而后知有卜、筮。夫郊祀后稷，以祈农事也。郊祀后稷以配天。后稷，周始祖，能播植。是故启蛰而郊，郊而后耕。今既耕而后卜郊，宜其不从也。"

《谷梁传·宣公》曰：郊牛之口伤。之口，缓辞也，鼷鼠啮郊牛角，不言之，危辞也。角者，兵之象，故给养不谨敬，鬼神不享，故缓也。伤自牛作也。改卜牛，死，乃不郊。

《春秋繁露》曰：王者岁一祭天于郊。天者，百神之君，王者所最尊也。

又曰：春秋之义，国有大丧者，止宗庙之祭，而不止郊祭。不止郊祭者，不敢以父母之丧废事天之礼也。

《孝经》曰：昔者，周公郊祀后稷以配天，宗祀文王于明堂，以配上帝也。

《五经异义》曰:《春秋公羊》说礼郊及日,皆不卜,常以正月上丁也。鲁与天子并事变礼,今成王命鲁使卜,从乃郊,不从即已下天子也。鲁以上辛郊,不敢与天子同也。

又曰:今《尚书》夏侯欧阳说,类,祭天名也。以事类祭之奈何?天位在南方,就南郊祭之是也。

《五经通义》曰:王者所以祭天地何?王者父事天,母事地,故以子道事之也。祭日以丁与辛何?丁者,反覆自丁宁;辛者,当自克辛也。

《尔雅》曰:祭天曰燔柴,祭地曰瘗埋。

《广雅》曰:圆丘、太坛,祭天也;方泽、太折,祭地也。

《汉书》曰:高祖入关,问故秦畤上帝祀何帝?对曰:"四帝,有白黄青赤之祀。"高祖曰:"吾闻天有五帝,而四何也?"莫知其说。于是高祖曰:"吾知之矣。待我而具五也。"乃立黑帝之祠,名曰黑畤。

又《郊祀志》曰:遂郊雍,至陇西,登崆峒,幸甘泉,令祠官宽舒等具太一祠坛。祠坛放亳,忌太一坛。坛三垓,五帝坛环居其下,各如其方。黄帝西南,除八通鬼道。太一所用,如雍五畤物而加醴枣脯之属,杀一狸牛,以为俎豆牢具。

又《郊祀志》曰:三年一郊。秦以十月为岁首,故常以十月上宿郊。见通权火,张晏曰:权火,烽火也,状若井桔槔矣。其法类秤,故谓之权。欲令光明远照,通于祀所也。汉祀五畤于雍,五里一烽火。如淳曰:权,举也。拜于咸阳之旁,而衣上白,其用如经祠云。服虔曰:经,常。

又《郊祀志》曰:武帝立后土祠于汾阴,立太一祠于甘泉。祭日以牛,祝宰衣赤;祭月以羊,祝宰衣白。宣帝于圣成山祠日,于芥山祭月。

又《郊祀志》曰:成帝初即位,丞相衡、御史大夫谭奏言,祭天于南郊,就阳之义也;瘗地于北郊,即阴之象也,因其所都而各飨焉。昔者,周公文武郊于酆镐,成王郊于洛邑。由此观之,天随王者所居而飨之可见也。甘泉泰畤河东后土之祠,宜可徙置长安。

《续汉书·祭祀志》曰:建武元年,光武帝即位于鄗,为坛,营于鄗之阳。祭告天地,采用元始中郊祭事。二年正月初,制郊兆于洛阳城南七里，依鄗采元始中故事，为园坛八陛，中又为皇坛，天地位其上，皆南向。

又《祭祀志》曰：北郊在洛阳城北四里，为方坛四阶。二年初，别祠地祇，位南面西上。高皇后配西面北上，皆在坛上。地理群神从食，皆在坛下。

《东观汉记》曰：上都洛阳，制兆于城南七里，北郊四里。行夏之时，时以平旦，服色、牺牲尚黑，明火德之运。常服徽炽，尚赤，四时随色，季夏黄色。议者曰："昔周公郊祀后稷以配天，宗祀文王以配上帝。图谶著伊尧赤帝之子，俱与后稷并受命而为王。汉刘祖尧，令宜郊祀帝尧以配天，宗祀高祖以配上帝。"有司奏议曰："追迹先代，无郊其五运之祖者。故禹不郊白帝，周不郊帝喾。汉虽唐之苗，尧以历数命舜，高祖自感赤龙火德，承运而起，当以高祖配尧之后，还复于汉，宜修奉济阳、城阳县尧冢，云台致敬祭祀，礼亦宜之。

又曰：光武中，元年起明堂、辟雍、灵台及北郊。

谢承《后汉书》曰：丹阳方储，聪明善天文，为洛阳令。章帝欲出南郊，储上言，当有疾雨暴风，乘舆不可以出。上疑其妄，储饮鸩而死。果有大风暴雨，洛中昼暝。

《后汉书》曰：光武尝问郑兴郊祀事，曰："吾欲以谶断之，何如？"兴对曰："臣不为谶。"帝怒曰："卿之不为谶，非之邪？"兴惶恐曰："臣于书有所未学，而无所非也。"帝意乃解。

《汉旧仪》曰：汉制，天地以下，群臣所祭，凡千五百四十，新益为万五千四十。汉法：三岁一祭天于云阳宫甘泉坛；以冬至日祭天，天神下。三岁一祭地于河东汾阴后土宫；以夏至日祭地，地神出。五帝祭于雍五畤。

又曰：祭天用六彩绮席六重，长一丈，中一幅，四周缘之玉饰器。凡器七千三百，物具备，养牛五岁，至三千斤。

又曰：皇帝祭天，居云阳宫，斋百日，上甘泉通天台，高三十丈，以候天神之下。见如流火舞，女童三百，皆年八岁。天神下坛所，举烽火，皇帝就竹宫中，不至坛所。甘泉台去长安三百里，望见长安城。黄帝以来，所祭天之圆丘也。

又曰：祭地，河东汾阴后土宫。宫曲入河，古之祭地，泽中方丘也。礼仪如祭天，名曰汾葵，一曰葵丘也。

《宋书·礼志》曰：魏文帝黄初二年正月，郊祀天地明堂。是时，魏都洛京，而神祇兆域明堂灵台皆因汉旧事。四年，帝将东巡，以大军当出，使太常以一特牛告祠南郊，自后以为常。

又《礼志》曰：太和元年正月，郊祀武帝以配天，宗祀文皇帝于明堂以配上帝。是时，二汉郊禋之制具存，魏所损益可知也。

又《礼志》曰：魏景初元年，始营洛阳南委粟山为圆丘，诏曰："昔汉氏之初，承秦灭学之后，采摭残缺以备郊祀。自甘泉后土雍宫五畤神祇兆位，多不轻见，并以兴废无常，一彼一此，四百余年，废无禘礼。古代之所更立者，遂有阙焉。曹氏世系出自有虞氏，今祀圆丘，以始祖帝舜配地，以舜妃伊氏配天。郊所祭曰："皇天之神，以太祖武皇帝配地。"郊所祭曰："皇地之祇，以武宣皇后配宗，祀皇考高祖文皇帝于明堂，以配上帝。"

《江表传》曰：群臣以孙权未郊祀，奏议曰："顷者，嘉瑞屡臻，远国慕义，宜备郊祀，以承天意。"权曰："郊祀当于中土，今非其所，于何施此？"重奏曰："普天之下，莫非王土。王者以天下为家，周文武郊酆鄗，非必中土。"权曰："武王伐纣，即非鄗京，而郊其所也；文王未为天子，立郊于酆，见何经典？"复奏曰："伏见《汉书·郊祀志》，匡衡奏徙甘泉河东，郊于长安，言文王郊于酆。"权曰："文王德性谦让，处诸侯之位，明未郊也。经传无明文，匡衡俗儒臆说，非典籍正义，不可用。"

《志林》曰：吴主纠驳郊祀之奏，追贬匡衡，谓之俗儒。凡在见者，莫不慨然以为妙尽物理，达于事宜。至于稽之典籍，乃更不通。毛氏之说云，尧见天，因以邰而生后稷，故国之于邰，命使事天，故《诗》曰：后稷肇祀，庶无罪悔，以迄于今。言自后稷以来，皆得祭天，犹鲁人郊祀也。是以《棫朴》之作，有积燎之薪。文王郊酆，经有文，匡衡岂俗而枉之哉！文王虽未为天子，然三分天下有二，伐崇，龛黎，祖伊奔告。天既弃殷，乃眷西顾，太伯三让，以有天下。文王为王，于义何疑？然则匡衡之奏，有所未尽。案世宗立甘泉、汾阳之祠，皆出方士之言，非据经典者也。方士以甘泉、汾阳黄帝祭天地之处，故孝武因之，遂立二畤。汉治长安，而甘泉在北，谓就乾位，而衡云“武帝居甘泉，祭于宫南”，此既误矣。祭地汾阳，在水之间，呼为泽中，而衡云“东之少阳”，失其本意矣。

《晋起居注》曰：武帝太始元年十二月，太常诸葛绪上言，知士祭酒刘喜等议帝王各尊其祖所自出。大晋礼：天郊，当以宣皇帝配；地郊，宣皇后配；明堂，以景皇帝、文皇帝配。博士孔晁议礼，王者郊天，以其祖配周公；以后稷配天于南郊；以文王配五精上帝于明堂。经典无配地文，魏以先妃配，不合礼制。周配祭不及武王，礼制有断。今晋郊天，宜以宣皇帝配；明堂，宜以文皇帝配。有司奏：大晋初建，庶事未定，且如魏诏，郊祀大事，速议为定。

《晋书·礼志》曰：晋太始二年，诏群臣议五帝即天也。王气时异，故殊其号，虽名有五，其实一神。明堂南郊宜除五帝之坐，五郊改五精之号，皆同称昊天上帝，各设一坐而已。

又《礼志》曰：康帝建元元年正月，将北郊，有疑议。太常顾和表：北郊之月，古无明文。汉光武正月辛未，始建北郊，则与南郊同月。咸和中，北郊，同共正月。《周礼》三王之郊，一用夏正。于是从和议。是月辛未，南郊；辛巳，北郊。帝皆亲奉。

《宋书·礼志》曰：晋孝武诏曰：“郊祀，国之大事，而稽古之制阙然，便可详议。”祠部郎徐邈议圆丘郊祀，经典无二。宣皇帝尝辨斯义而检以圣典，爰及中兴，备加研极，以是南北二郊，诚非异学所可轻改也，谓仍旧为安。

《晋起居注》曰：明帝太宁三年，上亲祠。七月，又诏：“自中兴以来，虽南郊，未尝北郊。五岳四渎，名山大川，应望袟者，废而未举。居其官者，举其职，司其事，勿令一代之典阙而不备，主者详依旧处。”

又曰：安帝元兴三年十二月，明年应郊，乘舆未反，博访内外。左丞王纳之议曰：“议者谓应郊，故承制。中事纳之，谓大飨、大祀、大乐，皆是承制，不可得命三公行者。郊天极尊，唯一而已，故非天子不祀也。又案：武皇受禅，用二月郊。元年中兴，亦以二月。今郊时未过日，望銮驾无为欲速而据皇舆。旋反，更不得亲奉，不如缓而尽美。”于是异同难明，遂从纳之议。

《宋书·礼志》曰：晋太始二年十一月，有司又议：古者丘郊不异，宜并圆丘、方泽于南北郊，更修治坛，兆其二至之祀，合于二郊。帝又从之，一如宣帝所用王肃议也。是月庚寅，冬至，帝亲祀圆丘于南郊。自是后圆丘、方泽不别立。

又曰：孙权始都武昌及建业，不立郊兆至末年。太元元年十一月祭南郊，其地今秣陵县南十余里郊中是也。晋氏南迁，立南郊于巳地，非礼所谓阳位之义也。宋武大明三年，尚书右丞徐爰议：“郊祀之位，远古蔑闻。《礼记》燔柴于太一，祭天也；兆于南郊，就阳位也。汉初，甘泉河东禋埋易位，终亦徙于长安南北。光武绍作，定二郊洛阳南北。晋氏过江，悉在北。及郊兆之议，纷然不一。又南出道狭，未议开阐，遂于东南巳地创立丘坛。皇宋受命，因而弗改，且居民之中，非邑外之谓。今圣图重造，旧章毕新，南驿开涂，阳路修远，谓宜郊正午以定天位。”博士司马兴之、傅郁，太常丞陆澄，并同爰议。乃移郊兆于秣陵牛头山西，正在宫之午地也。

傅玄《正都赋》曰：建乎禋祀，祈福上帝。天子乃反古，服袭大裘，綖纽五彩，平冕垂旒，质文斌斌，帝容孔修，列大驾于郊畛。外八通之灵坛，执镇珪而进苍璧，思致美乎上乾。尔乃太簇为征，圆钟为宫，吹孤竹而拊云和，修轩辕之遗风。类于圆丘，六变既终，则天神斯降，可得而礼矣。

司马相如《封禅书》曰：濯濯之麟，游彼灵畤。孟冬十月，君徂郊祀。驰我君车，帝以享祉。

郭璞上疏曰：臣岁首粗有所占，得《解》之《既济》。案《解卦》繇云："君子以赦过宥罪。"《既济》云："思患而预防之。"郊祀者，以通天人之诚，感因农祥而祈事，上乃致敬于皇灵，下以播惠于萌黎者也。臣愚以为于卦之义，既郊之后，宜发哀矜之诏，引在予之责，荡除瑕衅，赞阳布惠，使幽弊之民应养生以悦育，否滞之气随谷风而舒散。此亦寄时事以制用，藉开塞而曲成者也。

太平御览卷第五百二十八 礼仪部七

迎气

《礼记·月令》曰：孟春立春之日，天子亲率三公九卿、诸侯大夫，以迎春于东郊；蔡邕《章句》曰：迎春者，礼昊天句芒之神也。于东郊，就其位也。邑外为郊，去邑八里，内因木数也。《周礼》：建国之神位，兆五帝于四郊，以苍珪礼东方，以赤璋礼南方，以白琥礼西方，以玄璜礼北方，皆有牲币，各放其方之色。乐奏《太簇》，歌《青阳》冕，执干戚舞《云翘》《育命》，所以导牧时和也。孟夏，迎夏于南郊；《章句》曰：迎夏者，礼炎帝祝融神也。于南郊七里，因火数也。玉用赤璋，牲币各放其色。乐奏《中宫》，歌《朱明》，其他皆如孟春也。孟秋，迎秋于西郊；《章句》曰：迎秋者，礼少昊蓐收之神。于西郊九里，因金数也。玉用白琥，牲币各放其色。乐奏《夷则》，歌《自藏》，其他如孟夏之礼。孟冬，迎冬于北郊。《章句》曰：迎冬者，礼颛顼玄冥之神也。于北郊六里，水数。玉用玄璜，牲币各放其色。奏乐《应钟》，歌《玄英》，其祀皆为孟秋之礼。

《续汉书·礼仪志》曰：立春之日，百官皆衣青，迎气青郊；郡县皆青服帻，立青幡，施土牛耕人于门外，以示兆民。立夏之日，百官皆衣赤，迎气赤郊。立秋之日，百官皆衣白，迎气白郊。立冬之日，百官皆衣皂，迎气黑郊。

又《祭祀志》曰：县邑常以立春之日，皆青幡青帻，迎春于郭外。令一童男帽青巾衣，先在郭外，迎春者至自野中，出迎者拜之而还。

《皇览》：礼，天子迎四节日，天子迎春、夏、秋、冬之乐，又顺天道。是故距冬至日四十六日，则天子迎春于东堂，距邦八里，堂高八尺，堂阶八等，青税八乘，旂旐尚青，田车载矛，号曰助天生。倡之以角，舞之以羽，此迎春之乐也。自春分数四十六日，则天子迎夏于南堂，距邦七里，堂高七尺，堂阶七等，赤税七乘，旂旐尚赤，田车载弓，号曰助天养。倡之以征，舞之鼓鼗，此迎夏之乐也。自夏至数四十六日，则天子迎秋于西堂，距邦九里，堂高九尺，堂阶九等，白税九乘，旂旐尚白，田车载戟，号曰助天收。倡之以商，舞之以干戚，此迎秋之乐也。自秋分数至四十六日，则天子迎冬于北堂，距邦六里，堂高六尺，堂阶六等，黑税六乘，旂旐尚黑，田车载甲，号曰助天诛。倡之以羽，舞之以籥，此迎冬之乐也。所以迎四时，乐养九志于西堂，冬养九胜于北堂，养后三月而止。天子行杀，必顺天道。

《宋书·礼志》曰：汉明帝据《月令》有五郊迎气服色之礼，因采元始中故事，兆五郊于洛阳，祭其帝与神，车服各顺方色。魏晋依之。江左以来，未遑修建。

禘祫

《毛诗·清庙·雍》曰：《雍》，禘太祖也。禘，大祭。有来雍雍，至止肃肃。相维辟公，天子穆穆。

又《商颂》曰：《长发》，大禘。禘，郊祭天也。《礼记》曰：王者禘其祖之所自出，出其祖配之，是谓也。浚哲维商，长发其祥。洪水芒芒，禹敷下土方，外大国是疆，幅陨既长。笺云：长犹久也。陨，当作圆。圆谓周也。深知乎维商家之德也，久发见其祯祥矣。乃用洪水，禹敷下土正四方，定诸夏，广大其竟界之时，始有王天下之萌兆，历虞夏之世，故为久也。

《礼记·曾子问》曰：当七庙五庙无虚主。虚主，唯天子崩，诸侯薨与去其国，与祫祭于太祖，为无主耳。

《礼记·大传》曰：礼，不王不禘。王者禘其祖之所自出，以其祖配之。凡大祭曰禘。自，由也，大祭其先祖所由生，谓郊祭天也。王者之祖先皆感太微五帝之精以生。昔用正月郊祭之，盖特尊焉。《孝经》曰：郊祀后稷以配天，宗祀文王于明堂，以配上帝。凡配五帝也。

《周礼·宗伯》职曰：以肆献祼享先王，以馈食享先王，以祠春享先王，以禴夏享先王，以尝秋享先王，以烝冬享先王。宗庙之祭，有此六享。肆献祼馈食，在四时之上，则是祫也，禘也。

《礼稽命曜》曰：三年一祫，五年一禘，以衣服想见其容色。三日斋，思亲志意，相见所好，意喜，然后入庙。

《左传·昭四》曰：十五年春，将禘于武公，戒百官。杜预注曰：戒，斋也。梓慎曰："禘之日其有咎乎？吾见赤黑之祲，非祭祥也，丧氛也，祲，妖气也。在其莅事乎？"

《公羊传·文上》曰：祫者，何也？合祭也。其合祭奈何？毁庙之主，陈乎太祖；未毁庙之主，皆升合食于太祖。

《尔雅》曰：禘，大祭也。郭璞注曰：五年大祭。

《白虎通》曰：祭宗庙，所以禘祫何？尊人君，贵功德，广孝道。位尊德盛，所及弥远。

《五经异义》曰：今《春秋公羊》说，祠宗庙筮而不卜。《传》曰：禘祫不卜。

又曰：谨案：叔孙通宗庙有月祭之礼，知古而然也。三岁一祫，此周礼也；五岁一禘，疑先王之礼也。

又曰：古《春秋左氏》说，古者先王日祭于祖考，月荐于曾高，时享及二祧，岁祷于坛。禘及郊宗石室。

《五经通义》曰：王者诸侯，所以三年一祫，五年一禘何？三年一闰，天道小备，故三年一祫。祫者，皆取未迁庙主合食太祖庙中。五岁再闰，天道大备，故五岁一禘。禘者，谛也，取已迁庙主合食太祖庙中。

《礼记外传》曰：禘祫谓之殷祭，殷，多盛也。祫大而禘小。祫，合也。合毁庙之主，出而陈列之，亲庙之主升入太庙，功臣又得配享，其礼大也。禘则各于宫，神主不出庙也。祭大何以名祫？祭卑不敢降尊也。《春秋》之《经》，有禘而无祫，《经》云：大事于太庙。又云：有事于其庙。即是禘也。此是国之大事，时云有事。毁庙无时祭，时祭月祭，皆近庙耳。玄孙之子于高祖亲尽也。但五年有二殷祭耳。祭及远祖，象年再闰也。神主入庙，先为一禘，为将递迁，遍告之也。明年春，禘而又祫。祫后二年一禘，禘后三年一祫，自此为常。

《汉书》曰：元始五年春正月，祫祭明堂，诸侯王二十八人，列侯百二十人，宗室子九百余人。助祭礼毕，皆益户赐爵及金帛，增秩补吏，各有差。

又刘歆曰：《春秋传》曰：日祭月祀，时享岁贡。终王祖祢，则日祭；曾高，则月祀；二祧，则时享；坛墠，则岁贡；张晏曰：去祧为坛，扫地祭之也。大禘则终王。服虔曰：《夷蛮经》曰："王乃入助祭，各以珍贡，以助大祫之祭也。"弥远弥尊，故禘为重矣。

《续汉书·祭祀志》曰：建武二十六年，诏问张纯禘祫之礼，奏三年一祫，五年一禘。禘之言谛，谛昭穆尊卑之义，以夏四月阳气在上，阴气在下，故正尊卑之义。祫以冬十月，五谷成熟，故骨肉合聚饮食。

《汉杂事》曰：元帝时，匡衡、贡禹以经义毁先帝亲尽之庙。高帝为太祖，孝文为太宗，孝武为世宗，孝宣为中宗，祖宗庙皆世世奉祀，其余惠、景以下皆毁。五年而再殷祭，犹古之禘祫。

王隐《晋书》曰：太康中，太庙成，迁神主于新庙，上帅百官奉迎于道左，遂亲禘祫。

《后魏书》曰：世宗景明二年，夏六月，秘书丞孙思蔚上言："古之祭法，时祫并行。天子先祫后时，诸侯先时后祫。此施当世，在今则烦，且礼有升降，事有节文。适时之制，圣人弗违。当祫之月，减时祭以从要省。"制可。十一月，壬寅，改筑圆丘于伊水之阳；乙卯，仍有事焉。

《宋书·礼志》曰：凡禘祫大祭，则神主悉出，庙堂为昭穆以安坐，不复停室也。

又《志》曰：博士徐道娱上议曰："太庙烝尝仪注，皇帝行事毕，出便坐，三公已上献太祝，送神于门。然后至尊还拜，百官赞拜，乃退。谨寻清庙之道，所以肃安神也。《礼》曰：庙者，貌也，神灵所凭依也。事亡如存，若恒在也。既不应有送神之文，自陈豆荐俎，车驾至止，并弗奉迎。夫不迎而送，送而后辞，暗矩之情，实用未达。"又博士江邃议："在始不迎，明在庙也；卒事而送，节孝思也。若不送而辞，是舍亲也；辞而后送，是速神也。故孝子不忍违其亲，又不忍违神。是以祝史送神，以成烝尝之义。"

又《礼志》曰：禘祫之礼，三年一，五年再。《公羊》所谓五年再，殷祭也，在四时之间。《周礼》所谓凡四时之间，礼也，盖历岁节，月无定，天子、诸侯先后弗同礼。天子祫尝，诸侯烝祫，有田则祭，无田则荐。郑注：天子先祫后祭，诸侯先时祭，然后祫。有田者，既祭又荐，新祭以首，时荐以仲月。然则大祭四祀，其月各异。天子以孟月殷，仲月烝；诸侯孟月尝，仲月祫也。

《齐书·礼志》曰：右仆射王俭议："按《礼记·王制》：天子先祫后时祭，诸侯先时祭后祫，《春秋》鲁僖公二年祫，明年春禘。自此以后，五年再殷。"

《礼纬稽命征》曰："三年一祫，五年一禘，经记所论禘祫与时祭，其言详矣。"

《唐书》曰：元和中，太常上言，按《礼》，祭不欲数，太庙禘祫，祭礼重于时飨。时飨与禘祫同月，即其月但行禘祫祭，不行时飨，盖不欲烦，是礼先重者。今时飨重于朔望荐食，稽求礼情，参酌轻重，请每至时及腊，但行飨礼。其月朔望，荐食请停，知告庙。日与朔望，荐食日同，请先行告礼，然后荐食。

六宗

《尚书·舜典》曰：禋于六宗。郑注曰：六宗谓星、辰、司中、司命、风雨师也。

《尚书大传》曰：万物非天不生，非地不载，非春不动，非夏不长，非秋不收，非冬不藏。故《书》曰"禋于六宗"，此之谓也。

《五经异义》曰：今《尚书》欧阳夏侯说，六宗者，上不及天，下不及地，旁不及四方。居中央，恍忽无有神助。阴阳变化，有益于人，郊天并祭之。

又曰：古《尚书》说，六宗者，天地属神之尊者，谓天宗三，地宗三。天宗，日、月、北辰也；地宗，岱山、河、海也。日月为阴阳宗，北辰为星，宗岱为山，宗河为水，宗海为泽，宗也，祀天则天文从，祀地则地理从也。

《续汉书·祭祀志》曰：安帝以《尚书》欧阳家说云，六宗者，在天地四方之中，为上下四方之宗，以元始。故《书》谓六宗亦六子之气，日月雷风山泽者为非。三月，更立六宗祠于洛阳城西北地，礼比太社。

《东观汉记》曰：光武即帝位，燔燎告天，禋于六宗。

《李郃别传》曰：郃侍祠南郊，不见六宗祠，奏曰："按《尚书》肆类于上帝，禋于六宗。汉兴于甘泉汾阳，祭天地亦禋六宗。至孝成时，匡衡奏立北郊，复祠六宗。至建武都洛阳，制郊祀不道祭，六宗由是废，不血食。今宜复旧。"上从公议。由是遂祭六宗。

张纯《六宗表》曰：臣窃以十一家凡有六统，而所据各异，考之经礼，大义不通。臣谓禋于六宗，祀祖考所尊者。六宗，则三昭三穆也。

《魏书》曰：明帝问王肃："六宗竟几？"对曰："《坎》为水，《离》为火，《震》为雷，《巽》为风，《艮》为山，《兑》为泽。此乾坤六甲子也。"

太平御览卷第五百二十九　礼仪部八

五祀

《礼记·祭法》曰：王为群姓立七祀，曰司命，曰中溜，曰国门，曰国行，曰太厉，曰户，曰灶。诸侯为国立五祀，曰司命，曰中溜，曰国门，曰国行，曰公厉。大夫立三祀，曰族厉，曰门，曰行。适士立二祀，曰门，曰行。庶人立一祀，或立户，或立灶。郑玄注曰：五祀，门、户、中溜也。此者小神，居人之间，司察小神也。

又《月令》曰：孟春其祀户，孟夏其祀灶，季夏其祀中溜，孟秋其祀门，孟冬其祀行。余吉，吉礼门。

《白虎通》曰：何谓五祀者？门、户、灶、井、中溜也。

又曰：《曲礼下》记云：天子祭天地、四方、山川、五祀，岁遍；诸侯方伯祀山川，祭五祀，岁遍；士祭其先。凡祀有废之，莫敢举也；有举之，莫敢废也。非所当祭而祭之，名为淫祀，无福。祭五祀所以岁遍何？慎五行也。

《五经异议》曰：大戴说礼器云：灶者，老妇之祭。许君按：《月令》孟夏之月，其祀灶，五祀之神，王者所祭，非老妇也。郑玄曰：灶神祝融是老妇。

又曰：王为群姓立七祀：一曰司命，主督察人命也；二曰中溜，王宫室居处也；三曰门，四曰户，主出入；五曰国行，主道路也；六曰大厉，主杀也；七曰灶，主饮食也。

《汉书》议曰：祠五祀，谓五行金木水火土也。木正曰勾芒，火正曰祝融，金正曰蓐收，水正曰玄冥，土正曰后土，皆古贤能治成五行有功者也，主其神祀之。

《魏名臣奏》曰：秦静议云：祭法七祀有国行，今《月令》谓行为井，是以俗废行而祀井。武帝始定天下，兴复旧祀，造祭祀门、户、井、灶、中溜。文帝称诏。静按：凡诸祠祀，所以尊敬神灵，不宜称诏。高堂隆议曰：国、中溜、门、井、灶多不遍，唯祀在者，故曰祭。五祀在于庙，今每门、户辄祭之，自汉以来，非旧典也。祭井自汉，从水类，不列五祀，宜除井祀行。《世本》曰，征作禓五祀。征者，殷王八世孙也。禓者，强死男也。谓时难索宣驱疫逐强死鬼也。五者，谓门、户及井、灶、中溜也。

傅玄《五祀议》曰：礼大记云：室中央中溜，谓四溜之中也。祭于漏井，盖失之矣。七祀之文，皆云祀行而无井，祭灶而不祭井，于事则阙。夫设祀者，非唯报功而已，亦神道设教，使民慎之幽冥也。臣以为帝之都城，宜祭一门，正宫一门，正室一户，井、灶、中溜，亦各择其一正者祭之。

四望

《尚书·舜典》曰：正月上日，受终于文祖。在璇玑玉衡，以齐七政，肆类于上帝，禋于六宗，望于山川，遍于群神。岁二月，东巡狩，至于岱宗，柴，望秩于山川，肆觐东后。孔安国曰：望秩于山川者，以尊卑祭之也。五岳视三公，四渎视诸侯，其余小者，或卿、大夫、伯、子、男。

《周礼·春官上》曰：大宗伯之职，国有大故，则旅上帝及四望。四望，五岳、四镇、四渎也。

又《春官》曰：小宗伯之职，掌兆五帝于四郊，四望、四类亦如之。

又《春官上·典瑞》曰：掌玉瑞玉器之藏，四珪有邸，以祀天、旅上帝。两珪有邸，以祀地、旅四望。

又《春官下·大司乐》曰：春奏《姑洗》，歌《南吕》，舞《大韶》，以礼四望。

《公羊传·僖下》曰：夏四月，卜郊，不从，乃免。牲犹三望，三望者何？望祭也。则曷为祭，祭太山、河海。山川有能润于百里者，天子秩而祭之。此皆助天气成功，故祭天及之。

《五经通义》曰：王者所以因郊祭日月、星辰、风伯、雨师、山川何？以为皆有功于民，故祭之也，皆天地之别神从官也。缘天地之义，亦欲及之，故岁一祭之。礼日于南门外，礼月、四渎于北门外，礼山川、丘陵西门外，祭风伯、雨师于东门外，各即其位也，以是明之。其祭之奈何乎？曰祭日者悬，祭月者毁，祭风者明，祭雨者布疏，祭山川者沉，各像其貌也。

《三辅黄图》曰：宰衡王莽奏曰：冬至，使有司祭天神于南郊，高祖配而望群阳。夏至，使有司祭地祇于北郊，高后配而望群阴。

《隋书·志》曰：梁朱异议，郑众云四望谓日月星海。郑玄云谓五岳四渎。寻二郑之说，互有不同。窃以望是不即之名。凡厥遥祭皆有斯目，岂容局于星海，拘于海渎。请今天司有关水旱之义，爰有四海、名山、大川能兴云致雨，一皆备祭。

高禖

《礼记·月令》曰：仲春，玄鸟至之日，以太牢祀于高禖。天子亲往，后妃率九嫔御，乃醴礼天子所御，带以弓韣，授以弓矢，立于高禖之前。蔡邕《章句》曰：高禖，祀名也。高犹尊也。禖者，所以祈子孙之祀也。天子所御谓后妃以下王妾御者。韣，弓衣也。祝以高禖之命，饮以醴酒，带以弓衣，尚使得男者也。郑玄注曰：玄鸟遗卵，娀简狄吞之，生契，后以为禖官，嘉祥而立祀也。

《汉书》曰：太子据立为皇太子。初，上年二十九，乃得太子，甚喜，为立禖，张晏曰：禖，求子禖神。使东方朔、枚皋作禖祝。

《续汉书》曰：仲春之月，立高禖，祀于城南，礼以特牲。

《五经异议》曰：王者一岁七祭天地。仲春，后妃郊禖。禖亦祭天也。

《五经要议》曰：契母简狄以玄鸟至之日，祀于高禖而生契。高禖者，盖先王所以祈子孙之祀也。玄鸟感阳而至，集人栋宇，有孳乳之祥，故重其至日，因以用事。

《五经异议》曰：郑记曰：玄鸟至之日，以太牢祀于高禖。注曰：高辛氏世娀简狄吞燕子而生契，后王以为禖官，嘉祥其祀焉。王权问曰："以注言之，先商之时，未有高禖。《生民》诗曰：'克禋克祀，以祓无子。'传以为古者必以郊禖焉。姜嫄禋祀上帝而生稷，是则郊禖之祀，非以生契之后立也。”谯乔答曰：“先商之时，自必有禖氏祓除之祀，位在南郊，盖亦以玄鸟至之日。然其所禋，乃于上帝娀简狄吞一子之后。王以为禖官，嘉祥祀之以配帝，谓之高禖。”

晋束皙《高禖坛石议》曰：元康六年，高禖坛上石破为二段，诏书问置此石来几时？出何经典？今应复不？博士议：礼无高禖置石之文，未知造设所由。既已毁破，无可改造设。高辛氏有简狄吞卵之祥，今此石有吞卵之象，盖俗说所为，而史籍无记。可但收聚，复于旧处而已。太常以为吞卵之言，盖是逸俗之失义。因今毁破，便宜废除。下四府博士议。贼曹属束皙议：夫未详其置之故，而欲必其可除之理，理不可然。按《郊祀志》，秦汉不祀高禖，汉武帝《五子传》武帝晚得太子，始为立禖，其事未之能审。

许慎《五经异说》云：山阳民祭，皆以石为主。然则石之为主，由来尚矣。其此象矣，而祭礼龟策。祭器敝则埋之，而改置新石。今破则宜埋而更造，不宜遂废。收集破石，积之故处，于礼无依，于事不肃，思所未安也。时公卿从太常所处，此议不用。其后得高堂隆故事，魏青龙中造立此礼，诏书更镌石，令如旧置，高禖坛上埋破石，入地一丈。

《隋书·礼志》曰：梁太庙北门内道西有石，文如竹叶，小屋覆之，宋元嘉中修庙所得。陆澄以为孝武时郊禖之石，然则江左亦有此礼矣。后齐高禖为坛于南郊，傍广轮二十六尺，高九尺，四陛三坛。

祷祈

《周书》曰：四月，孟夏，王初祈祷于宗，乃尝麦于庙。

《毛诗·甫田》曰：琴瑟击鼓，以御田祖，以祈甘雨，以戒我稷黍，以谷我士女。

又《生民·行苇》曰：曾孙唯主酒醴，维醽酌以大斗，以祈黄耇。

又《臣工·噫嘻》曰：春夏祈谷于上帝也。祈犹祷求。

《周礼·春官上·小宗伯》曰：小宗伯掌大灾，乃执事祷祠于上下神祇。

又《春官下》：太祝掌六祝之辞，以事鬼神，祈福祥，求永贞。马融传曰：神，天神；鬼，人鬼；祇，地祇也。

《礼记·月令》曰：孟春，是月也，天子乃以元日祈谷于上帝。

《左传·襄上》曰：郊祀后稷，以祈农事也。

又《定上》曰：鲁昭公出，故季平子祷于炀公。九月，立炀宫。平子逐君，惧而请祷于炀公。昭公死于外，自以为获福，故玄其宫。

又《哀上》曰：卫太子祷曰：曾孙蒯聩敢昭告皇祖文王、周文王。皇，大也。烈祖康叔、文祖襄公：郑胜乱从，胜，郑声公名，释君助臣为从于乱。晋午在难，午，晋定公名。不能治乱，使鞅讨之。鞅，赵简子名。

《论语·八佾》曰：王孙贾问曰："与其媚于奥，宁媚于灶。何谓也？"王孙贾自周出仕于卫也。宗庙及五祀之神皆祭于奥。室西南隅谓之奥。子曰："不然。获罪于天，无所祷也。"明当媚其尊者。夫灶者，老妇之祭。

又《述而》曰：子疾病，子路请祷。祷，谢过于鬼神。子曰："有诸？"观子路晓祷礼否。子路对曰："有之。诔曰：祷尔于上下神祇。"诔天神之辞也。子曰："丘之祷久矣。"孔子自知无过处。

《五经异义》曰：《礼·祭法》云：天子有祧。远庙曰祧，将祧而去之，故曰祧。去祧曰坛，去坛曰墠。皆藏于祖庙，有事则祷，无事则止。

《说文》曰：吉事求福为祷。

《汉书》曰：文帝曰："昔先王远施不求其报，望祀不祈其福。今吾闻祠官祝厘，如淳曰：厘，福。皆于朕躬，不为百姓。夫以朕之不德而专飨，独美其福，百姓不与，是重吾不德也。其令祠官致祀，无有所祈。"

《东观汉记》曰：邓太后尝体不安，左右忧惶，至令祷祠，愿以人为代。太后闻之，即谴怒，敕掖庭令以下，何故乃有此不祥之言。左右咸流涕，叹："太后临大病，不自顾而念兆民。后病瘳，岂非天地之应与？"

《晋中兴书》曰：大旱经久。太兴四年四月始雨，有奏应报赛宗庙山川。中宗诏曰："祈庙云报赛，非奉尊上辞也。吾意有疑，以为旧山川有许报，故雨赛，非大事不应告庙。臣子无要君之道，黩祭称赛，于礼有违。”

《唐书》曰：宪宗谓宰臣曰：“禳灾祈福之说，其事信否？”李藩对曰：“臣窃观自古圣达，皆不祷祠。故楚昭王有疾，卜者谓河为祟，昭王以河不在楚，非所获罪。孔子以为知天道。仲尼疾病，门人子路请祷。仲尼以为神道助顺，系于所行，已既全德，无愧屋漏，故答子路云：‘丘之祷久矣。’《书》云‘惠迪吉，从逆凶’，言顺道则吉，从逆则凶。《诗》云‘自求多福’，则祸福之来，感应行事。若苟为非道，则何福可求。是以汉文帝每有祭祀，使有司敬而不祈。其见超然，可谓盛德。若使神明无知，则安能降福？必其有知，则私己求媚之事，君子尚不可悦也，况于明神乎？由此言之，则履信思顺，自天佑之，苟异于此，实难致福。故尧舜之务，唯在修已以安百姓。管仲云：‘义于人者和于神。’盖以人为神主，故但务安人而已。虢公求神以致危亡，王莽妄祈以速汉兵。古今明诫，书传所记，望陛下每以汉文、孔子之意为准，则百福具臻矣。”上深嘉美之。

又曰：文宗开成中，以久旱，分命郡官遍祠祈祷于紫宸殿，对宰臣忧形于色。宰臣以星官所奏，“天时当尔，乞不过劳圣虑”。上凛然改容曰：“朕为天下主，无德及人，致此灾旱。今又谪见于上，若三日不雨，当退归南位，更选贤明以主天下。”宰臣呜咽流涕，各请罪，乞免相位。是夜，澍雨大洽。

又曰：孔戣为广州刺史。先是，准诏祷南海神，多令从事代。戣必自越风波而往。韩愈为潮州，作诗美之。

《华阳国志》曰：梁辅为郡五官，时天大旱，请雨不降。辅出祷，乃积薪祝神曰：“二日不雨，则欲自焚，谢罪百姓。”言终而雨。

《长沙郡耆旧传》曰：祝良为洛阳令，时亢旱，天子祈不得。良乃曝身阶庭，告诚引罪，自晨至中，紫云沓起，甘雨登降。民为之歌曰：“天久不雨，烝民失所。天王自出，祝令特苦。精符感应，滂沲而下。”

《列仙传》曰：历阳有彭祖仙室，前世云，“祷请风雨，莫不辄应”。常有两虎在祠左右，今日祠讫即有虎迹。

《异苑》曰：晋简文既废世子道生，次子郁又早卒，而未有息嗣。濮阳令在弟前祷至三更，郁有黄气自西南来，逆室前，尔夜幸李太后，而生孝武皇帝。

《韩子》曰：卫人有夫妻祷者，而祝曰："使我无故得百束布。"其夫曰："何少也？"对曰："益是，子将以买妾。"

《吕氏春秋》曰：昔殷汤克夏，而天下大旱，五年不收。汤乃以身祷于桑林曰："余一人有罪，无及万方。万方有罪，在予一人。无以一人之不敏，使上帝神伤民之命。"于是剪其发，丽其手，自以为牲，用祈福于上帝。民悦，雨乃大至。

《淮南子》曰：圣人者，不耻身贱而愧道之不行；不忧命之短而忧百姓之穷也。是故禹为水以身解于阳肝之河，汤为旱以身祷于桑林之下。圣人之忧民，如此其明也。

太平御览卷第五百三十　礼仪部九

斋戒

《易·系上》曰：明于天之道，而察于民之故，是兴神物，以前民用，圣人以此斋戒。洗心曰斋，防患曰戒也。

《周礼·天官·冢宰》曰：祀五帝，则掌百官之誓戒，与其具修。祀五帝谓四郊及明堂。誓戒，要之以刑，重失礼也。《明堂位》所谓各扬其职，百官废职服大刑，是其辞之略也。具所当共修扫除粪洒。前期十日，帅执事而卜日，遂戒。前期，前所诹之日也。十日，容散斋七日，致斋三日。执事，宗伯太卜之属。既卜，又戒百官以始斋。

《礼记·曲礼》曰：斋者不乐不吊。为哀乐则失正，散其思也。

又《檀弓》曰：是故君子非有大故，不宿于外；大故谓哀忧。非致斋也，非疾也，不昼居于内。内，正寝之中。

又《王制》曰：天子斋戒受谏。岁中群臣奉岁事，谏王所当改为也。司会以岁之成质于天子。司会，冢宰之属，掌计要者，成计要也。质犹平也，平其计要。冢宰斋戒受质。赞王受之。大乐正、大司寇、市三官以其成从质于天子。大乐正，于周宗伯之属。市，司市也，于周司徒之属。从，从于司会也。大司徒、大司马、大司空斋戒受质，百官各以其成质于三官。大司徒、大司马、大司空以百官之成质于天子，百官，此三官之属。百官斋戒受质。受，平报也。

又《郊特牲》曰：孔子曰："三日斋，一日用之，犹恐不敬。二日伐鼓，何居？"居读为姬，语之助。何居，怪之也。伐犹击也。斋者止乐，而二日击鼓，则是成一日斋也。

又《郊特牲》曰：斋之玄也，以阴幽思也。故君子三日斋，必见其所祭者。斋三日者，思其居处，思其笑语，思其志意，思其所乐，则见之也。

又《玉藻》曰：将适公所，宿斋戒，居外寝。

又《祭义》曰：古者天子、诸侯必有养兽之官，及岁时，斋戒、沐浴而躬朝之，牺牷祭牲必于是取之，敬之至也。

又《祭义》曰：致斋于内，散斋于外。斋之日，思其居处，思其笑语，思其志意，思其所乐，思其所嗜。斋三日，乃见其所为斋者。

又《祭统》曰：及时将祭，君子乃斋。斋之为言齐也。斋不齐，以致齐者也。是故君子非有大事也，非有恭敬也，则不斋。不斋，则于物无防也，嗜欲无止也。及其将斋也，防其邪物，讫其嗜欲，耳不听乐，故记曰："斋者不乐。"言不敢散其志也。心不苟虑，必依于道。手足不苟动，必依于礼。是故君子之斋也，专致其精明之德也。故散斋七日以定之，致斋三日以齐之。定之之谓斋。斋者，精明之至也，然后可以交于神明也。定者，定其志意。是故，先期旬有一日，宫宰宿夫人。夫人亦散斋七日，致斋三日。宫宰，守宫官者也。宿读为肃。肃犹戒也，戒轻肃重也。君致斋于外，夫人致斋于内，然后会于太庙。

又《坊记》曰：子云："七日戒，三日斋，承一人焉。以为尸过之者，趋走以教敬也。"戒谓散斋也。承犹事也。

又《表记》曰：子曰："斋戒以事鬼神，择日月以见君，恐民之不敬也。"

《礼记外传》曰：凡大小祭礼，必先斋，敬事天神人鬼也。斋者，敬也。斋其心，思其貌，然后可以入庙。斋必变食，去其荤膻。居必迁坐，易其常处也。故散斋于外，致斋于内。外者，公寝也。内者，寝中小室。大祀散斋七日，祭日犹远容意散。致斋三日，致者，至也。就祭日近。则十日斋矣。祭前旬外之日，则有司戒告内外，内外百官斋谓之夙戒。夙，早也。中祀七日，则散斋四日。小祀三日。《月令》，秦书也。当战国之际，大小祭祀唯三日，散斋二日，致斋一日。

《春秋合诚图》曰：黄帝请问太一长生之道，太一曰："斋戒六丁，道乃可成。"丁取能丁宁，常戒惧也。

《家语》曰：季桓子将祭，斋三日，而二日钟鼓之音不绝。冉有问于孔子，子曰："孝子之祭也，散斋七日，慎思其事；致斋三日而一用之，精一而用之也。犹恐不敬。而二日伐鼓，何其？"

《论语·乡党》曰：斋，必有明衣，布。明衣亲身名，所以自洁清也。其物以布为之。斋，必变食，居必迁坐。

又《述而》曰：子之所慎：斋，战，疾。此三者，人所不能慎，而夫子慎之。

《史记》曰：蔺相如谓秦王曰："赵送璧时，斋五日。今大王亦宜斋。"遂许斋五日，舍相如广成传舍。秦王斋五日后，乃设九宾于庭，引相如。

又曰：秦二世梦白虎啮其左骖马，杀之，心不乐。问占梦人，曰："泾水为祟。"二世乃斋望夷宫，阎乐杀之，更立子婴为王。

《汉书》曰：萧何荐韩信于汉王。何曰："王宜择日斋戒，设坛场具礼，乃可拜为大将军。"至拜，乃韩信也，一军大惊也。

又曰：宣帝诏曰："乃者凤凰甘露降集京师，嘉瑞见，修兴太一、五帝、后土之祠，祈为百姓蒙福。鸾凤万舞，集止于旁。斋戒之暮，神光显著；荐鬯之夕，神光交映。或降于天，或登于地，或从四方来集于坛。上帝嘉飨，海内承福。"

《续汉书》曰：殇帝崩，太后与兄车骑将军邓骘定策禁中。其夜，使陟持节，以王青盖车迎安帝，斋于殿中。

范晔《后汉书》曰：周泽字稚都，为太常。尝卧疾斋宫。其妻哀泽老病，就问所苦。泽大怒，以妻子犯斋禁，遂收送谢罪。当世疑其诡谲，时人语曰："生世不谐，作太常妻。一岁三百六十日，三百五十九日斋，一日不斋醉如泥。"

干宝《晋纪》曰：刘毅为司隶校尉，常斋而疾。其妻出看之，表解斋。

《唐书》曰：贞元九年冬，德宗以是岁有年，蛮夷朝贡，思亲告郊庙，于祀事尤重慎。及将散斋，谓宰臣曰："在礼，散斋归正寝，摄心奉祭，不可闻外事。其常务勿奏。"乃斋于别殿。及命皇太子诸王行祭者，皆受誓一日。

又曰：贞元中，德宗方有事于郊庙，诏以皇太子为亚献，亲王终献。上令问柳冕当受誓戒否。冕奏准开元礼并以前七日，受誓戒词云："各扬其职，不供其事，国有常刑。"冕以誓皇太子，更其词云："各扬其职，肃奉常仪。”

又曰：宪宗元和中，南郊阴气凝闭，浃旬不开，宰臣议请改日。上曰：“郊庙事重，吾斋戒有日，岂可废乎？”至享献之际，景物澄清，人情大悦。

《鬼谷子》曰：周有豪士，居鬼谷，号为鬼谷先生。苏秦张仪往见之。先生曰：“吾将为二子陈言至道，子其斋戒，择日而学。”后秦、仪斋戒而往。

《庄子》曰：颜回曰：“吾无以进矣，敢问其方。”仲尼曰：“斋，吾将语若。”颜回曰：“回之家贫，唯不饮酒、不茹荤者数月矣。若此则□可以为斋乎？”曰：“是祭祀之斋，非心斋也。”回曰：“敢问心斋？”仲尼曰：“若一志无听之以耳，而听以心，无听之以心，而听之以气，唯道集虚，虚者，心斋也。”

又曰：梓庆削大木为鐻。鐻成，见者惊，犹鬼神。鲁侯曰：“子一何巧矣！何术以至此？”曰：“臣工人，何术之有。虽然，有一焉。臣为鐻，未尝敢以耗气也，必斋以静心。器之所以凝神者，其是与。”

又曰：祝宗人玄端以临牢筴，说曰：“汝奚恶死？吾将三月牺。汝十日戒，十日齐，藉白茅加汝肩，尻于绸俎之上。”

《韩子》曰：燕王欲巧，卫人请以棘刺之端为猴。成，功人曰：“君欲观之，半岁不入宫，不饮酒食肉，雨霁日出视之，晏阴之间，而棘刺之，母猴乃可见也。”燕王固养之，不能观也。

《搜神记》曰：王业，和帝时为荆州刺史，每出行部，沐浴斋洁以祈于天地，当启佐愚心，无使有枉百姓。在州七年，惠风大行，苛慝不作。

傩

《礼记·月令》季春日，命国傩，九门磔攘，以毕春风。《洪范传》曰：言之不从，则有大祸。犬属金也，故磔之于九门，所以抑金扶木，毕成春功。东方三门不磔，春位不杀，其盛德所在无所攘。

又《月令·仲秋》曰：天子乃傩，以达秋气。此傩之阳气，恐阳暑至此不衰，害亦将及，故傩以通秋气。方欲助秋，故不磔犬。

又《月令·季冬》曰：命有司大傩，旁磔以送寒气。大傩为岁终逐阴除疫以送寒气，故周官命方相氏率百隶索室驱疫以逐之。旁谓王城四旁十二门也。磔谓磔犬于门也。春磔九门，冬礼大，故遍磔于十二门，所以扶阳抑阴之义。犬属金，冬尽春兴，春为木，故杀金以助木气。

又《郊特牲》曰：卿人裼，裼，强鬼也。谓时傩索室驱疫逐强鬼也。裼或为献，或为傩。孔子朝服立于阼，存室神也。神依人也。

《礼记外传》曰：方相氏之官，岁有三时，率领群隶，驱索疠疫之气于宫室之中，亦禳送之义也。天以一气化万物，五帝各行其德，余气留滞则伤后时，谓之不和，而灾疫兴焉。大傩者，贵贱至于邑里，皆得驱疫。命国傩者，但于国城中行之耳。名之傩者，取群为傩傩之声。

《周礼·夏官》曰：方相氏掌蒙熊皮，黄金四目，玄衣朱裳，执戈扬盾，帅百隶而时傩，以索室驱疫。蒙，冒也。冒熊皮者，以惊驱疫疠之鬼，如今魌头也。时傩，四时作，方相氏以傩却区恶也。《昤》：季冬命国傩。索，搜也。

《续汉书》曰：先腊一日大傩，谓之逐疫。其仪选中黄门子弟十二已下，百二十人为侲子，皆赤帻皂制，执大鼗。方相氏服如周制。及十二兽裳，衣毛角。中黄门行人冗从、仆射之，以逐恶鬼。于禁中设桃梗、郁垒。苇茭毕，执事者皆罢苇戟桃枝，以赐公卿、将军、特进、诸侯。

《礼纬》曰：颛顼有三子，生而亡去，为疫鬼。一居江水，是为虐鬼魅鬼；一居人宫室区隅，善惊人小儿。于是常以正岁十二月，令礼官方相氏掌熊皮，黄金四目，玄衣纁裳，执戈扬盾，帅百隶及童子而时傩，以索室而驱疫鬼，以桃弧苇矢工鼓且射之，以赤丸五谷播洒之，以除疫殃。

《后魏书》曰：高宗和平三年十二月，因岁除大傩之礼，遂耀兵武。更为制令，步兵陈于南，骑士陈于北，各击钟鼓，以为节度。其步兵所衣，青赤黄黑，别无部队楯槊矛戟，相次周回转易，以相赴就，有飞龙腾蛇之变。为函箱鱼鳞四门之阵，凡十余法，跽起前却，莫不应节。阵毕，南北二军皆鸣鼓角，众尽大噪，各令骑将交去来挑战，步兵更进退以拒击。南败北捷，以为盛观。自后踵以为常。

《唐书》曰：旧驱傩侲子等，金吾将军并具栏笏，引入阁门。谨按大傩者，所以驱除群厉，合资威武，盛其光仪。栏笏之制，常参朝服。旧制未称，今请各依锦绣，具帑袜带仪刀部引出入。

《建康实录》曰：孙兴公尝着戏为傩，至桓宣武家。宣武觉其对不凡，推问之，乃兴公。

《宣城记》曰：吴时洪臣为庐陵太守，有清称。征还，船轻，皆载土。时岁暮除，逐人就乞，见土而去。

《庄子》曰：游岛问雄黄曰："今逐疫出魅，击鼓呼噪，何也？"雄黄曰："黔首多疫，黄帝氏立巫，咸使黔首沐浴斋戒，以通九窍；鸣鼓振铎，以动其心；劳形趋步，以发阴阳之气；饮酒茹葱，以通五藏。夫击鼓呼噪，逐疫出魅鬼，黔首不知，以为魅祟也。"

张衡《东京赋》曰：卒岁大傩，驱逐群厉；方相秉钺，巫觋操茢；侲子万童，丹首玄裳；桃弧棘矢，所发无臬；飞砾雨散，刚瘅毕毙；煌火驰而星流，逐赤疫于四裔。然后凌天地，绝飞梁，囚耕父于清泠，溺女魅于神潢。

廉品《大傩赋》曰：于吉日之上戊，将大蜡于腊烝。先兹日之酉久，宿洁静以清澄。乃班有司，聚众大傩。天子坐华殿，临朱轩，凭玉几，席文旃，率百隶之侲子，群鼓噪于宫垣。

太平御览卷第五百三十一　礼仪部十

宗庙

《易·萃卦》曰：王假有庙。假，至也。王以聚至有庙也。

又《涣卦》曰：风行水上，涣。先王以享于帝，立庙。

《尚书逸篇》曰：呜呼，七世之庙，可以观德。天子立七庙，有德之主则为祖宗，其庙不毁，故可观德。

《毛诗·文王·绵》曰：乃召司空，乃召司徒。俾立室家，其绳则直。缩板以载，作庙翼翼。

又《閟宫》曰：新庙奕奕，奚斯所作。

又《清庙》曰：清庙，祀文王也。周公既成洛邑，朝诸侯，率以祀文王焉。清庙者，祭有清明之德者之宫也。谓祭文王也。天德清明，文王象焉，故祭之而歌此诗也。庙之言貌也。死者精神不可得而见，但以生时之居，立宫室家貌为之耳。成洛邑，居摄五年时。于穆清庙，肃雍显相。于，叹辞也。穆，美。肃，敬。雝，和。相，助也。笺云：显，光也，见也。于乎美哉，周公之祭清庙也！其礼仪敬且和，又诸侯有光明着见之德来助祭。

《周礼·春官上》曰：小宗伯之职，掌建国之神位，右社稷，左宗庙。

《礼记·曲礼》曰：君子将营宫室，宗庙为先，厩库为次，居室为后。

又《曲礼》曰：问国君之年，长曰能从宗庙社稷之事矣；幼曰未能从宗庙社稷之事也。

又《王制》曰：天子七庙，三昭三穆与太祖之庙而七；诸侯五庙，二昭二穆与太祖之庙而五；大夫三庙，一昭一穆与太祖之庙而三；士一庙，庶人祭于寝。

又《礼器》曰：礼有以多为贵者。天子七庙，诸侯五，大夫三，士一。

又《文王世子》曰：五庙之孙，祖庙未毁，虽及庶人，冠、娶必告，死必赴，不忘亲也。

又《明堂位》曰：山节，藻棁，复庙，重檐，刮楹，达乡，反坫，出尊，崇坫康圭，疏屏，天子庙饰也。山节，刻欂栌为山也。藻棁画侏儒柱为藻文也。庙，重屋也。重檐，承壁材也。刮，摩也。乡，牖属，谓夹户窗也。每室八窗为四达。反坫，反爵之坫也。出尊，当尊南也。唯两君为好，既献，反爵于其上，礼君尊于两楹之间也。崇，高也。康读为亢龙之亢。屏谓之树，今罘罳也，刻之为云气虫兽，如今阙上为之矣。

又《杂记》曰：成庙则衅之，其礼：祝宗人、宰夫、雍人，皆爵纯衣。雍人举羊升屋，中屋南面刲羊，血流于前，乃降。门、夹室，皆用鸡。凡宗庙之器，其名者，成则衅之以豭豚。

又《祭法》曰：天下有王，分地建国，置都立邑，设庙、祧、坛、墠、而祭之，乃为亲疏多少之数。是故王立七庙，一坛一墠。曰考庙，曰王考庙，曰皇考庙，曰显考庙，曰祖考庙，皆月祭之；远庙为祧，有二祧，享尝乃止；去祧为坛，去坛为墠，坛墠有祷焉祭之，无祷乃止；去墠曰鬼。诸侯立五庙，一坛一墠。曰考庙，曰王考庙，曰皇考庙，皆月祭之；显考庙，祖考庙，享尝乃止；去祧为坛，去坛为墠，坛墠有祷焉祭之，无祷乃止；去墠为鬼。大夫立三庙二坛。曰考庙，曰王考庙，曰皇考庙，享尝乃止；显考祖考无庙，有祷焉，为坛祭之；去坛为鬼。适士二庙一坛，曰考庙，曰王考庙，享尝乃止；显考无庙，有祷焉，为坛祭之；去坛为鬼。官师一庙，曰考庙，王考无庙而祭之，去王考为鬼。庶士、庶人无庙，死曰鬼。庙之言貌也。宗庙者，先祖之尊貌也。祧之言超也，超上意也。封土曰坛，除地曰墠。《书》曰：三坛同墠。

又《中庸》曰：武王缵大王、王季、文王之绪，壹戎衣而有天下，身不失天下之显名。尊为天子，富有四海之内。宗庙飨之，子孙保之。

又《祭法》曰：天下有王，分地建国，置都立邑，设庙、祧、坛、墠而祭之。

《左传·桓公》曰：宋华父督已杀孔父，而杀殇公，召庄公于郑而立之，以亲郑，以郜大鼎赂公。夏四月，取郜大鼎于宋。戊申，纳于太庙，非礼也。

又《桓公》曰：清庙茅屋。以茅饰屋，著俭也。清庙，肃然清静之称。

又《僖上》曰：震夷伯之庙，罪之也。于是展氏有隐慝焉。

又《文公下》曰：太室之屋坏，书不恭也。

又《成公三年》曰：甲子，新宫灾，三日哭。宣公神主新入庙，故谓之新宫。书"三日哭"，善得礼，宗庙亲之，神灵所凭，居而遇灾，故哀而哭之。

又《襄二》曰：吴子寿梦卒，临于周庙，礼也。周庙，文王庙也。周公出文王，故鲁立其庙也。凡诸侯之丧，异姓临于外，同姓临于庙。是故鲁为诸姬，临于周庙。

《公羊传·文公》曰：世室屋坏。世室者何？鲁公之庙也。周公称太庙，鲁公称世室，群公称宫。

《谷梁传·成公》曰：新宫灾，三日哭。新宫者，祢宫也。祢，父也。成公之父宣公之宫也。

《孝经》曰：宗庙致敬，不忘亲也。

又曰：为之宗庙，以鬼享之。宗者，尊也。庙者，貌也。先祖之尊貌所居中宫何？以为人死精魂归乎天，形体不藏，存之即存，不存则亡，明先祖神死依人也。

《孝经援神契》曰：庙所以尊祖也。

《论语·八佾》曰：子入太庙，每事问。或曰："孰谓邹人之子知礼乎。入太庙，每事问。"子闻之曰："是礼也。"

《家语》曰：孔子在齐，景公造焉。左右白曰："周使至，言先王庙灾。"景公曰："何王庙？"孔子曰："此必厘王庙。夫厘变文武之制，而作玄黄华丽之饰，故天殃其庙焉。"有顷，左右报所灾者厘王庙。景公曰："善哉！圣人之智过人远矣。"

又曰：孔子曰："吾于甘棠，见宗庙之敬也甚矣。思其人，犹爱其树；尊其人，必敬其道也。"

《史记》曰：秦始皇巡陇西北地，出鸡头山，过回中，应劭曰：回中在安定高平。孟康注曰：回中在北地。作信宫渭南。更命信宫为极庙，象天极。庙道通骊山，作甘泉，前殿筑甬道。

又曰：高祖崩，群臣皆曰："高祖起细拨乱，令郡国诸侯各立高祖庙，以岁时祠。及孝惠五年，思高祖之悲乐沛，以沛宫为高祖原庙。徐曰：《光武纪》曰：“上幸丰，相高祖于原庙。”驷谓：原，再也。先既已立庙，今又拜立，故谓之原也。

《汉书》曰：惠帝为东朝长乐宫。及间往来数跸，烦民作复道。方筑武库南。叔孙通奏事目，请间曰：“陛下何自筑复道高帝寝，衣冠月出游高庙？子孙奈何乘宗庙道上行哉？”惠帝惧曰：“急坏之。”通曰：“人主无过举。今已作，百姓皆知之。愿陛下为原庙渭北衣冠，月出游之，益广宗庙，大孝之本。”上乃诏有司立原庙。惠帝尝出游离宫，通曰：“古者尝果，方今樱桃熟，可献，愿陛下出。因取樱桃献宗庙。”上许之。诸果献由此兴。

又曰：文帝作顾城庙。服虔曰：庙在长安城南。文帝作，还顾见城，故名之。应劭曰：文帝自为之。制度界狭、若顾望而成，故曰顾城。贾谊曰：目顾城之庙为天下，太宗与汉无极。或曰地名也。如淳曰：身存而为庙，若《尚书》“顾命”也。高祖庙曰原庙，文帝庙曰顾城庙，景帝庙曰德阳，武帝庙曰龙渊，昭帝庙曰徘徊，宣帝号里裎，元帝庙曰长寿，成帝庙曰成阳。

又曰：梅福上书谏曰：“武王克殷，未下车存五帝之后。封殷于宋，绍夏于杞，明著三统，示不独有也。是以姬姓半天下。迁庙之主出于户，所谓存人自立也。

又曰：宣帝即位，尊孝武庙为世宗。所行巡狩，郡国皆立庙，告祠世宗。庙有白鹤集后庭，以立世宗庙告祠。孝昭寝，有雁五色集殿前，西河筑世宗庙，神光兴于殿旁。有鸟曰鹤，前赤后青，神光又兴于房中，如烛状。广川国世宗庙殿上有钟音，房户大开，夜有光，殿上尽明。

又曰：王莽以宗庙未修，张邯说莽曰：“德盛者文缛。宜崇其制度，宣示海内，宜令万世 之后，无以复加也。”莽乃博征天下工匠、诸图画及吏民，以义入钱谷助作者，骆驿道路。坏彻城西苑中，建章、承光、苞阳、大台、储元宫及平乐、当路、阳禄馆，凡十余所，取其材瓦，以起九庙。

《帝王世纪》曰：汉景帝庙名德阳，宣帝庙名长寿，武帝庙名龙渊，文帝庙名顾成，昭帝庙名徘徊。

《东观汉记》曰：中元元年十月，甲申，使司空冯鲂告祠高祖庙，吕太后不宜配食，以薄太后配。迁吕太后于园，四时止祭。

又曰：永初六年，皇太后入宗庙，与世宗庙与皇帝交献荐，如光烈皇后故事。

又曰：建初四年八月，上以公卿所奏明德皇后在世神庙坐位驳议示东平宪王苍，苍上言：“文、武、宣、元祫食高庙，皆以后配，先帝所制，典法设张。《大雅》曰：‘昭哉来御，从其祖武。’又曰：‘不愆不忘，率由旧章。’明德皇后宜配孝明皇帝。”

袁山松《后汉书》曰：天子自洛阳迁都长安。初，长安遭赤眉乱，宫室焚尽，唯有高庙，遂居之。

《汉杂事》曰：光武弃天下，以再受命，复汉祚，更起庙，称世祖。孝明临崩，遗诏遵俭，无起寝庙，藏主于世祖庙，孝章不敢违。是后遵奉藏世祖庙，如孝明之礼，而园陵皆自起寝，孝明庙曰显宗，孝章曰肃宗。是后踵前，孝和为穆宗，孝安曰敬宗，孝顺曰恭宗，孝桓曰威宗。今洛阳诸陵，皆晦望二十四气伏社蜡及四时上饭，太官送用物，园令食监典省。其亲陵一所，宫人随鼓漏理被枕、具盥水、陈严具。天子以正月五月供毕后，上原陵，以次周遍，公卿百官皆从。四姓小侯诸家妇，凡与先君有瓜葛者及诸侯王大夫、郡国计吏、匈奴朝者、西国侍子皆会。尚书官属西除下在先帝神坐后，大夫计吏皆当前，下占其郡国谷价、四方改异，欲先帝魂神具闻之也。遂于亲陵各赐计吏而遣之。

《魏书》曰：辛酉，有司奏造二庙，立文皇帝庙，与高祖合祭，亲尽以次毁。特立武皇帝庙，四时享祀，为魏太祖，万载不毁。

《吴录·地理志》曰：会稽有禹庙，始皇配食。王郎为太守，黜之。

王隐《晋书》曰：太康十年，太庙成，迁神主于新庙，赐王公以下至司马督子弟官，赐作庙者帛。

《帝王世纪》曰：汉景帝庙名德阳，宣帝庙名长寿，武帝庙名龙渊，文帝庙名顾成，昭帝庙名徘徊。

《汉晋阳秋》曰：武帝改营太庙，南致荆山之木，西采华山之石，铸铜柱十二，涂以黄金，镂以百物，填以丹青，缀以珠玉。

《晋书·礼志》曰：武帝太始三年，有司奏置七庙，宜权立一庙。群臣议：上古清庙一宫，周制七庙，舜承尧禅，受终文祖，则虞氏不改唐庙。因仍旧宫，可依有虞故事。

《宋书·礼志》曰：晋太始二年，有司奏天子七庙，宜如礼营建。帝重其役诏，宜权立一庙。于是群臣议奏，上古清庙一宫，尊远神祇。逮至周室，制为七庙，以辨宗祧。圣旨深弘，远迹上世。

《后魏书》曰：武定六年二月，将营齐献武王庙，议定室数形制。兼度支尚书崔昂等议：按《礼》，诸侯五庙，太祖亲庙四。今献武王为始封之君，便是太祖，既通在亲庙，不容立五室。且帝王亲庙，亦不过四，今宜四室，二间两头一颊室，厦头徘徊鸱尾。又按《礼图》，诸侯庙止开南门，而二王后附。《祭仪注》云，执事者列于庙东门之外。既有东门，明非一门。献武礼数既隆，备物殊等，唯据今庙宜开四门，内院南面开三门，余及外院四面皆一门。

《齐书·礼志》曰：世宗梦太祖曰："宋氏诸帝尝在太庙，从我求食，可别为吾祠。"上乃敕豫章王妃庾氏，四时还青溪宫旧宅处内舍堂，奉祠二帝二后，牲牢服章，用家人礼。

《晋起居注》曰：武帝太安中诏曰：往者，仍魏氏旧庙处立庙，既壅翳不显，材木弱小，至今中间有跌桡之患。今当修立，不宜在故处。太仆寺南临甬道，地形显敞，更于此营之主者，依典礼施行。

《晋书》曰：桓玄篡，问众曰："朕其败乎？"曹靖之对曰："神怒人怨，臣实惧焉。"玄曰："人或可怨，神何可怒？"对曰："移晋宗庙，飘泊无所，大楚之祭，不及于祖，此其所以怒也。"

《白虎通》曰：礼圣王所以制宗庙何？曰生死殊路，故敬鬼神而远之。所以有屋何？所以象生之居。

又曰：臣待放于郊，君不绝其禄者，以其禄三分之一与其妻长子，使得祭其宗庙。赐之环，即还赐之玦，则去。

又曰：王者立宗庙何？缘生以事死，敬亡若事存，欲立宗庙而祭之，此孝子之心，所以追继养也。

《释名》曰：庙，貌也。先祖形貌所在。寝，寝也，所寝息也。

《三辅故事》曰：光武至长安，宫阙烧尽，徙都洛阳，取十二陵合为高庙，作十二室。太常卿一人，别治长安，主知齐祠事，谓之高庙。

《汉武故事》曰：宣帝立孝武庙于河东。告祠日，见一人骑马，马异于常马，持尺一札，赐将作函，文曰："汝绩克成，赐汝金一斤。"因忽不见，札乃变为金一斤。

《蜀王本纪》曰：禹生于石纽，禹母天珠孕禹，坼副而生禹于涂山，娶妻生子名启。于今涂山有禹庙，亦为其母立庙。

《三辅黄图》曰：王莽于长安城南作九庙。

又曰：太上皇庙在长安香街南。

《墨子》曰：昔三苗大乱，天命殛之，雨血三朝，龙生于庙。

《说苑》曰：卫孙文子问王孙贾曰："吾先君之庙小，欲更之，可乎？"对曰："古之君子以俭为礼，今之君子以大易之。"

桓谭《新论》曰：王莽起九庙，以铜为柱，甍带金银，错镂其上。

王婴《古今通论》曰：夏曰世室，世世祭祀之也。殷曰重屋，重夏为屋四溜。周曰宗庙，尊其生存之貌，示不死之，故致之于更。

《楚辞·天问·序》曰：屈原放逐，彷徨山泽，仰天叹息。楚有先王之庙及公卿祠堂，图画天地山川神灵，琦玮谲诡，及古贤圣怪物行事。周流罢倦，休息其下，仰见图画，因书其壁，呵而问之。

《晋诸公赞》曰：王凌字彭祖，为幽州刺史。寻洛阳破，后承制建行台，以宗庙焚毁，设坛望祀七室及功臣配食。

神主

《礼记·曲礼》曰：措之庙，立之主，曰帝。

又《檀弓下》曰：爱之斯录之也，敬之斯尽其道焉。重主道也。殷主缀重焉，缀，连也。殷人作主而连其重，悬诸庙也。周主撤重焉。

又曰：曾子问曰："丧有二孤，庙有二主，礼也？"孔子曰："天无二日，国无二王。尝禘郊社，尊无二上。未知其为礼也。昔者，齐桓公亟举兵，作伪主以行。及反，藏诸祖庙。庙有二主，自桓公始。"

《礼记外传》曰：人君既葬之后，日中虞祭，即作木主以存神庙。未葬以前，悬重于庭以代主也。主用木者，木落归本，有始终之义。人之生也，无不死。木生于亥又落于亥，是归本也。天子庙主长尺二寸，诸侯一尺。四向孔穴，午达相通。漆书谥号曰神主。葬后孝子心目无所睹，故用以主其神也。

《公羊传·文公》曰：二年，丁丑，作僖公主。虞主用桑，练主用栗，作僖公主不时也。

《左传·庄公》曰：先君桓公命我先人，典司宗祏。桓公，郑始受封君也。宗祏，宗庙中藏主石室。言己世为宗庙守臣。

又《文公》曰：葬僖公，缓也作主，非礼也。凡君薨，卒哭而祔，祔而作主，特祀于主。户柩已远，孝子思慕，故造木主立几筵焉。烝尝禘于庙。

又《昭五》曰：使祝史徒主祏于周庙，告于先君。祏，庙主石室。周庙，厉王庙也。

《论语·八佾》曰：哀公问社于宰我。宰我对曰："夏后氏以松，殷人以柏，周人以栗。"

《五经异义》曰：谨按：大夫以石为主，礼无明文。大夫、士无昭穆，不得有主。今山阳民俗，祀有石主。

又曰：《春秋左氏传》曰：徙主石于周庙。言宗庙有郊宗，石室所以藏栗主也。虞主所藏，无明文也。

又曰：今《公羊》说，卿大夫士非有土，子民之君不得禘祫，序昭穆，故无木主。大夫束帛依神，士结茅为丛。

又曰：《论语》，哀公问社于宰我。宰我答："夏后氏以松，夏人都河东，河东宜松也；殷人以柏，殷人都亳，宜柏也；周人以栗，周人都沣镐，沣镐宜栗也。"

《五经要义》曰：木主之状，四方，穿中央以达四方。天子长尺二寸，诸侯长尺，皆刻陲褛背也。

又曰：主者，神象也。凡虞主用桑，桑犹丧也，丧礼取其名。练主用栗，栗者，敬也，祭礼取其恭。

《五经通义》曰：诸侯会天子，则以方明为主。觐礼云：明，木也。其形四方六面，上玄下黄，东青南赤，西白北黑。方明者，上下四方，神明之象也。

谢承《后汉书》曰：赤眉盆子去长安，西入右扶风。邓禹至长安中昆明池，率诸将齐戒，择吉日入城，谒高帝庙，修礼祠祭，劳赐吏士。因收十二帝神主，以故高庙郎来辅守南庙，令行京兆尹承事桉行扫除诸园陵，为置卒吏奉守焉。遣铺奉主诣京师。

王隐《晋书》曰：李裔字宣伯，父敏，为公孙度所迫，浮海莫知所终。裔以父母不知存亡，设木主以奉之，由是发名。

《晋起居注》曰：孝武太元二十年，简文皇帝宣太后正号，神主移庙。戊寅，口诏：移神主可停前后鼓吹。

挚虞《决疑要注》曰：庙主藏于户外西墉之中。有石函，名曰宗祏。古者帝王出征，于车载迁庙之主及社主以行。秦汉魏不载主也。

《唐书》曰：祔顺宗于庙，迁中宗神主于夹室。有司以中宗为中兴之君，当百代不迁。宰臣召史官蒋武问之，武对曰："中宗以弘道元年于高宗柩前即位，时春秋已壮矣。及母后篡夺，神器潜移。其后赖张柬之等同谋，国祚再复。此盖同于反正，恐不得号为中兴之君。凡非我失之，自我复之，谓之中兴，汉光武、晋元帝是也。自我失之，因人复之，晋孝惠、孝安是也。今中宗与惠、安二帝事同，即不可为不迁主矣。"

《白虎通》曰：祭所以尸主何？本神无方，孝子以主系心。

又曰：所以虞而立主何？孝子既葬，日中反虞，念亲已没，棺柩已去，怅然失望，彷徨哀痛，故设桑主以虞，所以慰孝子之心，虞安其神。所以用桑者，始与神相接。三王俱以桑。

《说文》曰：祏，宗庙主也。《礼》郊宗石室。一曰大夫以石为主。从示，从石，石亦声也。

太平御览卷第五百三十二 礼仪部十一

社稷

《尚书·禹贡》曰：海岱及淮，唯徐州厥贡，唯土五色。王者封五色土为社稷，建诸侯则各割其方色土与之，使立社。

又《召诰》曰：越翌日戊午，乃社于新邑，牛羊豕各一。

《尚书逸篇》曰：太稷唯松，东社唯柏，南社唯梓，西社唯栗，北社唯槐。天子社广五丈，诸侯半之。

《尚书》曰：汤既胜夏，欲迁其社，不可，作夏社。言夏社不可迁之义。

《周书》曰：诸侯受命于周，乃建太社于国中。其壝，东青土，南赤土，西白土，北骊土，中溜以黄土。将建诸侯，取方一面之土，苴以白茅，以土封之，故曰列土。

《毛诗·闵予·载芟》曰：春耕籍田而祈社稷也。载芟载柞，其耕泽泽。

又《闵予》曰：《良耜》秋冬报社稷也。畟畟良耜，俶载南亩。

《周礼·地官》曰：大司徒之职，设其社稷之壝而树之田主，各以其野之所宜木，遂以名其社与其野。

又《地官上》曰：小司徒掌凡建国，立其社稷。

又《地官上·封人》曰：封人设王之社壝，为畿封而树之。

又《春官上·大宗伯》曰：以血祭祭社稷。郑玄注曰：阴祀曰血，贵气臭。

又《春官上·小宗伯》曰：小宗伯掌建国之神位，右社稷。

又《春官下·丧祝》曰：丧祝掌胜国邑社稷之祝号，以祭祀祷祠焉。马融曰：所计国所封邑，犹立其社稷。士师若祭胜国之社稷，则为之尸。

又《冬官》曰：匠人营国，左祖右社，面朝后市。五宫所居也。祖，宗庙。面犹向也。王宫当中。

《礼记·月令》：仲春择元日，命人社。为祀社稷也。春事兴，故祭之，祈农祥。元日谓近春分前后戊日。元，吉也。仲秋择元日，命人社。赛秋成也。元日谓近秋分前后戊日。

又《曲礼》曰：问国君之年，长曰能从宗庙社稷之事，幼曰未能从宗庙社稷之事。

又《檀弓》曰：卫献公出奔，反于卫。及郊，将班邑于从者而后入。柳庄曰："如皆守社稷，则孰执羁靮而从；如皆从，则孰守社稷。"

又《郊特牲》曰：社祭而主阴气也。君南向于北墉下，答阴之义也。墙谓墉，北墉，社内。日用甲，用日之始也。天子太社，必受霜露风雨，以达天地气也。是故丧国之社屋之，不受天阳也。薄社北牖，使阴明也。绝其阳，通其阴而已。薄社，殷之社，殷始都薄。社所以神，地之道也。地载万物，天垂象；取财于地，取法于天，是以尊天而亲地也。故教民美报焉。家主中溜而国主社，示本也。中溜亦土神也。唯为社事单出里，唯为社田国人毕作。唯社，丘乘共粢盛，所以报本反始也。

又《祭法》曰：王为群姓立社曰太社，王自立社曰王社；诸侯为百姓立社曰国社，诸侯自为立社曰侯社；大夫以下成群立社曰置社。群，众也。大夫以下，至庶人也。大夫不得特立社，与民族居，百家以上则共立一社。

又《祭义》曰：建国之神位，右社稷而左宗庙。周尚左也。

《礼记外传》曰：社者，五土之神也；稷者，百谷之神也。一云稷是原隰之神，原隰宜种百谷。天子为天下之人立社，曰太社，坛方五丈。诸侯为境内之民立社，曰国社。语祠王社侯社者，天子诸侯别自立社，私有祷求。地之势有礼，生物各随所宜。九州之人各居其土，食有利者，各报祭之。是谓神地之道者。籍田之后则告，为将耕也。五谷既登，又报功也。国以民为本，人以食为天，故建国君民，先命立社。地广谷多，不可遍祭，故于国城之内立坛祭之，亲之也。日用甲，尊之也。天有十日，甲为首也。周公卜洛，建王都，戊申，社于新邑，自此皆用戊日。唯天子祭天地，诸侯祭社稷而已。

又曰：社树各以其土所宜之木，河东宜松，周地宜栗。社主用石。石，土中竖者。天子亲征，则载社主行。有罪者，诛之于车前。

《左传·僖公》曰：宋公使邾文公用鄫子于次睢之社，欲以属东夷。此水有妖神，东夷皆社祠之。司马子鱼曰："古者六畜不相为用，小事不用大牲，而况敢用人乎！祭祀以为人也；民，神之主也；用人，其谁飨之？"

又《襄四》曰：君民者，岂以陵民，社稷是主。臣君者，岂为其口实，社稷是养。故君为社稷死，则死之；为社稷亡，则亡之。

又《昭二十九》曰：魏宪子问于蔡墨曰："社稷五祀，谁氏之五官也？"对曰："少皋氏有四叔，贾逵注曰：少皋，黄帝□之后，金天氏也。四叔，四子皆叔。曰重、曰该、曰修、曰熙。实能金、木、水，能顺其成性也。使重为勾芒，该为蓐收，修及熙为玄冥，此其三祀也。颛顼氏有子曰黎，祝融，黎，水土官。黎当高辛氏之世，故《外传》曰：黎为高辛氏火正也。共工氏有子曰勾龙，为后土，共工，太皋□之后，炎帝之前霸九州者也。其嫡子佐颛顼，能平水土。此其二祀也。后土为社，稷、田政也，掌田之官长后稷也。有烈山氏之子曰柱，为稷。烈山，炎帝之世烈山氏也。自夏以上祀之。周弃亦为稷，周弃，周祖后稷弃也。为唐虞夏后稷也。自商以来祀之。"商，殷也。柱之功至汤浸，祀周弃以为稷也。

又《定上》曰：且夫祝，社稷之常隶也。贱臣。社稷不动，祝不出境，官之制也。社稷动谓国迁。

《公羊传·隐公》曰：宋宣公谓缪公曰："以吾爱与夷，则不若爱汝；以为社稷宗庙主，则与夷不若汝，盖终为君矣？"

又《庄公》曰：日有蚀之，鼓、用牲于社，求于阴之道也。以朱丝萦社，或曰胁之，或曰为暗，恐犯，故萦也。

又《僖公》曰：邾娄人执鄫子用之社，盖叩其鼻，以血社稷也。

又《哀公》曰：亳社灾。亳社者何？亡国之社。亳社者，先世亡国，在鲁境。社者封也，为封土祀社也。其言灾何？亡国之社，掩其上而柴其下。故火得烧之。

《春秋潜潭巴》曰：里社鸣，此里有圣人生，其响，百姓归之。宋均注曰：鸣则教令行，若汤放桀也。响，鸣之怒者也。

《论语·八佾》曰：哀公问社于宰我，宰我对曰："夏后氏以松，殷人以柏，周人以栗，曰使民战栗。"孔安国注曰：凡建邦立社，各以其土所宜之木。宰我不本其意，妄为之说，因周栗便云使民战栗也。

《孝经说》曰：社，土地之主也。地广不可尽敬，故封土为社以报功。稷，五谷之长也。谷众不可遍祀，故立稷神祭之。

《五经通义》曰：王社籍田，中为千亩报功也。文家右社稷，左宗庙何？文家握地而王，地道长，右得事宗庙，以有社稷，故右之也。质家左社稷，右宗庙，社皆有坛者，饰也。有木者，土当生万物，莫善于木。

《五经异义》曰：今民谓社神为公，社位上公，非地祇也。

《汉书·郊祀志》曰：高祖时，天下已定，诏御史令于丰治枌榆社，常春以羊彘祠之也。

又《郊祀志》曰：稷者百谷之主，所以奉宗庙，供粢盛，人所食以生活也。王者莫不尊重亲祭，自为之主，礼如宗庙。《礼记》曰：唯祭宗庙社稷，为越绋而行事。圣汉兴，礼仪稍定，已有官社，未立官稷。臣瓒按，《高纪》除秦社稷，立汉社，礼所谓大社也。时人立官社，配以夏禹，所谓王社也。见《汉纪》。今未立官稷，至此始立之也。遂于官社后立官稷，以夏禹配食官社，后稷配食官稷。稷种谷树。

又曰：陈平既娶张氏女，资用益饶，游道日广。里中社，平为宰，分肉甚均，里父老曰："陈孺子能为宰乎？"曰："使平得宰天下，天下亦如此肉也。"

又曰：栾布，吴军时以功封为鄃侯，复为燕相。齐燕之间皆为立社，号曰栾公社。

《续汉书》曰：每月朔旦，太史上其月历，有司侍郎尚书见读其令，奉行其正朔。前后各二日，皆牵羊酒至于社下，以祭日变，割羊以祠社，用救日变。执事者，冠长冠，衣皂单衣，绛领袖，绿中衣，绛绔末袴以行礼，如故事。

又曰：建武二年，立太社稷于洛阳，在宗庙之左，社稷之右，皆方坛。无屋，有墙门而已。二月八月及腊，一岁三祠，皆置社稷。太守令长侍祠，牲用羊豕，唯州所治，有社无稷。古者师行有载社主，不载稷也。

《晋书·礼志》曰：前汉但置官社而无官稷，王莽置官稷。故汉至魏，但太社有稷，故常二社一稷。

《后魏书》曰：天平四年四月，七帝神主既迁于太庙太社，石主将迁于社宫。礼官云，应用币。中书侍郎裴伯茂时为祝文，伯茂据故事太和中迁社，高祖用特不用币，遂以奏闻。于时议者或引《大戴礼》迁庙用币，令迁社宜不殊。伯茂据《尚书·召诰》应用牲，诏遂从之。

《宋书·礼志》曰：晋元帝建武元年，又依洛京立二社一稷，其太社之祝曰："地德普施，惠存无疆。乃建太社，保佑万邦。悠悠四海，咸赖嘉祥。"其社之祝曰："坤德厚载，王畿是保。乃建帝社，以神地道。明祀唯辰，景福来造。"礼，左宗庙，右社稷，历代遵之。故洛京社稷在庙之右，而江左又然也。

又曰：祠太社，帝大稷，常以岁二月、八月二社日祠之。

《唐书》曰：天宝中，升社稷五星为大祀。诏曰："祭之为典，以陈至敬。名或不正，是相夺伦，况社稷孚佑，百代蒙其福；日月照临，五星叶其纪。兆庶允殖，下土式瞻。既超言象之外，须极尊严之礼，列为中祀，颇紊大猷。自今已后，社稷及日月五星并升为大祀，仍以四时致祭。"

《六典》曰：仲春上戊，祭太社，以后土氏配焉；祭太稷，以后稷氏配焉。

《家语》曰：孔子曰："古之平水土及播植百谷者众矣。然唯勾龙兼食于社，而弃为稷易代奉之，无敢益者，明不可与等也。"

《庄子》曰：畏垒之民相与言曰："庚桑之始来，吾洒然异之。今吾日计之而不足，岁计之而有余，庶几其圣人乎？子胡不尸而祝之，社而稷之也？"

又曰：匠石之齐，至于曲辕，见栎社树，其大蔽千牛，洁洁者匝也。百围；其高山临千仞，而后有枝；其可以为舟者，旁十数。观者如市。

《淮南子》曰：夫穷乡之社，扣瓮拊瓶，相和而歌，自以为乐也。尝试为之击建鼓，撞巨钟，乃知夫瓮瓶之足羞也。

又曰：禹劳力天下，死而为社；劳于谓治水功，死托祀于后土之中。周弃作穑，死而为稷；种曰稼，敛曰穑，死记于祀，稷官之神。子房之智，陈平之无忤，绛侯勃之果，霍将军之勇，终之以礼乐，则可谓社稷之臣矣。

《太公金匮》曰：武王问太公曰："天下精神甚众，恐后复有试余者也。何以待之？"师尚父曰："请树槐于王门内，王路之石，起国社，筑垣墙，祭以酒脯，食以牺牲，尊之曰社。客有非常，先与之语；客有益者入，无益者距。岁告以水旱与其风雨泽流，悉行除民所苦。"

《白虎通》曰：王者所有社稷何？为天下求福报功。人非土不立，非谷不食。土地广博，不可遍敬；五祀众多，不可一一而祭，故封土立社，祀而示之。尊五谷之长，立稷而祀之。稷者，得阴阳和气而为用又多，故为长，岁再祭之。

又曰：祭社稷有乐乎？《礼记》曰：金石之乐，用之于宗庙社稷。

又曰：王者诸侯必有戒社何？示存亡也。明为善者得之，为恶者失之。

《春秋公羊传》曰：亡国之社，奄其上，柴其下。

《郊特牲》记曰：丧国之社屋之，示与天地绝也。

蔡邕《独断》云：天子太社，五色土为坛。皇子封为王者，授之太社之土，以所封之方色，藉以白茅，归国以立社，故为之茅社也。

《陈留风俗传》曰：东昏县者卫地，故阳武之户牖乡也，汉相陈平家焉。少为社下宰，令民祀其社。

《邴原别传》曰：原，避地辽东，以虎为患，自原之落，独无虎患。尝行而得遗钱，拾以系树枝，比钱不见取，系钱者逾多。原问其故，答者谓之社树。原恶其由已而成妄犯，乃辩之。于是里中遂敛其钱以为社供。里老为之诵曰："邴君行仁，落邑无虎；邴君行廉，路树成社。"

《列异传》曰：大司马河内陵蕤字圣卿，少时病虐，逃社中。有人呼"社邸！社邸！"圣卿应曰："诺。"起，至户中，人曰："取此书去。"得素书一卷《谴劾百鬼法》，所劾辄效。

《搜神记》曰：中兴初，有应妪者生四子而寡。见神光照社，试探之，得黄金。自是诸子官学，并有才名。至场七世显。

刘桢《京口记》曰：虎社中，村老故相传云：昔有虎于社中产，因以为名。

《荆州记》曰：叶县东百步有县故城，西南四里名伍佰村，有白榆连李树，异干合条，高四丈余。士民奉以为社。

《世说》曰：阮宣子伐树，人有止之宣子，曰："若树而为社，伐树则社移。社而为树，伐树则社亡矣。"

习凿齿《逸民高士传》曰：董威辇不知何许人，忽见于洛阳白社中。

戴延之《西征记》曰：洛阳建春门外道北有白社，董威辇所住也。去门二里，有牛马市，嵇公临刑处也。

《博物志》曰：子路与子贡过社，社树有鸟。子路搏鸟，社神牵子路，子贡说之，乃止。

又曰：周之正月受社牲之首，以出种子。帝藉蚕，又受社雍及祭，以沐蚕种。上辛乃射黑牲于帝郊，以祈来年之丰。二月，司空开冰，射桃弧，棘矢五发，以御其灾。

《述异记》曰：庾邈与女子郭凝通，诣社，约不二心，俱不婚娉。经二年，凝忽暴亡。邈出见凝，云："前北村还，遇强梁，抽刀见逼，惧死，从之，不能守节。为社神所责，心痛而绝。"人鬼异路。因下泣矜之也。

蔡邕《陈留东昏库上里社碑》曰：唯斯库上里，古阳武之户牖乡也。秦时有池子华为丞相。汉兴，陈平由此社宰，遂相高祖，克定天下，为右丞相。孝平之世，虞延为太尉。延熹中，平曾孙放为尚书令。以宰相继踵，咸出斯里，虽有积德修身之政，亦斯社所相，乃树碑颂云。

魏公《九锡文》曰：锡君玄土，苴以白茅，爰契尔龟，用建冢社。注言：亦如天子社稷也。

曹植《赞社文》曰：余前封鄄城侯，转雍丘，皆遇荒土。宅宇初造，以府库尚丰，志在缮宫室，务园圃而已，农桑一所所营。经离十载，块然守空，饥寒备尝。圣朝愍之，故封此县。田则一州之膏腴，桑则天下之甲第，故封此桑，以为田社，乃作颂云。

应璩《与阴夏书》曰：从田来，见南野之中有徒步之士。怪而问之，乃知郎君顷有微疴，告祠社神，将以祈福。闻之怅然以增叹息，灵社高树，能有灵应哉？

张华《朽社赋》曰：高柏桥南大道旁，有古社槐树，盖数百年木也。余少居近之，后去。行路过之，则已朽株。意有缅然，聊为之言衰盛之理。

殷仲堪《合社文》曰：夫社之为祀远哉，故大夫以成群斯祷。里社之兴，由来尚矣。自丧乱流迁，旧俗隳废。今二三宗亲，思桑梓之遗风，遵先圣之明诰，洁齐牲牢庶乎。自佑以来，一日之泽。然三人之行，必有其师，故复选中正，立三老者。唯公理以御众，稽旧章以作宪。

卞敬宗《栎社序赞》曰：余门前有一社树，盘根疏柯，似非近世所植。抗秀路左，流阴庭宇。庄周喻道于商丘之木，匠石辩才于曲辕之栎。由斯而观，固可以悟微矣。

王廙《春可乐》曰：吉辰兮上戊，明灵兮唯社。百室兮必集，祈祭兮树下。濯卵兮菹韭，啮蒜兮擗鲊。缥醪兮浮蚁，交觞兮并坐。乞和兮体适，心怡兮志可。

何承天《社颂》曰：社实阴祇，稷唯谷元。率育方类，协赞乾坤。

先农

《礼记·月令》曰：孟春，乃择元辰，天子亲载耒耜，置之车右，率公卿诸侯大夫躬耕籍田。辰，亥也。谓郊后吉亥，享先农于东郊。先农，神农也。

《续汉书·祭祀志》曰：光武即位，于鄗为坛，营于鄗之阳。营神五星及中宫星、雷公、先农、风伯、雨师、四海、四渎、名山、大川之属。

《汉旧仪》曰：春始东耕于籍田，官祠先农。先农即神农炎帝矣。祠以一牢，百官皆从。大赐三辅二百里，孝悌、力田、三老布帛。

《汉名臣奏》曰：黄琼上言：先王制典籍田，有曰司徒咸戒，司空除坛。先时五日，有协风至，即斋宫、飨燕、载耒，诚重之也。先农之礼，所宜躬亲以迎春和，以致时风。

沈约《宋书·祭祀志》曰：元嘉二十一年，帝亲耕，乃立先农坛于籍田，高四丈，为四出，陛广五尺，外加埒，方十丈。车驾未到，司空、大司农率太祝及众执事质明，以一太牢祀祭，祭器用社稷器。祠毕，颁余胙于奉祠者。旧典，先农又都列于郊祭。

灵星

《周书·作洛》曰：设兆于南郊，以祀上帝，配以后稷农星，先王皆与食。

《毛诗·闵子》曰：丝衣绎宾，尸也。高子曰："灵星之尸也。"绎，又祭也。天子诸侯曰绎，以祭之明日，卿大夫曰宾尸，与祭同。周曰绎，商曰彤也。

《汉书·郊祀志》曰：高祖时，或言周兴邰立后稷之祠，至今血食。天子于是制诏御史，其令天下立灵星祠，张晏曰：龙星左角曰天田，则农祥也。辰见而祭之。常岁时祀以牢。

《三辅旧事》曰：汉灵星祠在长安城东十里。

《淮南子》曰：君人之道，其犹灵星之尸，俨然嘿端而受福也。

《嵩高山记》曰：汉孝武游登五岳，尊事灵星。遂移祠置岳南脚上，筑作殿坛。周回立瓦屋，行种松柏，前五百步临大道，立两石阙，极高大。

太平御览卷第五百三十三 礼仪部十二

明堂

《尚书帝命验》曰：帝者承天立府以尊天重象，象，五精之神也。天有五帝，集居太微，降精以生圣人，故帝者承天立五帝之府，是为天府。赤曰文祖，赤帝熛怒之府名文祖。火精，光明文章之祖，故谓之文。周曰明堂。黄曰神斗，黄帝含枢纽之府而名曰神斗。斗，主也。土精澄静四行之主，故谓之神主。周曰太室。白曰显记，白帝白招矩之府曰显记法也。金精断割万物成，故记之，显记。周曰总章。黑曰玄矩，黑帝汁光纪之府名曰玄矩。矩，法也。水精玄昧，能权轻重，故谓玄矩。周曰玄堂。苍曰灵府。苍帝威灵仰之府，名灵府。周曰青阳。

《周书·明堂》曰：明堂方百一十二尺，高四尺，阶广六尺三寸。室居中方百尺，室中方六十尺。东应门，南库门，西皋门，北雉门。东方曰青阳，南方曰明堂，西方曰总章，北方曰玄堂，中央曰太庙。以左为左个，右为右个也。

又《程寤》曰：文王在翟，太姒梦见商之庭产棘，小子发取周棫庭之梓树于阙间，化为松柏棫柞，惊以告文王。文王曰召发于明堂，拜，告梦，受商之大命。

《毛诗·清庙·我将》曰：《我将》，祀文王于明堂也。

《周礼·冬官下·匠人》曰：夏后氏世室，堂修二七，广四修一。殷人重屋，堂修七寻，堂崇三尺。周人明堂，度九尺之筵，东西九筵，南北七筵，堂崇一筵。世室者，宗庙也。修，南北之深也。夏度以步，令堂修十四步，其广益以四分修之一，则广十七步半也。重室者，王室正堂若大寝者，周则其广九寻七丈三尺也。

《大戴礼·威德》曰：凡人民疾、六畜疾、五谷灾者，生于天道不顺；天道不顺，生于明堂不饬；故有天灾，则饬明堂。

又《威德》曰：明堂者，古有之。凡九室，一室而有四户八牖，三十六户，七十二牖。以茅盖屋，上圆下方。明堂者，所以明诸侯尊卑也。外水名曰辟雍，列南蛮、东夷、北狄、西戎。

《礼记·明堂位》曰：昔者周公朝诸侯于明堂之位，周公摄王位，以明堂之礼仪朝诸侯也。不于宗庙，避王也。天子负斧扆，南向而立。天子，周公也。负之言背也。斧扆为斧文屏风于户牖之间，周公于前立焉。三公，中阶之前，北面东上。诸侯之位，阼阶之东，西面北上。诸侯伯之国，西阶之西，东面北上。诸子之国，门东，北面东上。诸男之国，门西，北面东上。九夷之国，东门之外，西面北上。八蛮之国，南门之外，北面东上。六戎之国，西门之外，东面南上。五狄之国，北门之外，南面东上。九采之国，应门之外，北面东上。四塞，世告至。此周公明堂之位也。朝之礼不于此，周公权用之。

又《明堂位》曰：明堂也者，明诸侯之尊卑也。朝于此，所以正仪辨等也。昔殷纣乱天下，脯鬼侯以飨诸侯，以人肉为荐羞，恶之甚也。是以周公相武王以伐纣。武王崩，成王幼弱，周公践天子之位以治天下。六年，朝诸侯于明堂，制礼作乐，颁度量，而天下大服。

又《祭义》曰：祀乎明堂，所以教诸侯之孝也。

《礼记明堂阴阳录》曰：明堂阴阳，王者之所以应天也。明堂之制，周旋以水，水行左旋以象天。内有太室，象紫宫。南出明堂，象太微。西出总章，象五潢。北出玄堂，象营室。东出青阳，象天市。上帝四时各治其宫。王者承天统物，亦于其方以听国事。

《礼含文嘉》曰：明堂，所以通神灵、感天地、正四时。明堂者，八窗四达。窗通八卦之气。布政之宫，在国之阳，面三室，四面十二，法十二月也。天子以孟春之月幸于南郊，总受十二月之政，远藏于祖庙，月取一政，班于明堂也。诸侯以孟春之月朝于天子，受十二月之政，藏于祖庙，月取一政行之。闰月无常处，则阖门而居之。

《礼记外传》曰：明堂，古者天子布政之宫，在国南十里之内、七里之外，黄帝享百神于明廷是也。南方阳明之地，因为明堂，路寝宫室之制同。唐虞为五府，府者聚也，合五帝之神祭之。夏谓太庙为世室，世室，不毁之义。殷人谓路寝为重屋，周人谓五府为明堂。形制同，故手□。夏后氏一堂之上为五室，木室东北，火室东南，金室西南，水室西北，王室中央。南面三阶。三面两阶，则九阶矣。五室者，象地载五行也。五行生于四时，故每室四达，达，向也。四户相对。一室八窗。夹户之窗象八节。周人有圆屋。九月，大享五帝于明堂。即祖庙。心为天子明堂。东方之宿大火谓之辰，即心星也。或以明堂独以一室耳。

《孝经授神契》曰：明堂之制，东西九筵，筵长九尺也。明堂东西八十一尺，南北六十三尺，故谓之太室。

又曰：周之明堂，在国之阳三里之外、七里之内，在辰巳者也。

《春秋合成图》曰：明堂在辰巳者，言在水火之际。辰，木也；巳，火也。木生数三，火成数七，故在三里之外、七里之内。

《汉书·郊祀志》曰：天子封太山。太山东北趾，古时有明堂处，处险不敞。上欲治明堂，奉高旁，未晓其制度。济南人公玉带上黄帝时明堂图。明堂中有四殿，四面无壁，以茅盖，通水圜，宫垣为复道，上有楼，从西南入，名曰昆仑天。天子从之。

又曰：元始五年春正月，祫祭明堂，诸侯王列侯宗室子九百余人助祭。毕，皆益户赐爵及金帛，增秩补吏各有差。

《后汉书》曰：永平二年春正月辛未，宗祀光武于明堂。帝及公卿列侯始服冠冕衣裳玉佩絇屦以行事。

《续汉书·祭祀志》曰：明帝即位，祀五帝于明堂。光武帝配五帝，坐位堂上，各处其方，黄帝在未，皆如南郊之位。光武帝位在青帝之南少退，西面牲犊各一，奏乐如南郊。

又《礼仪志》曰：明堂、五郊、宗庙、太社稷、六宗夕牲，皆以昼漏未尽十四刻初纳，夜漏未尽七刻五刻初纳，进熟献，送神，还，有司告事毕。六宗燔燎，火大燃，有司告事毕。

蔡邕《礼乐志》曰：汉承秦灭学，庶事草创，明堂、辟雍，阙而未举。武帝封禅，始立明堂于太山，犹不于京师。元始中，王莽辅政，庶绩复古，乃起明堂、辟雍。

《宋书·礼志》曰：晋元帝绍命中兴，依汉氏故事，宜享宗明堂祀之礼。江左不立明堂，故阙焉。

《齐书·礼志》曰：案《礼》及《孝经援神契》并云：明堂有五室，天子每月听朔布教，祭五帝之神，配以有功德之君。

《大戴礼》曰：明堂者，所以明诸侯尊卑也。

许慎《五经异义》曰：布政之宫，故称明堂。明堂，盛貌也。

《周官·匠人》职称：明堂有五宫。郑玄云：周人明堂五室，帝一室也。

《齐书·礼志》曰：永明二年，祠部郎蔡履议："郊与明堂，本宜异日。汉东京《礼仪志》'南郊礼毕，次北郊、明堂、高庙、世祖庙，谓之五供。蔡邕所据亦然。近世存省，故郊堂共日，来年郊祭，宜有定准。'"太学博士王祐议："来年正月上辛，宜祭南郊；次辛，有事明堂；后辛，飨祀北郊。"

《隋书·礼仪志》曰：明堂在国之阳。梁初，依宋齐，其祀之法，犹依齐制。礼有不通者，武帝更与学者议之。先是，帝欲有改作，乃下制书，而与群臣切磋其义。制曰："明堂准《大戴礼》九室八牖，三十六户，以茅盖屋，上圆下方。"郑玄据《援神契》亦云："上圆下方。"又云："八窗四达。"明堂之义，本是祭五帝神，九室之数，未见其理。若五堂而言，虽当五帝之数，向南则背汁光纪，向北则背赤熛怒，东向西向亦如此，于事殊未可安。

又《礼仪志》曰：明堂，后齐采《周官·考工记》为五室。周采汉《三辅黄图》为九室，各存其制，而竟不立。

又《礼仪志》曰：隋将作大匠宇文恺依《月令》文，造明堂木样，重檐复庙，五房四达，丈尺规矩，皆有准凭，以献。高祖异之，命有司于郭内安业里为规兆。方欲崇建，又命详定，诸儒争论，莫之能决。牛弘等又条经史正之重奏。时议既多，久而不定，又议罢之。及大业中，恺又造《明堂议》及样奏之。炀帝下其议，但令于霍山采木。而建都兴役，其制遂寝。终隋代，祀五方上帝于明堂，恒以季秋，在雩坛上而祀，其用币，各于其方。

《唐书》曰：永徽中诏曰："朕闻合宫、灵府，创鸿规于上代；太室、总章，标茂范于中叶。虽复质文殊制，奢俭异时，然其立天中，作人极，布政施教，归之一揆。朕嗣膺下武，丕承上烈，思所以答眷上灵，事遵孝养，而法宫旷礼，明堂寝构，永言大礼，朕甚惧焉。宜令所司与礼官、学士等考核故事，详议得失。"于是太常博士柳宣依郑玄义，以为明堂之制，当为五室。内直丞孔志约据《大戴礼》及卢植、蔡邕等议，以为九室。秘书郎薛文思等各造明堂图。

又曰：永徽中，令礼官、学士详议明堂制度，久之不定。上乃内出九室样，更令损益。群儒纷竞，各执异议。于志宁等请为九室，太常博士唐畛等请为五室。上令所司于观德殿依两议张设，亲与公卿观之。上曰："明堂之礼，自古有之。议者不同，未果营建。今设两议，公等以何者为宜？"阎立德对曰："两议不同，俱有典故。九室似暗，五室似明，取舍之宜，断在圣虑。"上亦以五室为便。议又不定，由是止。

又曰：垂拱二年，毁乾元殿，就其地创造明堂，凡高二百九十四尺，东西南北各广三百尺。凡有三层：下层象四时，各随方色；中层法十二辰，圆盖，盖上盘九龙捧之；上层法二十四气，亦图盖亭，亭中有巨木十围，上下通贯，刻木为瓦，纻漆之。明堂之下施铁渠，以为辟雍之象，号为万象神宫。

又曰：证圣元年正月，明堂后佛堂火，延烧明堂。三年，又令重造如明堂，高广如旧制，上施宝凤，号为通天宫也。

又曰：永昌元年正月，天后亲享明堂。戊午，布政于明堂，颁九条以记于百官。已未，神皇御明堂，飨群臣，赐缣练有差。自明堂成后，纵神都妇人及诸州老人入观，兼赐酒食，至是日始止。

又曰：开元中，敕云州置魏孝文帝祠堂一所，有司以时享祭。是州有魏故明堂遗迹，乃置庙于其迹焉。

《家语·观周》：孔子观乎明堂，睹乎四门之墉，有尧舜桀纣之象，而各有善恶之状、兴废之诫焉。又有周公相成王，抱之而负斧扆，南面朝诸侯之图焉。

《晏子春秋》曰：明堂之制，土事不文，木事不镂，示民知节也。

《尸子》曰：黄帝合宫，有虞氏曰总章，殷人曰阳馆，周人曰明堂，此皆所以名休其善也。

《淮南子》曰：自古者明堂之制，明堂，太庙正室。下之润湿，弗能及也；上之雾霜，弗能入也；四方之风，弗能袭也。

颍容《春秋释例》曰：周公朝诸侯于明堂。太庙与明堂一体也。春秋人君将出，告于宗庙，反，行策勋、献俘于庙。

《礼论》曰：或以为明堂者，文王庙。周时德泽和洽，蒿茂大，以为宫柱，名曰蒿宫。

《三辅黄图》曰：孝武帝议立明堂于长安城南。许令裒等议曰按《五经》。

《礼传记》曰：圣人之教，制作之象，所以法则天地，比类阴阳。以之宫室，本之太古，以昭令德。茅屋采椽，土阶素舆，越席皮弁，盖兴于黄帝尧舜之代，是以三代修之也。

《黄图》曰：明堂者，明天道之堂也。

蔡邕《礼乐志》曰：孝武帝封禅岱宗，立明堂于泰山汶上也。

许慎《五经异义》曰：明堂在国之阳，三里之外，七里之内，巳地就阳位也。

《释名》曰：明堂，犹堂堂、高显貌也。

《三礼图》曰：明堂者，布政之宫。周制五室：东为木室，南为火室，西为金室，北为水室，土室在中。秦为九室，十二阶，各有所居。

赵晔《吴越春秋》曰：越王召范蠡问曰："孤窃自志，欲以今日一登上明堂，布恩致令，以抚百姓。"

袁子《正论》曰：明堂、宗庙、太学，礼之大物也。事义不同而论者合以为一，失之远矣。

李尤《明堂铭》曰：布政之宫，上圆下方。体则天地，在国之阳。窗闼四设，流水洋洋。顺节行仪，各居其房。春恤幼孤，夏进贤良，秋厉威武，冬谨关梁。

桓谭《新论》曰：王者造明堂、辟雍，所以承天化也。

班固《东都赋·明堂诗》曰：于昭明堂，明堂孔阳。圣皇宗祀，穆穆皇皇。上帝宴飨，五位时序。谁其配之？世祖光武。

晋纪赡《答秀才策》曰：周制明堂，所以宗其祖，以配上帝，其正中皆太庙，以顺天时、施令法也。

太平御览卷第五百三十四 礼仪部十三

辟雍

《毛诗·大雅》曰：镐京辟雍，自西自东，自南自北，无思不服。武王作邑于镐京。笺云：自，由也。武王于镐京行辟雍之礼日，四方来观者皆感化其德，心无不归服。

《礼记·王制》曰：天子曰辟雍，诸侯曰泮宫。尊卑学异名。辟，明；雍，和也。所以明和天下也。泮之言泮政教也。

《礼记礼统》曰：所以制辟雍何？数化天下也。辟雍之制奈何？《王制》曰：辟雍，圆如璧，雍以水，内如覆，外如偃盘也。诸侯泮宫，半有水，半有宫也。诸侯所化者少，故半有宫焉。三王之制奈何？夏天子曰重屋，诸侯曰广宗；殷天子曰庙，诸侯曰世室；周天子曰辟雍，诸侯曰泮宫，乡曰庠，里曰序，是其制也。

《礼记外传》曰：学者，觉也，人生也，皆禀五常之正性。故圣人修道以教之，使其发觉，不失其性也。小人学道则易使也，不从教则凶人也。天子、诸侯皆有大学、小学。小学则东，少阳之地，公宫之左。太学在西。有虞氏之学曰庠，亦谓之米廪。藏躬耕之谷于学中，以供祭祀。虞舜尚孝。夏曰序，殷曰瞽宗，瞽，无目者。乐正，古之学者。周曰辟雍。辟，明也。雍，和也。亦为大学东胶。

《汉书·礼乐志》曰：武帝时，丞相大司空奏请立辟雍。会按行长安南营，表未作，遭帝崩，群臣引以为定谥。及王莽为宰衡，欲耀众庶，遂兴辟雍。

《后汉书》曰：世祖中元二年春，初起辟雍，行大射之礼。

《续汉书·礼仪志》曰：明帝永平中，始率群臣躬养三老五更于辟雍，行大射之礼。

《魏志》曰：明帝幸辟雍，于会命群臣赋诗。

《宋书·礼志》曰：昔武帝太始六年，帝临辟雍，行乡饮酒之礼。诏曰："礼仪之废久矣！乃今复讲肄旧典。"赐太常绢百匹，丞、博士及学生酒。咸宁三年，惠帝复行其礼。

《白虎通》曰：天子立辟雍者何？所以行礼乐、宣德化也。辟者，象璧，以法天；雍者何？雍之以水，象教化流行。

《五经通义》曰：诸侯不得观四方，故缺以东南。半天子之学，故曰泮宫。

《三辅决录》曰：辟雍水四周于外，象四海也。

桓谭《新论》曰：王者作圆池如璧形，实水其中，以圜壅之，故曰辟雍。言其上承天地，以班教令，流转王道，终而复始。

《说苑》曰：辟雍，天子乡饮之处。

戴延之《西征记》曰：洛城南有平昌门，道东辟雍坛，去灵台三里，俱是魏武帝所立，高七丈。

班固《东都赋·辟雍诗》曰：乃流辟雍，辟雍汤汤。圣皇莅止，造舟为梁。皤皤国老，乃父乃兄。抑抑皇仪，孝友光明。于赫太上，示我汉行。洪化唯神，永观厥成。

李尤《辟雍赋》曰：卓矣煌煌，永元之隆。含弘该要，周建大中。蓄纯和之优渥兮，化盛溢而兹丰。

李尤《辟雍铭》曰：唯王所建，方中圆外，清流四匝，荡涤浊秽。

傅玄《帝幸辟雍乡饮酒赋》曰：时皇帝枉万乘之尊兮，以幸辟雍。卤簿齐列，群官正容，侍卫参差，阶戟百重。乃延乡士，乃命王公。是日也，定小会之常仪兮，飨殊俗而见远邦；连三朝以考学兮，览先贤之异同。

灵台

《毛诗·文王·灵台》曰：《灵台》，民始附也。文王受命，而民乐其有灵德，以及鸟兽昆虫焉。天子有灵台，所以观祲象察气妖祥。经始灵台，经之营之，庶民攻之，不日成之。

《诗汜历枢》曰：灵台，候天意也。经营灵台，天下附也。

《礼含文嘉》曰：礼，天子灵台，以考观天人之际，阴阳之会也。揆星度之验，征气朔之瑞，应原神明之变，化为万姓，获福于天。

《礼统》曰：所以制灵台何？以尊天重民，备灾御害，豫防未然也。夫王者当承顺天地，节御阴阳也。夏所以为清台何？明明相承，太平相续，故为清台。殷为神台、周为灵台何？质者据天而王，天者称神。文者据地而王，地者称灵，是其异也。

《孝经援神契》曰：灵台考符居高显，圣王所以宣德察微。

《五经通义》曰：王者受命而起，所以立灵台。灵台何以为在于野中国之南？附近辟雍，依仁宫也。灵台制度奈何？师说之，积土崇增，其高九仞，上平无屋。高九仞者，极阳之数；上平无屋，望气显著。

《续汉书·祭祀志》曰：明帝即位，郊祀五帝于明堂。卒事，遂升灵台，以望云物。

崔鸿《十六国春秋·后赵录》曰：建武二年，置女大史灵台，仰观灾祥，以考中外太史，验察虚实。

《唐书》曰：乾元元年，于永宁坊张守珪宅置司天台。制曰：建邦设都，必稽玄象；分列曹局，皆应物宜。灵台二星，主观察云物天文，位在太微西南。今兴庆宫，上帝延也，考符之所，合置灵台。

《三辅故事》曰：汉作灵台于城东，周作灵台在沣水永东。常以四孟之月，登台而观。

《述征记》曰：长安宫南有灵台，高十仞，上有铜浑天仪，又相风铜乌，或云此乌遇千里风乃动。

《六韬》曰：文王既出羑里，召周公旦筑为灵台。

《新序》曰：周文作灵台及池沼，掘得死人骨。吏以闻于文王。文王曰："更葬之。"天下闻之，皆曰："文王贤矣！泽及朽骨，而况于人乎！"

班固《东都赋·灵台诗》曰：乃经灵台，灵台既崇。帝勤时登，爰考休征。三光宣精，五行布序。习习祥风，祁祁甘雨。百谷蓁蓁，庶草蕃庑。屡唯丰年，于皇乐胥。

潘岳《闲居赋》曰：灵台杰其高跱，窥天文之秘奥，究人事之终始。

学校

《毛诗·国风》曰：《子衿》，刺学校废也。乱世则学校不修焉。青青子衿，悠悠我心，青衿，青领也。学子之所服。纵我不往，子宁不嗣音。

《尚书大传》曰：耰锄已藏，岁事欲毕，余子皆入学。十五始入小学，见小节，践小义；十八始入大学，见大节，践大义。

《周礼·地官下·师氏》曰：师氏以三德教国子：一曰至德，以为道本；二曰敏德，以为行本；三曰孝德，以知逆恶。又教三行：一曰孝行，以亲父母；二曰友行，以尊贤良；三曰顺行，以事师长。郑玄注曰：德行，外内之言也。在心为德，施之为行。居虎门之左，司王朝，凡国之贵游子弟学焉。

《礼记·学记》曰：君子如欲化民成俗，其必由学乎。所学圣人之道在方策。玉不琢，不成器；人不学，不知道。是故古之王者，建国君民，教学为先。

又《学记》曰：古之教者，家有塾，党有庠，术有序，国有学。比年入学，中年考校。一年视离经辩志，三年视敬业乐群，五年视博习亲师，七年视论学取友，谓之小成；九年知类通达，强立而不反，谓之大成。

《左传·襄六》曰：郑人游于乡校，杜预曰：乡之学校。以论执政。然明谓子产曰："毁乡校，如何？"恐于中谤议国政也。子产曰："何为？夫人朝夕退而游焉，以议政之善否。其所善者，吾则行之；其所恶者，吾则改之。是吾师也，若之何毁之。"

《论语谶》曰：学者，织也。

《五经通义》曰：三王教化之宫，总名为学。夏为校，校言教也。

《汉书》曰：郡国曰学，县、道、邑、侯国曰校。校、学置经师一人。

《续汉书·礼仪志》曰：明帝永平中，始帅群臣养三老、五更于辟雍，郡国县道行饮酒礼于学校。

《后汉书》曰：桓荣车驾幸太子学，会诸博士论难于前。荣被服儒衣，温恭有蕴藉，蕴藉，犹言宽博有余也。蕴音于问反。辩明经义，每以礼让相厌，不以辞长胜人。儒者莫之及。厌，服也。特加赏赐。又诏诸生雅吹击磬，尽日乃罢。吹管奏《雅》《颂》也。

《东观汉记》曰：光武建武五年，初起太学官。诸生吏子弟及民以义助作。上自齐归，幸太学，赐博士弟子有差。

《宋书·礼志》曰：汉献帝建安二十二年，魏国作泮宫于邺城南。魏文帝黄初五年，立太学于洛阳。《魏名臣奏》曰：蒋济奏太学堂上，官为置鼓。《礼》曰："入学鼓箧，逊其业也。"凡学受业，皆当须十五以上。公卿大夫子弟在学者，以年齿长幼相次，不得以父兄位也。学者不恭肃、慢师、酗酒、好讼，罚饮水三升。

《晋诸公赞》曰：惠帝时，裴頠为国子祭酒，奏立国子太学，起讲堂，筑门阙，刻石写经。

《晋令》曰：诸县率千余户置一小学，不满千户亦立。

《宋书·礼志》曰：晋征西将军庾亮在武昌开置学官，教曰："人情重交而轻财，好逸而恶劳，学业致苦而禄答未厚，由捷径者多，故莫肯用心。洙泗邈远，风雅弥替，后生放狂，不复宪章典谟。临官宰政者，务目前之治，不能闲于典诰，遂令诗书荒尘，颂声寂寞。仰瞻俯省，能不叹慨！"

《南史》曰：宋时国学颓废，未暇修复。明帝泰始六年，置总明观以集学士，或谓之东观。置东观祭酒一人，总明访举郎二人，儒玄文史四科置学士千人，其余令史下各有差。是岁以国学既立，省总明观于王俭宅，开学士馆，以总明四部书充之。

《三辅旧事》曰：汉太学在长安门东书社门，立五经博士员弟子万余人。学中有市有狱。光武东迁，学乃废。

任预《益州记》曰：文翁学堂在大城南，昔经灾火，蜀郡太守高朕修复缮立。其栾栌椽节，制犹古朴，即今堂基六尺，厦屋三间，通皆图画圣贤古人之象及礼器瑞物。堂西有二石屋。又以为州学。郡更于夷里桥道东起学也。

《述征记》曰：太学在国子学东二百步。学堂里有《太学赞碑记》曰：建武三十七年立太学堂，永建六年制下府缮治，并立诸生房舍千余间。阳嘉元年毕刊子碑，有太尉庞参、司徒刘琦、太常孔扶、将作大匠胡广答记制。

《黄图》曰：《礼》，小学在公宫之南，太学在城南，就阳位也。去城七里。王莽为宰衡，起灵台，作长门宫。南去堤三百步，起国学于郭内之西南，为博士之宫。寺门北出，王于其中央为射宫。门西出，殿堂南向为墙，选士肆射于此中。此之外为博士舍三十区周环之。此之东为常满仓，之北为会市，但列槐树数百行为隧，无墙屋。诸生朔望会此市，各持其郡所出货物及经书、传记、笙磬乐相与买卖，邕邕揖让，或论议槐下。其东为太学宫。寺门南出，置令丞吏诘奸究理辞讼。五博士领弟子员三百六十六；经三十博士，弟子万八百人；主事、高弟、侍讲各二十四人，学士司舍，行无远近，皆随檐，雨不涂足，暑不暴首。

《决疑要注》曰：汉初置博士而无弟子，后置弟子五十人，又增满五百。汉末至数千人。魏之务学者始诣太学为门人，二岁，通二经者，补文学掌故；满三岁，通三经者，擢为太子舍人。

挚虞《驳宜立学事》曰：河内太守鲁夔，使民二百家共立一学，未成，而司隶奏以违法。尚书郎中骑都尉臣挚虞驳："夔为近畿大都，朝所委任，亲临民物，足识事宜。累表仍上，求二百家立一学，是其留心学校，必欲有成也。"

崔瑗《南阳文学颂》曰：昔圣人制礼作乐也。将以统天理物，经国序民，立均出度，因其可利而利之，俾不失性也。故观礼则体敬，听乐则心和，然后知反其性而正其身也。

梁元帝召学生教曰：阁下，昔楚王好《诗》，沛王传《易》，犹且传之不朽，以为盛美。吾亲承天旨闻方，欲化行南国，被于西楚。

太平御览卷第五百三十五 礼仪部十四

庠序

《礼记·王制》曰：有虞氏养国老于上庠，养庶老于下庠。夏后氏养国老于东序，养庶老于西序。殷人养国老于左学，养庶老于右学。周人养国老于东胶，养庶老于虞庠。

又《学记》曰：古之教者，家有塾，党有庠，术有序，国有学。术当为遂。万二千五百家为遂也。

《五经通义》曰：三王教化之宫，总名为学。夏为学校。校之言教也。殷为庠，周为序，周家又兼用之，故乡为庠，里为序，家为塾。

《白虎通》曰：乡曰庠，里曰序。庠者，礼仪也；序者，序长幼也。

《汉书》曰：乡序庠置《孝经》师一人。

又《儒林传》曰：三代之道，乡里有教，夏曰校，殷曰庠，周曰序，所以劝善惩恶也。

《南史》曰：梁武帝修建庠序，别开五馆。其一馆在袁宪宅西。宪常招引诸生，与之谈论新义，出人意表，同辈咸嗟服焉。

释奠立庙附

《礼记·月令·仲春》曰：是月也，命乐正习舞。为将释奠。上丁释奠于国学，释谓置也。谓置牲币之奠于文宣王。天子及公卿、诸侯、大夫亲往视之，观其礼也。命有司上戊释奠于太公庙。亦用牲币之奠。

又《月令·仲秋》曰：是月也，命乐正习吹，春夏尚舞，秋冬尚吹，习之为将释奠。上丁释奠于国学，天子乃率公卿、诸侯、大夫亲往视之，礼仪同仲春。是月也，命有司上戊释奠于故公庙。礼仪同仲春。

又《文王世子》曰：凡始立学，必先释奠于先圣先师。及行事，必用币。天子亲学，大昕鼓征，所以警众也。

《晋书·礼志》曰：昔武王入殷而封先代之后，盖追思其德也。孔子大圣，终于陪臣，未有封爵。至汉元帝时，孔霸以帝师号褒成侯，奉孔子后。魏黄初三年，以议郎孔羡为宗圣侯，奉孔子祀。魏齐王正始二年，使太常释奠，以太牢祀孔子于辟雍，以颜回配。

《宋书·礼志》曰：魏齐王正始中，每讲经，使太常释奠先圣先师于辟雍。晋惠帝、明帝之为太子，及愍怀太子讲经竟，并亲释奠于太学。太子进爵于先师，中庶子进爵于颜渊。成、穆、孝武三帝亦皆亲释奠。

又《礼志》曰：元嘉二十二年，太子释奠，采晋故事。官有其注，祭毕，太祖亲临学宴会，太子以下悉预。

《唐六典》曰：仲春上丁，释奠于孔宣父，以颜回配焉，其七十二弟子及先儒并从祀。仲秋之月亦如之。仲春上戊，释奠于齐太公，以留侯张良配焉。仲秋之月亦如之。凡州县皆置孔宣父庙，以颜回配。仲春上丁，州县官行释奠之礼，仲秋上丁亦如之。

《唐书》曰：开元七年十一月，以贡举人将谒先师质问疑义，敕曰："皇太子及诸子，虽年未志学，而道在尊师，宜行齿胄礼。"

又曰：开元七年，皇太子入国学，行齿胄礼，谒先圣。皇太子初献，其亚献、终献并以胄子。常侍褚无量开讲《孝经》及《礼记·文王世子》篇。

又曰：归崇敬议：春秋释奠文宣王，祝板御署北面揖，以为其礼太重。按《大戴礼》师尚父授周武王丹书，武王东面而立。今置祝板，请准武王东面之礼，轻重庶得其中。晋博士成洽议曰："释典奉先师唯皇太子，业终乃礼，不然则废。"

晋《尚书大事》曰：尚书符太常曰："按洛阳图宫南自有太学，国子、辟雍不相预也。舍辟雍以太学，辟雍便为无事虚诞。汉魏旧事，皆言释奠祠先圣于辟雍，未有言太学者。又咸和中，成皇帝释奠于中堂之前台中，故事亦曰辟雍。是为汉魏之世初自两立，至释奠便在辟雍犹存。今废辟雍而立二学，中兴以来相违。"太常王彪之答："魏帝齐王使有司释奠于辟雍，此是魏之大事，非晋书旧典。太始、元康释奠太学，不在辟雝；太始五年、元康五年二行飨礼，皆于辟雍，不在太学。是则释奠于太学，行飨于辟雍，有晋已行之，准也。中朝有辟雍，犹在太学，况无辟雍，唯有太学，更当不在太学乎！”宰相从太常所答。

晋范坚书问冯怀曰：“汉氏以来，释奠先师唯仲尼，不及公旦，何也？”冯答曰：“若如来谈，亦当宪章尧、舜、文、武，岂唯周旦乎！”

挚虞《释奠颂》曰：如彼泉流，不盈不运。讲业既终，礼师释奠。升觞折俎，上下唯善。邕邕其来，肃肃其见。

立庙附

《锺离意别传》曰：意为鲁相，修孔子庙。孔子教授堂下，床首有悬瓮，意召守庙孔䜣问曰：“此何等瓮？”䜣曰：“夫子瓮。背有丹书，自夫子亡后，无敢发者。”意乃发，索得书焉。

《宋书·礼志》曰：晋清河人李辽表曰：亡父先臣回绥集邦邑，归诚本朝，以太元十年遣臣奉表，路经阙里，过觐孔庙，庭宇倾颓，轨式颓圮，万世宗匠，忽焉沦废，仰瞻俯慨，不觉涕流。既逹京辇，表求兴复圣祀，修建讲学。至十四年，奉被明诏，采臣鄙议，敕兖州鲁郡准旧营饰。

《北齐书》曰：天保元年，诏封崇圣侯邑一百户，以奉孔子之祀，并下鲁郡，以时修治庙宇，务尽褒崇之至。

《唐书》曰：武德中，制祠典，释奠于太学，以周公为先圣，孔丘配飨。房玄龄及朱子奢议云：公旦、尼父俱是圣人。庠序置奠，本缘夫子。故鲁宋至于梁陈，爰及隋大业故事，皆以孔丘为先圣，颜回为先师，历代所行，古今通允。请停祭周公，升夫子为先圣，以颜回配飨。

又曰：上元中制曰：定祸乱者必先于武德，极生灵者谅在于师贞。周武创业，克宁区夏，唯师尚父，实佐兴王。况德有可师，义当禁暴，稽诸古昔，爰崇典礼，太公望可追封为武成王。有司依文宣王置庙，择古今名将，置亚圣及十哲，享祭之典，一同文宣。

又曰：开元十九年，始于两京置齐太公庙，以张良配。上元初，特加封太公为武成王，以历代名将从其祀。然有其制而未之行，祠宇日荒。至是，宰臣卢杞、京兆尹卢甚以卢者齐之裔，乃鸠其裔孙若卢、崔、丁、吕之族，合钱以崇饰之。请复旧典，兼择自古名将，如孔门十哲，皆配飨。诏下史官，乃定张良、穰苴、孙武、吴起、乐毅、白起、韩信、诸葛亮、李靖、李绩配焉。

养老

《礼记·祭义》曰：食三老、五更于太学，天子袒而割牲，执酱而馈，执爵而酳，所以教诸侯之悌也。

蔡邕《月令章句》曰：五更当为五叟。叟，长老之称也。其字似更，书有转误，嫂字，女傍叟，今皆以为更矣。

《孝经援神契》曰：天子亲临辟雍，尊事三老，兄事五更。三者，道成于三；五者，训于五品。言其能以善道改已也。三老、五更，皆取有妻、男女完具者。

《续汉书》曰：三老、五更玉杖，长九尺，端以鸠为饰。鸠者，不噎之鸟，欲老人之不噎也。

华峤《后汉书》曰：熙平中，天子引袁逢为三老，赐玉仗。

应劭《汉书》曰：天子父事三老，兄事五更。天子亲割，三公设几，九卿正履。

《魏志》高贵乡公诏曰：夫养老兴教，三代所以树风化、垂不朽也。必有三老、五更，以崇至敬，乞言纳诲，着在惇史，然后六合承流，下观而化。宜妙拣德行，以充其选。关内侯王祥，履仁秉义，雅志淳固；关内侯郑小同，温恭孝友，师礼不忒。其以祥为三老，小同为五更。车驾亲率群司，躬行古礼焉。

王隐《晋书》曰：王祥字休征。魏帝高贵乡公入学，命祥为三老。祥南面几杖，以师道自居。帝北面乞言。祥于是陈明王圣帝之轨，君臣政化之要，俯以训帝。于时百辟卿士闻其格言，莫不砥砺。

《后魏书》曰：孝文帝以前司徒尉元为三老，前鸿胪卿游明根为五更。皇帝再拜肃拜五更，乞言毕，乃赐步挽一乘，诏曰："三老可给上公之禄，五更可食九卿之俸。"

《后周书》曰：高祖保定三年，乃下诏集太保燕公为三老。

又曰：武帝以太傅燕国公于谨为三老，赐延年杖；太师宇文护设几，司寇豆卢宁正舄。

又曰：孝闵践祚，于谨以年老乞骸骨，诏报不许。有司宜断表启，遂诏谨为三老。有司具礼，择日，又赐延年杖。高祖幸太学以食之。三老入门，皇帝迎拜门屏之间，三老答拜。有司设三老席于中楹，南向。太师晋公护升阶，设几于席。三老升席，南面，凭几而坐，以师道自居。大司寇楚公宁升阶正舄。皇帝升立于斧扆之前，西面，有司进馔，皇帝跪设酱豆，亲袒割。三老食讫，皇帝又亲跪受爵以酳。有司彻讫，皇帝北面立，访道。三老乃起，立于席后。皇帝曰："猥当天下重任，自唯不才，不知政治之要，公其诲之。"三老答曰："木受绳则正，后从谏则圣。自古明王圣主，皆虚心纳谏以知得失，天下乃安。唯陛下念之。"又曰："为国之本，在守忠信。是以古人云去食去兵，信不可失。国家兴废，莫不由之。愿陛下守而勿失。"又曰："治国之道，必须有法。法者，国之纲纪。纲纪不可不正，在于赏罚。若有功必赏，有罪必罚，则为善者日益，为恶者日止；若有功不赏，有罪不罚，则天下善恶不分，人无所措手足矣。"三老言毕，皇帝再拜受之。三老答拜焉。礼成而出。

《隋书》曰：后齐仲春令辰陈养老礼。先一日，三老、五更齐于国学，皇帝进贤冠、玄纱袍至辟雍，入总章。堂列宫悬，王公已下及国老名定位。司徒以羽仪、武贲、安车迎三老、五更于国学，并进贤冠、玄服、黑舄、素带。国子生黑介帻，青衿单衣，乘马从之。至，皇帝释剑执班，迎于门内。三老至门，五更去门十步，则降车以入。皇帝拜，三老、五更摄斋答拜。皇帝揖进，三老在前，五更在后，升自右阶，就筵。三老坐，五更立。皇帝升堂，北面。公卿升自左阶，北面。三公授几杖，卿正履，国老、庶老各就位。皇帝拜三老，群臣皆拜，不拜五更。乃坐。皇帝西向，肃拜五更，进珍馐酒食，亲袒割，执酱以馈，执爵以酳。以次进五更。又设酒醴于国老、庶老。皇帝升御坐。三老乃论五孝六顺、典训大纲。皇帝虚躬请受。礼毕而还。又都下及外州人年七十已上，赐鸠杖、黄帽。

太平御览卷第五百三十六 礼仪部十五

封禅

《河图真纪钩》曰：王者封太山，禅梁父，易姓奉度，继兴崇功者七十二君。

《尚书中候》曰：维岁二月，候在东馆，郑玄注曰：维，辞也。候齐桓公馆舍。叹曰："于戏仲父！寡人闻古霸王封太山，刻石纪号，立显象。今寡人名为何君？"

《管子》曰："卫困于狄，案兵须灭，乃存之。仁不纯，名为霸君。昔古圣王功成道洽，符出，乃封太山。今比目之鱼不至，凤凰不臻，麒麟遁，未可以封。"

《礼记·礼器》曰：是故因天事天，天高，因高者以事也。因地事地，地下，因下者以事也。因名山升中于天。名犹大也，中犹成也。谓巡狩至于方岳，燔柴祭天，告以诸侯之成功也。《孝经》说曰："封乎泰山，考绩燔燎，禅乎梁甫，刻石纪号也。"升中于天而凤皇降，龟龙假。功成而太平，阴阳气和而致象物。

《礼记逸礼》曰：三皇禅云云，盛意也；五帝禅云云，特立于身也；三王禅梁父，连延不绝，父死子继也。

《春秋汉含孳》曰：天子受符，以辛日立号，宰奉图，帝人共观九日，悉见后世之过，方来之害，以告天。受符谓应期之人当起者之符代行其录运者也。曰：请封禅，到岱宗，昼期过数告诸命。封，封太山；禅，禅梁父。

《孝经钩命决》曰：封乎太山，考绩燔燎；禅乎梁父，刻石纪号；焕炳巍巍，教化显著。

《五经通义》曰：易姓而王太平，必封太山、禅梁父何？天命已为王，使理群生也。或曰：封，以黄金为泥，以银为绳。经无明文，以义说之。所以止封岱，太山者，五岳之长，群神之主，故独封于太山，告太平于天，报群神之功也。禅梁父者，太山之支属，能配太山之德也。

《史记·封禅书》曰：齐桓公既霸，会诸侯于葵丘，而欲封禅。管仲曰："古者封太山禅梁父者七十二家，而夷吾所记者十有二焉。昔无怀氏封太山，禅云云；宓羲封太山，禅云云；神农封太山，禅云云；炎帝封太山，禅云云；黄帝封太山，禅亭亭；颛顼封太山，禅云云；帝喾封太山，禅云云；尧封太山，禅云云；舜封太山，禅云云；禹封太山，禅会稽；汤封太山，禅云云；周成王封太山，禅社首，应劭曰：山名，在博县。晋灼曰：在钜平南卜三里也。皆受命然后得封禅。"桓公曰："寡人北伐山戎，过孤竹；西伐大夏，涉流沙，束马悬车，上卑耳之山；南伐至邵陵，登熊耳山以望江汉。兵车之会三，而乘车之会六。九合诸侯，一匡天下，诸侯莫违我者。三代受命，亦何以异乎？"于是管仲相桓公，不可穷以辞，因设之以事，曰："古之封禅，鄗上之黍，北里之禾，应劭曰：鄗上，山也。鄗音曜。苏林曰：鄗上、北里皆地名。所以为盛；江淮之间，一茅三脊，所以为藉也。东海致比目之鱼，西海致比翼之鸟，然后物有不召而自至者十有五焉。今凤皇麒麟不来，嘉谷不生，而蓬蒿藜秀茂，鸱枭数至，而欲封禅，无乃不可乎！"桓公乃止。

又曰：始皇既并天下，即位三年，东巡狩郡县，祠邹峄山，颂秦功业。于是征齐鲁之儒生博士七十人，至于太山下。或议曰："古者封禅，为蒲车，恶伤山之土石草木。扫地而祭，席用葅稭，言其易遵也。"始皇闻此议各乖异，难施用，由此绌儒生。遂除车道，上自太山阳，至巅，立石颂秦始皇帝德，明其得封也。从阴道下，禅于梁父。其礼颇采太祝之祀雍上帝所用，而封藏皆秘之，世不得而记也。始皇之上太山，中阪遇风雨暴至，休于大树下，因封其树为五大夫。

又曰：今天子即位，尤敬鬼神之祀。元年，汉兴以六十余岁矣。天下乂安，搢绅之属皆望天子封禅，改正度也。而上向儒术，招贤良，赵绾、王臧等以文学为公卿，欲议古立明堂城南以朝诸侯，革巡狩、封禅、改历、服色，事未就，会窦太后治黄老言，不好儒术，诸所兴为皆废。是时李少君亦以祠灶、谷道、却老方，见上，上尊之。少君言上曰："祠灶则致物，致物而丹砂可化为黄金；黄金成，以为饮食器，则益寿；益寿而海中蓬莱仙者乃可见，见之以封禅则不死，黄帝是也。”上与公卿诸生议封禅。封禅用希旷绝，莫知其仪礼，而群儒采封禅《尚书》、《周官》、《王制》之望祀射牛事。上于是乃令诸儒习射牛，草封禅仪。群儒既不能辩明封禅事，又牵拘于《诗》《书》古文而不能骋，于是上尽罢诸儒。遂东幸缑氏，礼登中岳太室。从官在山下，闻若有言“万岁”云。于是以三百户封太室奉祠，遂东巡海上。四月，还至奉高。上令诸儒及方士言封禅，人人殊，不经，难施行。天子至梁父，礼祠地主。乙卯，令侍中儒者皮弁荐绅，射牛行事。封太山下东方，如郊祀太一之礼。封广丈二尺，高九尺，其下则有玉牒书，书秘。礼毕，天子独与侍中奉车子侯上太山，亦有封。其事皆禁。明日，下阴道。丙辰，禅太山下趾东北肃然山，如祭后土礼。天子皆亲拜见，衣上黄而尽用乐焉。江淮间一茅三脊为神藉，五色土益杂封。纵远方奇兽蜚禽及白雉诸物，颇以加礼。兕牛犀象之属不用。皆至太山祭后土。封禅祠，其夜若有光，昼有白云起封中。天子从禅还，坐明堂，群臣更上寿。

《汉书》曰：公孙弘议欲仿古巡狩封禅之事，诸儒对者五十余人，未能有所定。先是，司马相如病死，有遗书颂功德，言符瑞足以封太山。上奇其书，以问倪宽。对曰：“陛下躬发圣德，统揖群臣，宗祀天地，荐礼百神，精诚所向，征兆必报，天地并应符瑞，帝王之盛节也。宜顺承天庆，垂万世之基。”上然之。乃自制仪，采儒术以文焉。

又《郊祀志》曰：初，上欲治明堂奉高旁，未晓其制度。济南人公玉带上黄帝时明堂图。于是上令奉高作明堂汶上，如带图。及是岁，修封，则祠太一、五帝于明堂上坐，令高皇帝祠坐对之。公玉带又曰：“黄帝时虽封太山，然风后、封鮌、歧伯令黄帝封东太山，韦昭曰：别有小太山在阴，一名介山。臣瓒曰《郑克》朱虚界中有小太山是也。汾阴子推所焚，故名介山也。不以介为大也。禅凡山，合符，然后不死。”天子既令设祠具，至东太山，太山卑小，不称其声，乃令祠官礼之而不封焉。其后令带奉祠候神物。复还太山，修五年之礼如前，而加禅祠石闾。石闾者，在太山下趾南方，方士言仙人闾也，故上亲禅焉。其后五年，复至太山修封，还过祭恒山。自封太山后，十二岁而周遍于五岳、四渎矣。后五年，复至太山修封。武帝五修封。

又曰：太初元年十二月禅蒿里。服虔曰：山名。在太山下。太初三年春正月，东巡海上。夏四月，还修封太山，禅石闾。天汉三年，受计还幸北地，祠常山，瘗玄玉。邓展曰：瘗，埋也。

又曰：太始四年春，三月甲申，修封。丙戌，禅石闾。夏四月，幸不其，如淳曰：其音基。不其，山名，因以为县。祠神人于交门宫，应劭曰：神人，蓬莱仙人之属也。晋灼曰：琅琊县有交门宫，武帝所造。若有向，坐拜者作交门之歌。师古曰：如有神人景象，向祠坐而拜也。

又曰：司马相如既病免，家居茂陵，天子曰："相如病甚，可往从悉取其书。若不然，后之矣。"使所忠往，而相如已死，家无遗书。问其妻，对曰："长卿未尝有书也。时时著书，人又取去。长卿未死时，为一卷书，曰：有使来求，当奏之。"其遗札书言封禅事，所忠奏焉。天子异之。

《续汉书·祭志》曰：建武中，群臣上言。即位三十年，宜封禅太山。诏书曰："即位三十年，百姓怨气满腹，吾谁欺，欺天乎？曾谓太山不如林放，何事太山污七十二代之编录！"三月，上幸鲁，过太山。太山守以上过故，承诏祭太山及梁父。时虎贲中郎将梁松议封禅事，上许松等奏，乃求元封时封禅故事，议封禅所施用。有司奏当用方石，再累置坛中，皆方五尺一枚，厚一尺，用玉牒书藏方石。牒厚五寸，长尺三寸，广五寸。有玉牒十枚，列于方石旁，东西南北各三，皆长三尺，广一尺，厚七寸。检中刻三处，深四寸，方五寸，有盖。检用金缕五周，以水银和金为泥。刻玉玺，一枚方寸一分，一枚方五寸。石四角有距石，皆再累。一枚长一丈，厚一尺，广二尺，皆在坛上。其下用距十八枚，皆高三尺，厚一尺，广二尺，如小碑，环坛立之。去三步，距石下皆有石附，入地四尺。又用石碑，高九尺，广三尺五寸，厚尺二寸，立坛丙地，去坛三尺，以刻书。上以用石功难，又欲及二月封，故诏松因故封石空检，更加封而已。松上疏争之，以为"登封之礼，今告功皇天，垂后无穷，以为万民也。丞之之敬，章图书之瑞，尤宜显著。今因旧封窜寄故石下，恐非重命之义。受命中兴，宜当特异，以明天意。”遂使太山郡及鲁趣石工，直取完青石，无五色。时以印工不能刻玉牒，欲用丹漆书之。会求得刻玉者，遂刻书。书秘，刻方石中，令容玉牒。二月，上至奉高，遣御史与兰台令史，将工先上山刻石碑文。二十二日辛卯晨，燎祭天于太山下南方，群臣皆从，用乐皆如南郊。诸王、王者二公、孔子后褒成君，皆助祭在位。毕，将升封。或曰：“太山虽已从食于柴祭，今亲升告功，宜有礼祭。”于是使谒者以一特牲于常祠太山处。告祠太山，如亲耕、貙刘、先农、先虞故事。至食时，上御辇升山，日后到山上。即位于坛南，北面，群臣以次陈后，西上，毕，帝升坛。尚书令奉玉牒检，皇帝以寸二分玺亲封之。讫，太常命人发坛上石，尚书令奉藏玉牒已，复石覆讫，尚书令以五寸印封石检。事毕，皇帝拜，群臣称万岁。令人立所刻石碑，乃复道下。二十五日甲午，禅祭地于梁阴，以高后配，山川群神从，如元始中北郊故事。

《东观汉记》曰：中元元年正月，群臣复奏言：“登封告成，为民报德，百王所同。陛下辄距绝不许，臣下不敢颂功述德。谨按：河洛谶书，赤汉九世，当巡封太山，凡三十六事。陛下遂以仲月令辰，巡岱岳之正礼，奉图洛之明文，以祈灵瑞，以为兆民。”于是许焉。至太山，乃复议曰：“国家德薄，灾异仍至，图谶盖于此耶？”上东巡狩至太山，有司复奏河图谶记表章赤汉九世尤著明者，后凡三十六事。

司马彪《续汉书》曰：《河图会昌符》云：汉太兴之道，在九代之王，封乎太山，刻石着纪，禅于梁父，退省考功。

《典略》曰：建武三十年，有司奏封禅。诏曰：“灾异连仍，日月薄蚀，百姓怨叹，而有事于太山，汙七十二代编录，以羊皮杂貂裘，何强颜耶？”

《晋书·礼志》曰：魏明帝黄初中，护军蒋济表曰：“夫帝王大礼，巡狩为先；昭祖扬祢，封禅为首。是以自古革命受符，未有不蹈梁父、登太山，刊无竟之名，纪天人之际者也。宜下公卿，广撰其礼，卜年考时，昭告上帝，以副天下之望。”帝诏曰：“闻蒋济斯言，使吾汗出流足。自开辟以来，封禅者七十余君耳，故太史公曰：虽有受命之君，而功有不洽，是以中间其远者千有余年，近者数百载，其仪阙不可得记。吾何德之修，敢庶兹乎？济岂谓世无管仲，以吾有桓公登太山之志乎？吾不敢欺天也。济之所言，华则荣矣，非助我者也。公卿侍中尚书侍省之而已，勿有所议。”天子虽拒济议，而实使高堂隆草封禅之仪，以天下未一，不欲便行大礼。会隆卒，不复行之。《魏志》曰：帝闻隆没，叹曰：“天不欲成吾事，堂生舍我亡也。”

又曰：武帝平吴，混一区宇。太康元年，卫瓘等上表请封禅。诏曰：“此盛德之事，所未议也。”

又表曰：“唐虞三代，济世弘功之君，莫不仰承天休，俯协人志，登圆丘，履梁父，未有辞焉者，盖不可让也。今陛下勋高百王，德无与二，茂绩宏规，巍巍之业，固非臣等所能究论。而圣旨劳谦，屡自抑损，时至弗应，推美不居。阙皇代之上仪，塞灵祇之款望，使大晋之典谟，不同风于三五。臣等诚不敢奉诏。”诏曰：“方当共思弘道，以康庶绩，且俟他年，无所纷纭也。”

沈约《宋书·礼志》曰：永初三年，高祖将北扫戎狄，浑一天宇，会计洛阳秩礼名岳。群臣窃相谓曰：须王振旅饮至，陇朔无尘，当议奏封禅，修升中之礼。缙绅闻者，咸曰宜然。自汉光武登封之后，斯绝矣。

孙言《宋书》曰：袁淑为吏部郎。太祖元嘉二十六年，大举北讨，淑侍座，从容曰：“盛王令典废坏永久，今当鸣銮中岳，席卷赵魏，检玉岱宗，今其时也。臣逢千载之会，愿上封禅书一篇，使声齐七十二代。”帝曰：“盛德之事，何足以当之。”

《隋书·志》曰：封禅者，高厚之谓也。天以高为尊，地以厚为德。增太山之高，以报天也；厚梁甫之基，以报地也。昭天之所命，功成事就，有益于天地，若天地之更高厚云。汉光武中兴，聿尊其故。晋宋梁及陈，皆未遑其议。后齐有巡狩之礼并登封之仪，竟不之行也。开皇十四年，群臣请封禅，高祖不纳。晋王又率百官抗表固请，帝命有司草仪注。于是牛弘、辛彦之等创定其礼，奏之。帝逡巡其事曰：“此事体大，朕何德以堪之？但当东狩，因拜岱山耳。”十五年春，行幸兖州，遂次岱山，为坛如南郊。

《唐书》曰：贞观中，房玄龄议曰：“汉建武中封禅，用元封故事，封太山于圜台上，四面皆立石阙，并高五丈。有方石再累，藏玉牒书。石检十枚，于四边括之，东西各三，南北各二。外设石封，高九丈，上加石盖，周设石距十八枚，如碑之状。去坛三步，其下石跗，入地数尺。今按：封禅者，本以成功告于上帝。天道崇质，义取醇素，故藉用藁秸，樽以瓦甒。近代此法不在经诰，又乖淳朴之道，定议除之。按：梁甫是谓梁阴，近代设坛于山下，乃乖处阴之义。今定禅礼，改坛位于山北。

又曰：贞观六年，文武百官以初平突厥，盛德被于海内，又年谷累登，表封太山。太宗谓侍臣曰：“朕每见众议以封禅为盛事，劝朕行之。如朕本心，但使天下太平，家给人足，虽阙封禅之礼，亦可以比德于尧、舜。昔始皇为合天心，自称皇帝，登封岱宗，奢侈自矜；汉文竟不登封，而躬行俭约，刑措不用。今皆称始皇为暴虐之主，汉文为有德之君。以此而言，无假封禅。”

又曰：高宗麟德二年十月，司礼太常伯刘祥道上疏请封禅。丁卯，将封太山，发自东都。三年正月戊辰朔，车驾至太山，亲祀昊天上帝于封祀坛，以高祖、太宗配飨。己巳，帝升山，行封禅之礼。庚午，禅于社首，祭皇地祇，以太穆太皇太后配飨，皇后为亚献，越国太妃燕氏为终献。辛未，御降禅坛。壬申，御朝觐，受朝贺，改元乾封。

又曰：麟德三年，登封太山。先是，皇后抗表曰：“封禅旧仪：祭皇地祇，以太后昭配。而皆以公卿行事，详求至理，有紊徽章。望以展礼之日，总率六宫、内外命妇，亲奉奠献。”从之。至时，遂以皇后为亚献，越国太妃燕氏为终献。帝行初献之礼，毕，执事者皆趋下，而宦者执帷，皇后率六宫以升，行礼，登。歌帷外，王公以下就位于山足，帷皆用锦绣。在位者瞻望，或诮焉。

又曰：永淳二年，上以风眩转加，停封中岳。上自东封之后，皇后盛赞行中岳之礼，每下诏，辄年饥寇至而罢。于是嵩山之下，营奉天宫，以为有事之渐。时有童谣曰："嵩高凡几层，不畏登不得，但畏不得登。"及是，礼物毕备，竟以疾加而还。

又曰：则天后万岁登封元年腊月甲申，上登封于嵩岳，大赦天下，改元，大酺。丁亥，禅于少室山。

又曰：开元登封，祀昊天上帝于太山，以高祖神尧皇帝配享。上冕裘升坛，奉珪璧奠献，命有司享五帝百神于山下坛。礼毕，上乃饮福酒。中书令张说进称："天赐皇帝太一神策，周而复始，永绥兆人。"帝拜稽首。山上作圆台四阶，谓之磩王，中金泥磩际，以"天下同文"之印封之。然后焚柴燎发，群臣称万岁，传呼从山顶至山下，振动天地。銮辂还山下，之齐宫，有庆云随马，祥风绕辂。中书令张说等贺。上曰："朕以薄德，恭膺大宝，云物休佑，皆是卿辅弼之力。君臣相保，勉副天心，长如今日，不敢矜怠。"说等又曰："圣心诚恳，昨夜斋则息风收雨，今朝封祀则天清日暖，复有祥风助乐，卿云引燎，灵迹盛事，千古未闻。"辛卯，祀皇地祇于社首之太折坛，睿宗皇帝配享。藏玉册于石磩，如封祀坛之仪。初，上登山，至斋宫。其夕，阴云惨冽，劲风四起，裂幕折柱，寒气切骨。上露立祈请，仰天自誓曰："某身有过，请即降罚，万人无福，亦请某为当罪。"应时风止，天地清晏。及升坛，休气四塞；登封，飘若天外；及禅社首，五色云见，日重轮。

又曰：开元十三年，登封太山。上因问："玉牒之文，前代帝王何故秘之？"贺知章曰："玉牒本是通于神明之意，前代帝王祈求各异，或祷年算，或思神仙。其事微密，故外人莫知之。"上曰："朕今此行，皆为苍生祈福，更无秘请；宜将玉牒出示百寮。"其词曰："有唐天子臣某，敢诏告于昊天上帝：天启李氏，运兴土德，高祖太宗，受命立极。高宗升中，六合殷盛；中宗绍复，继体不定。上帝眷佑，锡臣忠武；砥绥内难，推戴圣父。恭承大宝，十有三年，祗若天意，四海晏然。封祀岱岳，谢成于天。子孙百禄，苍生受福。"

《风俗通》曰：封禅必于岱宗者，长万物之始，阴阳交代，云触石而出，肤寸而合，不崇朝遍雨天下，唯太山乎。封禅之制，立石高丈二尺，刻之曰：事天以礼，立身以义，事父以孝，成民以仁。四夷八蛮，咸贡其职也。

《白虎通》曰：封禅，王者易姓而起，必升封太山何？教告之义也。始受命之时，改制应天，天下太平功成，封禅以告太平也。所以必于太山何？万物之所交代之处也。必于其一何？因高告，顺其类也。故升封者，增高也；下禅梁甫之基，广厚也；刻石记号者，著己之功迹也。天以高为尊，地以厚为德，故增太山之高以放天，附梁甫之基以报地。明天之所命，功成事就，有益天地，若高者加高，厚者加厚矣。或曰：封者金泥银绳。或曰：石泥金绳，封以印玺。故孔子曰：升太山，观易姓而王，可得而数者七十余君。

《风俗通》曰：封太山，禅梁父，说岱宗上有金箧玉策，能知人年寿修短。武帝探得十八，倒读曰八十，其后果用考长。

桓谭《新论》曰：太山之上有刻石，凡千八百余处，而可识知者七十有二。

袁淮《正论》曰：封禅之言，唯《周官》有三大封之文。齐桓公欲封禅，闻管仲言而止。焚燎祭天，皆王者之事，非诸侯之所为也。是以学者疑焉。后秦一主，汉二君，修封禅之事。其制为封土方丈余，崇于太山之上，皆不见于经。秦汉之事未可专。管仲云：禹禅会稽，告天则同，祭地不得异也。会稽而可禅，四岳皆可封也。夫洛阳者，天地之所合；嵩高者，六合之中也。今处天地之中，而告于嵩高可也，奚必于太山？

王婴《古今通论》曰：太山上为天门值户，户为明堂，圣帝受天官之宫也。王者即位三十年，功成治定，则告成于天，登封太山，刻石纪号。

张华《封禅议》曰：臣闻肇自生民，则有后辟载祀之数，莫之能纪。立德济世，扬晖仁风，以登封太山者七十有四家，其谥号可知者十有四也。

晋《太康地记》曰：奉高者以事五岳，帝王禅代之处也。故有明堂在县西南四里。汉武立太坛于东山以祭天，示增高也。

《南史》曰：齐高帝幸华林晏集，使各效伎艺。褚彦回弹瑟琶，王僧虔、柳世隆弹琴，沈文季歌《子夜来》，张敬儿舞。王俭曰："臣无所解，唯知诵书。"因跪上前，诵相如封禅文。上笑曰："此盛德之事，吾何以堪之。"

太平御览卷第五百三十七 礼仪部十六

巡狩

《易·观卦》曰：风行地上，观，先王以省方、观民、设教也。

《尚书·舜典》曰：岁二月，东巡狩，至于岱宗。柴，积柴以燎。望秩于山川，秩者，为其秩次之祭也。肆觐东后，协时月正日，协，和。同律度量衡。同，齐同也。修五礼、五玉、五等诸侯瑞珪璧也。三帛、玄、纁、黄。二牲、羊、雁。一死雉也。贽，如五器，卒乃复。五器，上五玉，礼终则还之。三帛以下不还。五月，南巡狩，至于南岳，如岱礼。南岳，衡山。八月，西巡狩，至于西岳，如初礼。西岳，华山。十有一月，朔巡狩，至于北岳，如初礼。朔，北方。北岳，恒山。归，格于艺祖，用特。艺，称也。

《尚书大传》曰：元祀巡狩四岳、八伯坛，四奥沉，四海封，十有二山肇，十有二州。

《毛诗·清庙》曰：《时迈》，巡狩告祭柴望也。巡狩告祭者，天子巡行郡国，至方岳之下而封禅也。

又曰：《般》，巡狩而祀四岳河海也。于皇时周，陟其高山。堕山乔岳，允犹翕河。高山，四岳。翕，合也。笺云：合者，河自大陆之北，敷为九，祭者合为一。

《周礼下·夏官》曰：职方氏掌天下之图，王将巡狩则戒于四方。

《大戴礼》曰：十有二岁，天子巡狩。是故诸侯上不敢侵凌，下不敢暴小民。

《礼记·王制》曰：天子五年一巡狩。岁二月，东巡狩，至于岱宗，柴而望祀山川。觐诸侯，问百年者就见之。命太师陈诗，以观民风；命市纳贾，以观民之所好恶，志淫好辟；命典礼，考时月定日，同律，礼、乐、制度、衣服，正之。山川神祇，有不举者为不敬，不敬者君削以地；宗庙有不顺者为不孝，不孝者君绌以爵；变礼易乐者为不从，不从者君流；革制度衣服者为叛，叛者君讨。有功德于民者加地进律。

又《祭仪》曰：天子巡狩，诸侯待于境。天子先见百年者，问其国君，以百年者所在而见。八十九十者、东行西行者弗敢过。欲言政者，君就之可也。弗敢过者，谓道经则见之。

《礼记逸礼》曰：王者必制巡狩之礼何？尊天重民也。所以五年一巡狩何？五岁再闰，天道大备。所以至四岳者，盛德之山，四方之中，能兴云致雨也。巡狩者何？巡，循也；狩，牧也。为天循行牧民也。

《礼记外传》曰：溥天之下，莫非王土。封建诸侯，各守天子之地，故巡行之。夏、殷五载一巡狩，五年再闰。周制十二年一巡狩，岁星一周。皆在仲月，以至岳下，仲者，中也，正也。燔柴告天。此因事而告至也。天下广大，四方幽隐，南面之君多行威福，忧民之至，故问之。巡狩之年，四方诸侯先会岳之下以俟见。岳有汤沐之邑，助祭泰山，先斋戒以见天子。考其制度以齐同，书同文，车同轨，合其章律甲子。有善恶以黜陟之。

《左传·庄公》曰：天子非展义不巡狩。注云：天子巡狩，所以宣布德义。

又《僖下》曰：晋侯召王，以诸侯见，且使王狩。仲尼曰："以臣召君，不可以训。故书曰'天王狩于河阳'，言非其地，且明德也。"

《汉书》曰：人有告韩信反。陈平曰："古者天子巡狩，伪游云梦也。"

又《武纪》曰：朕郊见上帝，巡于北边，见群鹤留止，不以罗网，靡所获献荐于大畤，如淳曰：是时春也，非用罗网时，故无所获。光景并见。

又曰：元封五年，南巡狩，至于盛唐，注：如淳曰："县名。在南郡也。"望虞舜于九嶷。应劭曰：舜葬苍梧。九疑，山名。今在零陵营道也。自寻阳浮江，亲射蛟江中，获之。舳舻千里，薄枞阳而出，县名。属庐江也。作《盛唐枞阳之歌》。

又曰：宣帝尊孝武庙为世宗，行巡狩，郡国皆立庙。

又《食货志》曰：天子始出巡郡国，东渡河，河东守不意行巡至，不辩，自杀。行西，逾陇，陇西守以行往卒，或曰：逾，度也。卒，仓卒。从官不得食，陇西守自杀。于是上北出萧关，从数万骑，行猎新秦中，以勒边兵而归。

《后汉书》曰：光武建武十八年二月，西巡狩，幸长安。三月，祠高庙，遂有事十一陵。历冯翊界，进幸蒲坂，祠后土。夏四月，车驾还宫。

又曰：章帝元和二年二月丙辰，东巡狩。乙丑，帝耕于定陶，使使者祠唐尧于咸阳灵台。辛未，幸大山，柴告岱宗。有黄鹄三十从西南来，经祠坛上东北，过于宫屋，翱翔升降。进幸奉高。

又曰：章帝巡幸，诏曰："唯巡狩之制，以宣声教，考同遐迩，解释怨结。"

又《和纪》曰：冬十月戊申，幸章陵，祠旧宅。癸丑，祠园庙，会宗室于宅，劳赐作乐。

《宋书·礼志》曰：古者天子巡狩之礼，布在方策。至秦汉巡幸，或以厌望气之祥，或以希神仙之应，烦扰之役，多非旧典。唯后汉诸帝，颇有古礼焉。魏文帝值三分初创，方隅事多，皇舆亟动，略无宁岁，盖应时之务，又非旧章也。明帝凡三东巡，所过存问高年，恤人疾苦，或赐谷帛，有古巡幸之风焉。齐王正始元年巡洛阳县，赐高年力田各有差。

又曰：元嘉四年二月，太祖东巡，至丹徒，告觐园陵。三月幸丹徒离宫，升京城北顾，飨父老旧勋于丹徒行宫，加赐衣裳各有差。蠲丹徒县其年租赋。

《宋书》：文帝行幸丹徒诏：吾生在此城，及卢循肆乱，害流兹境。先帝以桑梓根本，实同休戚。复以蒙弱，猥预艰难，情义缱绻，夷险备经，遗踪旧物，犹存心目。岁月不居，逝逾三纪，时人故老，与运迁落，眷唯既往，倍深感叹。

《越绝书》曰：禹巡狩大越，见耆老，纳诗书，审铨衡，平斗斛。

《孟子》曰：夏谚曰："吾王不游，吾何以休；吾王不预，吾何以助。"一游一豫，为诸侯度也。

又曰：晏子对齐景公曰："天子适诸侯曰巡狩，春省耕而补不足，秋省敛而助不给也。"

《孔丛子》曰：古者天子将巡狩，必造于祖祢，命告群祀及社稷，畿内名山大川，七日而遍。亲告用牲，史用币。

蔡邕《独断》曰：上巡狩，校猎还，公卿已下陈洛阳亭前街。上乘舆到，公卿以下拜。天子东，公卿亲识颜色，然后还宫。

郦善长注《水经》曰：光武之征秦丰，幸旧邑，置酒极欢。张平子以为真人南巡观旧里焉。

《三齐略》曰：尧山在广固城西七里，尧巡狩所登，遂以为名。山顶立祠，祠边有柏树，枯而复生，不知几代树也。又石上有尧迹，于今犹存。

《风俗通》曰：巡者，循也；狩者，守也。道德太平，恐远近不同，故必自亲行之，循功考德，黜陟幽明也。

《白虎通》曰：王者所巡狩者何？巡者，循也；狩者，收也。道德太平，恐远近不同化，幽隐有不得所者，故必自亲行之，谦敬重民之至也。何以知太平乃巡狩？以武王不巡狩，至成王乃巡狩也。

《黄帝太一密推》曰：师旷曰："先知巡狩之年，当视太一与天目在四维之岁，法为巡狩。若不出，则遣使者按行风俗。太一虽在四维，不出也。即出，知巡狩何方，以人主所在处之。"

班固《东巡颂》曰：事大而瑞盛，诚非一小臣所任颂述。不胜狂简之情，谨上《岱宗颂》一篇。

班固《南巡颂》曰：是时圣上运天官之法驾，冯列宿而赞元。

崔骃《东巡颂》曰：登天灵之威辂，驾太一之象车；躬东作之上务，始八政于南行。

崔骃《南巡颂》曰：建初九年，秋谷始登。犹斯嘉时，举先王之大礼，假于章陵。遂南巡楚路，临江川以望衡山，顾九疑，叹虞舜之风。是时庶绩咸熙，罔可黜陟。

崔骃《西巡颂》曰：唯永平三年八月己丑，行幸河东。志曰：君举必书。是故工歌其诗，史历春秋。若夫声管不发，雅颂罔记。

崔骃《北巡颂》曰：元和三年正月，上既毕郊祠之事，乃东巡。出于河内，经青、兖之郊，回冀州。遂礼北岳。圣泽流浃，黎元被德，嘉瑞并集，乃作颂曰……

张衡《巡狩颂》曰：初吉，帝将狩于岱岳，展谊省方，观风设教。丙寅，朏率群宾，备法驾，以祖于东门。乙酉，观礼于鲁，而休齐焉。己丑，届于灵宫，是日有凤双集于台。

马融《东巡颂》曰：敷六典，经八成。燮和万殊，总领神明，类乎上帝，柴乎三辰，禋祠乎六宗，祇燎乎群神。

籍田

《毛诗·闵予·载芟》曰：《载芟》，春籍田而祈社稷也。

《周礼·天官上·甸师》曰：掌帅其属而耕耨王籍，以时入之，以供粢盛。

又《天官下·内宰》曰：上春，诏王后帅六宫之人，生穜稑之种，而献之于王。郑玄曰：古者使后藏种，以佑王耕事，共禘郊也。郑司农曰先种后熟谓之穜，后种先熟谓之稑。

《礼记·月令》曰：是月也，天子乃以元日祈谷于上帝。乃择元辰，天子亲载耒耜，措之于参保介之御间，帅三公、九卿、诸侯、大夫，躬耕帝籍。天子三推，公五推，卿、诸侯九推。反，乃执爵于大寝。三公、九卿、诸侯、大夫皆御。命曰劳酒。

又《祭义》曰：昔天子为籍田千亩，冕而朱纮，躬秉耒耜；诸侯为籍百亩，冕而青纮，躬秉耒耜；以事天地、山川、社稷、先公。醴酪粢盛于是乎取之，敬之至也。

又《祭义》曰：耕籍，所以教诸侯之养也。

又《祭统》曰：天子亲耕于南郊，以供粢盛。王后蚕于北郊，以供冕服。天子、诸侯非莫耕也。王后、夫人非莫蚕也，身致其诚信而已矣。

又《表记》曰：天子亲耕，粢盛秬鬯，以事上帝，故诸侯勤以辅事于天子。注言无事而居位食禄，是不义而富且贵。

《礼记外传》曰：籍者，借也。天子耕千亩，但三推，发耒，三垡而止，借民力治之。所耕之谷藏于神仓，以供事天地、宗庙、神祇、人鬼之用也。天子以身先天下，所以劝下民也。以建寅之月而郊，北郊，即祈谷之祭。郊而后耕。郊用辛日，择吉日。而耕用亥日。享先农而后籍田。

《国语》曰：周宣王即位，不籍千亩。虢文公谏曰：夫民之大事在农，上帝之粢盛于是乎出，民之蕃庶于是乎生。是故稷为大官。古者太史顺时覛出，土气震发，先时九日，太史告稷曰："阳气俱蒸，土膏其动。"稷以告王，王即斋宫，百官御事，王耕一拨。

《汉文》文帝诏曰："夫农，天下之本也。其籍田，朕亲率耕以给宗庙粢盛。"

又曰：昭帝始元元年，上耕于钩盾弄田。应劭曰：昭帝年九岁，未能亲耕帝籍。钩盾官者近署，故往试耕为戏弄也。

《续汉书·礼仪志》曰：正月始耕，有司请行事讫，就耕位，天子、诸侯、百官以次耕。

《晋书·礼志》曰：武帝末，有司奏："古诸侯耕籍百亩，躬执耒耜，以奉社稷宗庙，劝率农功。今诸王临国，宜依之。"竟不施行。

又《江彪传》曰：哀帝即位，欲躬自籍田。彪以礼废日久，仪注不存，中兴以来所不行，宜停之。

《宋书·礼志》曰：亲耕籍，晋武帝太始四年，诏曰："夫民之大事在农。是以古之圣王躬耕帝籍，以供郊庙之粢盛，且以训化天下。近代以来，耕籍于数久中，空有慕古之名，曾无供祀训农之实，而有百官车徒之费。今修千里之制，当与群公、卿士躬稼穑之艰难，以帅天下。"

又曰：元嘉二十一年，太祖将亲耕，而其仪久废，使何承天撰定仪注。乃下诏曰："国以民为本，民以食为天。古者从时脉土以训农功，躬耕帝籍敬供粢盛。仰瞻前王，思遵令典，何可量处千亩。考上元辰，朕当亲率百辟，致礼郊甸，庶几诚素奖被斯民。"

又曰：籍田：皇帝冠通天冠，朱纮青介帻，衣青纱衮。侍中陪乘，奉车即秉辔。

又曰：车驾至籍田，侍中跪奏："降车临坛。"大司农跪奏："先农已享，请皇帝亲耕。”太史令赞曰：“皇帝亲耕，三推三反。”于是群臣以次耕：王公、五等开国诸侯五推五反，孤卿大夫七推七反，士九推九反。籍田令率其属耕竟亩，洒种即耰。

《齐书·礼志》曰：永明三年，有司奏：来年正月二十五日丁亥，可祀先农，即日舆驾亲耕。宋元嘉、大明以来，并用立春后亥日。尚书令王俭以为亥日籍田，经记无文。太学博士刘蔓议：《礼》，孟春之月，立春迎春。又于是月以元日祈谷，又择元辰躬耕帝籍。卢植说礼通辰日。日，甲至癸也；辰，子至亥也。郊天，阳也，故以日；籍田，阴也，故以辰。阴礼卑后，必居其末。亥者辰之末，故《记》称元辰，注曰吉亥。又据五行之说，木生于亥，以亥日祭先农，又其义也。

《隋书·礼志》曰：北齐籍于帝城东南千亩。每岁正月上辛后吉亥，使公卿以一太牢祠先农神农氏于坛上，无配飨。祭讫亲耕。

《唐书》曰：贞观三年春，太宗亲祭先农，躬御耒耜，籍于千亩之甸。初，晋氏南迁，后魏来自云朔，中原分裂，又杂以獯戎，代历周隋，此礼久废，而今始行之，观者莫不骇跃。于是秘书郎岑文本献《籍田颂》以美之。

又曰：乾元中，耕籍田，至于先农之坛。因阅耒耜有雕刻文饰者，谓左右曰：“田器，农人执之，在于朴素，岂贵文饰乎？”乃命彻之。

又曰：仪凤二年春，上亲耕籍田于东郊。礼毕，作《籍田赋》以示群臣。

又曰：开元二十二年正月，上亲耕于洛阳东门外。诸儒奏议，“以为古者耦耕，以一拨为推；今用牛耕，宜以一步为一推。及亲籍，太常告”三推礼毕“。上曰：“朕忧人知勤劳俯同。”九推而止。自是公卿已下，皆过于古。

《五经要义》曰：天子籍田千亩，以供上帝之粢盛。常孟春启蛰即郊，之后，身率公卿大夫而亲耕焉。所以先百姓而致孝敬。

《说文》曰：帝籍千亩者，使民如借，故谓之籍。从耒，昔声。

应劭《汉官仪》曰：天子东耕之日，率三公、九卿，戴青帻冠，青衣，载青旗，驾苍龙往。出种堂，天子升坛。公卿耕讫，天子耕于坛，举耒三。

应劭《汉官仪》曰：天子升坛，公卿耕讫，啬夫下种。凡称籍田为千亩，亦曰帝籍，亦曰耕籍，亦曰东耕，亦曰亲耕，亦曰王籍。

《六典》曰：凡籍田所收九谷，纳于神仓，以供粢盛、五齐、三酒之用。若有余及穰槁，供饲牺牲焉。

又曰：两汉及魏晋并有其礼。过江，草创未暇，至宋始有也。黄琼上书曰："先农之礼，所宜躬亲，以迎春和，以致时雨。"

《论衡》曰：立春，东耕。为土象人，男女各二，秉耒锄。或立土牛，象人土中，未必而耕也。从气应时，示率下也。

《东京赋》曰：躬三推于天田，修帝籍之千亩。

缪袭《许昌宫赋》曰：太和六年春，上既躬耕帝籍，发趾乎千亩，以帅先万国。乃命群牧守相，述职班教，顺阳宣化，蒸黎允示，训德歌功，观事乐业。是岁甘露降，黄龙见；海外有克捷之师，方内有丰穰之庆；农有余粟，女有余布；遐逖来享，殊俗内附，穆乎有太平之风。

潘岳《籍田赋》曰：伊晋之四年，皇帝亲率群臣，籍于千亩之甸，礼也。于是乃使甸师清畿，野庐扫路，封人壝宫，掌舍设丫。青坛蔚其岳立，翠幕黯以云布。结崇基之灵祉，启四涂之广阼。

任豫《籍田赋》曰：瞻望珪景，咫尺三川。缅彼帝籍，百有余年。

曹植《籍田赋》曰：春，耕于籍田，郎中令侍寡人焉。顾而谓之曰："营畴万亩，厥田上上；经以大陌，带以横阡。奇柳夹路，名果被园；牢农实掌，是谓公田。此寡人之封疆也。"

太平御览卷第五百三十八　礼仪部十七

朝聘

《尚书·周官》曰：六年，五服一朝。五服，侯、甸、男、采、卫。六年一朝会京师。又六年，王乃时巡，考制度于四岳，诸侯各朝于方岳，大明黜陟。

《毛诗·小雅》曰：《采菽》，刺幽王也。侮慢诸侯。诸侯来朝，不能锡命。以礼数征会之，而无信义。君子见微而思古焉。幽王征会诸侯，为合义兵，征讨有罪。既往而无之，是于义事不信也。君子见其如此，知其后必见攻伐，将无救也。"采菽采菽，筐之筥之。兴也。菽所以芼大牢而待君子也。羊则苦，豕则薇。笺云：菽，大豆也。采之者，采其叶以为藿。三牲，牛、羊、豕，芼以藿。王飨宾客，有牛俎乃用鉶羹，故使采之。君子来朝，何锡予之？虽无予之，路车乘马。"君子谓诸侯也。笺云：赐诸侯以车马，言虽无予之，尚以为薄也。

《周礼·天官上·宰夫》曰：宰夫之职，掌朝觐、会同、宾客以牢礼之法，掌其牢礼与其陈数。

又《春官上·宗伯》曰：春见曰朝，夏见曰宗，秋见曰觐，冬见曰遇，时见曰会，殷见曰同，此六礼者，以诸侯见王为文也。六服之内，四方以时分来，或朝春，或宗夏，或觐秋，或遇冬，名殊礼异，更递而遍。朝犹朝也，欲其来之早也。宗，尊也，欲其尊王也。觐之言勤也，欲其勤王之事也。遇犹偶也，欲其若不期而俱至也。时见者，无常期也。诸侯有不顺服者，王将以征讨之事，则既朝觐，王为坛于国外，合诸侯而命事焉。《春秋传》曰"有事而会，不协而盟"是也。殷犹众也。十二岁，王如不巡狩，则六服尽朝。朝礼既毕，王亦为坛，合诸侯以命政焉。所命之政，为王巡狩。殷见四方四时分来，终岁则遍矣。时聘曰问，殷眺曰视。时聘者，亦无常期，天子有事乃聘之焉。境外之臣，既非朝岁，不敢渎为小礼。殷眺谓一服朝之岁，以朝者少，诸侯乃使卿以大礼众聘焉。一服朝在元年，七年，十一年终也。

又《秋官下·大行人》曰：大行人掌大宾之礼、大客之仪，以亲诸侯。大宾，要服以内诸侯也。大客谓其孤卿也。春朝诸侯而图天下之事，秋觐以比邦国之功，夏宗以陈天下之谟，冬遇以协诸侯之虑，时会以发四方之禁，殷同以施天下之政，此六事者，以王见诸侯为文。时聘以结诸侯之好，殷覜以除邦国之慝，此二事者，亦以王见诸侯之使来者时为文。间问以谕诸侯之志，归脤以交诸侯之福，贺庆以赞诸侯之喜，致禬以补诸侯之灾。此四者，主使臣于诸侯之礼也。间问者，间岁一问诸侯，谓存省之属也。诸侯之志者，言语谕书名其类也，交或往或来者也。赞，助也。致禬，凶礼之吊礼禬礼也。补诸侯灾者，若春秋澶渊之会，谋归宋财。凡大国之孤，执皮帛以继小国之君。凡诸侯之卿，其礼各下其君二等，以下及其大夫士皆如之。九州之外，谓之蕃国，世壹见，各以其所贵宝为贽。九州之外，夷服、镇服、藩服也。凡诸侯之邦交，岁相问也，殷相聘也，世相朝也。小聘曰问。殷，中也。久无事，语褛殷朝者，及而相聘也。

《仪礼·觐礼》曰：诸侯觐天子，为宫方三百步，四门；坛十有二寻，深四尺。上介皆奉其君之旗，置于宫，尚左。公、侯、伯、子、男皆就其旗而立。

《礼记·曲礼》曰：天子当依而立，诸侯北面而见天子曰觐。天子当宁而立，诸公东面，诸侯西面曰朝。诸侯春见曰朝，受挚于朝，受享于庙，生气文也。秋见曰觐，一受之于庙，杀气质也。朝者，位于内朝而序进。觐者，位于庙门外而序入，王南面立于依，宁而受焉。夏宗依春，冬遇依秋。春秋时，齐侯言鲁昭公以遇礼相见，取易略也。觐礼今存朝野，宗遇礼今亡。诸侯未及期相见曰遇。相见于郤地曰会。诸侯使大夫问于诸侯曰聘。

又《王制》曰：诸侯之于天子也，比年一小聘，三年一大聘，五年一朝。比年，每岁也。小聘使大夫，大聘使卿，朝则君自行。天子无事与诸侯相见曰朝。事谓征伐。

又《中庸》曰：继绝世，举废国，治乱持危，朝聘以时，厚往而薄来，所以怀诸侯也。

又《经解》曰：聘覲之礼废，则君臣之位失；诸侯之行恶，而背畔侵陵之败起矣。

又《聘义》曰：聘礼，上公七介，侯、伯五介，子、男三介，所以明贵贱也。此皆使卿出聘之介数也。介绍而传命，君子于其所尊质敬之至也。故天子制诸侯，比年小聘，三年大聘，相厉以礼。使者聘而误，主君弗亲飨食也，所以愧厉之也。诸侯相厉以礼，则外不相侵，内不相陵。此天子之所以养诸侯，兵不用，而诸侯自为正之具也。比年小聘，所谓岁相问也。三年大聘，所谓殷相聘也。

《左传·隐公》曰：十一年，滕侯、薛侯来朝，争长。薛侯曰："我先封。"滕侯曰："我，周之卜正。薛，庶姓也。我不可以后之。"公使羽父请于薛侯曰："周之宗盟，异姓为后。寡人若朝于薛，不敢与诸任齿。"乃长滕侯。

又《庄公》曰：虢公、晋侯朝王，王飨醴，命之宥。王之觐群侯，始则行飨礼，先置醴酒，示不忘古。饮宴则以币物。宥，助也，所以助欢敬之意，言备设也。皆赐玉五玦，马三匹，非礼也。双玉为玦。王命诸侯，名位不同，礼亦异数，不以礼假人。

又《庄公》曰：夫礼，所以整民也。故会以训上下之则，制财用之节；朝以正班爵之义，帅长幼之序。

又《文上》曰：穆伯如齐，始聘焉，礼也。穆伯，公孙敖也。凡君即位，卿出并聘，践修旧好，要结外援，践犹履行。好事邻国，以卫社稷。忠信，卑让之道也。忠德之正也；信德之固也；卑让，德之基也。

又《宣公上》曰：晋灵公不君。赵宣子骤谏，公患之。使锄麑贼之。晨往，寝门辟矣。盛服将朝，尚早，坐而假寐。麑退，叹曰："不忘恭敬，民之主也。贼民之主，不忠；弃君之命，不信。有一于此，不如死矣。"触槐而死。

又《宣公》曰：孟献子曰："臣闻小国之免于大国也，聘而献物，于是乎有庭实旅百。朝而献功，于是乎有容貌采章嘉淑，而有嘉货。"献其理国，若征伐之功于牧伯。

又《襄公》曰：晋侯使韩宣子聘于周，王使请事。对曰："晋士起将归时事于旅，无他事矣。"王闻之，曰："韩氏其昌阜于晋乎！辞不失旧。"

又曰：襄二十二年，晋人征朝于郑。召郑使朝。郑人使少正公孙侨对，曰："在晋先君悼公九年，我寡君于是即位。即位八月，而我先大夫子驷，从寡君以朝于执事。执事不礼于寡君，言朝执事，谦不敢斥晋侯。寡君惧。因是行也。我二年六月，朝于楚。因朝晋不见礼，生朝楚心。晋是以有戏之役，楚人犹一竟，而申礼于敝邑。敝邑欲从执事，而惧为大尤，曰：'晋其谓我不共有礼'，是以不敢携贰于楚。我四年三月，先大夫子蟜，又从寡君以观衅于楚。晋于是乎有萧鱼之役。谓我敝邑，迩在晋国，譬诸草木，吾臭味也，而何敢差池？以大国政令之无常，国家罢病，不虞荐至，无日不惕，岂敢忘职？大国若安定之，其朝夕在庭，何辱命焉？"

又《昭二》曰：康有酆宫之朝。酆在始平鄠县东有灵台，康王于是朝诸侯。

又《昭四》曰：明王之制，使诸侯岁聘以志业，志，职也。岁聘以修其职业。间朝以讲礼，三年而一朝，正班爵之义，率长幼之序。再朝而会以示威，六年而一会，以训上下之则，制财用之节。再会而盟以显昭明。十二年而一盟，所以昭信义也。凡八聘，四朝，再会，王一巡狩，盟于方岳之下。志业于好，讲礼于等，示威于众，昭明于神。

《春秋说题辞》曰：朝者，不占而到。诸侯秉政，尊卑有序。各来朝，讲文德，明礼让，天下法制，四方受度。会者，所以兴德明义，考遗废于天下。

《史记》曰：子贡结驷连骑束帛之币，以聘享诸侯。所至，国君无不郊迎与抗礼者。

《汉书·武纪》曰：元年春正月，朝诸侯王于甘泉宫。

又曰：宣帝甘露二年，呼韩邪单于款五原塞，愿奉国珍朝。三年春，呼韩邪单于朝天子于甘泉宫，汉宠以殊礼，位诸侯王上。赞谒称藩臣而不名，赐以玺绶冠带衣裳，使有司导单于先行，就邸长安，宿长平。上自甘泉宿池阳宫。上登长平坂，诏单于毋谒，诸蛮夷君长王侯迎者数万人，夹道陈。上登渭桥，咸称万岁。

《后汉书》曰：窦融将朝，会于高平，先遣从事问会见仪。适是时，军旅代兴，诸将与三公交错道中，或背使者交私语。帝闻融先问礼仪，甚善之，以宣告百僚，乃置酒高会，引见融等，待以殊礼。

《孟子》曰：诸侯朝天子曰述职。一不朝则贬其爵，再不朝则削其地，三不朝则六师移之。

《白虎通》曰：所以制朝聘之礼何？所以尊君父，重孝道也。夫臣之制君，犹子之事父。欲同臣子之恩，一统尊君，故必朝聘也。谓之聘何？聘者，问也。谓之朝何？朝者，见也。因用朝时见，故谓之朝。

又曰：言诸侯时朝于天子。朝用何月？皆以夏之孟四月。因留助祭。朝礼奈何？诸侯将至京师，使人通会于天子。天子遣大夫迎之百里之郊，遣世子迎五十里之郊矣。

又曰：诸侯以月旦告朔于庙者，缘生以事死。故国君月朔朝宗庙，存神，受政。

又曰：诸侯来朝，天子亲与之合瑞信者，正君臣，重法度也。

《五经异义》曰：古春秋王氏说：闰以正时，时以作事，事以厚生，生民之本于是乎在。不告闰朔，弃时政也；弃时正则不知其所行，故闰月不以朝者。诸侯岁遣大夫之京师，受十二月之政，还藏于太庙。月旦朝庙存神，有司因告曰："今日当行某政。"至于闰月，从残余分之月，无政，故不以朝。经书"闰月犹朝之者"是也。

挚虞《决疑要注》曰：汉制：正会于建始殿；晋制：大会于太极殿，小会于东堂。其会则五时朝服，庭设金石、虎贲、旄头、文衣、绣尾。

《广州记》曰：尉他所都处筑高台，以朝汉室。圆基千步，直峭百丈，螺道登进顶上，朔望拜。号为朝台。

左思《吴都赋》曰：昔夏后氏朝群臣于兹土，而执玉帛者万国。盖先王之高会，四方之轨则也。

太平御览卷第五百三十九 礼仪部十八

宴会

《毛诗》曰：《鹿鸣》，宴群臣嘉宾也。

又《鹿鸣·常棣》曰：宴兄弟也。

又《嘉鱼》曰：《湛露》，天子宴诸侯也。

又《伐木》曰：《伐木》，宴朋友故旧也。自天子至于庶人，未有不须友以成者也。亲亲以睦，友贤不弃，不遗故旧，则民德归厚矣。

《周礼·春官上》：大宗伯掌飨宴之礼，亲四方之宾客。

《礼记》曰：诸侯宴礼之义，俎豆、牲体、荐羞，皆有等差，所以明贵贱也。

《左传·文上》曰：鲁文公四年，卫宁武子来聘。公与之宴，为赋《湛露》及《彤弓》，不辞，又不答赋。使行人私问，对曰："臣以为肄业及之也。昔诸侯朝正于王，王宴之，于是乎赋《湛露》，则天子当阳，诸侯用命也。若诸侯敌王所忾，而献其功，王于是乎赐之彤弓一、彤矢百、玈弓十，玈矢千，以觉报宴。今陪臣来继旧好，君辱贶之，岂敢干大礼以自取戾？"

又《宣公》曰：晋侯饮赵盾酒，伏甲，将攻之。其右提弥明知之，趋登曰："臣侍君宴，过三爵，非礼也。"

又《成公》曰：卫侯飨苦成叔，宁武子相。苦成叔傲。宁子曰："苦成家其亡乎？古之为飨食也，以观威仪，省祸福也。今夫子傲，取祸之道也。"

又《昭二》曰：楚灵王享昭公于新台，好以大屈。宴好好赐也。大屈，弓名也。既而悔之。

又《昭公》曰：穆有涂山之会。周穆王会诸侯于涂山，在寿春东北。

《汉书》曰：高祖击英布还，过沛，置酒，悉召故人、父老，发沛中儿百二十人，教之歌。酒酣，上自击筑曰：“大风起兮云飞扬，威加四内兮归故乡，安得猛士兮守四方。”自起舞，慷慨伤怀，泣下数行。谓父老曰：“游子悲故乡。吾虽都关中，万岁后，吾魂魄犹思乐沛也。”与沛父老诸母乐饮，道旧故为笑。

《晋书·礼志》曰：汉建安中，将正会，而太史上言：“正旦当日蚀。”朝士疑会否，共谘尚书令荀彧。时广平计吏刘邵在彧坐，曰：“梓慎、裨灶，古之良史，犹占水火，错失天时。诸侯旅见天子，入门不得终礼者五，日蚀在一。然则圣人垂制，不为变异豫废朝礼。或者灾消异伏，或推术谬误也。”彧及众人咸善而从之，遂朝会如旧，亦不蚀。

《魏书》曰：文帝为魏王，南征，次谯。大飨六军及谯父老，自娱乐，伎列百戏。

《魏志》曰：黄初元年，郭淮奉使贺文帝践祚，而道路疾病，故计远近为稽留。及群臣在会，帝正色责之曰：“昔禹会诸侯涂山，防风后至，便行大戮。今溥天同庆，而最迟留，何也？”对曰：“臣闻五帝先教，导民以德。夏后政衰，始用刑辟。今臣遭唐虞之世，是以免于防风之诛。”帝悦之。

《晋书·礼志》曰：汉仪有正会礼。正旦，夜漏未尽七刻，钟鸣，受贺。公侯以下执贽来庭，二千石以上升殿，称万岁。然后作乐宴飨。魏武帝都邺，正会文昌殿，用汉仪，又设百华灯。晋氏受命，武帝更定元会仪，《咸宁注》是也。

《晋起居注》曰：太常张华上书，按旧事拜公建始殿，因以小会。盖所以崇宰辅也。

《宋书·礼志》曰：正旦元会，设白虎樽于殿庭。樽盖上施白虎。若有能献直言，则发此樽饮酒。

《东宫旧事》曰：正会仪：太子着远游冠、绛纱袍，登舆至承华门前，设位拜二傅；二傅交拜。礼毕，不复登车。太傅、训导在前。少傅、训顺在后。太子入崇贤门。乐作，太子登殿，西向坐。

《世说》曰：孝武在西堂会，伏韬预坐。还，下车，使呼其儿，语之曰：“天子百人高会，临坐未得他语，先问伏韬何在，在不？此故未易为人。作父如此，何如？”

挚虞《决疑要注》曰：宴之与会，威仪不同也。会则随五时朝服，庭设金石，悬虎贲，着旄头，文衣、鹖尾以列陛。宴则服常服，设丝竹之乐，唯宿卫者列伏。大会于太极殿，小会于东堂。

《世说》曰：过江诸人，每至暇日，相要出新亭，藉卉饮宴。周侯中坐而叹曰：“风景不殊，举目有江河之异。”皆流泪。唯丞相愀然作色，曰：“当共戮力王室，克复神州，何至作楚囚相对而泣也？”

傅玄《元会赋》曰：考夏后之遗训，综殷周之典艺，采秦汉之旧仪，定元正之嘉会。

潘岳《闲居赋》曰：席长筵，列孙子，柳垂阴，车结轨。陆擿紫房，水挂赪鲤。或宴于林，或禊于汜。昆弟班白，儿童稚齿。称万寿以献觞，咸一惧而一喜。寿觞举，慈颜和。浮杯乐饮，丝竹骈罗；顿足起舞，柷音高歌。人生安乐，孰知其他。

《古诗》曰：今日良宴会，欢乐难具陈。弹筝奋逸飨，新声妙入神。

《古艳诗》曰：今日乐上乐相从，天公出美酒，河伯出鲤鱼。青龙前铺席，白虎持榼壶。南斗工鼓琴，北斗吹笙竽。

曹植《侍太子坐》诗曰：白日耀青天，微雨静飞尘。寒水辟炎暑，凉风飘我身。清醴盈金觞，肴馔纵横陈。齐人进奇乐，歌者出西秦。翩翩我公子，机巧忽若神。

曹植《与丁廙诗》曰：嘉宾填城阙，丰膳出中厨。吾于二三子，曲宴此城隅。秦筝发西气，齐瑟扬东讴。肴来不虚归，觞至反无余。

陆机《皇太子请宴诗序》曰：感圣恩之罔极，退而赋此诗也。

上寿

《毛诗·大雅·江汉》曰：虎拜稽首，天子万年。虎拜稽首，对扬王休。作召公考，天子万寿。

《左传·哀公》：宴于五梧，武伯为祝。祝，上寿酒也。

《汉书》曰：高祖与项羽鸿门会，项庄入为寿。进爵于尊者，献无疆之寿也。

《史记》曰：武帝王太后在民间时所生一女者，父为金王孙。王已死，韩王孙名嫣乘间而言曰："太后有女在长陵。"武帝曰："何不早言！"武帝乃自往迎取。乘舆至金氏门外，使骑围其宅，女亡匿内中床下。扶持出，诏副车载之驰还，入长乐宫。太后曰："帝何从来？"帝曰："今者至长陵，得臣姊，与俱来。"帝奉酒前为寿，赐钱千万，奴婢三百人，公田百顷，甲第以奉姊。太后谢曰："为帝费。"

《汉书·卫青传》曰：时王夫人方幸于上。宁乘说青曰："今王夫人幸，而宗族未富贵，愿将军奉所赐千金为夫人亲寿。"青以五百金为寿。上闻，问青，以实对。上乃拜宁乘为东海都尉。

又曰：倪宽为御史大夫，从东封泰山，登明堂。宽奉觞再拜，上千万岁寿。制曰："敬举君之觞。"

又曰：隆虑公主子昭平君，尚帝女夷安公主。隆虑主病困，以金千斤、钱十万为昭平君豫赎死罪，上许之。隆虑主卒，昭平君日骄，醉杀主傅，系狱。廷尉上请，上良久曰："法令者，先帝所造也。因弟故而诬先帝之法，吾何面目入高庙乎？又下负万民。"乃奏其可。哀不能自止，左右尽悲。东方朔前上寿曰："臣闻圣王为政，赏不避仇雠，诛不择骨肉。《书》曰：'不偏不党，王道荡荡。'此二者，五帝所重，三王所难也，陛下行之。是以四海之内，元元之民，各得其所，天下幸甚！臣朔奉觞昧死再拜，上万岁寿。"上乃起，入省中，久时召让。朔免冠顿首曰："臣闻乐大甚则阳溢，哀大甚则阴顿。阳变则心气动，心气动则精神散而邪气入。销忧者莫若酒。臣朔以上寿者，明陛下正而不阿，思以止哀也。"

《后汉书·班超传》曰：臣超区区，特蒙神灵，窃冀未便僵仆。目见西域平定，陛下举万年之觞，荐勋祖庙，布大喜于天下。

《东观汉记》曰：吴良，济郡人。为郡议曹掾。正旦，史入贺太守。

门下掾王望前言曰："齐郡败乱，遭离盗贼，人民饥饿，不闻鸡鸣狗吠之音。明府视事五年，五谷丰熟，家给人足。今日岁首，请上雅寿。"掾吏皆称万岁。良跪曰："门下掾佞諂，明府勿受其觞。盗贼未尽，人民困乏，良曹掾尚无绔。"望曰："议曹随窳，自无绔，宁足不为家给人足耶？"太守曰："此生言是也。"遂不举觞。赐鳆鱼百枚，署功曹。

《后汉书》曰：窦后定策立灵帝。帝以太后有援立之功，率群臣朝于南朝，亲馈上寿也。

《魏书》曰：文帝为魏王，南征，次谯。大飨六军及谯父老，设伎乐百戏。令曰："先王云：'乐其所自生，礼不忘其本。'谯，霸王之邦，真人本土。其复谯租税二年。"三老上寿，日久而罢。

《晋书·礼志》曰：元正上寿，谒者引王诣樽酌寿酒，跪授侍中，侍中跪置御坐前。王还，王自酌，置位前。谒者跪奏："藩王臣某等奉觞再拜上千万岁。"四箱乐作，百官再拜已，饮，又再拜。

《唐书》曰：元和十四年，齐鲁初平，宴文武百寮。裴度举觞献寿，跪而言曰："陛下德配天地，明并日月，神武独断，寇逆削平，锡宴群臣。当兹令节，臣备位台司，幸逢昌运，愿与四海九州之人，同上千万岁寿。"上执酒为饮之。

《管子》曰：桓公、管仲、鲍叔牙、宁戚四人饮。饮酣，桓公谓鲍叔牙曰："盍不起为寡人寿乎？"鲍叔牙奉杯而起，曰："使公毋忘出在莒时也，使管子毋忘束缚在于鲁也，使宁戚毋忘其饭牛车下也。"桓公避席再拜曰："寡人与二大夫能毋忘夫子之言，则齐国之社稷不危也。"

燕丹子曰：太子置酒请荆轲。酒酣，太子起为寿。

贽

《尚书》曰：五玉，三帛，二牲，一死，贽。三帛，诸侯世子执纁，公之孤执玄，附庸之君执黄。二牲，卿执羔，大夫执雁。一死，士执雉。玉帛，生死所为以贽以见之。

《仪礼》曰：士相见之礼：挚，冬用雉，夏用腒；下大夫相见以雁，饰之以布，维之以索，如执雉；上大夫相见以羔，饰之以布，四维之结于面，左头如麛，执之如士相见之礼。

《周礼·春官上·大宗伯》曰：以玉作六瑞，以等邦国。王执镇珪，公执桓珪，侯执信珪，伯执躬珪，子执谷璧，男执蒲璧。郑玄注曰：镇，安也。盖以四镇之山为瑑饰，珪长一尺二寸。公，二王后及王之上公。双植谓之桓。桓，公室之象，所以安其上也。信当为身。身圭、躬圭，盖皆象人形，为瑑饰文，皆长七寸。谷，所以养人。蒲为席，所以安人。二玉或以谷为饰，或以蒲为瑑饰，璧皆径五寸。不执珪者，未成国也。以禽作六挚，以等诸臣。执之言致也，所执以自致。孤执皮帛，卿执羔，大夫执雁，士执雉，庶人执鹜，工商执鸡。皮帛，束帛也。表以皮为之饰，虎豹皮也。帛如今璧色缯也。羔，小羊，取其群而不失其类也。雁，取其候时而行。雉取其守介而死，不失其节。鹜取其不飞迁。鸡取其守时而动。

《礼记·曲礼下》曰：凡贽，天子鬯，诸侯珪，卿羔，大夫雁，士雉，庶人之贽匹，童子委贽而退，贽之言至也。天子无客礼以鬯为贽者，所以唯用告神为至也。童子委贽而退，不与成人为礼也。说者以匹为鹜也。野外军中无贽，以缨拾矢可也。非为礼之处，用时物相礼而已。缨，马鞶缨也。拾谓射鞲。妇人之贽，椇、榛、脯、修、枣、栗。

《春秋·庄公》曰：哀姜至，公使宗妇觌，用币，非礼也。御孙曰："男贽，大者玉帛，公、侯、伯、子、男执玉，诸侯、世子、附庸、孤卿执帛。小者禽鸟，卿执羔，大夫执雁，士执雉。以章物也。章所执之物别贵贱。女贽，不过榛、栗、枣、修，以告虔也。"榛小，栗、修、脯虔，敬也。皆取其名以示敬。

又《定公下》曰：公会晋师于耳。范献子执羔，赵简子、中行文子皆执雁。鲁于是乎始尚羔。礼：卿执羔，大夫执雁。鲁则同之。今始知执羔之尊也。

《谷梁传·庄公》曰：大夫宗妇觌，用币。宗妇，同宗大夫之妇。觌，见也。礼：大夫不见夫人，不言及，不正其行妇道，故列数之也。男子之一贽，羔、雁、雉、腒；贽所以至者也。上大夫用羔，取其从群，帅而不党也。下大夫用雁，取其知时，飞翔有行列也。士冬用雉，夏用腒，取其耿介，交有时，别有伦也。腒，腊也。雉必用死，为其不可生膳也。夏用腒，备腐臭也。妇人之贽，枣、栗、腶、修。枣，取其早自矜庄。栗，取其敬栗。腶修取断断自修整。用币，非礼也。用者，不宜用者也。大夫，国体也，国体谓为君股肱。而行妇道，恶之，故谨而日之也。

《公羊传·庄公》曰：戊寅，大夫宗妇觌用币。宗妇者何？大夫之妻也。觌者何？见也。用者何？用者，不宜用也。不宜用币为贽也。见用币，非礼也。以文在觌下，不使贲见，知非礼也。然则曷用枣栗，云乎腶修云乎？

《礼记外传》曰：王者朝臣，诸侯之朝臣，非南面之尊，地不成国，德不比玉，故不执玉。孤卿执皮帛。虎豹之皮与束帛。天子之孤卿，少师、少傅、少保。卿执羔，天子六卿，即诸侯之上大夫，羔取其不乱群。大夫执雁，雁飞有行列。士执雉。雉性刚，有死节。夏执乾雉，余三时皆执死雉。工商执鸡，鸡司而鸣。庶人执鹜。鹜，家鸭，不远飞，庶人不出乡。诸侯太子非天子所命者，有列会之事，则执皮帛，继子男之下。妇人初见舅姑，执榛、栗、枣、修。腒枣进于姑，榛栗进于舅也。执贽币相见，相敬也。

《白虎通》曰：臣见君，有贽者何？贽者，质已之诚。王者缘臣子心，以为之制，差有尊卑，以副其意也。公侯以玉为质。玉者，取其燥不轻，湿不重，明公侯之德全也。卿以羔为贽。羔者，取其群而不党。卿职在尽忠，率下不党。大夫以雁为贽者，取其飞成行列。大夫职在奉命适四方，动作当能自正，以事君也。士以雉为贽。雉者，取不可诱之以食，胁之以威，必死不可畜。士行耿介守节也。

又曰：公执玉，取其畅达也。卿执羔，取其跪乳有礼也。《书》曰：五玉，三帛，二牲，一死，贽。

又曰：至正月朔日，乃执贽而朝贺。正月何？岁竟气改，兴新长相保，重本正始也。群臣贽贺，其君父之。

《五经异义》曰：谨按《周礼》说五玉贽，自孤卿以下执禽，尊卑有差也。礼不下庶人，工商又无朝仪，五经无朝义，五经无说庶人、工商有贽。

《穆天子传》曰：天子宾于西王母，乃执白珪玄璧以见西王母，执贽致敬。献锦组百纯。

《说苑》曰：鹜无他心，故庶人以为贽也。

太平御览卷第五百四十　礼仪部十九

冠

《仪礼》曰：士冠礼：筮于庙门，郑玄注云：筮者告于庙，重成人之礼。主人玄冠、朝服、缁带、素韠，即位于门东西面。筮人即席，坐西面。卦者在左。卒筮书卦，执以示主人。筮人还东面，旅占卒，进告吉。前期三日筮宾，如求日之仪。筮宾，筮其可使冠子者。乃宿宾，宾许。厥明夕为期，于庙门之外，主人立于门东，兄弟在其南。摈者请期。宰告曰：质明行事。夙兴，设洗，陈服于房中西墉下。爵弁，服纁裳、纯衣、缁带、韎韐。皮弁，服素积、缁带、素韠。玄裳，黄裳，杂裳。缁带爵韠。缁布冠。主人立于阼阶下，兄弟立于洗东。将冠者，出房南面。赞者奠纚笄栉于筵南端。彻皮弁冠栉筵，入于房。筵于户西南面。冠者就筵西拜受觯。冠者奠觯于荐东筵，北面坐。取脯，降自西阶，适东壁，北面见于母。时母在闱门之内，妇人入庙由闱门。母拜，受子拜；送母，又拜。宾降直西序东面，主人降，复初位。冠者立于西阶东南面。宾字之，冠者对。宾出，主人送于庙门外。请醴宾就次。此醴当作礼。礼宾者，谢其自勤劳。冠者见于兄弟，兄弟再拜，冠者答拜。入见姑姊如见母。如见母者，亦北面，姑姊不拜也。不见妹，妹卑也。乃易服，服玄冠、玄端、爵韠。奠贽见于君，遂以贽见于乡大夫乡先生。若孤子，则父兄戒宿；若庶子，则冠于房外南面，遂醮焉。始加祝曰："令月吉日，始加元服。弃尔幼志，顺尔成德。寿考唯祺，介尔景福。"再加曰："吉月令辰，乃申尔服。敬尔威仪，淑慎尔德。眉寿万年，永受胡福。"三加曰："以岁之正，以月之令，咸加尔服。兄弟具在，以成厥德。黄耇无疆，受天之庆。"醴辞曰："甘醴唯厚，嘉荐令芳。拜受祭之，以定尔祥。承天之休，寿考不忘。"醮辞曰："旨酒既清，嘉荐既时。始加元服，兄弟具来。孝友时格，永乃保之。"再醮曰："旨酒既湑，嘉荐伊脯。乃申尔服，礼仪有序。祭此嘉爵，承天之祜。”三醮曰：“旨酒令芳，笾豆有楚。咸加尔服，肴升折俎。承天之庆，受福无疆。”字辞曰：“礼仪既备，令月吉日，昭告尔字。爰字孔嘉，髦士攸宜。宜之于假，永受保之。”

《大戴礼·逸礼》曰：太子既冠，成人，免于师传，则有司过之；史有亏膳之宰，太子有过，史必书之。

《礼记·郊特牲》曰：始冠，缁布之冠也。大吉冠布，齐则缁之。嫡子冠于阼，以著代也；醮于客位，加有成也；三加弥尊，喻其志也；冠而字之，敬其名也。无大夫冠礼，而有其婚礼。古者五十而后爵，何大夫冠礼之有？诸侯之有冠礼也，夏之末造。言下初以上。诸侯虽有幼而即位者，犹以士礼冠，五十而爵命。

又曰：始冠缁布，自诸侯下达，冠而敝之可也。本古耳，非时王之法服也。

又曰：曾子问曰：“将冠子，冠者至，揖让而入，闻齐衰、大功之丧，如之何？”冠者，宾及赞者。孔子曰：“内丧则废；外丧则冠而不醴，彻馔而扫，即位而哭。如冠者未至，则废；内丧，同门也。不醴，不醴子也。其废者，丧成服，因丧而冠。如将冠子而未及期日，而有齐衰、大功、小功之丧，则因丧服而冠。”废吉礼，而因丧冠俱成人之服。及，至也。“除丧不改冠乎？”孔子曰：“天子赐诸侯大夫冕弁，服于太庙，归设奠，服赐服，于斯乎有冠醮，无冠醮醴。酒为醮。冠礼醴重而醮轻。此服赐服，酌用酒，尊赐也。不醴，明不为改冠。改冠当醴之。父没而冠，则已冠，扫地而祭于祢，已祭而见伯父、叔父，而后飨冠者。”飨谓之礼。

又《冠义》曰：冠而后服备，服备而后容体正，颜色齐，辞令顺。言服未备者，未可求以三始也。童子之服采衣紒。故曰，冠者，礼之始也。是故古者圣王重冠。古者冠礼筮宾，所以敬冠事；敬冠事，所以重礼；重礼，所以为国本也。国以礼为本。故冠于阼，以著代也。醮于客位，三加弥尊，加有成也。阼谓主人之北也。适子冠于阼，若不醴，则醮用酒于客位，敬而成之也。户西为客位，庶子冠于房中外，又因醮焉不代父也。冠者初加缁布冠，次加皮弁，次加爵弁。每加益尊，所以益成也。

又曰：冠者礼之始也，嘉事之重者也。是故古者重冠。故行之于庙。行之于庙者，所以尊重事，尊重事，而不敢擅重事。不敢擅重事，所以自卑而尊先祖也。嘉事，嘉礼也。宗伯掌五礼，有吉礼，有凶礼，有宾礼，有军礼，有嘉礼。而冠属嘉礼。《周礼》曰：以婚冠之礼亲成男女也。

《左传·襄公》曰：晋侯以公宴于河上，问公年。季武子对曰："会于沙随之岁，寡君以生。"晋侯曰："十二年矣。是谓一终。一星终也。国君十五而生子。冠而生子，礼也。冠，成人之服，故冠而生子。君可以冠矣。大夫盍为冠具？"武子对曰："君冠，必以祼享之礼行之，祼谓祼鬯酒也。享，祭先君。以金石之乐节之，以先君之祧处之。今寡君在行，未可具也。请及兄弟之国而假备焉。"晋侯曰："诺。"公还，及卫，冠于成公之庙，假钟磬焉，礼也。

《家语》曰：邾隐公既即位，将冠，使大夫因孟懿子问礼于孔子。孔子曰："其礼如世子之礼。"懿子曰："天子未冠即位，长亦冠乎？"孔子曰："古者，王世子虽幼而即位，则尊为人君。尊为人君，治为成人之事者也，何冠之有？"懿子曰："然。然则诸侯之冠，异天子与？"孔子曰："君薨而世子主丧，是亦冠也，与人君无殊也。"懿子曰："今邾君之冠，非礼乎？"孔子曰："诸侯之有冠，礼也。夏之末造也。有自来矣，今无讥焉。"

又曰：成王年十有二而嗣立。明年六月，冠成王而朝于祖庙，以见诸侯。周公命祝雍作颂，曰："祝王辞达，而勿多也。"祝雍辞曰："使王近于民，远于年，啬于时，惠于财，亲贤而任能。"其颂曰："令月吉日，王始加元服。去王幼志，乃心衮职。钦若昊王，六合是式，率尔祖考，烝烝无极。"

《国语》曰：赵文子冠，谓以士礼始冠也。见韩献子。献子曰："戒之，此谓成人。成人在始与善。始与善，进不善蔑由至矣。蔑，无也。始与不善进，善亦蔑由至矣。如草木之产也，各以其物。人之有冠，犹宫室之有墙室。粪除而已，又何加焉？"粪除，喻自修洁。

《汉书》曰：惠帝元年，冠，赦天下，除挟书律。

又曰：宣帝五凤元年，皇太子冠。太后赐丞相以下帛，赦徒作杜陵者。

《续汉书》曰：安帝、灵帝加元服，并大赦，赐公卿金帛。

《东观汉记》曰：马防子钜为常从小侯。六年正月，齐宫中。上欲冠钜，夜拜为黄门郎御章台下，殿陈鼎俎，自临冠之。

《晋书·礼志》曰：江左诸帝将冠，金石宿设，百僚陪位。豫于殿上铺大床，御府令奉冕帻簪导衮服以授。侍中、常侍、太尉加帻，太保加冕。太尉跪读祝文曰："令月吉日，始加元服。皇帝穆穆，思弘衮职。钦若昊天，六合是式。率尊祖考，永永无极。眉寿唯祺，介兹景福。"

谯周《丧服图》曰：男子幼娶必冠，女子幼嫁必笄。礼之则从成人，不为殇。

《礼论》曰：王彪之以为礼冠自卜日，不必以三元也。

又《礼》：夏冠用葛屦，冬冠用皮屦，明无定时也。

后汉应亨《赠四王冠诗》曰：永平四年，外弟王景系兄弟四人并冠，故贻之诗。曰：济济四令弟，妙年践二九。令月唯吉日，成服加元首。虽无兕觥爵，杯醮传旨酒。

后汉黄香《天子冠颂》曰：以三载之孟春，建寅月之上旬，皇帝将加玄冕。简甲子之元辰，厥日王于太皞，厥时叶于百神。既臻庙而成礼，乃回軨而反宫。正朝以享宴，撞太蔟之庭钟。祚蕃屏而鼎辅，暨夷裔之君王。咸进酌于金罍，献万年之玉觞。

萧子范《冠子箴》曰：是月唯令，敬择良辰，式遵士典，谘筮于宾。嘉宾受锡，醮酒方陈。礼庄尔质，德成尔身。

梁沈约《冠子祝文》曰：蠲兹令日，元服肇加；成德既学，童心自化。行之则至，无谓道败。敦以秋实，食以春华。无耻下问，乃致高车。子孙千亿，广树厥家。

婚姻上

《易·归妹·九四》曰：归妹愆期，迟归有时。夫以不正无应而适人也。必须彼道穷尽，无所与交，然后乃可以往。故愆期迟归，以待时也。

又《咸卦》曰：咸亨利贞，取女吉。山泽以气通，男女以礼感，男女初嫁之象，所以为礼。《彖》曰：咸，感也。柔上而刚下，二气感应以相与，止而说。男下女，是以“亨利贞，取女吉”也。天地感而万物化生，圣人感人心而天下和平。万物感阳气而生，民感圣人之化而和。悖政感天而生。

《毛诗·鹊巢·何彼秾矣》曰：《何彼秾矣》，美王姬也。虽则王姬，亦下嫁于诸侯，犹执妇道，以成肃雍之德也。

又《国风》曰：《谷风》，刺夫妇失道也。卫人化其上，淫于新婚而弃其旧室，夫妇离绝，国俗伤败焉。习习谷风，以阴以雨。僶俛同心，不宜有怒。德音莫违，及尔同死。

又曰：《绸缪》，刺晋乱也。国乱则婚姻不得其时焉。不得其时，谓不及中春之月。

又曰：《东门之杨》，刺时也。婚姻失时，男女多违，亲迎女犹有不至者也。东门之杨，其叶牂牂。兴也。牂牂然盛貌，言男女失时不逮秋冬。笺云：杨叶牂牂，三月中也。兴者，言时晚也。失仲春之月。婚以为期，明星煌煌。期而不至也。笺云：亲迎之礼以婚时，女留他色，不肯时行，乃至大星煌煌也。

又曰：《有狐》，刺时也。卫之男女失时，丧其妃耦焉。古者国有凶荒，则杀礼而多婚，会男女之无夫家者，所以育人民也。育，生长也。

又《小雅》曰：《我行其野》，刺宣王也。刺其不正嫁娶之数而有荒政，多淫婚之裕。我行其野，蔽芾其樗。婚姻之故，言就尔居。樗，恶木也。笺云：樗之蔽取芾始生。谓仲春之时，嫁娶之月，妇之父、婿之父相谓婚姻言我也。我乃以此二父之命，故我就女居，我岂其无礼来乎？责之也。我行其野，言采其遂。婚姻之故，言就尔宿。

又《文王·大明》曰：贽仲氏任，自彼殷商，来嫁于周，曰嫔于京。贽国，任姓也。贽国之中女也。王季，大任之子、文王父也。大任从殷商之畿内嫁为妇于周之京，配王季，共行仁义之德，同志意也。

《大戴礼·逸礼》曰：子孙娶妻嫁女，必择孝梯世世有行义者。是则其子孙慈悌孝爱，不敢淫暴。党无不善，三族辅之。故凤皇生而有仁义之意，虎狼生而有贪戾之心。呜呼，戒之哉！无养乳虎，将伤天下。

《仪礼》曰：记士婚礼，凡行事，必用昏昕，受诸一祢庙，辞无不腆，无辱。挚不用死，皮帛必可制。腊必用鲜，鱼用鲋，必殽全。

《礼记·曲礼上》曰：男女非有行媒，不相知名。见媒往来传婚姻之言，乃相知姓名。非受币，不交不亲。故书日月以告君，斋戒以告鬼神，为酒食以召乡党寮友，以厚其别也。娶妻不娶同姓，故买妾不知其姓则卜之。

又《曲礼下》曰：纳女于天子曰备百姓，于国君曰备酒浆，于大夫曰备洒扫。纳女犹致女也。

又《曾子问》曰：孔子曰："嫁女之家，三夜不息烛，思相离也；亲骨肉也。娶妇之家，三日不举乐，思嗣亲也。"重世变也。

又《郊特牲》曰：夫婚礼，万世之始也。娶于异姓，所以附远厚别。币必诚，辞无不腆，诚，信也。腆犹膳也。告之以直信。直，正也。二者所以杀妇正直也。信，事人也；信妇德也。一与之齐，终身不改，故夫死不嫁。男子亲迎，男先于女，刚柔之义也。天先乎地，君先乎臣，其义一也。执贽以相见，敬章别也。男女别，然后父子亲；父子亲，然后义生；义生然后礼作，然后万物安。无别无义，禽兽之道也。婿亲迎授绥，亲之也。亲之也者，敬之也。敬而亲之，先王之所以得天下也。出乎大门而先，男帅女，女从男，夫妇之义由此始。妇人，从人者也。幼从父兄，嫁从夫，夫死从子。

又《杂记下》曰：纳币一束，束五两，两五寻。纳币谓婚礼纳征也。十个为束，贵成数也。两者合其卷是谓五两。八尺曰寻，则每卷二束也。合之谓四十尺，谓之匚人，由匹偶之云也。

又《祭统》曰：国君娶夫人之辞曰："请君之玉女，与寡人共有敝邑，事宗庙社稷。"此求助之本也。

又《经解》曰：婚姻之礼废，则夫妻之道苦，而淫僻之罪多矣。

又《哀公问》曰：哀公问于孔子曰："敢问为政如之何？"孔子对曰："古之为政，爱人为大，所以治爱人，礼为大。所以治礼，敬为大。敬之至矣，大婚为大。大婚既至，冕而亲迎，亲之也。"公曰："冕而亲迎，不已重乎？”已犹大也。怪亲迎乃服祭服也。对曰：“合二姓之好，以继先圣之后，以为天地、宗庙、社稷之主，君何谓已重乎？天地不合，万物不生。大婚，万世之嗣也。君何谓已重焉！”

又《婚义》曰：婚礼者，将合二姓之好，上以事宗庙，而下以继后世也，故君子重之。是以婚礼纳采、问名、纳吉、纳征、致礼币为征信也。请期，求请迎之吉也。皆主人筵几于庙，而拜迎于门外。入，揖让而升，听命于庙，所以敬慎重、正婚礼也。父亲醮子而命之迎，男先于女也。子丞命以迎，主人筵几于庙，而拜迎于门外。婿执雁而入，揖让，升，再拜奠雁。盖亲授之于父母也。

又《外传》曰：古者谓婚姻为兄弟，因成兄弟之义也。婿曰婚，以昏时往；妇曰姻。因婿之来则从之而去。又婿之父曰姻，妇之父曰婚。《尔雅》：取其内外父党之新者。婿者，阳也；妇者，阴也。日往而阴气至也。昏时日往则月来，阳往阴来之义。

又曰：夏殷五世之后则通婚姻。周公制礼，百世不通，所以别禽兽也。

《左传·文公上》曰：逆妇姜于齐。卿不行，非礼也。

又《成下》曰：晋侯使吕相绝秦，曰：“昔逮我先君献公及穆公相好，戮力同心，申之以盟誓，重之以婚姻。天祸晋国，文公如齐，惠公如秦。”

又：晋侯使吕相绝秦，曰：“白狄及君同州，君之仇雠，而我之婚姻也。君来赐命曰：‘吾与汝伐狄。’寡君不敢顾婚姻，畏君之威而受命于使。”

又《成下》曰：声伯之母不聘。不聘，无媒礼。穆姜曰：“吾不以妾为姒。”生声伯而出之，嫁于齐。

又《定上》曰：楚昭王败，锺建负季芈以逃。王将嫁季芈，辞曰：“所以为女子，远丈夫也。锺建负我矣。”以妻锺建。

又《哀上》曰：刘氏范氏世为婚姻。刘氏，周卿士。范氏，晋大夫。

太平御览卷第五百四十一 礼仪部二十

婚姻下

《论语》曰：子谓公冶长可妻也。虽在缧绁之中，非其罪也。以其子妻之。子谓南容，邦有道，不废；邦无道，免于刑戮。以其兄之子妻之。冶长，弟子，鲁人也。南容，南宫绦也。

《尔雅》曰：女子子之夫为婿。婿之父为姻，妇之父为婚。妇之父母、婿之父母相谓为婚姻。

《国语》曰：董叔将娶于范氏。叔向曰："范氏富，盍已乎？"曰："欲为系援焉。"系援，欲自结连于大援也。他日，董祈诉之于范献子，曰："不吾敬也。"献子执而纺之。纺犹悬也。悬于庭之槐也。叔向过之，曰："子盍为我请乎？"叔向曰："求系既系矣，求援既援矣，欲而得之，又何请焉？"

《家语》曰：伯夏生叔梁纥，叔梁纥娶于鲁施氏，生女九人，无男。叔梁纥曰："虽有九女，是无子也。"乃求婚于颜氏。颜氏有三女，小曰征在。颜父问三女曰："邹大夫虽父祖为士，然先圣之裔也。今其人身长九尺，武力绝伦，吾甚贪之。虽年长性严，不足为疑。三子孰能为之妻？"二女莫对，征在进曰："从父所制，将何问焉？"父曰："即尔能矣。"遂以妻之。

又曰：男子二十而冠，有为人父之端；女年十五许嫁，有适人之道。群生闭藏乎阴而为化育之始。圣人因时以合偶男女，穷天数也。霜降而妇功成，嫁娶者行焉。季秋霜降，嫁娶者始于此。水泮而农桑起，婚礼杀于此焉。

《龙鱼图》曰：以卖马钱娶妇，令多恶病，夫妻离别。

《汉书》曰：陈平邑中有富人张负，有女孙五嫁，夫辄死，人莫敢娶。平欲得之。邑中有大丧，平家贫，待丧。待先往后罢为助。张负既见之丧所，独视伟平。平亦以故后去。随平至其家，家乃负郭穷巷，以席为门，然门外多长者车辙。张负欲以女孙与平，其子仲曰：“平贫，奈何与之女？”负曰：“固有美如陈平长贫贱者乎？”卒与女。平贫，乃假贷币以聘，与酒肉之资以内妇。

又曰：张耳，大梁人也。少时及魏公子无忌为客，尝亡命游外黄。外黄富人女甚美，嫁庸奴，亡其夫，去抵父。客素知张耳，谓女曰：“必欲求贤夫，从张耳。”女听为请，决嫁之。女家厚奉给耳，耳以故致千里客及官魏外黄令。陈余亦大梁人，好儒术，游赵。苦陉富人公乘氏以其女妻之。

又曰：张放得幸成帝。放取皇后弟平恩侯许嘉女，上为放供帐甲第，充以乘舆服余饰，时号为“天子娶妇，皇后嫁女”。

又曰：王闳妻父萧咸为中郎将，董贤父恭慕之，欲以贤为弟求婚。咸恐，私谓闳曰：“董公为大司马，册文云：‘允执其中。’此尧禅舜之文，长老见者，莫不心惧。此岂家子所能堪耶？”闳性有智略，闻咸言，心亦悟。乃还报谦远之意。恭不悦。

又曰：郑崇字子游，本高密大族，世与王家相嫁娶。

《后汉书》曰：袁术僭乱，曹操托杨彪与术婚姻，诬以欲图废置，奏收下狱，劾以大逆。孔融闻之，不及朝服，往见操曰：“杨公四代清德，海内所瞻。《周书》‘父子兄弟，罪不相及’，况以袁氏归罪杨公。”操曰：“此国家之意。”融曰：“假使成王杀召公，周公可得言不知邪？”操遂理出彪。

《魏志》曰：王褒与管彦男女各始生，许为婚。彦为西夷校尉，褒女更许人。彦弟馥问褒，褒曰：“贤兄葬父于洛阳，随母还临淄，用意如此，何婚之有？”

《魏氏春秋》曰：司空东莱王基，当世大儒，岂不达礼，而纳司空王忱女，以姓同源异故也。

又曰：陈矫本刘氏子，出嗣舅氏，而婚于本族。徐宣每非之，廷议其阙。太祖以矫才量，欲全之，乃下令曰：“丧乱以来，风教凋薄。谤议之言，难同褒贬。自建安五年已前，一切勿论。其以断前诽议者，以其罪罪也。”

《魏志》曰：桓楷字伯绪。刘表辟为从事祭酒，欲妻以妻妹蔡氏。楷自陈已结婚他处，拒而不受也。

又曰：王粲父谦，名公之冑。何进为长史，欲与为婚。见二子，使择焉，谦不许。

《魏书评》曰：夏侯、曹氏世为婚姻，故淳、渊、仁、洪、休、尚、真等，并亲旧肺腑，贵重于时。左右勋业，咸有劳效。

《吴书》曰：陶谦字恭祖，丹阳人。县甘公出，遇之途，见其容貌，异而呼之，住车与语，甚悦之。因许妻以女。甘夫人怒曰：“闻陶家儿游戏无度，如何以女许之？”甘公曰：“彼有奇表，后必大成。”遂妻之。后为徐州牧。

《吴志》曰：吕范字子衡，汝南细阳人。少为县吏，有容观姿貌。邑人刘氏家富女美，范求之。母嫌，欲勿与。刘氏曰：“观吕子衡宁为久贫者耶？”遂为婚。

王隐《晋书》曰：初，后父杨骏欲以女妻郑默子预，默忌其太盛，距而不婚。

《晋书》曰：王籍之为太子文学，居叔母之丧而婚。丞相司直刘隗奏之。帝下令云：“诗称杀礼多婚，以会男女之无夫家者，正今日之谓也。可一解禁止，自今后宜为其防。”

又曰：阮修字宣子。居贫，四十未有室。王敦等敛钱为婚，皆名士也。时慕之者，求入钱而不得。

《宋书》曰：江湛字微渊，济阳考城人也。为义康司徒主簿。司空檀道济为子求湛妹婚，不许。义康有命，又不从。时人重其立志义者也。

吴均《齐春秋》曰：桓闳字叔通。太祖辅政，使褚渊致意，为子晃求女婚。闳不敢闻命，曰：“辞霍不婚，常所嘉揖。齐大非偶，所以不敢承殊眷。”太祖虽嘉其退让，而心不能欢也。

萧子显《齐书》曰：王秀之字伯奋，临沂人也。吏部尚书褚渊见秀之正洁，欲与结婚，秀之不肯。以此频为府外兵参军。

《梁书》曰：江蒨方雅有风格。仆射徐勉权重，唯蒨及王规与抗礼，不为之屈。勉因蒨门客翟景为子繇求婚于蒨，蒨不答。景再言之，乃杖景四十。由此与勉忤。

《韩子》曰：楚王谓田鸠曰："墨子者，显学也。其身体可则也，其言多不辩，何也？"田鸠对曰："昔者秦伯嫁女于晋公子，为之饰装，从文衣之媵七十人。至晋，晋人爱其妾而不爱公女，此可谓善嫁妾矣，未可谓善嫁女也。"

又曰：齐桓公微服以巡民家，人有年老而自养者，公问其故。对曰："臣有子五人，家贫无以妻之，使佣未及反。"公归，以告管仲。管仲曰："蓄积有腐弃之财，而民饥饿；宫中有怨女，而民无妃。"公曰："善！"乃论宫中妇女而嫁之。因下令曰："丈夫三十而室，女子十五而嫁。"

又曰：卫人嫁其子而教之曰："必私积聚。为人妇而出，常也；其成居，幸也。"其子因私积聚。其姑以为多私而出之。其子所以返者，倍其所以嫁。其父不自罪于教子非也，而自知其益富。

《淮南子》曰：礼，三十而娶。文王十五而生武王，非法也。岁星十二岁而周天，天道一备，故国君十二岁而冠，冠而娶，十五而生子，重国嗣，不从古制也。

《白虎通》曰：婚姻者何？谓昏时行礼，故曰婚。妇人因去夫而成，故曰姻。

又曰：人道何以有嫁娶者？何以为情性之大者，莫大于男女之交？人伦之始，莫若夫妇。男三十而娶，女二十而嫁何？阳数奇，阴数偶。男长女幼者何？阳道舒，阴道促。男三十筋骨以坚强，任为人父；女二十肌肤充盛，任为人母。合为五十，应大衍之数，生万物也。

又曰：礼曰：女子十五许嫁，纳采，问名，纳吉，请期，亲迎，以雁为贽。纳征用玄纁，故不用雁也。纳征玄纁，束帛离皮。玄三法天，纁二法地也。阳奇阴偶，明阳道之大也。离皮者，两皮也，以为庭实。庭实，偶也。

又曰：嫁娶以春何？春，天地交通，万物始生，阴阳交接之时也。《诗》曰：“士如归妻，迨冰未泮。”《夏小正》曰：“二月，冠子娶妇之时也。”夫有恶行，妻不得去，地无去天之义。夫虽有恶，犹不可去也。故《郊特牲》记曰：壹与之醮，终身不改。悖逆人伦，杀妻父母，废绝纲纪，乱之大者也。义绝乃得去耳。天子诸侯一娶九女者何？重国广继嗣也。适九何？地有九州，承天之施，无所不生，一娶九女，亦足承君施。九而无子，百亦无益也。

又曰：男二十五系心，女十五许嫁，感阴阳也。阳数八，阴数一。男八岁毁齿，阳气数奇，三八二十四加一而系心。阴数偶，故再成，十四加一为五，故十五许嫁。各加一者，明专一系心。所以系心者，防其淫佚也。

又曰：《婚经》曰：宾升北面，奠雁，再拜稽首，降，出。妇从房中，降自西阶。婿御妇车授绥，遣女于祢庙，重先人之遗体，不敢自专，故告祢也。父母亲戒女何？亲亲之至。父曰：“戒之敬之，夙夜无违命。”母施矜结缡，曰：“勉之敬之，夙夜无违宫事。”父诫于阼阶，母诫于西阶，庶女及门内施鞶，申以父母之命，命之曰：“敬恭宗庙父母之言，夙夜无愆，视诸衿鞶。”去不辞，诫不诺，盖耻之，重去也。

《郑玄别传》曰：故尚书左丞同县张逸年十三，为县小吏。君谓之曰：“尔有赞道之质。玉虽美，须雕琢而成器。能为书生以成尔志不？”对曰：“愿之。”乃遂拔于其辈，妻以弟女。

《列女传》曰：邵南申女者，申人之女也。既许嫁于农家，礼不备而欲迎之。女与其人言：其人，媒氏，往求命之者。“以为夫妇者，人伦之始也，不可不正。夫家轻我，违制，不可以行。”夫家讼之。女曰：“一物不具，一礼不备，守节持义，必死不往。”

又曰：鲁师春姜者，鲁师氏之母也。嫁其女，三往而三逐。春姜问故，以轻其室人也。春姜召其女而笞之曰：“夫妇人以顺从为务，贞悫为首，故妇事夫有五：平旦纚笄而朝，则有君臣之严；沃盥馈食，则有父子之敬；报反而行，则有兄弟之道；必期必诚，则有朋友之信；寝席之交，然后有夫妇之际。”君子谓春姜曰知阴阳之顺逆也。

《楚国先贤传》曰：孙儁字文英。与李元礼俱娶太尉桓焉女。时人谓桓叔元两女俱乘龙，言得婿如龙也。

《世说》曰：王戎俭吝。其从子婚，与一单衣，裁后便责之。戎女适裴氏，贷钱数万。女归，戎色不悦。女还钱，乃怿。

《世说》曰：温峤从姑刘氏，家值乱离，唯有一女。姑问峤，有求婚意。答云：“佳婿难得，但如峤比，云何？”姑答云：“丧破之余，乞得粗相存活，便足慰吾余年，敢希汝比。”却数日，峤报姑云：“已得婚处。门地粗可，婿身不减峤。”因下玉镜台一枚。姑大喜。既婚，交礼，女以手披纱扇，大笑曰：“固嫌是此老奴，果如所疑。”玉镜台是峤为刘越石长史，北征刘聪所得也。

又曰：王文度为桓公长史。桓为儿求垣女，王许桓蓝田。既还，因言桓求已女婚。蓝田大怒。文度还，云：“下官家中先得婚处。”桓公曰：“吾知矣。此尊府君不肯。”

又曰：王丞相初在江左，欲结吴人，请婚陆太尉。太尉曰：“培塿无松柏，薰莸不同器。抗虽不才，义不为乱伦之始也。”

又曰：诸葛恢大女适庾亮儿，次女适羊忱儿。亮子被苏峻害，改适江霦。恢儿娶邓攸女。于时谢尚书求其小女婿。恢乃云：“羊、邓是平婚，江家我顾伊，庾家伊顾我，不能复与谢褒儿婚也。”

又曰：诸葛恢女既寡，誓不复再出。其女性甚凶强，无有登车理。恢既许江思玄婚，乃移家嫁之。初，绐女云：“宜徙。”于是家人一时去，独留女在后。比其觉，已不复得出。江郎暮来，女哭詈积日，渐久歇。江霦暝入宿，但在对床上。后观其意转帖，霦乃诈厌良久，声气转急。女乃呼婢云：“唤江郎觉。”江于是跃来就之，云：“自是天下男子，厌，何预卿事而见唤耶？既尔相关，不得复不与人语。”于是默然而惭，遂为夫妻。

《圣证论》云：嫁娶，古人皆以秋冬。《毛诗》曰：“东门之杨，其叶牂牂。”毛苌《传》曰：“男女失时，不逮秋冬也。”

李固助展允婚，教曰：告文学师议曹史展允笃学贫苦，慈孝推让。年将知命，妃匹未定。闻之怆然，其闵哀之。夫冠娶仕进，非所以已亲。允兄弟无意，亦朋友不好事之罪也。前遣师辅，为允娶云。谭处士等，各欲佐助，迄今未定。出钱千万，率先夫大天府内掾史守助佐干及谭掾等，其欲议朋友，少征条名目。允贫也，礼宜从约，二三万钱，足以成婚。

虞翻《与弟书》曰：长子容当为求妇。其父如此，谁肯嫁之者？造求小姓，足使生子。天其福人，不在旧族。扬雄之才，非出孔氏。芝草无根，醴泉无源。家圣受禅，父嚚母顽。虞家世法出痴子。

魏袁淮《正论》曰：或曰：同姓不相娶，何也？曰：远别也。曰：今之人，外内相婚，礼欤？曰：中外之亲，近于同姓。同姓且犹不可，而况中外之亲乎？古人以为无疑，故不制也。今以古之不言，固谓之可婚，不知礼者也。或曰《国语》云：同德则同姓。同姓虽远，男女不相及。异德则异姓。异姓虽近，男女相及也。斯言何故也？曰：司空季子有为而言也。文公将求秦以反国，不敢逆秦故也。

梁简文帝资遣孔焘二女，教曰：夫思人至乡，事唯悼往。表闾式墓，义匪字孤。至如游殷之息见抚张既，桥玄之子受托魏王，斯故美在令终，受兼身后。故无锡令孔焘，经术弘长，志履贞概，游处积年，一朝长往，闻其在室二女，并未有行。可广访姻家，务求偶对。

媒

《毛诗·七月》曰：伐柯如之何？匪斧不克。娶妻如之何？匪媒不得。

《毛诗·氓》曰：送子涉淇，至于顿丘。匪我愆期，子无良媒。

《周礼·地官下》曰：媒氏掌万民之判。凡男女自成名以上，皆书年月日名焉，令男三十而娶，女二十而嫁。

又《地官》曰：媒氏，凡男女之阴讼，听之于胜国之社。阴讼，争中冓之事以触法者。

《家语》曰：孔子之郯，遇程子于途。顾谓子路曰："取束帛以赠先生。"子路对曰："由闻士不中间，不见；女无媒，君子不与交礼焉。"

《白虎通》曰：男娶女嫁何？阴卑不能自专，就阳而成之。故《传》曰：阳唱阴和，男行女随。男不专娶，女不专嫁，必由父母。须媒妁何？远耻防淫佚也。

《淮南子》曰：女因媒而嫁，不因媒而亲。

阚骃《十三州志》曰：乌孙国嫁娶责马娉，先令媒者与妇宿，徐乃婿近。

《桓玄传》曰：元显取妾，殆同六礼，以尚书仆射为媒人，长史为逆客。

屈原《离骚》曰：吾令丰隆乘云兮，求宓妃之所在；解佩纕以结言兮，吾令蹇修以为理。蹇修，伏羲氏之臣。言我既见密妃，解佩带取玉纕言契，令蹇修为媒以通辞理也。

《庄子》曰：亲父不为其子媒。亲父誉之，不若非其父者。

太平御览卷第五百四十二 礼仪部二十一

拜

《说文》曰：拜，首至地也。

《尚书·舜典》曰：帝曰："俞，咨垂，汝作共工。"垂拜稽首，让于殳斨。帝曰："俞，咨益，汝作朕虞。"益拜稽首，让于朱虎熊罴。帝曰："俞，咨伯，汝作秩宗。"伯拜稽首，让于夔龙。

又《大禹谟》曰：帝曰："禹，官占，唯先蔽志，昆命于元龟。朕志先定，询谋佥同，鬼神其依，龟筮叶从，卜不习吉。"禹拜稽首，固辞。

又《大禹谟》曰：益赞于禹曰："唯德动天，无远弗届。满招损，谦受益，时乃天道。"禹拜昌言曰："俞。班师振旅。"

又《益稷》曰：皋陶拜手稽首，飏言曰："念哉……。"

《周礼·春官下·大祝》曰：大祝辨九拜：一曰稽首，二曰顿首，三曰空首，四曰振动，五曰吉拜，六曰凶拜，七曰奇拜，八曰褒拜，九曰肃拜，以享右祭祀。稽首，拜头至地也。顿首，头叩地。空首，拜头至手，所谓拜手也。吉拜，拜而后稽颡，谓齐衰不杖以下者也。言吉者，此殷之凶拜，周以其与顿首相近，故谓之吉拜云。凶拜，稽颡而后拜，谓三年服者也。杜子春云：奇读为奇偶之奇。谓先屈一膝雅拜是也。或云奇读倚，倚拜谓持节持戟拜，身倚之以拜也。郑大夫云：动读为董，书亦或为董。振董，以两手相击也。奇拜谓一拜也。褒谓报，报再拜是也。郑司农云：褒拜，今时持节拜也。肃拜但俯身下手，今时揖是也。介者不拜，故曰为事敢肃使者。玄谓振动战栗，变动之拜也。《书》曰：王色变，一拜，答臣下也。再拜，礼神与尸享献也。谓朝献馈献也。右读为侑。侑劝尸食而拜。

《礼记·曲礼》曰：侍食于长者，主人亲馈，则拜而食；主人不亲馈，则不拜而食。以其礼于己不隆也。

又《曲礼》曰：君言至，则主人出拜君言之辱。使者归，则必拜送于门外。介者不拜，为其拜而蓌拜。蓌则失容节。蓌犹诈也。

又《曲礼下》曰：士有献于国君。问之，曰："安取彼。"再拜稽首而后对。

又《檀弓上》曰：孔子曰："拜而后稽颡，颓乎其顺也；稽颡而后拜，颀乎其至也。"颓、颀，恳至也。此俱丧拜时人行之异礼。

又《内则》曰：凡拜，男尚右手，女拜尚左手。郑玄注曰：左阳右阴。

《左传·僖公》曰：王使宰孔赐齐侯胙，胙，祭肉。尊之比二王后。曰："天子有事于文、武，使孔赐伯舅胙。"天子谓异姓诸侯曰伯舅。齐侯将下拜，孔曰："且有后命。天子使孔曰：'以伯舅耋老，加劳，赐一级，无下拜。'"七十曰耋。级，等也。对曰："天威不违颜咫尺，言天监察不远，威严常在颜面之前。八寸曰咫。小白，余敢贪天子之命无下拜，小白，齐侯名。余，身也。恐陨越于下，陨越，颠坠也。扬天王居上，故言恐颠坠于下。以遗天子羞。敢不下拜？"下，拜，登，受。

又《僖中》曰：公赋《河水》，公赋《六月》。赵衰曰："重耳拜赐。"公子降，拜稽首。公降一级而辞焉。衰曰："君称所以佐天子者命重耳，重耳敢不拜？"

又《文上》曰：公如晋，及晋侯盟。晋侯飨公，赋《菁菁者我》。《菁菁者我》，《诗·小雅》，取其"既见君子，乐且有仪。"庄叔以公降，拜曰："小国受命于大国，敢不慎仪；君贶之以大礼，何乐如之。抑小国之乐，大国之惠也。"侯降辞，登，成拜。公赋《嘉乐》。《嘉乐》，《诗·大雅》，取"显显令德，宜民宜人，受禄于天。"

又《成公九年》曰：季文子如宋致女，复命。公享之，赋《韩弈》之五章。《韩奕》，《诗·大雅》篇名。其五章言蹶父嫁女于韩，后为女相所居，莫如韩乐。文子喻鲁侯有蹶父之德，宋公如韩侯，宋土如韩乐。穆姜出于房，再拜曰："大夫勤辱，不忘先君，以及嗣君，施及未亡人。穆姜，伯姬母，闻文子言宋乐，喜而出谢其行劳。妇人夫死，自称未亡人。先君犹有望也。言先君亦望文子之若此。敢拜大夫之重勤。"又赋《绿衣》之卒章而入。《绿衣》，《诗·邶风》也。取其"我思古人，实获我心"，喻文子言得己意。

又《襄四年》曰：穆叔如晋，报智武子之聘也。晋侯享之，金奏

《肆夏》之三，不拜；《肆夏》，乐曲名。工歌《文王》之三，又不拜；歌《鹿鸣》之三，三拜。韩献子使行人子员问之。对曰："《三夏》，天子所以享元侯也，使臣弗敢与闻。《文王》，两君相见之乐也，使臣不敢及。《鹿鸣》，君所以嘉寡君，敢不拜嘉？嘉者，以叔孙为嘉宾，故歌《鹿鸣》之诗，取其"我有嘉宾"也。叔孙奉君命求嘉，叔孙乃所以嘉鲁君。《四牡》，君所以劳使臣也，敢不重拜？《皇皇者华》，君教使臣曰：'必谘于周。'《皇皇者华》，君遣使臣之诗也。言中臣奉使能辉光君命，如华之皇皇然。又当咨于忠信，以补已不及也。臣闻之：访问于善为谘，谘亲为询，谘礼为度，谘事为诹，谘难为谋。臣获五善，敢不重拜？"五善谓谘、询、度、诹、谋也。

又《襄二》曰：公使厚成叔吊于卫曰："寡君使瘠，闻君不抚社稷而越在他竟，若之何不吊？"卫人使太叔仪对，曰："群臣不佞，得罪于寡君，寡君不以即刑，而悼弃之。君不记先君之好，辱吊群臣，敢拜君命之辱，重拜大贶。"

又《昭四》曰：初，楚恭王无冢，适有宠子五人，无适立焉。乃大有事于群望，而祈曰："随神择于五人者，使王社稷。"乃遍以璧见于群望，曰："当璧而拜者，神所立也，谁敢违之。"既，乃与巴姬密埋璧于大室之庭，巴姬，恭王妾。太室，祖庙。使五人齐，而长幼入拜。顺长幼以次拜也。康王跨之，灵王肘加焉，子干、子皙皆远之。平王弱，抱而入，再拜，皆厌纽。

《孝经右契》曰：制作孝经道备，使七十人弟子向北辰星而声折。孔子绛单衣，向星而拜。

《论语·子罕》曰：拜下，礼也。今拜乎上，泰也。虽违众，吾从下。臣祭于君，酬酢授爵，当拜于堂下。时臣骄泰，故拜于堂上。

又《乡党》曰：康子馈药，拜而受之。曰："丘未达？不敢尝。"馈，进也。拜、受敬也。未知其故，故不敢尝，礼也。

《家语》曰：子贡曰：孔子为大司寇，国厩焚，有违火来者，则拜。士一，大夫再。曰："其来者，亦相吊之道。吾为有司，故拜之。"

《尔雅》曰：启，跪也。郭璞注曰：小跪也。

《方言》曰：东齐、青、岱、北燕之郊，跪谓长跽。郭璞注曰：今东郡人亦呼长跪为长跽。

《释名》曰：跪，危也，两膝隐地，体危倪也。跽，忌也，见所敬者，不敢自安也。拜于丈夫为趺，趺然屈折，下就地也；于妇人为扶，自相扶而上下也。

《汉书》曰：武帝幸不其，如淳曰：其音基。不其，山名，因以为县。祠神人于交门宫，应劭曰：神人、蓬莱仙人之属也。琅琊县有交门宫，武帝所造。若有向。坐拜者作《交门之歌》。

又曰：刘章已杀吕产，帝令谒者持节劳章。章欲夺节，谒者不肯。章乃从与载，因节信驰斩长乐卫尉吕更，始还入比军。复报太尉勃，起拜贺。

又曰：大将军卫青既益尊，姊为皇后，然汲黯与亢礼。或说黯曰："自天子欲令群臣下大将军，大将军尊贵诚重，君不可以不拜。"黯曰："夫以大将军有揖客，反不重耶？"

又曰：何武徙京兆大尹。二岁，坐举方正。所举者召见，槃辟雅拜，有司以为诡众虚伪，武坐左迁楚内史。

又曰：朱博为琅琊太守，门下掾贡遂，耆老大儒，教授数百人，拜起舒迟。博出，教告主簿："贡先生不习吏礼，主簿且教拜起，闲习乃止。"

又曰：张禹疾，车驾自临问之。上亲拜禹床下。禹小子未有官，上临候禹，禹数视其小子，上即拜禹之小子为黄门郎给事中。

《东观汉记》曰：耿恭于疏勒城穿井，十五丈不得水。恭乃正衣服，向井再拜，为吏士祷水。身自率士挽笼，有飞泉涌出，大得水。吏士惊喜，皆称万岁。

又曰：陈遵为大司马护军，使匈奴，过辞于王丹。临诀，丹谓遵曰："俱遭世反覆，唯我二人为天地所贵。今子当之绝域，无以相赠，赠子以不拜。"遂揖而别。遵甚悦之。

又曰：司徒侯霸欲与王丹定交，丹被征，霸遣子昱往。昱道遇丹，拜于车下。丹答之。昱曰："家公欲与君投分，何为拜子孙耶？"丹曰：

"君房有是言，王丹未之许。"

又曰：魏霸为光禄大夫。霸妻死，长兄伯为霸娶妻，送至官舍。霸笑曰："儿子备具，何空养他家姥为？"即自入拜其妻，手奉案前。因跪曰："夫人视老夫复何中直而空失计义，不敢相屈。"即拜而出。妻惭，求去，遂送还之。

《后汉书》曰：北匈奴遣使求和亲，显宗遣郑众持节使匈奴。众至北庭，虏欲令拜，众不为屈。单于大怒，围守闭之，不与水火，欲胁服众。众拔刀自誓，单于恐而止。乃更发使，随众还京师。

华峤《后汉书》曰：郑众使匈奴，欲令众拜，不为屈。相议复欲遣众，众曰："今往匈奴，必恐取胜于臣。臣不忍持大汉节对毡裘跪拜。"明帝收系廷尉狱。

《献帝春秋》曰：董卓自号太师，御史中丞以下皆拜。初，皇甫嵩与卓争雄，后嵩为中丞，见卓，拜车下。卓曰："可以服未？"嵩曰："安知明公乃至于是。"卓曰："鸿鹄固有远志，但燕雀不知耳。"嵩曰："昔与明公俱鸿鹄，独明公今为凤凰。"卓笑曰："卿早服，可得不拜也。"

《汉杂事》曰：韦玄成让侯，诏书不听，引拜之也。

又曰：马援与梁统友善，统子虎贲中郎将松往候援。援小疾病，松拜床下。援于床上坐视，不为礼。左右曰："松贵，不当礼耶？"曰："我乃松父友，虽贵，奈何失礼。"

《典略》曰：太子尝请文学，酒酣，坐，忻命夫人甄氏出拜坐。众人皆伏，而刘桢独平视。太祖闻之，收桢，减死。

胡冲《吴历》曰：孙策系豫章，先遣虞翻说华歆。歆葛巾迎策。策谓歆："府君德望，远近所归。策年幼稚，宜修子弟之礼。"便向歆拜。

《魏志》曰：鲁国孔融，高才倨傲，年在纪、群之间。先与纪友，后与群交，更为纪拜，由是显名。

《魏志》曰：常林年七岁，有父党造门，问林曰："伯先在不？汝何不拜？"对曰："对子字父，何拜之有？"

又曰：晋宣王以常林乡邑耆德，每为拜。或谓林曰："司马公贵重，君宜止之。"林曰："司马公自欲敦长幼之序，为后生法。贵、非吾之所畏也，拜、非吾之所制也。"言者踧踖而退。

《蜀志》曰：先主为汉中王，许靖为太傅，丞相诸葛亮皆为之拜。

又曰：伊籍随先主入益州，东使吴。孙权闻其才辨，欲逆折以辞。籍适入拜，权曰："劳事无道之君。"籍即对曰："一拜一起，未足为劳。"

《吴志》曰：朱治领吴郡，举孙权为孝廉，后权历位上将。及为吴王，治每见，权常亲迎，执板交拜。

又曰：人诬楼玄谤讪政事，华核上疏，乞玄自新。孙皓疾玄名声，复徙玄及子男据，付交趾将张并，使以战自效，阴别敕并令杀之。据到交趾，病死。玄一身随并，讨贼持刀，见并辄拜，并未忍杀。会并暴疾卒，玄殡敛并，于器中见敕书，还便自杀耳。

王隐《晋书》曰：何曾为司徒，与高、郑二公将见。文帝曾在中央，独先拜。

《汉晋春秋》曰：晋公既进爵为王，太尉王祥、司徒何曾、司空荀顗并请诣谒。顗谓祥曰："相王尊重，何侯既已书敬，今日便当相率而拜，无所疑也。"祥曰："相国势位诚为尊贵，然要是魏之宰相。吾等魏之三公，公、王相去一阶而已，班例大同。安有天子三司可辄拜人者？损魏朝之望，亏晋王之德，君子爱人以礼，吾不为也。"及入，顗遂拜，而祥独长揖。帝曰："今日方知君见顾之重矣。"

《晋书》曰：潘岳性轻躁，趋世利，与石崇谄事贾谧。每候其出，与崇辄望尘而拜。

《晋中兴书》曰：王猛少贫贱，鬻畚为事。尝至洛阳货畚，有一人于市买其畚，云："家近在此也，随我去取直。"猛随去。忽至深山中，此人语"且住树下，当先启导。"须臾，猛进，见一公踞胡床，鬓悉白，侍从十许人，有一人引猛云："大司马公。"猛因拜老公。公曰："王公何缘拜？"即十倍酬畚直，遣人送猛出山。既出岭视，乃嵩高山。

《晋中兴书》曰：显宗尝使太常丞张放归胙于王导，诏无下拜。导不敢当，辞以疾。初，显宗幼冲，见导恒拜。

《晋诸公赞》曰：司马骏镇西戎，既薨，每见其碑，读者无不拜之。

《后魏书》曰：沈文秀为慕容白曜攻之，长围数匝。自夏至秋，始克。文秀取所持节衣冠，俨然坐齐内。乱兵入，文秀厉声数四，身见执而裸送于白曜。曜左右令拜，文秀曰："各二国大臣，无相拜之礼。"

《曹瞒别传》曰：沛国桓邵亦轻太祖。邵避难交州，得出，首拜谢于庭中。太祖曰："跪可解死耶？"遂杀之。

《郭太别传》曰：乡人见太，皆于床下拜。

《郑玄别传》曰：建安元年，自徐州还高密，道遇黄巾贼数万人，见玄皆再拜。

《樊英别传》曰：英尝病卧便室中，英妻遣婢拜问疾。英下床答拜。陈寔问英："何答婢拜？"英曰："妻，齐也，共奉祭祀。礼，无往而不反。"

《荀氏家传》曰：魏文帝在东宫，武帝谓曰："荀公为人之师表也，汝当尽礼敬之。"荀曾病，世子问疾，拜床下。

《三辅决录》曰：孟他字伯郎。灵帝时，中常侍张让专朝。让监奴典任家计，他殚家财赂监奴，共结亲厚。积年，众奴心惭，问他所欲。他曰："欲得汝曹拜。"奴等皆许诺。时宾客求见让者，门车常数百乘，或累日不得过。他最后往，众奴以其至，皆迎而拜之，将他车骑入。众人大惊，谓他与让善，争以珍物遗他。他得，尽以赂让。让大喜。后以葡萄酒遗让，即拜梁州刺史。

《燕书》曰：皇甫真字楚季。邺城失守，秦王初入，临前殿宴群臣。数百人皆集东掖门，见侍中王猛来，真等望马首拜之。明日，更见真，乃卿猛。猛曰："昨拜朝，卿何恭慢之相违。"真答曰："卿昨为贼，朝是国士。吾冥拜贼，而卿国士，亦何所怪也？"猛嘉之。

《韩子》曰：礼者，所以貌情也。中心怀而不谕，故疾趋卑拜以明之。

《燕丹子》曰：田先主见太子，太子侧阶而迎，迎而再拜。

《贾谊书》曰：受计之礼，主所亲拜者二：闻生民之数则拜之，闻登谷则拜之。

《郭子》曰：陶公自上流来赴苏峻之难，陶侃，字士衡也。含怒于庾公。庾公谓必戮已，进退无计。温公乃劝诣陶公："卿但径拜，必无他。我为卿保之。"庾殊未了，而不得不往，乃从温言诣陶，至便拜。庾风姿雅润，陶见拜，不觉自起，止之曰："庾元规何缘拜陶士衡？"

江统祚《谒拜议》曰：以为诸郡吏都无太守伯叔兄敬者，近臣君服，斯服。然则朝干佐以下，左右者可从君而拜，君所拜统士。古者见，宾主皆拜，今日非君臣上下，则不拜。君之新亲者，唯干佐小吏则可，君拜，斯拜矣。君之诸父无道，谓之事甲辰。仪臣见诸王直恭敬而已，无鞭板拜揖。虽于皇帝，为诸祖诸父，其义皆同。又河南河内诸郡吏，前后亦为太守伯叔兄谒拜者，其比甚众矣。

尚书逸令曰：卞壶等奏："三代以来，记籍礼经无拜臣之制，唯汉成帝拜张禹，庸主凡臣，不足为轨。先帝拜司徒，导以元皇，兴自蕃国。布衣之交拜，在人臣之故。师而不改，以君拜臣，大教有违，事应改正。"太后又诏曰："帝幼少，宜一遵先帝。"壶等又固争云云："臣期不奉诏。"又反覆，乃从外奏。成帝拜王公，时议曹疑于仪注。博士杜瑗及陈舒议："礼无以君拜臣下也。小会崇谦，非臣下所知，无在仪注之制。"张闿受侯，不拜。国太妃表云：昔为晋陵内史，在东海国封内。时世孙幼小，太妃秉政，前内史迁授除拜日，及当之官，皆上疏拜阁，执纯臣之礼。闿自以虽爵有五等，然执珪受瑞，俱为列国，无相臣之体。又晋制：拜列侯为相，内史于天朝，不曰陪于蕃国，不称臣。臣以从古则惧有行简之讥，随俗又恐失君臣之训。经国垂范，宜有定准，乞出臣表，下八座参详。答报。

《唐书》曰：田承嗣方跋扈，佷傲无礼。郭子仪尝遣使至魏州，承嗣辄望拜之，指其膝谓使者曰："兹膝不屈于人，今为公拜。"

太平御览卷第五百四十三 礼仪部二十二

揖

《周礼·夏官》曰：司士摈：诏王出揖公卿大夫以下朝者。孤卿特揖，大夫以其等旅揖，士旁三揖。王还揖门左，揖门右。特揖，一一揖之。旅，众也。大夫爵同者，众揖之。公及孤卿大夫始入门右，皆北面东上，王揖之，乃就位。三揖者，士有上、中、下，王揖之，皆逡巡趋复位。

又《秋官》曰：司仪掌九仪之宾客摈相之礼，以诏仪容、辞令、揖让之节。出接宾曰摈，入赞礼曰相。以诏者，以礼告生。

又《秋官》曰：司仪诏王仪：南乡见诸侯，土揖庶姓，时揖异姓，天揖同姓。谓王既祀方明，诸侯上介皆奉其君之旗，置于宫。乃诏王升坛，诸侯皆就其旗而立。王揖之者，定其位也。庶姓，无亲者也。土揖，推手小下之也。异姓婚姻举之。

《礼记·曲礼上》曰：揖人必违其位。郑玄注曰：礼以变为敬也。

又《仲尼燕居》曰：两君相见，揖让而入门，入门而悬兴，揖让而升堂，升堂而乐阕。

又《表记》曰：事君难进而易退，则位有序；易进而难退，则乱也。故君子三揖而进，一辞而退，以远乱也。

《谷梁传·昭公》曰：夹谷之会，孔子相焉。两君就坛，两相相揖。齐人鼓噪而起，欲执鲁君，孔子历阶而上，不尽一等而视，归乎齐侯。

《左传·襄公》曰：齐庆封围高唐，弗克。夙沙卫以叛，故围之。冬十一月，齐侯围之。见卫在城上，号之乃下。卫下与齐侯语。问守备焉，以无备告。揖之，乃登。齐侯以卫告诚，揖而礼之，欲生之也。卫志于战死，故不顺齐侯之揖而还登城。

又《襄公》曰：卫侯入，书曰："复归国。"纳之也。大夫逆于竟者，执其手而与之言。道逆者，自车揖之。逆于门者，颔之而已。颔，摇其头。言衎骄心易生。

又《昭十二》曰：王揖而入，馈不食，寝不寐，数日。

又《哀上》曰：卫侯游于郊，子南仆。子南，灵公子郢也。仆，御也。公曰：“余无子，将妾。”不对。他日，又谓之。对曰：“郢不足以辱社稷，君其改图。君夫人在堂，三揖在下。”三揖，卿大夫士。

《论语》曰：君子无所争。必也，射乎？揖让而升，下而饮，其争也君子。

又《述而》曰：陈司败问：“昭公知礼乎？”孔子对曰：“知礼。”孔子退，揖巫马期而进之，曰：“吾闻君子不党。君子亦党乎？君娶于吴，为同姓，谓之吴孟子。君而知礼，孰不知礼？”

《汉书》曰：沛公至高阳，见郦食其，入即长揖不拜，曰：“足下必欲聚徒合兵，诛无道秦，不宜倨见长者。”

《史记》曰：郅都迁为中尉，丞相条侯至贵倨也，而都揖丞相。

《汉书》曰：田蚡为丞相，中二千石皆拜谒，及黯独揖之。

又曰：万章为京兆尹门下督，从尹至殿中。诸侯贵人争欲揖章，莫与尹言者。

《后汉书》曰：崔骃上《四巡颂》，肃宗雅爱文章。自见骃《颂》后，帝嗟叹之，谓侍中窦宪曰：“卿宁知崔骃乎？”对曰：“班固数为臣说之，然未见也。”帝曰：“公爱班固而忽崔骃，此叶公之好龙也。试请见之。”骃由此候宪，宪屣履迎门，笑谓骃曰：“亭伯，吾受诏交公，公何得薄我？”遂揖入，为上客。

《后汉·袁绍传》曰：董卓议欲废立，谓绍曰：“天下之主，宜得贤明。每念主上，令愤毒，毒，恨也。董侯似可，今当立之。”绍曰：“今上富于春秋，未有不善宣于天下。若公违礼任情，废嫡立庶，恐众议未安。”卓案剑叱绍曰：“竖子敢然！天下之事，岂不在我！我欲为之，谁敢不从？”绍跪对曰：“此国之大事，请出与太傅议之。”卓复言：“刘氏种不足复遗。”绍勃然曰：“天下健者，岂唯董公！”横刀长揖，径出，悬节于上东门而奔冀州。

《汉官典职》曰：尚书丞郎见尚书，执板对揖，称曰“明公”。尚书郎见左右丞，对揖，无敬，称曰“左右君”。

《晋阳秋》曰：晋文帝进号为王，太尉王祥独长揖。王谓祥曰：“今日然后知君见顾之重也。”

《后魏书》曰：宗爱之任势也，威振四海。尝召百司于都坐，王公以下，望庭毕拜。高允独升阶。由此观之，汲长孺可卧见卫青，何抗礼之有？向之所谓风节者，得不谓此乎？

《宋书·礼志》曰：汉世朝臣见三公，并拜。丞郎见八座，皆持板揖。事在《汉仪》。

《南史》曰：袁宪，陈武帝作相，除司徒户曹。初谒，遂抗礼长揖。中书令王励谓宪曰：“卿何矫众，不拜录公？”宪曰：“于理不应致拜。”卫尉赵知礼曰：“袁生举止详中，故有陈汝之风。”

《白虎通》曰：朝礼奈何？君出居内门之外，天子揖，诸侯持揖，卿大夫膝下至地。天子将揖，三公面揖，卿略揖。大夫士所以不拜何？为其屈尊者。

《说文》曰：揖，让也。一曰：手着胸曰揖。

《风土记》曰：越俗定交有礼，皆于大树下封坛，祭以白犬，咒曰：“卿虽乘车我戴笠，后日相逢下车揖。”

《文士传》曰：赵壹郡举计吏，至京辇。是时袁阳为司徒，宿闻其名，时延请之。壹入阁，揖而不拜。阳问曰：“尝闻下郡计吏见汉三公不为礼者乎？”壹曰：“昔郦食其，高阳白衣也，而揖高祖。今壹，关西男子，其揖汉三公，不亦可乎？”阳壮其言，接之甚厚。

《列子》曰：范氏门徒路遇乞儿马医，弗敢辱也，必下车而揖之。

《尹文子》曰：越王勾践谋报吴，欲人之勇。路逢怒蛙，下车而揖之。

袁淮《正论》曰：太祖破吕布，袁涣在军中，陈群父子见上拜，唯袁涣独高揖，不为礼。上严敬之。

鐕

挚虞《决略录要注》曰：小会殿就席，皆鐕头而后坐。鐕，头伏地也。欲起亦先鐕头。

贺

《周礼·春官上·宗伯》曰：以贺庆之礼，亲异姓之国。郑玄注曰：异姓，王婚姻甥舅也。

《礼记·玉藻》曰：有庆，非君赐不贺。郑玄注曰：唯君赐为荣。

《左传·僖下》曰：楚子将围宋，使子文治兵于睽，终朝而毕，不戮一人。子玉复治兵于蒍，终日而毕，鞭七人，贯三人耳。国老皆贺子文。子文饮之酒。蒍贾尚幼，后至，不贺。子文问之。对曰："不知所贺。子之传政于子玉，曰'以靖国也'。靖诸内而败诸外，所获几何？子玉之败，子之举也。举以败国，将何贺焉？"

又《昭三》曰：叔弓如晋，贺虒祁也。贺宫也。游吉相郑伯以如晋，亦贺虒祁也。史赵见子大叔曰："甚哉，其相蒙也！蒙，欺也。可吊也，而又贺之。"子太叔曰："若何吊也？其非唯我贺，将天下实贺。"言诸侯畏晋，非独郑。

《国语》曰：晋简子问于杜驰兹曰："东方之士孰为愈？"杜驰兹，东方人。为晋大夫者，盖吴人也。愈，贤也。杜驰兹拜曰："敢贺。"简子曰："未应吾问，何贺乎？"对曰："臣闻之，国家之将兴也，其君自以为不足；其亡也，若有余。今主晋国之政，而问及小人，求乎贤人，吾是以贺。"

《史记》曰：单父人吕公善沛令，避仇，从之客，因家沛中。豪杰吏闻令有客，皆往贺。萧何为主吏，令诸吏曰："不满千钱，坐堂下。"高祖为亭长，素易诸吏，乃往，为谒曰："贺钱千万。"实不挂一钱。

《汉书》曰：田肯贺上曰："甚善！陛下得韩信，又治秦中。如淳曰：时山东人谓关中为秦中。秦，形胜之国也。带河阻山，悬隔千里，持戟百万，秦得百二焉。地势便利，其次以下兵于诸侯，譬犹高屋之上建瓴水也。夫齐，东有琅琊、即墨之饶，南有太山之固，西有浊河之限，北有渤海之利，地方二千里，持戟百万，悬隔千里之外，齐得十二焉，此东西秦也。非亲子弟，莫可使王齐者也。"上曰："善！"赐金五百斤。

又曰：卢绾与高祖同里。绾亲与高祖亲太上皇相爱，及生男，高祖与绾同日生。里中持羊酒贺两家。及高祖、卢绾壮，俱学书，又相爱也。里中嘉两家。及家亲相爱也，生子同日，壮又相爱，复贺两家羊酒。

《后汉书》曰：光武谓冯异曰："我昨夜梦乘赤龙上天，觉悟，心中动悸。"异因下席，再拜贺曰："此天命发于精神，心中动悸，大王慎重之性也。"异遂与诸将定议，上尊号。

《东观汉记》曰：上传闻朱鲔破河内。有顷，寇恂檄至，上大喜曰："吾知寇子翼可任也。"诸将军贺，因上尊号。

谢承《后汉书》曰：郑弘为临淮郡，两鹿随车。主簿拜贺曰："闻三公轓尽作鹿，明府必为宰相。"弘果为太尉。

《汉杂事》曰：冬至阳气起，君道长，故贺。夏至阴气生，君道衰，故不贺。

《魏志》曰：王粲为丞相掾，太祖置酒汉滨，粲奉觞贺曰："明公定冀州之日，下车即缮其甲卒、收其豪杰而用之，以横行天下；及平江汉，司其贤俊，而置之列位，使海内回心，望风愿治，文武并用，英雄毕力，此三王之举。"

《吴志》曰：顾雍迎母于吴。既至，孙策临贺之，亲拜其母于庭。公卿大臣毕会。后太子又往庆焉。

王隐《晋书》曰：泰始五年，龙见武库井中，车驾亲幸，有喜色。内外议，咸云："当贺。"刘毅独表："旧典无贺龙之礼。"诏报：政德未修，庆贺之事，宜详依典义。

《晋中兴书》曰：武帝时，甘露降，公卿奏贺。诏曰："三代盛隆，犹自戒勿休。况自顷悬象告变，盗贼充斥，百僚司牧，不能存职匪解。使道有寄，虽麟凤至，庆有余矣。此道未弘，虽四灵在郊，吾犹惧然，何甘露之足贺？其停之。"

《晋书·礼志》曰：永和二年，纳后，议贺不。王彪之议曰："婚礼不乐不贺，《礼》之明文。《传》称子罕如晋，贺夫人，既无经文。又《礼》云：娶妇三日不举乐。明三日之后自当乐。至于不贺，无三日之断，恐三日之后，故无应贺之礼。”

《会稽典录》曰：盛宪字孝章。尝出，逢一童，容貌非常。宪怪而问之，是鲁国孔融。融时年十余岁。宪下车执融手，载以归舍，与融谈，知其不凡，便结为兄弟。因升堂见亲，宪自为寿以贺母。母曰：“何贺？”宪曰：“母昔有宪，宪今有弟。家国所赖，以是贺耳。”融果以英才炜艳冠世。

《晏子》曰：景公探爵鷇，弱，故返之。晏子逡巡再拜，贺曰：“君有圣人之道矣。君探爵鷇，鷇弱，故反之。此圣人之道也。”

《韩子》曰：晋孟献伯拜上卿，叔向往贺。门有御马，不食禾。向曰：“子无二舆，马不食禾，何也？”献曰：“吾观国人，尚有饥色，是以不秣马。班白者多以徒行，故不二舆。”向曰：“吾始贺子拜卿，今贺子之俭也。”

《吕氏春秋》曰：人主得地百里则喜，四境皆贺；得士则不喜，不知相贺，不通乎轻重。

《新序》曰：魏文侯出游，见路人反裘而负刍。文侯曰：“何为交反裘而负刍？”对曰：“臣爱其毛。”文侯曰：“若不知其里尽而毛无所恃耶？”明年，东阳上计钱布十倍，大夫毕贺。文侯曰：“此非所以贺我也。譬无异夫路人反裘而负刍也，将爱其毛，不知爱其里也。无所恃也。今田地不加广，士民不加众，而钱十倍，必取之士大夫也。吾闻之：下不安者，上不可居也。此非所以贺我也。”

刘向《与子歆书》曰：董生有云：“吊者在门，贺者在闾。”言忧则恐惧敬事，则有善功。又曰：“贺者在门，吊者在闾。”言受福则骄奢，骄奢则祸至。

太平御览卷第五百四十四　礼仪部二十三

丧纪上

《周礼·天官·宰夫》曰：大丧、小丧，掌小官之戒令，帅执事而治之。大丧，王后、世子也。小丧，夫人以下也。小官，士也。三公、六卿之丧与职丧，帅官有司而治之。凡诸大夫之丧，使其旅帅有司而治之。旅，冢宰、下士也。

又《天官·宫正》曰：大丧，则授庐舍，辨其亲疏贵贱之居。庐，倚庐也。舍，垩室也。亲者、贵者居倚庐，疏者、贱者居垩室也。

又《天官·兽人》曰：凡丧纪、宾客，共其死兽、生兽。共其完者。

又《天官·渔人》曰：凡丧，共其鱼之鲜、薨。

《周礼·天官·腊人》曰：凡丧，共其脯、腊，凡干肉之事。

又《天官·凌人》曰：大丧，共夷盘冰。夷亦尸也。实冰于夷盘中，置之尸床之下，所以寒尸也。

又《天官·笾人》曰：丧事及宾客之事，共其荐笾羞笾。丧事之笾，谓殷奠时。

又《天官·醢人》曰：凡丧纪，共其荐羞之豆实。

又《天官·掌次》曰：凡丧纪，王则张帟三重，诸侯再重，孤卿大夫不重。张帟柩上承尘。

又《天官·司裘》曰：大丧，廞裘饰皮车。皮车，遣车之革路也。古书廞字为淫。郑司农云：淫裘，陈裘也。玄谓廞，兴也。若诗人之兴，谓象似而作之。

又《天官·内小臣》曰：若有丧纪，则傧，诏后之礼。

又《天官·阍人》曰：丧纪之事，设门燎，跸宫门、庙门。燎，地烛也。跸，止行者。庙在中门之外。

又《天官·寺人》曰：丧纪之事，则帅女宫而致于有司。有司谓宫卿世妇也。

又《天官·世妇》曰：掌丧纪之事，帅女宫而濯，概为粢盛。概，拭也。为犹差择也。

又《天官·女御》曰：大丧掌沐浴。王及后之丧也。后之丧持翣。从世妇而吊于卿大夫之丧。从之数，盖如使者之介云。

又《天官·典丝》曰：丧纪，共其丝、纩、组、文之物。以给线缕，著盱口綦握之属也。青与赤谓之文。

又《天官·内司服》曰：后之丧，共其衣服，凡内具之物。内具，纷帨线纩鞶帙之属。

又《地官·大司徒》曰：大丧，帅六乡之众庶，属其六引，而治其政令。众庶所致役也。郑司农云：六引谓引丧车索也。六乡主六引，六遂主六绋也。若国有大故，则致万民于王门，令无节者不行天下。大故谓王崩及寇兵也。节，大节也。有节乃得行，防奸伪也。

又《地官》曰：乡师大丧用役，则帅其民而至，遂治之。治谓监督其事。及葬，执纛翿以与匠师御柩而治役。匠师，事官之属。其于司空若乡师之于司徒也。乡师主役，匠师主众匠，共主葬引。翿羽，葆幢也。《尔雅》曰：纛翳也。以指麾挽柩之役，正其行列进退。及窆，执斧以莅匠师。匠师主丰碑之事，执斧以莅之，使戒其事。

又《地官·闾胥》曰：凡丧纪之数，聚众庶，既比则读法，书其敬、敏、任、恤者。丧纪，大丧之事也。皆会聚众民，因以读法，以敕戒之也。

又《地官·遂师》曰：大丧，使帅其属，以幄帟先，道野役。及窆，抱磨，共丘笼，及蜃车之役。使以幄帟先者，大宰也，其余司徒也。幄帟先所以为葬窆之间先张神坐也。道野役，帅以至墓也。丘笼之役，窾复土也。其器曰笼，蜃车，柩路也。载柳四轮迫地而行，有似于蜃，因取名焉。行至圹乃脱，更复载以龙輴。

又《地官·委人》曰：丧纪，共其薪蒸木材。

又《地官·土均》曰：礼俗、丧纪、祭祀，皆以地媺，恶为轻重之法而行之，掌其禁令。君子行礼，不求变俗，随其土地厚薄为之制也。

又《地官·囿人》曰：丧纪宾客，共其生兽死兽之物。

又《地官·舍人》曰：大丧纪，共饭米熬谷。饭所以实口，不忍虚也。君用梁，大夫用稷，士用黍，皆四升。实者唯盈。熬谷者，措于棺旁，所以惑蚍蜉。

又《春官·大宗伯》曰：以凶礼哀邦国之忧。朝觐会同，则为上相。大丧，亦如之。

又《春官·小宗伯》曰：王崩大肆，以秬鬯渳。郑司农云：大肆，大浴也。以秬鬯浴尸也。

又《春官·肆师》曰：大丧，大渳以鬯，则筑煮。筑香草，煮以为鬯，以浴尸也。香草郁。

又《春官·郁人》曰：大丧之渳，共其肆器。肆器，陈尸之器。及葬，共其裸器，遂埋之。遣奠之彝与瓒也。埋于祖庙阶间。

又《春官·鬯人》曰：大丧渳设斗，共其衅鬯。斗所以沃尸也。衅尸以鬯酒使之香美者也。

又《春官·司几筵》曰：凡丧事，设苇席，右素几。其柏席用萑黼纯，诸侯则纷纯，每敦一几。丧事谓凡奠也。萑，如苇而细者也。郑司农云：柏席，迫地之席，苇居其上，或曰：柏席，载黍稷之席也。玄谓柏，椁席磨减之余。椁席，藏中神坐之席也。敦谓日焘。焘，覆也。棺在殡则椁焘，既窆则加见，皆谓覆之。周礼虽合葬，及同时在殡，皆异几体实不同，祭于庙同几，精气合。凡吉事，变几凶事，仍几。古书仍为乃。郑司农云：变几，变更其质，谓有饰也。

又《春官·天府》曰：凡国之玉镇、大宝器藏焉。若有大祭大丧，则出而陈之。既事，藏之。玉镇、大宝器，玉瑞、玉器之美者也。禘祫及丧陈之，以华国也。凡吉凶之事，祖庙之中，沃盥执烛。吉事，四时祭也。凶事，后王丧，朝于祖庙之奠也。

又《春官·职丧》曰：掌诸侯之丧，及卿、大夫、士凡有爵者之丧。以国之丧礼，莅其禁令，序其事。国之丧礼，《丧服》《士丧》《既夕》《士虞》，今存者也。其余则亡。事谓小敛、大敛葬也。凡国有司，以王命有事焉，则诏赞主人。有事谓含禭赠賵之属。郑司农云：凡国谓诸侯国，有司谓王有司也。以王命有事，职丧主诏赞主人。凡公有司之所共，职丧令之，趣其事。令，令其当共物者，给事之期也。有司或言公、言国者，由其君所来。居其官曰公。

又《春官·司巫》曰：凡丧事，掌巫降之礼。降，下也。巫下神之礼也。

又《春官·太史》曰：大丧，执法以莅劝防。郑司农云：劝防，六引六绋也。遣之日，读诔。遣谓祖庙之庭大奠将行之时也。人之道终于此，累其行而读之，太师帅瞽廞之而谥。瞽史知天道，使共其事。言王之诔谥成于天也。凡丧事考焉。为有得失。

又《春官·巾车》曰：掌王之丧车五乘：木车，蒲蔽、犬複、尾櫜，疏饰，小服皆疏；木车，不漆者也。郑司农云：蒲蔽车谓裸兰车，以蒲为蔽也。天子丧服之车也。汉仪亦然。犬複，以犬皮为覆笭也。故书疏为揟。杜子春读揟为沙。玄谓蔽车旁御风尘者也。犬，白犬皮也。既以皮为覆笭，又以其尾为戈戟之弢，粗布饰二物之侧为缘也。若今摄菔也。服读为箙，刀剑短兵衣也。此始遭丧所乘也。为君之道尚微，备奸臣也。《书》曰：以虎贲百人迎子钊。亦为备焉。素车、棼蔽、犬複，素饰，小服皆素；素车以白土垩车也。棼读为蕡。蕡，麻也。以麻为蔽也。其複，缯为缘。此卒哭所乘也。为君之道益著，在车可以去戈戟也。藻车、藻蔽、鹿浅複，革饰；故书藻为璪。杜子春云：璪读为华藻之藻，直谓华藻也。玄谓藻水草名，苍色也。以苍土垩车，以苍缯为蔽，鹿夏皮为覆笭也。又以所治去毛者缘之。此既练所乘之车也。駹车、灌蔽、然複、髹饰；駹车边侧有漆饰也。雀，细苇席也。以为蔽者，漆则成藩，即吉也。然，果然也。髹，赤多黑少之色韦也。此大祥所乘之车也。漆车，藩蔽、豻複，雀饰。漆车，墨车也。藩，今时小车藩也。漆席以为蔽。豻，胡犬也。雀，黑多赤少之色韦也。此禫所乘之车也。大丧，饰遣车，遂廞之行之。谓陈驾之。及葬，执盖从车持旌。随柩路持盖与旌。及墓，呼启关陈车。小丧，共柩路，与其饰。柩路载柩车饰柩饰。

又《春官·司常》曰：大丧，共铭旌，建廞车之旌。

又《夏官·大司马》曰：大丧，平士大夫。郑司农云：平，壹其服也。玄谓平者，正其职与位也。丧祭，奉诏马牲。王之丧以马祭者，盖遣奠也。奉犹送也。送之至莫，告而藏之。

又《夏官·射人》曰：大丧，与仆人迁尸，作卿大夫掌事，比其庐不敬者，呵罚之。仆人，大仆也。仆人与射人俱掌王之朝位也。

又《夏官·司士》曰：大丧，作士掌事，作六军之士执披。披，持棺者。

又《夏官·诸子》曰：大丧，正君子之服位。

又《夏官·虎贲氏》曰：国有大故，则守王门。大丧，亦如之。

又《夏官·太仆》曰：丧纪，正王之服位，诏法仪，赞王牲事。牲事，杀割匕载之属。大丧，始崩，戒鼓传达于四方，窆亦如之。戒鼓，击鼓以敬众也。

又《夏官·司兵》曰：大丧，廞五兵。廞，兴也。兴作明器之役器五兵也。

又《夏官·圉人》曰：丧纪，牵马而入陈，廞马亦如之。廞马，遣车之马也。

又《秋官·大司寇》曰：凡朝覲，会同前王。大丧，亦如之。大丧所前，或嗣王也。

又《秋官·士师》曰：诸侯为宾，则帅其属而跸于王宫。大丧，亦如之。

又《秋官·乡士》曰：大丧纪，帅其属夹道而跸。属中士以下也。

又《秋官·司烝》曰：宾客丧纪之事，则役其烦辱之事。烦犹剧也。《士丧礼》下篇曰：烝人涅厕。

又《秋官·大行人》曰：若有大丧，则诏相诸侯之礼。诏相左右告教之。

《礼记·檀弓上》曰：子上之母死而不丧。门人问诸子思曰："昔者，子之先君子丧出母乎？"曰："然。""子之不使白也丧之，何也？"子思曰："昔者，吾先君子无所失道。道隆则从而隆，道污则从而污。伋则安能？为伋也妻者，是为白也母；不为伋也妻者，是不为白也母。"孔氏之不丧出母，自子思始也。《礼记》所由废，非之也。

又《檀弓上》曰：公叔木有同母异父昆弟死，问于子游。子游曰："其大功乎？"狄仪有同母异父之昆弟死，问于子夏。子夏曰："我未之前闻也。鲁人则为之齐衰。"狄仪行齐衰。今之齐衰，狄仪之问也。

又《檀弓上》曰：子思之母死于卫。子思，伯鱼子。伯鱼死，妻嫁于卫。柳若谓子思曰："子，圣人之后也，四方于子乎观礼，子盖慎诸。"柳若，卫人。子思曰："吾何慎哉？吾闻之，有其礼，无其财，君子弗行也。有其礼，有其财，无其时，君子弗行也。时所止则止，时所行则行。吾何慎哉！"